시간 싸움, 학습 아닌 연습이다!

수험서의 **혁명이다**

직무적성 총연습 | 언어 ①

언어능력 | 언어논리 | 언어이해 | 언어비평

김필승 김재승 김지영

한국고시회
gosinet
(주)고시넷

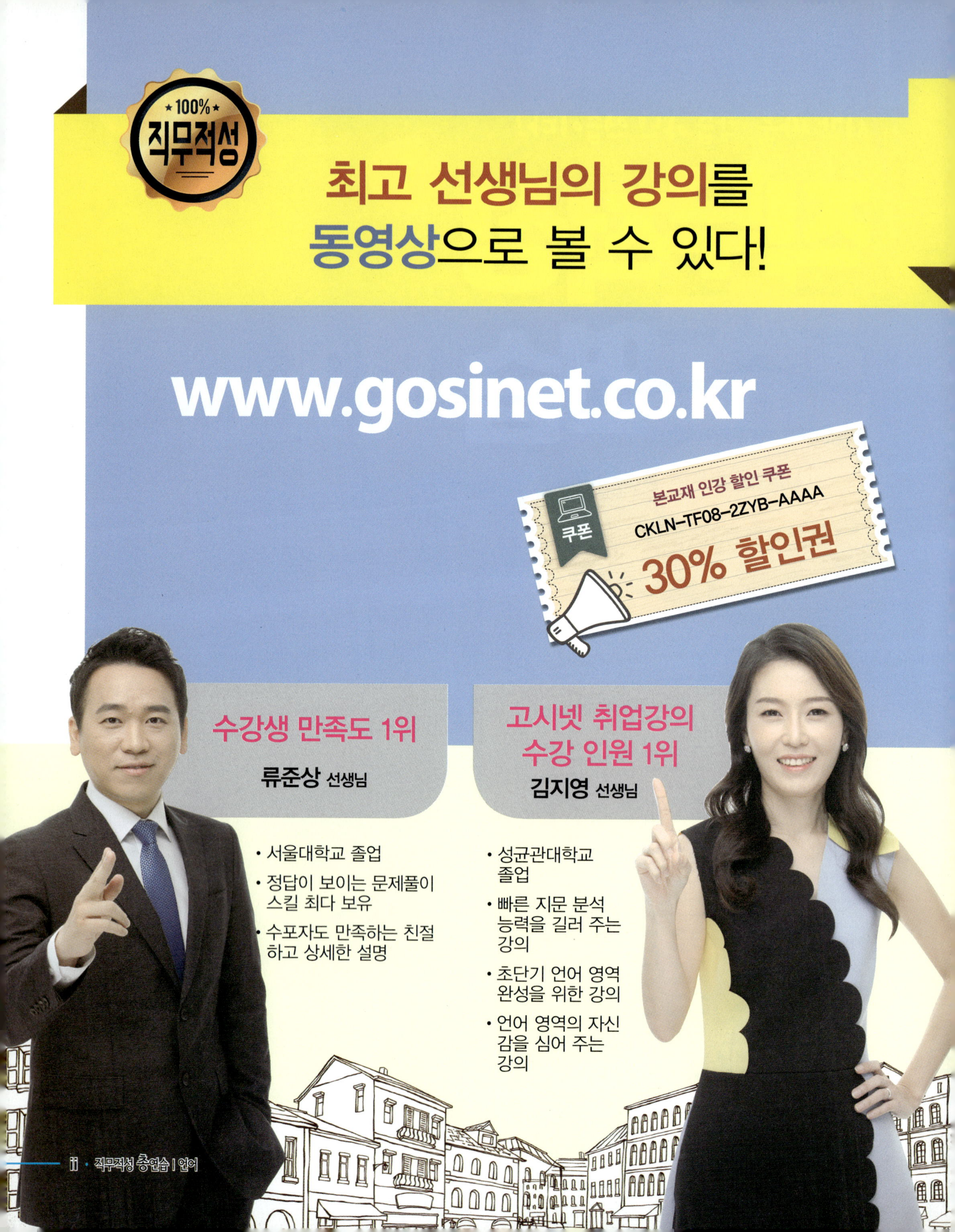

최고 선생님의 강의를 동영상으로 볼 수 있다!

www.gosinet.co.kr

본교재 인강 할인 쿠폰
CKLN-TF08-2ZYB-AAAA
30% 할인권

수강생 만족도 1위
류준상 선생님

- 서울대학교 졸업
- 정답이 보이는 문제풀이 스킬 최다 보유
- 수포자도 만족하는 친절하고 상세한 설명

고시넷 취업강의 수강 인원 1위
김지영 선생님

- 성균관대학교 졸업
- 빠른 지문 분석 능력을 길러 주는 강의
- 초단기 언어 영역 완성을 위한 강의
- 언어 영역의 자신감을 심어 주는 강의

온라인 강의 최다 기업 보유

- 27만 취업 선배가 선택한 강의(취업 인강 누적 수강 인원)
- 국내 최초 인적성 강의 서비스 및 합격자 최다 배출
- 영역별 접근방법 및 30초 문제풀이 팁 제시
- 전략적 문제풀이로 필기시험 합격을 도와드립니다.

스마트폰에서 검색
고시넷

공부의 神
양광현 선생님

- 서울대학교 졸업
- 초심자부터 심화 과정까지 완벽한 이해를 돕는 쉬운 설명
- EBS 직업 취업 강의(공기업 NCS)
- 칭화대 의사소통 대회 우승
- 공신닷컴 멘토

고시넷 한국사 대표 강사
유남훈 선생님

- 동국대학교 졸업
- 1강으로 정리하는 한국사 만족도 만점
- 시험에 나올 문제만 콕콕 짚어주는 강의
- 시험 결과로 증명하는 강의력
- EBS 직업 취업 강의

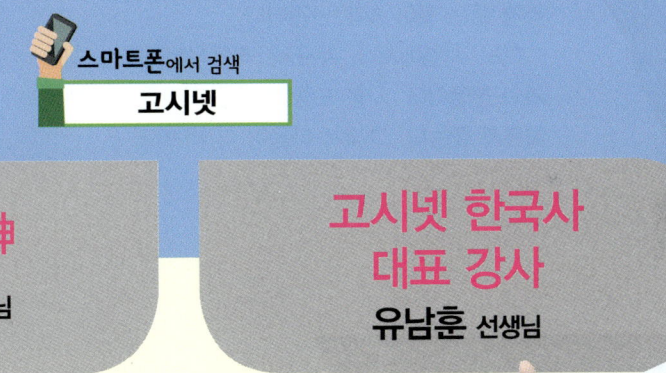

직무적성검사 수험서 혁명

직무적성검사, 시간 싸움이다!

직무적성검사(Aptitude Test)는 기업의 업무 수행 능력을 테스트하는 시험이다. IQ테스트 같은 문자·기호·도형의 비교, 판별 문제부터 자료의 이해와 정보의 유용성 판단, 업무상 문제의 구조, 성격의 파악과 해결 문제까지 나온다.

국내 최초의 직무적성검사는 지금은 'GSAT'로 불리는 삼성그룹의 'SSAT'이다. 1995년 처음 도입된 SSAT는 오랫동안 직무적성검사의 대명사였다. 그 후 모든 기업이 직무적성검사를 채택하였으니 직무적성검사의 역사도 25년이란 시간이 쌓인 셈이다.

초기의 문제는 평이하였으나 점차 난이도를 높이고 기업별 개성을 드러내면서 일부 영역에서는 앞서 도입한 나라들에 비교하여 가장 발전된 형태를 보인다.

25년 동안 기출문제도 그만큼 많이 쌓여왔다. 영역별로 문제 유형은 이미 다 노출되어 있다. 그래서 나올 유형을 모두 다루어 보고 시험장에 갈 수도 있게 되었다. 그렇지만 시험시간을 아주 모자라게 주는 것이 최대 난관이다.

어느 시험에서나, 누구나 직무적성검사는 시간과의 전쟁이다. 시험 도중에 남은 시간을 방송까지 하면서 쫓는다. 그래서 마음이 더 바쁘다.

> "20여 년간 출제된 문제가 유형을 모두 노출하였다."
> "직무적성검사는 학습이 아니다."
> "시간과 싸움이다."
> "연습이 답이다."

직무적성 준비, 언제 시작할까?

취업준비생들은 직무적성시험을 임박해서 준비한다.

다양한 문제 유형을 다루어 폭과 깊이를 파악한다. 빠르면서 정확한 풀이를 연습한다. 입사할 기업의 직무지식도 정리한다. 그러나 이런 과정이 짧은 기간에 가능할 수 없다. 미리 차근차근 준비하는 방법밖에 없다.

실전에서 여러 번 실패한 뒤에 실력이 늘어 합격했다는 시험후기를 자주 본다. 세월을 낭비하고 마음고생도 심했겠지만 그렇게라도 합격했으니 다행이다. 시험장에서 실전 문제로 연습을 많이 한 결과이다. 그 많은 실패를 미리 연습했던 시간과 바꿨다면 어땠을까.

직무적성검사도 다른 시험과 다르지 않아 시작이 빠를수록 좋다.

대입 직후부터 틈틈이 준비하는 것이 좋다. 졸업 후 진로가 대기업이든 공기업이든, 아니면 공무원이든.

> 직무적성시험 준비는 빠를수록 유리하다.

> 연습이 세월을 벌어줄 수 있다.

대기업, 공기업, 공무원 시험 병행이 가능하다.

　　대기업 채용에 직무적성검사가 있고, 공기업 채용에 NCS(국가직무능력표준) 기반 '직업기초능력평가'가 있다. 흔히 이 둘을 전혀 다른 것으로 안다. 그러나 주요 평가영역과 평가요소가 같다. 그래서 최근 삼성, 현대자동차, SK, CJ, LG, GS, 롯데 등 입사시험에 NCS와도 연계 가능한 문제가 출제되고 있다. 공기업의 NCS 능력 중심채용이 실무능력 중심이고 대기업 직무적성검사도 능력평가로 중심을 이동하고 있기 때문이다.

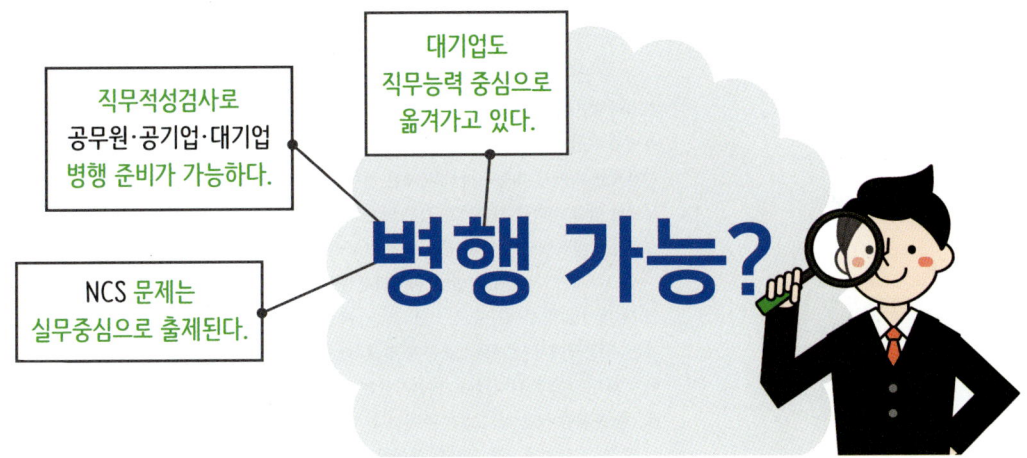

　　공무원 시험제도가 개편 중이다. 공무원시험 준비가 민간기업 채용에도 활용할 수 있도록 시험과목이 변경된다. 그러면 공무원과 공기업, 민간기업의 평가영역이 직무의 차이 부분을 빼고 같아지게 된다. 그래서 이들 시험 모두를 병행할 수 있다.
　　지금도 5급 및 민간경력자 채용 과목인 PSAT(공직적격성평가)가 난이도, 수준의 차이만 있을 뿐 문제 유형이 여러 영역에서 비슷하다(그렇게 보면 수능 문제도 그렇다 하지 않을 수 없겠지만).

'블라인드채용' 긍정적 변화이다.

　　정부는 스펙 쌓기에 따른 사교육 시장의 병폐를 없애기 위해 '블라인드채용'을 추진하고 있다. 블라인드채용은 학벌, 배경, 스펙이 아닌 오직 직무능력만으로 채용하는 능력중심 채용을 의미한다. 이에 공기업들이 블라인드채용으로 방향을 바꾸었고, 롯데그룹 등 다수의 민간 기업도 이 방향으로 개편하고 있다.
　　블라인드채용은 이력서에 사진, 학력, 출신지, 스펙 같은 차별적 요소를 기재하지 않는다. 직무와 무관한 어학 성적과 급수 시험, 공모전 수상 이력, 봉사 활동 등도 평가 대상이 아니다. 이것은 서류전형을 크게 완화하는 효과가 있고 이 때문에 응시기회는 훨씬 많이 늘어나게 되었다.

직무적성검사, 단기준비 가능한가?

서류전형 합격자 필기 3~4일 전 발표 이유
역량, 평소에 갖춘 인재를 원한다.

필기시험 전에 서류전형을 거치는 경우가 많다. 필기시험일 3~7일 전에야 서류 합격자를 발표하는 경우도 있다. 이게 무슨 심통인지 모르겠다. 그러나 이는 심통이 아니라 평소에 이런 능력을 갖추라는 의미가 아닐까?

"1문제당 12초.." 인·적성검사 늪에 빠진 취준생들

추석 후 본격 하반기 공채... 인·적성검사에 시름, 지난해 20개 대기업 1문제당 평균 '48.5초' 줘
취준생 59.8% "인·적성검사 광범위해 부담돼", "코앞 닥쳐야 준비하기 때문에 부담" 지적도

추석 연휴가 끝난 뒤 이달 중순부터 하반기 공채가 본격화하면서 일부 기업에서 요구하는 인성·적성검사 준비에 몸살을 앓는 취업준비생들이 적지 않다. 촉박한 시간제한 속에서 지능검사식 문제를 풀어야 하는 탓에 노력한 만큼 성과를 거두기가 쉽지 않은 데다, 기업별로 요구하는 항목이 제각각인 점도 시름을 더하는 이유다.

인크루트가 지난해 하반기 직무적성검사를 실시한 20개 대기업의 문제들을 분석한 결과, 지원자들은 적게는 60문제에서 많게는 220문제(평균 63.1문제)를 풀어야 하는 것으로 나타났다. 제한시간은 평균 47.7분으로, 한 문제당 평균 48.5초가 주어졌다.

말 그대로 기계처럼 문제를 풀어야 하는 셈이다. 지난해 금호아시아나 그룹 시험의 경우 지원자들은 44분 안에 220문항을 풀어야 했는데, 단순 계산하더라도 한 문제에 12초 꼴이었다.

이처럼 촉박한 시간은 취준생들을 학원가로 이끄는 요인 중 하나다. 한 취준생은 "객관식 문항이기 때문에 찍기 운도 많이 작용하는 구조"라며 "영역에 대한 깊은 고민보다 학원에서 알려주는 '문제풀이 요령'이 효과가 더 클 수밖에 없다"고 말했다.

준비해야 할 분야가 한두 개가 아닌 점도 부담스러운 대목이다.

지난달 30일 현대차그룹에서 실시한 시험은 인성검사(112문항·60분)와 함께 언어이해·논리판단·자료해석·정보추론·도식이해 등 5개 분야 적성검사(110문항·140분)를 요구했다.

오는 14, 15일 예정된 LG와 포스코는 각각 인성검사와 6개 영역, 5개 영역 적성검사를 예고했고, 삼성(22일) 지원자들은 언어와 수리 등 5개 영역(160문항·140분)을 준비해야 한다. 5~8개의 영역을 준비해야 하는데 기업별로 문항이나 문제 형식이 조금씩 다르다.

......

2017. 10. 07. 세계일보

시중에 3일 완성, 1주일 완성 또는 10일 완성, 20일 완성이 가능한 것처럼 학습플랜까지 제시하는 600~800쪽 짜리 문제집들도 있다. 또 일부 학원에서는 시험이 임박하면 강의만 들으면 합격이 가능할 것처럼 단기특강도 개설한다. 직무적성검사를 한 번이라도 응시해 보았다면, 위 기사를 읽어만 보더라도 그런 말을 곧이들을 사람은 없다. 얼마나 무책임한 호도인가. 직무적성검사는 문제를 풀 줄 안다고 되는 게 아니기 때문이다.

직무적성검사, 학습 아닌 연습이다!

어느 연구기관이 한 명문대학 졸업예정자 100명을 대상으로 직무적성검사 모의 테스트를 실시한 적이 있다. 참여자 절반인 이공계생들은 사칙연산에서 100점 만점에 평균 90점으로 높은 득점을 하였으나 언어영역의 기초는 평균 40점으로 낮은 득점이었다. 문과계생들은 반대로 사칙연산에서

평균 35점으로 매우 낮고 언어능력의 기초는 평균 70점이었다고 한다. 제한시간 탓이 컸을 것이다.

어느 대기업의 직무적성검사 결과를 비공식적으로 들은 적이 있다. 응시자의 점수분포가 100점 만점에 30점에서 70점으로 편차가 컸고, 평균은 50점 정도였다고 한다. 이 자료만으로는 판단하기 부족해도 고득점이 쉽지 않고 영역별 고른 득점은 더욱 어렵다는 것이 분명해 보인다. 직무적성검사의 문제 유형과 구성은 기업별로 개성이 뚜렷했다. 또 오답률, 영역별 득점, 난이도별 득점, 난제 득점 등 반영하는 기준도 기업마다 다르다.

문제를 풀 줄 알아도 정확한 답을 빨리 찾는 연습을 꾸준히 해야 한다. 그래서 단기완성이 어렵다.

문제 푸는 것만으로 부족하다.
『빠른 풀이 비법』을 숙달시키자.
과락, 오답률, 난제 풀이도 평가한다.

인성검사, 이렇게 통과한다.

인성검사(Personality Test)는 300~500개 내외의 문항에 대한 응시자의 응답을 바탕으로 검사를 시행한다. 문항은 기업별로 차이가 있으나 내용은 비슷하다. 기업은 검사 결과를 통해 응시자의 직무 적합성과 사회 관계적 측면, 잠재적 능력과 인물 됨됨이 등을 평가한다. 유사하게 반복되는 수많은 질문 가운데 거짓이나 모순된 대답이 드러나게 되므로, 일관성 없게 답하거나 돋보이려 하면 안 된다. 불이익을 받을 수 있다.

직무적성검사에서 상당한 득점을 하고도 인성검사에서 탈락하는 경우도 발생한다. 그러나 이런 경우라도 절망할 필요는 없다. 자신을 돌아보고 다음 기회에 대비하면 된다. 그 기업이 원하는 인재상이 아니라면 맞는 기업을 찾고, 적합한 경쟁자가 많았다면 다듬어 경쟁력을 높이면 된다.

인성검사는 일관성 있는 답변이어야 뜻하지 않는 불이익이 없다.
인성검사는 합격 후 업무 배정, 부서 배치에도 반영된다.

「빠른 풀이 비법」 출제기관도 안다.

문제지를 받으면 풀이가 머릿속에 보이는 문제를 먼저 푼다. 이렇게 번 시간은 점차 더 걸리는 문제에 할애한다. 이 책의 『빠른 풀이 비법』은 연습문제를 통하여 꼭 숙달시켜야 한다. 그래야 풀이가 보이는 문제를 찾는 것도 가능하다.

시험 전날은 먼저 푸는 문제와 나중에 푸는 문제, 시간 없을 때 포기할 문제를 정해두어야 한다.

응시 기업의 문제 유형을 알고 있으면 가능한 일이다. 모든 문제에 『빠른 풀이 비법』이 있는 것은 아니다. 어떤 문제나 유형을 많이 다루면 자기만의 요령도 생긴다. 특히 유념할 일은 출제기관도 『빠른 풀이 비법』의 존재를 알고 있다. 그것을 제한시간에 반영한다. 그래서 『빠른 풀이 비법』을 모르면 애당초 게임이 안 된다.

빠른 풀이가 생명이다.
빠른 풀이는 연습만이 해결책이다.

「빠른 풀이 비법」을 모두 공개한다.

우리는 20년간 개발한 문제와 기업별 20년간 실전 문제들, 그리고 외국 연구기관의 새로운 유형까지 미리 확보하고 있다. 이 자료를 직무적성검사는 학습이 아니라 연습이라는 점에 초점을 맞추어 영역별로 엮었다. 특히 짧은 시간이라는 시험의 특성에 맞게 국내외에서 개발된 모든 『빠른 풀이 비법』을 총망라하고, 문제마다 상세한 해설을 달았다. 그뿐만 아니라 책의 구성 및 레이아웃, 종이의 질까지 '직무적성검사는 연습이다'를 실천하는 데 필요한 모든 것을 반영하여 펴낸다. 이런 점에서 가히 혁명적인 수험서이다.

고시넷, 직무적성검사의 역사다.

30년 역사를 가진 한국고시회와 ㈜고시넷은 대기업 인·적성검사와 역사를 같이한다. 삼성그룹이 SSAT 도입을 준비하던 시기에 외국 사례를 연구하고 연구소들의 직·간접적 도움을 받으며 직무적성검사 문제 개발에 착수하였다. SSAT 등장과 함께 최초로 SSAT 수험서를 출간하였고, 이어 100여 개 기업의 직무적성검사 수험서를 출간해왔다.

각 기업들이 직무적성검사 방향을 잡지 못할 때 문제유형을 개발, 공급하면서 방향을 제시하기도 했다. 그래서 실전에서 똑같이 출제되는 경우도 허다하였고 지금도 그러하다.

직무적성검사는 한국고시회 / ㈜고시넷과 역사를 같이한다.
앞으로 국내에 도입될 문제유형도 확보하고 있다.

이 책은 대기업 채용시험에서 현재 출제되고 있는
모든 직무적성검사 문제 유형을
빠짐없이 싣고 있습니다.
지금도 출제되는 20여 년간 출제된 기출 유형,
각 연구소와 한국고시회/㈜고시넷이
개발한 **신유형 문제가 획기적인 시간 절약
문제풀이 요령과 함께 실려** 있습니다.

혹시 여기에 **없는 문제유형**을 시험장에서 발견하신 분은 신고해 주십시오!!
소정의 보상을 합니다.

자세한 내용은 ㈜고시넷 사이트(www.gosinet.co.kr)의 안내를 참고하세요.

직무적성검사는 문제풀이 시간과 싸움입니다.
이 책은 국내외 학자와 연구소,
한국고시회/㈜고시넷이 개발한
「빠른 풀이 비법」을 총망라합니다.

혹시 있을 이 책을 떠나 방황하는
「빠른 풀이 비법」을 현상수배합니다.
발견하신 분은 즉시 신고해 주십시오!!
소정의 보상을 합니다.

자세한 내용은 ㈜고시넷 사이트(www.gosinet.co.kr)의 안내를 참고하세요.

직무적성 Mind Map Tree

고시넷 직무적성 총연습 시리즈는
언어, 수리, 추리, 사무지각·공간지각, 상식으로 구성되어 있다.
26대기업은 물론이고 직무적성검사를 실시하는 모든 기업의 모든 유형을 아우르고 있다.

출제 영역 들여다보기

언어
- 어휘의 뜻과 문법적 지식을 측정하고, 글의 내용을 파악하는 능력을 평가한다.
- 어휘, 독해, 문법으로 구성되며, 독해 파트의 비중이 가장 높다.
- 언어는 내용의 이해도를 측정하는 문제가 많이 출제되므로, 정해진 시간 안에 핵심 내용 및 세부 내용을 선별·파악하는 능력이 필요하다.

수리
- 기초 및 응용계산을 통해 중·고등학교 수준의 수학 지식을 측정하고, 직무와 관련이 있는 각종 통계 자료를 분석하는 능력을 평가한다.
- 기초계산, 응용계산, 자료해석으로 구성되며, 자료해석 파트의 비중이 가장 높다.
- 수리는 논리적 사고를 기반으로 직무와 관련된 문제를 해결하는 능력을 측정하므로 연산능력은 물론 자료나 도표를 분석하는 기술을 습득해야 한다.

추리
- 제시된 조건을 논리적으로 추론하는 능력을 측정하고, 문제에 적용된 다양한 규칙을 유추하는 능력을 평가한다.
- 언어추리, 수적추리, 도식·도형추리로 구성되며, 기업마다 출제비중은 다르다.
- 추리는 문자, 숫자, 도형 등 제시된 조건을 활용하고 유추할 수 있는 능력이 필요하므로, 최대한 많은 유형의 문제를 연습해 두어야 한다.

사무공간
- 나열된 기호, 문자, 숫자 등을 빠르게 파악하고 분별하는 지각속도 능력과 평면 및 입체 도형의 공간관계를 파악하는 능력을 측정한다.
- 사무지각, 전개도, 회전, 종이접기, 블록, 투상도·단면도 등으로 구성되며 기업마다 출제유형과 비중이 다르다.
- 공간지각은 평면 및 입체 도형을 통한 인지력과 추리력을 측정한다.
- 최대한 많은 유형의 문제를 통해 사고력과 적응력을 함양시켜야 한다.

상식
- 경제·경영, 정치·법률, 국제·사회 등의 시사 이슈는 물론 한국사·세계사 등의 역사적 지식까지 종합적으로 평가한다.
- 역사상식, 경제·경영상식, 일반상식 등으로 구성되며, 여러 분야가 섞인 융합 문제와 해당 기업의 사업 내용을 묻는 회사상식이 출제되기도 한다.
- 상식은 기업마다 출제되는 분야와 비중이 다르기 때문에 기출유형을 통해 각 기업의 특성을 알아두어야 한다.

26대기업 출제 영역 한눈에 보기

영역 \ 기업	언어	수리	추리	사무지각	공간지각	기타 및 비고
삼성	✓	✓	✓		✓	상식(한국사, 세계사 포함)
현대자동차	✓	✓	✓		✓	역사에세이(서술형)
SK	✓	✓	✓			한국역사(역사상식)
LG	✓	✓	✓			인문역량(한자, 한국사)
CJ	✓	✓	✓		✓	상식(역사상식), 인문학(CJ 문화 콘텐츠)
KT	✓	✓	✓	✓		
롯데	✓	✓	✓		✓	문제해결(NCS와 유사)
포스코	✓	✓	✓		✓	상식, 회사상식
현대중공업	✓	✓	✓		✓	상식, 종합의사결정
두산	✓	✓	✓		✓	한자
GS	✓	✓	✓	✓	✓	주관식 한국사
금호아시아나	✓	✓	✓	✓		상식, 상황판단, 한자
아모레퍼시픽	✓	✓	✓	✓	✓	상식, 창의력
이랜드	✓	✓	✓			상황판단
코오롱	✓	✓	✓		✓	상황판단
S-OIL	✓	✓	✓		✓	
LF	✓	✓	✓			
LS	✓	✓	✓			시스템관리
효성	✓	✓	✓	✓		창의력
대림	✓	✓	✓	✓		시스템관리
삼양	✓	✓	✓	✓		상식, 한국사, 한자, 상황판단
샘표	✓	✓	✓			상황판단, 직무상식, 영어
SPC	✓			✓		디자인역량검사
하나은행	✓	✓	✓		✓	창의력, 상식검사
신한은행	✓	✓	✓	✓	✓	창의력
국민은행	✓					상식(경제·금융), 국사, 논술

출제 영역 나누어 보기

언어 + 수리 + 추리 + 공간
현대자동차, 롯데, 두산, S-OIL, 코오롱

언어 + 수리 + 추리 + 공간 + 상식
삼성, 현대중공업, 포스코, CJ, 신한은행

언어 + 수리 + 추리
이랜드, 샘표, LF

언어 + 수리 + 추리 + 상식
LG, SK

언어 + 수리 + 추리 + 공간 + 사무 + 상식
GS, 아모레퍼시픽

언어 + 수리 + 추리 + 공간 + 사무
신한은행, LS, 효성

언어 + 수리 + 추리 + 사무
금호아시아나, KT, 대림, 삼양

※ 26대기업 출제 영역은 채용기업의 사정으로 변경될 수 있음.

26대기업 채용 리포트

삼성 | 몰입·창조·소통의 가치창조인

삼성 필기전형 특징

- 연중 2회, 상반기 3~4월경, 하반기 9~10월경 신입공채 필기전형을 실시한다.
- 우리나라 대기업 직무적성검사의 효시이며, 직무적성의 모든 영역이 고루 출제 된다.
- 삼성은 다른 기업과 달리 직무적성검사를 통과해야 면접전형과 인성검사를 실시한다.
- 2017년 하반기부터 그룹 단위의 공채가 폐지되었다. 계열사별 채용방식 변경 가능성이 있다.

| 삼성 그룹 채용절차 |

지원 접수 → 직무적합성평가 → GSAT → 면접전형 → 신체검사

| 삼성 GSAT(Global Samsung Aptitude Test) |

구분	영역	문항 수	제한 시간	출제 유형 및 비고
삼성직무 적성검사 GSAT	언어논리	30문항	25분	어휘, 독해
	수리논리	20문항	30분	응용계산, 자료해석
	추리	30문항	30분	언어추리, 도형추리, 도식추리
	시각적사고	30문항	30분	전개도, 블록, 종이접기, 투상도, 조각찾기
	상식	50문항	25분	역사상식(한국사, 세계사), 경제·경영, 삼성 관련 IT·첨단과학, 일반상식

※ 2017년 하반기 기준

 삼성 합격전략 코칭

- 영역별 과락이 있고, 오답률이 반영되므로 오답의 배나 되는 감점에 유의해야 한다.
- 시각적 사고와 상식 영역의 변별력이 높으므로 기출 유형은 반드시 학습해두자.
- 기출문제가 비슷하게 다시 나오는 경우가 많아 유사한 문제풀이 연습이 중요하다.
- 역사상식의 비중이 높으므로, 시대별로 중요한 사건의 흐름을 정리해두자.
- 난이도가 평이하지만 최대한 많은 문제를 빠르고 정확하게 푸는 연습을 한다.

현대자동차 | 창의적 사고와 도전으로 새로운 미래창조

현대자동차 필기전형 특징

- 연중 2회, 상반기 3~4월경, 하반기 9~10월경 신입공채 필기전형을 실시한다.
- 상반기에는 공간지각이, 하반기에는 도식이해가 출제되는 나선형 출제 패턴을 보인다.
- 일부 계열사에서는 역사에세이(현대자동차)나 인문학적 소양평가(현대모비스)를 채택한다.

현대자동차 그룹 채용절차

서류전형 → 인적성검사 HMAT → 1차 면접 → 2차 면접 → 신체검사

현대자동차 HMAT (Hyundai Motor group Aptitude Test)

구분	영역	문항 수	제한 시간	출제 유형 및 비고
직무적성 검사	언어이해	20문항	25분	독해, 문법(개요작성)
	논리판단	15문항	25분	언어추리
	자료해석	20문항	30분	자료해석
	정보추론	20문항	25분	자료해석
	공간지각(상반기) 도식이해(하반기)	20문항	25분	전개도, 투상도, 블록, 회전, 도식추리 등
인성검사		671문항	95분	점수 척도형 문항 구성
역사에세이 인문학적 소양평가		2문항	30분	일부 계열사에서 실시, 서술형으로 출제

※ 2017년 하반기 기준

현대자동차 합격전략 코칭

- 공간지각은 출제유형이 자주 바뀌므로 많은 유형을 연습하여 적응력을 길러두자.
- 자료해석은 제시되는 도표, 그래프 등의 자료가 많아 데이터 분석력을 높여야 한다.
- 인성검사는 다른 기업보다 문항 수가 많고 시간이 길어 일관성 유지가 중요하다.

26대기업 채용 리포트

LG | 고객을 위한 가치창조 LG Way

LG 필기전형 특징

- 연중 2회, 상반기 3~4월경, 하반기 9~10월경 신입공채 필기전형을 실시한다.
- 시험 전, 영역별로 예시문제를 풀어볼 수 있어 문제의 유형 및 원리를 파악하는 것이 중요하다.
- 도형추리, 도식적추리의 체감 난이도가 매우 높고 유형도 매번 바뀌는 특징을 보인다.
- 도형추리와 도식적추리를 제외한 다른 영역은 상대적으로 유형 변화가 적은 편이다.

LG 그룹 채용절차

지원 접수 → 서류전형 → LG 인적성검사 → 면접전형 → 건강검진

LG 인적성검사

구분	영역	문항 수	제한 시간	출제 유형 분석 및 비고
적성검사	언어이해	20문항	25분	독해, 문법(맞춤법)
	언어추리	20문항	25분	언어추리(명제, 삼단논법, 논리게임)
	인문역량	20문항	15분	한자, 한국사
	수리력	30문항	35분	수열, 응용계산, 자료해석
	도형추리	20문항	20분	도형과 음영이 변화되는 규칙 추리
	도식적추리	15문항	20분	순서도(알고리즘)에 따른 도형 변화 추리
인성검사 (LG Way Fit Test)		114문항 (114×3=342)	50분	3개의 문항군이 하나의 세트로 구성

※ 2017년 하반기 기준

LG 합격전략 코칭

- 도형추리·도식적추리 난이도가 높고 매번 다른 유형으로 출제되고 있어, 출제되었던 유형 및 다른 기업에서 출제된 도형·도식 부분의 여러 유형을 두루 학습하는 것이 좋다.
- 언어이해의 경우 LG그룹과 관련이 있는 지문이 출제되기도 하므로, 뉴스 기사를 통해 기업의 최신 이슈를 파악하도록 한다.
- 인문역량은 LG 채용 사이트에 한국사와 한자 예제로 사전 학습이 가능하며, 한자는 사이트에 게재된 한자 Pool 내에서 출제되므로 미리 익혀두는 것이 좋다.

SK | 사람이 자원인 나라, 사람을 키우는 SK

SK 필기전형 특징

- 연중 2회, 상반기 3~4월경, 하반기 9~10월경 신입공채 필기전형을 실시한다.
- 전체적으로 모든 영역의 난이도가 높은 편이므로 여러 난이도의 문제를 함께 연습하며 어려운 문제에 대비해 두어야 한다.
- 직무역량에서는 수리, 추리, 상식 등이 공통되게 출제되나, 직군별로 타입이 나뉘어 다른 문제가 출제되므로 지원하려는 직군 타입별로 기출 유형과 직군 내용을 알아두는 것이 좋다.

SK 그룹 채용절차

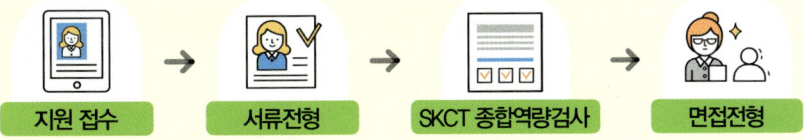

지원 접수 → 서류전형 → SKCT 종합역량검사 → 면접전형

SK SKCT(SK Company Test)

구분	영역	문항 수	제한 시간	출제 유형 및 비고
실행역량	상황판단	30문항	20분	직무생활 시 생길 수 있는 문제해결능력 평가
인지역량	수리	20문항	30분	응용계산
	언어	20문항	20분	독해
	직무역량	20문항	25분	자료해석, 판단추리 등이 공통역량으로 출제 (지원 직무에 따라 M/P/R/SW/C Type으로 나뉨.)
	한국역사	10문항	5분	역사 상식
심층역량	인성검사	360문항	60분	직무수행을 위한 성격, 가치관, 태도 등을 측정

※ 2017년 하반기 기준

SK 합격전략 코칭

- 오답 감점이 있으므로 모르는 문제는 답안지에 공란으로 두고 찍지 않는 것이 좋다.
- 컴퓨터용 사인펜 외 다른 필기구 사용이 금지되는 경우가 있어, 컴퓨터용 사인펜으로 문제 푸는 연습을 하는 것도 좋다.
- 한국역사는 한국사의 주요 흐름, 사건 순서, 인물, 지도, 문화재 등이 고루 출제된다.

26대기업 채용 리포트

CJ | ONLY ONE 제품과 서비스로 최고의 가치 창출

CJ 필기전형 특징

- 연중 2회, 상반기 3~4월경, 하반기 9~10월경 신입공채 필기전형을 실시한다.
- CJ 직무적성검사는 서로 다른 영역이 섞인 95문항을 55분간 풀어야 하므로 시간관리가 중요하다.
- 출제되는 문제의 난이도는 다른 기업에 비해 상대적으로 낮은 편이나 시간 단축 연습이 필요하다.

CJ 그룹 채용절차

지원 접수 → 서류전형 → 테스트전형 CAT · CJAT → 면접전형

CJ 인적성검사

구분	영역	문항 수	제한 시간	출제 유형 및 비고
CAT	언어	95문항	55분	어휘, 독해
	수리			응용계산, 자료해석
	추리			수열추리, 언어추리
	공간지각			블록결합
	상식			역사상식, CJ그룹 콘텐츠관련 문화상식, 경제·경영상식, 기타 일반상식
CJAT	인성검사	270문항	45분	CJ 인재상에 부합하는 인재를 검증하는 테스트

※ 2017년 하반기 기준

CJ 합격전략 코칭

- 오답률이 반영되고, 영역별 과락이 있는 경우가 있으므로 오답 감점에 유의하도록 한다.
- 영역 구분 없이 95문항을 풀어야 하기 때문에 모르는 문제는 넘어가고, 풀 수 있는 문제부터 해결하는 방식으로 시간 관리를 해야 한다.
- CJ 그룹 및 계열사와 관련된 인문학적 콘텐츠를 묻는 인문학 문제가 매번 출제되므로, 추진 사업 및 문화 방송 콘텐츠 등을 미리 알아두는 것이 좋다.
- 컴퓨터용 사인펜 외 다른 필기구 사용이 금지되는 경우가 있어, 컴퓨터용 사인펜으로 문제 푸는 연습을 해두는 것도 좋다.

롯데 | 인류의 행복한 삶을 창조하는 글로벌 기업

롯데 필기전형 특징

- 연중 2회, 상반기 3~5월경, 하반기 9~11월경 신입공채 필기전형을 실시한다.
- 실무면접, 임원면접까지 하루에 이루어지는 One-Stop 면접을 시행하고 있다.
- 전공·직무에 따라 출제되는 영역이 다르므로, 지원 계열을 확인한 후 출제 영역에 대비하도록 한다.

롯데 그룹 채용절차

지원 접수 → 서류전형 → 롯데 그룹 조직·직무적합도검사 L-TAB → 면접전형

롯데 L-TAB

구분		영역		문항 수	제한 시간	출제 유형 및 비고
L-TAB	공통	언어		35문항	25분	독해
		문제해결		30문항	30분	NCS의 문제해결, 자원 관리 능력 유형과 비슷함(실무 상황 제시형)
		자료해석		35문항	35분	자료해석
	인문상경계	언어논리		35문항	35분	어휘, 어휘추리
	이공계	수리공간	응용계산	20문항	35분	응용계산
			도형추론	15문항		전개도, 블록

※ 2017년 하반기 기준

 롯데 합격전략 코칭

- 영역별 과락이 있으므로 출제유형을 고루 파악해두어야 한다.
- 롯데 L-TAB은 제한 시간이 촉박한 편이 아니므로 차분하게 임하며 정확히 풀도록 연습해둔다.
- L-TAB 230분(휴식시간 20분 + 조직적합검사 40분 포함)으로 진행된다(단, 인성검사는 면접일 전 온라인으로 실시한다).

26대기업 채용 리포트

KT | 기본과 원칙에 충실하며 고객 가치 실현을 위해 끊임없이 소통하며 도전하는 인재

KT 필기전형 특징

- 연중 2회, 상반기 3~4월경, 하반기 9~10월경 신입공채 필기전형을 실시한다.
- 제한 시간이 짧으므로 신속·정확하게 풀어야 하며 오답감점이 있다는 점을 명심해야 한다.
- 각 영역별로 시험 전 예시문제를 먼저 풀어볼 수 있으므로 문제 흐름을 빨리 파악하는 것이 중요하다.

KT 그룹 채용절차

지원 접수 → 서류전형 → KT 인적성검사 → 1차 면접 → 2차 면접 → 건강검진

KT 종합 인적성검사

구분		영역	문항 수	제한 시간	출제 유형 및 비고
인성검사		인성검사	380문항	40분	예/아니오 선택형
적성 검사	공통	지각정확력	30문항	6분	지각속도(사무지각)
		언어추리력	20문항	7분	언어추리(명제, 삼단논법)
		판단력	20문항	12분	독해, 자료이해
		응용수리력	20문항	12분	응용계산, 자료해석
	인문계	어휘유추력	20문항	10분	어휘추리(어휘관계 파악)
		직무해결력	20문항	18분	NCS 문제해결능력과 유사
	이공계	수추리력	20문항	10분	수·문자추리
		도식추리력	20문항	15분	도식추리(기호 흐름도)

※ 2017년 상반기 기준

KT 합격전략 코칭

- 인문계와 이공계가 시험 영역이 다르므로 직군과 계열을 확인하여 대비한다.
- 직무해결력은 업무지침 등의 직무 자료를 주고, 실제 업무에서 발생할 수 있는 상황에서 어떤 판단을 내려 이행할 것인지를 묻는 문제가 나온다. 자료가 많아 시간이 부족할 수 있으므로 필요한 정보를 빨리 찾는 것이 중요하다.
- 컴퓨터용 사인펜 외 다른 필기구의 사용이 금지되는 경우가 있으므로, 컴퓨터용 사인펜으로 문제를 푸는 연습을 해두는 것도 좋다.

포스코 | 신뢰를 바탕으로 창조적인 미래를 열어가는 기업

포스코 필기전형 특징

- 연중 2회, 상반기 3~4월경, 하반기 9~10월경 신입공채 필기전형을 실시한다.
- 출제 영역은 다른 기업들과 유사하지만 문제의 난이도가 높으므로 어려운 유형의 문제까지 연습해 보면서 실전력을 길러두어야 한다.
- 시험이 정형화되지 않아 유형이나 구성요소의 변동이 많은 편이다. 따라서 다양한 문제를 영역별로 풀어보는 것이 필요하다.

포스코 그룹 채용절차

지원 접수 → 서류전형 → PAT 인적성검사 → 직무역량평가 → 가치적합성평가

포스코 PAT 인적성검사

구분	영역	문항 수	제한 시간	출제 유형 및 비고
적성검사	언어	30문항	25분	언어이해, 맥락파악, 언어표현, 언어논리, 결론도출
	수리	30문항	25분	추세분석, 의미도출, 자료이해
	공간도식	30문항	20분	공간지각, 공간회전, 도형패턴, 도형전개
	상식	30문항	15분	경영, 경제, 정치, 인문, 사회, 문화, 역사, 과학, 기술, 포스코 관련 상식
인성검사	인성검사	375문항	50분	예/아니오 선택형

※ 2017년 하반기 기준

 ### 포스코 합격전략 코칭

- 언어는 지문이 길고 전문적인 내용이 출제되므로 다양한 분야의 글을 접하며 독해력을 기르도록 한다.
- 상식의 경우 포스코에서 생산하는 제품이나 소재·기술에 관한 문제가 출제되기도 하므로 홈페이지나 관련 뉴스를 통해 회사 상식에 대비한다.
- 수정액의 사용이 불가능하므로 수정테이프를 지참하는 것이 좋다.

26대기업 채용 리포트

현대중공업 | 창조적 개척정신과 불굴의 의지로 미래를 개척하는 글로벌 기업

현대중공업 필기전형 특징

- 일반적으로 상·하반기로 나누어 연중 2회 신입공채가 진행되지만, 2016년 하반기부터는 대규모 공채 대신 사업본부별 필수 인력만을 일부 채용하고 있다.
- 전체적인 난이도는 높지 않지만 문항 수가 많은 편이므로 시간관리가 중요하다.
- 전공 및 지원 직무에 따라 출제되는 영역이 다르므로, 자신이 어떤 시험에 응시하는지를 확인하여 출제 영역에 대비할 수 있도록 한다.

현대중공업 그룹 채용절차

지원 접수 → 서류전형 → 인적성검사 → 1차 면접 → 2차 면접 → 신체검사

현대중공업 인적성검사

구분		영역	문항 수	제한 시간	출제 유형 및 비고
직업성격검사		인성검사	470문항	50분	예/아니오 선택형
직무적성 검사	인문계·이공계 공통	언어	30문항	20분	언어추리, 독해
		수리	30문항	20분	수추리, 응용계산
		분석	30문항	20분	자료해석
		공간지각	30문항	15분	블록, 전개도
		종합상식	30문항	15분	역사상식, 경제, 경영상식, 일반상식
		종합의사결정	30문항	25분	상황판단
	이공계	공학기초시험	20문항	30분	물리, 수학, 화학 등 공학기초지식

※ 2017년 상반기 기준(계열사별 차이가 있을 수 있음)

💡 현대중공업 합격전략 코칭

- 이공계의 경우 대학교 전공기초 수준의 공학기초능력 검사를 시행하므로 해당 전공 내용을 학습하고 시험에 임하는 것이 좋다.
- 실제 직무 상황에서 생길 만한 판단력을 검사하는 종합의사결정에 대비하도록 한다.

두산 | 조직에 공헌할 능력과 의사를 가지고 이를 실천하며 자신의 능력을 끊임없이 향상시키고자 노력하는 인재

두산 필기전형 특징

- 연중 2회, 상반기 3~4월경, 하반기 9~10월경 신입공채 필기전형을 실시한다.
- 언어논리와 수리영역의 난이도가 매우 높기 때문에 난이도 있는 문제를 풀어봄으로써 이에 미리 대비하도록 한다.
- 전공 및 지원 직무에 따라 출제되는 영역이 다르므로, 자신이 어떤 시험에 응시하는지를 확인하고 출제 영역에 대비할 수 있도록 한다.

두산 그룹 채용절차

지원 접수 → 서류전형 → 두산 직무적성검사 → 실무면접 → 최종면접 → 신체검사

두산 인적성검사

구분		영역	문항 수	제한 시간	출제 유형 및 비고
기초적성 검사	공통	언어논리	30문항	30분	독해, 문법, 언어추리
		수리	30문항	30분	응용계산, 자료해석
		한자	60문항	20분	기초적인 한자
	인문상경계	언어유창성	30문항	20분	어휘, 문법
	이공계	공간지각	30문항	22분	입체도형 회전
정서역량검사			36문항	30분	-
인성검사			272문항	55분	문항군형

※ 2017년 대표계열사 기준

두산 합격전략 코칭

- 2017년 상반기에는 기초적성검사에서 언어, 수리, 공간지각만 출제하였으므로 반드시 출제 영역을 확인해 보아야 한다.
- 수리의 경우 자료해석뿐만 아니라 고등학교 수준의 기초적인 문제도 출제되므로, 수학의 기본 지식을 정리하고 다양한 문제풀이를 통해 응용력을 기르도록 한다.
- 공간지각의 경우 시험장에서 시험지를 돌리거나 찢는 행위를 부정행위로 간주하므로 주의해야 한다.

26대기업 채용 리포트

GS | 고객과 함께 내일을 꿈꾸며 새로운 삶의 가치를 창조하는 기업

GS 필기전형 특징

- 연중 2회, 상반기 3~4월경, 하반기 9~10월경 신입공채 필기전형을 실시한다.
- 시험 출제 영역에 변동이 많은 편이므로 최신 출제 경향을 파악하여 대비하도록 한다.
- 계열사에 따라 출제되는 영역이 다르므로, 자신이 어떤 시험에 응시하는지를 확인하고 출제 영역에 대비할 수 있도록 한다.

GS 그룹 채용절차

지원 접수 → 서류전형 → 집합테스트 (GSC 부합도, 직무능력검사, 한국사 시험) → 1차 면접 → 2차 면접 → 최종면접

GS 인적성검사

구분	영역	문항 수	제한 시간	출제 유형 및 비고
직무능력 검사	지각정확력	30문항	6분	지각속도, 사무지각
	판단력	20문항	12분	독해, 자료이해
	언어추리력	20문항	6분	언어추리, 논리력
	응용수리력	20문항	15분	응용계산
	수추리력	20문항	10분	수추리, 수열추리
	직무해결력	11문항	10분	–
	공간지각력	10문항	6분	전개도, 입체도형
	어휘유추력	20문항	5분	어휘
한국사 시험		5문항	10분	역사상식, 단답형 주관식
GSC WAY 부합도		375문항	50분	인성검사, 예/아니오 선택형

※ 2017년 기준(계열사별 차이가 있을 수 있음)

GS 합격전략 코칭

- 한국사 문제가 주관식으로 출제되므로, 주요 사건이나 흐름을 시대별로 정리하여 대비하도록 한다.
- 오답감점제가 있으므로 모르는 문제는 찍지 말고 넘어가는 것이 좋다.

금호아시아나 | 난관과 역경에도 굴하지 않고 목표를 달성해 내는 열정과 집념의 인재

금호아시아나 필기전형 특징

- 연중 2회, 상반기 3~4월경, 하반기 9~10월경 신입공채 필기전형을 실시한다.
- 시험지에 필기가 금지되므로 주의해야 한다. (수리능력과 추리능력의 경우 연습지로 A4 용지를 제공한다.)
- 난이도가 높은 문제에 상대적으로 높은 배점을 주므로 이를 고려하여 전략적으로 풀도록 한다.

금호아시아나 채용절차

지원 접수 → 서류전형 → 직무적성검사/한자시험 → 1차 면접 → 2차 면접

금호아시아나 인적성검사

구분	영역	문항 수	제한 시간	출제 유형 및 비고
직무적성 검사	언어능력	40문항	5분	독해, 어휘
	수리능력	30문항	12분	응용계산
	추리능력	40문항	8분	수추리
	사무지각	40문항	6분	비교, 정확성
	분석판단	30문항	7분	언어추리
	상황판단	30문항	6분	상황판단
	직무상식	40문항	6분	역사상식, 경제·경영상식, 일반상식, 영어
인성검사		210문항	40분	예/아니오 선택형
한자시험		50문항	40분	한자

※ 2017년 상반기 기준

금호아시아나 합격전략 코칭

- 문항 수에 비해 제한 시간이 매우 부족하므로 시간 관리에 중점을 두고 학습하는 것이 중요하다.
- 한자시험은 한자능력검정시험 3급 수준으로 출제되기 때문에 이와 유사한 수준의 한자를 공부해 두도록 한다.
- 오답감점제가 있으므로 모르는 문제는 찍지 말고 넘어가는 것이 좋다.
- 서류 발표 후 직무적성검사까지 매우 짧은 시간만이 주어지므로 미리 준비를 해두어야 한다.

26대기업 채용 리포트

아모레퍼시픽 | 사람 중심의 경영을 통해 사회적인 책임을 다하는 기업

아모레퍼시픽 필기전형 특징

- 연중 2회, 상반기 3~4월경, 하반기 9~10월경 신입공채 필기전형을 실시한다.
- 제한 시간 내에 모든 문제를 풀기는 어려우므로 정답률이 중요한 시험이다.
- 창의력은 답이 정해져 있는 것이 아니기 때문에 여러 관점에서 독창적인 시각으로 대응하는 것이 중요하다.

아모레퍼시픽 그룹 채용절차

지원 접수 → 서류전형 → 인적성검사 → 1차 면접 → 2차 면접

아모레퍼시픽 인적성검사

구분	영역	문항 수	제한 시간	출제 유형 및 비고
적성검사	지각정확력	30문항	6분	지각속도, 사무지각
	언어유추력	20문항	5분	어휘력
	언어추리력	20문항	5분	언어추리, 논리게임
	공간지각력	20문항	8분	전개도, 입체도형
	판단력	20문항	12분	독해, 자료이해
	응용계산력	20문항	12분	응용계산
	수추리력	20문항	10분	수추리
	한국사	10문항	5분	역사상식
	창의력	1문항	6분	–
인성검사		345문항	40분	예/아니오 선택형

※ 2017년 기준

아모레퍼시픽 합격전략 코칭

- 시간이 매우 부족하므로 모르는 문제는 빠르게 넘어가고 아는 문제 위주로 풀어야 한다.
- 필기도구는 컴퓨터용 사인펜만 사용이 가능하기 때문에 사인펜으로 문제를 풀어봄으로써 이에 적응할 필요가 있다.
- 오답감점제가 있으므로 모르는 문제는 찍지 말고 넘어가는 것이 좋다.

이랜드 | 성숙한 인격과 탁월한 능력으로 고객을 섬길 수 있는, 열정과 책임감을 갖춘 글로벌 인재

이랜드 필기전형 특징

- 일반적으로 상·하반기로 나누어 연중 2회 신입공채가 진행된다.
- 시험지에 필기를 금하는 대신, 연습지로 A4 용지를 제공하므로 이에 익숙해지도록 연습지를 활용해 문제를 푸는 연습을 하도록 한다.
- 회사 내에서 발생할 수 있는 상황을 주고, 적절한 행동과 부적절한 행동을 선택하는 상황판단검사가 출제된다.
- 직무적성검사는 합격 커트라인이 있으므로 최소 절반 이상은 맞추어야 한다는 것을 염두에 두도록 한다.

이랜드 그룹 채용절차

지원 접수 → 서류전형 → 직무적성검사 → 1차 면접 → 2차 면접 → 3차 면접

이랜드 인적성검사

구분		영역	문항 수	제한 시간	출제 유형 및 비고
인재기초정보검사			약 70문항	40분	–
직무적성검사	언어비평	언어추론	20문항	10분	언어추리
		독해	25문항	22분	독해
	수리비평	자료해석	25문항	24분	자료해석, 응용계산
상황판단검사		실용지능	32문항	45분	상황판단
		정서·사회지능			
인성유형검사		인성검사+강점혁명검사	462문항	60분	점수 척도형

※ 2016년 기준

이랜드 합격전략 코칭

- 문제의 난이도가 높지 않으므로 제한 시간 내에 최대한 많은 문제를 빠르게 푸는 연습을 하도록 한다.
- 인성적 측면에 대한 검사가 다른 기업에 비해 많은 편이므로 회사의 인재상과 핵심가치에 대해 미리 파악해두는 것이 좋다.
- 필기시험 후 온라인에서 강점혁명검사를 실시한다. 홈페이지에 직접 결과를 입력해야 완료되므로, 이를 잊지 말고 완료하도록 한다.

26대기업 채용 리포트

코오롱 | One&Only Way를 실현하는 인재

코오롱 필기전형 특징

- 연중 2회, 상반기 3~4월경, 하반기 9~10월경 신입공채 필기전형을 실시한다.
- 시험 전, 영역별로 예시문제를 풀어볼 수 있으므로 이 시간에 문제의 유형 및 원리를 파악하는 것이 중요하다.
- 도형의 경우 시험지를 돌리거나 찢는 행위는 부정행위로 간주하므로 이를 주의해야 한다.

코오롱 그룹 채용절차

지원 접수 → 서류전형 → 인적성검사 LSIT → 1차 면접 → 2차 면접 → 신체검사

코오롱 인적성검사

구분	영역	문항 수	제한 시간	출제 유형 및 비고
적성검사 (PART 1)	언어	30문항	35분	독해, 언어추리
	수리	25문항	35분	응용계산, 자료해석
	도형	25문항	25분	도형추리
인성검사 (PART 2)	인성검사	-	60분	문항균형
	상황판단검사			상황판단

※ 2016년 기준

💡 코오롱 합격전략 코칭

- 언어의 경우 코오롱 그룹 및 계열사와 관련된 내용이 출제되므로, 관련 기사를 찾아보고 가는 것이 좋다.
- 도형은 유형이 자주 바뀌므로 다양한 유형의 문제를 풀어보아야 한다.
- 필기구 사용 금지에 대비하기 위해 평소에도 펜을 사용하지 않고 문제를 풀어봄으로써 이에 익숙해지도록 한다.
- 적성검사는 영역 및 유형이 반복적으로 출제되는 패턴을 보이며, 난이도가 높지 않은 편이므로 제한 시간 내 최대한 많이 득점할 수 있도록 한다.

S-OIL | 국제적 감각과 자질을 지니고 건전한 가치관과 윤리의식을 가진 인재

S-OIL 필기전형 특징

- 연중 2회, 상반기 3~4월경, 하반기 9~10월경 신입공채 필기전형을 실시한다.
- 2016년 상반기까지는 TOCT 유형의 시험을 시행하였으나 2016년 하반기부터 시험 구성이 전면 개편되었다.
- 생산직과 그 외 직군의 인적성검사가 다르므로, 자신이 어떤 시험에 응시하는지를 확인하고 출제 영역에 대비할 수 있도록 한다.

S-OIL 그룹 채용절차

지원 접수 → 서류전형 → S-OIL 인적성검사 → 1차 면접 → 2차 면접 → 신체검사

S-OIL 인적성검사

구분	영역		문항 수	제한 시간	출제 유형 및 비고
적성검사	언어력	독해력	25문항	35분	장문독해
	수리력	수열추리	30문항	35분	자료해석, 수추리
		자료해석			
		창의수리			
	도형추리력		25문항	25분	도형추리
인성검사			103문항	50분	점수 척도형

※ 2016년 기준

 S-OIL 합격전략 코칭

- 언어력은 지문의 길이가 긴 편이기 때문에 다양한 분야의 글을 읽어 독해력을 기르도록 한다.
- 수리력의 경우 수학의 기본원리를 바탕으로 문제에 접근하는 능력을 측정하는 문제가 출제되므로 기본적인 공식은 미리 파악해 두도록 한다.
- 오답감점제가 있으므로 모르는 문제는 찍지 말고 넘어가는 것이 좋다.

26대기업 채용 리포트

LF | 라이프스타일 기업으로 성장하고 있는 LF에서 함께 성장을 원하는 열정과 창의성을 갖춘 인재

LF 필기전형 특징

- 연중 2회, 상반기 3~4월경, 하반기 9~10월경 신입공채 필기전형을 실시한다.
- 글로벌역량을 평가하기 위한 영어면접과 프레젠테이션 형식으로 진행되는 전문성 면접이 진행된다.

LF 그룹 채용절차

지원 접수 → 서류전형 → LFAT 인적성검사 → 실무면접 → 임원면접 → 채용 검진

LF 인적성검사

구분	영역	문항 수	제한 시간	출제 유형 및 비고
적성검사	언어	50문항	25분	문장배열, 독해
	수리	25문항	35분	응용계산, 수열, 자료해석
	추리	35문항	40분	수추리, 언어추리, 도형추리
직무적합성검사		7문항	40분	상황판단능력, 문제해결력 서술형
인성검사		400문항	40분	-

※ 2017년 기준

LF 합격전략 코칭

- 언어는 평이한 수준으로 출제되나 장문독해 중심이므로 여러 유형의 독해 문제를 연습해두도록 한다.
- 수리영역의 경우 난이도가 높고 숫자가 복잡하므로 이에 대비하여 난이도 높은 문제들을 풀도록 한다.
- 직무적합성검사는 논술형질문이 출제되는데 LF의 브랜드 이미지와 미션 등 기업과 연관된 질문이 제시된다. 따라서 LF 그룹에 대한 기업 분석을 토대로 LF의 방향성과 목표를 알아두는 것이 좋다.

LS | 함께하여 더 큰 가치를 만들어 내는 기업

LS 필기전형 특징

- 일반적으로 상·하반기로 나누어 연중 2회 신입공채가 진행된다.
- 계열사 및 지원 직무에 따라 출제 영역과 전형 절차가 다르므로, 자신이 어떤 시험에 응시하는지를 확인하고 출제 영역에 대비할 수 있도록 한다.
- 인적성검사는 S, A, B, C, D 다섯 등급으로 점수가 매겨지며, B등급 이상의 평가를 받으면 합격이다.

LS 그룹 채용절차

지원 접수 → 서류전형 → LS 인적성검사 → 1차 면접 → 2차 면접

LS 인적성검사

구분	영역		문항 수	제한 시간	출제 유형 및 비고
인성검사			400문항	30분	–
적성검사	공통	언어	30문항	20분	어휘, 독해
		수리	30문항	25분	자료해석, 수문자 추리
		집중력	30문항	10분	지각속도, 실무지각
	계열사/직무에 따라 상이	공간지각	30문항	15분	전개도, 블록, 입체도형
		문제해결	30문항	20분	독해, 자료분석, 업무진행판단
		시스템관리	30문항	30분	–

※ 2016년 기준

 ### LS 합격전략 코칭

- LS 인적성검사는 문제해결 영역이 당락을 좌우하므로 해당 영역에 대한 별도의 대비가 필요하다.
- 시기마다 계열사 또는 직군별로 출제유형 변화가 있는 편이므로 여러 영역을 두루 학습하여 실전력을 기르도록 한다.

26대기업 채용 리포트

효성 | 최고의 기술과 경영 역량을 바탕으로 인류의 보다 나은 생활을 선도하는 기업

효성 필기전형 특징

- 일반적으로 상·하반기로 나누어 연중 2회 신입공채가 진행된다.
- 인적성검사로 하위 10~20%를 걸러낸다.
- 컴퓨터용 사인펜과 수정테이프를 제공하지 않으므로 미리 준비해 가는 것이 좋다.

효성 그룹 채용절차

지원 접수 → 서류전형 → 효성 인적성검사 → 면접전형 → 신체검사

효성 인적성검사

구분	영역	문항 수	제한 시간	출제 유형 및 비고
인성검사		345문항	50분	예/아니오 선택형
직무적성검사	지각정확성	30문항	6분	지각속도
	언어유추력	20문항	5분	어휘관계 유추
	언어추리력	20문항	7분	언어추리(명제, 삼단논법)
	공간지각력	20문항	8분	전개도
	판단력	20문항	12분	독해, 자료해석
	응용계산력	20문항	12분	응용계산
	수추리력	20문항	10분	수추리
	창의력	1문항	6분	-

※ 2016년 기준

효성 합격전략 코칭

- 언어유추력은 생소한 어휘들이 출제되기도 하므로, 평소에 어려운 어휘에 대한 정리를 해두도록 한다.
- 창의력은 답이 정해져 있는 것이 아니기 때문에 여러 관점에서 창의적인 눈으로 접근해야 한다. 제시된 도형을 보고 연상되는 사물이 아닌 그 용도를 답해야 하는 문제임을 주의한다.
- 주어진 시간에 비해 문항 수가 많으므로 빠르게 풀어야 하지만, 오답감점제가 있기 때문에 모르는 문제는 찍지 말고 넘어가는 것이 좋다.

대림 | 한숲정신으로 쾌적하고 풍요로운 세상을 만들어갈 인재

대림 필기전형 특징

- 일반적으로 상·하반기로 나누어 연중 2회 신입공채가 진행된다.
- 각 지원 분야별로 출제 영역이 다르므로, 자신이 어떤 시험에 응시하는지를 확인하고 출제 영역에 대비할 수 있도록 한다.

| 대림 그룹 채용절차 |

지원 접수 → 서류전형 → 대림 인적성검사 → 1차 면접 → 2차 면접 → 건강검진

| 대림 인적성검사 |

구분		영역	문항 수	제한 시간	출제 유형 및 비고
인성검사			250문항	30분	예/아니오 선택형
적성 검사	직무 공통	언어	30문항	20분	독해, 언어추리
		수리	30문항	20분	응용계산, 수추리
		문제해결	30문항	25분	도표, 통계, 자료해석 등
	직무 특화	시스템관리	30문항	15분	엔지니어 직군
		사무지각	30문항	15분	경영지원 직군
		자료해석	30문항	15분	Trading/영업 직군

※ 2016년 기준

 ### 대림 합격전략 코칭

- 최근, 출제 영역 및 유형이 몇 차례 바뀌었음을 고려하여 다양한 문제들을 풀어보도록 한다.
- 2016년 하반기부터 오답감점제를 도입하였으므로 모르는 문제는 찍지 말고 넘어가는 것이 좋다.

26대기업 채용 리포트

삼양 | 성실하고 변화에 유연하며 스스로 성장하는 자질을 갖춘 인재

삼양 필기전형 특징

- 연중 2회, 상반기 3~4월경, 하반기 9~10월경 신입공채 필기전형을 실시한다.
- 2017년 상반기부터 삼양 My way(에세이) 영역이 신설되었으므로 해당 지원에 포함 여부를 확인한다.
- 시험지에 필기가 불가능한 대신, 별도의 연습지를 배부하므로 사전에 연습하는 것이 좋다.

삼양 그룹 채용절차

지원 접수 → 서류전형 → 삼양 인적성검사 → 면접전형 → 채용 검진 → 직무적합성평가 (인턴실습)

삼양 인적성검사

구분	영역	문항 수	제한 시간	출제 유형 및 비고
	한국사	10문항	20분	–
	한자	10문항		–
적성검사	언어	40문항	5분	어휘, 독해, 문법
	수리	30문항	12분	응용계산, 자료해석
	추리	40문항	7분	수문자 추리, 도식추리
	사무지각	40문항	7분	지각속도
	분석판단력	30문항	7분	언어추리
	상황판단	40문항	7분	–
	직무상식 및 영어	40문항	7분	일반상식
인성검사		210문항	20분	예/아니오 선택형
삼양 My way		5문항	50분	짧은 에세이

※ 2017년 기준

삼양 합격전략 코칭

- 오답감점제가 있으므로 모르는 문제는 찍지 않는 것이 좋다. (다만 한자와 한국사는 오답 감점이 없다.)
- 시간이 매우 부족하기 때문에 자신이 있는 문제부터 공략하는 것이 중요하다.
- 삼양 My way는 답이 정해져 있는 것이 아니라 본인이 어떤 사람인지에 대해 자유롭게 답하는 문제이다. 추후 면접 자료로 활용될 수 있다고 하니 솔직하게 적도록 한다.

샘표 | 우리 맛을 통해 한식의 진정한 가치를 전 세계에 널리 알리는 기업

샘표 필기전형 특징

- 연중 2회, 상반기 3~4월경, 하반기 9~10월경 신입공채 필기전형을 실시한다.
- 식품업계 중에서 가장 많은 인원이 적성검사를 응시하는 기업이므로 동일 업계 내 경쟁력이 높은 편이다.

샘표 그룹 채용절차

지원 접수 → 서류전형 → 샘표 인적성검사 → 면접전형 → 건강검진

샘표 인적성검사

구분	영역	문항 수	제한 시간	출제 유형 및 비고
적성검사	언어	20문항	20분	독해, 언어추리
	수리	20문항	20분	응용계산, 자료해석
	도형	20문항	25분	도형추리
인성검사		340문항	50분	-

※ 2017년 하반기 기준

 ### 샘표 합격전략 코칭

- 시험장에서 컴퓨터용 사인펜을 제외한 필기구는 사용할 수 없으므로, 평소 사인펜으로 문제를 푸는 연습을 하는 것이 좋다.
- 인성검사는 5단계로 나눠진 응답을 먼저 고르고, 그 중 두 개를 골라 '멀다'와 '가깝다'를 체크해야 한다. 이는 시간이 꽤 오래 걸리는 평가 방식이므로 시간 관리가 중요하다.

26대기업 채용 리포트

SPC | SPC Way를 실천하고 현장 중심의 실행력과 전문성을 갖춘 SPC형 인재

SPC 필기전형 특징

- 일반적으로 상·하반기로 나누어 연중 2회 신입공채가 진행되나 계열사별로 나누어 진행하는 경우도 있다.
- 난이도가 낮고 오답에 대한 감점이 없으므로, 시간 조절에 유의하여 문제를 풀어 나가도록 한다.

SPC 그룹 채용절차

지원 접수 → 서류전형 → 역량검사 → 실무면접, TEST 전형 → 임원면접

SPC 인적성검사

구분	영역	문항 수	제한 시간	출제 유형 및 비고
적성검사	언어	30문항	20분	독해, 빈칸, 어휘 등
	수리	30문항	25분	자료해석
	사무	30문항	15분	사무지각, 지각속도
	디자인	-	-	디자인역량검사
인성검사				

※ 2016년 기준

SPC 합격전략 코칭

- 디자인역량검사는 일종의 시각테스트이다. 예를 들어 '4개의 이미지 중 가장 역동적인 음악을 표현하고 있는 것은?', '다음 중 매장이 가장 넓어보이게 배치한 사진은?', '단맛이 느껴지는 색깔은?' 등의 질문으로 사업 영역 디자인 능력을 평가한다.
- SPC그룹 계열사인 식품 관련 브랜드와 관련된 문제가 나오기도 하므로 계열사 소식을 홈페이지 등을 통해 알아두는 것이 좋다.
- 적성검사는 다른 기업에 비해 난이도가 낮은 편이므로 정확성을 높이는 연습을 하도록 한다.

하나은행 | 비전 달성을 위한 전문역량과 리더십을 겸비한 리더형 인재

하나은행 필기전형 특징

- 일반적으로 상·하반기로 나누어 연중 2회 신입공채가 진행된다.
- 별도의 자리배치를 하지 않고 도착한 순에 따라 자유롭게 좌석을 선택하는 방식이므로, 시험장에 일찍 도착하여 원하는 자리를 택하도록 한다.

하나은행 채용절차

지원 접수 → 서류전형 → 인적성검사 → 1차면접 → 임원 면접

하나은행 인적성검사

구분	영역	문항 수	제한 시간	출제 유형 및 비고
적성검사	지각정확력	15문항	6분	지각속도
	언어추리력	20문항	6분	언어추리
	어휘유추력	20문항	10분	어휘관계 유추
	판단력	20문항	12분	독해
	응용수리력	20문항	12분	응용계산, 자료해석
	수추리력	15문항	10분	수·문자 추리
	공간지각력	20문항	13분	전개도, 입체도형
	창의력	1문항	6분	
인성검사		345문항	40분	예/아니오 선택형
상식검사		35문항	25분	한국사, 일반 상식

※ 2016년 기준

 ### 하나은행 합격전략 코칭

- 상식의 경우 경제·역사·스포츠·과학·예술 등 다양한 분야에서 출제되므로, 이에 미리 대비하도록 한다.
- 오답감점제가 있으므로 모르는 문제는 찍지 말고 넘어가는 것이 좋다.

26대기업 채용 리포트

신한은행 | '금융의 힘으로 세상을 이롭게 하자'는 신한은행의 미션을 수행할 성장형 인재

신한은행 필기전형 특징

- 일반적으로 상·하반기로 나누어 연중 2회 신입공채가 진행된다.
- 채용 분야별로 전형 절차가 다르므로 이를 확인하고 준비할 수 있도록 한다.

신한은행 채용절차

지원 접수 → 서류전형 → 1차면접, 적성검사 → 채용검진 → 2차면접, 인성검사

신한은행 인적성검사

구분	영역	문항 수	제한 시간	출제 유형 및 비고
적성검사	지각정확력	30문항	6분	지각속도
	언어추리력	20문항	5분	언어추리
	어휘유추력	20문항	5분	어휘
	판단력	20문항	12분	독해
	응용수리력	20문항	12분	응용계산, 자료해석
	수추리력	20문항	10분	수·문자 추리
	공간지각력	20문항	8분	전개도
	창의력	1문항	6분	-

※ 2016년 기준

 ### 신한은행 합격전략 코칭

- 오답에 대한 감점은 없지만 짧은 시간 내에 많은 문제를 풀어야 하므로, 평소 이에 대한 연습을 충분히 하도록 한다.

국민은행 | 대한민국 금융을 선도하는 국민은행에서 은행의 미래를 이끌어 갈 현장 맞춤형 인재

국민은행 필기전형 특징
- 일반적으로 상·하반기로 나누어 연중 2회 신입공채가 진행된다.
- 논술 문제와 객관식 문제가 모두 출제되므로 이에 대비하도록 한다.

국민은행 채용절차

지원 접수 → 서류전형 → 필기전형 → 1차면접 → 2차면접

국민은행 인적성검사

구분	영역	문항 수	제한 시간	출제 유형 및 비고
주관식		1문항	60분	–
인적성검사	국어	50문항	60분	객관식
	경제			
	금융			
	국사			
	상식			

※ 2017년 하반기 기준

국민은행 합격전략 코칭

- 주관식의 경우 주제를 주고 A4용지 분량으로 이를 논하는 문제가 출제된다. 수정테이프와 수정액의 사용이 금지되는 대신, 연습지를 제공해 주므로 시험지가 지저분해지지 않도록 따로 정리한 후 써나가는 연습을 해야 한다.
- 금융 기업이므로 금융 관련 경제 상식을 알아두어야 한다.

직무적성 언어 학습가이드

직무적성 언어 기초능력 알아보기

- **기본내용 파악** ▶ 문법적 기초 지식, 맞춤법 및 표기법, 우리말과 한자어의 이해 등
- **분석적 이해** ▶ 주어진 정보 파악, 핵심 논지 파악, 정보 관계 파악 등
- **추론적 이해** ▶ 분석적 이해를 토대로 주어지지 않은 정보까지 유추하여 파악
- **비판적 이해** ▶ 비판과 비난을 구분하고, 내용의 옳고 그름을 객관적으로 파악
- **창의적 이해** ▶ 언어의 종합적인 사고력과 합리적 판단으로 주어진 글을 논리적으로 확장

대기업 직무적성 언어 출제 비중

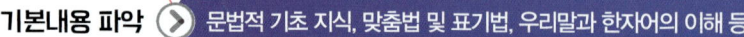

- 독해 70%
- 어휘 20%
- 문법 10%

독해
26대기업에서 모두 출제되는 유형으로 가장 높은 비중을 차지한다.
경제, 경영, 사회, 과학기술, 문화 등 다양한 분야의 지문이 옳고 그름 찾기, 주제 찾기, 순서 배열하기, 빈칸 채우기 등 여러 형태로 출제되고 있다. 각 기업 이슈와 관련된 내용을 지문으로 출제하는 경우도 있다.
짧은 지문에서부터 긴 지문까지 여러 유형의 문제연습을 통해 짧은 시간 안에 문제의 핵심을 짚어내는 능력을 키워야 한다.

어휘
어휘를 채택하는 기업에서는 적은 분량이어도 어휘 문제를 꼭 출제하고 있다.
유의어, 반의어, 다의어 등 어휘의 관계와 뜻을 파악하는 것이 중요하다.
제시되는 어휘 자체의 수준은 높지 않아도, 혼동하기 쉬운 선택지가 배열된다.

문법
출제되는 기업은 적은 편이나 직장생활에서 필요한 맞춤법, 높임법 등을 묻는 문제들이 출제된다.
우리말의 올바른 이해 및 표현에 대한 기본적 지식을 쌓아두도록 한다.

26대기업 언어 출제유형 분류

구분	어휘	독해	문법	구분	어휘	독해	문법
삼성	○	○		이랜드		○	
현대자동차		○	○	코오롱		○	
LG		○	○	S-OIL		○	
SK		○		LF	○	○	
CJ	○	○		LS		○	
롯데		○		효성		○	
KT	○	○	○	대림		○	
포스코		○	○	삼양	○	○	
현대중공업		○		샘표		○	
두산	○	○		SPC		○	
GS	○	○		하나은행		○	
금호아시아나	○	○	○	신한은행	○	○	
아모레퍼시픽	○	○		국민은행	○	○	○

📖 HOW TO PASS! 언어 학습 공략!

- 영역별 과락이 있고, 무답률과 오답률이 반영되므로 감점에 유의한다.
- 여러 기업의 기출문제와 유사한 문제를 최대한 많이 풀어보아야 한다.
- 다양한 분야의 글을 접하며 핵심을 정확히 파악하는 연습을 해두어야 한다.
- 시사와 관련한 주제가 출제되기도 하므로, 신문을 읽는 습관을 들이자. 헤드라인에 걸맞은 내용인지 판단하는 비판적 사고까지 함양시키며, 모르는 단어는 사전 검색으로 예문과 함께 익혀두도록 한다.

Structure

기본부터 완성까지 단계별 구성

빈출예제	STEP 1	대기업 직무적성검사에서 자주 출제되는 필수 유형을 연습한다.
Part 1 Theme 01 Basic 기본문제	STEP 2	기본을 다지고 풀이법을 익히는 문제들로 연습한다.
Part 1 Theme 01 Advance 발전문제	STEP 3	난이도 높은 실전유형 문제를 풀면서 실력을 향상시키도록 연습한다.
Part 1 실력다지기	STEP 4	파트 통합형 문제로 해당 파트의 여러 유형을 함께 점검한다.
Final Test	STEP 5	모든 파트를 마무리한 후 최종 실력 점검으로 실전에 대비한다.

정확한 답과 친절한 해설

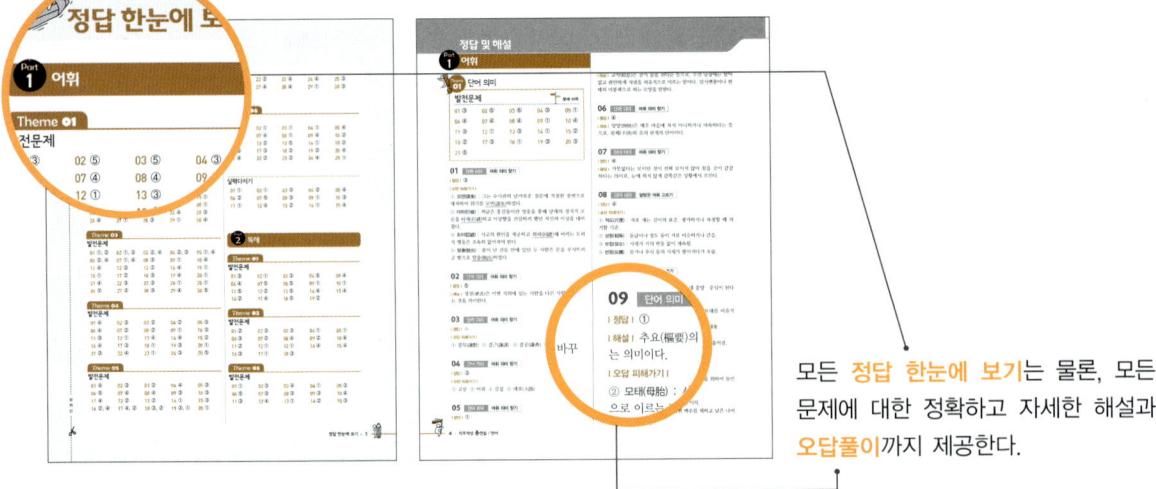

모든 **정답 한눈에 보기**는 물론, 모든 문제에 대한 정확하고 자세한 해설과 **오답풀이**까지 제공한다.

구성과 특징

Fundamental concept

빈출예제 특강

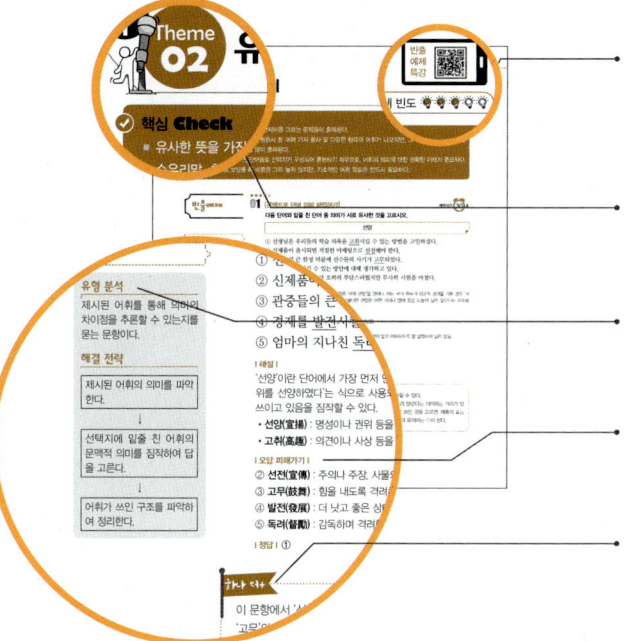

빈출예제 무료 특강
스마트폰 QR코드를 연결하면 테마별 빈출예제 특강을 볼 수 있다.

핵심 Check
해당 테마의 기본적인 유형 설명이나 학습방향 등을 안내한다.

유형분석과 해결전략
각 빈출예제별로 유형설명과 해결전략을 제시한다.

오답 피해가기
각 선택지에서 탈락된 오답에 대한 설명으로 이해도를 높인다.

하나 더+
빈출예제와 연결되는 이론 및 보충자료를 함께 학습한다.

Point & Speed Lesson

「빨리 푸는 비법」특강

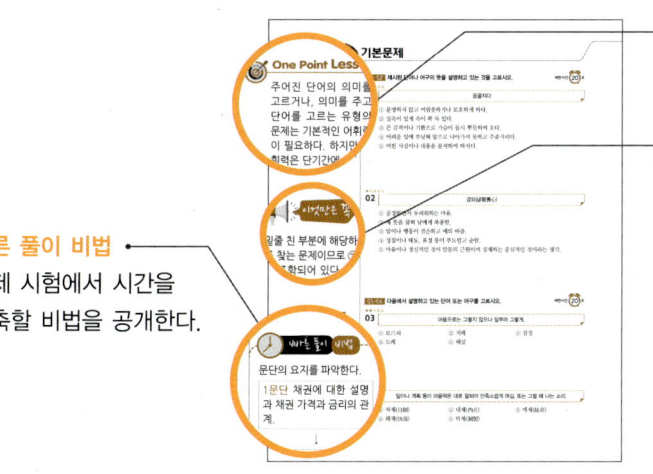

One Point Lesson
해당 문제에 대한 핵심 사항을 짚어준다.

이것만은 꼭
반드시 알아두어야 할 알짜 팁을 콕콕 짚어 준다.

빠른 풀이 비법
실제 시험에서 시간을 단축할 비법을 공개한다.

Contents

Part 1 어휘

Theme 01	단어 의미	4
Theme 02	유의어	14
Theme 03	반의어	24
Theme 04	다의어	34
Theme 05	단어 관계	44
Theme 06	한자어	54

Part 1 실력다지기   66

Part 2 독해

Theme 01	주제 및 중심내용	72
Theme 02	세부내용 파악	96
Theme 03	올바른 추론	122
Theme 04	글의 구조 파악	142
Theme 05	반론 · 평가 · 수정	158
Theme 06	빈칸 채우기	176
Theme 07	개요 · 보고서	196
Theme 08	문장 · 문단배열	214
Theme 09	직무해결	234

Part 2 실력다지기   256

Part 3 문법

Theme 01	어법	268
Theme 02	올바른 표현	278

Part 3 실력다지기   286

Final Test   파이널 테스트   290

정답 및 해설

다음 장부터
직무적성검사 수험서
혁명은 시작됩니다.

PART 1
어휘

Theme 01 단어 의미
Theme 02 유의어
Theme 03 반의어
Theme 04 다의어
Theme 05 단어 관계
Theme 06 한자어

최근 출제 경향

어휘는 의사의 소통과 정보의 이해에 있어서 가장 기본적인 요소이다. 어휘 파트의 출제 비중이 전반적으로 낮아졌다는 평이 있기도 하지만 문항 수가 약간 줄었다는 것일 뿐, 학습할 내용이 줄었거나 난이도가 낮아진 것은 아니다. 오히려 기업에 따라서는 세련과 고급화로 무장한 어휘 문제들이 등장하고 있다.

어휘는 쉬워 보이면서도 그 의미나 용례를 정확히 알지 못하면 정답 선택이 어려운 경우가 대부분이다. 더구나 짧은 시간으로 응시생들을 압박하기 때문에 출제 가능성이 높은 어휘들을 많이 익혀 두어야 한다. 물론 세상에 존재하는 모든 어휘를 달달 외울 수는 없고, 그럴 필요도 없다. 그저 기출문제에 나오는 어휘들만이라도 꼼꼼하게 익혀 두고, 다양한 문제 유형에 익숙해지면 된다. 근래에는 기업들이 변별력을 가리기 위해 문제집에 없는 어휘를 찾아 출제하고 있지만, 걱정할 필요 없다. 유형에 익숙해지면 모르는 어휘가 섞여 있어도 선택지에서 힌트를 얻거나 유추하여 정답을 고를 수 있기 때문이다.

어휘는 장문 독해나 신유형인 직무해결 등에 복합적으로 출제되기도 하므로, 놓치지 말고 중요하게 학습하도록 한다.

테마별 출제 비중

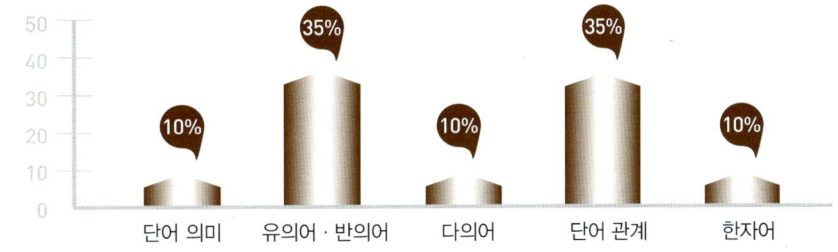

주요 출제 기업

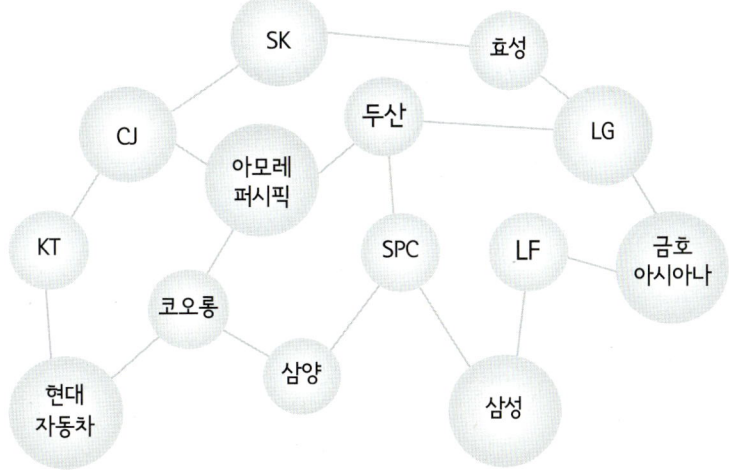

Part 1

Theme 01 단어 의미

출제 빈도 💡💡○○○

✓ 핵심 Check

- 제시된 단어의 의미를 찾는 문제나 빈칸 안에 들어갈 단어나 어구를 고르는 문제들이 출제된다.
- 형태와 의미가 유사한 단어들로 선택지가 구성되어 있어 혼동하기 쉽지만, 기본적인 어휘력이 있다면 어렵지 않게 풀 수 있을 것이다.
- 하지만 정답률을 높이려면 기초적인 어휘뿐 아니라 생소한 어휘도 학습할 필요가 있으므로, 평상시에 모르는 단어는 그 의미를 찾아보는 습관을 들이는 것이 좋다.

빈출예제

01 [어휘 의미 찾기] ★★☆☆☆   제한시간 10초

다음 제시된 단어나 어구의 뜻을 설명하고 있는 것을 고르시오.

찐덥다

① 끊으려 해도 끊어지지 않는다.
② 야무지고 실속이 있다.
③ 꼭 붙어서 떨어지지 않는다.
④ 마음에 흐뭇하고 반갑다.
⑤ 믿고 싶은 마음이 생기다.

| 해설 |
'찐덥다'는 '남을 대하기가 마음에 흐뭇하고 만족스럽다', '마음에 거리낌 없고 떳떳하다.'를 의미한다.

| 정답 | ④

[2016 삼양]

유형 분석
어휘의 적절한 의미를 찾을 수 있는지를 묻는 문항이다.

해결 전략
평소 다양한 어휘를 사용하며 익숙해 지도록 노력해야 한다.

---

02 [문맥에 맞는 어휘 고르기] ★☆☆☆☆   제한시간 10초

다음 괄호 안에 들어갈 말로 가장 알맞은 것을 고르시오.

영희는 책값을 ( )(으)로 어머니께 2만5천 원을 받아냈다.

① 원인   ② 대용   ③ 빌미
④ 기인   ⑤ 차용

| 해설 |
'원인, 빌미, 기인'은 모두 어떤 일을 일어나게 하는 것을 말하므로 모두 비슷한 의미로 쓰인다. 하지만 직접적으로 문장에 넣어 문맥상으로 가장 적절한 것은 '빌미'이다.

| 오답 피해가기 |
기인은 주로 '~에 기인하다, ~에 기인되다'의 형태로 쓰인다.

| 정답 | ③

유형 분석
문장에 어울리는 단어를 고를 수 있는지를 묻는 문항이다.

해결 전략
비슷한 의미를 가진 단어들이 선택지에 있을 경우, 무엇이 정답인지 헷갈리기 쉽다. 따라서 단어를 문장에 직접 넣어 보면서 문맥상의 의미를 파악해 보아야 한다.

03 [빈칸 채우기]

★★★☆☆

제시된 문장에서 사용이 적절하지 않은 단어를 고르시오.

 제한시간 40초

2017 삼성

- 그 스님은 궁극적인 진리를 (   ) 하신 분이다.
- 생활한복은 현대인이 편리하게 생활할 수 있도록 (   )하여 만들어졌다.
- 시험에 합격하기 위해 (   )으로 기도하고 있다.
- 집안이 (   )하여 아르바이트로 학비를 충당하고 있다.
- 나는 (   )를 이겨내고 이 분야 최고의 인물이 될 것이다.

① 개간(開墾) ② 고안(考案) ③ 고간(苦懇)
④ 개안(開眼) ⑤ 간고(艱苦)

| 해설 |
- 그 스님은 궁극적인 진리를 개안하신 분이다.
- 생활한복은 현대인이 편리하게 생활할 수 있도록 고안하여 만들어졌다.
- 시험에 합격하기 위해 고간으로 기도하고 있다.
- 집안이 간고하여 아르바이트로 학비를 충당하고 있다.
- 나는 간고를 이겨내고 이 분야 최고의 인물이 될 것이다.

① 개간(開墾) : 거친 땅이나 버려 둔 땅을 일구어 논밭이나 쓸모 있는 땅으로 만듦.

| 정답 | ①

유형 분석
주어진 문장에 들어갈 적절한 단어를 고를 수 있는지를 묻는 문항이다.

해결 전략
문장을 읽으면서 빈칸에 알맞는 단어를 채우고, 확실한 선택지는 바로 제외시키며 답을 좁혀 나간다. 마지막으로, 몰랐던 단어는 정리하여 자신의 것으로 만든다.

오답 피해가기
② 고안(考案) : 연구하여 새로운 안을 생각해 냄.
③ 고간(苦懇) : 몹시 간절하게 바람.
④ 개안(開眼) : 깨달아 아는 일.
⑤ 간고(艱苦) : 가난하고 고생스러움.

---

04 [빈칸 채우기]

★★★☆☆

빈칸에 들어갈 단어로 가장 적절한 것을 고르시오.

 제한시간 50초

17세기 초 갈릴레이는 당시로서는 배율이 가장 높은 망원경을 사용하여 달을 (㉠)한 뒤, 달에서 산과 계곡을 (㉡)했다고 보고했다. 그러나 당시 아리스토텔레스의 추종자들은 갈릴레이의 망원경이 달을 있는 그대로 보여 준다는 것을 믿을 수 없다고 (㉢)했다. 이러한 반대는 더 높은 배율의 망원경이 개발되고, 아리스토텔레스의 천상계의 완전성 개념이 무너질 때까지 수십 년간 (㉣)되었다.

| 보기 |
ⓐ 개척 ⓑ 지속 ⓒ 발명 ⓓ 주장 ⓔ 발견 ⓕ 전파 ⓖ 관측 ⓗ 계측

	㉠	㉡	㉢	㉣
①	ⓐ	ⓒ	ⓔ	ⓖ
②	ⓑ	ⓔ	ⓖ	ⓗ
③	ⓒ	ⓗ	ⓐ	ⓗ
④	ⓖ	ⓔ	ⓓ	ⓑ
⑤	ⓗ	ⓒ	ⓕ	ⓐ

| 해설 |
ⓑ 지속(持續) : 어떤 상태가 오래 계속됨. 또는 어떤 상태를 오래 계속함.
ⓓ 주장(主張) : 자기의 의견이나 주의를 굳게 내세움. 또는 그런 의견이나 주의.
ⓔ 발견(發見) : 미처 찾아내지 못하였거나 아직 알려지지 아니한 사물이나 현상, 사실 등을 찾아냄.
ⓖ 관측(觀測) : 육안이나 기계로 자연 현상 특히 천체나 기상의 상태, 추이, 변화 등을 관찰하여 측정하는 일.
단어의 의미를 토대로 빈칸에 들어갈 알맞은 말을 순서대로 나열하면 ㉠ 관측, ㉡ 발견, ㉢ 주장, ㉣ 지속이 적절하다.

| 정답 | ④

유형 분석
주어진 문장에 들어갈 적절한 단어를 고를 수 있는지를 묻는 문항이다.

오답 피해가기
ⓐ 개척(開拓) : 새로운 영역, 운명, 진로 따위를 처음으로 열어 나감.
ⓒ 발명(發明) : 아직까지 없던 기술이나 물건을 새로 생각하여 만들어 냄.
ⓕ 전파(傳播) : 전하여 널리 퍼뜨림.
ⓗ 계측(計測) : 시간이나 물건의 양 따위를 헤아리거나 잼.

Part 1

Theme 01 Basic 기본문제

01~02 제시된 단어나 어구의 뜻을 설명하고 있는 것을 고르시오. 　제한시간 20초

One Point Lesson

주어진 단어의 의미를 고르거나, 의미를 주고 단어를 고르는 유형의 문제는 기본적인 어휘력이 필요하다. 하지만 어휘력은 단기간에 길러지지 않으며, 모든 어휘를 암기할 수도 없기 때문에 기출문제 위주로 학습하는 것이 좋다.

01 　옹골지다

① 분명하지 않고 어렴풋하거나 모호하게 하다.
② 실속이 있게 속이 꽉 차 있다.
③ 큰 감격이나 기쁨으로 가슴이 몹시 뿌듯하여 오다.
④ 어려운 일에 부딪혀 앞으로 나아가지 못하고 주춤거리다.
⑤ 어떤 사실이나 내용을 분석하여 따지다.

02 　경외심(敬畏心)

① 공경하면서 두려워하는 마음.
② 제 뜻을 굽혀 남에게 복종함.
③ 말이나 행동이 겸손하고 예의 바름.
④ 성질이나 태도, 표정 등이 부드럽고 순함.
⑤ 마음이나 정신적인 것이 만물의 근원이며 실재하는 중심적인 것이라는 생각.

03~04 다음에서 설명하고 있는 단어 또는 어구를 고르시오. 　제한시간 20초

미니 테스트

01. 다음 중 여자 나이 16세를 가리키는 말로 옳은 것은?
① 파과지년(破瓜之年)
② 충년(沖年)
③ 상년(桑年)
④ 망구순(望九旬)
⑤ 불혹(不惑)

03 　마음으로는 그렇지 않으나 일부러 그렇게.

① 모르쇠　　② 지레　　③ 짐짓
④ 드레　　⑤ 헤살

04 　일이나 계획 등이 마음먹은 대로 잘되어 만족스럽게 여김. 또는 그럴 때 나는 소리.

① 자제(自制)　　② 내재(內在)　　③ 매제(妹弟)
④ 쾌재(快哉)　　⑤ 박제(剝製)

---

01. ①
② 10대　③ 48세　④ 81세
⑤ 40세

05 다음 글에서 밑줄 친 ㉠과 바꿔 쓰기에 알맞은 것을 고르시오.

제한시간 20초

> 홉스봄과 레인저는 오래된 것이라고 믿고 있는 전통의 대부분이 그리 멀지 않은 과거에 '발명'되었다고 주장한다. 예컨대 스코틀랜드 사람들은 킬트(kilt)를 입고 전통 의식을 치르며 이를 대표적인 전통문화라고 믿는다. 그러나 킬트는 1707년에 스코틀랜드가 잉글랜드에 합병된 후, 이곳에 온 한 잉글랜드 사업가에 의해 불편한 기존의 의상을 대신하여 작업복으로 만들어진 것이다.
> 이후 킬트는 하층민을 중심으로 유행하였지만, 1745년의 반란 전까지만 해도 전통 의상으로 여겨지지 않았다. 반란 후, 영국 정부는 킬트를 입지 못하도록 했다. 그런데 일부가 몰래 집에서 킬트를 입기 시작했고, 킬트는 점차 전통 의상으로 여겨지게 되었다. 킬트의 독특한 체크무늬가 각 씨족의 상징으로 자리 잡은 것은 1822년에 영국 왕이 방문했을 때 성대한 환영 행사를 마련하면서 각 씨족장들에게 다른 무늬의 킬트를 입도록 종용하면서부터이다. 이때 채택된 독특한 체크무늬가 각 씨족을 대표하는 의상으로 ㉠자리를 잡게 되었다.

① 정돈되었다. ② 정제되었다. ③ 정착되었다.
④ 정비되었다. ⑤ 정의되었다.

미니 테스트

02. 다음 중 '말이나 행동이 형편에 맞거나 조리에 닿지 아니하다'는 뜻을 지닌 말로 옳은 것은?
① 머쓱하다
② 무색하다
③ 물색없다
④ 마뜩하다
⑤ 설레발치다

빠른 풀이 비법

특정 부분을 항목으로 지정해 대체 가능한 말을 묻는 경우, 해당 부분이 포함된 문장의 앞뒤를 중심으로 빠르게 파악한다.

06 다음 중 괄호 안에 들어갈 용어로 가장 알맞은 것을 고르시오.

제한시간 15초

| 고양이는 기억을 ( )하는 전두엽이 발달하지 않아 머리가 좋지 않다. |

① 관장(管掌) ② 내장(內藏) ③ 관할(管轄)
④ 유도(誘導) ⑤ 매개(媒介)

One Point Lesson

빈칸에 적절한 단어를 채우는 문제는 삼성과 CJ에서 자주 출제되는 유형이다. 의미와 쓰임을 잘 알지 못하는 단어가 포함되어 있더라도 선택지와 주어진 글의 문맥을 통해 추론이 가능하다.

07~08 다음 글에서 밑줄 친 부분과 바꿔 쓰기에 적절한 것을 고르시오.

제한시간 20초

07

> 하얀색을 돋보이게 하고 싶을 때, 하얀색만 보여 주기보다는 그 옆에 정반대되는 색, 즉 검정색을 가져다 놓으면 더 눈에 띄게 된다. 이와 마찬가지로 글쓴이도 자신의 의견을 <u>두드러지게 하기</u> 위해서 자신의 의견과 정반대인 일반론이나 개념을 가져오는 경우가 있다.

① 강세(强勢) ② 모색(摸索) ③ 약조(弱調)
④ 강조(强調) ⑤ 정곡(正鵠)

02. ③
① 무안을 당하거나 흥이 꺾여 어색하고 열없다. ② 본래의 특색을 드러내지 못하고 보잘것없다. ④ 제법 마음에 들 만하다. ⑤ 몹시 서두르며 부산하게 굴다.

기본문제

03. 다음 빈칸에 들어갈 말로 적절한 것은?

> 일부 전문가들은 한국 경제가 ( )의 위기에 직면해 있다고 우려하고 있다.

① 백안시(白眼視)
② 미상불(未嘗不)
③ 미증유(未曾有)
④ 백일몽(白日夢)
⑤ 도외시(度外視)

★★☆☆☆

08
> 글쓴이는 자신의 주장을 독자에게 전달하기 위해 글을 쓴다. 어떻게든 독자가 이해할 수 있도록, 바꿔 말하고, 구체적인 예를 들고, 인용을 하고, 일반론을 내세우고, 자신과 반대되는 의견을 가져옴으로써 자신의 주장을 펴 나가려는 전개하는 것이다. 그러므로 우리는 어떤 한 문장의 의미를 이해하지 못하더라도, 그 문장의 앞뒤 내용을 통해 의미를 이해함으로써 자연스럽게 글쓴이의 생각을 알 수 있다.

① 전통(傳統)   ② 전개(展開)   ③ 점진(漸進)
④ 전부(全部)   ⑤ 개별(個別)

빠른 풀이 비법

1. 선택지를 통해 첫 번째 빈칸에 들어갈 단어를 한정짓는다. (10번의 경우, 모든 선택지의 첫 번째 위치에 '개선'이 없으므로 제외된다.)
2. 글을 읽으며 첫 번째 빈칸에 넣었을 때 어색한 단어가 포함된 선택지를 제외한다.
3. 세 번째 빈칸에 들어갈 단어까지 확실해지면 마지막 빈칸은 문맥상 어색하지 않은지만 확인하고 넘어간다.

09~10 다음 빈칸에 들어가야 할 말을 순서대로 바르게 연결한 것을 고르시오.

제한시간 50초
| 2015 삼성 |

★★★☆☆

09
> 손에 쥐고 사용할 수 있는 것으로서, 도구는 항상 하나의 ( ), 즉 목적하는 미래의 실현을 가능하게 해 주었다. 그러므로 도구와 관련된 지시나 적재성과 같은 도구마다 존재하는 모든 ( )들은, 각각의 도구가 일련의 ( )과 관련하여 그때마다 잠정적인 중간자로서 언제나 자기 자신과 현재 있는 곳을 뛰어넘어, 오게 될 가능성과 ( )를 지시하는 것을 의미한다.

① 규정 – 미래 – 기능 – 수단
② 규정 – 기능 – 수단 – 미래
③ 기능 – 수단 – 미래 – 규정
④ 미래 – 규정 – 수단 – 기능
⑤ 수단 – 규정 – 기능 – 미래

★★★☆☆

10
> 미래 사회에서는 에너지 ( )의 효율적 사용과 환경 보존을 최우선시하여, 기존 공정을 ( )하거나 환경 ( )를 충족하기 위해서 다양한 촉매의 개발이 필요하게 될 것이다. 특히 기존 공정을 개선하기 위해서 반응 단계는 줄이면서도 효과적으로 원하는 물질을 생산하고, 낮은 온도에서 선택적으로 빠르게 반응을 ( )시킬 수 있는 새로운 물질이 필요하게 된다.

① 규제 – 진행 – 자원 – 개선
② 자원 – 개선 – 규제 – 진행
③ 자원 – 진행 – 규제 – 개선
④ 진행 – 규제 – 개선 – 자원
⑤ 진행 – 자원 – 개선 – 규제

---
03. ③
미증유 : 지금까지 한 번도 있어 본 적이 없음.

정답 및 해설

01 정답 ②
① 흐리다 ③ 벅차오르다 ④ 휘청이다 ⑤ 분석하다

02 정답 ①
② 굴종(屈從) ③ 공손(恭遜) ④ 유순(柔順) ⑤ 유심(唯心)

03 정답 ③
① 모르쇠: 아는 것이나 모르는 것이나 다 모른다고 잡아떼는 것.
② 지레: 어떤 일이 일어나기 전 또는 어떤 기회나 때가 무르익기 전에 미리.
④ 드레: 사람 됨됨이로서의 점잖은 무게.
⑤ 헤살: 남의 일을 짓궂게 훼방하는 짓.

04 정답 ④
① 자기의 감정이나 욕망을 스스로 억제함.
② 어떤 사물이나 범위의 안에 들어 있음. 또는 그런 존재.
③ 손아래 누이의 남편을 이르는 말.
⑤ 동물의 가죽을 곱게 벗기고 썩지 아니하도록 한 뒤에 솜이나 대팻밥 따위를 넣어 살아 있을 때와 같은 모양으로 만듦.

05 정답 ③
정착(定着): 새로운 문화 현상, 학설이 당연한 것으로 사회에 받아들여짐.
① 정돈(整頓): 어지럽게 흩어진 것을 규모 있게 고쳐 놓거나 가지런히 바로잡아 정리함.
② 정제(精製): 물질에 섞인 불순물을 없애 그 물질을 더 순수하게 함.
④ 정비(整備): 흐트러진 체계를 정리하여 제대로 갖춤.
⑤ 정의(定義): 어떤 말이나 사물의 뜻을 뚜렷하게 밝혀 규정함.

06 정답 ①
관장(管掌): 일을 맡아서 주관함.
② 내장(內藏): 밖에 드러나지 않도록 안에 간직함.
③ 관할(管轄): 일정한 권한을 가지고 통제하거나 지배함. 또는 그런 지배가 미치는 범위.
④ 유도(誘導): 사람 또는 물건 등을 목적한 장소·방향으로 이끎.
⑤ 매개(媒介): 둘 사이에서 양편의 관계를 맺어 줌.

07 정답 ④
'강조(强調)'는 '어떤 부분을 특별히 강하게 주장하거나 두드러지게 함.'이라는 의미이다.
① 강세(强勢): 강한 세력이나 기세.
② 모색(摸索): 일이나 사건 따위를 해결할 수 있는 방법이나 실마리를 더듬어 찾음.
③ 약조(弱調): 여린 음조.
⑤ 정곡(正鵠): 과녁의 한가운데가 되는 점. 가장 중요한 요점 또는 핵심.

08 정답 ②
'전개(展開)'는 '내용을 진전시켜 펴 나감.'이라는 의미이다.
① 전통(傳統): 어떤 집단이나 공동체에서, 지난 시대에 이미 이루어져 계통을 이루며 전하여 내려오는 사상·관습·행동 등의 양식.
③ 점진(漸進): 조금씩 앞으로 나아감. 점점 발전함.
④ 전부(全部): 어떤 대상을 이루는 낱낱을 모두 합친 것.
⑤ 개별(個別): 여럿 중에서 하나씩 따로 나뉘어 있는 상태.

09 정답 ⑤
• 수단(手段): 어떤 목적을 이루기 위한 방법. 또는 그 도구.
• 규정(規定): 규칙으로 정함. 또는 그 정하여 놓은 것.
• 기능(機能): 하는 구실이나 작용을 함. 또는 그런 것.
• 미래(未來): 앞으로 올 때.
단어의 의미를 토대로 빈칸에 들어갈 알맞은 말은 '수단 – 규정 – 기능 – 미래'이다.

10 정답 ②
• 자원(資源): 인간 생활 및 경제 생산에 이용되는 원료로서의 광물, 산림, 수산물 따위를 통틀어 이르는 말.
• 개선(改善): 잘못된 것이나 부족한 것, 나쁜 것 등을 고쳐 더 좋게 만듦.
• 규제(規制): 규칙이나 규정에 의하여 일정한 한도를 정하거나 정한 한도를 넘지 못하게 막음.
• 진행(進行): 일 등을 처리하여 나감.
단어의 의미를 토대로 빈칸에 들어갈 알맞은 말은 '자원 – 개선 – 규제 – 진행'이다.

발전문제

제한시간 60초

01~07 제시된 단어나 어구의 뜻을 설명하고 있는 것을 고르시오.

★★★☆☆
01 타개(打開)

① 어떤 일이나 책임을 꾀를 써서 벗어남.
② 부정적인 규정, 관습, 제도 등을 깨뜨려 버림.
③ 매우 어렵거나 막힌 일을 잘 처리하여 해결의 길을 엶.
④ 어떤 일이나 상황에 직접 대처하기를 꺼리어 선뜻 나서지 않음.
⑤ 어떤 상황이나 구속 등에서 빠져나옴.

★★★☆☆
02 경질(更迭)

① 직급을 강등시킴.
② 좌천시킴.
③ 인사이동시킴.
④ 구성원이나 책임자가 물러남.
⑤ 어떤 직위에 있는 사람을 다른 사람으로 바꿈.

★★★☆☆
03 겸양(謙讓)

① 겸손하고 말수가 적음.
② 겸손하게 행동하고 삼감.
③ 자기를 낮추고 남을 높이는 태도가 있음.
④ 스스로 자신을 낮추고 비우는 태도가 있음.
⑤ 겸손한 태도로 남에게 양보하거나 사양함.

★★★☆☆
04 동구

① 시골 마을의 좁은 골목길.
② 드나드는 목의 첫머리.
③ 동네로 들어가는 길목. 동네 어귀.
④ 길의 가장자리.
⑤ 크고 넓은 길.

★★★☆☆
05 고식(姑息)

① 임시적 방편.   ② 남편 또는 아내의 어머니.
③ 시어머니의 한숨.   ④ 시골의 관습.
⑤ 굳은 의지.

★★★☆☆
06 앙앙(怏怏)

① 한가운데.
② 마음이 즐겁고 상쾌함.
③ 거짓이 없는 본마음.
④ 매우 마음에 차지 아니하거나 야속함.
⑤ 넉넉하고 흡족한 마음.

★★★☆☆
07 가뭇없다

① 양심에 가책을 느껴 괴로워하다.
② 알고도 모르는 척 시치미를 떼다.
③ 숫기가 없어 머뭇거리다.
④ 눈에 띄지 않게 감쪽같다.
⑤ 당당하고 거리낌 없이 행동하다.

[08~10] 다음에서 설명하고 있는 단어를 고르시오.

08 물건값이 뛰어오름.

① 척도(尺度) ② 상등(相等)
③ 보합(保合) ④ 등귀(騰貴)
⑤ 반등(反騰)

09 사물의 가장 요긴하고 중요로운 것.

① 추요(樞要) ② 모태(母胎)
③ 요지(要旨) ④ 수범(垂範)
⑤ 경향(傾向)

10 물질적으로나 정신적으로 보탬이 되는 것

① 수익(收益) ② 차액(差額)
③ 환급(還給) ④ 이익(利益)
⑤ 검약(儉約)

[11~13] 다음 글에서 밑줄 친 말과 바꿔 쓰기에 적절한 것을 고르시오.

11 모든 사상이 완벽하게 이상적일 수는 없듯이 민주주의 역시 한계성이나 취약성을 <u>안고 있을</u> 수밖에 없다.

① 수용(受容)할 ② 용인(容認)할
③ 내포(內包)할 ④ 포용(包容)할
⑤ 묵인(默認)할

12 이제 오브제는 단순히 사물, 인공물에 머물지 않는다. 입체파와 함께 출현한 현대적인 오브제는 회화의 일부로 취급되었던 최초의 시도에서 멀리 벗어나 그 자체로 독립되는 과정을 거치면서 그 영역과 개념을 거의 무제한적으로 <u>확대하고</u> 있다.

① 국한(局限)되지
② 제어(制御)되지
③ 규정(規定)되지
④ 개입(介入)되지
⑤ 무산(霧散)되지

13 비행기 날개의 작동 방식에 대해 우리가 알고 있는 지식은 다니엘 베르누이가 연구하여 얻은 것이다. 베르누이는 유체의 속도가 증가할 때 압력이 감소한다는 사실을 알아냈다. 크리스마스트리에 다는 장식볼 두 개를 이용하여 이를 쉽게 확인해 볼 수 있다. 두 개의 장식볼을 1cm 정도 떨어뜨려 놓았을 때, 공기가 이 사이로 불어오면 장식볼은 가까워져서 서로 맞닿을 것이다. 이는 장식볼의 곡선을 그리는 표면 위로 흐르는 공기의 속도가 올라가서 압력이 줄어들기 때문으로, 장식볼들 주변의 나머지 공기는 보통 압력에 있기 때문에 장식볼들은 서로 <u>붙으려고</u> 하는 것이다.

① 접선(接線)하려고
② 접착(接着)하려고
③ 접촉(接觸)하려고
④ 접합(接合)하려고
⑤ 접목(接木)하려고

발전문제

14~15 다음 글에서 ㉠~㉤의 우리말 표현으로 옳지 않은 것을 고르시오.

★★★☆☆
14

자유의 속성상 인간은 ㉠불가피하게 새로운 속박으로 도피할 수밖에 없는가? 개인이 하나의 독립된 자아로서 존재하면서도 외부 세계와 ㉡합치되는 적극적인 자유의 상태는 없는가?

'자발성'은 이에 대한 하나의 해답이 된다. 사람은 자발적으로 자아를 실현하는 과정에서 자신을 외부 세계에 새롭게 결부시키기 때문에 자아의 완전성을 희생시키지 않고 고독을 ㉢극복할 수 있는 것이다.

앞에서 살펴보았듯이 소극적인 자유는 개인을 고독한 존재로 만들며 개인과 세계와의 관계를 ㉣소원하게 만들고 자아를 약화시켜 끊임없는 위협을 느끼게 한다. 자발성에 바탕을 둔 적극적 자유에는 다음과 같은 원리가 내포되어 있다. 개인적 자아보다 더 높은 힘은 존재하지 않고 인간은 그의 생활의 중심이자 목적이라는 원리와 인간의 개성의 성장과 실현은 그 어떤 목표보다 ㉤우선한다는 원리가 그것이다.

① ㉠-어쩔 수 없음.
② ㉡-서로 들어맞음.
③ ㉢-이겨 냄.
④ ㉣-서먹서먹함.
⑤ ㉤-먼저.

★★★☆☆
15

만화는 특유의 팬덤(Fandom) 문화를 형성한다. 팬덤 문화는 주류 언론에 ㉠투쟁하는 팬들의 '권리 되찾기 운동'이라고 볼 수 있다. 만화를 하나의 대중문화로서 독자들이 즐겨 본다는 사실은 ㉡경시할 일이 아니다. 만화 독자들은 그들 고유의 팬덤과 마니아의 세계가 있으며, 숭배하고 열광하며 비평하는 나름의 방식을 갖고 있다. 만화 독자는 대개 각 칸을 따라 시선을 이동하지만, 사실 만화에 의해 ㉢촉발된 독자의 상상력이 작용하는 공간은 칸과 칸 사이의 여백이다. 독자는 하나의 칸과 다음 칸 사이의 틈에서 등장인물의 행동이나 장면의 상호 관련성을 통해 생략된 내용을 ㉣포착하고 음미하면서 사건이나 이미지를 형성한다. 또한 만화는 한 쪽이나 양쪽 전체를 한눈에 볼 수 있는 파놉티콘(Panopticon)과 같은 시각 장치를 가진 형식이다. 만화 작가마다 혹은 작품마다 다르게 나타나는 개성은 작품에 담긴 그래픽이나 회화적 표현과 ㉤분리하여 생각할 수 없는 것이다.

① ㉠-맞서 싸우다.
② ㉡-모르는 체하다.
③ ㉢-충동 등이 일어나다.
④ ㉣-잡아내다.
⑤ ㉤-갈라서 떼어 놓다

★★☆☆☆
16 밑줄 친 부분의 뜻풀이로 알맞은 것을 고르시오.

만학천봉(萬壑千峰)이 한바탕 흐드러지게 웃는 듯, 산색(山色)은 붉을 대로 붉었다. 자세히 보니, 홍(紅)만도 아니었다. 청(靑)이 있고, 녹(綠)이 있고, 황(黃)이 있고, 등(橙)이 있고, 이를테면 산 전체가 무지개와 같이 복잡한 색소로 구성되었으면서, 얼른 보기에 주홍만으로 보이는 것은 스펙트럼의 조화던가!

① 어지럽게
② 탐스럽게
③ 시원스럽게
④ 재미있게
⑤ 쩌렁쩌렁하게

★★★★☆
17 다음 중 어휘와 의미의 연결이 바르게 짝지어지지 않은 것은?

① ┌ 나무집 : 나무로 지은 집.
  └ 나뭇집 : 나무를 파는 집.
② ┌ 시가[시가] : 시와 노래.
  └ 시가[시까] : 일정한 시기의 물건값.
③ ┌ 고기배 : 고기잡이 배.
  └ 고깃배 : 고기의 배.
④ ┌ 고가[고가] : 오래된 집.
  └ 고가[고까] : 비싼 가격.
⑤ ┌ 가름 : 쪼개거나 나누어 따로따로 되게 함.
  └ 갈음 : 다른 것으로 바꾸어 대신 함.

18~21 다음 제시된 문장의 빈칸에 들어가기에 알맞지 않은 것을 고르시오.

제한시간  2분 30초

18
| 2016 삼성 |

- 그의 잘못된 선택은 (　　)을(를) 불러올 것이 분명했다.
- 신세를 (　　)하고 있는 그의 모습을 보니 마음이 아팠다.
- 그 팀은 심판 판정이 억울하다며 (　　)해 하고 있었다.
- 그녀는 자신이 유일하게 믿고 의지했던 그가 부재하자 (　　)에 빠진 듯 보였다.
- 부장님은 우리 회사 제품이 불리한 조건으로 거래되면 (　　)하실 거야.

① 애환　　② 한탄
③ 혼돈　　④ 분개
⑤ 원통

19

- 세대 간의 갈등을 허물고 (　　)을(를) 이루었으면 좋겠다.
- 우리 시어머니와 저는 처음부터 갈등이 없었기에 (　　)할 일도 없습니다.
- 어색했던 시간은 이제 잊고 앞으로 (　　)하고 지냅시다.
- 이번 모임은 친구들 사이에 (　　)을(를) 다질 수 있는 기회가 될 거예요.
- 회사에서는 무엇보다 동료 간의 (　　)이 가장 중요해요.

① 융화　　② 화해
③ 합병　　④ 화친
⑤ 화목

20

- 그림의 아이디어를 어디서 얻느냐는 질문에 그녀는 매일 아침 산책길에서 신선한 (　　)을(를) 발견한다고 말했다.
- 이번 특별법의 (　　)을(를) 맡은 위원회가 어제 대책 모임 회동을 가졌다.
- 아무 (　　) 없이 무작정 떠난 여행에서 오히려 많은 풍경과 자유를 만났다.
- 새로 들어온 연구원은 최근 불거진 사내 문제를 해결할 기발한 방법을 (　　)하였다.

① 입안　　② 고안
③ 개척　　④ 계획
⑤ 착상

21

- 끈질긴 노력 끝에 그녀는 마침내 그를 만나려던 (　　)이(가) 이루어졌다.
- 그는 부모님의 (　　)에 어긋나지 않기 위해 늘 애쓰는 속 깊은 아들이었다.
- 나의 (　　)대로 어젯밤 창밖엔 흰 눈이 포슬포슬 내려주었다.
- 그 작가는 평소 생각하던 자신의 (　　)을/를 소설 속에 투영하였다.

① 기대　　② 염원
③ 소망　　④ 바람
⑤ 애착

Part 1

Theme 02 유의어

✓ 핵심 Check

- 유사한 뜻을 가진 단어나 한자어를 고르는 문제들이 출제된다.
- 순우리말, 한자어, 동사, 형용사 등 여러 가지 품사 및 다양한 형태의 어휘가 나오지만, 그 중에서도 비교적 쉬운 수준의 한자어가 가장 많이 출제된다.
- 비슷한 어감을 가진 단어들로 선택지가 구성되어 혼동하기 쉬우므로, 어휘의 의미에 대한 정확한 이해가 중요하다.
- 전체적으로 보았을 때 비중은 그리 높지 않지만, 기초적인 어휘 학습은 반드시 필요하다.

빈출예제

01 ★★★☆☆ [문맥으로 단어 의미 파악하기]   제한시간 30초

다음 단어와 밑줄 친 단어 중 의미가 서로 유사한 것을 고르시오.

선양

① 선생님은 우리들의 학습 의욕을 <u>고취</u>시킬 수 있는 방법을 고민하셨다.
② 신제품이 출시되면 적절한 마케팅으로 <u>선전</u>해야 한다.
③ 관중들의 큰 함성 덕분에 선수들의 사기가 <u>고무</u>되었다.
④ 경제를 <u>발전</u>시킬 수 있는 방안에 대해 생각하고 있다.
⑤ 엄마의 지나친 <u>독려</u>가 오히려 부담스러웠지만 무사히 시험을 마쳤다.

[2017 CJ]

유형 분석
제시된 어휘를 통해 의미의 차이점을 추론할 수 있는지를 묻는 문항이다.

해결 전략
제시된 어휘의 의미를 파악한다.
↓
선택지에 밑줄 친 어휘의 문맥적 의미를 짐작하여 답을 고른다.
↓
어휘가 쓰인 구조를 파악하여 정리한다.

| 해설 |
'선양'이란 단어에서 가장 먼저 연상되는 말은 '국위 선양'일 것이다. 이는 국가 원수가 외교적 성과를 거둔 경우 '국위를 선양하였다'는 식으로 사용되곤 한다. 그렇다면 선양은 어떤 가치나 명예 등을 드높여 널리 알린다는 의미로 쓰이고 있음을 짐작할 수 있다.
- **선양(宣揚)** : 명성이나 권위 등을 널리 떨치게 함.
- **고취(鼓吹)** : 의견이나 사상 등을 열렬히 주장하여 불어넣음.

| 오답 피해가기 |
② **선전(宣傳)** : 주의나 주장, 사물의 존재, 효능 등을 많은 사람이 알고 이해하도록 잘 설명하여 널리 알림.
③ **고무(鼓舞)** : 힘을 내도록 격려하여 용기를 북돋움.
④ **발전(發展)** : 더 낫고 좋은 상태 또는 더 높은 단계로 나아감.
⑤ **독려(督勵)** : 감독하며 격려함.

| 정답 | ①

하나 더+
이 문항에서 '선양'과 유사한 느낌을 주는 선택지를 고르면 ①과 ②로 좁힐 수 있다.
'고무'와 '독려'는 어떤 대상에게 힘을 준다는 의미로 사용되기 때문에 널리 알린다는 의미와는 거리가 있다. 따라서 ①과 ② 중에서 '어떤 가치나 사상 등을 널리 알린다'는 의미로 쓰인 것을 고르면, 제품의 효능을 알리는 선전보다는 사상을 고취시키는 ①이 더 적절하다. 따라서 선양의 유의어는 ①이 된다.

02~03 다음 단어와 유사한 뜻을 지닌 단어를 고르시오.

제한시간 30초

★★☆☆☆
02 [유사한 단어 찾기]

| 하늬바람 |

① 동풍   ② 서풍   ③ 남풍
④ 북풍   ⑤ 북동풍

2017 현대자동차

유형 분석
제시된 단어와 유사한 단어를 찾을 수 있는지를 묻는 문항이다.

해결 전략
제시된 단어의 의미를 알지 못할 경우에는 시간을 끌지 말고 다음 문제로 넘어가야 한다. 의미를 정확히 모르면 풀 수 없는 문제들도 있다.

| 해설 |
이러한 유형의 문제는 주어진 단어의 의미를 제대로 알고 있어야 한다. 따라서 평소 생소한 어휘들을 발견하였을 때 그냥 넘어가기보다는 한 번이라도 사전에서 그 의미를 찾아보는 것이 좋다.
'하늬바람'은 서쪽에서 부는 건조하고 서늘한 바람을 이르는 순우리말로, 주로 농촌이나 어촌에서 이르는 말이다.

| 오답 피해가기 |
① **동풍(東風)** : 동쪽에서 부는 바람. 샛바람
③ **남풍(南風)** : 남쪽에서 부는 바람. 마파람
④ **북풍(北風)** : 북쪽에서 부는 바람. 된바람
⑤ **북동풍(北東風)** : 동북쪽에서 서남쪽으로 부는 바람. 높새바람

| 정답 | ②

★★☆☆☆
03 [유사한 단어 찾기]

| 차치하다 |

① 차지하다   ② 소유하다   ③ 덮어두다
④ 긴장하다   ⑤ 방치하다

유형 분석
제시된 어휘와 유사한 단어를 찾을 수 있는지를 묻는 문항이다.

해결 전략
제시된 어휘가 자주 쓰이는 문장을 생각해 본다.
↓
문맥에서 어휘가 지닌 의미를 이해하고 유사한 어휘를 선택한다.
↓
몰랐던 어휘일 경우 예문을 통해 익숙해 지도록 노력한다.

| 해설 |
'차치하다'는 주로 '그 문제는 차치하고서라도~'의 문장으로 쓰이는데, 이를 보면 무언가를 염두에 두지 않는다는 의미로 사용되고 있음을 알 수 있다. 따라서 '내버려 두고 문제 삼지 아니하다.' 의미의 단어를 선택하면 된다.
• **덮어두다** : 어떤 사실이나 내용 등을 따져 드러내지 않고 그대로 숨겨 두다.

| 오답 피해가기 |
① **차지하다** : 사물이나 공간, 지위 등을 자기 몫으로 가지다.
② **소유하다** : 무언가를 가지고 있다.
④ **긴장하다** : 마음을 조이고 정신을 바짝 차리다.
⑤ **방치하다** : 돌보거나 보살피지 않다.

| 정답 | ③

하나 더+
선택지의 어휘들이 어려운 경우에는 예문을 통해 의미를 짐작해볼 수 있다. 정확하고 딱딱한 문장으로 만들 필요 없이, 평소 자신이 사용하는 어투로 만들어 보면 된다. 이는 난이도 있는 문제에서 유용하게 사용될 수 있으나 빠르게 진행돼야 한다는 사실을 잊으면 안 된다.

Part 1

Theme 02 Basic 기본문제

01~06 다음 단어와 의미가 서로 비슷한 것을 고르시오

제한시간 1분

미니 테스트

01. 유의어끼리 연결하기

- 결점 • • 창안
- 귀감 • • 교육
- 몰두 • • 교훈
- 발명 • • 하자
- 소상 • • 탐닉
- 육성 • • 난항
- 역경 • • 위임
- 위탁 • • 자세

01 ★★☆☆☆ 가련(可憐)

① 보수(補修)   ② 제방(堤防)   ③ 측은(惻隱)
④ 의혹(疑惑)   ⑤ 증오(憎惡)

02 ★★☆☆☆ 헛소문

① 독설(毒舌)   ② 낭설(浪說)   ③ 구설(口舌)
④ 누설(漏泄)   ⑤ 학설(學說)

03 ★★☆☆☆ 중개(仲介)

① 감정(鑑定)   ② 알선(斡旋)   ③ 관여(關與)
④ 개입(介入)   ⑤ 추천(推薦)

02. 다음 중 '피력'의 유의어로 옳은 것은?

① 승복
② 은폐
③ 누설
④ 진퇴
⑤ 토로

04 ★☆☆☆☆ 조소(嘲笑)

① 고소(苦笑)   ② 담소(談笑)   ③ 실소(失笑)
④ 냉소(冷笑)   ⑤ 비소(非笑)

05 ★★☆☆☆ 유감(遺憾)

① 유언(遺言)   ② 동의(同意)   ③ 곤혹(困惑)
④ 애석(哀惜)   ⑤ 미혹(迷惑)

---

01. 결점-하자, 귀감-교훈, 몰두-탐닉, 발명-창안, 소상-자세, 육성-교육, 역경-난항, 위탁-위임
02. ⑤

16 • 직무적성 총연습 | 언어

★★☆☆☆
06 심산(心算)

① 손방　　② 속셈　　③ 심의
④ 거탈　　⑤ 저의

07~10 다음 밑줄 친 단어와 바꿔 쓰기에 가장 알맞은 말을 고르시오.

★★★☆☆
07 그는 자신의 변명은 듣지도 않고 그냥 <u>지나쳐 버리는</u> 그녀의 태도에 화가 났다.

① 경시(輕視)했다　　② 간과(看過)했다　　③ 몰각(沒覺)했다
④ 무시(無視)했다　　⑤ 묵과(默過)했다

★★★☆☆
08 심사 결과의 비공개는 많은 의혹을 <u>불러일으킬</u> 것이므로 이를 불식시키기 위해서라도 심사 결과를 공표해야 한다.

① 상기(想起)할　　② 봉기(蜂起)할　　③ 야기(惹起)할
④ 분기(奮起)할　　⑤ 궐기(蹶起)할

★★★★☆
09 소음 공해의 문제점들을 전문적으로 연구하는 곳이 별로 없어 그 폐해가 적나라하게 <u>드러나지</u> 않고 있다.

① 방나다　　② 저어하다　　③ 잠재하다
④ 산재하다　　⑤ 짜드락나다

★★★★☆
10 만약에 그런 속내평을 했다가 누가 <u>하리노는</u> 놈이라도 있으면 그대로 소작이 날아가고 말기 때문이었다.

① 읍소(泣訴)하는　　② 접수(接受)하는　　③ 용인(容認)하는
④ 허용(許容)하는　　⑤ 참소(讒訴)하는

One Point Lesson
주어진 문장의 밑줄 친 자리에 각각의 선택지를 넣어 보았을 때 문맥적으로 어색하지 않고, 원래의 문장과 의미가 달라지지 않았다면 유의어이다.

03. 다음 중 '이완'의 유의어로 옳은 것은?
① 긴장
② 수축
③ 긴축
④ 해이
⑤ 허비

03. ④

기본문제

04. 다음 중 유의어끼리 연결 되지 않은 것은?
① 소모-소비
② 채용-기용
③ 진력-극력
④ 소지-소유
⑤ 융숭-얄팍

★★★☆☆

11 다음 글에서 밑줄 친 단어의 관계와 가장 유사한 것을 고르시오.

제한시간 30초

> 한 나라의 경기가 어려워지면 개인적으로나 사회적으로 모두 좋을 것이 없으므로 시급한 <u>대책(對策)</u>이 필요하다. 경기가 다시 좋아지게 되면 실업자 수는 줄어들게 되지만 경기 회복이 지연될 경우는 사회적으로 별도의 <u>방책(方策)</u>을 수립해야 한다.

① 방해(妨害)-훼방(毀謗)   ② 소년(少年)-소녀(少女)   ③ 소등(消燈)-점등(點燈)
④ 절기(節氣)-춘분(春分)   ⑤ 소설(小說)-수필(隨筆)

----

04. ⑤

정답 및 해설

01 정답 ③
- 가련(可憐) = 측은(惻隱) : 가엾고 안타까움.
① 보수(補修) : 부서지거나 낡은 것을 고침.
② 제방(堤防) : 홍수를 예방하거나 물을 저장하기 위해 하천이나 호수, 바다 둘레를 돌이나 흙 등으로 높이 쌓아 막은 언덕.
④ 의혹(疑惑) : 의심하여 수상히 여김.
⑤ 증오(憎惡) : 아주 사무치게 미워함. 또는 그런 마음.

02 정답 ②
- 헛소문 = 낭설(浪說) : 근거 없이 떠도는 소문.
① 독설(毒舌) : 남을 해치거나 비방하는 모질고 악독스러운 말을 함. 또는 그런 말.
③ 구설(口舌) : 공연히 시비하거나 헐뜯는 말.
④ 누설(漏泄) : 비밀이 새어 나감.
⑤ 학설(學說) : 학술적 문제에 대하여 주장하는 이론 체계.

03 정답 ②
- 중개(仲介) : 제삼자의 위치에서 두 사람 사이의 일을 주선함.
- 알선(斡旋) : 남의 일이 잘되도록 주선하는 일.
① 감정(鑑定) : 사물의 특성이나 좋고 나쁨을 분별하여 판정함.
③ 관여(關與) : 어떤 일에 관계하여 참여함.
④ 개입(介入) : 자신과 직접적인 관계가 없는 일에 끼어듦.
⑤ 추천(推薦) : 어떤 조건에 적합한 대상을 책임지고 소개함.

04 정답 ④
- 조소(嘲笑) : 흉을 보듯 빈정거림. 비웃음. • 냉소(冷笑) : 쌀쌀한 태도로 비웃음.
① 고소(苦笑) : 어이가 없거나 마지못해 짓는 웃음. 쓴웃음.
② 담소(談笑) : 웃고 즐기면서 하는 이야기.
③ 실소(失笑) : 어처구니가 없어 저도 모르게 터지는 웃음.
⑤ 비소(非笑) : 남을 비방하거나 비난하여 웃음. 또는 그런 미소.

18 · 직무적성 총연습 | 언어

05
정답 ④
- **유감(遺憾)** : 마음에 차지 않아 섭섭하거나 불만스럽게 남아 있는 느낌.
- **애석(哀惜)** : 슬프고 아까움.
① 유언(遺言) : 죽음에 이르러 남기는 말.
② 동의(同意) : 상대방과 의사나 의견을 같이 함.
③ 곤혹(困惑) : 곤란한 일을 당하여 어찌할 바를 모름.
⑤ 미혹(迷惑) : 무엇에 홀려 정신을 차리지 못함. 정신이 헷갈리어 갈팡질팡 헤맴.

06
정답 ②
- **심산(心算)=속셈** : 마음속으로 하는 궁리나 계획.
① 손방 : 도무지 할 줄 모르는 솜씨.
③ 심의(審議) : 심사하고 토론함.
④ 겉탈 : 실상이 아닌, 다만 겉으로 드러난 태도.
⑤ 저의(底意) : 겉으로 드러나지 아니한, 속에 품은 생각.

07
정답 ②
'지나쳐 버리다'는 '어떤 일에 관심을 가지지 않고 그냥 넘기다'는 의미이므로 '간과(看過)하다'와 의미가 유사하다.
- **간과(看過)하다** : 큰 관심 없이 대강 보아 넘기다.
① 경시(輕視)하다 : 대수롭지 않게 보거나 업신여기다.
③ 몰각(沒覺)하다 : 깨달아 인식하지 못하다.
④ 무시(無視)하다 : 사물의 존재 의의나 가치를 알아주지 아니하다. 사람을 깔보거나 업신여기다.
⑤ 묵과(默過)하다 : 잘못을 알고도 모르는 체하고 그대로 넘기다.

08
정답 ③
'불러일으키다'는 '사건을 일어나게 하다'라는 의미이므로 '야기(惹起)하다'와 의미가 유사하다
- **야기(惹起)하다** : 일이나 사건 등을 끌어 일으키다.
① 상기(想起)하다 : 지난 일을 돌이켜 생각하여 내다.
② 봉기(蜂起)하다 : 벌 떼처럼 떼 지어 세차게 일어나다.
④ 분기(奮起)하다 : 분발하여 일어나다.
⑤ 궐기(蹶起)하다 : 벌떡 일어나다. 어떤 목적을 이루기 위하여 마음을 돋우고 기운을 내서 힘차게 일어나다.

09
정답 ⑤
'드러나다'는 '알려지지 않은 사실이 널리 밝혀지다'라는 의미이므로 '짜드라나다'와 의미가 유사하다.
- **짜드라나다** : 감추고 있던 일이 탄로 나다.
① 밭나다 : 집안의 재물이 모두 다 없어지다.
② 저어하다 : 염려하거나 두려워하다.
③ 잠재하다 : 속에 잠겨 있거나 숨어 있다.
④ 산재하다 : 재산을 이리저리 써서 없애 버리다.

10
정답 ⑤
'하리놀다'는 '남을 헐뜯어 윗사람에게 일러바치다'는 의미이므로 '참소하다'와 의미가 유사하다.
- **참소(讒訴)하다** : 남을 헐뜯어서 죄가 있는 것처럼 꾸며 윗사람에게 고하여 바치다.
① 읍소(泣訴)하다 : 눈물을 흘리며 간절히 하소연하다.
② 접수(接受)하다 : 신청이나 신고 따위를 구두(口頭)나 문서로 받다. 돈이나 물건 따위를 받다.
③ 용인(容忍)하다 : 용납하여 인정하다.
④ 허용(許容)하다 : 허락하여 너그럽게 받아들이다.

11
정답 ①
'대책(對策)'은 '어떤 일에 대처할 계획이나 수단.'을 의미하고, '방책(方策)'은 '방법과 꾀를 아울러 이르는 말.'을 의미하므로 두 단어는 유의어이다.
- **방해(妨害)** : 남의 일을 간섭하고 막아 해를 끼침.   · **훼방(毀謗)** : 남의 일을 방해함.
② 소년(少年) : 성숙하지 않은 사내아이./**소녀(少女)** : 성숙하지 않은 계집아이.
③ 소등(消燈) : 등불을 끔./**점등(點燈)** : 등에 불을 켬.
④ 절기(節氣) : 한 해를 스물넷으로 나눈 계절의 표준이 되는 것./**춘분(春分)** : 이십사절기의 하나. 낮의 길이가 약간 더 긴 때.
⑤ 소설(小說) : 사실 또는 작가의 상상력에 바탕을 두고 허구적으로 이야기를 꾸며 나간 산문체의 문학 양식/**수필(隨筆)** : 일정한 형식을 따르지 않고 인생이나 자연 또는 일상생활에서의 느낌이나 체험을 생각나는 대로 쓴 산문 형식의 글.

Part 1 Theme 02 Advance 발전문제

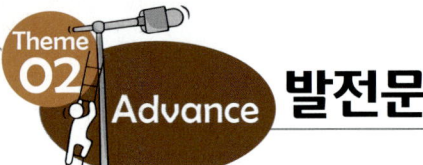

정답 및 해설 6쪽

제한시간 30 초

01~03 다음 단어 중 의미가 서로 비슷한 두 단어를 고르시오.

★★★☆☆
01
① 선별하다 ② 구별하다
③ 추궁하다 ④ 선정하다
⑤ 자중하다

★★★★☆
02
① 속박(束縛) ② 해방(解放)
③ 심연(深淵) ④ 질곡(桎梏)
⑤ 소행(所行)

★★★★☆
03
① 협조(協調) ② 가공(加功)
③ 방조(幇助) ④ 동조(同調)
⑤ 조력(助力)

★★★☆☆
05 지탄(指彈)
① 농락(籠絡) ② 퇴락(頹落)
③ 힐난(詰難) ④ 개탄(慨歎)
⑤ 쇄락(灑落)

★★★☆☆
06 좌시(坐視)
① 방관(傍觀) ② 간섭(干涉)
③ 오판(誤判) ④ 존경(尊敬)
⑤ 오만(傲慢)

★★☆☆☆
07 보필(輔弼)
① 원조(援助) ② 조력(助力)
③ 후임(後任) ④ 보좌(補佐)
⑤ 퇴임(退任)

제한시간 3 분

04~25 다음에 제시된 단어와 같거나 비슷한 뜻을 가진 단어를 고르시오.

★★☆☆☆
04 평범(平凡)
① 특출(特出) ② 비범(非凡)
③ 불범(不凡) ④ 범상(凡常)
⑤ 범용(凡庸)

★★☆☆☆
08 채용(債用)
① 임용(任用) ② 이용(利用)
③ 변상(辨償) ④ 차용(借用)
⑤ 배상(賠償)

09 ★★★☆☆ 시나브로

① 곤곤하다 ② 야금야금
③ 소소곡절 ④ 희나리
⑤ 교교하다

10 ★★★☆☆ 가멸차다

① 가지런하다 ② 매정하다
③ 풍부하다 ④ 당돌하다
⑤ 야멸차다

11 ★★★★☆ 미쁘다

① 예쁘다 ② 시쁘다
③ 미덥다 ④ 시답다
⑤ 궁하다

12 ★★★★☆ 발군(拔群)

① 독립(獨立) ② 걸출(傑出)
③ 이단(異端) ④ 외도(外道)
⑤ 매도(罵倒)

13 ★★★☆☆ 본질(本質)

① 정수(精髓) ② 청천(晴天)
③ 신속(神速) ④ 정밀(情密)
⑤ 명징(明徵)

14 ★★★☆☆ 당착(撞着)

① 집착(執着) ② 동경(憧憬)
③ 투철(透徹) ④ 모순(矛盾)
⑤ 타당(妥當)

15 ★★★☆☆ 실랑이

① 승강이 ② 딸랑이
③ 승냥이 ④ 신경질
⑤ 얌생이

16 ★★★★☆ 세밑

① 세월(歲月) ② 후세(後世)
③ 세모(歲暮) ④ 세수(歲首)
⑤ 삭망(朔望)

발전문제

17 문외한(門外漢) ★★★☆☆
① 태두(泰斗)   ② 대가(大家)
③ 소인(素人)   ④ 전문가(專門家)
⑤ 소외(疏外)

18 아리다 ★★☆☆☆
① 쓰라리다   ② 두렵다
③ 맵다   ④ 시다
⑤ 싱겁다

19 출타(出他) ★★☆☆☆
① 외출(外出)   ② 지출(支出)
③ 출세(出世)   ④ 출생(出生)
⑤ 탄생(誕生)

20 획득(獲得) ★★☆☆☆
① 취득(取得)   ② 이득(利得)
③ 성득(性得)   ④ 납득(納得)
⑤ 체득(體得)

21 위작(僞作) ★★★☆☆
① 졸작(拙作)   ② 실패작(失敗作)
③ 도작(盜作)   ④ 조작(造作)
⑤ 대작(大作)

22 품격(品格) ★★★☆☆
① 관용(寬容)   ② 사치(奢侈)
③ 행실(行實)   ④ 교양(敎養)
⑤ 품위(品位)

23 입고(入庫) ★★☆☆☆
① 입하(入荷)   ② 입국(入國)
③ 출고(出庫)   ④ 출하(出荷)
⑤ 광고(廣告)

24 형편없다 ★★☆☆☆
① 마뜩하다   ② 훌륭하다
③ 터무니없다   ④ 조악하다
⑤ 사악하다

★☆☆☆☆
25 참담하다

① 모자라다 ② 기막히다
③ 참혹하다 ④ 기뻐하다
⑤ 훈훈하다

제한시간 1분 40초

26~30 제시된 말과 유의어 관계를 이루도록 밑줄 친 단어 중 알맞은 것을 고르시오.

★★★★☆ | 2017 CJ |
26 결지(決志)

① 대화를 듣다보니 결기가 나서 자리를 박차고 나왔다.
② 지난번 경기의 설욕을 위해 결사적으로 싸웠다.
③ 네트워크 통신 장치에 결손이 생겼다.
④ 계속된 실패로 힘들었지만 친구 덕분에 결의를 다질 수 있었다.
⑤ 구청에서는 기능직 공무원의 결원(缺員)을 보충하는 범위에서 사람들을 채용하기로 하였다.

★★★☆☆
27 값

① 그 옷의 가격이 너무 비싸서 망설여진다.
② 내가 얼마나 힘들게 일했는데 삯이 이거야?
③ 여름에는 평소보다 수도 요금이 많이 나온다.
④ 내년도 최저 임금은 높은 인상폭으로 책정되었습니다.
⑤ 일 년 전만 해도 품삯이 싼 편이었는데, 요즘은 너무 올라서 마음놓고 사람을 쓸 수가 없다.

★★★☆☆ | 2015 삼성 |
28 효능(效能)

① 과학 기술의 발전은 자연 자원을 이용하는 효율을 높여 준다.
② 겉으로 보기에 낡아서 그렇지 성능은 매우 뛰어나다.
③ 처방받은 약을 오래 먹었는데도 별다른 효험이 없었다.
④ 여태까지의 성과에 만족하지 않고 더욱 도약하겠습니다.
⑤ 사람마다 체질이 다르기 때문에 똑같은 처방을 여러 사람에게 적용할 수는 없다.

★★★☆☆
29 점검(點檢)

① 일제 강점기 때 일본은 우리말 출판물을 철저히 검열하였다.
② 불법 점거를 이유로 거리의 노점상에게 강제 철거를 명령하였다.
③ 도둑은 감시가 소홀한 틈을 타 재빨리 도망치는 데 성공했다.
④ 우리 두 사람은 결혼을 전제로 하여 만나고 있습니다.
⑤ 각 구청장은 시장의 지휘, 감독 아래 해당 구의 행정을 책임지는 사람이다.

★★★☆☆
30 청렴(淸廉)

① 집의 인테리어를 고풍스럽게 꾸며 분위기가 고상해졌다.
② 그분의 죽음은 우리에게 숭고한 교훈들을 남겨 주었다.
③ 그 영화는 변두리 소시민의 삶을 소박하게 그려 내었다.
④ 그는 부드러우면서도 강직한 면을 동시에 지니고 있었다.
⑤ 고대에는 태양이 인간의 길흉과 화복을 주관하는 최고의 신으로 숭앙 받았다.

Part 1

Theme 03 반의어

출제 빈도 ●●●●○

✓ 핵심 Check
- 서로 다른 의미를 가진 단어나 한자어를 고르는 문제들이 출제된다.
- 순우리말, 한자어, 동사, 형용사 등 여러 가지 품사 및 다양한 형태의 어휘들이 나오지만, 그 중에서도 비교적 쉬운 수준의 한자어가 가장 많이 출제된다.
- 유의어와 유사한 비중으로 출제되므로, 함께 학습하는 것이 좋다.

빈출예제

01 ★★★★☆ [문맥으로 단어 의미 파악하기]   제한시간 25초

제시된 단어와 반의어 관계를 이루도록 밑줄 친 단어 중 알맞은 것을 고르시오.

> 호젓하다

① 우연히 내다본 강은 <u>유장하게</u> 흐르고 있었다.
② 의사는 급박한 상황에서도 <u>의연함</u>을 잃지 않았다.
③ 설날을 맞아 시장은 온통 <u>부산스러웠다</u>.
④ 그 교수는 <u>비굴한</u> 태도로 인해 주위의 평판이 좋지 않다.
⑤ 맨눈으로 확인한 그 둘의 차이는 <u>미미했다</u>.

2015 CJ

유형 분석
문맥을 통해 어휘의 의미를 추론할 수 있는지를 묻는 문항이다.

해결 전략
제시된 어휘의 의미를 파악한다.
↓
선택지에 밑줄 친 어휘의 문맥적 의미를 짐작하여 답을 고른다.
↓
어휘가 쓰인 구조를 파악하여 정리한다.

| 해설 |
'호젓하다'라는 단어에서는 '조용한 느낌', '고요한 분위기' 등을 연상할 수 있다. 예컨대 '호젓한 산길을 걸었다', '홀로 호젓한 시간을 보냈다'처럼 '호젓'은 '조용, 고요'와 연관이 있음을 알 수 있으므로 이를 기준으로 선택지를 찾아본다. 따라서 시끄럽고 어수선한 느낌을 주는 ③의 '부산스럽다'가 '호젓하다'와 반의어 관계에 있음을 알 수 있다.

- **호젓하다** : 후미져서 무서움을 느낄 만큼 고요하다.
- **부산스럽다** : 보기에 급하게 서두르거나 시끄럽게 떠들어 어수선하다.

| 오답 피해가기 |
① **유장하다** : 서두르거나 급하지 않고 느긋함. 또는 여유가 있다. (유의어-느긋하다, 유유하다)
② **의연하다** : 의지가 강하고 굳세어 태도에 변화가 없다. (유의어-당당하다, 떳떳하다 / 반의어-비굴하다, 비겁하다)
④ **비굴하다** : 용기나 줏대가 없고 성품이 비겁하다. (유의어-좀스럽다, 졸렬하다 / 반의어-원숙하다)
⑤ **미미하다** : 보잘것없이 작고 희미하다. (유의어-비천하다, 미약하다 / 반의어-중요하다)

| 정답 | ③

하나 더+

답에 가장 근접한 ③을 제외한 나머지 선택지를 살펴보면 ① 비장한 느낌을 주는 '유장하다', ② 꿋꿋한 느낌을 주는 '의연하다' ④ 비겁하고 나약한 느낌을 주는 '비굴하다' ⑤ 부족한 느낌을 주는 '미미하다'는 모두 '호젓하다'와 반대되는 말이 아님을 추측할 수 있다.

02~03 다음에 제시된 단어와 반대의 뜻을 가진 단어를 고르시오. 제한시간 30초

★★★☆☆
02 [반대되는 단어 찾기]

| 면밀하다 |

① 독실하다   ② 느슨하다   ③ 초라하다
④ 엉성하다   ⑤ 팽팽하다

> 2017 현대자동차

| 해설 |
제시된 단어와 상대 또는 반대되는 단어를 고르는 문제로 기본적인 형태의 문제이다. '면밀하다'는 예컨대 '면밀한 조사가 필요하다'와 같이 철저하고 빈틈이 없는 의미이다. 따라서 선택지 중에서 이와 반대되는 느낌인 것을 고르면 빈틈이 있고 부족한 느낌을 주는 '엉성하다'이다.
- **면밀하다** : 자세하고 빈틈이 없다.
- **엉성하다** : 꽉 짜이지 아니하여 어울리는 맛이 없고 빈틈이 있다.

| 오답 피해가기 |
① **독실하다** : 믿음이 두텁고 성실하다. (유의어-두텁다, 극진하다)
② **느슨하다** : 잡아맨 끈이나 줄 등이 늘어져 헐겁다. (유의어-헐겁다, 느리다 / 반의어-팽팽하다, 빡빡하다)
③ **초라하다** : 겉모양이나 옷차림이 궁상스럽다. (유의어-볼품없다, 허술하다 / 반의어-화려하다, 성대하다)
⑤ **팽팽하다** : 줄 등이 늘어지지 않고 힘 있게 곧게 펴져서 튀기는 힘이 있다.

| 정답 | ④

유형 분석
제시된 어휘와 반대되는 어휘를 찾을 수 있는지를 묻는 문항이다.

해결 전략
유의어와 비슷한 방식으로 풀어나가면 된다. 제시된 어휘가 자주 쓰이는 문장을 생각하면서 풀면 좀 더 수월할 것이다.

★★☆☆☆
03 [반대되는 단어 찾기]

| 잦다 |

① 드물다   ② 재다   ③ 마르다
④ 자주   ⑤ 빈번하다

| 해설 |
'잦다'는 주로 '기침이 잦다', '지각이 잦다'처럼 무언가를 자주 행한다는 의미이다. 따라서 반대의 의미는 듬성듬성이나 드문드문과 같은 느낌을 주는 선택지를 고르면 된다.
- **잦다** : 일의 간격이 매우 짧고 매우 자주 있다.
- **드물다** : 어떤 일이 일어나는 일이 잦지 아니하다.

| 오답 피해가기 |
② **재다** : 여러모로 따져 보고 헤아리다. (유의어-저울질하다, 헤아리다)
③ **마르다** : 물기가 전부 날아가서 없어지다. (유의어-말라붙다 / 반의어-젖다)
④ **자주** : 같은 일을 잇따라 잦게.
⑤ **빈번하다** : 번거로울 정도로 도수(度數)가 잦다.

| 정답 | ①

유형 분석
제시된 어휘와 반대되는 어휘를 찾을 수 있는지를 묻는 문항이다.

해결 전략
오답이 확실한 어휘는 제외하면서 선택지를 좁혀 나간다. 헷갈릴 경우에는 간단한 예문에 적용시켜 의미를 추론해 보도록 한다.

Part 1 Theme 03 Basic 기본문제

이것만은 꼭

일반적으로 반의어 문제는 유의어와 함께 나오므로 문제를 제대로 읽지 않으면 유의어로 착각하고 풀어나갈 가능성이 있다. 따라서 무엇을 묻는 문제인지 확인하고 푸는 습관을 들이도록 한다.

미니 테스트

01. 반의어끼리 연결하기

정착 • • 소란
사후 • • 농후
상극 • • 상생
유실 • • 생전
정숙 • • 존속
폐지 • • 이기
희박 • • 표류
희생 • • 습득

---

01. 정착-표류, 사후-생전, 상극-상생, 유실-습득, 정숙-소란, 폐지-존속, 희박-농후, 희생-이기

01~06 다음에 제시된 단어와 반대의 뜻을 가진 단어를 고르시오.

제한시간 1분

★★★☆☆
01 노련(老鍊)

① 유년(幼年) ② 숙련(熟練) ③ 약년(弱年)
④ 유치(幼稚) ⑤ 노령(老齡)

★★★☆☆
02 탈의(脫衣)

① 개염 ② 의절(義絕) ③ 착의(着衣)
④ 착색(着色) ⑤ 탈색(脫色)

★★★☆☆
03 희박하다

① 희귀하다 ② 멸시하다 ③ 다분하다
④ 농후하다 ⑤ 척박하다

★★★☆☆
04 수더분하다

① 까다롭다 ② 듬직하다 ③ 깨끗하다
④ 시끄럽다 ⑤ 명징하다

★★★☆☆
05 혹평(酷評)

① 폭평(暴評) ② 냉평(冷評) ③ 가평(苛評)
④ 찬평(讚評) ⑤ 촌평(寸評)

06 편향(偏向)

① 공방(攻防)   ② 편중(偏重)   ③ 공정(公正)
④ 일편(一偏)   ⑤ 무사(無私)

07~10 다음 밑줄 친 단어의 반의어로 적절한 것을 고르시오.

07 종혁이는 평소에는 과묵하지만 일단 이야기를 시작하면 굉장한 달변(達辯)이었다.

① 능변(能辯)   ② 배변(排便)   ③ 강변(强辯)
④ 언변(言辯)   ⑤ 눌변(訥辯)

08 율곡 이이 선생은 아홉 차례나 과거에 응시하여 모두 장원으로 급제한 천재(天才)였다.

① 백치(白痴)   ② 신동(神童)   ③ 둔재(鈍才)
④ 귀재(鬼才)   ⑤ 노재(駑才)

09 공기압은 타이어를 팽창(膨脹)시켜 자동차가 주행하기에 알맞은 상태가 되게 한다.

① 확대(擴大)   ② 팽배(澎湃)   ③ 수축(收縮)
④ 팽대(膨大)   ⑤ 광대(廣大)

10 우리 조상들은 봉황이나 학과 같은 동물을 상징화하여 길조(吉兆)의 의미를 나타내거나 신분 계급을 표시하였다.

① 길흉(吉凶)   ② 흉조(凶兆)   ③ 관조(觀照)
④ 흉길(凶吉)   ⑤ 경조(慶兆)

이것만은 꼭

단어들은 의미가 서로 반대되거나, 서로 짝을 이루어 대립 관계에 있는 경우가 있는데 이를 반의어라고 한다. 두 개의 단어가 서로 반의어가 되려면, 둘 사이에 공통적인 의미 요소가 존재하면서 하나의 요소만 달라야 한다.

미니 테스트

02. 반의어끼리 연결하기

긴장 · · 능멸
추앙 · · 외환
배은 · · 멸망
내우 · · 고상
내포 · · 외연
융성 · · 해이
저열 · · 화목
반목 · · 보은

02. 긴장-해이, 추앙-능멸, 배은-보은, 내우-외환, 내포-외연, 융성-멸망, 저열-고상, 반목-화목

기본문제

03. 다음 중 반의어끼리 연결되지 않은 것은?
① 고의-과실
② 기립-착석
③ 낙천-염세
④ 둔탁-예리
⑤ 분산-산재

★★★☆☆

11 다음 글에서 밑줄 친 단어의 관계와 가장 유사한 것을 고르시오.

제한시간 20 초

> 직업을 찾거나 새로운 변화를 시도할 경우 자기 탐색 시간은 매우 중요하다. 이를 통해 변화를 주도할 수 있다. 그렇다면 자기 탐색 시간을 갖는 이유는 <u>주관적(主觀的)</u> 사고와 <u>객관적(客觀的)</u> 사고의 충돌을 경험할 수 있다.

① 언어(言語)-국어(國語)   ② 동물(動物)-식물(植物)   ③ 영화(映畵)-연극(演劇)
④ 찬사(讚辭)-비난(非難)   ⑤ 내면(內面)-심층(深層)

---

03. ⑤

정답 및 해설

01
정답 ④

- **노련(老鍊)** : 많은 경험으로 익숙하고 능란하다.   • **유치(幼稚)** : 나이가 어리다. 수준이 낮거나 미숙하다.
① 유년(幼年) : 어린 나이나 때.
② 숙련(熟練) : 연습을 많이 하여 능숙하게 익힘.
③ 약년(弱年) : 젊은 나이.
⑤ 노령(老齡) : 늙은 나이.

02
정답 ③

- **탈의(脫衣)** : 옷을 벗음.   • **착의(着衣)** : 옷을 입음.
① 개염 : 부러워하며 샘하여 탐내는 마음.
② 의절(義絕) : 맺었던 의를 끊음.
④ 착색(着色) : 그림이나 물건에 물을 들이거나 색을 칠하여 빛깔이 나게 함.
⑤ 탈색(脫色) : 섬유 제품 등에 들어 있는 색깔을 뺌. 빛이 바람.

03
정답 ④

- **희박하다** : 어떤 일이 이루어질 가능성이 적다. 기체나 액체 등의 밀도나 농도 등이 짙지 못하고 낮거나 엷다.
- **농후하다** : 어떤 일이 이루어질 기색 등이 뚜렷하다. 맛, 빛깔. 성분 등이 매우 짙다.
① 희귀하다 : 드물어서 특이하거나 매우 귀하다.
② 멸시하다 : 업신여기거나 하찮게 여겨 깔보다.
③ 다분하다 : 그 비율이 어느 정도 많다.
⑤ 척박하다 : 땅이 기름지지 못하고 몹시 메마르다

04
정답 ①

- **수더분하다** : 성질이 까다롭지 아니하여 순하고 무던하다.
- **까다롭다** : 조건 따위가 복잡하거나 엄격하여 다루기에 순탄하지 않다.
② 듬직하다 : 믿음성 있게 묵직하여 굳건하다.
③ 깨끗하다 : 더럽지 않다.
④ 시끄럽다 : 듣기 싫게 떠들썩하다.
⑤ 명징하다 : 깨끗하고 맑다.

	05	• **혹평(酷評)** : 가혹하게 비평함. • **찬평(讚評)** : 칭찬하여 비평함.
정답 ④		① 폭평(暴評) : 심하고 거칠게 비평함.
		② 냉평(冷評) : 비웃거나 업신여기는 태도로 비평함.
		③ 가평(苛評) : 가혹하게 비평함.
		⑤ 촌평(寸評) : 매우 짧게 비평함.

	06	• **편향(偏向)** : 한쪽으로 치우침.
정답 ③		• **공정(公正)** : 공평하고 올바름.
		① 공방(攻防) : 서로 공격과 방어함.
		② 편중(偏重) : 한쪽으로 치우침.
		④ 일편(一偏) : 한쪽으로 치우침.
		⑤ 무사(無私) : 사사로움이 없이 공정함.

	07	'달변'은 '능숙하여 막힘이 없는 말.'을 의미하고, '눌변'은 '더듬거리는 서툰 말솜씨.'를 의미하므로 두 단어는 반의어이다.
정답 ⑤		① 능변(能辯) : 말을 능숙하게 잘함. 또는 그 말.
		② 배변(排便) : 대변을 몸 밖으로 내보냄.
		③ 강변(强辯) : 이치에 닿지 아니한 것을 끝까지 굽히지 않고 주장하거나 변명함.
		④ 언변(言辯) : 말을 잘하는 재주나 솜씨.

	08	'천재'는 '선천적으로 타고난, 남보다 훨씬 뛰어난 재주. 또는 그런 재능을 가진 사람.'을 의미하고, '백치'는 '뇌에 장애나 질환이 있어 지능이 아주 낮은 상태. 또는 그런 사람을 낮잡아 이르는 말.'을 의미하므로 두 단어는 반의어이다.
정답 ①		② 신동(神童) : 재주와 슬기가 남달리 특출한 아이.
		③ 둔재(鈍才) : 둔한 재주. 또는 재주가 둔한 사람.
		④ 귀재(鬼才) : 세상에서 보기 드물게 뛰어난 재능. 또는 그런 재능을 가진 사람.
		⑤ 노재(駑才) : 재주와 지혜가 우둔하고 뒤떨어짐. 또는 그런 사람.

	09	'팽창'은 '부풀어서 부피가 커짐.'을 의미하고, '수축'은 '부피나 규모가 줄어듦.'을 의미하므로 두 단어는 반의어이다.
정답 ③		① 확대(擴大) : 모양이나 규모 등을 더 크게 함.
		② 팽배(澎湃) : 어떤 기세나 사조 따위가 매우 거세게 일어남.
		④ 팽대(膨大) : 세력이나 기운 등이 크게 늘어나거나 퍼짐.
		⑤ 광대(廣大) : 크고 넓음.

	10	'길조'는 '좋은 일이 있을 조짐.'을 의미하고, '흉조'는 '불길한 징조'를 의미하므로 두 단어는 반의어이다.
정답 ②		① 길흉(吉凶) : 운이 좋고 나쁨.
		③ 관조(觀照) : 고요한 마음으로 사물이나 현상을 관찰하거나 비추어 봄.
		④ 흉길(凶吉) : 운이 나쁘고 좋음.
		⑤ 경조(慶兆) : 기쁜 일이 있을 조짐.

	11	'주관적(主觀的)'은 '자기의 견해나 관점을 기초로 하는. 또는 그런 것.'을 의미하고, '객관적(客觀的)'은 '자기와의 관계에서 벗어나 제삼자의 입장에서 사물을 보거나 생각하는. 또는 그런 것.'을 의미하므로 두 단어는 반의어이다.
정답 ④		• **찬사(讚辭)** : 칭찬하거나 찬양하는 말이나 글. • **비난(非難)** : 남의 잘못이나 결점을 책잡아서 나쁘게 말함.
		① 언어(言語) : 생각, 느낌 등을 나타내거나 전달하는 데에 쓰는 음성, 문자 등의 수단./**국어(國語)** : 한 나라의 국민이 쓰는 말. 우리나라의 언어. '한국어'를 우리나라 사람이 이르는 말.
		② 동물(動物) : 사람을 제외한 길짐승, 날짐승, 물짐승 등을 통틀어 이르는 말./**식물(植物)** : 생물 중에서 동물과 구별되는 한 일군(一群).
		③ 영화(映畵) : 어떤 대상을 촬영하여 영사기로 영사막에 재현하는 종합 예술./**연극(演劇)** : 배우가 각본에 따라 어떤 사건이나 인물을 말과 동작으로 관객에게 보여 주는 무대 예술.
		⑤ 내면(內面) : 밖으로 드러나지 아니하는 사람의 속마음./**심층(深層)** : 사물의 속이나 밑에 있는 깊은 층. 겉으로 드러나지 않은, 사물이나 사건의 내부 깊숙한 곳.

Part 1 Theme 03 Advance 발전문제

정답 및 해설 10쪽

제한시간 1분

01~07 다음 낱말 중 서로 반대되는 뜻을 가진 두 단어를 고르시오.

★★★☆☆
01
① 멀찍하다 ② 가직하다
③ 정갈하다 ④ 구순하다
⑤ 숭고하다

★★★☆☆
02
① 착수(着手) ② 기원(祈願)
③ 종결(終結) ④ 시초(始初)
⑤ 면책(免責)

★★☆☆☆
03
① 폐단(弊端) ② 진부(陳腐)
③ 고풍(古風) ④ 신선(新鮮)
⑤ 미풍(微風)

★★★☆☆
04
① 축소(縮小) ② 농축(濃縮)
③ 희석(稀釋) ④ 압착(壓着)
⑤ 압축(壓縮)

★★★☆☆
05
① 등한하다 ② 교요하다
③ 순치하다 ④ 철저하다
⑤ 교묘하다

★★★☆☆
06
① 오락(娛樂) ② 환열(歡悅)
③ 애환(哀歡) ④ 비애(悲哀)
⑤ 오욕(汚辱)

★★★★☆
07
① 힐책하다 ② 건경하다
③ 추악하다 ④ 추어주다
⑤ 강경하다

제한시간 3분

08~26 다음에 제시된 단어와 반대의 뜻을 가진 단어를 고르시오.

★★★☆☆
08 되바라지다
① 엎어지다 ② 내성적이다
③ 다소곳하다 ④ 모이다
⑤ 살갑다

★★☆☆☆
09 보편성(普遍性)
① 특수성(特殊性) ② 상대성(相對性)
③ 일반성(一般性) ④ 개별성(個別性)
⑤ 사회성(社會性)

★★☆☆☆
10 공복(空腹)

① 개복(開腹)　② 흉복(凶服)
③ 포복(抱腹)　④ 만복(滿腹)
⑤ 예복(禮服)

★★☆☆☆
11 간헐

① 가끔　② 나중
③ 헐가　④ 지속
⑤ 매도

★★☆☆☆
12 개혁(改革)

① 선도(善導)　② 개진(改進)
③ 보수(保守)　④ 혁신(革新)
⑤ 참신(斬新)

★★☆☆☆
13 전입(轉入)

① 전세(傳貰)　② 전출(轉出)
③ 이주(移住)　④ 차입(借入)
⑤ 차용(借用)

★★☆☆☆
14 언짢다

① 행복하다　② 만족하다
③ 불쾌하다　④ 달갑다
⑤ 꺼림직하다

★★★☆☆
15 번잡(煩雜)

① 간결(簡潔)　② 조야(粗野)
③ 외잡(猥雜)　④ 잡무(雜務)
⑤ 난잡(亂雜)

★★☆☆☆
16 계승(繼承)

① 단절(斷絕)　② 수계(受繼)
③ 승계(承繼)　④ 승사(承嗣)
⑤ 연속(連續)

★★★☆☆
17 미점(美點)

① 종점(終點)　② 단점(短點)
③ 이점(利點)　④ 장점(長點)
⑤ 방점(傍點)

발전문제

★★★★☆
18 심대(甚大)

① 정통(精通)　② 미묘(微妙)
③ 경미(輕微)　④ 수명(壽命)
⑤ 연명(延命)

★★★★★
19 역연(歷然)

① 당연(當然)　② 태연(泰然)
③ 자연(自然)　④ 막연(漠然)
⑤ 확연(確然)

★★★★☆
20 숙독(熟讀)

① 속독(速讀)　② 숙성(熟成)
③ 음독(音讀)　④ 애독(愛讀)
⑤ 묵독(默讀)

★★★★☆
21 백안(白眼)

① 적안(赤眼)　② 혈안(血眼)
③ 노안(老眼)　④ 청안(靑眼)
⑤ 개안(開眼)

★★★★☆
22 대항(對抗)

① 순응(順應)　② 모반(謀反)
③ 귀순(歸順)　④ 역모(逆謀)
⑤ 대응(對應)

★★★★☆
23 직계(直系)

① 직신(直臣)　② 계열(系列)
③ 방계(傍系)　④ 누계(累計)
⑤ 연계(連繫)

★★★☆☆
24 과작(寡作)

① 다작(多作)　② 가작(佳作)
③ 졸작(拙作)　④ 걸작(傑作)
⑤ 수작(秀作)

★★★☆☆
25 착공식(着工式)

① 준공식(竣工式)　② 기공식(起工式)
③ 다공식(多孔式)　④ 시공식(施工式)
⑤ 상량식(上樑式)

26 방불하다 ★★★★☆

① 희미하다
② 다르다
③ 비슷하다
④ 방자하다
⑤ 미미하다

제한시간  1 분

27~30 제시된 단어와 반의어 관계를 이루도록 밑줄 친 단어 중 알맞은 것을 고르시오.

27 도외시(度外視)하다 ★★★☆☆

① 가해자뿐만 아니라 그 상황을 방관(傍觀)하던 다른 사람들도 나쁘다고 생각해.
② 중국은 체면을 중시(重視)하는 사회·문화적 풍토가 강하다.
③ 이 대리는 새롭게 출시할 상품에 대해 디자인을 강조(強調)하여 설명하였다.
④ 그의 육아 방식은 자유를 넘어서 방임(放任)하는 것처럼 보였다.
⑤ 기분을 상하게 하는 말을 들었을 때는 무시(無視)하는 편이 낫다.

28 꺼림하다 ★★★★☆

① 아는 사람은 좋아하는 사람을, 좋아하는 사람은 즐기는 사람을 당할 수 없다.
② 용의자의 진술에 미심쩍은 부분이 많아 추가 조사에 착수하였다.
③ 오랜만에 7시간 이상 잤더니 몸이 개운하다.
④ 그 사람은 늘 활달해서 주위 모두 사람들이 좋아한다.
⑤ 그녀는 갑작스럽게 닥친 자신의 불행에 동정하고 있었다.

29 성마르다 ★★★☆☆

① 그는 다음 주부터 새로운 부서로 이동하게 되어 머리가 복잡할 거야.
② 내 친구는 어렸을 때부터 노래에 비상한 재주가 있었다.
③ 평소 인색하고 옹졸하기로 유명한 박 회장은 자선이나 기부 행사에 참여한 적이 없다.
④ 그 사람은 느긋한 성격이 장점이다.
⑤ 가을이 짙어 가면서 이제는 바람도 제법 소슬하게 불어온다.

30 이울다 ★★★★☆

① 그 친구는 최근 가세가 기울면서 어려움을 겪고 있는 것 같더라.
② 셰프는 기억을 되살려 그 식당의 요리를 재현했다.
③ 우리가 여행을 다녀오는 동안 화분의 꽃이 시들어 버렸다.
④ 고향에서 천만리나 떨어진 남의 땅에서 추석을 맞으니 마음이 울적하다.
⑤ 여름으로 접어들면서 공원의 나무들이 번성하게 자랐다.

Theme 04 다의어

출제 빈도

✓ 핵심 Check

- 주로 단어를 제시해주고 같은 용도로 쓰인 것을 찾는 문제, 또는 나머지를 모두 포괄할 수 있는 단어를 고르는 문제들이 출제된다.
- 하나의 단어가 두 가지 이상의 의미로 쓰이는 '다의어'와 소리는 같지만 뜻이 다른 '동음이의어'를 구분할 수 있어야 한다.
- 뿐만 아니라 단어의 중심의미와 주변의미를 파악해야 하므로 평소에 혼동되는 어휘가 있다면 그냥 넘어가지 말고 의미를 찾아보며 학습해두도록 한다.

빈출예제

★★★☆☆

01 [어휘의 다양한 의미 파악]   제한시간 20초

다음 중 나머지 단어의 의미를 모두 포괄할 수 있는 단어를 고르시오.

① 누리다   ② 앓다   ③ 빌리다
④ 맞이하다 ⑤ 얻다

2017 삼성

유형 분석
어휘가 가진 다양한 의미를 파악할 수 있는지를 묻는 문항이다.

해결 전략
가장 광범위한 것 같은 어휘를 택한다.
↓
나머지 어휘들로 예문을 생각해 보고 위에서 선택한 어휘를 대입하여 답을 고른다.
↓
문제에 사용된 어휘의 다양한 의미들을 찾아 정리한다.

| 해설 |
쓰이는 상황이 구체적이지 않고, 의미가 포괄적인 단어를 선택해야 한다. '앓다'는 고통을 겪는 상황에서, '빌리다'는 타인의 물건을 얼마 동안만 쓰는 상황에서, '맞이하다'는 사람이 오는 것을 받아들이는 상황에서 쓰인다. 즉, 이 세 가지 어휘가 사용되는 상황은 특정지어져 있는 것이다. 따라서 이를 제외하고 남은 '누리다'와 '얻다' 중 하나를 택하고, 나머지 어휘들로 만든 예문에 넣어본다.
① 중간고사가 끝나고 드디어 자유를 얻었다(누리게 되었다).
② 어제 밤늦게까지 돌아다녀서 감기를 얻었다(앓았다).
③ 운 좋게도 역세권에 집을 얻었다(빌렸다).
④ 우리 엄마는 곧 사위를 얻을(맞이할) 것이다.
모든 문장의 단어를 '얻다'로 바꿔도 어색하지 않기 때문에 답은 '얻다'가 된다.

| 오답 피해가기 |
① 그의 사랑을 누렸다(얻었다).
② 어제 밤늦게까지 돌아다녀서 감기를 누렸다(앓았다).
③ 운 좋게도 역세권에 집을 누렸다(빌렸다).
④ 우리 엄마는 곧 사위를 누릴(맞이할) 것이다.
따라서 '누리다'는 문맥상 의미가 적절하지 않으므로 답이 아니다.

| 정답 | ⑤

하나 더+

〈얻다〉
① 긍정적인 태도나 상황을 누리다. ② 병을 앓게 되다. ③ 집이나 방 등을 빌리다. ④ 사위나 며느리, 아내 등을 맞다.

02 [유사한 쓰임 찾기]

다음 밑줄 친 단어와 같은 의미로 쓰인 것을 고르시오.

2017 LG

> 새로 출근한 직장 동료와 처음으로 인사를 나누었다.

① 친구와 술 한잔 나누면서 이런저런 고민들을 털어놓았다.
② 소외된 이웃과 따뜻한 정을 나눕시다.
③ 나는 결혼하면 어떤 역경이 닥쳐도 남편과 함께 어려움을 나누며 살 것이다.
④ 우리는 피를 나눈 형제만큼이나 가깝다.
⑤ 이익금은 이바지한 바에 따라 투자자들끼리 공정하게 나누어야 뒤탈이 없다.

| 해설 |
'나누다'를 다른 말로 바꾸어 보면 '주고받다'가 가능하다. 이처럼 밑줄 친 단어를 바꾸어 본다.
① 친구와 술 한잔 주고받으면서 이런저런 고민들을 털어놓았다.
② 소외된 이웃과 따뜻한 정을 주고받읍시다.
③ 나는 결혼하면 어떤 역경이 닥쳐도 남편과 함께 어려움을 주고받으며 살 것이다.
④ 우리는 피를 주고받은 형제만큼이나 가깝다.
⑤ 이익금은 이바지한 바에 따라 투자자들끼리 공정하게 주고받아야 뒤탈이 없다.
이 중 문맥상 어울리지 않는 것은 ③, ④, ⑤이다. 따라서 이를 제외하고 남은 ①과 ②를 살펴보았을 때 ①은 '술'이라는 물질적 요소가, ②는 '정'이라는 비물질적 요소가 '나누었다'의 앞에 나와있다. 제시된 문장에서는 '인사'라는 비물질적 요소가 나타나므로 ②가 가장 가까울 것이다.

| 오답 피해가기 |
〈나누다〉
① 음식 따위를 함께 먹거나 갈라서 먹다. ③ 고통, 고생이나 즐거움 등을 함께 겪다.
④ 같은 한 핏줄을 타고나다. ⑤ 몫을 분배하다.

| 정답 | ②

유형 분석
제시된 어휘의 쓰임과 같은 것을 찾을 수 있는지를 묻는 문항이다.

해결 전략
제시된 문장의 어휘를 다른 말로 바꿔 본다.
↓
위에서 바꾼 어휘를 선택지의 어휘들에 넣어보며 답을 찾아 나간다.
↓
어휘의 다양한 쓰임들을 정리한다.

하나 더+

이 테마에서는 한 단어가 가지고 있는 다양한 의미들을 파악하고 있는지의 여부를 묻는다. 다의어는 본래 하나의 근원적 의미에서 여러 가지 사전적 의미로 분화를 한 것이 대부분이므로 그 핵심이 되는 뿌리 뜻만 파악하면 어렵지 않게 전체의 의미를 파악할 수 있다.

Part 1 Theme 04 Basic 기본문제

01~04 다음 밑줄 친 단어와 같은 의미로 쓰인 것을 고르시오.

제한시간 1분 20초

빠른 풀이 비법

1. 주어진 글을 읽고 밑줄 친 단어를 대체할 수 있는 단어를 찾아본다.
2. 대체가능한 단어가 떠올랐다면 각 선택지의 밑줄 친 부분에 해당 단어를 대입하여 문맥상 어색하지 않은 것을 고른다.

★★☆☆☆

01 아침 6시에 기상해서 등산을 <u>가다</u>.

① 냉장고에 두지 않았더니 두부가 맛이 <u>갔다</u>.
② 예쁜 여자에게 눈이 더 <u>간다</u>.
③ 형광등이 깜박거리더니 아주 <u>갔다</u>.
④ 어머니를 따라 시장에 <u>가다</u> 친구를 만났다.
⑤ 그는 상대 선수의 주먹을 한 방 맞고 완전히 <u>갔다</u>.

★★★☆☆

02 선왕의 뒤를 이어 즉위한 왕자가 권력을 <u>쥐었다</u>.

① 비밀을 <u>쥐다</u>.
② 초밥을 손으로 <u>쥐다</u>.
③ 큰돈을 <u>쥐다</u>.
④ 철봉을 잡아 <u>쥐다</u>.
⑤ 경제권을 <u>쥐다</u>.

One Point Lesson

밑줄 친 단어를 대체할 수 있는 단어가 떠오르지 않는다면, 주어진 글의 문장 구조를 통해서도 답을 유추해낼 수 있다. 밑줄 친 단어가 수식하고 있거나 수식을 받는 대상의 성분이나 성질을 파악하고, 이와 유사한 선택지를 고르면 된다.

★★☆☆☆

| 2015 금호아시아나 |

03 종업원이 다가와 주문을 <u>받았다</u>.

① 버스에서 내려 우산을 <u>받다</u>.
② 공무원이 세금을 <u>받는다</u>.
③ 상사의 명령을 <u>받다</u>.
④ 동생이 구박을 <u>받고</u> 있다.
⑤ 오늘따라 화장이 잘 <u>받지</u> 않는다.

★★☆☆☆

04 태풍이 온다는 말에 휴가를 일주일 <u>당겼다</u>.

① 입맛이 <u>당기는</u> 계절이 왔다.
② 그물을 힘껏 <u>당겼다</u>.
③ 지하철보다는 버스가 <u>당긴다</u>.
④ 급히 쓸 데가 생겨 월급을 <u>당겨</u> 달라고 했다.
⑤ 김부장은 조금은 관심이 <u>당기는지</u> 조급하게 그다음 말을 재촉했다.

36 · 직무적성 총연습 | 언어

05~08 다음 중 나머지 단어의 의미를 모두 포괄할 수 있는 것을 고르시오.

05 ① 바꾸다　② 갈다　③ 문지르다
　　④ 으깨다　⑤ 뒤집다

| 2015 삼성

06 ① 마르다　② 없어지다　③ 야위다
　　④ 갈증이 나다　⑤ 자르다

07 ① 덮다　② 두르다　③ 감다
　　④ 돌리다　⑤ 씻다

08 ① 한결같다　② 고르다　③ 순조롭다
　　④ 뽑다　⑤ 가지런하게 하다

09 〈보기〉를 바탕으로 단어를 구분했을 때 적절하지 않은 것을 고르시오.

|보기|
- 동음이의어 : 발음은 동일하나 의미가 다른 두 개 이상의 단어로 의미상 연관성이 없는 것.
- 다의어 : 두 가지 이상의 뜻을 가진 단어로 의미상 연관성은 있지만 두 의미가 분명히 다른 것.

① '밤을 까다.', '칠흑같이 캄캄한 밤.'에서 '밤'은 의미 연관성이 없는 동음이의어이다.
② '발'은 '사람이나 동물의 다리 맨 끝부분'을 가리킬 때와 '한 발 뒤로 물러서다'에서 '걸음을 세는 단위'의 '발'이 있으니 다의어이다.
③ '감다'는 '머리를 자주 감으면 머릿결이 상한다.', '아이가 졸린지 눈을 스르르 감는다.'에서 발음은 같지만 의미가 다르기 때문에 동음이의어이다.
④ '쏘다'는 '버릇없는 아이에게 따끔한 말을 한마디 쏘다.', '적의 진지에 대포를 쏘다.'의 경우 관련성이 있으면서 의미의 차이가 있으므로 다의어이다.
⑤ '밀다'는 '아무래도 누군가 그를 밀고 있다.'의 경우에는 뒤에서 보살피고 도와준다는 뜻이고, '당원들은 당 총재를 대통령 후보로 밀었다'의 경우에는 특정한 지위를 차지하도록 내세우거나 지지한다는 뜻이므로 동음이의어이다.

빠른 풀이 비법

1. 주어진 단어들 중 그 쓰임이 가장 협소한 것들을 제외한다.
2. 나머지 선택지들을 A-B, C-D와 같이 두 쌍씩 묶는다.
3. 먼저 A 단어를 이용하여 문장을 만들어 보고 해당 문장에 위치한 A의 자리에 B가 들어가도 어색하지 않은지 확인해 본다.
4. 어색하다면, A와 B는 답이 아니므로 C와 D 중 하나가 답이다.

미니 테스트

01. 다음 중 관용적 표현과 그 의미가 잘못 짝지어진 것은?
① 목이 곧다 : 남에게 굽히지 않고 억지가 세다.
② 머리가 굳다 : 사고방식이나 사상이 완고하다.
③ 눈에 어리다 : 모습이 잊히지 않고 마음에 뚜렷하다.
④ 머리가 젖다 : 사상이나 인습 따위에 물들다.
⑤ 귀를 주다 : 귀를 딴 데로 돌려 잘 듣지 않는다.

01. ⑤
귀를 주다 : 남의 말을 엿듣다.

기본문제

02. 다음 중 관용적 표현과 그 의미가 잘못 짝지어진 것은?

① 심장이 약하다 : 마음이 약하고 숫기가 없다.
② 심장이 크다 : 겁이 없고 대담하다.
③ 심장에 파고들다 : 사람의 마음을 일어나게 하다.
④ 심장을 찌르다 : 핵심을 꿰뚫어 알아차리다.
⑤ 심장이 뛰다 : 가슴이 조마조마하거나 흥분되다.

★★★★☆

10 〈보기 1〉을 참고하여 〈보기 2〉의 ㉠~㉤을 보았을 때 ㉮와 함께 하나의 표제어 아래 수록될 수 없는 것을 고르시오.

 제한시간 40초

―| 보기 1 |―

동음이의어와 다의어를 구분할 때 다의어는 국어사전에서 하나의 표제어 아래 뜻풀이 번호를 달리해서 수록된다. 이와 달리 동음이의어는 두 단어의 어휘 범주가 다르기 때문에 제각기 다른 표제어로 수록된다.

―| 보기 2 |―

㉮ 쓰다 [동]
 어떤 일을 하는 데 시간이나 돈을 들이다.
 예 아르바이트에 시간을 많이 <u>써서</u> 공부할 시간이 없다.

㉠ 쓰다: 다른 사람에게 베풀거나 내다.
 예 그는 아들을 낳은 턱을 <u>쓰느라</u> 모두에게 저녁을 샀다.
㉡ 쓰다: 합당치 못한 일을 강하게 요구하다.
 예 그는 자신이 원하는 것을 얻기 위해 마구 억지를 <u>쓰는</u> 버릇이 있다.
㉢ 쓰다: 힘이나 노력 따위를 들이다.
 예 이상하게도 그는 오늘 상대 선수에게 너무 힘을 <u>쓰지</u> 못했다.
㉣ 쓰다: 어떤 일에 마음이나 관심을 기울이다.
 예 선생님, 일부러 제게 마음을 <u>쓰지</u> 않으셔도 됩니다.
㉤ 쓰다: 어떤 일을 하는 데에 재료나 도구, 수단을 이용하다.
 예 빨래하는 데에 합성 세제를 많이 <u>쓴다고</u> 빨래가 깨끗하게 되는 것은 아니다.

① ㉠   ② ㉡   ③ ㉢
④ ㉣   ⑤ ㉤

---

02. ③
심장에 파고들다 : 어떤 일이나 말이 마음속 깊이 새겨져 자극되다.

정답 및 해설

정답 ④

01 제시된 문장에서 '가다'는 '오르다'로 바꿀 수 있다. 선택지의 밑줄 친 부분을 바꿔 보면 다음과 같다. ① 냉장고에 두지 않았더니 두부가 맛이 올랐다. ② 예쁜 여자에게 눈이 더 오른다. ③ 형광등이 깜박거리더니 아주 올랐다. ④ 어머니를 따라 시장에 <u>오르다</u> 친구를 만났다. ⑤ 그는 상대 선수의 주먹을 한 방 맞고 완전히 올랐다.
따라서 가장 어색하지 않은 ④가 정답이다.
〈가다〉 ④ 움직이다. ① 쉬다(음식이 시큼해지다). ② 관심이나 눈길이 쏠리다. ③ 꺼졌다. ⑤ 외부의 충격이나 영향으로 정신을 제대로 차리지 못하는 혼미한 상태가 되다.

정답 ⑤	**02** 제시된 문장에서 '쥐다'는 '갖다'로 바꿀 수 있다. 선택지의 밑줄 친 부분을 바꿔보면 다음과 같다. ① 비밀을 갖다. ② 초밥을 손으로 갖다. ③ 큰돈을 갖다. ④ 철봉을 잡아 갖다. ⑤ 경제권을 갖다. 이 중 ②, ④는 문맥상 어색하고, ①은 본래 의미와 다르다. 제시된 문장에서 '권력'이라는 비물질적 요소가 나오므로, '돈'이라는 물질적 요소가 나오는 ③보다는 ⑤가 더 가까울 것으로 추측해 볼 수 있다. 〈쥐다〉 ⑤ 제 뜻대로 다루거나 움직일 수 있는 상태에 두다. ① 증거 따위를 얻거나 가지다. ② 초밥·주먹밥 등을 만들다. ③ 재물 등을 가지다. ④ 어떤 물건을 손바닥에 들게 하거나 손가락 사이에 낀 채로 손가락을 오므려 힘 있게 잡다.
정답 ③	**03** 제시된 문장에서 '받았다'는 '주문'이라는 비물질적인 제안 혹은 요청을 받아들인 상황에서 사용되었다. 선택지에서 이와 유사한 상황을 찾으면 된다. 일단 ①, ②는 물질적인 '우산'과 '세금'이 나타나 있으므로 제외한다. 또한, ④의 '구박'은 요청이나 제안이 아니라 타인이 동생에게 가하는 행동이므로 적절하지 않다. 〈받다〉 ③ 상대의 의사 또는 부탁을 받아들이다. ① 우산 등을 펴서 들다. ② 내는 서류나 무는 돈 등을 거두어들이다. ④ 어떤 일이나 사태를 당하다. ⑤ 화장품 등이 곱게 잘 발린다.
정답 ④	**04** 제시된 문장에서 '당기다'는 원래 정해져 있던 시간보다 미리 휴가를 받은 상황에서 쓰였으므로, 정해진 시간이 있었으나 그것을 임의로 바꾼 선택지를 고르면 된다. 따라서 원래 월급을 받는 날보다 미리 받기를 부탁한 ④가 정답이 된다. 〈당기다〉 ④ 정한 시간이나 날짜보다 더 빠르게 앞으로 옮기거나 줄이다. ① 입맛이 돋우어지다. 먹고 싶은 마음이 생기다. ② 물건이나 사람 등에 힘을 주어 끌어서 자기 쪽이나 일정한 방향으로 가까이 오게 하다. ③, ⑤ 마음이 끌리어 움직이다. 좋아하는 마음이 일어나 저절로 끌리다.
정답 ②	**05** '바꾸다'와 '갈다'의 경우, '커튼을 바꾸다'를 '커튼을 갈다'로 바꿀 수 있다. 하지만 '바꾸다'와 '문지르다'의 경우, '커튼을 바꾸다'를 '커튼을 문지르다'로 바꿀 수 없으므로 ①과 ③은 답이 아니다. 또한, '으깨다'와 '뒤집다'도 마찬가지로 '감자를 으깨다'를 '감자를 뒤집다'로 바꾸면 의미가 변하기 때문에 답이 될 수 없다. 따라서 ②가 정답이 된다. ① 가을을 맞아 커튼을 새로 갈다. ③ 요리하기 전에 칼을 갈다. ④ 사과를 갈아 마신다. ⑤ 밭을 갈다. 〈갈다〉 ① 원래 있던 것을 없애고 다른 것으로 채워 넣거나 대신하게 하다. ③ 날카롭게 날을 세우거나 표면을 매끄럽게 하기 위해 다른 물건에 대고 문지르다. ④ 굳은 물건이나 덩이로 된 물건을 눌러 부스러 뜨리다. ⑤ 농기구로 땅을 파서 뒤집다.
정답 ①	**06** '마르다'와 '없어지다'를 비교하였을 때, '물이 마르다'를 '물이 없어지다'로 바꾸어도 의미가 통한다. 물이 없어져야 마른 상태가 되기 때문이다. 하지만 '없어지다'와 '야위다'의 경우, '살이 빠져 야위다'를 '살이 빠져 없어지다'로 바꿀 수 없으므로, ②와 ③은 답이 될 수 없다. 또한, '갈증이 나다'와 '자르다'의 경우도 마찬가지이므로 답이 될 수 없다. 따라서 ①이 정답이 된다. ② 젖은 옷이 금세 말랐다. ③ 그는 마른 몸을 가지고 있다. ④ 마라톤을 완주하고 나니 목이 말랐다. ⑤ 디자이너는 옷을 마르기 시작했다. 〈마르다〉 ② 물기가 다 날아가서 없어지다. ③ 살이 빠져 야위다. ④ 입이나 목구멍에 물기가 적어져 갈증이 나다. ⑤ 옷감이나 재목 등의 재료를 치수에 맞게 자르다.
정답 ③	**07** '덮다'와 '두르다'의 경우, '눈꺼풀이 내려와 눈동자를 덮다' 혹은 '그 사실을 덮다'를 '눈동자를 두르다', '그 사실을 두르다'로 바꿀 수 없다. 따라서 ①과 ②는 답이 아니다. '감다'와 '돌리다'의 경우, '태엽을 감다'를 '태엽을 돌리다'로 바꿔도 의미가 통한다. 반면 '돌리다'와 '씻다'의 경우는 서로 바꾸면 문장이 어색해지므로, ④와 ⑤ 역시 답이 아니다. 따라서 답은 ③이 된다. ① 자정이 넘어가니 눈이 감긴다. ② 선물 박스를 리본으로 감다. ④ 멈춘 시계의 태엽을 다시 감았다. ⑤ 저녁에 머리를 감아야 두피가 건강하다. 〈감다〉 ① 눈꺼풀을 내려 눈동자를 덮다. ② 어떤 물체를 다른 물체에 말거나 빙 두르다. ④ 시계태엽이나 테이프 등을 작동하도록 돌리다. ⑤ 머리나 몸을 물로 씻다.
정답 ②	**08** '한결같다'는 변함없이 일정한 상황에서, '순조롭다'는 문제없이 평온한 상황에서, '가지런하게 하다'는 들쑥날쑥한 것을 바르게 정리하는 상황에서 쓰인다. 따라서 이 세 단어는 모두 유사한 의미를 지니고 있으며, 이는 '고르다'로 통일시킬 수 있다. 따라서 답은 ②가 된다. 〈고르다〉 ① 여럿이 다 높낮이, 크기, 양 등의 차이가 없이 한결같다. ③ 상태가 정상적으로 순조롭다. ④ 여럿 중에서 가려내거나 뽑다. ⑤ 울퉁불퉁한 것을 평평하게 하거나 들쑥날쑥한 것을 가지런하게 하다.
정답 ⑤	**09** '아무래도 누군가 그를 밀고 있다.'와 '당원들은 당 총재를 대통령 후보로 밀었다'의 '밀다'는 의미상 연관성이 있으므로 다의어이다.
정답 ⑤	**10** ㉮와 함께 하나의 표제어 아래 수록된다는 것은 ㉮와 다의어인 것을 의미한다. ㉯의 '쓰다'는 ㉮와 소리는 같고 뜻이 다른 동음이의어이다. 그러므로 ㉮와 함께 하나의 표제어 아래 수록될 수 없다.

Part 1 Theme 04 Advance 발전문제

정답 및 해설 14쪽

제한시간 1 분

01~02 다음 단어의 사전적 의미를 읽고, 〈보기〉 가운데 그 의미가 다르게 쓰인 것을 고르시오.

★★★☆☆

01

― 보기 ―
이르다 동 「1」 어떤 장소나 시간에 닿다.
「2」 어떤 정도나 범위에 미치다.

① 그 약품은 효과가 없다는 결론에 이른 것으로 알려졌다.
② 그는 지난 30년 동안 무술을 연마하여 마침내 높은 수준에 이르게 되었다.
③ 그가 전한 그 말은 슬프기 이를 데 없는 소식이었다.
④ 남은 일을 처리하느라 어제는 자정에 이르러서야 집에 들어갔다.
⑤ 우리의 여행은 전체 일정부터 세부 내용에 이르기까지 면밀하게 준비되었다.

★★★★☆

02

― 보기 ―
싸다 동 「1」 물건을 안에 넣고 보이지 않게 씌워 가리거나 둘러 말다.
「2」 어떤 물체의 주위를 가리거나 막다.
「3」 어떤 물건을 다른 곳으로 옮기기 좋게 상자나 가방 등에 넣거나 종이나 천, 끈 등을 이용해서 꾸리다.

① 엄마는 아기를 포대기로 싸서 업고 가게 밖으로 나갔다.
② 머리가 아픈 할머니는 헝겊으로 머리를 싸 동여매고 누워 계셨다.
③ 공연을 보기 위해 모인 사람들은 공연장을 싸고 둘러섰다.
④ 친구에게 줄 선물을 포장지로 예쁘게 쌌다.
⑤ 유리가 깨지지 않도록 비닐로 여러 번 싼 후에 가방 속에 넣었다.

제한시간 8 분

03~20 밑줄 친 부분과 같은 의미로 쓰인 것을 고르시오.

★★☆☆☆

03 과실이라고는 하나 죄는 무겁다.

① 그는 무겁게 입을 열었다.
② 그녀는 무거운 증세를 앓고 있다.
③ 할머니가 무거운 짐을 들다.
④ 무거운 임무가 주어졌다.
⑤ 회의 때 그의 말로 인해 분위기가 무겁게 되었다.

★★☆☆☆

04 그릇을 보관할 장을 하나 샀다.

① 집에 오는 길에 장을 봐 왔다.
② 방이 너무 지저분해서 이불을 장에 넣어버렸다.
③ 어머니와 함께 장을 담갔다.
④ 그는 이번에 장으로 임명되었다.
⑤ 글의 체계에서 장은 절보다 크다.

★★☆☆☆

05 벽에 박혀 있던 대못을 빼내다.

① 국민의 세금을 빼내 가로챈 공무원이 경찰에 잡혔다.
② 그를 경찰서에서 빼내기 위해서는 많은 보석금이 필요하다.
③ 그는 뒷주머니에 있던 지갑을 빼내서 계산을 하였다.
④ 그녀는 회사의 기밀문서를 빼내 다른 회사에 넘겨주었다.
⑤ 아버지는 책장에서 소설책을 모두 빼내서 따로 보관하였다.

40 · 직무적성 총연습 | 언어

★★☆☆☆
06 사람들의 발길이 <u>끊긴지</u> 오래다.

① 다음 달부터는 신문을 <u>끊을</u> 것이다.
② 저쪽으로 가면 입장권을 <u>끊을</u> 수 있다.
③ 공부를 하다가 잠깐 졸았더니 흐름이 <u>끊겼다</u>.
④ 속세와의 연을 <u>끊고</u> 산으로 들어가고 싶다.
⑤ 그 개는 목줄을 <u>끊고</u> 도망갔다.

★★★☆☆
07 가스레인지를 <u>끄고</u> 나오는 것을 <u>잊지</u> 말아라.

① 그는 시험 준비를 하느라 잠자는 것도 <u>잊었다</u>.
② 나는 내일이 결혼기념일이라는 것을 <u>잊을</u> 뻔했다.
③ 오랜 시간이 지나도 <u>잊지</u> 못하는 일이 있다.
④ 그는 자신이 경찰이라는 것도 <u>잊고</u> 범죄를 저질렀다.
⑤ 영미는 본 지 오래된 영화라서 그 제목을 <u>잊었다</u>.

★★★☆☆
08 민족의 뿌리를 <u>찾는</u> 운동을 전개하고 있다.

① 아버지 생신이라 오랜만에 고향을 <u>찾았다</u>.
② 두 번째 용의자에게서는 별다른 혐의를 <u>찾지</u> 못했다.
③ 피부병 때문에 병원을 <u>찾는</u> 환자가 점점 늘어나고 있다.
④ 잃어버린 줄 알았던 손수건을 일주일 만에 <u>찾았다</u>.
⑤ 어떤 손님들은 일부러 국산품을 <u>찾는다</u>.

★★★☆☆
09 이 시합에서 이기는 <u>길</u>은 오직 훈련뿐이다.

① 내가 공부하는 <u>길</u>만이 꿈을 이룰 수 있다.
② 경제 성장에의 <u>길</u>을 걸어왔다.
③ 나는 지금 학교에 가는 <u>길</u>이다.
④ 나는 변호사의 <u>길</u>을 가고 싶다.
⑤ 그는 숲속에서 <u>길</u>을 잃고 한참을 헤매었다.

★★★☆☆
10 미래 사회에는 과학만능주의의 부작용이 <u>문제</u>가 될 것이다.

① 이 책이 바로 그 <u>문제</u>의 소설이다.
② 그는 늘 <u>문제</u>를 일으키는 학생이다.
③ 최근 청년 실업 <u>문제</u>가 심각하다.
④ 학벌이 <u>문제</u>가 아니라 사람됨이 <u>문제</u>지.
⑤ 그렇게 쉬운 <u>문제</u> 하나도 제대로 못 풀면서 어떻게 시험 준비를 다했다고 자신했니?

★★★☆☆
11 그 병은 완치되기가 <u>어렵다고</u> 한다.

① <u>어려운</u> 집안 형편 때문에 학업을 포기할 수밖에 없었다.
② 그 영화는 너무 난해하여 이해하기가 <u>어려웠다</u>.
③ 답안 작성을 잘못해서 아마 합격하기는 <u>어려울</u> 것 같다.
④ 부담스러워서 다가가기 <u>어려운</u> 사람이 있다.
⑤ 그는 어려서 부모를 잃고 청소년기를 <u>어렵게</u> 지냈다.

발전문제

12 그의 얼굴에는 수심의 그늘이 짙게 드리워져 있었다.

① 여름이 점점 짙어 간다.
② 짙게 탄 커피를 마셔서 잠을 이루지 못했다.
③ 그녀에게서 화장품 냄새가 짙게 풍겼다.
④ 어느덧 해가 지고 어둠이 짙게 깔리기 시작했다.
⑤ 화장이 짙어 얼굴이 창백해 보일 지경이다.

13 사람들이 돌아간 자리에는 쓰레기만 남았다.

① 약속 장소에 일찍 도착하여 시간이 남는다.
② 노고에 비해서 이익이 남지 않았다.
③ 먹다 남은 음식을 처리해라.
④ 세계 7대 불가사의는 여전히 수수께끼로 남아 있다.
⑤ 11을 2로 나누면 1이 남는다.

14 좋은 글이란, 글쓴이의 생각과 느낌이 효과적으로 표현 · 전달될 수 있는 글이다.

① 오늘은 너무 늦었으니 갈 생각 마라.
② 그는 고향에 계신 어머니 생각에 잠겼다.
③ 우리는 그 문제에 대한 생각이 서로 달랐다.
④ 사람은 자기 나름대로 생각을 가지고 살아간다.
⑤ 도둑과 불량배가 꿈에도 생각 못했던 기회를 잡아 날뛰었다.

15 나는 나라를 위해 이 한목숨 가벼이 버리겠습니다.

① 우리나라 양궁 대표팀이 상대팀을 가볍게 물리쳤습니다.
② 우리가 맡은 작업은 결코 가벼운 것이 아니다.
③ 집에 도착하자 그는 가벼운 평상복으로 갈아입었다.
④ 그 둘은 가벼운 농담을 주고받았다.
⑤ 손가락에 가벼운 상처를 입었다.

| 2016 삼성 |

16 그는 떨리는 마음으로 조심스레 초인종을 눌렀다.

① 끓어오르는 화를 무작정 누르는 것은 좋은 방법이 아니다.
② 우리나라 선수가 결승전에서 일본 선수를 누르고 우승을 차지했다.
③ 그는 고향에 내려간 김에 한동안 눌러 앉기로 했다.
④ 그녀가 피아노 건반을 누르는 모습에서는 우아함이 느껴졌다.
⑤ 부하 직원이 말을 듣지 않는다고 힘으로 눌러서는 안 된다.

17 내가 너에게 쏟아붓는 정성이 얼만데 내게 그럴 수가 있니?

① 할아버지께서 장기판에 있던 장기를 갑자기 쏟아부었다.
② 제발 그런 악담 좀 그만 쏟아부었으면 좋겠어.
③ 이장님은 전통을 유지하고자 마을에 각별한 애정과 돈을 쏟아부었다.
④ 우리 군은 무기가 많아 적에게 더 많은 포탄을 쏟아부을 수 있습니다.
⑤ 다행히 물동이에 있던 물을 쏟아부어 불을 빨리 끌 수 있었다.

18 대화 중에 손가락을 딱딱 튕기던 버릇을 하루아침에 고쳤다.

① 오랜만에 만난 그는 고지식한 태도를 고치고 제법 유연해져 있었다.
② 자신의 병을 고치기 위해 백방으로 뛰어다녔다.
③ 전철에서 화장을 고치는 여자를 만나는 것은 어려운 일이 아니다.
④ 범람하는 외래어를 순우리말로 고치는 작업이 한창이다.
⑤ 장판을 고치기 전에 어째서 이렇게 되었는지부터 알아야겠다.

19 ★★★★☆

첨부 파일로 온 자료를 읽기 위해 그는 인쇄기에 종이를 걸었다.

① 너에게 한 약속만큼은 내 인생을 걸고 맹세할 수 있어.
② 너무 슬프고 속상한 마음에 방문을 걸어 잠그고 오래 울었다.
③ 할머니는 손녀에게 줄 솜이불을 만들기 위해 물레에 솜을 걸었다.
④ 그는 거금의 현상금을 걸고 범인을 꼭 잡겠다는 집념을 보였다.
⑤ 4년 간 꾸준히 노력한 결과 그는 드디어 금메달을 목에 걸었다.

20 ★★★★☆

무엇보다 자신의 적성과 소질에 맞추어 진로를 결정하는 것이 중요합니다.

① 선생님은 학교에서 지정한 심사 기준에 맞추어 학생들의 작품을 검토하였다.
② 다행히 깨진 조각을 잘 맞추어 강력 접착제로 붙이니 다시 쓸 수 있게 되었다.
③ 네가 운전해 주어서 다행히 약속한 시간에 맞추어 잘 도착할 수 있었어.
④ 아이는 화단에 핀 꽃들을 바라보다가 붉은 꽃에 얼굴을 대더니 입을 맞추었다.
⑤ 입사 기념으로 내 몸에 꼭 맞는 정장을 맞추어 나만의 옷을 갖게 되었다.

21~25 다음 중 나머지 단어의 의미를 모두 포괄할 수 있는 것을 고르시오.

21 ★★★★☆
① 이용하다   ② 부리다
③ 쓰다   ④ 덮다
⑤ 나타내다

22 ★★★★☆
① 빠르다   ② 강하다
③ 헤아리다   ④ 세다
⑤ 희어지다

23 ★★★★☆
① 뛰다   ② 나아가다
③ 오르다   ④ 일하다
⑤ 넘기다

24 ★★★★☆
① 누르다   ② 차지하다
③ 물다   ④ 치르다
⑤ 찌르다

25 ★★★★☆
① 헤아리다   ② 뽐내다
③ 재빠르다   ④ 쌓아두다
⑤ 재다

Part 1

Theme 05 단어 관계

출제 빈도

✓ 핵심 Check

- 제시된 단어 관계와 같은 관계 혹은 다른 관계의 단어 쌍을 고르는 문제들이 출제된다.
- A : B = C : ( )에서 빈칸에 들어갈 말을 찾는 비례식을 기본형으로 한다.
- 두 단어 사이의 관계는 유의관계 · 반의관계 · 포함관계 · 원료관계 · 행위관계 · 용도관계 · 인과관계 · 주술관계 · 한자성어 관계 등 매우 다양하게 적용될 수 있다.
- 또한, 역사 · 과학 · 문학 등 배경지식이 있어야 풀 수 있는 문제가 출제되는 경우도 있으므로 유의해야 한다.

빈출예제

01 [한 단어 유추] ★★★☆☆ 제한시간 15초

첫 번째 쌍과 두 번째 쌍의 단어 관계가 같아지도록 빈칸 안에 들어갈 알맞은 단어를 고르시오.

> 가을 : 처서 = 봄 : ( )

① 백로   ② 곡우   ③ 소만
④ 단오   ⑤ 동지

| 해설 |
계절과 그에 해당하는 절기를 연결하는 것으로, 봄에 해당하는 절기는 곡우(穀雨)이다.

| 정답 | ②

2015 KT

유형 분석
제시된 단어의 관계와 일치하도록 빈칸을 추론할 수 있는지를 묻는 문항이다.

해결 전략
단어 관계는 어휘의 다양한 관계가 출제되므로 패턴을 충분히 익혀두는 것이 좋다.

하나 더+

24절기 : 봄(입춘, 우수, 경칩, 춘분, 청명, 곡우)   여름(입하, 소만, 망종, 하지, 소서, 대서)
가을(입추, 처서, 백로, 추분, 한로, 상강)   겨울(입동, 소설, 대설, 동지, 소한, 대한)

02 [두 단어 유추] ★★☆☆☆ 제한시간 20초

제시된 단어를 보고 양쪽이 같은 관계가 되도록 빈칸에 들어갈 알맞은 단어를 고르시오.

> ( ) : 시계 = 차례 : ( )

① 전화, 귀띔   ② 시각, 번호   ③ 달력, 순서
④ 약속, 대기   ⑤ 의지, 결과

| 해설 |
'시각'을 확인하기 위해서는 '시계'가 필요하고, '차례'를 확인하기 위해서는 '번호'가 필요하다.

| 정답 | ②

2017 CJ

유형 분석
제시된 단어들의 관계가 일치하도록 두 단어를 추론할 수 있는지를 묻는 문항이다.

★★★★☆
03 [단어 관계 유추]

제한시간  초

다음에 제시된 두 쌍의 단어 관계가 같아지도록 A, B에 들어갈 가장 적당한 말을 찾아 그 번호를 순서대로 쓰시오.

> 임금 : (A)=(B) : 백아파금

A : ① 서하지통 ② 천붕지통 ③ 할반지통 ④ 고분지통 ⑤ 붕성지통
B : ① 부모 ② 남편 ③ 아내 ④ 친구 ⑤ 이웃

| 해설 |
한자성어와 그 뜻에 관련된 것을 연결하는 문제로, 천붕지통(天崩之痛)은 임금이나 아버지를 잃은 슬픔을. 백아파금(伯牙破琴)은 절친한 벗의 죽음을 슬퍼함을 뜻한다.

| 오답 피해가기 |
① 서하지통(西河之痛) : 부모가 자식을 잃은 슬픔.
③ 할반지통(天崩之痛) : 형제나 자매를 잃은 슬픔.
④ 고분지통(叩盆之痛) : 아내를 잃은 슬픔.
⑤ 붕성지통(崩城之痛) : 남편을 잃은 슬픔.

| 정답 | ②, ④

유형 분석
제시된 어휘들의 관계와 일치하도록 빈칸을 추론할 수 있는지를 묻는 문항이다.

해결 전략
단어 상관관계에서는 한자성어나 고유어, 생소한 단어들이 자주 출제된다. 따라서 평소에 모르는 어휘가 있다면 그 의미를 찾아보는 습관을 들이는 것이 좋다.

★★★☆☆
04 [단어 관계 유추]

제한시간  초

다음의 단어들 중 두 단어의 상관관계가 나머지 넷과 다른 하나를 고르시오.

① 콜라 : 사이다   ② 엄지 : 검지   ③ 용해 : 용액
④ 육군 : 해군   ⑤ 돼지 : 양

| 해설 |
콜라와 사이다는 (탄산)음료의 하위어, 엄지와 검지는 손가락의 구성요소, 육군과 해군은 군대의 구성요소, 돼지와 양은 포유류의 하위어이므로 ①, ②, ④, ⑤는 각각 무언가의 동종관계이다. 그러나 용해는 어떤 물질이 액체 속에서 녹아 용액이 만들어지는 화학 과정을 말한다.

| 정답 | ③

2014 삼성

유형 분석
제시된 단어의 관계들을 파악하고, 관계가 다른 것을 찾을 수 있는지를 묻는 문항이다.

해결 전략
단어를 암기할 때, 해당 단어의 다양한 관계들을 찾아 정리하는 방법이 가장 좋은 학습법이다.
단순히 문제를 푸는 것에서 그치지 말고, 자신만의 단어 지도를 만들어 정리해 두는 것을 추천한다.

하나 더+

- **유의관계**
  - 고유어 : 한자어 예 가운데 : 중앙
  - 한자어 : 외래어 예 피부 : 스킨
  - 금기어 : 완곡어 예 똥 : 대변
- **반의관계**
  - 상보 반의 예 합격 : 불합격, 기혼 : 미혼
  - 정도 반의 예 길다 : 짧다, 쉽다 : 어렵다, 덥다 : 춥다
  - 방향 반의
    ① 공간적 대립 예 위 : 아래, 남극 : 북극, 처음 : 끝
    ② 인간관계 대립 예 부모 : 자식, 남편 : 아내
    ③ 이동적 대립 예 사다 : 팔다, 입다 : 벗다, 열다 : 닫다
- **부분관계** 예 나무 : 잎, 문 : 손잡이
- **상하관계** 예 새 : 참새, 동물 : 진돗개

Part 1 Theme 05 Basic 기본문제

제한시간 35초

01~03 첫 번째 쌍의 단어 관계와 두 번째 쌍의 단어 관계가 같아지도록 빈칸 안에 들어갈 알맞은 단어를 고르시오.

빠른 풀이 비법

1. 빈칸이 없는 첫 번째 쌍을 통해 두 단어 사이의 관계를 파악한다. 유의어, 반의어뿐만 아니라 다양한 관계들이 나올 수 있으므로 이에 유의하여 관계를 찾는다.
2. 쌍점(:)의 왼쪽에 위치하는지 오른쪽에 위치하는지에 따라 단어 간의 관계가 달라지기도 하므로 이에 주의하여 답을 고르도록 한다.

01 ★★☆☆☆

수정과 : 생강 = 식해 : ( )

① 약과　　② 생선　　③ 엿기름
④ 소고기　⑤ 음식

02 ★★☆☆☆

서적 : 양서 = ( ) : 냉장고

① 세탁기　　② 식료품　　③ 전기
④ 가전제품　⑤ 냉동고

03 ★★☆☆☆

시력 : 안경 = 청력 : ( )

① 돋보기　② 보청기　③ 이비인후과
④ 헤드폰　⑤ 후각

One Point Lesson

이 유형은 A와 B에 유의관계, 반의관계, 상하관계, 행위관계, 원료관계, 용도관계 등에 해당하는 모든 경우의 단어가 들어갈 수 있으므로 각 쌍의 단어들이 같은 관계에 놓일 수 있도록 유의하여 골라야 한다.

제한시간 1분

04~06 첫 번째 쌍의 단어 관계와 두 번째 쌍의 단어 관계가 같아지도록 A, B 각각에 들어갈 가장 적당한 단어를 찾아 그 번호를 순서대로 쓰시오.

04 ★★★☆☆

변리사 : (A) = 노무사 : (B)

A : ① 특허 취득　② 변호사　③ 세무 업무　④ 피고 변론　⑤ 군대 통솔
B : ① 보석 감별　② 노동자　③ 세무사　④ 노무 관리　⑤ 재판 진행

05
(A) : 데다 = 물 : (B)

A : ① 땅 ② 불 ③ 바람 ④ 나무 ⑤ 몸
B : ① 끼얹다 ② 흐르다 ③ 뿌리 ④ 젖다 ⑤ 차갑다

One Point Lesson
이러한 유형의 문제는 선택지를 바탕으로 찾아 나가야 한다. '데다'와 관련지을 수 있는 어휘를 선택지에서 찾아 하나의 완벽한 쌍을 만들고, 나머지 빈칸도 같은 관계가 되도록 적절한 어휘를 고른다.

06
이탈리아 : (A) = (B) : 아시아

A : ① 유럽 ② 로마 ③ 오세아니아 ④ 남아메리카 ⑤ 이탈리
B : ① 멕시코 ② 호주 ③ 대한민국 ④ 유라시아 ⑤ 태평양

07~09 다음의 제시된 단어의 관계와 같은 것을 고르시오.

제한시간 1 분

07
부딪다 : 부딪히다 = ( ) : ( )

① 막다 : 막히다 ② 괴롭다 : 괴롭히다 ③ 맞다 : 맞히다
④ 먹다 : 먹이다 ⑤ 남다 : 남기다

미니 테스트

01. 유의관계 OX 퀴즈
• 아내 : 처 ( )
• 가락 : 멜로디 ( )
• 본인 : 제군 ( )
• 함자 : 존함 ( )
• 달변 : 눌변 ( )

08
소환 : 호출 = ( ) : ( )

① 타결 : 결렬 ② 명령 : 지시 ③ 합성 : 분해
④ 위반 : 준수 ⑤ 중지 : 지속

02. 반의관계 OX 퀴즈
• 천재 : 백치 ( )
• 방지 : 저지 ( )
• 내용 : 형식 ( )
• 퇴영적 : 진취적 ( )
• 회상 : 상기 ( )

09
양계 : 양돈 = ( ) : ( )

① 닭 : 달걀 ② 립스틱 : 매니큐어 ③ 어르신 : 소년
④ 레몬에이드 : 카레 ⑤ 할머니 : 할아버지

01. O, O, X, O, X
02. O, X, O, O, X

기본문제

One Point Lesson
1. 임의로 두 개의 선택지를 골라 단어의 관계를 파악한다.
2. 두 선택지의 상관관계가 다르다면 둘 중 하나가 정답이고, 같다면 나머지 선택지 중에서 해당 상관관계와 맞지 않는 것을 찾으면 된다.

미니 테스트

03. 상하관계 OX 퀴즈
- 동물 : 길짐승 ( )
- 커피 : 카페모카 ( )
- 밥 : 진지 ( )
- 미술 : 문학 ( )
- 연필 : 4B연필 ( )

04. 전체-부분관계 OX 퀴즈
- 손 : 손톱 ( )
- 섬 : 독도 ( )
- 시계 : 분침 ( )
- 포유류 : 고래 ( )
- 연필 : 연필심 ( )

10~11 다음의 단어들 중 두 단어의 상관관계가 나머지 넷과 다른 하나를 고르시오. 제한시간 35초

10 ★★★☆☆
① 방송국 : PD ② 경찰서 : 경찰 ③ 은행 : 행원
④ 여행사 : 고객 ⑤ 학교 : 교사

11 ★★★☆☆
① 계약 : 성사 ② 수교 : 단절 ③ 안건 : 상정
④ 농부 : 경작 ⑤ 기사 : 보도

12~13 다음 제시된 단어의 관계와 같은 것을 고르시오. 제한시간  45초

12 ★★★☆☆

| 캐러멜 : 달보드레하다 |

① 얼음 : 아이스크림 ② 살구 : 시큰시큰 ③ 매운탕 : 얼큰얼큰
④ 규동 : 불고기 ⑤ 초콜릿 : 젤리

13 ★★★☆☆

| 원 : 도형 |

① 커트 : 미용사 ② 코트 : 알파카 ③ 숨지다 : 사망하다
④ 스마트폰 : 휴대전화 ⑤ 산 : 산맥

14 ★★★☆☆ 다음을 읽고 ㉠과 ㉡의 관계와 유사한 것을 고르시오. 제한시간 30초

로열 콘세르트헤보, 베를린 필하모니, 빈 필하모니와 같은 명가 오케스트라는 개인, 팀, 리더가 한데 어우러져 장인정신을 발휘함으로써 100년 이상 최고의 정상을 지켜올 수 있었는데, 그 비결은 연주자들에게 있다. ㉠ <u>연주자</u> 개개인은 전문성이 높을 뿐 아니라 품격 높은 연주로 ㉡ <u>청중</u>을 감동시키기 위해 최선을 다하고 있다. 악기를 다루는 전문적 기량뿐만 아니라, 악보에 대한 통찰력을 바탕으로 최고의 연주 실력을 발휘하는 것이다.

① 창조 : 모방 ② 아군 : 적군 ③ 교수 : 학생
④ 소설가 : 시인 ⑤ 럼주 : 사탕수수

---

03. O, O, X, X, O
04. O, X, O, X, O
상하관계는 한 단어가 다른 단어를 포함하는 관계이고, 전체-부분관계는 한 단어가 다른 단어의 구성요소가 되는 관계를 의미한다.

정답 및 해설

01 정답 ②
음식과 주재료를 연결하는 것으로 수정과는 생강·계피 등을 넣고 끓인 물에 설탕이나 꿀을 섞어 마시는 음료이고, 식해(食醢)는 토막을 친 생선을 소금에 버무려 발효시킨 음식이다.

02 정답 ④
양서는 서적에 속하고, 냉장고는 가전제품에 속한다.

03 정답 ②
시력이 나빠지면 안경을 쓰고, 청력이 나빠지면 보청기를 껴야 한다.

04 정답 ①, ④
변리사는 특허, 실용신안, 의장 또는 상표 등에 관한 업무를 대리하거나 이와 관련된 분쟁을 해결하고 상담하는 직업을 말하며, 노무사는 기업의 노무 관리에 관한 서류업무와 상담·지도 업무 등을 수행하는 직업을 말한다.

05 정답 ②, ④
앞의 말이 원인의 부사어임을 나타내는 격조사 '~에'가 붙어 함께 활용되는 명사와 동사의 관계이다. 따라서 A는 '불에 (다리가) 데다'가 되므로 '불'이, B는 '물에 (옷이) 젖다'가 되므로 '젖다'가 들어가는 것이 적당하다.

06 정답 ①, ③
이탈리아는 유럽 중남부에 위치한 국가이고, 대한민국은 아시아 국가에 속한다.

07 정답 ①
부딪히다는 부딪다의 피동사이므로 피동관계인 ①이 정답이다. ②, ③, ④, ⑤는 사동관계이다. 피동관계는 주어가 남에 의해 동작을 하게 되는 관계를, 사동관계는 주어가 남에게 동작을 하도록 시키는 관계를 의미한다.

08 정답 ②
소환과 호출은 어디로 오라고 하거나 불러내는 명령을 의미하며, 서로 유의관계에 있다. 따라서 무엇을 하라고 일러 시키는 의미인 명령과 지시가 같은 관계라고 할 수 있다. 나머지는 반의관계에 해당한다.

09 정답 ②
닭을 먹여 기르는 양계와 돼지를 먹여 기르는 양돈은 모두 가축이나 짐승을 먹여 기르는 사육이라는 동일 범주에 속한다. 따라서 화장품 범주에 속하는 립스틱과 매니큐어를 고르면 된다.

10 정답 ④
①, ②, ③, ⑤는 직장과 그곳에서 일하는 사람의 직업을 연결한 것이다. 여행사에 고객이 있지만 그들의 직업이 '고객'은 아니므로 ④가 답이다.

11 정답 ④
계약을 성사시키다. 수교를 단절하다. 안건을 상정하다. 기사를 보도하다. 이는 모두 앞의 말이 뒤의 말과 호응하여 목적어와 서술어의 관계를 이루고 있으나, ④는 '농부가 경작하다'의 주술관계를 이루고 있다.

12 정답 ③
'달보드레하다'는 연하고 달콤한 맛을 나타내는 형용사이며, '알근달근'은 조금 매우면서 달짝지근한 맛을 나타내는 형용사이다. '시큰시큰'은 뼈마디 따위가 시린 느낌을 나타내는 부사이다.

13 정답 ④
원은 도형의 한 종류로 상하관계를 이루고 있고, ④의 스마트폰은 인터넷 통신 등의 컴퓨터 지원 기능이 추가된 휴대전화이므로 상하관계에 해당한다.
| 오답 피해가기 |
① 행위관계 ② 알파카(낙타과의 포유류)의 털이 주로 옷감으로 사용되므로 원료관계 ③ 유의관계 ⑤ 부분관계

14 정답 ③
㉠에서의 연주자는 오케스트라에서 최고의 실력과 기량을 갖춘 전문가이고, ㉡에서의 청중은 그러한 연주자들이 연주하는 최고의 연주를 듣는 일반 대중·관객을 뜻하므로, 교수와 학생 관계가 가장 비슷하다고 볼 수 있다.
| 오답 피해가기 |
①·② 반의관계 ④ 동종관계 ⑤ 원료관계(럼주는 사탕수수를 발효하여 증류한 술)

Part 1
Theme 05 Advance 발전문제

정답 및 해설 18쪽

제한시간 1분 30초

01~08 첫 번째 쌍의 단어 관계와 두 번째 쌍의 단어 관계가 같아지도록 빈칸 안에 들어갈 알맞은 단어를 고르시오.

★★★☆☆
01 ( ) : 징역 = 주거 : 아파트
① 생명형   ② 금고
③ 사형   ④ 형벌
⑤ 교도관

★★★★★
02 노동 : ILO = 보건의료 : ( )
① WTO   ② OECD
③ WHO   ④ IAEA
⑤ IMF

★★★☆☆
03 급등 : 급락 = 곤궁 : ( )
① 호화   ② 부유
③ 부호   ④ 사치
⑤ 궁핍

★★★☆☆
04 나비 : 매미 = 토끼 : ( )
① 공룡   ② 당근
③ 자라   ④ 사자
⑤ 공작

★★★★☆
05 문방사우 : 벼루 = ( ) : 매화나무
① 사시사철   ② 엄동설한
③ 세한삼우   ④ 관포지교
⑤ 백해무익

★★★★☆
06 반 고흐 : 해바라기 = ( ) : 마술피리
① 베토벤   ② 바흐
③ 아마데우스 ④ 쇼팽
⑤ 모차르트

★★★☆☆
07 위법 : 합법 = 문외한 : ( )
① 문하생   ② 조사관
③ 연구자   ④ 전문가
⑤ 연출가

★★★★★
08 張三李四 : 匹夫匹婦 = ( ) : 安貧樂道
① 擧案齊眉   ② 伯牙絕絃
③ 悠悠自適   ④ 安分知足
⑤ 登高自卑

50 · 직무적성 총연습 | 언어

09~14 첫 번째 쌍의 단어 관계와 같아지도록 빈칸에 들어갈 알맞은 관계를 고르시오.

09 복숭아 : 실크로드 =( ) : ( )

① 탐험 : 신대륙 ② 칠리 : 멕시코
③ 고추 : 콜럼버스 ④ 옥수수 : 인디언
⑤ 김치 : 한국

10 편향 : 중도 =( ) : ( )

① 승인 : 허가 ② 매립 : 매몰
③ 순종 : 거역 ④ 맞은편 : 건너편
⑤ 중로 : 도중

11 파스타 : 스파게티 =( ) : ( )

① 사탕 : 국화 ② 빙모 : 장모
③ 보다 : 읽다 ④ 한복 : 마고자
⑤ 밀크 : 우유

12 연목구어 : 물고기 =( ) : ( )

① 화용월태 : 불 ② 경전하사 : 고래
③ 상전벽해 : 배나무 ④ 교주고슬 : 가야금
⑤ 단순호치 : 소년

13 구속 : 방면 =( ) : ( )

① 다이어리 : 가계부 ② 민속 : 지둔
③ 스마트TV : 태블릿PC ④ 사원 : 사찰
⑤ 지고 : 최고

14 물고기 : 지렁이 =( ) : ( )

① 불 : 나무 ② 잉크 : 종이
③ 연체동물 : 환형동물 ④ 아가미 : 근육
⑤ 물 : 얼음

15 다음 빈칸에 들어갈 가장 알맞은 단어의 짝을 고르시오.

철 : 솥 = (가) = (나) : 책 : (다)

① 튼튼함, 나무, 전통 ② 온도, 전통, 사고
③ 밥, 종이, 지식 ④ 한국, 생각, 문자
⑤ 국가, 국민, 대한민국

16~19 첫 번째 쌍의 단어 관계와 두 번째 쌍의 단어 관계가 같아지도록 A, B 각각에 들어갈 가장 적당한 단어를 찾아 그 번호를 순서대로 쓰시오.

16 (A) : 개, 원숭이 = 양두구육 : (B)

A : ① 궁조입회 ② 견원지간 ③ 토영삼굴
④ 호가호위 ⑤ 운룡풍호
B : ① 양 ② 양, 고양이 ③ 고양이, 개
④ 양, 개 ⑤ 호랑이, 용

발전문제

★★★★☆
17 국가 : (A)=(B) : 노동

A : ① 국무총리　② 대통령　③ 국회의원
　　④ 국민　　　⑤ 공무원
B : ① 근로자　　② 생산　　③ 토지
　　④ 임금　　　⑤ ILO

★★★☆☆
18 네덜란드 : (A)=(B) : 장미

A : ① 백합　　② 무궁화　③ 튤립
　　④ 수선화　⑤ 벚꽃
B : ① 일본　　② 영국　　③ 프랑스
　　④ 이탈리아 ⑤ 한국

★★★☆☆
19 검약 : (A)=(B) : 산재

A : ① 절약　② 검소　③ 낭비
　　④ 걸출　⑤ 절감
B : ① 밀집　② 인재　③ 산업
　　④ 손상　⑤ 분산

20~21 제시된 두 단어의 관계와 상반된 관계가 되도록 알맞은 단어를 고르시오.

★★★☆☆
20 찬성 : 반대 ↔ 관점 : ( )

① 견지　② 주장
③ 신조　④ 사상
⑤ 관념

★★★☆☆
21 창출 : 생성 ↔ 상행 : ( )

① 상경　② 각출
③ 소멸　④ 퇴출
⑤ 하행

제한시간 1분 30초
22~25 다음의 낱말들 중 두 단어의 상관관계가 틀리거나 나머지와 다르게 연결된 것을 고르시오.

★★★☆☆
22 ① 기우 : 노파심　② 교환 : 환불
③ 영향 : 여파　　④ 탐닉 : 몰입
⑤ 보조개 : 볼우물

★★★★☆
23 ① 연극 : 배우　　② 국가 : 영토
③ 지방자치 : 자치권　④ 대서양 : 지중해
⑤ 음악 : 멜로디

★★★★☆
24 ① 참나무 : 말버섯　② 코끼리 : 모기
③ 강아지 : 기생충　　④ 청솔모 : 도토리
⑤ 사람 : 회충

★★★☆☆
25 ① 여권 : 발급　② 죄수 : 석방
③ 절도 : 재판　④ 사전 : 편찬
⑤ 소포 : 개봉

26~29 다음 중 나열된 단어의 관계가 나머지와 다른 하나를 고르시오.

★★★★☆
26 ① 옷감-홍두깨-다듬이질
② 나무-불-연소
③ 공책-펜-필기
④ 셔틀콕-라켓-배드민턴
⑤ 드럼-스틱-연주

★★★★☆
27 ① 인물-사건-배경
② 힘의 크기-방향-작용점
③ 색상-채도-명도
④ 주어-목적어-서술어
⑤ 가계-기업-국가

★★★★☆
28 ① 원고-교정-인쇄
② 생산-유통-판매
③ 정(正)-반(反)-합(合)
④ 액화-응고-침식
⑤ 유충-번데기-성충

★★★☆☆
29 ① 달력-시계-장식
② 양산-우산-차단
③ 핫팩-난로-보온
④ 모자-안경-보호
⑤ 지우개-수정액-삭제

★★★☆☆
30 다음을 읽고 ㉠과 ㉡의 관계와 같지 않은 것을 고르시오.

구도의 필요에 따라 좌우와 상하의 거리 조정, 허와 실의 보완, ㉠ 성김과 ㉡ 빽빽함의 변화 표현 등이 자유로워졌다.

① 곱다 : 거칠다
② 무르다 : 야무지다
③ 넉넉하다 : 푼푼하다
④ 느슨하다 : 팽팽하다
⑤ 가지런하다 : 들쑥날쑥하다

★★★☆☆
31 다음 글을 읽고 '기업 : 이익'의 관계와 가장 유사한 것을 고르시오.

자본주의 경제 체제는 이익을 추구하려는 인간의 욕구를 최대한 보장해주고 있다. 기업 또한 이익 추구라는 목적에서 탄생하여, 생산의 주체로서 자본주의 체제의 핵심적 역할을 수행하고 있다. 곧 이익은 기업가로 하여금 사업을 시작하게 하는 동기가 된다.

① TV 방송 : 카메라
② 시계 : 톱니바퀴
③ 연주회 : 지휘자
④ 스포츠 : 규칙 준수
⑤ 정당 : 정권 획득

Part 1 Theme 06 한자어

출제 빈도 💡💡💡💡💡

✓ 핵심 Check

- 한자의 총획이나 부수, 의미, 음뜻 등을 고르는 문제 혹은 한자어와 한자성어의 적절한 의미를 찾는 문제들이 출제된다.
- 한자에 대한 이해가 없다면 풀기 어려우므로 기초적인 한자나 한자어, 한자성어에 대해서는 암기가 필요하다.
- 특히 한자성어는 언어영역의 다른 유형과 함께 나올 수도 있으므로 중요하게 학습해 두는 것이 좋다.

빈출예제

01 [총획 세기] ★★☆☆☆

제한시간 50초

총획이 서로 다른 한자끼리 짝지어진 것을 고르시오.

① 原-凉   ② 乾-動   ③ 校-敎
④ 創-勞   ⑤ 事-享

| 해설 |
校(학교 교)는 총10획이고, 敎(가르칠 교)는 총11획이다.

| 오답 피해가기 |
① 原(언덕 원), 凉(서늘할 량)은 모두 총10획이다.
② 乾(하늘 건), 動(움직일 동)은 모두 총11획이다.
④ 創(비롯할 창), 勞(수고로울·일할 로)는 모두 총12획이다.
⑤ 事(일 사), 享(누릴 향)은 모두 총8획이다.

| 정답 | ③

유형 분석
한자의 획수를 셀 수 있는지를 묻는 문항이다.

해결 전략
다음과 같이 헷갈리기 쉬운 획수들은 따로 정리해 두고 확실하게 기억해 놓는 것이 좋다.
- 乙(새 을) : 1획
- 八(여덟 팔) : 2획
- 冂(멀 경) : 2획
- 匕(비수 비) : 2획
- 口(입 구) : 3획
- 夂(뒤져 올 치) : 3획

하나 더+

자주 쓰이는 부수(部首)의 변형
- 人(사람 인) → 亻(인 변)
- 刀(칼 도) → 刂(칼 도)
- 心(마음 심) → 忄(심방 변)
- 手(손 수) → 扌(재방 변)
- 水(물 수) → 氵(삼수 변)
- 火(불 화) → 灬(연화 발)
- 艸(풀 초) → 艹(초 두)
- 老(늙을 로) → 耂(늙을 로)
- 衣(옷 의) → 衤(옷 의)

02 [부수 결합하기] ★★★★☆

제한시간 50초

다음 두 한자의 부수끼리 결합해서 만들 수 있는 한자를 고르시오.

說 + 寺

① 詩(시 시)   ② 討(칠 토)   ③ 吐(토할 토)
④ 京(서울 경)   ⑤ 全(온전할 전)

| 해설 |
說(말씀 설)의 부수는 言(말씀 언)이고, 寺(절 사)의 부수는 寸(마디 촌)이다. 따라서 이 두 부수가 결합해서 만든 한자는 ② 討(칠 토)이다.

| 정답 | ②

유형 분석
각 한자의 부수를 찾고, 결합할 수 있는지 묻는 문항이다.

해결 전략
한자의 총 부수는 214개이므로 이를 모두 암기할 수는 없다. 따라서 기초적인 부수를 중심으로 학습해 나가는 것이 좋다.

★★☆☆☆
03 [한자 의미 찾기]

제한시간 20초

다음 한자의 공통적인 의미로 옳은 것을 고르시오.

| ・美　　　・佳 |

① 노래하다　　② 맛있다　　③ 아름답다
④ 기뻐하다　　⑤ 위태롭다

| 해설 |
美(아름다울 미), 佳(아름다울 가)의 공통적인 의미는 '아름답다'이다.

| 정답 | ③

> 2016 LG

유형 분석
두 한자의 공통된 의미를 파악할 수 있는지를 묻는 문항이다.

★★★★☆
04 [한자어 뜻 찾기]

제한시간 30초

다음과 비슷한 뜻의 한자어를 고르시오.

| 先導 |

① 交道　　② 人道　　③ 追從
④ 鞭撻　　⑤ 引導

| 해설 |
先導(먼저 선, 인도할 도) : 앞장서서 이끌거나 안내함.
引導(끌 인, 인도할 도) : 이끌어 지도함.

| 오답 피해가기 |
① 交道(사귈 교, 길 도) : 서로 사귀는 도리. ② 人道(사람 인, 길 도) : 보행자의 통행에 사용하도록 된 도로.
③ 追從(쫓을 추, 좇을 종) : 남의 뒤를 따라서 좇음. ④ 鞭撻(채찍 편, 때릴 달) : 채찍으로 때림. 경계하고 격려함.

| 정답 | ⑤

> 2016 LG

유형 분석
한자어를 보고 그 뜻을 정확히 파악할 수 있는지를 묻는 문항이다.

해결 전략
기초가 부족한 경우, 기출 한자만 챙겨도 상당한 득점이 가능하다. 쓰면서 익히면 더 좋겠지만 시간이 없다면 눈으로 반복해서 익혀도 좋다. 객관식 시험은 쓰지는 못해도 된다. 이미지로 익혀도 된다. 한자가 상형문자이기 때문이다.

★★★★☆
05 [한자성어 고르기]

제한시간 30초

다음 제시된 의미를 지닌 한자성어를 고르시오.

| 모기를 보고 칼을 빼어 들 정도로 사소한 일에도 과도하게 대응하는 모습. |

① 九曲肝腸　　② 落花流水　　③ 遠水近火
④ 見蚊拔劍　　⑤ 螢雪之功

| 해설 |
見蚊拔劍(견문발검)

| 오답 피해가기 |
① 九曲肝腸(구곡간장) : 굽이굽이 서린 창자라는 뜻으로, 깊은 마음속 또는 시름이 쌓인 마음속을 비유적으로 이르는 말.
② 落花流水(낙화유수) : 떨어지는 꽃과 흐르는 물이라는 뜻으로, 가는 봄의 경치를 이르는 말.
③ 遠水近火(원수근화) : 먼 데 있는 물은 가까운 불을 끄는 데는 쓸모가 없다. 즉, 멀리 있는 것은 급할 때 소용없음을 이르는 말.
⑤ 螢雪之功(형설지공) : 반딧불·눈과 함께 하는 노력이라는 뜻으로, 고생을 하면서 부지런하고 꾸준하게 공부하는 자세를 이르는 말.

| 정답 | ④

> 2017 금호아시아나

유형 분석
제시된 의미에 부합하는 한자성어를 찾을 수 있는지를 묻는 문항이다.

해결 전략
주요한 한자성어는 미리 암기하고 가는 것이 좋다. 한자까지 정확하게 외울 필요는 없지만, 전체적으로 어떤 형태를 띠는 한자성어인지는 파악해 두어야 문제를 풀 수 있다.

Part 1 Theme 06 Basic 기본문제

One Point Lesson

헷갈리기 쉬운 한자들의 획수는 기억해 두는 것이 좋다. 획수가 복잡한 것보다는 1획에서 5획 사이의 쉬운 한자들 위주로 공부하도록 한다.

미니 테스트

01. 다음 한자들의 획수는?
乘 탈 승   (   )
依 의지할 의   (   )
假 거짓 가   (   )
是 옳을 시   (   )
敵 맞설 적   (   )
待 기다릴 대   (   )
悔 뉘우칠 회   (   )

02. 다음 중 뜻이 잘못된 한자어는?
① 萌芽-맹아
② 甦生-갱생
③ 潑剌-발랄
④ 不朽-불후
⑤ 平坦-평탄

★★★☆☆
01 다음 중 총획이 같은 한자끼리 짝지어진 것을 고르시오.   제한시간 1분

① 傾 – 僖   ② 傘 – 傲   ③ 能 – 握
④ 價 – 債   ⑤ 佛 – 們

★☆☆☆☆
02 총획이 가장 적은 한자를 고르시오.   제한시간 40초

① 揮   ② 爆   ③ 確
④ 絃   ⑤ 裝

★★☆☆☆
03 한자의 음과 뜻이 잘못 연결된 것을 고르시오.   제한시간 20초 | 2016 LG |

① 登 : 오를 승   ② 面 : 낯 면   ③ 食 : 먹을 식
④ 左 : 왼 좌   ⑤ 休 : 쉴 휴

★★☆☆☆
04 다음 한자의 뜻과 독음을 고르시오.   제한시간 15초 | 2016 LG |

> 回

① 물건 품   ② 콩 두   ③ 미칠 급
④ 합할 합   ⑤ 돌아올 회

★★☆☆☆
05 다음 밑줄 친 한자의 뜻과 음을 고르시오.   제한시간 15초 | 2016 LG |

> ☆☆그룹 <u>各</u> 부분에서 신입사원을 공개 채용합니다.

① 할 위   ② 각각 각   ③ 나눌 반
④ 이름 명   ⑤ 석 삼

---

01. 10, 8, 11, 9, 15, 9, 10
02. ② 소생

06~07 다음 빈칸에 공통으로 들어갈 한자를 고르시오.

제한시간 30초

06 ★★☆☆☆ | 2015 LG

・( )社(입사) ・( )門(입문)

① 人 ② 出 ③ 入
④ 立 ⑤ 正

07 ★★☆☆☆ | 2015 LG

・( )勤(출근) ・( )張(출장)

① 禍 ② 皆 ③ 山
④ 出 ⑤ 故

08 ★★★☆☆ 다음 한자어와 의미상 관계가 있는 말을 고르시오.

제한시간 20초

月次

① 출근(出勤) ② 근무(勤務) ③ 월급(月給)
④ 식권(食券) ⑤ 휴가(休暇)

09 ★★★☆☆ 다음 한자성어와 뜻이 비슷한 속담을 고르시오.

제한시간 15초

사필귀정(事必歸正)

① 돌다리도 두들겨 보고 건너라
② 대감 죽은 데는 안 가도 대감 말 죽은 데는 간다
③ 배밭에선 갓끈을 고쳐 매지 않는다
④ 시작이 반이다
⑤ 뿌린 대로 거둔다

One Point Lesson

어려운 한자보다는 기본적인 한자들이 주로 출제되므로 기초적인 한자는 파악해두는 것이 좋다. 특히 LG의 경우 홈페이지에 출제 예상 한자들을 제시해주고 있으므로 이를 위주로 공부하도록 한다.

미니 테스트

03. 다음 중 京과 반대되는 한자는?
① 直
② 亢
③ 答
④ 醜
⑤ 鄕

04. 다음 중 無告의 의미로 적절한 것은?
① 서로 맞서서 버팀.
② 원본을 베끼어 그림.
③ 괴로운 처지를 하소연할 곳이 없음.
④ 샀돈을 냄이 없음.
⑤ 하소연하여 바로잡아 주기를 원함.

03. ⑤
京(서울 경) ① 곧을 직
② 짝 항 ③ 대답 답 ④ 추할 추
⑤ 시골 향
04. ③
무고(없을 무, 고할 고)

기본문제

One Point Lesson

한자성어 문제는 독해 문제와 결합하여 출제되기도 한다. 이러한 유형의 경우 글의 내용과 한자성어를 연결해야 하므로 한자성어의 뜻을 알지 못하면 풀기 어렵다. 따라서 자주 나오는 한자성어들은 따로 정리하여 암기하는 것이 좋다.

10 다음 글의 내용과 가장 관련이 있는 한자성어를 고르시오 ★★★☆☆

제한시간 20초

> A시는 산림자원을 보존하기 위해 숲 가꾸기 사업 및 산물 수집단을 적극적으로 운영한 결과 2만 명이 넘는 일자리를 창출하였다. 결과적으로 일자리 창출과 함께 산림자원도 증대시키는 만족스러운 결과를 얻었다고 평가받고 있다.

① 지록위마(指鹿爲馬)　② 일거양득(一擧兩得)　③ 침소봉대(針小棒大)
④ 건곤일척(乾坤一擲)　⑤ 동량지재(棟梁之材)

미니 테스트

05. 다음 중 '눈앞의 이익에만 정신이 팔려 뒤에 닥친 위험을 깨닫지 못함'을 뜻하는 한자성어로 옳은 것은?
① 能小能大(능소능대)
② 螳螂窺蟬(당랑규선)
③ 同苦同樂(동고동락)
④ 勿失好機(물실호기)
⑤ 門前成市(문전성시)

11 다음 내용과 가장 관계있는 한자 성어를 고르시오. ★★★☆☆

제한시간 15초

> 독서는 간접 경험의 가장 좋은 방법이다.

① 풍수지탄(風樹之嘆)　② 천석고황(泉石膏肓)　③ 설상가상(雪上加霜)
④ 가렴주구(苛斂誅求)　⑤ 한우충동(汗牛充棟)

---

06. 다음 중 磨斧作針(마부작침)의 의미로 옳은 것은?
① 불을 보듯 분명하고 뻔함.
② 크게 될 사람은 늦게 이루어짐.
③ 얕은 꾀로 남을 속이려 하지만 아무 소용이 없음.
④ 아무리 어려운 일이라도 끈기 있게 노력하면 이룰 수 있음.
⑤ 일을 빨리하려고 하면 도리어 이루지 못함.

05. ②　06. ④

12~13 다음 내용과 가장 관련 있는 한자성어를 고르시오.  제한시간 1분

12 ★★★★☆

> 옛날 변방 노인이 기르던 말이 오랑캐 땅으로 도망쳐 버렸다. 사람들이 모두 이를 위로했다. 그런데 후에 말이 오랑캐의 준마를 데리고 돌아왔다. 사람들이 모두 이를 축하하였다. 그러자 말타기를 좋아하던 노인의 아들이 그 말을 타고 달리다가 말에서 떨어져 다리가 부러졌다. 사람들이 모두 이를 위로했다. 그 후에 오랑캐가 요새에 쳐들어오자 장정들이 활을 들고 싸움터에 나갔다. 변방 근처의 사람들은 열에 아홉이 죽었는데, 이 사람은 다리가 병신인 까닭에 부자가 모두 무사할 수 있었다.

① 새옹지마(塞翁之馬)　② 면종복배(面從腹背)　③ 난형난제(難兄難弟)
④ 선공후사(先公後私)　⑤ 맥수지탄(麥秀之嘆)

13 ★★★★☆

산을 뽑을 만큼의 힘과 기세를 가지고 있었던 초나라 항우가 한나라 유방과 싸울 때의 일이다. 항우가 유방의 군사에게 포위되었을 때, 유방은 자기 군사들에게 초나라 노래를 부르게 했다. 동서남북 사방에서 초나라 노래가 들려오자 항우는 초나라 백성이 모두 붙잡혀 포로가 된 줄 알고, 전세가 돌이킬 수 없을 정도로 기울어졌음을 절감한다.

① 능소능대(能小能大) ② 사면초가(四面楚歌) ③ 파죽지세(破竹之勢)
④ 간담상조(肝膽相照) ⑤ 결자해지(結者解之)

07. 다음 중 '일취월장'의 한자로 옳은 것은?
① 日就月將
② 自强不息
③ 一場春夢
④ 一觸卽發
⑤ 日久月深

14 ★★★★☆ 다음 밑줄 친 상황과 가장 잘 어울리는 한자성어를 고르시오.

 제한시간 25초

최근 물만 마셔도 살이 찐다는 비만 환자들의 푸념을 무턱대로 게으름뱅이의 핑계라고 일축할 수 없는 연구 결과가 나왔다. 비만은 이제 더 이상 특정 국가, 특정 인종의 문제가 아니다. 고열량, 고칼로리 음식들이 넘쳐나면서 저개발국을 제외한 거의 모든 국가에서 비만이 사회 문제로 대두되고 있다. 하지만 비만 치료제는 지방질과 함께 시력 보호나 노화 방지를 돕는 지용성 비타민까지 걸러내는 등 <u>인체에 악영향을 끼치기도 한다.</u>

① 고식지계(姑息之計) ② 타산지석(他山之石) ③ 교각살우(矯角殺牛)
④ 진퇴양난(進退兩難) ⑤ 방약무인(傍若無人)

08. 다음 중 '지리멸렬'에 포함되는 한자가 아닌 것은?
① 支
② 離
③ 殀
④ 滅
⑤ 裂

15 ★★★☆☆ 다음 밑줄 친 단어를 한자로 잘못 옮긴 것을 고르시오.

 제한시간 1분 | 2017 LG |

• VR <u>영상</u>으로 <u>시선</u> 공포증 환자들이 겪는 일상을 간접적으로 <u>체험</u>할 수 있다.
• 그 드라마는 인간의 탐욕을 상징적으로 <u>투영</u>하고 있지만, 죄를 지으면 벌을 받는다는 당연한 <u>이치</u>를 따르지는 않는다.

① 映像 ② 視線 ③ 體驗
④ 投影 ⑤ 易致

---
07. ①
② 자강불식 ③ 일장춘몽
④ 일촉즉발 ⑤ 일구월심
08. ③
支離滅裂(지탱할 지, 떠날 리, 꺼질 멸, 찢을 렬)

기본문제

정답 및 해설

정답 ②	01	傘(우산 산) : 12획 – 傲(거만할 오) : 12획
		① 傾(기울 경) : 13획 – 僖(기쁠 희) : 14획
		③ 態(모양 태) : 14획 – 偓(악착할 악) : 11획
		④ 價(값 가) : 15획 – 償(좇을 퇴) : 14획
		⑤ 俅(공손할 구) : 9획 – 們(들 문) : 10획

정답 ④ 02 絃(줄 현) : 11획
① 揮(휘두를 휘) : 12획 ② 爆(터질 폭) : 19획 ③ 確(굳을 확) : 15획 ⑤ 裝(꾸밀 장) : 13획

정답 ① 03 登 : 오를 등 昇 : 오를 승

정답 ⑤ 04 回(돌아올 회)
① 물건 품 : 品 ② 콩 두 : 豆 ③ 미칠 급 : 及 ④ 합할 합 : 合

정답 ② 05 各(각각 각)
① 할 위 : 爲 ③ 나눌 반 : 班 ④ 이름 명 : 名 ⑤ 석 삼 : 三

정답 ③ 06 入社(들 입, 모일 사), 入門(들 입, 문 문)
① 人(사람 인) ② 出(날 출) ④ 立(설 립) ⑤ 正(바를 정)

정답 ④ 07 出勤(날 출, 부지런할 근), 出張(날 출, 베풀 장)
① 禍(재앙 화) ② 皆(다 개) ③ 山(메 산) ⑤ 故(연고 고)

정답 ⑤ 08 月次(달 월, 버금 차) : 달마다 차례로 주어지는 휴가.

정답 ⑤ 09 • 사필귀정(事必歸正) : 모든 일은 반드시 바른길로 돌아감. 처음에 일이 잘못된 방향으로 가더라도 결국에는 바른 길로, 옳은 이치대로 돌아가게 된다는 의미로, 정의(선)가 반드시 이긴다는 말.
• 뿌린 대로 거둔다 : 올바르거나 또는 올바르지 않은 행동에 따라 그에 상응하는 결과를 맞이하게 된다는 말.
① 잘 아는 일이라도 세심하게 주의를 하라는 말.
② 권력이 있을 때는 아첨을 하다가도 권력이 사라지면 돌아보지 않는다는 의미로, 세상 인심이 자기의 이익만을 좇아 움직인다는 것을 비유적으로 이르는 말[염량세태(炎凉世態)].
③ 남의 의심을 살 행동은 하지 말라는 의미.
④ 무슨 일이든 처음 시작이 어려울 뿐 일단 시작하면 끝마치는 것은 어렵지 않다는 의미.

정답 ② 10 일거양득(一擧兩得) : 한 가지 일로 두 가지 이득을 얻는다.
① 지록위마(指鹿爲馬) : 사슴을 가리켜 말이라고 함. 윗사람을 속이고 권세를 휘두름을 이르는 말.
③ 침소봉대(針小棒大) : 작은 일을 크게 불리어 떠벌림.
④ 건곤일척(乾坤一擲) : 운명과 흥망·승패를 걸고 단판 승부를 겨루는 것.
⑤ 동량지재(棟梁之材) : 기둥과 들보로 쓸 만한 재목이라는 뜻으로, 한 집안이나 한 나라를 떠받치는 중대한 일을 맡을 만한 인재를 이르는 말.

정답 ⑤ 11 한우충동(汗牛充棟) : 짐으로 실으면 소가 땀을 흘리고, 쌓으면 들보에까지 찬다는 뜻으로, 가지고 있는 책이 매우 많음을 이르는 말.
| 오답 피해가기 |
① 풍수지탄(風樹之嘆) : 효도를 다하지 못한 채 어버이를 여읜 자식의 슬픔을 이르는말.
② 천석고황(泉石膏肓) : 자연의 아름다운 경치를 몹시 사랑하고 즐기는 성벽(性癖). 연하고질(煙霞痼疾)
③ 설상가상(雪上加霜) : 눈 위에 서리가 덮인다는 뜻으로, 난처한 일이나 불행한 일이 잇따라 일어남을 이르는 말.
④ 가렴주구(苛斂誅求) : 세금을 가혹하게 거두어들이고, 무리하게 재물을 빼앗음.

| 정답 ① | **12** 새옹지마(塞翁之馬) : 인생의 길흉화복은 변화가 많아서 예측하기가 어렵다는 말.

| 오답 피해가기 |
② 면종복배(面從腹背) : 겉으로는 복종하는 체하면서 내심으로는 배반함.
③ 난형난제(難兄難弟) : 누구를 형이라 하고 누구를 아우라 하기 어렵다는 뜻으로, 두 사물이 비슷하여 낫고 못함을 정하기 어려움을 이르는 말.
④ 선공후사(先公後私) : 공적인 일을 먼저 하고 사사로운 일은 뒤로 미룸.
⑤ 맥수지탄(麥秀之嘆) : 고국의 멸망을 한탄함을 이르는 말.

| 정답 ② | **13** 사면초가(四面楚歌) : 아무에게도 도움을 받지 못하는, 외롭고 곤란한 지경에 빠진 형편을 이르는 말.

| 오답 피해가기 |
① 능소능대(能小能大) : 모든 일에 두루 능함.
③ 파죽지세(破竹之勢) : 대를 쪼개는 기세라는 뜻으로, 적을 거침없이 물리치고 쳐들어가는 기세를 이르는 말.
④ 간담상조(肝膽相照) : 서로 속마음을 털어놓고 친하게 사귐.
⑤ 결자해지(結者解之) : 맺은 사람이 풀어야 한다는 뜻으로, 자기가 저지른 일은 자기가 해결하여야 함을 이르는 말.

| 정답 ③ | **14** 교각살우(矯角殺牛) : 소의 뿔을 바로잡으려다가 소를 죽인다는 뜻으로, 잘못된 점을 고치려다 그 방법이나 정도가 지나쳐 오히려 일을 그르침을 이르는 말.

| 오답 피해가기 |
① 고식지계(姑息之計) : 우선 당장 편한 것만을 택하는 꾀나 방법. 한때의 안정을 얻기 위하여 임시로 둘러맞추어 처리하거나 이리저리 주선하여 꾸며 내는 계책을 이르는 말.
② 타산지석(他山之石) : 다른 산의 나쁜 돌이라도 자신의 산의 옥돌을 가는 데에 쓸 수 있다는 뜻으로, 본이 되지 않은 남의 말이나 행동도 자신의 지식과 인격을 수양하는 데에 도움이 될 수 있음을 비유적으로 이르는 말.
④ 진퇴양난(進退兩難) : 이러지도 저러지도 못하는 어려운 처지를 이르는 말.
⑤ 방약무인(傍若無人) : 곁에 사람이 없는 것처럼 아무 거리낌 없이 함부로 말하고 행동하는 태도가 있음을 이르는 말.

| 정답 ⑤ | **15** 사물의 정당한 조리. 또는 도리에 맞는 취지를 뜻하는 '이치'의 한자는 理致(다스릴 이, 이룰 치)이다.

| 오답 피해가기 |
① 映像(비칠 영, 모양 상) : 빛의 굴절이나 반사 등에 의하여 이루어진 물체의 상.
② 視線(볼 시, 줄 선) : 눈이 가는 길. 또는 눈의 방향.
③ 體驗(몸 체, 시험 험) : 자기 스스로 몸소 경험함.
④ 投影(던질 투, 그림자 영) : 물체의 그림자를 어떤 물체 위에 비추는 일. 또는 그 비친 그림자.

하나 더+

- **파렴치한(破廉恥漢)** : 체면이나 부끄러움을 모르는 뻔뻔스러운 사람.
- **양질호피(羊質虎皮)** : 속은 양이고 거죽은 범이라는 뜻으로, 본바탕은 아름답지 아니하면서 겉모양만 꾸밈을 비유적으로 이르는 말.
- **수주대토(守株待兔)** : 한 가지 일에만 얽매여 발전을 모르는 어리석은 사람을 비유적으로 이르는 말.
- **애이불비(哀而不悲)** : 슬프지만 겉으로는 슬픔을 나타내지 아니함.
- **사고무친(四顧無親)** : 의지할 만한 사람이 아무도 없음.
- **불치하문(不恥下問)** : 손아랫사람이나 지위나 학식이 자기만 못한 사람에게 모르는 것을 묻는 일을 부끄러워하지 아니함.
- **동족방뇨(凍足放尿)** : 언 발에 오줌 누기라는 뜻으로, 잠시 동안만 효력이 있을 뿐 효력이 바로 사라짐을 비유적으로 이르는 말.
- **만시지탄(晩時之歎{嘆})** : 시기에 늦어 기회를 놓쳤음을 안타까워하는 탄식.
- **우공이산(愚公移山)** : 어떤 일이든 끊임없이 노력하면 반드시 이루어짐을 이르는 말.

Part 1 Theme 06 Advance 발전문제

정답 및 해설 21쪽

★★★☆☆ 제한시간 15초

01 다음 중 載의 부수를 고르시오.

① 田 ② 車
③ 舌 ④ 寸
⑤ 虫

★★★☆☆ 제한시간 20초 | 2016 LG |

02 부수가 手가 아닌 한자를 고르시오.

① 거둘 수 : 收 ② 재주 기 : 技
③ 주먹 권 : 拳 ④ 가질 지 : 持
⑤ 손바닥 장 : 掌

★★★☆☆ 제한시간 30초

03 다음 두 한자의 부수끼리 결합하여 만든 한자를 고르시오.

| 史   羌 |

① 善 ② 只
③ 呪 ④ 耙
⑤ 呲

★★★☆☆ 제한시간 30초

04~05 다음 제시된 한자에 반대되는 것을 고르시오.

| 2017 금호아시아나 |

04 | 晝 |

① 夜 ② 旦
③ 畵 ④ 盡
⑤ 朝

★★★☆☆ | 2016 LG |

05 | 進 |

① 道 ② 代
③ 運 ④ 退
⑤ 落

★★★☆☆ 제한시간 20초 | 2016 LG |

06 한자의 뜻이 나머지와 다른 하나를 고르시오.

① 攻 ② 撻
③ 受 ④ 打
⑤ 毆

★★★☆☆ 제한시간 20초 | 2016 LG |

07 다음의 우리말 독음으로 옳은 것을 고르시오.

| 尊重 |

① 존경 ② 숭상
③ 준량 ④ 존중
⑤ 귀중

★★★☆☆ 제한시간 20초

08 우리말 독음이 같은 한자끼리 바르게 짝지어진 것을 고르시오.

① 工-共 ② 弱-育
③ 九-各 ④ 明-無
⑤ 問-民

09 우리말 독음이 다른 한자끼리 바르게 짝지어진 것을 고르시오.

① 感-減   ② 成-性
③ 雨-友   ④ 固-困
⑤ 眉-米

10 다음과 우리말 독음이 같은 것을 고르시오.

信任

① 收去   ② 新任
③ 委任   ④ 植栽
⑤ 信印

11 다음 밑줄 친 단어를 한자어로 바르게 옮긴 것을 고르시오.

고객에게 감동을 주고 충성도를 높여야 한다.

① 甘受   ② 感動
③ 行動   ④ 減少
⑤ 感情

12 한자어가 서로 대비되는 뜻으로 이루어지지 않은 것을 고르시오.

① 授受   ② 喪失
③ 深淺   ④ 賣買
⑤ 是非

13 다음 금액을 한자어로 바르게 옮긴 것은?

369,000,000원

① 三千六百九十萬圓   ② 三意六千九百萬圓
③ 三億六千九白萬圓   ④ 參憶六千九白萬圓
⑤ 參億六千九百萬圓

14 다음 독음에 맞는 한자어를 고르시오.

수수

① 授受   ② 與受
③ 哀愁   ④ 秀麗
⑤ 殊常

15 다음을 읽고 ㉠과 ㉡의 한자어로 옳은 것을 고르시오.

A는 80살 먹은 (㉠)이지만 (㉡)만 성성할 뿐 나이든 티는 안 난다.

㉠ ㉡	㉠ ㉡
① 靑年, 白髮	② 老人, 白髮
③ 子息, 長髮	④ 停年, 潔白
⑤ 老人, 白旗	

16 빈칸에 들어갈 다음 독음에 맞는 한자어를 고르시오.

( )出於藍

① 黃   ② 赤
③ 綠   ④ 紫
⑤ 靑

발전문제

17~18 다음 제시된 한자성어와 의미가 비슷한 속담을 고르시오.

17 良藥苦口(양약고구)

① 산보다 골이 더 크다.
② 바늘 가는 데 실 간다.
③ 입에 쓴 약이 병에는 좋다.
④ 개똥도 약에 쓰려면 없다.
⑤ 가는 말이 고와야 오는 말이 곱다.

18 走馬看山(주마간산)

① 아닌 밤중에 홍두깨
② 수박 겉핥기
③ 귀신이 곡할 노릇이다.
④ 소 잃고 외양간 고친다.
⑤ 목이 빠지게 기다리다.

19 다음 제시된 어구를 한자성어로 나타낼 때 가장 적합한 것을 고르시오.

목적을 위해 고생도 참는다.

① 九曲肝腸(구곡간장) ② 臥薪嘗膽(와신상담)
③ 朝令暮改(조령모개) ④ 樂山樂水(요산요수)
⑤ 多岐亡羊(다기망양)

20 다음 한자성어를 한자로 바르게 옮긴 것을 고르시오.

전화위복

① 戰和爲復 ② 轉禍危復
③ 戰和位服 ④ 轉禍爲福
⑤ 轉華危伏

21 다음 내용과 가장 관련이 있는 한자성어를 고르시오.

최근 영국·홍콩을 비롯하여 해외 조세 피난처로 분류되는 60여 개 국가로 빠져나가는 자금이 급증하고 있다. 이 지역을 이용해 비자금을 조성하거나 탈세하는 사례는 한 개인의 단순한 세금 탈루나 재산 해외 은닉 차원을 넘어 국부를 유출시키는 행위라 볼 수 있다. 따라서 이를 그대로 방치한다면 국민의 납세 회피를 조장하고, 나라의 경제 성장 동력을 훼손할 수 있기 때문에 국가 차원에서 엄정히 대응해야 할 필요가 있다.

① 박이부정(博而不精) ② 부화뇌동(附和雷同)
③ 도탄지고(塗炭之苦) ④ 발본색원(拔本塞源)
⑤ 갑론을박(甲論乙駁)

22 다음 글의 내용과 관련이 없는 한자성어를 고르시오.

A : 지난여름에 휴가 다녀왔어? 난 강원도에 있는 계곡에 갔었는데 주변 경치가 너무 좋았어.
B : 아. 나는 여름에 일이 많아서 못 갔어. 대신 다음달에 일주일 간 휴가를 낼 생각이야. 같은 팀에서 친하게 지내는 동료가 있거든. 그 친구랑 며칠 간 여행을 다녀오려고 해. 작년에 입사했는데 나랑 동갑이고 취미도 잘 맞아서 올해 많이 친해졌어.
A : 그렇구나. 그럼 언제 나도 소개시켜줘. 다음에 한 번 같이 만나서 차라도 마시자.
B : 그래. 회사에서 마음 터놓을 수 있는 친구가 생겨서 정말 좋아. 다음에 시간 잡아서 연락할게.

① 呼兄呼弟(호형호제) ② 表裏不同(표리부동)
③ 肝膽相照(간담상조) ④ 朋友有信(붕우유신)
⑤ 莫逆之間(막역지간)

★★★★☆　　　제한시간

23 다음 빈칸에 들어갈 표현으로 적절한 것을 고르시오.

> 이름도 정다운 백마봉(白馬峰)은 바로 ( )에 서 있고, 내일 오르기로 예정된 비로봉(毘盧峰)은 단걸음에 건너뛸 정도로 가깝다. 그 밖에도, 유상무상(有象無象)의 허다한 봉들이 전시(戰時)에 할거(割據)하는 군웅(軍雄)들처럼 여기에서도 우뚝 저기에서도 우뚝, 시선을 낮춰 아래로 굽어보니 발밑은 천인단애(千仞斷崖), 무한제(無限際)로 뚝 떨어진 황천 계곡에 단풍이 선혈(鮮血)처럼 붉다.

① 교언영색(巧言令色)　② 지호지간(指呼之間)
③ 도청도설(道聽塗說)　④ 일취월장(日就月將)
⑤ 역지사지(易地思之)

★★★★☆　　　제한시간

24 다음 글에서 전통문화를 바라보는 입장과 가장 유사한 한자성어를 고르시오.

> 한국의 전통문화는 근대화의 과정에서 보존되어야 하는가, 아니면 급격한 사회 변동에 따라 해체되어야 하는가? 그러나 전통의 유지와 변화에 대한 견해 차이는 단순하게 진보주의와 보수주의로 나뉠 성질의 것이 아니다. 한국 사회는 한 세기 이상의 근대화 과정을 거쳐 왔으며 앞으로도 광범하고 심대한 사회 구조의 변동을 가져올 것이다. 이런 변동 때문에 보수주의적 성향을 가진 사람들도 전통문화의 변질을 어느 정도 수긍하지 않을 수 없고, 진보주의 성향을 가진 사람 또한 문화적 전통의 가치를 인정하지 않을 수 없다. 또, 이 논란은 단순히 외래문화나 전통문화 중 양자택일을 해야 하는 문제도 아니다. 근대화는 전통문화의 계승과 끊임없는 변화를 다 같이 필요로 하며 외래문화의 수용과 토착화를 동시에 요구하기 때문이다. 근대화에 따르는 사회 구조적 변동이 문화를 결정짓기 때문에 전통문화의 변화 문제는 보편성과 특수성이나 양자택일이라는 기준으로 다룰 것이 아니라 끊임없는 사회 구조의 변화라는 시각에서 바라보고 분석하는 것이 중요하다.

① 격세지감(隔世之感)　② 진퇴유곡(進退維谷)
③ 탁상공론(卓上空論)　④ 여세추이(與世推移)
⑤ 부화뇌동(附和雷同)

★★★☆☆　　　제한시간

25 다음 빈칸에 들어갈 한자성어로 적절한 것을 고르시오.

> 엘베시우스는 말했다. "사람은 누구나 똑같이 태어난다고 가정하자. 하지만 어떤 환경에서 자라고 어떤 교육을 받느냐에 따라서 누구는 영재가 되고, 누구는 평범한 사람, 심지어는 바보가 된다. 환경과 교육이 똑같은 재능을 갖고 태어난 사람들을 영재나 바보로 만든다." 자녀 교육에 관심 많은 사람이 ( )로 여길만한 말이다. 그렇다면 어떤 아이라 하더라도 좋은 환경에서 키우면 모두 영재로 키울 수 있을까?
> 예로부터 교육계에는 영재를 바라보는 두 가지 대립적인 관점이 존재했다. 루소는 재미난 비유를 했다. "한 어미에서 태어난 강아지가 같은 곳에서 같은 교육을 받아도 그 결과는 천차만별이다. 어떤 강아지는 똑똑하고 기민한데 비해 또 다른 강아지는 멍청하고 둔한데, 이런 차이는 타고난 능력이 서로 다르기 때문이다. 특별한 교육을 받아도 멍청한 강아지가 똑똑한 강아지가 되지는 않는다." 반면에 페스탈로치는 다른 관점의 우화를 내놓았다. "타고난 능력이 같은 쌍둥이 망아지 두 마리가 각각 어리석고 가난한 사람과 현명한 부자에게 보내져 자랐다. 가난한 사람에게 보내진 망아지는 어릴 때부터 돈벌이에 이용돼 결국 보잘 것 없는 말이 되었다. 하지만 현명한 부자에게 보내진 망아지는 주인의 정성어린 보살핌으로 명마가 되었다."
> 두 우화는 영재에 관한 서로 다른 관점을 잘 보여준다. 학계에서는 루소의 관점에 동의하는 사람이 많은 편이다. 자신의 독특한 조기 교육으로 자식을 영재로 키운 비테는 다음과 같은 교육론을 피력했다. "아이들은 서로 다른 재능을 타고 태어난다. 편의상 좋은 재능을 100, 바보가 될 재능을 10이하, 평범한 재능을 50이라고 하자. 이 경우 모든 아이들이 똑같이 교육받으면 재능에 따라서 운명이 달라질 것이다. 하지만 실제 교육 현실 속에서 많은 아이들은 타고난 재능의 절반도 발휘하지 못한다. 따라서 아이들의 잠재력을 개발할 수 있는 교육을 실시하여 재능의 90%까지 발휘하게 하면 50의 재능을 타고난 평범한 아이도 80의 재능을 타고난 아이보다 더 뛰어날 수 있다고 결론 내릴 수 있다."

① 금과옥조(金科玉條)　② 계란유골(鷄卵有骨)
③ 경당문노(耕當問奴)　④ 유방백세(流芳百世)
⑤ 권토중래(捲土重來)

Part 1 실력다지기

문항수: 15문항
제한시간: 15분

01~02 다음 제시된 단어와 같거나 유사한 의미를 가진 단어를 고르시오.

01 파탄하다

① 그릇되다 ② 보호하다
③ 비난하다 ④ 중단하다
⑤ 차단하다

02 알력(軋轢)

① 갈등(葛藤) ② 전력(全力)
③ 전쟁(戰爭) ④ 협상(協商)
⑤ 봉기(蜂起)

03~04 다음 제시된 단어와 상대·반대의 뜻을 가진 단어를 고르시오.

03 관례(慣例)

① 상례(常例) ② 전례(前例)
③ 이례(異例) ④ 사례(事例)
⑤ 범례(範例)

04 개국(開國)

① 건국(建國) ② 쇄국(鎖國)
③ 소국(小國) ④ 입국(立國)
⑤ 외국(外國)

05 다음 제시된 관계와 같은 관계가 아닌 것을 고르시오.

풋내기 : 햇병아리

① 볼우물 : 보조개 ② 혼란 : 혼잡
③ 참담 : 비탄   ④ 선구자 : 예언자
⑤ 논평 : 평론

06 제시된 단어의 관계와 같은 관계가 되도록 알맞은 것을 고르시오.

말 : 마차 = 소 : ( )

① 경운기 ② 쟁기
③ 지게   ④ 수레
⑤ 괭이

07~09 다음 중 밑줄 친 말이 제시된 문장과 같은 뜻으로 쓰인 것을 고르시오.

07 아까 치과에서 한 마취가 아직 풀리지 않아 혀가 <u>굳어</u> 있다.

① 그 떡은 바로 먹어야 맛있지 놓아두면 빨리 <u>굳어</u>서 맛이 없어져.
② 그녀는 많은 사람 앞에서 자연스럽게 보이고 싶었지만 <u>굳은</u> 표정을 감출 수 없었다.
③ 그렇지 않아도 조만간 사려고 했었는데 선물로 받게 되어서 돈이 <u>굳었</u>네.
④ 상처가 깊어서 아직 피가 <u>굳지</u> 않고 벌겋게 고여 있었다.
⑤ 할머니는 연세가 드셔서 무릎 관절이 <u>굳어</u> 힘들어 하셨다.

08

> 현아는 강가 너머 보이는 산등성이의 풍경이 너무 아름다워 얼굴을 박은 채 한참을 서 있었다.

① 엄마는 글씨가 잘 안 보인다며 신문에 코를 박고 내 말은 들은 척도 안 하셨다.
② 그 국회의원은 박 씨를 자기 측근에 박아 두려 무진 애를 썼다.
③ 오빠는 비탈길이 시작되는 곳에 눈길을 박고 누군가를 기다리고 있었다.
④ 갑자기 문이 쾅 닫히는 바람에 머리를 쿵 박고 말았다.
⑤ 만두에 속이 많이 박혀 참 맛이 좋았다.

09

> 그 친구에게 한동안 마음에 담아 두었던 고민을 쏟고 나니 후련한 기분이 들었다.

① 그는 자신의 생각을 그의 시 안에 쏟고 싶었으나 마음만큼 되지 않아 늘 괴로워했다.
② 연지가 우유를 마시다 들고 있던 컵을 바닥에 쏟고 말았다.
③ 과장님은 이번 프로젝트에 너무 몰두한 나머지 과로로 코피를 쏟고 말았다.
④ 뜨겁게 쏟는 햇볕 때문에 피부가 다 그을릴 것 같았다.
⑤ 그는 몸을 쏟으며 성큼성큼 발자국을 옮기기 시작했다.

10 다음 밑줄 친 단어와 바꾸어 쓸 수 있는 것을 고르시오.

> 네가 나를 찾고자 하는 의향이 있다면 어떻게든 만나지겠지.

① 견해
② 의도
③ 마음
④ 의의
⑤ 의견

11~12 다음 중 제시된 문장의 빈칸에 들어가기에 알맞지 않은 것을 고르시오.

11

- 두 사람은 전깃줄에 감전되듯 사랑의 감정이 (　　) 되기 시작했다.
- 합성 세제 사용의 (　　)로 인해 수질 오염이 더욱 악화되었다.
- 그 나라의 대통령은 약해진 국력의 (　　)에 힘쓰겠다고 하였다.
- 그 영화배우는 덩치 큰 캐릭터를 연기하기 위해 몸무게를 (　　)하였다.
- 그 기업은 신기술 도입을 통해 생산력을 (　　)시켜 경쟁력을 강화하였다.

① 증액(增額)
② 증폭(增幅)
③ 증진(增進)
④ 증가(增加)
⑤ 증량(增量)

PART 1 어휘 · 67

실력다지기

12

- 우리는 당 대표의 뜻에 필사적으로 (   )의 뜻을 표명하였다.
- 우리는 그 법안에 절대 (   )할 수 없다.
- 선희는 대학교 장학재단에서 학비 (   )를 받게 되었다.
- 제갈량의 현명한 (   )가 없었다면 유비는 촉나라를 세우지 못했을 것이다.

① 찬성(贊成)   ② 찬동(贊同)
③ 보조(補助)   ④ 참고(參考)
⑤ 보좌(補佐)

13 다음 두 한자의 부수끼리 결합하여 만든 한자를 고르시오.

斎   巽

① 壺   ② 改
③ 景   ④ 貢
⑤ 都

14 다음 빈칸에 들어갈 알맞은 단어를 고르시오.

인간 사회는 사람들이 추구하는 삶의 완성을 위한 토대이자 그 결과이다. 그러나 역사를 통해서 볼 때 인간 사회는 집단생활에서 발생하는 문제들을 만족스럽게 해결하지 못하였다. 항상 새롭고 복잡한 문제들로 인해 구성원들은 고통에 직면해 왔다. 그러면서도 지금까지 사람들은 서로 잘 어울려 사는 법을 익히지 못한 채 (   )하며 살아오고 있다.

① 이전투구(泥田鬪狗)   ② 약육강식(弱肉强食)
③ 조삼모사(朝三暮四)   ④ 설왕설래(說往說來)
⑤ 애걸복걸(哀乞伏乞)

15 다음 중 밑줄 친 ㉠과 ㉡에 어울리는 것으로 짝지어진 것을 고르시오.

우리 나라에도 몇몇 도입종들이 활개를 치고 있다. 예전엔 청개구리가 울던 연못에 요즘은 미국에서 건너온 황소개구리가 들어앉아 이것저것 닥치는 대로 삼키고 있다. 어찌나 먹성이 좋은지 심지어는 우리 토종 개구리들을 먹고 살던 뱀까지 잡아먹는다. 토종 물고기들 역시 미국에서 들여온 블루길에게 물길을 빼앗기고 있다. 이들이 어떻게 자기 나라보다 남의 나라에서 더 잘 살게 된 것일까?

도입종들이 모두 잘 적응하는 것은 결코 아니다. 사실, 절대 다수는 낯선 땅에 발도 제대로 붙여 보지 못하고 사라진다. 정말 아주 가끔 남의 땅에서 ㉠<u>들풀에 붙은 불길처럼 무섭게 번져 나가는 것들</u>이 있어 우리의 주목을 받을 뿐이다. 그렇게 남의 땅에서 의외의 성공을 거두는 종들은 대개 그 땅의 특정 서식지에 마땅히 버티고 있어야 할 종들이 쇠약해진 틈새를 비집고 들어온 것들이다. 토종이 제자리를 당당히 지키고 있는 곳에 쉽사리 뿌리내릴 수 있는 외래종은 거의 없다.

제아무리 대원군이 살아 돌아온다 하더라도 더 이상 타 문명의 유입을 막을 길은 없다. 어떤 문명들은 서로 만났을 때 충돌을 면치 못할 것이고, 어떤 것들은 비교적 평화롭게 공존하게 될 것이다. 결코 일반화할 수 있는 문제는 아니겠지만 스스로 아끼지 못한 문명은 외래 문명에 텃밭을 빼앗기고 말 것이라는 예측을 해도 큰 무리는 없을 듯싶다.

영어만 잘 하면 성공한다는 믿음에 온 나라가 야단법석이다. 한술 더 떠 ㉡<u>일본을 따라 영어를 공용어로 하자는 주장</u>이 심심찮게 들리고 있다. 영어는 배워서 나쁠 것 없고 국제 경쟁력을 키우는 차원에서 반드시 배워야 한다. 하지만 영어보다 더 중요한 것은 우리말이다. 우리말을 제대로 세우지 않고 영어를 들여오는 일은 우리 개구리들을 돌보지 않은 채 황소개구리를 들여온 우를 또다시 범하는 것이다.

　　㉠　　㉡
① 하석상대, 부화뇌동
② 파죽지세, 견강부회
③ 주객전도, 견강부회
④ 파죽지세, 부화뇌동
⑤ 가담항설, 부화뇌동

미래를 창조하기에 꿈만큼 좋은 것은 없다.
오늘의 유토피아가 내일 현실이 될 수 있다.

There is nothing like dream to create the future.
Utopia today, flesh and blood tomorrow.

빅토르 위고 Victor Hugo

PART 2 독해

- **Theme 01** 주제 및 중심 내용
- **Theme 02** 세부 내용 파악
- **Theme 03** 올바른 추론
- **Theme 04** 글의 구조 파악
- **Theme 05** 반론·평가·수정
- **Theme 06** 빈칸 채우기
- **Theme 07** 개요·보고서
- **Theme 08** 문장·문단배열
- **Theme 09** 직무해결

최근 출제 경향

　직무적성검사에서 언어영역은 자타 사업에 대한 이해, 의사소통능력과 자신이 알고 있는 지식 통합 능력을 테스트하는 것이다. 따라서 기업들은 우리말의 이해와 논리적 사고를 평가하기 위해 문장 독해를 출제하고 있다.

　독해는 모든 기업에서 출제하고, 모든 기업에서 중요시한다. 단순 이해만으로 해결되는 문제에서 더 나아가, 문단의 구조를 파악하여 문장을 연결하고 공란을 채우는 독해 추론 문제도 자주 출제되고 있다.

　그러므로 독해에서 높은 점수를 얻기 위해서는 경제, 기술, 과학, 사회, 환경, 예술, 역사, 스포츠 등의 비문학적 글들을 많이 접하는 것이 중요하다. 또한, 신문 사설이나 칼럼 등을 읽음으로써 최근 시사 이슈나 응시 기업과 관련된 분야의 글들을 접할 수 있도록 해야 한다. 만약 시간적 여유가 있다면, 이를 그냥 읽어보기보다는 글쓴이의 주장이나 키워드를 표시하면서 정독하기도 하고, 세부 내용에 집착하지 않고 문장 전체의 취지를 잡으면서 읽어보기를 추천한다. 독해는 많은 글, 많은 문제를 다뤄 보면서 실전 적응력을 높이는 것이 중요하기 때문이다.

　마지막 테마인 직무해결 유형은 정부가 추진하는 능력중심채용의 'NCS(국가직무능력표준)'의 직업기초능력평가 유형으로, 응시생들이 업무상 접하는 서류, 문서, 정보를 이해하고, 유용성을 판단하여 업무에 활용할 수 있는지를 측정한다. 장문 독해와는 다른 지문 형태이므로 자신이 지원하는 기업에 직무해결 유형이 출제된다면 NCS유형 문제집을 접해 보는 것을 권한다.

테마별 출제 비중

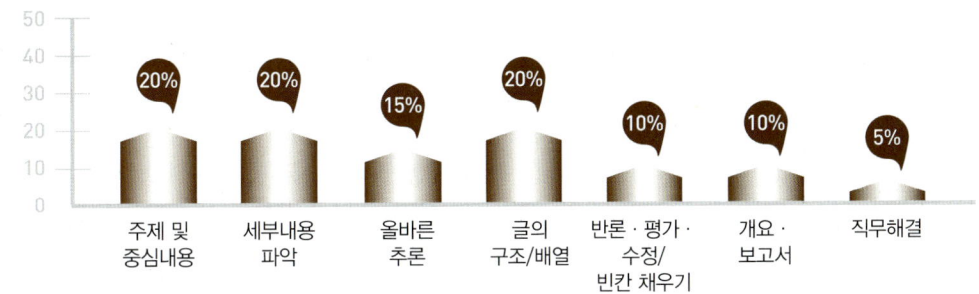

주요 출제 기업

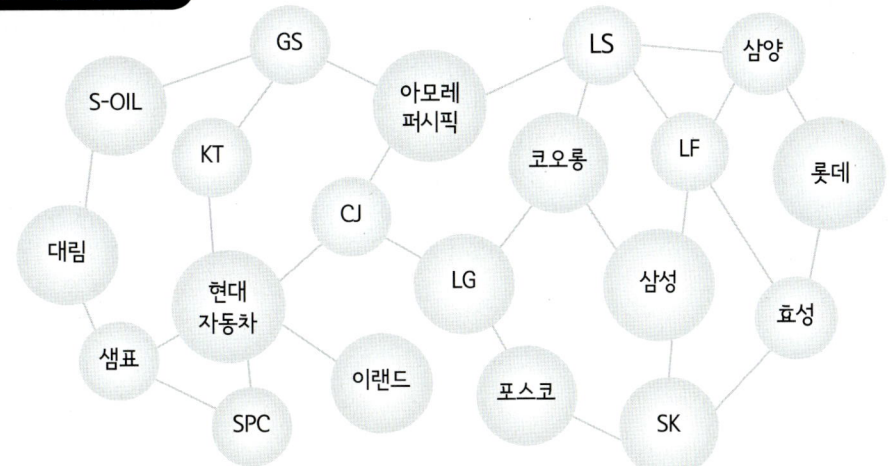

Part 2 Theme 01 주제 및 중심 내용

출제 빈도 ●●●●●

✓ 핵심 Check

- 글의 제목이나 논지, 글쓴이의 입장, 관점 등을 묻는 문제들이 출제된다.
- 장문의 경우에는 글의 호흡이 길기 때문에 문장의 짜임을 파악하며 읽는 것이 중요하며, 해당 글이 두괄식인지 미괄식인지 생각하면서 읽으면 좀 더 요령 있게 답을 찾을 수 있을 것이다.
- 주어진 글에서 답을 찾아야 하므로 개인적인 생각이 개입되지 않도록 주의해야 한다.
- 평소 다양한 주제의 글을 읽고, 글의 구성과 논리적 흐름을 파악하는 연습을 하도록 한다.

빈출예제

01 [주제 찾기] ★★★☆☆

제한시간 45초

다음 글을 읽고 주제로 가장 알맞은 것을 고르시오.

유형 분석
지문을 읽고 글쓴이가 말하고자 하는 바를 찾을 수 있는지를 묻는 문항이다.

해결 전략
반복하여 나오는 핵심어를 파악하여 ○, △ 등의 기호로 표시해 본다.
1문단 전쟁, 소설
↓
2문단 첫 문장에 밑줄!
작품, 전쟁, 성격, 탐색
↓
2문단 마지막 문장 밑줄!
이처럼, 전쟁의 허구화, 전쟁에 대한 인식
↓
핵심어와 중심 문장을 통해 선택지에서 답을 찾는다.

전쟁을 다룬 소설 중에는 실재했던 전쟁을 제재로 한 작품들이 있다. 이런 작품들은 허구를 매개로 실재했던 전쟁을 새롭게 조명하고 있다. 가령, 『박씨전』의 후반부는 패전했던 병자호란을 있는 그대로 받아들이고 싶지 않았던 조선 사람들의 욕망에 따라, 허구적 인물 박씨가 패전의 고통을 안겼던 실존 인물인 용골대를 물리치는 장면을 중심으로 허구화되었다. 외적에 휘둘린 무능한 관군 탓에 병자호란 당시 여성은 전쟁의 큰 피해자였다. 『박씨전』에서는 이 비극적 체험을 재구성하여, 전화를 피하기 위한 장소인 피화당(避禍堂)에서 여성 인물과 적군이 전투를 벌이는 장면을 설정하고 있다. 이들 간의 대립 구도에서 전개되는 이야기는 조선 사람들의 슬픔을 위로하고 희생자를 추모함으로써 공동체로서의 연대감을 강화하였다. 한편, 『시장과 전장』은 한국 전쟁이 남긴 상흔을 직시하고 이에 좌절하지 않으려던 작가의 의지가, 이념 간의 갈등에 노출되고 생존을 위해 몸부림치는 인물을 통해 허구화되었다. 이 소설에서는 전장을 재현하여 전쟁의 폭력에 노출된 개인의 연약함이 강조되고, 무고한 희생을 목도한 인물의 내면이 드러남으로써 개인의 존엄이 탐색되었다.

우리는 이런 작품들을 통해 전쟁의 성격을 탐색할 수 있다. 두 작품에서는 외적의 침략이나 이념 갈등과 같은 공동체 사이의 갈등이 드러나고 있다. 그런데 전쟁이 폭력적인 것은 이 과정에서 사람들이 죽기 때문만은 아니다. 전쟁의 명분은 폭력을 정당화하기에, 적의 죽음은 불가피한 것으로, 우리 편의 죽음은 불의한 적에 의한 희생으로 간주된다. 전쟁은 냉혹하게도 아군이나 적군 모두가 민간인의 죽음조차 외면하거나 자신의 명분에 따라 이를 이용하게 한다는 점에서 폭력성을 띠는 것이다. 두 작품에서 사람들이 죽는 장소가 군사들이 대치하는 전선만이 아니라는 점도 주목된다. 전쟁터란 전장과 후방, 가해자와 피해자가 구분되지 않는 혼돈의 현장이다. 이 혼돈 속에서 사람들은 고통 받으면서도 생의 의지를 추구해야 한다는 점에서 전쟁은 비극성을 띤다. 이처럼 전쟁의 허구화를 통해 우리는 전쟁에 대한 인식을 새롭게 할 수 있다.

① 문학에 반영되는 작가의 작품 세계
② 전쟁과 문학 작품의 관계
③ 문학에서 허구화된 전쟁이 갖는 의미
④ 한국 소설에 나타난 전쟁의 비극성
⑤ 문학에 나타난 역사의 진위 여부 판단의 중요성

| 해설 |

핵심 키워드 : 전쟁, 소설, 허구화, 인식

1문단에서는 『박씨전』과 『시장과 전장』을 구체적으로 예를 들며, 실재했던 전쟁을 배경으로 한 소설들의 허구화에 관해 이야기하고 있다. 『박씨전』에서는 병자호란 당시의 슬픔을 위로하기 위해, 『시장과 전장』에서는 한국 전쟁에 좌절하지 않기 위해 각각 허구적 인물과 이야기를 다루었다고 설명하고 있다.

2문단에서는 이러한 소설 작품에 나타난 전쟁을 새롭게 조명함으로써 폭력성·비극성과 같은 전쟁의 성격을 탐색하는 등 전쟁에 대한 새로운 인식을 제공한다는 내용이 제시되어 있다. 따라서 '허구화'와 '문학 속 전쟁의 의미'가 들어간 선택지가 답이 된다.

〈글의 구조〉

전쟁을 다룬 소설 ← 실재했던 전쟁을 제재로 한 작품
　　　: 소설의 허구화
(구체적인 예) 박씨전, 시장과 전장
　　⇨ 작품을 통해 전쟁의 성격 탐색 가능
 1. 적의 죽음은 불가피, 우리 편의 죽음은 희생으로 간주
　• 민간인의 죽음 외면
　• 명분에 따라 이용
　→ 폭력성을 띰
 2. 전쟁터는 전장과 후방, 가해자와 피해자가 구분되지 않는 혼돈의 현장
　혼돈 속에서 생의 의지 추구
　→ 비극성을 띰

| 오답 피해가기 |

② 전쟁을 소재로 한 문학에 관해 이야기하고 있지만, 문학에 의해 영향을 받은 전쟁에 대한 내용은 제시되어 있지 않으므로 문학 작품과 전쟁의 관계라고 할 수 없다.
④ 소설에 나타난 전쟁의 비극성이 아니라 소설을 통해 새롭게 인식된 전쟁의 비극성에 관해 설명하고 있다.

| 정답 | ③

하나 더+

중심내용을 묻는 문제는 글의 주제, 글의 전반적인 흐름을 묻는 문제이며,
일반적으로 다음과 같은 형태로 출제된다.
• 다음 글의 중심내용으로 가장 적절한 것은?
• 다음 글에서 글쓴이가 궁극적으로 말하고자 하는 것은?
• 다음 글을 요약한 것으로 가장 알맞은 것은?
• 다음 글에 알맞은 제목은?

빈출예제

2017 LG

02 [표제와 부제 찾기]

제한시간 50초

다음 글을 읽고 적절한 표제와 부제를 고르시오.

유형 분석
지문을 읽고 표제와 부제를 찾을 수 있는지를 묻는 문항이다.

해결 전략

글과 선택지를 훑어보면 두 가지 방향이 나온다. 홉스와 로크의 대등한 비교가 초점인지, 두 사람 중 어느 한 사상가를 중심으로 전개한 것인지.

↓

1문단의 '공통적으로', 2문단의 '홉스와 마찬가지로 로크 역시'를 통해, 두 사람의 공통점에 대해 설명할 수 있음을 짐작할 수 있다.

↓

1문단의 '하지만'과 2문단의 '반면'을 통해, 두 사람의 사상적 차이에 대하여 설명하고 있음을 짐작할 수 있다.

↓

2문단의 '이를 통해서 보면' 이후 어떤 내용을 중심으로 글이 이어지는지 판단해 본다.

　홉스와 로크는 국가 권력으로부터 개인의 문제를 연구했다. 그들은 공통적으로 국가가 자연적으로 생겨나거나 신에 의해 창조된 것이 아니라 자연 상태의 개인들이 각자 필요에 의해 계약하여 만들어진 것이라 보았다. 하지만 자연 상태에 대한 가정과 국가의 존재 목적에 대한 관점에서 둘의 차이가 존재한다. '만인에 대한 만인의 투쟁'으로 알려진 홉스는 계약 이전의 상태, 즉 자연 상태에 대해 부정적이었다. 그는 자연 상태에서 서로가 서로에게 위협의 대상으로 인식되므로 이를 통해 생겨나는 공포는 인간 본성에서 비롯되는 필연적인 것이라고 보았다. 따라서 개인들은 서로에 대한 공포에서 벗어나기 위해 자신이 갖고 있는 자연권적 지배권을 절대 권력인 리바이어던에게 양도한다. 리바이어던은 구약성서에 나오는 괴물을 의미하는데, 그는 계약에 참여한 개인 모두를 공포에 떨게 만들어서 계약을 이행하도록 강제하는 절대 권력의 소유자이다. 따라서 홉스는 리바이어던의 강력한 통솔과 인민의 단합, 복종이 필요하다고 주장하였다.

　반면 의회파의 사상적 토대를 제공한 로크는 민주적으로 구성되는 의회와 이곳에서 결정된 법률에 따라 개인의 자유와 인권이 보장되는 정치 공동체를 주장했다. 홉스와 마찬가지로 로크 역시 자연 상태에서 이론을 출발시켰다. 다만 홉스의 자연 상태가 생존의 공포가 가득했던 공간이었던 반면, 로크의 자연 상태는 모든 인간이 자유롭고 평등하게 존재하는 곳이다. 여기서 말하는 자유는 개인의 욕구와 욕망을 무한대로 발휘하는 것이 아니라 타인의 의지와 입법권에 구속되지 않고 오로지 자연법을 자신의 준칙으로 삼는 것을 의미한다. 하지만 '이렇게 자유로운 상태에서 개인이 자신의 자연권 일부를 양도하면서까지 국가를 만들어야 하는가' 하는 의문에 대해서 로크는 자연 상태에서도 각 개인이 가진 권리들은 충돌할 수 있고 이를 조정할 권위가 존재하지 않기 때문이라고 답했다. 이를 통해서 보면 자연 상태에 처해있는 인간의 본성과 관련하여 로크에게는 이중적인 측면이 공존한다는 것을 알 수 있다. 그의 주장대로라면 자연 상태는 자연법이 지배하면서 이에 위반되기도 하고, 인간은 이성적이기도 하면서 충동적이고 때로는 공격적이기도 하기 때문이다. 따라서 로크의 자연 상태는 사실 홉스의 것과 근본적으로 큰 차이가 없다는 주장이 제기되기도 한다. 자연 상태는 홉스뿐 아니라 로크에 있어서도 무법 상태라고 보여지기 때문이다. 그러나 분명 홉스와 로크의 차이는 존재한다. 첫째로, 홉스의 주권은 분할되어 있지 않고 분할될 수도 없는 반면, 로크는 행정권과 입법권을 분리하고 개인의 자의적 권력을 거부한다. 둘째로, 로크는 사람들에게 최후적 수단으로 하늘에 대한 호소를 허용하지만 홉스는 그것이 공동체의 파괴를 의미한다고 보았다. 셋째로, 홉스의 자연 상태에서는 재산 소유가 존재하지 않지만 로크는 자연 상태이더라도 노동을 통해 소유 창출이 가능하다고 보았다. 마지막으로, 홉스는 교회를 국가의 한 부분으로 만들었지만 로크에게 교회와 국가는 서로 분리된 자발적인 사회였다. 그렇기 때문에 로크가 홉스의 영향 하에 있다는 주장도, 홉스의 영향을 전혀 받지 않았다는 주장도 모두 적절하지 않다.

표제	부제
① 홉스와 로크의 비교	두 이론의 차이점을 기준으로
② 로크 이론의 바탕	홉스의 자연 상태와 리바이어던
③ 홉스가 로크에게 끼친 영향	로크의 자연 상태를 바탕으로
④ 로크의 자연 상태가 지닌 역설점	홉스와의 공통점을 중심으로
⑤ 로크의 이중성	홉스와의 공통점과 차이점을 바탕으로

| 해설 |

핵심 키워드 : 홉스, 로크, 자연 상태

1문단에서는 홉스와 로크의 공통점을 간단히 설명한 후, 홉스의 이론을 설명하였다. 2문단의 앞부분은 로크의 이론을 기술하고, 뒷부분은 홉스와의 유사성과 차이점을 바탕으로 로크의 이중성을 설명하고 있다. 이는 마치 홉스와 로크의 차이점을 병렬적으로 설명해 주는 것처럼 보이지만, 마지막 문장을 보면 홉스의 설명은 로크를 뒷받침하기 위함이었음을 알 수 있다. 따라서 ①은 표제에서 제외된다. 또한, 글에서 로크가 홉스의 이론과 별반 큰 차이가 없다는 내용까지만 기술했다면 ②는 적절했을 것이다. 하지만 그 뒤에 홉스와의 차이점이 전개되고 마지막에서는 '로크가 홉스의 영향 하에 있다는 주장이 옳지 않다'고 제시되어 있으므로, 홉스의 이론(부제)을 바탕으로 로크 이론의 배경(표제)을 설명한 ②는 적절하지 않으며, 마찬가지로 ③의 표제 역시 적절하지 않다. 마지막으로 ④와 ⑤의 표제는 유사하기 때문에 부제를 봐야 한다. 글에는 분명 홉스와의 공통점과 함께 차이점도 나와 있으므로 답은 ⑤가 된다.

```
〈글의 구조〉
1. 홉스&로크 공통점 : 국가의 탄생
              ↑
       자연 상태 속 개인들에 의한 계약으로 만들어짐
2. 홉스 & 로크 차이점
        ┌ (1) 자연 상태 부정적
   홉스 ─┼ (2) 서로가 위협의 대상 → 공포
        └ (3) 리바이어던 등장

        ┌ (1) 자연 상태 : 자유와 평등
   로크 ─┴ (2) BUT 권리 충돌, 이를 조정할 권위 부재
   ⇨ 로크의 이중성
   자연 상태에 관해 홉스와 유사하기도, 다르기도 함
              (따라서)
   로크가 홉스의 영향 하에 있다는 주장 ×    ┐
                                        ├ 적절하지 않음
   로크가 홉스의 영향을 전혀 받지 않았다는 주장 × ┘
```

| 정답 | ⑤

하나 더+

글을 읽으면서 중심 소재와 주변 소재를 잘 구분하도록 한다. 이 글에서처럼 A와 B를 다룰 때 그 둘이 병렬적으로 전개되는지, 아니면 둘 중 하나를 설명하기 위해 다른 하나가 보조적으로 쓰인 것인지 파악해야 한다. 'A 설명, B 설명, A·B 비교'와 같은 서술이면 병렬적 전개이지만, 'A 설명, B 설명, A·B의 비교를 통한 A 특징 설명'하는 방식의 서술이면 A가 중심 소재이고 B가 주변 소재가 된다. 이런 경우에는 표제에는 중심 소재가 들어가고 부제에는 주변 소재가 들어간 선택지가 정답이 될 가능성이 높다.

Part 2 Theme 01 Basic 기본문제

One Point Lesson
주제 및 중심내용 찾기
- 글을 읽을 때 주된 사항과 부가적인 사항을 구별하며 읽는다.
- 글에서 반복되어 나오는 핵심어와 화제는 반드시 체크해 둔다.
- 연역적 전개는 글의 앞부분에, 귀납적 전개는 글의 뒷부분에 오는 경우가 많음을 참고한다.

★★☆☆☆

01 다음 글의 주제 및 중심 내용으로 알맞은 것을 고르시오.

제한시간 30초

> 소위 말하는 특종을 잡기 위해서는 재정적 뒷받침이 필요한데 그럴 여력이 없는 상태에서 언론사가 선택할 수 있는 가장 좋은 전략은 정치적 지향성을 강하게 드러내는 것이다. 구독자들은 언론사와 자신의 정치적 지향점이 같다고 느끼면 더 많은 후원을 하는 경향이 있기 때문이다. 특히 대안언론은 재정적으로 매우 열악하여 자체적인 수익 없이 구독자들의 후원을 통해 유지되는 곳이 대부분이다. 구독자 수가 많지 않은 언론에 광고할 회사를 찾기가 쉬운 것도 아니고, 광고를 수주해도 수익성이 낮은 실정이니 사실상 구독자들에게 받는 후원금이 대안언론이 가장 큰 수입원이 된다. 따라서 대안언론에게는 후원금을 많이 받아내는 전략이 곧 생존전략이다.

① 대안언론이 정치성을 띠는 것은 불가피한 측면이 있다.
② 언론사에 대한 기부 활동은 제한되어야 한다.
③ 대안언론에 대한 지원을 확대해야 한다.
④ 언론은 공정해야 하므로 정치적인 행태를 보여서는 안 된다.
⑤ 대안언론의 수익구조를 개선할 필요가 있다.

빠른 풀이 비법
접속사의 흐름을 짚어내면 중심이 되는 유기적 연결관계를 파악하기 쉽다.
→ 인간과 동물의 유희 행위에 대한 비교, 대조
→ 그러나, 따라서 부분을 주의 깊게 읽어보자.

★★★☆☆

02 다음 글의 중심 내용을 가장 잘 요약한 것을 고르시오.

제한시간 45초

> 인간의 놀이에는 세 가지 기본적인 양식이 있다. 하나는 '어떤 것과 노는 것'이고 다음은 '어떤 것으로서 노는 것'이며, 나머지 하나는 '무엇인가를 얻기 위해 노는 것'이다. 동물, 특히 포유류의 생활에서 볼 수 있는 유희 행위는 '~와 노는' 형태의 원형인 '투쟁 유희'와 '교제 유희'로 나타난다. 두 경우 모두 상대방과 노는 행위인데, 상대방 역시 이쪽과 노는 것이다. 그것은 이쪽과 저쪽이 상호적으로 자기 자신의 세계를 만든다는 것을 의미한다. 만약 우리가 유희 행위의 동적인 경과의 구조뿐만 아니라 쌍방이 함께 유희하면서 이루어지는 상호간의 자기 형성에 주목한다면, 놀이하는 당사자들의 자기 형성은 상대의 그것과 뗄 수 없는 관련성 안에서 이루어진다는 사실을 깨달을 수 있다. 인간다운 유희자로서 존재하는 것과 동떨어져 있는 동물의 행위 양식에 있어서, 그들에게는 놀이와 생명 사이에 친화성이 직접적으로 나타난다. 하지만 유기적, 생명적인 세계 전체가 목적에서 자유로운 다양한 형태화의 생산과 재생산을 나타내듯이, 인간이라는 존재는 능동적으로 서로 반복해가는 창조적인 형성이라고 불리는, 깊이 파헤치기 어려운 근원을 자기 안에 가지고 있다. 따라서 놀이는 인간의 인생 그 자체이며, 인간의 모든 활동에는 유희적인 불특정의 모멘트가 있다는 것이다.

① 동물의 자기 형성에 있어서 놀이 상대를 통해 얻는 영향은 비교적 적지만, 인간의 자기 형성에 있어서는 중요한 요소이다.
② 동물이 놀이를 통해 자기 형성을 하기는 하지만, 인간은 인생 전체가 보다 자유롭고 창조적인 놀이와 같다.
③ 인간의 경우 '~와 노는 것'에 있어서는 불특정한 모멘트가 없지만, '~로서 노는 것'과 '위해서 노는 것'에서는 큰 역할을 하고 있다.
④ 유희는 인간만이 갖고 있는 것은 아니지만, 동물에게는 '~로서 노는 것'밖에 없기 때문에 놀이가 자기 형성에 미치는 역할은 적다.
⑤ 인간이 놀이에 있어서 행하는 자기 형성은 동물이 놀이에 있어서 행하는 자기 형성보다 불안정하고 변하기 쉬운 것일 뿐이다.

> **하나 더+**
>
> 대부분의 글에서는 '이 부분이 글쓴이의 주장을 나타내고 있는 부분'이라는 것을 안다 해도, 추상적으로 표현되어 있어 무엇을 의미하는지 잘 알 수 없는 상황에 빠지게 된다. 이는 글의 한 문장 한 문장을 이해하려 하면서 문맥을 무시하기 때문에 발생한다. 글쓴이는 자신의 주장을 독자에게 전달하기 위해 글을 쓴다. 어떻게든 독자가 이해할 수 있도록 바꿔 말하고, 구체적인 예를 들고, 인용을 하고, 일반론을 내세우고, 자신과 반대되는 의견을 가져옴으로써 자신의 주장을 전개하는 것이다. 그러므로 한 문장의 의미를 이해하지 못하더라도 그 문장의 앞뒤 내용을 통해 글쓴이의 생각을 알 수 있음을 기억하도록 한다.

제한시간  45초

| JTBC. TOCT 유형 |

★★★☆☆

03 다음은 공통의 주제에 대해 다섯 사람이 대화한 것이다. 대화의 공통 주제와 다른 이야기를 하는 사람을 고르시오.

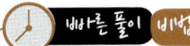

공통 주제를 먼저 파악하도록 한다.
A가 "~ 책이 좋다고 생각해."라고 했으므로 이 부분에 먼저 밑줄을 긋고, 나머지 사람들이 이와 같은 내용을 말하고 있는지 판단해본다.

A : 아이들 자신과 관련 있는 이야기를 쓴 책이 좋다고 생각해. 자신과 관련 있는 이야기라면 재미도 있고 공감도 많이 할 수 있어.
B : 아이들은 재미가 없으면 책을 잘 읽으려고 하지 않아. 하지만 재미가 없더라도 좋은 책을 많이 읽는 습관을 기르는 것이 중요해.
C : 많이 팔리는 책이 좋다고 생각해. 글쓴이가 유명하면 책 내용도 좋지 않겠어?
D : 누가 책을 썼느냐가 중요하다고 생각해. 글쓴이가 유명하면 책 내용도 좋지 않겠어?
E : 그런 책이 모두 좋다고는 할 수 없어. 그보다는 아이들 수준에 맞아야 한다고 생각해. 어른들이 좋다고 해도 너무 어려워서 읽지 못한다면 소용없는 일 아니겠어?

① A ② B ③ C
④ D ⑤ E

기본문제

04~06 다음에 주어진 글의 주제 및 중심 내용으로 알맞은 것을 고르시오. 제한시간  3분

★★★★☆

이것만은 꼭

주제는 글의 전체를 아우를 수 있는 일반화된 문장이어야 한다. 따라서 글을 읽을 때에는 주제가 될 수 있는 일반적 진술과 뒷받침 문장이 되는 구체적 진술을 구별하며 읽는 연습이 필요하다.

04

올바른 그리고 깊은 경험을 통해 나오는 말은 형용하기 어려운 무게를 갖고 있다. 이는 어떤 것을 표현하는 말의 진정한 설명이 그 어떤 것 자체 안에 있기 때문이다. 이러한 표현의 올바른 사용은 결코 쉬운 일이 아니며, 즉각적으로 만들어지는 것도 아니다. 따라서 사물에 대해서만 사색한다는 '알랭 드 보통'의 신조는 이러한 맥락에서 이해할 수 있다.

말에는 그것이 진짜 말이 되기 위한 필수적인 조건이 있다. 그것을 충족시키는 것은 그 조건에 대응하는 경험이다. 다만, 현실에서는 그 조건을 최소한으로도 충족시키지 못하는 말의 사용이 횡행하고 있다. 어떤 관점에서 보면, 경험이란 사물과 자기 자신 사이에서 생기는 장애 의식과 저항의 역사라고 할 수 있다. 그것을 통해 나오지 않은 말은 안이하고 매우 알기 쉽다. 그러나 사회의 복지를 논하든 평화를 논하든, 그 근거가 되는 경험이 얼마나 어려운 것이어야 하는지를 알게 된다면, 또한 얼마나 스스로를 포기해야 하는지를 생각하게 된다면, 세상에 횡행하는 명론탁설은 실제로는 분석도 논의도 아니며 허영심에 지나지 않음을 알 수 있을 것이다. 그런 상황에서는 아무리 이론을 깊이 파고들어 간다 해도 진정한 말의 새 발의 피에도 미치지 못한다. 이는 일종의 모럴리즘의 입장에서 체험주의를 예찬하는 것은 아니다. 여기서 말하는 경험은 이른바 체험과 비슷하기도 하며 비슷하지 않기도 한 것이다. 체험주의는 일종의 안일한 주관주의로 빠지기 쉬운 것이며, 또한 그것에 그치고 마는 경우가 대부분이기 때문이다.

빠른 풀이 비법

1문단의 첫 문장 "~깊은 경험을 통해 나오는 말은~무게를 갖고 있다."와 2문단의 첫 부분 "~진짜 말이 되기 위한 필수적인 조건이 있다.", "그것은~경험이다."를 통해 경험에서 비롯된 말이 진짜 말의 조건이 될 수 있음을 알 수 있다. 그러나 글쓴이는 경험을 체험주의와 동일하게 여기고 있지 않다는 점에 주목한다.

① 단순한 체험주의가 아니라 사물과 자기 자신 사이에서 생기는 장애 의식과 저항의 역사라고도 할 수 있는 경험에 근거해야 비로소 사물에 맞는 진정한 말이 생겨난다.
② 사물 자체를 진정한 말로 표현하려면, 자기희생을 동반하는 어려움으로 가득한 경험이 필요하다.
③ 올바르고 깊은 경험은 일종의 무게를 지닌 말을 만들어 내는데, 자기 주관에 그치는 경험은 안일하고 과장된 말밖에 만들어 내지 못한다.
④ 현실에 있는 대부분의 말은 사물과의 안일한 타협을 통해 생겨난 단순한 관념의 유희에 지나지 않으며, 어떤 것 자체를 표현하지는 못한다.
⑤ 사회의 복지나 평화를 논할 때는 사물과 자기 자신 사이에서 생기는 장애 의식과 저항을 통해 습득되는 일종의 무게를 지닌 말을 사용해야 한다.

하나 더+

독해에서 주제를 파악하는 문제는 글쓴이가 가장 전달하려는 것을 찾는 것이다.
따라서 지문에서 다음 위치에 글쓴이가 전달하려는 내용이 강조되어 있다.
1. 지문의 맨 처음과 끝
2. 강조 어구
3. 구체적인 예시의 전과 후
4. 역접관계의 접속사에 이어지는 문장

05 | 2015 KT |

오늘날 프랑스 영토의 윤곽은 9세기 샤를마뉴 황제가 유럽 전역을 평정한 후, 그의 후손들 사이에 벌어진 영토 분쟁의 결과로 만들어졌다. 제국 분할을 둘러싸고 그의 후손들 사이에 빚어진 갈등은 제국을 독차지하려던 로타르의 군대와 루이와 샤를의 동맹군 사이의 전쟁으로 확대되었다. 결국 동맹군의 승리로 전쟁이 끝나면서 왕자들 사이에 제국의 영토를 분할하는 원칙을 명시한 조약이 체결되었다. 영토 분할을 위임받은 로마 교회는 조세 수입이나 영토 면적보다는 '세속어'를 그 경계의 기준으로 삼는 것이 더 공정하다는 결론을 내렸다. 그래서 게르만어를 사용하는 지역과 로망어를 사용하는 지역을 각각 루이와 샤를에게 할당했다. 그리고 힘없는 로타르에게는 이들 두 국가를 가르는 완충지대로서, 이탈리아 북부 롬바르디아 지역으로부터 프랑스의 프로방스 지방, 스위스, 스트라스부르, 북해로 이어지는 긴 복도 모양의 영토가 주어졌다.

루이와 샤를은 조약 체결에 앞서 스트라스부르에서 서로의 동맹을 다지는 서약 문서를 상대방이 분할 받은 영토의 세속어로 작성하여 교환하고, 곧이어 각자 자신의 군사들로부터 자신이 분할 받은 영토의 세속어로 충성 맹세를 받았다. 학자들은 두 사람이 서로의 동맹에 충실할 것을 상대측 영토의 세속어로 서약했다는 점에 주목한다. 또한, 역사적 자료에 따르면, 루이와 샤를 모두 게르만어를 모어로 사용하였다고 한다. 이는 즉, 루이와 샤를 중 적어도 한 명은 서약 문서를 자신의 모어로 작성한 것이 아니라는 의미이다. 게다가 그들의 군대는 필요에 따라 여기저기서 수시로 징집된 다양한 언어권의 병사들로 구성되어 있었으므로 세속어의 사용이 군사들의 이해를 목적으로 한다는 설명은 설득력이 없다. 결국 학자들은 상대측 영토의 세속어 사용이 상대 국민의 정체성과 그에 따른 권력의 합법성을 상호 인정하기 위한 상징행위로서 의미를 갖는다고 결론내렸다.

① 정치에서 모어의 사용은 권력의 위치를 판단 짓는 중요한 의미를 지닌다.
② 언어는 생활과 밀접한 관련이 있으며 상징적인 의미를 갖고 있다.
③ 세속어는 정치·경제적인 중요성을 인정받아 영토 경계의 기준이 되었다.
④ 모어로 서약을 작성하는 것은 서약의 충실한 이행을 다짐하는 상징적 행위이다.
⑤ 프랑스는 다양한 언어를 가진 영토가 통합되어 만들어졌다.

하나 더+

글의 일반적 구조

기본문제

빠른 풀이 비법

문단의 요지를 파악한다.

1문단 도시의 생명력은 그곳에 사는 주민에 의해 탄생함.
↓
2문단 한국의 도시는 경제성만을 추구한 결과 무질서가 만연한 모습임.
↓
3문단 도시가 잘 기능하기 위해서는 사람들의 공적 의식이 있어야 함.

06 ★★★☆☆

도시란 도시설계자의 발상대로 모든 것을 계획적으로 만들 수 있는 것은 아니다. 항상 변화와 성장을 반복하며 마치 살아 있는 생물과 같은 것이라 할 수 있다. 확실한 것은 사람들이 모여서 살아가기 위해서는 그 성장을 제어하고 조종하는 계획적 개념이 필요하다는 것이다. 그러나 도시의 생명력과 혼돈스럽기도 한 다양한 분위기는 통치자도 설계자도 아닌 그곳에 사는 주민들의 손에서 탄생한다. 그리고 그런 논리성 혹은 합리성으로 묶이지 않는 도시일수록 그곳의 문화는 발전해 나간다. 사람들의 일상생활 속에서 긴 시간에 걸쳐 배양된 문화가 오직 그곳에만 존재하는 개성적인 모습일수록 사람들은 그 도시에 매료돼 모여들기 때문이다.

한국의 도시에 대해 말하자면, 근대 이후 항상 서구 도시의 방식을 따르려 하며 경제성만을 강조해 온 나머지 무질서가 만연한 모습이다. 그 무질서함을 말할 때도 우연성으로 바라보면서 도시적이라고 만족하여 평가하는 의견도 있기는 하다.

물론 여러 요소가 복잡하게 얽혀 만들어진 도시에 대해 이렇게 만들어야 한다고 한마디로 정의할 수 있는 해답은 없다. 그러나 도시가 쾌적하고 매력적이며 사람들이 꿈을 펼칠 수 있는 공간이 되기 위해서는 그것이 잘 기능할 수 있도록 질서를 마련할 수 있는 유능한 지도자가 필요하며 공동체로서의 도시를 만들려는 사람들의 공적 의식이 있어야 하는 것은 분명한 사실이다. 그런 의미에서 19세기에 도시개조를 하던 시절에 빠른 시일 내에 근대 도시로서의 골격을 갖췄으며, 20세기 후반부터 도시 사업에 대해 다시금 새로운 도시재생의 방식을 세계에 보여 주고 있는 파리에서 배울 점이 많다.

① 도시란 도시설계자의 발상대로 모든 것을 계획적으로 만들 수 있는 것은 아니며 항상 변화와 성장을 반복하며 마치 살아 있는 생물과 같은 것이라 할 수 있다.
② 도시의 생명력이 가장 잘 느껴지면서 혼돈스럽기도 한 다양한 분위기는 통치자도 설계자도 아닌 그곳에 사는 주민들의 손에서 탄생한다.
③ 한국의 도시는 근대 이후 항상 서구도시의 방식을 따르려 한 한편 결국 우리 눈앞에 있는 경제성만을 강조해 온 나머지 무질서가 만연한 도시의 모습을 띠고 있다.
④ 여러 요소가 복잡하게 얽혀 만들어진 도시에 대해서 이렇게 만들어야 한다고 한마디로 정의할 수 있는 해답은 없다.
⑤ 도시가 쾌적하고 매력적이며 사람들이 꿈을 펼칠 수 있는 공간이 되기 위해서는 그것이 잘 기능할 수 있도록 질서를 마련할 수 있는 유능한 지도자가 필요하며, 공동체로서의 도시를 만들려는 사람들의 공적 의식이 있어야 한다.

정답 및 해설

01 정답 ①
핵심 키워드 : 재정적 뒷받침, 정치적 지향성, 대안언론
이 글은 언론사들이 정치적 지향을 강하게 드러낼수록 자신의 정치적 성향과 동일하다고 생각하는 구독자들이 더 많은 후원금을 내고, 이를 통해 수입을 얻어 언론사를 이끌어갈 수 있다고 하면서, 대안언론이 정치성을 드러내는 이유에 대해 설명하고 있다.

02 정답 ②
핵심 키워드 : 인간, 동물, 놀이
'상대'와 노는' 경우, 자기 형성은 상대의 자기 형성과 떼어놓을 수 없는 관련성을 지닌다. 이러한 모습은 동물에게서도 찾아볼 수 있는데, 동물의 놀이는 생명적인 것과 직접적인 친화성을 나타내지만 인간의 경우, 능동적으로 반복되는 사상적인 형성이라는 근원이 있기 때문에 놀이는 인간의 마음 그 자체가 된다. ②는 전반부에서 동물의 놀이에 대해 말하고, 후반부에서는 그것과 비교하여 인간의 놀이에 대해 정리하고 있으므로, 지문이 말하고자 하는 바를 잘 요약하고 있다.
| **오답 피해가기** |
① '동물의 자기 형성에 있어서는 놀이의 상대로부터 받는 영향은 비교적 적다'고는 말하지 않았다.
③ '로서 노는 것'이나 '위해서 노는 것'이 어떤 역할을 하는지 직접 설명한 부분은 없다.
④ 동물에게 있는 것은 '와 노는 것'이라고 나와 있다.
⑤ 동물의 '자기 형성'이 어떤 것인지에 대한 언급이 없었고, 인간의 자기 형성이 '불안정하고 변하기 쉬운 것'이라고도 말하지 않았다.

03 정답 ②
핵심 키워드 : 좋은 책
A, C, D, E 진술은 '모두 아이들이 읽기에 좋은 책은 어떤 책인가?' 혹은 '아이들에게 좋은 책은 어떤 책인가?'에 대해서 진술한 것이다. A는 재미가 있고, 독자가 공감할 수 있는 책이 좋은 책이라고 생각하며, 아이들에게는 자신들과 관련이 있는 이야기가 그렇다고 말한다. C는 많은 사람들이 읽는 책, 즉 서점에서 많이 팔리는 책이 좋은 책이라고 말한다. D는 유명한 사람이 쓴 책을, E는 아이들의 수준에 맞는 책이 좋은 책이라고 말한다. 반면, B는 '아이들에게 책을 읽도록 할 때 중요한 것은 무엇인가?'에 대해 재미가 없더라도 좋은 책을 읽는 것이 중요하다고 말하고 있다.

04 정답 ①
핵심 키워드 : 말, 경험, 체험주의
글쓴이의 주장은 다음과 같다. 말의 진정한 설명은 그것 자체 안에 있으므로, 진정한 말이 되기 위해서는 경험이 필수적이다. 경험이란 사물과 자기 자신 사이에 생기는 장애의식과 저항의 역사이며, 체험과는 다르다. 체험주의는 안일한 주관주의가 되기 쉽기 때문이다. ①은 '경험이란…사물과 자기 자신 사이에 생기는 장애의식과 저항의 역사'라고 되어 있으며, 끝부분에서는 경험과 체험이 다르다는 것을 말하고 있다. 따라서 지문의 전체적인 주장을 가장 잘 요약한 선택지이다.
| **오답 피해가기** |
② 자기희생이 아니라 자신의 주관에 사로잡히는 주관주의를 배제하고 자기 포기를 하는 것이 필수 불가결하다고 말하고 있다.
③ 체험주의는 안일한 주관주의에 빠지기 십상이긴 하지만, '과장된 말밖에 생겨나지 않는다'고 언급하지는 않았다.
④ '사물과의 안일한 타협을 통해 생겨나는 관념의 유희'라는 언급은 제시되어 있지 않다.
⑤ 사회의 복지나 평화를 논할 때는 무게를 지닌 말을 사용해야 한다는 주장은 제시되어 있지 않다.

05 정답 ②
핵심 키워드 : 세속어, 정체성, 상징행위
이 글은 프랑스 영토 분쟁에 따른 영토의 구분 과정을 설명하면서, 영토 분할 시 로마 교회가 세속어를 경계의 기준으로 삼은 것과 루이와 샤를의 조약 체결 시 서약 문서를 상대방 영토의 세속어로 서약했다는 내용을 다루고 있다. 이를 통해 주제가 언어와 관련된 내용임을 짐작할 수 있으며, 마지막 부분에서 상대방의 세속어로 서약한 루이와 샤를의 조약에 대해 학자들이 상대 국민의 정체성과 그에 따른 권력의 합법성을 서로 간에 인정하기 위한 상징적 행위였다는 결론을 내렸다. 따라서 언어는 영토의 구분 기준이 될 만큼 생활과 밀접한 관련을 맺고 있으며, 그 사용이 상징적인 의미를 지니고 있다는 것이 이 글의 주제로 생각해 볼 수 있다.

06 정답 ⑤
핵심 키워드 : 도시 계획, 한국의 도시, 공동체로서의 도시, 공적 의식
이 글의 일부분이 아닌 내용 전체를 아우르는 선택지를 고르는 것이 중요하다. 따라서 도시 기능, 사람들의 역할과 의무, 이상을 실현하기 위한 중추적 요소 등 글쓴이가 주장하려는 내용을 모두 포함하는 ⑤가 정답이 된다.
| **오답 피해가기** |
① 이 선택지에는 도시의 특징만 언급되어 있다.
② 1문단의 내용만 나와 있고 3문단에서 글쓴이가 서술하고 있는 주민에게 있어 필요한 것 등의 내용이 빠져있다.
③ 2문단의 내용만 나와 있고 3문단에서 글쓴이가 서술하고 있는 '무질서를 해결하는 방법'이 나와 있지 않아서 적절하지 않다.
④ 도시에서 시민들이 담당해 온 역할에 대한 언급이 없다. 또한 이 글에서는 문제 해결에 대한 가능성을 제시하고 있지만 해당 선택지는 해답이 없다고 하였으므로 주제라고 할 수 없다.

Part 2 Theme 01 Advance 발전문제

정답 및 해설 27쪽

★★☆☆☆ 제한시간 30초

01 다음 중 (가), (나)의 중심 내용과 관련이 없는 속담을 고르시오.

> (가) 광고는 소비자에게 정보를 전달하고, 반복적으로 상품 또는 브랜드를 노출시킴으로써 친근감과 신뢰도를 높이는 역할을 한다. 따라서 기업을 경영함에 있어 판촉을 위한 올바른 광고는 반드시 필요한 요소가 된다. 하지만 과대광고, 허위선전 등으로 선량한 소비자들을 현혹하는 일회성 경영 전략은 지양되어야 한다. 이와 같은 행위는 당장 눈앞의 이익을 목적으로 하는 경우가 많다. 갈택이어(竭澤而漁)라는 고사성어는 연못을 모두 말리고 고기를 잡는다는 뜻으로, 당장의 이익만 추구하여 수단과 방법을 가리지 않을 경우 곧 미래에 닥칠 재앙을 피할 수 없음을 뜻한다. 이처럼 중용을 잃은 과욕 경영은 한순간 기업의 이미지를 하락시키고, 소비자 스스로 등을 돌리는 결과를 초래할 수 있다.
>
> (나) 조선 시대 도공(陶工) 우명옥은 방탕한 생활로 재물을 모두 탕진한 후 잘못을 뉘우치고 스승에게 돌아와 계영배(戒盈杯)라는 술잔을 만들었다. 가득 채움을 경계하는 잔이라는 의미를 지닌 이 술잔은 구멍을 뚫어 술이 일정하게 차면 저절로 새어나가도록 고안된 것으로, 잔의 7할 정도만 채워야 온전하게 술을 마실 수 있어 절주배(節酒杯)라고도 불린다. 우명옥이 만든 계영배는 훗날 거상 임상옥에게 전해졌는데, 그는 이를 항상 옆에 두고 끝없이 솟구치는 과욕을 다스림으로써 후대에 이름을 남긴 청부(清富)로 성공할 수 있었다고 한다.

① 말 타면 경마 잡히고 싶다
② 욕심은 부엉이 같다
③ 자기 배부르면 남의 배고픈 줄 모른다
④ 토끼 둘을 잡으려다가 하나도 못 잡는다
⑤ 말 위에 말을 얹는다

★★☆☆☆ 제한시간 45초

02 다음 (가), (나)에서 공통으로 말하는 바로 적절한 것을 고르시오.

> (가) 독서란 장차 이치를 밝혀서 일에다 펼치려는 것이다. 진실로 정밀하게 읽고, 익숙하게 강(講)*하며, 적실(的實)*하게 보고 진실되게 얻는다면, 저 책이란 것은 아무짝에 쓸데없는 낡은 종이일 뿐이니 이를 묶어 다락에 올려두어도 괜찮다. 오직 정밀하고 익숙하며, 적실하고 참된 것은 비록 성인이라 해도 오히려 부족하게 여기는 바가 있다. 그럴진대 독서란 것은 그 공부가 진실로 끝이 없어 실로 배우는 자가 죽을 때까지 해야 할 사업이다.
> (중략) 지금 우리의 독서란 대충대충 섭렵하여 읽다 말다하는 것이다. 이미 정밀하지도 익숙지도 않은데 어찌 적실하고 진실됨을 논하겠는가? 독서가 이런 지경인데도 또 한 책을 다 읽고는 자기 일을 이미 마쳤다고 말하며, 함부로 날뛰고 망령된 행동을 하면서도 아무 거리낌이 없다. 책을 다 읽은 뒤에는 문득 가서 이를 실행하는 큰 일이 남아 있음을 알지 못한다. 어떤 사람이 먼 길을 가려 하는 것에 비유해 보자. 책이란 한 부의 노정기(路程記)*이고 행함이란 말에게 꼴을 먹이고 수레에 기름칠을 해서 노정기에 따라 몰고 또 달리는 것이다. 다만 말에 고삐를 씌우고 수레를 손질해 두고는 몰지도 않고 달리지도 않으면서 오직 열심히 노정기만 강론한다면 먼 길을 가려는 계획은 끝내 무너져 이루어질 날이 없다.
> * 강(講) : 배운 글을 선생이나 시관(試官) 또는 웃어른 앞에서 욈.
> * 적실(的實) : 틀림이 없이.
> * 노정기(路程記) : 여행할 길의 거리·경로를 적은 기록.
> ― 홍대용, 「철교에게 준 편지」 ―
>
> (나) 성현의 글을 읽는 것은 덕에 나아가고 행실을 닦아 부족한 점을 채우기 위한 것이다. 예컨대 『논어』 한 권을 읽었는데, 한 사람은 마치 자기 말처럼 다 외우지만 막상 어떤 경우에 닥치면 일찍이 생각이 책 속에 미치지 못하고 그 행동하는 바를 살펴보면 읽은 것과는 반대로 한다. 한 사람은 능히 한두 장도 외우지 못하지만, 화나는 일이 생기면 문득 맹렬히 반성하여 이렇게 말한다. "『논어』 중에 한 구절이 있는데 내가 그 말을 자세히 기억할 수는 없지만 생각해 보니 화가 날 때 마음대로 하면 뒤에 반

드시 어려움이 있다는 식의 말이었다." 하고는 마침내 참고 이를 가라앉혔다.

— 홍길주, 「수여방필」—

① 독서는 깨달은 것을 실행하기 위한 것이다.
② 독서는 정밀하게 해야 한다.
③ 책 속에는 삶의 이치가 담겨 있다.
④ 독서하지 않는 삶은 의미가 없다.
⑤ 마음을 다스리기 위해 독서를 해야 한다.

03 다음 글을 읽고 알맞은 제목을 고르시오. 제한시간 45초

고대 그리스의 3대 비극 시인인 소포클레스, 아이스킬로스, 에우리피데스 중 가장 으뜸이었던 소포클레스의 작품 중에서도 단연 최고의 비극이라는 평가를 받고 있는 신화들이 있다. 오이디푸스가의 비극적 운명을 다룬 3대 비극인 『오이디푸스 왕』, 『콜로노스의 오이디푸스』, 『안티고네』가 바로 그것인데, 급격한 사회 발전과 속도 전쟁을 치르고 있는 현대인에게는 다소 멀게 느껴질 수 있는 그리스 신화이지만 이 신화들을 통해 우리는 인간이 궁극적으로 추구하고자 하는 삶의 지혜와 가치를 깨달을 수 있다.

3대 비극 중 첫 번째 작품인 『오이디푸스 왕』은 '자신의 아버지를 죽이고 자신의 어머니와 결혼하게 될 것'이라는 운명적 신탁을 받고 버려지는 오이디푸스가 결국 그 운명을 실현하게 된다는 내용의 신화이다. 오이디푸스를 통해 우리는 실패와 시련 속에서 지혜를 깨닫는 자세를 배울 수 있다. 그가 자신에게 주어진 숙명과 같은 현실 앞에서 인간의 한계를 겸허히 수용함으로써 자유뿐 아니라 지혜를 얻었던 것처럼, 기업을 경영하는 사람도 실패와 시련 앞에서 좀 더 의연한 태도를 가질 필요가 있는 것이다. 실패를 인정하지 않거나 실패에 대한 원인을 외부에서 찾는다면 우리는 그 안에서 아무것도 배울 수 없다는 것을 명심해야 한다.

두 번째 작품은 왕의 자리에서 물러난 눈먼 오이디푸스가 절망 속에서도 현실과 타협하지 않고 끝까지 자신의 도덕성을 지킨 이야기를 담은 『콜로노스의 오이디푸스』이다. 인간은 눈앞의 이익에 흔들릴 수 있는 약한 존재이지만, 오이디푸스를 통해 순간의 이익보다 양심과 명망(名望)을 유지하는 것이 훨씬 가치 있는 일임을 배울 수 있다. 또한 현대 사회에서는 경제·환경·사회적으로 책임을 다하는 기업만이 지속가능한 경영을 할 수 있기 때문에 기업의 경영자들에게도 자신의 윤리의식을 최우선으로 생각하는 오이디푸스와 같은 자세는 매우 중요하다.

마지막 작품인 『안티고네』는 목숨을 걸고 국가의 법에 맞서 자신이 가지고 있던 진리, 즉 인간적 도리를 실천했던 안티고네의 신화를 담고 있다. 당장의 고통보다 새로운 질서를 만들기 위한 노력이 더 중요하다고 생각한 혁신적 인물 안티고네를 통해 우리는 창조를 위한 용기를 배울 수 있다. "왜냐하면 현재 살아 있는 그 불문율들이 어디서 왔는지 아무도 모르니까요."라고 말한 안티고네처럼 그동안 우리는 어디서 왔는지조차 모르는 진리를 끌어안고 새로운 진리 창조에 게으름을 피웠는지 모른다. 기업을 경영하는 데 있어서도 마찬가지로 기존의 경영철학과 공식에서 과감히 벗어나 누구도 걷지 않은 새로운 길을 앞장서서 걸어가는 혁신적 자세가 요구된다.

행복하다고 스스로 만족하고 자만하지 말 것. 『오이디푸스 왕』에 등장하는 이 말처럼 크게 성공한 기업이라 할지라도 스스로 만족하고 오만에 빠지는 순간, 위기가 닥치고 몰락의 그림자가 드리워질 수 있다. 따라서 모든 기업이 풍요 속에서도 내일을 생각하는 그리스인의 유비무환(有備無患) 정신을 배워 사회적으로 존경받을 수 있기를 바란다.

① 그리스인의 고통과 실패
② 위대한 기업이 몰락하는 원인
③ 그리스 비극에서 배우는 경영의 지혜
④ 그리스인의 지혜와 기업인의 태도
⑤ 소크라테스의 3대 비극의 내용

발전문제

★★★☆☆

제한시간 45초

04 다음 글에서 글쓴이가 다룬 핵심 문제로 알맞은 것을 고르시오.

　지구상에서는 매년 약 10만 명 중의 한 명이 목에 걸린 음식물 때문에 질식사하고 있다. 이러한 현상은 인간의 호흡 기관(기도)과 소화 기관(식도)이 목구멍 부위에서 교차하는 구조로 되어 있기 때문에 발생한다. 인간과 달리, 곤충이나 연체동물 같은 무척추동물은 교차 구조가 아니어서 음식물로 인한 질식의 위험이 없다. 인간의 호흡 기관이 이렇게 불합리한 구조를 갖게 된 원인은 무엇일까?
　바닷속에 서식했던 척추동물의 조상형 동물들은 체와 같은 구조를 이용하여 물속의 미생물을 걸러 먹었다. 이들은 몸집이 아주 작아서 물속에 녹아 있는 산소가 몸 깊숙한 곳까지 자유로이 넘나들 수 있었기 때문에 별도의 호흡계가 필요하지 않았다. 그런데 몸집이 커지면서 먹이를 거르던 체와 같은 구조가 호흡 기능까지 갖게 되어 마침내 아가미 형태로 변형되었다. 즉, 소화계의 일부가 호흡 기능을 담당하게 된 것이다. 그 후 호흡계의 일부가 변형되어 허파로 발달하고, 그 허파는 위장으로 이어지는 식도 아래쪽으로 뻗어 나갔다. 한편, 공기가 드나드는 통로는 콧구멍에서 입천장을 뚫고 들어가 입과 아가미 사이에 자리 잡게 되었다. 이러한 진화 과정을 보여 주는 것이 폐어(肺魚) 단계의 호흡계 구조이다.
　이후 진화 과정이 거듭되면서 호흡계와 소화계가 접하는 지점이 콧구멍 바로 아래로부터 목 깊숙한 곳으로 이동하였다. 그 결과 머리와 목구멍의 구조가 변형되지 않는 범위 내에서 호흡계와 소화계가 점차 분리되었다. 즉, 처음에는 길게 이어져 있던 호흡계와 소화계의 겹친 부위가 점차 짧아졌고, 마침내 하나의 교차점으로만 남게 된 것이다. 이것이 인간을 포함한 고등 척추동물에서 볼 수 있는 호흡계의 기본 구조이다. 따라서 음식물로 인한 인간의 질식 현상은 척추동물 조상형 단계를 지나 자리 잡게 된 허파의 위치(당시에는 최선의 선택이었을) 때문에 생겨난 진화의 결과라 할 수 있다.
　이처럼 진화는 반드시 이상적이고 완벽한 구조를 창출해 내는 방향으로만 이루어지는 것은 아니다. 진화 과정에서는 새로운 환경에 적응하기 위한 최선의 구조가 선택되지만, 그 구조는 기존의 구조를 허물고 처음부터 다시 만들어 낸 최상의 구조와는 차이가 있다. 그래서 진화는 불가피하게 타협적인 구조를 선택하는 방향으로 이루어지며, 순간순간의 필요에 대응한 결과가 축적되는 과정이라고 할 수 있다.

① 인간이 진화 과정을 통하여 얻은 이익과 손해는 무엇일까?
② 무척추동물과 척추동물의 호흡계 구조의 차이점은 무엇일까?
③ 인간의 호흡계와 소화계가 지니고 있는 근본적인 결함은 무엇일까?
④ 질식사에 대한 인간의 불안감을 해소시킬 방안은 무엇일까?
⑤ 진화 과정에서 인간의 호흡계와 같은 불합리한 구조가 발생하는 이유는 무엇일까?

제한시간 10분

05~16 다음 글의 주제 및 중심 내용으로 가장 적절한 것을 고르시오.

★★☆☆☆

05

　화이트(H. White)는 19세기의 역사 관련 저작들에서 역사가 어떤 방식으로 서술되어 있는지를 연구했다. 그는 특히 이야기식 서술에 주목했는데, 이것은 역사적 사건의 경과 과정이 의미를 지닐 수 있도록 서술하는 양식이다. 그는 역사적 서술의 타당성이 문학적 장르 내지는 예술적인 문체에 의해 결정된다고 보았다. 이러한 주장에 따르면 역사적 서술의 타당성은 결코 논증에 의해 결정되지 않는다. 왜냐하면 논증은 지나간 사태에 대한 모사로서의 역사적 진술의 옳고 그름을 사태 자체에 놓여 있는 기준에 의거해서 따지기 때문이다.
　이야기식 서술을 통해 사건들은 서로 관련되면서 무정형적 역사의 흐름으로부터 벗어난다. 이를 통해 역사의 흐름은 발단·중간·결말로 인위적으로 구분되어 인식 가능한 전개 과정의 형태로 제시된다. 문학 이론적으로 이야기하자면, 사건 경과에 부여되는 질서는 구성(plot)이며 이야기식 서술을 만드는 방식은 구성화(emplotment)이다. 이러한 방식을 통해 사건은 원래 가지고 있지 않던 발단·중간·결말이라는 성격을 부여받는다. 또 사건들은 일종의 전형에 따라 정돈되는데 이러한 전형은 역사가의 문화적인 환경에 의해 미리 규정되어 있거나 경우에 따라서는 로맨스·희극·비극·풍자극과 같은 문학적 양식에 기초하고 있다.

따라서 이야기식 서술은 역사적 사건의 경과 과정에 특정한 문학적 형식을 부여할 뿐만 아니라 의미도 함께 부여한다. 우리는 이야기식 서술을 통해서야 비로소 이러한 역사적 사건의 경과 과정을 인식할 수 있게 된다는 말이다. 사건들 사이에서 만들어지는 관계는 사건들 자체에 내재하는 것이 아니다. 그것은 사건에 대해 사고하는 역사가의 머릿속에만 존재한다.

① 역사가는 역사적 사건을 객관적으로 서술하여야 한다.
② 역사적 서술의 타당성은 논증에 의해 결정된다.
③ 역사가가 속한 문화적인 환경은 역사와 문학의 기술 내용을 결정짓는다.
④ 이야기식 역사 서술은 문학적 서술 방식을 원용하여 역사적 사건의 경과 과정에 의미를 부여한다.
⑤ 이야기식 역사 서술이란 사건들 사이에 내재하는 인과적 연관을 찾아내는 작업이다.

★★★☆☆
06

40여 년 전 이스라엘 농업 연구청에서는 농작물을 재배하는 들판에서 햇빛의 세기를 측정했다. 이를 기초로 관개시스템을 개발하기 위해서였다. 약 20년 뒤 시스템 점검을 위해 다시 데이터를 측정했을 때, 햇빛이 22% 정도 줄어든 것을 발견하게 되었다. 당시 과학계는 이러한 결과에 대해 냉소적이었다. 그러나 세계 여러 나라의 기후학자들은 비슷한 연구 결과를 내놓게 되었다. 1950년과 1990년 사이에 태양에너지가 남극에서 9%, 미국, 영국, 러시아에서 각각 10%, 16%, 30% 감소했다. 태양에서 지구에 도달하는 빛과 열이 줄어들고 있는 것이다. 기후학자들은 이 현상을 '글로벌 디밍(global dimming)'이라고 부른다.

미국 캘리포니아대 A교수는 인도양 중북부에 1,000개가 넘는 섬으로 이뤄진 몰디브 제도에서 4년 간 글로벌 디밍의 원인을 분석했다. 그는 몰디브 제도에서 인도와 가까운 북쪽 섬은 남쪽 섬보다 햇빛이 10% 이상 약하다는 사실을 발견했다. 북쪽 섬은 남쪽 섬보다 공기 중의 오염 입자가 10배나 많다. 공기 중의 오염 입자가 많을수록 구름은 물방울을 많이 머금게 된다. 이렇게 모인 물방울이 지구로 들어오는 태양광선을 반사시킨다.

글로벌 디밍이 글로벌 워밍(global warming)을 어느 정도 억제하는 효과가 있을 것으로 추측하는 과학자도 있다. 그렇다고 글로벌 디밍을 마냥 방치하고 있을 수는 없을 것이다. 화석연료를 태울 때 나오는 부산물인 재와 그을음, 그리고 이산화황 같은 오염 입자가 늘어나 글로벌 디밍을 일으키기 때문이다. 특히 이산화황은 산성비와 스모그를 유발하는 주범이다. 게다가 햇빛의 유입량이 감소하면 해수 온도가 낮아져서 강수량 패턴이 바뀌고 생태계에 큰 영향이 있게 된다.

① 글로벌 워밍에 대한 글로벌 디밍의 억제 효과
② 글로벌 디밍의 문제점과 해결책
③ 글로벌 디밍과 글로벌 워밍의 차이점
④ 글로벌 디밍의 발견과 원인
⑤ 글로벌 디밍을 해결하기 위한 국제적 움직임

★★★☆☆
07

개인의 흥미, 말하자면 순수하게 과학적인 동기에서 시작해 대규모 관측 장치를 사용한 최초의 인물 중 한 명은 아마 튀코 브라헤였을 것이다. 1576년 그는 스웨덴의 벤 섬에 거대한 정밀 기기를 갖춘 천문대를 지어 후에 천동설을 뒤집어 놓기도 한 정확도 높은 관측 데이터를 모았다. 그러나 튀코는 사실 점성술 신봉자였다. 단, 그의 관측 동기는 점성술이 아닌 우주 그 자체로 흥미가 바뀌었기 때문이었다.

발전문제

인간은 옛날부터, 어쩌면 선사 시대 즈음부터 우주에 깊은 관심을 품고 살아왔다. 그 동기가 원초적 신앙에 기반한 것이든 아니면 점성술에 기반한 것이든 인간은 천체의 운행과 법칙을 보다 깊이 있고 정확하게 알고 싶어 했다. 그런 동기도, 높은 정확도의 관측을 가능케 한 거대한 설비도, 개인의 능력을 벗어난 것이며 동시에 당대 최고의 기술이 필요한 작업이었다. 따라서 천문학의 발달이 다른 여러 과학 기술과 마찬가지로 부와 권력이 집중된 대제국이나 도시 국가에서 발생한 것은 당연한 일이었다. 즉, 천문학이 고대부터 빅 사이언스의 형태를 갖추고 있었다 해도 과언이 아닌 것이다.

그러나 그 와중에 우주의 현상을 보다 깊고 정확히 알고 싶다는 인간의 욕망이 역사상 훌륭한 천문학자들을 재촉해 온 것도 틀림없는 사실이다. 튀코의 모순은 정도의 차이는 있을 지라도 고대 천문학자들과도 공통된 모순이기도 했다.

인간이 우주를 인식해 온 긴 세월을 생각할 때 순수한 탐구심에만 가치를 둘 필요는 없다. 동기가 무엇이든 우주 현상을 관측하기 위해 방대한 지혜와 노력을 쏟았고, 그로 인해 우주에 대한 지식이 조금씩 쌓여 온 것이기 때문이다. 그러나 이 지혜와 노력은 결국 인간의 알고 싶다는 탐구심, 즉 과학적 의식에 기반한 것임은 분명하다. 현대 과학에서의 천문학은 그런 기초 위에 성립된 것이다.

① 인간은 선사 시대부터 우주에 깊은 관심을 갖고 있었으며 천체의 운행과 법칙을 보다 깊이 있고 정확하게 알고 싶어했다.
② 천문학은 고대부터 한 개인의 능력을 넘어서서 당대 최고의 기술을 필요로 하는 빅 사이언스의 형태를 갖추고 있었다.
③ 우주의 현상을 보다 깊고 정확하게 알고 싶다는 인간의 욕망이 훌륭한 천문학자들의 등장을 재촉해 왔다.
④ 우주 현상을 관측하기 위해 방대한 지혜와 노력을 쏟았고 그로 인해 우주에 대한 지식이 조금씩 쌓이게 됐다.
⑤ 현대 과학에서 천문학의 기초라 할 수 있는 지혜와 노력은 결국 인간의 과학적 의식에 기반한 것이라고 할 수 있다.

★★★☆☆
08

예술이란 일반적인 기술과 달라 우리의 일상생활에 유용한 지식을 직접적으로 가르쳐 주지는 않는다. 그보다 예술은 인간의 심령에 작용하여 우리 인간 삶의 근원적인 힘이 된다. 그러면 예술이란 과연 우리 인간에게 어떤 점에서 그 영향력을 발휘할 수 있는 것인가?

예술은 설명하기 어려운, 실로 다양한 여러 가지 기능을 지니지만 그것은 대체로 미적 기능과 사회적 기능 두 가지로 구분된다. 미적 기능이란 쾌락적 기능이라고 할 수 있는 것으로 예술이 주는 감동적 자극을 의미하며, 사회적 기능이란 교시적(敎示的) 기능이라고 할 수 있는 것으로 예술이 주는 정치적·교육적·도덕적인 여러 종류의 광범한 사회적 영향을 의미한다.

근대 이전의 문학은 대체로 윤리적 이념을 추구해 왔는데, 이것은 고소설(古小說)에서 뚜렷이 나타나고 있다. 그렇다고 고소설이 도덕적, 윤리적 교화 수단으로만 존재해 왔다고 말할 수는 없을 것이다. 그것이 도덕적·윤리적 의미를 강하게 지녔던 것은 도덕적·윤리적인 문제의 제시와 해결이 문학이 지닌 본래의 기능의 하나였기 때문이다. 생성기의 고대 예술, 가령 무용이나 음악 같은 것이 노동의 장려를 위하여 많이 이용되었다고 해서 그러한 고대 예술이 노동을 위한 수단이나 방법만에 그쳤다고 말할 수 없는 것과 마찬가지다.

이러한 여러 가지 기능은 물론 예술 자체의 본원적인 기능인 미적 기능과 결부되어 있었기 때문에 그러한 여러 종류의 사회적 기능 그 자체가 예술의 전적인 기능이거나 또는 그것이 예술의 목적이었다고는 말할 수 없을 것이다. 만일 그러한 여러 종류의 사회적 기능을 예술의 전적인 기능이라고 본다면, 예술은 정치나 도덕 또는 그 밖의 여러 가지의 문화적 사상(事象)과 구별되지 못할 것이다. 여러 가지 형태의 사회적 기능에도 불구하고 예술을 정치나 도덕과 같은 다른 문화적 사상과 구별하는 것은 예술의 사회적 기능은 예술의 미적 기능과 항상 결부되어 있는 까닭이다. 이 때문에 예술의 사회적 기능은 그 결과나 영향에 있어 예술 이외의 정치적, 도덕적, 그 밖의 여러 가지 종류의 사회적 사상(事象)과는 달리 이해되어야 할 것이다.

여기에는 물론 또 다른 이유도 있다. 그 다른 이유란 예술은 가정적 상상의 산물이기 때문에 실제적인 현실적 산물과는 구별되어야 한다는 것과 예술의 사회적 기능은 반드시 그 속에 담겨져 있는 사회적 목적이나 동기가 그 전부는 아니라는 점이다.

① 예술은 궁극적으로 사회적 기능을 지향한다.
② 생성기의 고대 예술은 사회적 기능만을 중시하였다.
③ 미적 기능과 사회적 기능은 예술의 본원적 기능이다.
④ 예술은 가정적 상상의 산물이기 때문에 사회적 기능을 지닌다.
⑤ 미적 기능과 연관되지 않은 사회적 기능은 예술의 기능이라 할 수 없다.

09 ★★★☆☆

　일찍이 경제학자 클라크는 산업을 자연으로부터 원료를 채취하거나 생산하는가, 그 원료를 가공하는가, 가공된 원료를 유통하는가에 따라 1차, 2차, 3차 산업으로 분류했다. 그러나 이 방식으로는 설명할 수 없는 산업이 생겨나고 있다. 가령, 제조업과 서비스업을 모두 포함하는 정보 통신 산업은 어디에 속할까? 이처럼 기술이 진보하고 산업 구조가 변화함에 따라 새로운 분류 기준이 필요해졌고, 실제로 산업을 바라보는 관점과 목적에 따라 다양한 분류 기준이 존재한다.

　먼저, 국가에서 제정한 표준산업분류가 있다. 이 분류는 소비자의 관점에서 재화 또는 서비스의 특성이 얼마나 유사한지, 생산자의 관점에서 투입물이나 산출물의 물리적 구성 및 가공 단계가 얼마나 유사한지를 모두 고려하여 작성된 것으로, 이 기준으로 분류된 제품이나 서비스의 집합을 동일한 산업으로 정의한다. 대분류, 중분류 등 모두 다섯 단계로 구성된 이 분류 방법은 주로 통계적 목적을 위하여 사용되고 있다. 그러나 각 산업의 기술 수준을 판단할 정보는 포함하지 않는다.

　기술 수준에 따른 분류 체계의 대표적인 것으로 경제협력개발기구(OECD)의 기준이 있는데, 이 기준은 연구 개발 투자가 많은 산업을 첨단 기술 산업으로 본다. 기술 수준을 측정하는 지표로는 기업의 총 매출액 대비 연구 개발 투자액의 비율로 정의되는 연구 개발 집약도를 사용하며, 그 평균이 4% 이상이면 그 산업을 첨단 기술 산업으로 분류한다. 이 방법은 첨단 기술 산업을 객관적으로 규정해 준다는 점에서 유용하다. 그러나 산업의 평균을 토대로 하기 때문에 산업 전체로는 첨단 기술 산업이지만 그 안에 얼마든지 저급 기술 기업이 있을 수 있다.

　한편, 기술이 진보한 결과 새로운 기술 영역이 출현하는 경우도 있다. 이렇게 등장한 기술 영역은 신속한 실용화의 요구 때문에 그대로 새로운 산업으로 형성되는 모습을 보이기도 한다. 예를 들어 정보 기술에서 비롯된 정보 기술 산업은 이미 핵심적인 산업으로 자리 잡았고, 바이오 기술, 나노 기술, 환경 기술 등도 미래의 유망 산업으로 부각되고 있다.

　산업의 변화는 기술 이외에 시장 수요의 측면에서도 그 원인을 찾을 수 있다. 가령, 인구 구성과 소비 가치가 변화함에 따라서 과거의 고정관념에 얽매이지 않는 수많은 새로운 산업이 나타나고 있다.

　이러한 추세를 고려할 때 앞으로 산업을 정의하거나 분류할 때에는 고정된 기준이나 체계보다 신축적이고 실질적인 접근 방식을 많이 사용할 것으로 보인다. 또, 기술 혁신이 가속화되고 구매력을 가진 인구의 구성이 달라지면 새로운 산업이 생겨나고 오래된 산업이 사라지는 현상도 더 활발히 일어나게 될 것이다. 앞으로도 산업의 정의나 분류는 유연하고 전략적인 관점에서 접근해야 할 것이다.

① 기술 발전에 따른 산업 분류 체제의 종류와 전망
② 표준산업분류와 경제협력개발기구의 분류 비교
③ 새로운 기술 영역의 출현에 따른 산업 분류 기준
④ 산업의 정의와 분류에 대한 부정적 전망
⑤ 산업 변화에 따른 시장 공급 측면의 분류 기준

발전문제

★★★☆☆
10

우리 사회도 구성원의 출신국이나 인종 등을 보면 이제 더 이상 단일 민족 국가라고 부를 수 없는 것이 현실이다. 이러한 변화에 대응하기 위해 우선 다문화 사회의 주요 패러다임에 대해 살펴보고, 다문화 사회로서의 궁극적 지향점을 생각해 보기로 하자.

다문화 사회를 정의하는 패러다임에는 차별 배제 모형, 동화 모형, 다문화 모형이 있다. 이 세 모형은 외국인과 이민자를 받아들이는 데 있어 국가가 어떠한 정책과 제도를 채택하고 있는지에 따라 분류한 것이다. 먼저 차별 배제 모형은 국가가 특정 경제 영역에만 외국인이나 이민자를 받아들이고, 복지 및 사회적 영역에서는 받아들이지 않는 배타적인 모형이다. 그러나 경제적 세계화의 거대한 흐름과 결혼 이민자의 증대와 맞물려 점차 그 입지가 제한되고 있다. 그리고 동화 모형은 외국인이나 이민자의 모든 면이 주류 사회와 똑같아져야 한다는 모형이다. 그러나 이 모형은 외국인이나 이민자의 정체성을 무시하였다는 비판과 함께 그들에 대한 불이익과 편견을 간과했다는 비난을 받고 있다. 이 두 모형과 달리 다문화 모형은 다른 인종과 민족에 대해 포용적인 태도를 취하는 모형으로, 외국인이나 이민자가 그들만의 문화를 지키는 것을 인정하고 장려하며, 정책의 목표를 '동화'가 아닌 '공존'에 두고 있다. 따라서 지금까지 살펴본 모형을 바탕으로 할 때 현재 급속하게 변화하는 세계 속에서 우리 사회는 다문화 모형에 초점을 두고 접근할 필요가 있다.

다문화 모형은 다시 문화 다원주의와 다문화주의로 나눌 수 있다. 문화 다원주의와 다문화주의는 다양성을 인정하고 사회적 통합을 추구한다는 점에서는 유사하다. 그러나 문화 다원주의는 주류 사회가 존재함을 분명히 하면서 문화의 다양성과 다원성을 인정하는 정도의 소극적인 다문화 모형이다. 이에 비해 보다 발달된 개념인 다문화주의는 주류 사회의 중요성을 부각하기보다는 다양한 문화가 평등하게 인정되어야 함을 강조한다. 주류 사회 안에서 외국인과 이민자의 문화를 인정한다는 점에서 문화 다원주의는 매력적으로 보일 수 있다. 그러나 단일 민족 국가라는 인식이 강하게 작용하는 우리 사회에서 외국인과 이민자에 대한 차별적 태도와 이중적 기준 적용의 문제를 해소하고 조화와 소통을 지향하기 위해서는 우리 사회는 다문화주의라는 목표를 지향해야 할 것이다.

그러나 사회 조직 내의 다양성을 강조하기만 하고 다양성과 다문화적인 요소들을 제대로 운영하지 못한다면 오히려 사회에 극심한 혼란만 더하게 되어 사회의 통합이 아닌 분열을 조장할 수 있다. 따라서 한 사회의 다문화에 대한 목표가 정해지면 그에 따른 정책들을 적정한 단계에 맞추어 진행해야 문제가 최소화될 수 있다. 그러므로 우리는 장기적 목표를 다문화주의에 두고, 중·단기적으로 실시할 수 있는 단계별 정책 목표와 구체적 사업을 정하고 추진해야 한다.

① 적정한 단계의 정책을 설정하여 다문화 사회를 지향해 나간다.
② 단일 민족 국가라는 인식에 대한 사고의 전환이 필요하다.
③ 외국인과 이민자들의 문화를 받아들이도록 노력해야 한다.
④ 우리의 문화를 중심으로 외국인과 이민자들의 문화를 받아들여야 한다.
⑤ 외국인과 이민자에 대한 차별적 태도와 이중적 기준 적용의 문제 해소를 우선시해야 한다.

★★☆☆☆
11

모든 사람들의 몸 안에는 약 1kg의 미생물이 살고 있다. 이들의 대부분은 세균(박테리아)인데, 그 외에도 바이러스, 곰팡이, 원생생물 등이 살고 있다. 대장에 가장 많은 세균이 있고, 소장에도 역시 세균들이 득실거린다. 분변에서 수분을 빼면 약 절반은 세균으로 되어 있으며 이는 우리 장 속에 있던 내용물이다. 미국 워싱턴대 생물학과 고든 교수에 따르면 장 속에는 최소한 5백 종 이상의 세균이 있고 약 1천조 마리가 살고 있다고 한다. 이는 한 사람이 갖고 있는 세포의 수(약 60조 개)보다 훨씬 많은 것이다.

이 세균들은 우리 몸을 떠나면 살기 어렵다. 대부분 산소가 있으면 죽기 때문이다. 식사할 때 음식물과 함께 일부 산소가 장내로 들어오지만 소장에 사는 세균 중 일부가 산소를 소모한다. 그 결과 소장의 아래쪽에는 산소가 거의 없으며, 이곳에 산소가 없는 환경을 좋아하는 세균들이 자리 잡고 있다. 그렇지만 우리 살기도 힘든데 1kg이나 되는 세균들을 평생 달고 다녀야 하는 운명을 탓할 필요는 없다. 오히려 미생물이 우리를 먹여 살리기 때문이다.

사람이 음식을 섭취하면 위와 소장에서 소화 효소를 이용해 음식물을 분해한 후 당, 아미노산, 비타민, 무기질 등으로 흡수한다. 이때 소화 효소에 의해 분해되지 않은 영양소와 미처 흡수되지 못한 영양소를 소장과 대장에 존재하는 세균들이 이용한다. 세균은 이들 영양소를 섭취해서 증식하고 배설물을 다시 장 속으로 배출한다. 이 배설물 중 많은 부분이 소장과 대장 벽을 통해 흡수되어 혈액으로 들어가는데 이 중에는 유기산, 각종 비타민, 아미노산, 이산화 탄소, 메탄, 수소 등 여러 물질들이 있다. 그 중에서 유기산은 우리 몸의 여러 조직에서 에너지원으로 사용된다. 우리 몸은 하루에 필요한 에너지의 약 10% 정도인 약 2백~3백kcal의 에너지를 이들로부터 얻는다. 또한 우리가 비타민 결핍증에 걸리지 않는 것도 세균들의 공헌이라 할 수 있다.

고든 박사팀은 인체가 처리하지 못한 영양분을 소화해 우리가 흡수할 수 있는 형태로 내보내는 장내 미생물의 활동 경로를 밝혀냈다. 박테로이즈 세타이오타오마이크론(BT)이라는 세균은 장내에 거주하면서 인체가 소화하지 못하는 탄수화물을 분해한다. 이 세균은 탄수화물 분해를 통해 얻은 단당류 중 일부를 사용하고 나머지를 내어 놓음으로써 인체가 처리하지 못한 영양분을 처리해준다. 인체가 지주라면 이 세균은 소작농인 셈이다.

또한 미생물은 약효 성분이 몸 안에 들어왔을 때, 그 효능을 발휘할 수 있게 한다. 식물 약효 성분의 상당수는 식물체 내에서 배당체로 저장돼 있다. 배당체란 약효 성분이 물에 잘 녹는 포도당 같은 당 분자와 결합된 형태로, 원래 불용성인 약효 성분이 세포액에서 녹을 수 있게 되어 저장이 쉬워진다. 그런데 배당체 상태로는 아무리 약효 성분을 복용해도 아무런 효과가 없다. 배당체는 덩치가 커 세포막을 제대로 통과하기 어렵기 때문이다. 이때 등장하는 해결사가 비피더스 같은 장내 세균들이다. 이들이 약효 성분에서 당 분자를 떼어내는 효소를 갖고 있기 때문이다. 따라서 강심제로 쓰이는 디지털리스나 뛰어난 약효를 자랑하는 인삼도 장 안에 미생물이 없다면 그 효능을 발휘할 수 없다.

① 우리 몸속의 세균의 득과 실에 대해 알아야 한다.
② 우리 몸속에서 세균이 감염되는 과정에 대해 알아본다.
③ 세균이 우리에게 부정적인 대상이 되는 이유를 알아본다.
④ 세균의 생성과 소멸이 우리 몸에 끼치는 영향을 알아본다.
⑤ 세균이 우리 몸속에서 건강을 위해 하는 역할을 알아본다.

★★★☆☆
12

구조주의란 사회에서 발생하는 다양한 현상들을 해석할 때 각각의 요소들 자체보다는 그 요소들이 기능적 연관을 이루는 하나의 구조를 우위에 두고 파악하려는 철학의 한 경향을 말한다. 이러한 구조주의를 바탕으로 언어를 연구하여 구조주의 언어학을 창시한 인물이 바로 소쉬르이다. 그에 따르면 언어는 그 사회의 관습에 의하여 결정되며 언어학의 의미는 구조에 의해 생성된다고 보았다. 이는 발화 주체의 모든 생각과 언어 사용의 방식을 기본적으로 결정하는 요소들은 그 발화 주체가 속해 있는 사회와 밀접한 관련이 있다는 것을 보여 준다.

우리가 만약 음운 체계나 문법 체계 등 사회의 언어 규제에 관한 지식이 없다면 상대방과의 원활한 의사소통은 어려울 것이다. 이와 같이 우리는 말을 할 때 일반적으로 보이지 않는 사회의 다양한 규제로부터 지배를 받게 된다. 소쉬르는 이런 규제를 랑그(langue)로 설명하였는데, 랑그란 언어 공동체 모두가 공유하는 약속이며 동시에 개인적 발화를 가능하게 하는 추상적 체계를 말한다. 소쉬르의 이러한 이론을 이어받아 발전시킨 사람이 프랑스의 구조주의 철학자인 롤랑 바르트이다.

바르트는 언어의 보이지 않는 규제로 랑그 이외에 스틸(style)이 있다고 말하였다. 스틸이란 개인이 가지고 있는 고유한 언어 감각으로, 이야기할 때의 속도나 리듬감, 음감, 운율, 호흡 등을 말하며, 글에서는 문자 형태로의 인상이나 비유, 문장의 호흡 등을 말한다. 그는 스틸이 개인의 무의식적 선호에 의한 것이며 개인을 규제하고 있다고 보았다.

그리고 바르트는 또 하나의 규제인 에크리튀르(ecriture)라는 새로운 개념을 밝혔는데, 이는 글을 쓰는 방법 또는 어법을 의미한다. 바르트는 이것을 개인의 자유로운 선택에 따라 나타나는 것으로 보았고, 이러한 에크리튀르가 랑그나 스틸과 다른 점은 우리가 선택할 수 있다는 것이라고 말했다. 또한 스틸이 개인의 무의식적 선호에 근거한 것이라면, 에크리튀르는 집단적으로 선택되고 실천되는 것이라고 덧붙였다.

예를 들어 한 학생이 글쓰기에서 1인칭 표현을 '나는'에서 '제가'로 바꾸었다. 그 이후 그 학생의 글쓰기는 좀 더 점잖아지고 그 학생의 글에는 어딘가 격식을 갖춘 사람들의 말투와 태도를 지니게 된다. 그 학생은 자신도 모르게 '제가'를 사용하는 점잖은 사람들의 습관을 지니고 사고를 하게 될 것이다. 만약 그 학생이 어떤 지식인 집단의 에크리튀르를 선택하고 그에 익숙해

발전문제

지면 그 집단의 논리적이고 지적인 언어와 태도를 보이게 될 것이다.

그러나 바르트는 에크리튀르가 광범위하게 쓰일 경우 특정한 사고를 유발하는 언어로 사용될 수 있다고도 보았다. 어떤 에크리튀르가 사회적 차원의 어법으로 확대되어 그 집단의 구성원들이 아무 거리낌 없이 사용하게 되면, 그들은 그것을 객관적이고 가치중립적인 것처럼 느낄 것이다. 하지만 사실 그 안에는 무의식적으로 사회 집단이 공유하는 이데올로기나 사고가 숨어 있는 것으로 볼 수 있다는 것이다.

① 개인의 언어 선택은 가치중립적이고 객관적이다.
② 모든 언어 사용에는 보이지 않는 다양한 차원의 규제가 작용한다.
③ 모든 언어 사용은 개인의 의지와 상관 없이 이데올로기의 지배를 받는다.
④ 언어 능력은 인간이 태어날 때부터 선천적으로 타고나는 재능이다.
⑤ 언어의 가치는 추상적이며 주관적이기 때문에 서로 다른 가치로 인식된다.

★★★☆☆
13

현대 사회는 여유 넘치는 선진국의 경우에 대해 말할 때 정치나 경제 차원에서 혹은 문화나 교육 차원에서, 계층적 차이는 있지만 그것이 복잡하게 서로 겹쳐져 있는 시대라 한다. 지적인 얼굴의 사람이 정말 지적인지, 부자 같은 얼굴을 가진 사람이 정말로 부자인지,

반대로 그렇지 않은 얼굴을 가진 사람은 정말로 경제적으로 아니면 지적으로 부족한지 그것은 알 수 없으며, 혹은 적어도 알기 어려운 그런 시대인 것이다. 이런 시대일수록 언뜻 장난처럼 보이는 그림인 '금지된 재현'이라는 초상화, 제목 역시 장난 같은 마그리트의 작품을 우리는 진지하고 면밀히 살펴봐야 한다.

이 작품은 표면적으로 보면 초상화는 아니다. 그러나 명백히 '정신'을 그린 근대적인 초상화를 의식해서 그것을 뒤집으려 만든 작품이며 초상에 대한 문제의식이 강하게 느껴지는 작품이다. 그리고 이 작품은 사실, 작가인 마그리트가 후원자였던 에드워드 제임스에게 초대받아 런던으로 향했을 때 제임스를 위한 초상화로 제작한 것이라 한다.

이 작품은 단순히 제작하게 된 개인적인 배경을 넘어서 현대 인간의 초상화로서도 큰 의미를 가진다. 한 사람 한 사람을 명확한 하나의 정신으로서 파악하는 것, 더구나 그것을 얼굴로서 인식한다는 사실을 오늘날의 우리는 그리 믿기가 어렵다. 현대인은 자기주체성을 확립하는 것에, 또한 다른 이의 정체성을 판단하는 것에도 어려움을 겪고 있기 때문이다. 이제 문자 그대로의 얼굴은 판단의 근거로 삼을 수 없게 되었다. 게다가 화장이나 성형 수술 등의 발달과 또 그것이 일반화된 현실도 얼굴의 의미를 한층 변질시키고 있는 것이다.

헤겔의 초상화론 중에서 '극히 사실적이며 굉장히 공들여 그려낸 것이긴 하지만 정신적 내용 면에서 텅 빈 듯한 초상화도 있다'라는 말이 있다. 이러한 초상화를 헤겔은 정신적 내용이 비어있다는 관점에서 부정적으로 평가하고 있다. 그러나 인간이 한 개인의 정신으로 받아들여져야 하는 존재는 아니게 되었다고 한다면, 시대가 그런 시대로 변해 가고 있다고 가정한다면 '초상화'에는 정신적 내용이 비어 있고 바로 그렇기 때문에 현대를 살아가는 인간의 초상이라고 할 수 있지 않을까.

① 현대의 초상화에 있어서 정체성을 파악하는 것의 중요성은 희미해졌다.
② 현대의 초상화는 사실적일수록 정신적 내용이 비어있으며 예술적 가치도 낮다.
③ 얼굴을 인식하기 힘든 현대의 초상화에 대해서 과거보다 더 인간의 정신적 내용의 출현이 요구되고 있다.
④ 현대에서는 얼굴은 인간의 정신을 드러내는 것이 아니기 때문에 초상화는 더 이상 인간의 얼굴을 필요로 하지 않는다.
⑤ 정신이 얼굴에 구현되지 않는 현대에 있어서 초상화가 과거에 지닌 의미는 성립되지 않는다.

14

 영화는 일반적으로 구체적인 대상을 재현하는 데에는 그 어떤 예술보다 강하지만 대사나 자막을 이용하지 않고서는 정신적인 의미를 표현하는 데 약하다. 그런데 영화의 출발이 시각 예술이라는 것을 감안하면 언어적 요소에 의존하는 것은 영화 본연의 방식이라고 보기 어렵다. 따라서 영화가 독자적인 예술이 되기 위해서는 기본적으로 순수하게 시각적인 방식으로 추상적인 의미 표현에 이를 수 있어야 한다.
 에이젠슈테인은 여기서 한자의 구성 원리에 주목한다. 한자의 육서 중 그가 주목한 것은 상형 문자와 회의 문자이다. 상형 문자는 사물의 형태를 본뜬 문자이다. 그러나 눈으로 볼 수 있는 것은 형태를 본떠서 재현할 수 있지만, 눈으로 볼 수 없는 것은 재현하기 어렵다. 예를 들어 '휴식'과 같이 추상적인 개념은 상형 문자로 표현할 수 없다. 이때 이를 표현할 수 있는 것이 회의 문자이다. 회의 문자 '쉴 휴(休)'는 '사람 인(人)'과 '나무 목(木)'이 결합된 문자다. 이 두 문자를 결합하면 '휴식'이라는 추상적 의미가 만들어진다. 하지만 '휴식'이란 말의 의미는 '人'에도 '木'에도 들어 있지 않다. 두 개의 문자가 결합되면서 두 문자의 단순한 총합이 아닌 새로운 차원이 열리며, 이를 통해 추상적인 의미를 표현할 수 있다는 것이 바로 에이젠슈테인이 회의 문자에서 주목한 지점이다.
 이러한 원리가 영화의 시각적인 의미 표현에 어떻게 적용될 수 있을까? 여기서 중요한 것은 회의 문자를 이루는 요소들이 상형 문자라는 점이다. 묘사적이고 단일하며 가치중립적인 상형 문자의 특성은 영화의 개별 장면(shot)들의 특성에 상응한다. 회의 문자를 이루는 각각의 문자는 따로 떼어 놓고 보면 사물이나 사실에 대응되지만 그 조합은 개념에 대응된다. 이와 마찬가지로 영화의 개별 장면들은 사물이나 사실에 대응되지만 이들을 특정하게 결합시키면 그 조합은 개념에 대응된다. 따라서 회의 문자의 구성 원리를 이용하면 눈에 보이지 않는 것, 묘사할 수 없는 것, 추상적인 것을 순수하게 시각적인 방식으로 표현할 수 있다는 결론이 나온다.
 그러나 개별 장면들의 시간적 병치를 통해서 이루어낸 추상적 의미는 영화를 보는 관객의 머릿속에서만 존재한다. 따라서 이런 방식으로 만들어진 영화를 보면서 거기에 담긴 의미를 구성해 내는 것은 관객의 몫으로 남게 된다.

① 영화를 보는 안목을 높이기 위해서는 영화 속에 숨겨진 언어적 요소를 읽을 수 있어야 한다.
② 영화와 문자 간의 구조적 유사성을 파악하여 영화 본연의 시각적 의미 표현에 대한 이해를 높일 필요가 있다.
③ 영화를 독자적인 예술로 발전시키기 위해서는 언어적 요소보다는 추상적인 의미 표현에 더 주목해야 한다.
④ 영화 외의 영역에서도 영화가 독자적인 예술이 되기 위한 원리를 도출해 낼 수 있다.
⑤ 관객들에게 영화의 의미를 제대로 전달하기 위해서는 영화 장면들 간에 유기성을 고려하여 제작해야 한다.

15

 파시즘과 유사한 성격을 띠는 다른 정치 형태들과 진정한 파시즘 사이의 경계를 명확하게 긋지 않고는 파시즘을 제대로 이해할 수 없다. 고전적 독재가 단순히 시민들을 억압하여 그들의 자유를 침묵시킨 것과 달리, 파시즘은 대중의 열정을 끌어 모아 내적 정화와 외적 팽창이라는 목표를 향해 국민적 단결을 강화하는 기술을 찾아냈다. 파시즘은 민주주의가 실패함으로써 나타난 새로운 현상 중 하나이다. 따라서 민주주의 성립 이전의 독재에서는 '파시즘'이라는 용어를 사용하면 안 된다. 고전적 독재는 파시즘과 달리 대중적 열광을 이용하지 않으며 자유주의 제도를 제거하고자 하지 않기 때문이다.
 파시즘을 흔히 군사 독재와 혼동하기도 하는데 이는 양자 모두 군사주의를 고취하고 정복 전쟁을 중심 목표로 삼았기 때문이다. 그러나 모든 파시즘이 군사주의 성격을 띤다고 해서 모든 군사 독재가 파시즘적인 것은 아니다. 군사 독재자들은 단순히 폭군 노릇을 했을 뿐, 파시스트처럼 대중의 열광을 끌어내지 못했다. 군사 독재는 반드시 민주주의의 실패와 연관된 것도 아닐뿐더러, 인류 역사상 전사들이 출현한 이래 줄곧 존재해 왔던 통치 형태이다.
 파시즘 체제와 권위주의 체제를 확실하게 구별하는 것은 쉽지 않은데, 사실상 권위주의 체제였던 정권들이 당시 큰 성공을 거두고 있었던 파시즘의 외양을 일부 빌려오는 경우가 많았던 1930년대는 특히 그렇다. 파시즘과 달리 1930년대의 권위주의 정권은 사적 영역을

발전문제

완전히 없애려 하지 않았다. 이 정권은 지역 유지·기업 연합체·장교단·가족·교회와 같은 전통적 중개조직을 위한 사적 영역을 허용하였다. 권위주의 체제에서 사회 통제 기능을 주로 담당하는 것은 공식적인 단일 정당이 아니라 바로 이 같은 전통적인 사적 영역이었던 것이다. 권위주의 통치자들은 국민을 동원하지 않고 수동적 상태로 놓아두는 편을 선호했지만, 파시스트들은 대중을 흥분시켜 하나로 동원하고자 하였다. 당시 권위주의 통치자들은 강력하지만 제한된 국가를 선호했으며, 파시스트와 달리 경제 부분에 개입하거나 사회복지 정책의 실행에 소극적이었다. 또한 새로운 길을 제시하기보다는 현 상태를 유지하는 쪽에 집착하였다.

① 권위주의 체제는 사적 영역을 허용하고 현 상태 유지를 위해 노력했다는 점에서 파시즘보다 발전된 정치 형태라고 할 수 있다.
② 대중의 열광을 이용하지 않고 민주주의의 대안으로 등장한 것이 아니라는 점에서 고전적 독재와 군사 독재는 같다.
③ 고전적 독재와 권위주의 체제는 대중을 적극적으로 동원하여 자유주의를 제거하려 했다는 점에서 공통점을 가진다.
④ 파시즘을 제대로 이해하기 위해서는 그와 유사한 정치 형태들과의 명확한 구분이 필요하다.
⑤ 파시즘을 비롯하여 파시즘과 유사한 성격을 띠는 여러 정치 형태들을 살펴봄으로써 민주주의 성립의 역사적 의의를 엿볼 수 있다.

★★★☆☆
16

이성에 바탕을 둔 합리성을 추구하는 현대인의 사고방식으로 본다면, 신화는 인류가 지난날 한때 만들어 낸 허구적 창안물에 불과하다. 더구나 자연물에 인격성, 나아가 신성을 부여하는 신화적인 발상은 현대인의 사고방식에서는 미신으로 치부된다. 하지만 신화는 현대 사회의 탈마법화라는 구호에도 불구하고 현대인들에게 강력한 영향력을 행사하고 있으며, 심지어 신화적인 세계를 갈망하게 만들기도 한다. 신화에 어떤 힘이 있기에 이런 현상이 나타나는 것일까?

신화의 힘은 무엇보다도 나와 인류, 나아가 우주에 대한 근원적인 진실을 보여 준다는 데에 있다. 한 신화학자의 표현을 빌리자면, 신화는 삶의 무수한 다양성을 보여주며 역사와 신성의 밀접한 관계를 알게 해 준다. 신화 속의 신들은 인간 세계에서 원초적 의미를 갖고 있는 총체적 경험을 형상화한 것이다. 인간은 신화를 통해 삶의 뿌리를 찾으며 고립된 개체를 넘어선 집단적 정체성을 부여받기에 이른다.

우리가 오늘날 과거의 신화를 뒤적이는 것은 허황된 전설에 대한 탐닉이 아니라 현실을 바로 보고 비판하기 위해 늘 대조하고 참고하지 않으면 안 될 전거의 확보라는 의미를 지니고 있다. 고대 그리스 신화가 문학·철학·인류학·정신분석학·사회학 등 여러 분야에서 계속 소진될 줄 모르는 해석과 논쟁의 진원지 역할을 해 온 사실이 이를 잘 뒷받침해 준다. 패륜아 오이디푸스는 현대 심리학에서 다시 부활하였고, 자신을 본 남자들을 돌로 변하게 하는 메두사는 현대 페미니즘 담론의 발전을 이끌어왔다. 신화는 이처럼 인류 정신문화의 토양을 형성하며 끊임없이 확대 재생산되고 있다.

신화가 지니는 또 다른 힘은 신화가 현대인의 사고방식과 다른 인식의 틀을 지니고 있다는 것이다. 자신은 누구인지, 이 우주는 어떻게 만들어졌으며 어떻게 움직이고 있는지에 대해 과학적이고 합리적인 사고는 아주 부분적인 해답을 내놓을 뿐이다. 현대인의 심리 근저에 자리 잡고 있는 자기 존재에 대한 불안감은 여기에서 연유한다. 그런 면에서 뇌성과 더불어 번쩍이는 번갯불에서 제우스를 보고, 기다리던 봄의 도래에서 페르세포네의 귀환을 보았던 고대 그리스인들이 현대인들보다 더 풍성하고 총체적인 인식의 틀을 갖추고 있었던 셈이다. 신화적인 인식은 비(非)이성적인 것이 아니라 전(前)이성적이라거나 신화는 생명 연대 의식을 바탕으로 하고 있다는 신화학자들의 언급은 과학적이고 합리적인 사고의 틀만으로 불안하게 버티고 있는 현대인들로 하여금 그동안 자신들이 비워두었던 인식의 틀이 무엇인지를 되돌아보게 한다.

신화는 인간 역사를 재조명하고 반대로 인간 역사는 시간의 흐름 속에 침전되어 신화가 된다. 독선과 불안이 만연한 현대 사회에서 신화적 인식은 우리들에게 근원적 반성의 기회를 제공해 준다. 또한 갖가지 병폐를 만들어 내고 있는 인간 중심적인 관점에서 벗어나 생명 연대 의식을 바탕으로 한 총체적인 시각을 아울러 제시해 주며, 하나의 틀로만 세계를 바라보던 인간들에게 균형 잡힌 인식의 틀을 잡아줄 것이다.

① 인류 정신문화의 토양을 형성하고 있는 신화에 대한 재조명이 필요하다.
② 신화는 우리에게 근원적인 진실을 보여 주고 총체적인 인식의 틀을 제공한다.
③ 신화에 대한 다양한 해석은 인간 중심적인 사고에서 탈피하여 균형 잡힌 인식을 제공한다.
④ 신화는 오늘날 현실을 바로 보고 비판할 수 있는 합리적인 힘을 가지고 있다.
⑤ 신화는 여러 학문 분야에서 논의돼 왔지만 여전히 해석의 여지가 남아 있다.

17~18 각 문단의 중심 내용으로 옳지 않은 것을 고르시오.

★★☆☆☆
17

(가) 과학 이론은 우리가 세계를 보는 눈이기도 하다. 흔히 과학이란 관찰과 경험에 토대를 두고 있기 때문에 어떤 과학 이론도 관찰 결과와 일치하지 않으면 수정되거나 폐기될 수밖에 없다고 생각한다. 경험된 사실들을 토대로 형성된 과학 이론은 자연 현상에 대해 기술하고 예측하는 데 그 존재 이유가 있는 것이므로, 어떤 이론에서 예측된 내용이 실제 관찰 결과와 일치하지 않을 때 그 이론은 쓸모가 없다는 것이다. 이런 견해에 따르면 관찰 결과가 이론의 생사를 결정하는 잣대가 된다.

(나) 관찰과 이론의 관계가 항상 그렇게 일방적인 것만은 아니다. 뉴턴의 예를 들어 보자. 뉴턴은 중력과 운동에 관한 이론을 발표하여 과학사상 거의 유례가 없는 존경과 찬사를 받았다. 그러나 그 당시 뉴턴의 이론이 모든 관찰 결과와 일치하지는 않았다. 천문학자들은 뉴턴의 이론을 근거로 예측한 달의 운동이 관찰 결과와 일치하지 않는다는 것을 지적하였다. 그럼에도 불구하고 뉴턴은 자신의 이론을 수정하거나 포기하지 않았다. 오히려 그는 천문학자들에게 달을 관찰하는 데 영향을 미치는 여러 가지 요소들을 고려해서 다시 관찰하도록 충고하였다. 천문학자들은 뉴턴의 충고를 따라서 그들의 관찰 방법을 수정하였고, 그 결과 자신들의 오류를 인정하지 않을 수 없었다.

(다) 뉴턴의 이론이 발표된 이후 거의 한 세기가 지나서 천문학자들은 다시 천왕성의 궤도가 뉴턴의 이론이 예측한 위치에서 벗어나 있다는 것을 알게 되었다. 그래도 그들은 뉴턴의 이론을 의심하지 않았다. 따라서 천왕성의 궤도에 영향을 미치는 또 다른 행성이 있어야 한다고 생각하기에 이르렀다. 그들은 뉴턴의 이론을 토대로 그 행성의 위치와 질량을 계산해서 추적한 결과 실제로 해왕성이라는 새로운 행성을 발견하게 되었다. 이것은 이론이 새로운 발전을 유도한 사례이다. 이처럼 과학자들이 이론에 모순되는 관찰 결과가 나왔다는 이유만으로 자신의 이론을 쉽게 포기하지 않은 예는 과학사에 드물지 않다.

(라) 뉴턴의 이론은 그것을 신뢰했던 많은 과학자들에 의해서 명료하게 다듬어졌고, 과학사에 탁월한 업적으로 길이 남게 되었다. 이와 같이 권위 있는 과학 이론은 토마스 쿤이 말하는 패러다임의 역할을 한다. 패러다임이란 과학자 사회의 구성원들이 공유하고 있는 신념, 가치, 기술 등의 총체를 말한다. 패러다임은 과학적으로 탐구할 만한 문제를 규정해 주고, 과학자들이 취할 수 있는 문제 해결 모형을 제공하며, 연구 결과의 타당성을 분별하는 기준이 된다. 과학에서 패러다임의 존재는 거의 절대적이어서, 과학자들은 패러다임을 적극적으로 옹호하고 보호하려고 한다. 따라서 패러다임과 일치하지 않는 관찰 결과가 나왔을 때, 과학자들은 이론을 의심하기보다 관찰 결과를 재해석하고 새로운 실험을 통해서 그 불일치를 해결하려고 노력한다.

(마) 그러나 이론에 모순된 관찰 결과들이 증가하면 패러다임은 위기를 맞게 된다. 그렇게 되면 그런 관찰 결과들을 해석하기 위한 새로운 이론들이 쏟아져 나와 서로 경합하는 혼돈의 시기로 접어들게 된다. 이때에도 과학자들은 하나의 이론이 승리하여 새로운 패러다임으로 확립되기까지 기존의 패러다임을 포기하지 않는다. 물론 어떤 사람들은 이론에 모순되는 관찰들, 다시 말해서 이론이 옳지 않다는 것을 보여 주는 반례들을 앞에 놓고서도 기존의 과학 이론을 포기하지 않는 과학자들의 태도는 도저히 합리적이라고 볼 수 없다고 생각한다. 그러나 이러한 과학자들의 태도가 불합리하다고 말할 수만은 없다. 과학적 이론이란 세계를 보는 도구이며, 도구 없이 세계를 본다는 것은 불가능하기 때문이다.

발전문제

① (가) : 이론이 관찰에 의해 좌우된다는 통념
② (나) : 이론이 관찰 방법을 수정시킨 사례
③ (다) : 이론이 새로운 발견을 유도한 사례
④ (라) : 패러다임의 성립과 이론적 근거
⑤ (마) : 패러다임에 대한 과학자들의 태도

★★★☆☆
18

(가) 조선 시대의 세계 인식은 기본적으로 중국 중심의 중화사상에 입각하고 있었다. 전통적으로 중국에서는 '화이론(華夷論)'에 따라 한족이 사는 지역을 '안(內)'이라 하여 그 종족 및 문화를 '중화(華)'로, 주변민족이 사는 지역을 '밖(外)'으로 보아 그 종족 및 문화를 '오랑캐(夷)'로 구분하였다. 이때 문화의 내용은 유교문화의 수용과 발달 여부를 기준으로 하였다. 한편 화이론에서는 조공체제(朝貢體制)가 성립하지 않는 지역을 소위 '교화가 미치지 않는 곳[化外之地]'이라 하여 '짐승(禽獸)'이 사는 곳으로 취급하였다.

(나) 15세기 조선은 명의 정치·문화·군사적 우월성을 인정하고 사대외교를 전개하였다. 그러나 조선이 명에 대해 사대한 것은 어디까지나 신생국인 조선이 강대국인 명으로부터 국제적으로 승인받고, 이를 통해 정치적 안정을 꾀하려는 의도에서 비롯된 것으로 주체성이나 독립성을 방기한 것은 아니었다. 명에 대한 사대를 표방하면서도 정도전의 요동정벌 시도나 세조 연간 여진에 대한 관할권을 둘러싼 명과의 긴장 국면에서도 볼 수 있듯이, 조선은 경우에 따라서는 명과의 대결을 시도할 정도로 독자적 움직임을 드러내었다. 이는 조선이 중국과 마찬가지로 천명을 받아 성립된 국가이므로 독자적 영역을 이룬다는 의식이 존재하고 있었음을 보여 준다.

(다) 이러한 대외인식은 16세기에 들어와 변화하기 시작한다. 화이론을 옹호하는 사림세력이 집권하고 지배층의 주류를 차지하면서 숭명의식이 강해졌다. 이제 사대는 실리적인 외교수단이 아니라 반드시 지켜야 할 도리로서 인식되기 시작했다. 명이 조선에게 아버지의 나라이자 황제국이라는 사실은 이해와 시세를 초월하는 불변의 가치로 자리 잡았다. 중국의 화이론에서는 조선 역시 '이적(夷狄)'으로 분류된다. 그러나 사림세력은 기자 이래 수용하여 발전시킨 유교적 전통을 기준으로 조선의 문화적 정체성을 중국과 동일시하였고 자연스럽게 스스로를 '소중화(小中華)'라 자부하였다. 대신 주변국가인 일본·여진·유구 등을 타자화(他者化)하여 이적으로 간주하였다.

(라) 17세기에 들어 명이 망하고 만주족이 세운 청이 중원을 차지한 이후에도 조선의 대외정책은 화이론과 소중화 의식의 틀을 벗어나지 못했다. 오히려 이적인 청이 중화인 명을 멸망시키고 황제국을 칭하였기 때문에 현실에서 중화의 담지자는 조선뿐이라는 조선 중화주의가 새롭게 대두하기 시작하였다. 조선 중화주의는 명의 멸망으로 인해 이제 중국에서는 기대할 수 없게 된 중화를 조선이 책임지고 조선 땅에서 구현할 것을 주장하였다.

(마) 조선 중화주의는 조선의 지위를 종래의 '소중화'에서 '중화'로 격상하여 중국으로부터 조선의 주체성·독립성을 고양한 듯 보인다. 그러나 관념상 조선은 명에 대해 여전히 중화와 소중화라는 불변의 관계로 고정되어 있었으므로 조선 중화주의의 주체성·독립성은 진정한 의미에서 실현되었다고 보기는 어렵다. 조선이 청을 오랑캐라 멸시하며 명의 복수를 명분으로 '북벌론'을 주창하였던 것은 '조선 중화주의'가 근본적으로 화이론·소중화론으로부터 벗어난 것이 아니었음을 잘 보여 준다.

① (가) : 조선 시대의 세계 인식은 중화사상에 입각해 있었다.
② (나) : 15세기 조선에는 명에 대한 사대를 표방하면서도 독자적 인식이 존재했다.
③ (다) : 16세기 조선은 사림의 집권으로 인해 숭명의식이 강화되고 문화적 정체성을 중국과 동일시하여 소중화라 자부했다.
④ (라) : 17세기 조선에는 명이 망하고 청이 건국된 이후에도 화이론과 소중화 의식이 이어졌으며, 조선 중화주의가 대두되었다.
⑤ (마) : 조선 중화주의는 명에 대한 화이론에서 벗어난 주체성과 독립성의 상징이다.

19 다음 중 글의 요지를 잘못 파악한 사람을 고르시오.

'철 그른 동남풍'이란 말이 있는데, 이는 어떤 일이든 그 일에 맞는 적절한 때가 있기 마련이라는 뜻의 속담이다. 우리말 '철'은 계절을 지칭하기도 하고 '철들다, 철나다'에서와 같이 사리를 분별하는 힘을 나타내기도 한다. 이는 '제철을 모르고서는 제대로 농사를 지을 수 없다'는 말에서 의미가 확장된 것으로 보인다. 이처럼 우리말은 농경 문화의 특성이 반영되어 절후에 대한 인식이나 그것을 부르는 명칭도 먹고 사는 일, 이른바 농사일과 결부되어 있다.

'어정 칠월, 동동 팔월'이란 속담이 있다. 우리네 농가에서 7월 한 달은 하릴없이 어정거리지만 8월이 오면 갑자기 바빠져 동동거린다고 하여 일컫는 말이다. '동동 팔월'은 '건들 팔월'이라고도 하는데, 이는 바쁘긴 해도 건들바람처럼 그렇게 훌쩍 가 버린다는 뜻이다. '오월 농부, 팔월 신선'이란 말도 있다. 보릿고개의 절정인 음력 5월은 농사짓는 사람으로서는 매우 어려운 시기이다. 그러나 한가위가 낀 8월은 그 풍족함이 어떤 신선도 부럽지 않다는 데서 생겨난 말이다.

보릿고개는 지난 해의 묵은 곡식은 이미 바닥이 났고 보리는 아직 여물지 않은 음력 4~5월경을 의미하는데, 흔히 춘궁기라 불리는 이때야말로 가장 춥고 배고픈 시기였다. 세상에서 가장 넘기 힘들다는 이 보릿고개를 넘으면서 우리 조상들은 '깐깐 오월'이란 별칭을 덧붙여 주었다. 춥고 배고픈 시기를 지내면서도 그 어려움을 직설적으로 표현하지 않고, 돌려서 표현하는 품위나 마음의 여유를 잃지 않았던 것이다.

또한 우리말은 감각어가 많이 발달되어 있는 편이기도 하다. 우리 민족은 본래 풍류를 즐기는 낙천적인 민족으로, 정서적이고 감각적인 편이었다. 이러한 특징이 언어에 반영되어 우리말에 감각적인 어휘가 풍부하게 된 것이다. 계절 감각을 잘 드러내는 몇 가지 예를 들어보면, 이른 봄, 쌀랑한 추위를 일컫는 '꽃샘'이란 말이 있다. 한겨울 추위보다 더 고약스런 봄추위에, 우리는 이처럼 멋진 이름을 붙여 주었다. 일종의 감정 이입법으로 꽃에 대한 동장군의 시샘을 그렇게 표현한 것이다.

꽃이 피기 전 새싹을 시샘하는 '잎샘 바람'이란 말도 있지만 유명도에 있어서나 감칠맛에 있어서는 '꽃샘추위', '꽃샘바람'에는 결코 미치지 못한다. 눈부신 설경을 일러 '눈꽃'이라 하고, 차창에 증기가 서려 생긴 무늬를 '서리꽃'이라 하는 것도 이와 유사한 표현이다.

우리말의 감각성은 추위를 나타내는 표현에서도 잘 드러난다. 우선 '춥다'와 '차다'의 의미부터 구분된다. 찬 기운을 온몸으로 느낄 경우 전자의 '춥다'로 표현하고, 신체 일부에서 감지될 때를 후자의 '차다'로 표현한다. 또한 약간 추위를 느낄 때, '썰렁하다'고 하는데, 이 말은 기후 표현에만 쓰이는 것은 아니다. "참, 썰렁하네."라고 하면 의도적으로 남을 웃기려고 했으나 반응이 좋지 않을 때를 표현한 말이다. '산산하다, 선선하다, 오싹하다, 살랑거리다, 설렁대다, 선뜻하다, 쌀랑하다, 으스스하다' 등의 어휘들도 그 쓰임이 마찬가지이다.

- **도윤** : '어정 칠월, 동동 팔월', '오월 농부, 팔월 신선' 등의 말에서 농사와 우리말이 많은 관련이 있음을 짐작할 수 있어.
- **세나** : 그래. 우리말에는 농경 문화의 특성이 많이 반영되어 있기 때문에, 우리말을 잘 알기 위해서는 농사일을 잘 아는 것이 도움이 될 거야.
- **정효** : 난 삶의 힘든 시기에서도 '보릿고개' 등을 통해 간접적이고도 에둘러 표현할 줄 아는 모습에서 조상들의 마음의 여유가 느껴져.
- **현지** : 우리말에 감각적인 어휘가 풍성한 것은 풍류를 즐길 줄 아는 낙천적인 민족성이 반영된 것 같아.
- **성태** : 우리 조상들은 어휘를 만들 때 멀리서 관찰하는 입장에서뿐 아니라, 감정의 이입을 통해서도 어휘를 만들어 냈다는 게 참 대단해.

① 도윤　　　　② 세나
③ 정효　　　　④ 현지
⑤ 성태

Part 2 Theme 02 세부 내용 파악

출제 빈도

✓ 핵심 Check
- 글을 읽고 글의 내용과 일치하거나 일치하지 않는 내용을 고르는 문제들이 출제된다.
- 정확한 정보를 효율적으로 찾아야 하기 때문에 문제와 선택지를 먼저 살펴본 후, 문제에서 묻는 포인트를 찾아가며 글을 읽는 연습이 필요하다.
- 주제 및 중심내용을 파악하는 유형의 문제와는 다른 관점으로 문제에 접근해야 하므로 이에 주의하도록 한다.

빈출예제

01 [내용 일치]   제한시간 1분

다음 글의 내용과 일치하는 것을 고르시오.

유형 분석
지문의 내용을 정확하게 파악하고 있는지를 묻는 문항이다.

해결 전략
글의 내용과 일치하는 정보를 찾는 방법

> 각 문단의 주된 정보와 핵심 내용을 파악하고 주제도 함께 살핀다.
> ↓
> 선택지의 내용이 글의 정보에서 벗어나 비약된 부분은 없는지 살핀다.

도시의 존재를 지탱하는 기본적인 힘은 토지와 공간에 기초한 권력 의지나 그 공동체에 대한 의향이다. 또 다른 요소로는 자본의 역학과 관련 있는 화폐에 대한 욕망이 있다. 공동체에 대한 의향과 화폐에 대한 욕망은 종종 모순된다. 전자는 도시를 공간으로 보고 닫으려 하고, 후자는 도시를 게임의 영역으로 보고 개방하려 하기 때문이다. 그런데 문제는 오늘날 권력의 형식이 공동체의 공간에서 자본의 영역으로 주요 준거점을 옮기고 있다는 점이다. 따라서 도시가 계획되는 단계에서부터 자본의 역학과 그 욕망을 혼합하게 되며, 또한 도시가 어느 정도 구축되고 사람들이 살기 시작한 후에도 이러한 욕망은 미세하게 나뉜 상태로 도시에 침투해 가게 된다.

도시가 불가사의하면서도 매력적이라고 한다면 그 이유 중 하나는 그것이 화폐에 대한 욕망을 긍정하고 있기 때문일 것이다. 즉 도시는 자본에 있어서, 자본이라는 무한함을 내재한 활동 형식을 배제하지 않는다. 일반적으로 공동체는 토지나 혈연이라는 망 속에서 개인의 존재를 그 유한함 속에서 취급한다. 하지만 화폐나 자본의 작용은 이러한 개인 존재의 무게를 버리고, 개인의 윤곽을 욕망의 다양한 선에 의해 일반화하고 추상화한다. 공동체의 역학에서는 이러한 화폐나 자본의 힘에 사로잡힌 개인을 '귀신이 쓰였다'라거나 '이방인 죽이기' 등으로 몰아가 엄격한 배제의 대상이나 저주받은 존재로 삼는다.

하지만 도시에서 사람들의 욕망은 그러한 공동체의 역학에서 자유로워진다. 그와 동시에 욕망에는 새로운 규율 훈련의 메커니즘, 즉 무한한 소비의 주체가 되는 시스템에 대한 요청을 받게 된다. 그러한 공간에서 창문에 놓인 귀여운 봉제 인형이나 마당에 놓인 강아지나 어린아이 인형은 그야말로 보여 주기 위한 것이며, 그곳에 사는 사람보다는 방문객이나 구매자 등 외부에서 그곳을 바라보는 사람의 시선에 대응하고 있다. 이러한 외부의 시선을 끊임없이 내면화함으로써 그곳에서의 생활이 주체적인 현실로 구성되며 영위되게 된다.

① 오늘날의 권력은 도시에서의 공동체 역학을 배제함으로써 개인이 가진 속박을 풀고 자유롭고 쾌적한 생활을 보장하려 하고 있다.
② 도시에서는 공동체의 역학이 미치지 못하게 되어 사람들의 욕망이 증식되었는데 새로운 규율 훈련의 메커니즘은 개인 존재의 무게를 회복시킨다.
③ 화폐나 자본의 힘에 의존하는 개인은 공동체로부터 엄격하게 배제되어 교외로 쫓겨나게 되는데, 그곳에서는 외부로부터 기묘한 시선을 받게 된다.
④ 도시는 자본의 역학과 개인의 욕망이 일치했을 때, 권력의 의지나 공동체에 대한 의향이 미치지 않는 매력적인 게임의 영역으로서 펼쳐진다.
⑤ 도시에서 화폐에 대한 욕망이 긍정되고 있기 때문에 개인이 그 유한함을 통해 취급되는 힘은 점차 약해졌으며 그 존재는 추상화되어가고 있다.

| 해설 |

핵심 키워드 : 도시, 공동체, 화폐
이 글의 글쓴이는 '도시의 존재를 지탱하는 기본적인 힘은 '공동체에 대한 의향', '화폐에 대한 욕망'인데, 이 둘은 모순된다. 그러나 문제는 전자에서 후자로 준거점이 이동하고 있다는 것이며, 이러한 변화는 사람들을 유한한 것으로 보는 공동체의 역학에서 자유롭게 함과 동시에 외부의 시선을 끊임없이 내면화하는 새로운 메커니즘을 요청한다.'고 주장하고 있다. ⑤는 2문단의 도시에 대한 설명 부분에서 언급하고 있는 내용과 일치한다.

〈글의 구조〉
1. 도시의 존재를 지탱하는 기본적인 힘
   (1) 공동체에 대한 의향   (2) 화폐에 대한 욕망
                    모순
              (하지만, 문제는)
   (1)에서 (2)로 준거점이 옮기고 있다는 것
   도시 = 불가사의하면서도 매력적이다
         화폐에 대한 욕망을 긍정하고 있기 때문이다
2. (즉) 자본이라는 무한함을 내재한 활동 형식을 배제하지 않는다
   (1)의 공동체는 개인의 존재를 '유한성'을 통해 바라본다
   하지만 화폐나 자본에 사로잡히면 배제된다
   (2)의 화폐나 자본은 개인의 존재를 '일반화', '추상화' = 개인의 존재의 무게를 버린다
3. 새로운 규율 훈련의 메커니즘
   (즉) 무한한 소비의 주체가 되는 시스템
   외부의 시선을 끊임없이 내면화 함 ⇨ 생활이 주체적인 현실로 구성되며 영위되게 됨

| 오답 피해가기 |
① 도시가 공동체의 역학에서 화폐의 욕망을 내포하게 되면 얼핏 속박에서 해방된 것 같이 보이지만, 3문단의 '하지만'에 이어지는 내용을 보면 '새로운 규율 훈련의 메커니즘'이 부가된다고 하였다.
② '화폐나 자본의 작용'에 의해 개인 존재의 무게가 버려지게 되고, '새로운 규율 훈련의 메커니즘'은 그것으로부터 생겨난 것이므로 여전히 개인 존재의 무게는 버려진 상태이다.
③ '화폐나 자본에 사로잡힌 개인'은 배제의 대상이 되기는 하지만, 교외로 쫓겨난다고는 하지 않았다. 또한 '기묘한 시선'이란 '외부의 시선을 끊임없이 내면화하는 것'을 말하므로 이 역시 적절하지 않다.
④ '자본의 역학과 개인의 욕망이 일치'하는 것에 대해서는 언급하고 있지 않으며, 그것이 도시를 '매력적인 게임의 영역으로서' 열고 있다고도 언급하지 않았다.

| 정답 | ⑤

내용을 파악하는 문제는 주제 찾기에 비해 문제를 푸는 방법, 즉 문제를 읽고 선택지에서 내용을 예측하고, 지문을 읽는 방법에는 차이가 없지만, 답을 찾는 방법에는 약간 차이가 있다. 따라서 문제에서 묻고 있는 것이 주제인지 내용 파악인지 확인하는 것은 매우 중요하다.

One Point Lesson

주제파악	**종류** : 요지, 요점, 취지, 주제, 글쓴이의 주장
	특징 : 글 전체를 정리하는 것
	주의점 : 글쓴이의 주장과 그것을 보충하기 위한 설명 부분을 구분해야 함.
세부내용파악	**종류** : 내용 일치, 밑줄
	특징 : 글의 일부와 일치
	주의점 : 주장을 부차적으로 설명하는 내용의 선택지도 답이 될 수 있음.

빈출예제

★★★☆☆

02 [내용 일치]

제한시간 1분 30초

2015 CJ

다음 중 글의 내용과 일치하지 않는 것을 고르시오.

유형 분석
지문에 드러나지 않은 내용을 찾을 수 있는지를 묻는 문항이다.

해결 전략
글의 내용과 일치하지 않는 것을 찾는 문제는 세부적인 내용에 주의해야 한다. 이 문제처럼 병렬적으로 키워드들이 설명되어 있는 경우, 키워드별로 문단이 나누어져 있을 확률이 높다. 이를 염두에 두고 지문을 읽어나가면 좋다.

> 2014년 6월 글로벌 기업인 토마토케첩 회사 하인즈(Heinz)와 자동차 회사 포드(Ford)는 제휴를 맺고 협업을 통해 친환경 경영을 펼쳐 나가겠다는 목표를 발표하였다. 포드사는 토마토케첩을 만들 때 나오는 토마토 껍질을 이용하여 바이오 플라스틱을 만드는 실험을 진행 중이며, 이 식물성 섬유로 동전 홀더나 배선 고정 장치 등의 부품을 생산하여 기존의 석유 기반 플라스틱의 사용을 줄임으로써 환경 오염에 대한 부담 감소에 도움을 줄 것이라 기대한다고 밝혔다. 이에 하인즈사 또한 매년 토마토케첩을 만들면서 발생되는 토마토 부산물을 효과적으로 활용할 수 있게 되어 뜻깊은 일이라고 전하였다.
>
> 이와 같은 협업의 저변에 깔려있는 것은 플라스틱으로, 이는 우리 생활에서 떼어낼 수 없는 주요한 소재이지만 환경 오염의 주범이라는 큰 문제점을 안고 있다. 이러한 단점을 극복하기 위해 개발된 것이 바이오 플라스틱으로, 바이오 플라스틱이란 바이오 소재 중 하나인 바이오매스를 이용한 플라스틱을 말한다. 바이오매스는 식물이나 미생물 등을 에너지원으로 이용하는 생물체를 말하며, 포괄적으로는 에너지 전용의 작물과 나무, 재생 가능한 유기 물질 등을 의미한다. 바이오 플라스틱은 크게 생분해성 플라스틱과 바이오 매스 플라스틱으로 구분되며, 다시 생분해 플라스틱, 산화생분해 플라스틱, 바이오 베이스 플라스틱으로 나눌 수 있다.
>
> 생분해 플라스틱은 일정한 조건에서 수분, 박테리아, 조류, 곰팡이와 같은 미생물이나 분해 효소 등의 작용으로 물과 이산화탄소로 완전히 분해될 수 있는 물질이다. 이는 식물체 유래 물질 또는 석유 화학 유래 물질로 제조되는데, 사용 후 땅속에 매립이 가능하고 연소 시에도 발생하는 열량이 낮아 다이옥신과 같은 유해 물질이 방출되지 않는 친환경 플라스틱이다. 6개월 이내에 자연에서 생분해되므로 유통 기한이 짧은 일회용품이나 고부가가치 제품인 산업용 사출 성형 제품 등에 사용된다.
>
> 산화생분해 플라스틱은 생분해 플라스틱의 단점을 보완한 것으로 제조 원료 중 산화생분해제를 사용하여 열·햇빛 등에 1차로 산화분화된 후 미생물에 의한 생분해가 이루어지는 플라스틱이다. 물성이 우수하고 최종 생분해 기간을 3년 정도까지 연장하여 제품의 유통기한이 1년 이상인 발효식품이나 식품포장재, 산업용품, 농원에 분야 등에 주로 사용된다.
>
> 또한 바이오 베이스 플라스틱은 기존의 화석 연료를 활용하는 대신 재생 가능한 바이오매스를 20~25% 이상 함유하여 제조한 것으로, 그 원료가 되는 바이오매스는 광합성에 의해 생성된다. 이는 소비 후 방출되는 이산화탄소의 대부분을 바이오 베이스 플라스틱 생산 과정에서 다시 흡수하여, 대기 중의 이산화탄소 총량을 증가시키지 않는 탄소 중립을 이용해 제조되므로 이산화탄소 배출 저감이라는 강점을 가진다. 유통기한이 길고 생산성, 강도 등 물성 보완이 필요한 분야에 적용되며 Bio-PET, Bio-PE, Bio-PP 등의 산업에 사용되고 있다.
>
> 현재 널리 이용되고 있는 플라스틱의 주요 소재는 석유이고, 이 석유의 매장량은 한정되어 있다. 또한 최근 환경에 대한 인식 변화와 저탄소 문제가 전 세계적인 핵심 과제로 떠오름에 따라 바이오 플라스틱 적용 분야에 대한 수요가 조금씩 증가하고 있어 기존의 플라스틱 공장을 이용하여 친환경적 제품을 생산할 수 있는 바이오 플라스틱 기술의 성장을 위해 전폭적인 육성과 개발이 요구된다.

① 하인즈사와 포드사는 친환경적 제휴를 통해 서로의 이익을 추구한다.
② 바이오 플라스틱은 미생물에 의해 6개월 이내에 자연 분해된다.
③ 바이오 베이스 플라스틱은 생분해 플라스틱보다 식물과 연관이 깊다.
④ 오랜 시간 상품을 이용 및 보관해야 할 때는 바이오 베이스 플라스틱을 사용하는 것이 적절하다.
⑤ 기존의 플라스틱은 환경을 파괴하는 단점이 있다.

| 해설 |

핵심 키워드 : 바이오 플라스틱, 바이오매스, 생분해 플라스틱, 산화생분해 플라스틱, 바이오 베이스 플라스틱
1문단에서는 토마토 껍질을 통해 바이오 플라스틱을 만들 수 있음을 언급하며 독자의 흥미를 불러일으키고 있다. 2문단에서는 본격적으로 바이오 플라스틱의 소개를 하고 있고, 3문단에서는 생분해 플라스틱, 4문단에서는 산화생분해 플라스틱, 5문단에서는 바이오 베이스 플라스틱을 설명하고 있다.
②의 내용은 3문단에 나타나 있다. 미생물에 의해 6개월 이내에 자연 분해되는 것은 생분해 플라스틱에만 해당하는 것이지, 바이오 플라스틱 전체가 6개월 이내에 분해되는 것은 아니다. 따라서 ②가 정답이다.

〈글의 구조〉
1. 토마토 껍질 → 바이오 플라스틱
   [하인즈(Heinz)] [포드(Ford)]
2. 바이오 플라스틱 : 환경 오염↓
                    바이오매스 이용
   (1) 생분해 플라스틱
       물과 이산화탄소로 분해 가능
       매립 가능, 유해 물질 방출 X
       유통 기한이 짧은 일회용품에 사용
   (2) 산화생분해 플라스틱
       생분해 플라스틱 단점 보완
       1차 산화분화 → 생분해
       유통기한이 1년 이상인 제품에 사용
   (3) 바이오 베이스 플라스틱
       바이오매스 20~25% 함유
       이산화탄소 배출 저감
       유통기한이 김

| 오답 피해가기 |
③ 생분해 플라스틱은 박테리아, 곰팡이와 같은 미생물을 에너지원으로 하며(3문단), 바이오 베이스 플라스틱은 광합성에 의해 원료를 생성한다고 제시되어 있다(5문단). 식물이라는 말이 직접적으로 없지만, 광합성은 식물이 스스로 양분을 만드는 과정이므로 바이오 베이스 플라스틱은 식물을 에너지원으로 함을 알 수 있다.
④ 5문단을 보면, 바이오 베이스 플라스틱은 유통 기한이 김을 알 수 있다.

| 정답 | ②

One Point Lesson

문단의 종류 알아보기

- **주지** : 글쓴이의 중심 생각과 주제가 나타나는 문단
  → 그러므로, 따라서
- **예시** : 구체적인 사례를 통해 내용을 뒷받침하는 문단
  → 예컨대, 예를 들어, 가령
- **부연** : 중심내용에 덧붙여 자세하게 설명하는 문단
  → 다시 말하면
- **전제** : 결론을 도출하기 위해 근거를 제시하는 문단
  → 왜냐하면 ~ 때문이다
- **연결** : 앞의 내용을 이어받거나 화제를 전환하는 문단
  → 또한, 뿐만 아니라, 그러나, 그런데, 그리고
- **강조** : 앞서 서술한 내용을 다시 언급하고 요약하는 문단
  → 즉, 요컨대

하나 더+

1. 정답을 찾을 때에는 소거법을 사용한다. 선택지가 '올바른 이유'를 찾는 것보다 '틀린 이유'를 찾으면, 더욱 빨리 정확하게 정답을 찾을 수 있다.
2. 주제 찾기인지 세부 내용 파악인지 한 번 더 확인한다. 세부 내용 파악이라면 정답이 되지만, 주제 찾기라면 정답이 될 수 없는 선택지도 있을 수 있으므로 주의한다.

기본문제

One Point Lesson
글에서 서로 다른 두 가지 개념을 설명할 경우, 다른 표시를 하며 읽는 것이 좋다. 예를 들어 A를 설명하는 특징들은 ○로, B를 설명하는 특징들은 △로.

★★☆☆☆

01 다음 글의 ㉠ '군집'과 ㉡ '사회'와의 가장 중요한 차이점을 고르시오.

> 집단 생활을 하는 것은 인간만은 아니다. 유인원, 어류, 조류, 곤충류 등도 일정한 영토를 확보하고 집단 생활을 하며 그 안에는 계층적 차이까지 있다. 특히 유인원은 혈연적 유대를 기초로 하는 가족이나 가족 집단이 있고 성에 의한 분업이 행해지며, 새끼를 위한 공동 작업도 있어 인간의 가족 생활과 유사한 점이 많다. 그러나 이것은 다만 본능에 따른 것이므로 창조적인 인간의 그것과는 구별된다. 따라서 이들의 집단을 ㉠ 군집이라 하고 인간의 집단을 ㉡ 사회라고 불러 이들을 구별한다.
>
> 인간만이 가지는 사회는 다음과 같은 특징을 지닌다. 첫째, 사회는 하나의 유기체로서 그 운명에 구성원의 운명을 종속시킨다. 둘째, 사회는 그 구성원으로 하여금 이미 그 사회에 형성되어 있는 생활형에 적응하도록 한다. 셋째, 사회는 그 구성원의 이해 관계가 그 사회의 이해 관계와 대립할 때 전자를 하위에 둔다. 넷째, 사회는 그 자체의 존속을 위한 활동의 모든 분야를 그 구성원들에게 분배한다. 이리하여 사회는 하나의 조직 체계를 이루어 존속하는 것이다.
>
> 사회는 그 조직 체계를 유지하기 위하여 규범을 가진다. 어느 사회에서 살든지 인간은 그 사회의 규범을 따라야 한다. 이러한 규범 또는 사회가 가지는 생활 양식을 문화라 한다. 개개의 사회가 가지는 특징적 문화형은 오랜 세월을 두고 그 사회가 시행착오를 거쳐서 이룩한 경험의 결과이다.
>
> 문화형의 존재는 사회의 존재와 활동에 필요한 것처럼 사회의 존속에도 필요한 것이다. 사회는 그 신참자들에게 그들이 차지할 위치에 따른 문화형을 교육하고 지위를 줌으로써 사회 구성원이 세대 교체를 거듭해도 그 구성원의 생사와 관계 없이 그 사회가 존속하게 하는 것이다. 그리고 구성원 각자는 그 사회의 문화형을 배움으로써 (즉, 이런 학습을 개인의 사회화라 한다.) 그 사회의 모든 구성원이 공유하는 행동 양식을 습득하고 이에 따라 행동하여 사회의 일원으로 존재하고 생활하게 된다.
>
> 문화란 사회 안에 존재하는 것이며 인간만이 가진 것이다. 그러나 인간이 문화라고 하는 대기 속에서 살고 있다는 사실을 발견한 것은 그리 오래된 일이 아니다.

① 분업화 ② 창조성 ③ 공동화
④ 조직성 ⑤ 규범화

군집과 사회라고 불러 구별하는 이유를 찾는다.
→ ㉠, ㉡ 앞뒤 부분을 먼저 살펴보면서 주요 접속사를 체크한다.
→ 그러나, 따라서 등을 통해 동물 집단과 인간 집단의 가장 중요한 차이를 판단해 본다.

하나 더+

비교와 대조
- 비교는 둘 이상의 대상을 유사한 성질이나 공통된 부분을 중심으로 설명하는 방식이다.
- 대조는 둘 이상의 대상을 차이점이나 상대되는 부분을 중심으로 설명하는 방식이다.
→ 비교와 대조는 같거나 비슷한 범주의 항목들 간 이루어진다는 것에 주의하자.

02 다음 글에 나타난 글쓴이의 이동 경로를 순서대로 나열한 것을 고르시오.

　7월 12일, 아침 첫 차로 경주를 떠나 불국사로 향했다. 떠날 임시에 봉황대(鳳凰臺)에 올랐건만, 잔뜩 찌푸린 일기에 짙은 안개는 나의 눈까지 흐리고 말았다. 시포(屍布)를 널어놓은 듯한 희미한 강줄기, 몽롱한 무덤의 봉우리, 쓰러질 듯한 초가집 추녀가 눈물겹다. 어젯밤에 나를 부여잡고 울던 옛 서울은 오늘 아침에도 눈물을 거두지 않은 듯.
　그렇지 않아도 구슬픈 내 가슴이어든 심란한 이 정경에 어찌 견디랴? 지금 떠나면 1년, 10년, 혹은 20년 후에나 다시 만날지 말지! 기약 없는 이 작별을 앞두고 눈물에 젖은 임의 얼굴! 내 옷소매가 촉촉이 젖음은 안개가 녹아내린 탓만은 아니리라. 장난감 기차는 반시간이 못 되어 불국사역까지 실어다주고, 역에서 등대(等待)했던 자동차는 십리 길을 단숨에 껑청껑청 뛰어서 불국사에 대었다.
　뒤로 토함산(吐含山)을 등지고 왼편으로 울창한 송림을 끌며 앞으로 광활한 평야를 내다보는 절의 위치부터 풍수쟁이 아닌 나의 눈에도 벌써 범상치 아니했다. 더구나 돌 층층대를 쳐다볼 때에 그 굉장한 규모와 섬세한 솜씨에 눈이 어렸다. (중략)
　앞길이 바쁘매 아침도 굶은 채로 석굴암(石窟庵)을 향해 또다시 걸음을 옮기었다. 여기서 십 리 안팎이라니 그리 멀지 않되, 가는 길이 토함산을 굽이굽이 돌아 오르는 잿길이요, 날은 흐리어 빗발까지 오락가락하건마는, 이따금 모닥불을 담아 붓는 듯하는 햇발이 구름을 뚫고 얼굴을 내어미는 바람에 두어 모퉁이도 못 접어들어 나는 벌써 숨이 차고 전신에 땀이 흐른다. (중략)
　숨이 턱에 닿고 온몸이 땀에 멱을 감는 한 시간 남짓의 길을 허비하여 나는 겨우 석굴암 앞에 섰다. 멀리 오는 순례자를 위하여 미리 준비해놓은 듯한 석간수(石澗水)는 얼마나 달고 시원한지! 연거푸 두 구기를 들이키매, 피로도 잊고 더위도 잊고 상쾌한 맑은 기운이 심신을 엄습하여 표연(飄然)히 티끌세상을 떠난 듯도 싶다. 돌층층대를 올라서니 들어가는 좌우 돌 벽에 새긴 인왕(仁王)과 사천왕(四天王)이 흡뜬 눈과 부르걷은 팔뚝으로 나를 위협한다. 어깨는 엄청나게 벌어지고, 배는 홀쭉하고, 사지는 울퉁불퉁한 세찬 근육! 나는 힘의 예술의 표본을 본 듯하였다.

① 불국사역 → 불국사 → 토함산 등산길 → 석굴암 → 경주
② 경주 → 불국사역 → 토함산 등산길 → 불국사 → 석굴암
③ 경주 → 불국사역 → 불국사 → 토함산 등산길 → 석굴암
④ 불국사역 → 토함산 등산길 → 불국사 → 경주 → 석굴암
⑤ 경주 → 불국사역 → 불국사 → 석굴암 → 토함산 등산길

기본문제

 One Point Lesson

실제 직무와 관련하여, 업무상 다루게 되는 문서의 내용을 묻는 문제가 나오기도 한다. 여러 문단이 모인 글을 읽고 세부적인 내용을 분석해야 하는 문제도 있지만, 실제 직무와 관련된 문서가 제시된 문제일 경우 그 문서가 담고 있는 목적이나 일정, 준비해야 할 사항들을 요소별로 빠르게 파악할 수 있어야 한다.

 **빠른 풀이 비법**

글의 세부적인 내용의 일치 여부를 고르는 문제는 선택지를 하나씩 보면서 주어진 자료를 확인하는 방식으로 풀이한다. ①은 특정 직무가 핵심이므로 4. 연수대상을 확인하면 되고, ②는 5.와 6.을 통해 연수 이수 시간과 교육 시간을 빠르게 비교하는 방법으로 판단해 나간다.

★★★☆☆

03 다음은 문서를 보고 이해한 것으로 옳지 않은 것을 고르시오.  제한시간 1분

[연수 계획서]

1. 연수 과정 : 업계 마케팅 동향 및 사례 분석
2. 연수 종별 : 직무연수
3. 연수 과정 분류 : 전문성 향상 과정
4. 연수 대상 및 인원 : 홍보팀·마케팅팀(팀별 4명)
5. 연수 기간 및 시간

과정명	기 간	교육 시간
마케팅 동향 및 사례 분석	2017. 1. 3(화) ~ 1. 5(목)	• 10:00 ~ 17:00(1, 2일차) • 10:00 ~ 15:00(3일차)

6. 연수 이수 시간 : 16시간
7. 연수 위치 : 종합연수원 특별관 연수실(서울특별시 관악구 소재)
8. 연수 목적
   (1) 급변하고 있는 업계 마케팅 동향 파악 및 전략적 마케팅의 중요성 인식
   (2) 효과적인 마케팅 전략을 수립하기 위한 회의 모형을 실무에 적용
   (3) 소비자들로부터 긍정적인 반응을 얻은 최신 마케팅 사례 학습
9. 연수 운영 및 방침
   (1) 이론과 사례를 통해 최신 마케팅 전략을 이해하도록 한다.
   (2) 다양한 회의 모형 및 사례를 제공하여 실무 현장에 적용이 용이하도록 한다.

① 제시된 문서는 특정 직무 관련 직원을 대상으로 한 연수 계획을 기재한 것이다.
② 연수 이수 시간과 연수가 실제로 이루어지는 교육 시간에는 차이가 있다.
③ 연수는 서울특별시 관악구에 있는 연수원에서 3일에 걸쳐 진행된다.
④ 연수는 실제 사례를 바탕으로 마케팅 이론을 학습하는 것을 목표로 한다.
⑤ 연수는 두 개의 팀을 대상으로 하며 참여자는 총 8명이다.

보충 플러스+

직무생활과 관련한 문서작성 Tip

• 내용 이해, 목표 설정 : 전달하고자 하는 내용과 그 핵심 및 목적을 파악해야 한다.
• 구성 : 효과적인 구성과 형식이 무엇인지 생각해야 한다.
• 자료 수집 : 목표를 뒷받침할 자료를 수집해야 한다.
• 핵심 전달 : 단락별 핵심을 하위 목차로 요약해야 한다.
• 대상 파악 : 대상에 대한 이해와 분석을 철저히 해야 한다.
• 보충 설명 : 질문을 예상하고 그에 대한 구체적인 답변을 준비해야 한다.

04 다음 대화에서 논쟁에 대한 분석으로 옳은 것을 고르시오.

- 명철 : 경제 발전을 위해서는 대중의 지식수준을 높여야 한다. 그런 점에서 대중 교육이 중요하다. 전 국민의 교육 수준이 높기로 유명한 동아시아 국가들의 경제적 성공과 세계에서 가장 학력이 낮은 사하라 이남 아프리카 국가들의 경제 침체를 비교해 보면 이 문제는 더 이상 논란의 여지가 없어 보인다.
- 영민 : 대만은 1960년 당시 문맹률이 46%나 되었지만 가히 기록적인 경제 성장률을 보였다. 반면, 같은 시기에 소득 수준이 대만과 비슷했던 필리핀의 문맹률은 28%로 대만에 비해 대중의 교육 수준이 높았음에도 불구하고 오늘날 평균 국민소득은 대만의 1/10에 불과하다.
- 명철 : 그렇지만 문맹률보다 대중 교육의 수준을 더 잘 대표하는 잣대인 고등학교 진학률을 따져 본다면 대만이 필리핀보다 높았다는 사실을 간과해서는 안 된다.
- 영민 : 경제 성장에 직접적인 도움을 주는 교육은 대중 교육이 아니다. 학교에서 행해지는 교육은 경제 성장에 직접적인 도움을 주지 못하거나, 실제 산업 생산성과 관련이 있을 것으로 기대되는 교육도 생산성 향상에 크게 도움이 되지 못한다는 지적이 많다. 특히 오늘날과 같은 지식 기반 사회에서 경제 발전을 위해 필요한 것은 일반 대중이 보편적으로 가지고 있는 지식이 아니라 소수의 전문가 집단이 보유한 전문적 지식이다. 그런 점에서 대중을 위한 보편적 교육이 불필요한 것은 아니지만, 그보다는 전문 지식인을 육성하기 위한 엘리트 교육에 관심을 가져야 한다.
- 명철 : 평범한 노동자라도 생산성을 높이기 위해서는 알아야 할 지식의 양이 크게 늘어났다는 점 자체를 부인할 수는 없을 것이다. 또 전문 지식인이 사회에서 필요한 정도로 공급되기 위해서는 대중 교육을 통해서 국민의 전반적인 지식 수준을 향상하는 것이 선행되어야 한다. 그러므로 대중 교육이 중요하다는 점은 여전히 분명하다.

① 명철이와 영민 모두 대중 교육을 확대해도 대중의 교육 수준이 높아지지 않음을 전제하고 있다.
② 영민이는 한 사회가 생산성을 향상시키는 데는 전문적 지식만이 필요하므로 대중 교육은 필요치 않다고 주장한다.
③ 명철이는 문맹률이 대중 교육의 수준을 보여 주는 기준은 아니라는 데 동의하는 입장이다.
④ 명철이와 영민 모두 생산성을 향상시키기 위해서는 전문적 지식이 필요하다는 데 동의한다.
⑤ 영민이는 경제를 발전시키기 위해서는 지식보다 생산성을 향상시키는 것이 더 중요하다고 생각한다.

기본문제

★★★☆☆

05 ㉠~㉤을 사실을 전달하는 진술과 의견을 전달하는 진술로 구분할 때, 사실 진술만으로 짝지어진 것을 고르시오.

> ㉠ 중세시기에 간질이나 정신이상을 치료하기 위한 뇌수술을 했다는 기록이 있다. 하지만 ㉡ 뇌에 이상이 있는 사람에게 뇌수술을 하였다는 것은 우연의 일치로 봐야 할 것 같다. 당시에는 이발사들이 수술하는 방법을 배우는 경우가 많았는데, 그 이유는 다음의 두 가지였다. 첫째 그들이 면도용 칼을 잘 다룰 수 있다는 것이고, 둘째 의사들의 상당수가 흑사병으로 사망했기 때문이다. ㉢ 집시 이발사라고도 불리던 이들은 한 도시에 며칠씩 머무르며 환자들을 치료하였다. 그들은 환자들이 머리에 '미치는 돌'이 있어서 이상 행동을 하는 것이라고 보고 ㉣ 그 돌을 제거하면 병이 치료될 것이라고 믿었다. ㉤ 뇌에 대한 연구가 많이 진행된 현재의 관점에서 보면 참 어처구니없는 일이다. 이런 관점에서 현재 우리가 하고 있는 여러 가지도 먼 훗날 후손들이 보기에는 어떻게 보일지 알 수 없는 일이다.

① ㉠-㉡ ② ㉡-㉢ ③ ㉢-㉣
④ ㉣-㉤ ⑤ ㉤-㉠

빠른 풀이 비법

지문이 객관적 수치와 정보의 나열로만 이루어진 경우에는 거꾸로 푸는 것이 좋다. 선택지를 먼저 읽고, 글에서 찾아 나가도록 한다.

★★★☆☆

06 다음 글을 통해 알 수 있는 것을 고르시오.

> 향수는 원액의 농도에 따라 퍼퓸, 오드 퍼퓸, 오드 뚜왈렛, 오드 콜로뉴 등으로 나뉜다. 퍼퓸은 알코올 85%에 향 원액이 30% 정도 함유되어 있고, 향은 약 12시간 정도 지속된다. 퍼퓸 다음으로 농도가 짙은 오드 퍼퓸은 알코올 92%에 향 원액이 15% 정도 함유되어 있으며 향의 지속시간은 7시간 정도이다. 오드 뚜왈렛은 알코올 80%, 향료 8%에 3~4시간 정도 향이 지속되고, 오드 콜로뉴는 알코올 95%, 향료 5%에 1~2시간 정도 향이 지속된다. 향취는 톱 노트, 미들 노트, 라스팅 노트의 3단계로 변하는데 먼저 톱 노트는 알코올과 함께 섞인 향으로 향수 뚜껑을 열자마자 처음 맡게 되는 냄새이다. 미들 노트는 알코올 냄새가 조금 느껴지면서 원래 향수의 주된 향기가 맡아지는 단계이고, 라스팅 노트는 맨 마지막에 남는 냄새로 향수 본래의 향취가 나는 단계이다. 향수는 라스팅 노트가 6시간 정도 지속되는 것이 가장 좋으므로 알코올이 어느 정도 날아가고 난 상태에서 향을 맡아보고 고르는 것이 좋다. 또한 향취는 밑에서 위로 올라오는 성질이 있기 때문에 잘 움직이는 신체 부분에 발라야하며 귀 뒤나 손목, 팔꿈치 안쪽 등 맥박이 뛰는 부분에 뿌리면 향력이 더 좋아진다.

① 향수의 원액 농도가 높을수록 가격이 비싸다.
② 톱 노트가 오래 지속되는 향수를 골라야 한다.
③ 향수를 목에 뿌리면 향이 오래 가지 않는다.
④ 아침에 뿌리고 밤까지 향이 지속되게 하려면 퍼퓸을 구입한다.
⑤ 알코올은 향수 본래의 향취를 다 날아가게 한다.

★★★☆☆

07 다음 글의 내용과 일치하는 것으로 가장 알맞은 것을 고르시오.

제한시간  분

> 자연 환경의 파괴에 있어서 자연의 입장에 설 것인가, 인간의 입장에 설 것인가 하는 문제는 제삼자적인 문제가 아니라 인간 자신의 생활이 걸려 있는 중요한 문제이다. 그것은 밭에서 기르는 작물의 수확량을 늘리기 위해 어떤 종류의 농약을 사용할지, 또는 수확량을 줄일 것인지, 또는 지금보다 더 많은 노동력을 투입할 것인지 결단을 내릴 때 고려하는 것과 같은 문제이다. 혹은 어떤 마을이 가난함을 견딜 것인지, 또는 큰 공장을 유치하여 아름다운 자연을 파괴하면서까지 근대화라는 생활 양식을 실현시킬 것인지 판단할 때 고려해야 하는 문제이다. 하지만 그 마을에 살지 않는 다른 사람들이 주말에 그 아름다운 자연을 음미하지 못하게 될 경우에 제기되는 문제는 아니라는 사실을 우리는 알지 못한다. 이러한 '자연에 대한 기만적인 사랑'으로 인해, 인류 생존의 위기를 회피할 수 있다고 생각하는 것은 한 체제의 보수적인 감정과 정책에 지나지 않는다. 현대 기업의 이익을 옹호하는 보수 정당과 그와 대립되는 노동 조합적인 사고를 가진 진보 정당은 결국 자연 파괴를 당연한 것으로 생각해 온 인간의 행위나 제도를 통해 발생한 이익을 어느 쪽이 더 많이 갖는가 하는 목적을 위해 만들어진 제도에 지나지 않는다. 따라서 적어도 현재 단계에서는 환경 문제를 고려할 때, 양쪽 모두 기만적인 자연에 대한 사랑이라는 전제를 빼놓을 수 없다.

① 인류 생존의 위기를 회피하기 위해서는 자연의 입장에 서야 하며 '기만적인 자연에 대한 사랑'은 오히려 역효과이다.
② 환경 문제를 해결하기 위해서는 자연의 입장에 서는 것을 목적으로 만들어진 진보적 정당도 믿음직하지 못하다.
③ 자연 환경의 파괴에 있어서 자연의 입장에 설 것인가, 인간의 입장에 설 것인가 하는 것은 절실한 문제이지만, 진보 정당은 자연의 입장에 설뿐만 아니라 인간의 입장에 서야 할 경우가 있다는 것을 생각해야 한다.
④ 자연 환경의 파괴를 방지하는 것이 급선무이며, 그것을 위해 작물 수확량의 감소나 생활의 빈곤을 인내하는 것은 불가피한 일이다.
⑤ 자연 환경 파괴문제에 대한 다른 지역 사람들이나 정당의 의논은 무책임한 면을 갖고 있다.

하나 더+

글을 읽기 전, 선택지를 빠르게 읽도록 한다. 5개의 선택지 중 정답은 하나뿐이며, 다른 것은 오답이기 때문에 선택지를 자세하게 읽어가면서 이해할 필요는 없다. 선택지에서 반복적으로 사용되는 핵심어를 찾고, 글이 어떤 테마로 진행되는지 대략적으로 예측해 보는 것이 중요하다. 이렇게 미리 예측해 본다면, 어떤 내용이 전개되는지 아무것도 모르는 채로 글을 읽는 것보다는 글의 구성을 더 잘 이해할 수 있다.

One Point Lesson

극단적인 선택지는 피한다. '절대' '반드시' '항상'과 같이, 선택지에 글의 내용을 판정하는 표현이 들어 있는 경우에는 선택지를 의심하고, 글을 다시 한 번 살펴봐야 한다.

One Point Lesson

내용을 파악하는 유형의 답은 글 전체를 정리하는 내용이 아니어도 된다. 글의 중심 내용이 아니더라도 글의 정보와 '내용이 일치'하기 때문에 합당한 답이 될 수 있다. 따라서 구체적인 예, 인용, 비유 등의 부가적인 내용을 설명하는 부분 역시 정답이 될 수 있다.

기본문제

One Point Lesson

양천제의 양인·천인을 구분하고, 양인 내 존재하는 여러 계층에 대한 설명을 구별하는 것이 중요하다.

08~09 다음 글을 읽고 내용과 일치하지 않는 것을 고르시오.

제한시간 3분

08 ★★★☆☆

조선 시대의 신분제는 기본적으로 양천제(良賤制)였다. 조선은 국역을 지는 양인을 보다 많이 확보하기 위해 양천제의 법제화를 적극 추진해 나갔다. 양천제에서 천인은 공민이 아니었으므로 벼슬할 수 있는 권리가 박탈되었다. 뿐만 아니라 양인·천인 모두가 지게 되어 있는 역(役)의 경우 천인에게 부과된 역은 징벌의 의미를 띤 신역의 성격으로 남녀 노비 모두에게 부과되었다. 그에 반해 양인이 지는 역은 봉공의 의무라는 국역의 성격을 지닌 것으로 남자에게만 부과되었다.

한편 양인 내에는 다양한 신분계층이 존재하였다. 그 중에서도 양반과 중인, 향리, 서얼 등을 제외한 대부분의 사람들은 상민이라고 불렸다. 상민은 보통 사람이란 뜻으로, 어떤 독자적인 신분 결정 요인에 의해 구별된 범주가 아니라 양인 중에서 다른 계층을 제외한 잔여 범주라고 할 수 있다. 따라서 후대로 갈수록 양인의 계층 분화가 진행됨에 따라 상민의 성격은 더욱 분명해졌고 그 범위는 축소되었다. 그럼에도 불구하고 상민은 조선 시대 신분제 아래에서 가장 많은 인구를 포괄하는 주요 신분 범주 중 하나였다.

상민은 특히 양반과 대칭되는 개념으로 사용되기 시작하였는데 반상이란 표현은 이런 의미를 포함하고 있다. 상민을 천하게 부를 때에 '상놈'이라고 한 것도 양반과의 대칭을 염두에 둔 표현이라고 할 수 있다. 상민은 현실적으로 피지배 신분의 위치에 있었지만 법적으로는 양인의 일원으로서 양반과 동등한 권리를 가지고 있었다. 정치적으로 상민은 양반처럼 과거에 응시하여 관직에 나아갈 수 있었고 관학에서 교육받을 수 있는 권리를 가지고 있었다. 사회·경제적으로 거주 이전의 자유나 토지 소유 등 재산권 행사에 있어서도 상민과 양반의 차별은 없었다. 이는 상민이 양인의 일원이기 때문에 가능한 것이었다.

그러나 양천제가 시행되었다고 해서 양인 내부의 계층 이동이 자유로웠다거나 대대로 벼슬해 온 양반들의 특권이 부정된 것은 아니었다. 상민은 양인으로서 법제적 권리는 가지고 있었지만 그것을 누리지는 못하였다. 상민이 가진 양인으로서의 권리는 현실에서 구현되기 어려운 경우가 대부분이었다. 상민은 그러한 권리를 누릴 만한 경제적 여건이 되지 않았고, 이를 효과적으로 관철시킬 만한 정치적 권력이나 사회적 권위를 갖기 어려웠기 때문이다.

빠른 풀이 비법

이런 문제의 경우, 1문단을 읽은 후 선택지를 살펴보고, 2문단을 읽은 후 선택지를 살펴보는 방식으로 주어진 글을 한 단락씩 집중적으로 빠르게 읽은 다음 선택지의 옳고 그름 여부를 판단하는 것이 시간을 절약할 수 있는 방법이다.

① 천인에게 부과되는 역의 부담은 양인보다 더 막중하였다.
② 상민은 보통 사람이란 뜻으로, 독자적으로 결정되어진 하나의 신분이었다.
③ 상민은 양반과 동등한 권리를 가지고 있음에도, 현실적으로 피지배 신분의 위치에 있어야 했다.
④ 상민은 관학에서 교육을 받거나 과거에 응시할 수 있었다.
⑤ 양천제가 실시되었음에도 상민은 양인의 권리를 누리지 못했다.

09

사람은 누구나 태어나서 성장하고 어른이 되어 노년을 보낸 후 생을 마감한다. 기업에서 생산하는 제품도 사람과 마찬가지로 이러한 생애를 거치며 탄생하고 소멸한다. 이것이 상품생애주기 이론이다. 개념은 단순하지만 제품의 성장과 전망을 검토하는 근거를 제공하고, 제품이 속한 각 단계별로 어떠한 마케팅 활동을 중점적으로 실행하고 투자하는 것이 효율적인지 등의 문제를 해결하는 데 도움을 준다. 그리고 제품 계열의 생애주기를 확인하고 이를 전략적으로 개선·조정함으로써 장기적으로 수익을 높일 수 있다.

상품생애주기는 제품의 형태나 계층, 상표 등에 대해 적용되며, 도입기, 성장기, 성숙기, 쇠퇴기로 구분된다. 도입기란 제품이 새롭게 만들어져 시장에 처음으로 등장하는 단계이다. 처음 시장에 등장한 만큼 소비자들에게 인지도가 낮아 높은 경계심을 보이므로 이때 제품을 구매하는 고객은 자신이 원하는 바와 제품이 주는 효용이 거의 일치하는 경우에 한한다. 기간이 길게 지속되며 구매 고객이 적어 매출액은 완만한 속도로 증가하지만, 상품의 인지도를 높이기 위해 촉진 활동과 유통망 확보에 집중적으로 많은 투자가 이루어지므로 적자가 날 가능성이 크다. 도입기에는 제품의 차별화는 없으나 인지도를 높이는 데에 초점을 맞추고 유통망을 넓히기 위해 중간 상인들을 대상으로 인적 판매를 시행하는 것이 좋다.

성장기는 신제품의 매출액이 점차로 증가하기 시작하는 단계로, 구매층이 두꺼워지고 반복 구매가 이루어진다. 수요가 늘면서 제품을 취급하려는 중간 상인들의 수가 증가하여 유통망이 넓어지면서 매출액도 상승해 이익은 흑자로 전환된다. 시장이 확대되면서 경쟁자들이 시장에 뛰어들게 되고, 이에 대응하기 위해 제품을 차별화하려는 시도가 모색되며 그 전략의 하나로 가격 인하 경쟁이 이루어지기도 한다. 성장기에는 장기적인 시장 지위를 확보하기 위해 유통망을 확충하는 동시에 이를 견고히 해야 한다.

성숙기는 매출이 체감적으로 증가하거나 안정된 상태를 유지하는 단계이다. 경쟁력 있는 시장 참여자들이 늘고 공급이 과잉되어 경쟁이 심화되고 유통망 확보와 판매 촉진에 쓰이는 비용이 계속해서 커지면서 이윤은 감소하고, 이를 극복해내지 못하는 경쟁자는 시장에서 떨어져 나가기 시작한다. 이때의 마케팅 전략으로는 비사용자에게 구매를 유도하고, 경쟁사의 소비자가 자사의 제품을 구매하도록 유인하며, 기존 고객이 더 많은 제품을 소비하게 하는 등의 방법이 주로 행해진다. 기존의 시장에서 승산이 없다고 판단될 경우에는 목표 고객층을 새롭게 설정하거나 제품의 일부 속성을 변경·수정하여 새로운 시장으로 진출하기도 한다.

마지막 단계인 쇠퇴기에는 수요가 감소함에 따라 매출액도 지속적으로 감소하고 시장 참여자들은 마케팅 촉진 활동을 점차 줄이거나 중단한다. 쇠퇴기를 맞이했다는 판단 하에 주로 사용하는 마케팅 전략으로는 제품의 생산을 전면 중단하고 폐기하는 방법, 표적 시장의 범위를 축소하여 이익이 큰 세분된 시장에만 집중하는 방법, 마케팅 비용을 최대한 줄여 이익을 증대시키는 방법 등이 있다.

① 도입기에는 고객의 경계심을 풀고 인지도를 쌓는 데에 주력할 필요가 있다.
② 성장기는 본격적으로 경쟁이 시작되는 단계로 차별화 전략이 수반된다.
③ 성숙기에는 매출은 늘지만 투자비용도 늘어 이윤 증가를 기대하기는 어렵다.
④ 쇠퇴기를 맞이했을 경우에는 제품 생산을 중단하는 것도 고려해야 한다.
⑤ 상품생애주기를 활용하여 제품을 개선하고 차별화하면 쇠퇴기의 도래를 막을 수 있다.

One Point Lesson

세부 내용을 파악하는 문제에서 쉽게 범할 수 있는 실수가 있다. 바로 글의 내용과 맞는 것을 고르는 문제인지, 틀린 것을 고르는 문제인지 문제 자체를 혼동하는 경우이다. 대부분의 직무적성 시험이 제한시간을 짧게 주고 있으므로, 주어진 시간 내 최대한 실수를 줄이는 것도 굉장히 중요하다. 따라서 질문 자체를 혼동하지 않도록 주의하자. 이런 단순한 실수를 범하지 않으리라는 보장은 없다. 의외로 문제 자체를 잘못 읽어서 틀린 답을 고르거나, 시간을 소비하는 응시생도 많다는 것을 기억해두자.

1문단에서는 상품생애주기를 설명하고 있다. 선택지를 빠르게 훑어보면, ①~④ 모두 상품생애주기의 각 주기에 대하여 묻고 있음을 알 수 있다. 따라서 2문단 도입기를 읽은 후 ①을 보고, 3문단 성장기를 읽은 후 ②를 보고, 4문단 성숙기를 읽은 후 ③을 보는 방식으로 답을 판단하도록 한다.

기본문제

정답 및 해설

01 정답 ②

핵심 키워드 : 집단 생활, 규범, 문화

| 문단 요지 |
1문단 : 동물 집단은 군집, 인간 집단은 사회라고 구별함.
2문단 : 인간만이 가지는 사회의 특징.
3문단 : 사회가 갖는 특징적 문화형.
4문단 : 문화형은 사회의 존속을 위해 필요함(사회화).
5문단 : 문화란 사회 안에 존재하며, 인간만이 지닌 것.

사회는 조직 체계를 구성하고 규범을 가지며 구성원들을 교육하고 지위를 형성한다. 이를 보았을 때 유인원의 집단인 군집은 본능에 따른 집단 생활이지만, 인간의 집단인 사회는 창조적인 집단 생활임을 알 수 있다.

02 정답 ③

핵심 키워드 : 경주, 불국사역, 불국사, 토함산, 석굴암

1문단에서는 글쓴이가 경주를 떠나 불국사로 향하고 있음을 알 수 있다. 2문단에서는 경주에서 불국사역까지 기차로 이동한 글쓴이가 자동차로 갈아타고 불국사까지 이동한 경로를 보여주며, 3문단에서는 토함산 등산길을, 4문단에서는 석굴암을 묘사하고 있다.

03 정답 ④

핵심 키워드 : 업계 마케팅 동향, 사례 분석

제시된 문서는 홍보팀·마케팅팀의 직원을 대상으로 하는 '업계 마케팅 동향 및 사례 분석' 연수 계획서이다. 연수 과정에서 마케팅 이론을 학습한다는 것은 짐작할 수 있지만 연수의 목표가 마케팅 이론을 학습하는 것이라고 볼 근거는 제시되어 있지 않다. 그보다는 '8. 연수 목적'의 '실무 적용'과 '마케팅 사례 학습' 등의 내용에 근거하여 실무 능력을 향상하기 위한 것으로 보는 것이 타당하다.

| 오답 피해가기 |
① 연수 종별이 직무 연수이고, 연수 대상이 홍보팀과 마케팅팀으로 한정되어 있다.
② 연수 이수 시간은 16시간이고 교육 시간은 총 19시간이다.
③ 연수 위치와 연수 기간 항목을 통해 알 수 있다.
⑤ 연수 대상이 홍보팀과 마케팅팀이고 인원이 팀별 4명이므로 총 연수 인원은 8명이다.

04 정답 ④

핵심 키워드 : (명철) 경제 발전, 대중 교육 (영민) 전문적 지식, 엘리트 교육

| 문단 요지 |
1문단 : 경제 발전을 위해서는 대중의 지식수준이 중요함.
2문단 : 대중의 지식수준과 경제 발전은 아무런 관계가 없음 ; 문맹률
3문단 : 2문단에서 고등학교 진학률을 간과했음을 지적 ; 대중교육
4문단 : 경제 성장에 직접적인 도움을 주는 것은 대중교육이 아니라 전문적 지식임.
5문단 : 대중교육이 국민의 전반적인 지식수준을 향상시키므로, 대중교육은 여전히 중요함.

명철이는 생산성 향상을 위해 전문 지식이 필요함에 동의하지만, 대중의 지식수준과 경제 발전이 비례하므로 국민 전반적인 대중 교육이 중요하다는 입장이고, 영민이는 대중 교육보다는 소수의 전문적 지식이 생산성 향상에 도움이 된다는 입장을 보인다.

05 정답 ③

핵심 키워드 : 집시 이발사, 뇌수술

이 문제는 진술의 의미를 파악하는 능력을, 즉 진술이 사실을 전달하기 위한 것인지, 의견을 전달하기 위한 것인지 구분할 수 있는지 묻고 있다. 진술의 종류에 따라 그 진위를 결정할 수 있는 방법이 달라진다. 사실 진술의 경우 사실적 증거를 확인함으로써 그 진위를 가릴 수 있지만, 의견 진술의 경우 사실에 대해 내린 진술자의 판단을 서술한 것이기 때문에 사실적 증거를 확인하는 것으로는 그 진위를 가릴 수 없다. ㉠~㉤ 중 사실을 전달하는 진술은 ㉠, ㉢, ㉣이다.

06 정답 ④

핵심 키워드 : 향수, 원액의 농도, 향취, 라스팅 노트

퍼퓸은 향이 12시간 정도 지속된다고 하였으므로 향이 아침부터 밤까지 지속되게 하려면 퍼퓸을 구입하면 된다.

| 오답 피해가기 |
① 향수의 원액 농도와 가격의 관계에 대해서는 지문을 통해서 알 수 없다.
② 라스팅 노트가 6시간 지속되는 향수가 가장 좋은 향수라고 나와 있다.
③ 마지막 문장을 보면 '귀 뒤나 손목, 팔꿈치 안쪽 등 맥박이 뛰는 부분'에 향수를 뿌리면 향력이 더 좋아진다고 하였으며 목에 대해서는 언급하지 않아 알 수 없다.
⑤ 글에 따르면 톱 노트에서는 알코올과 함께 섞인 향이 나고, 미들 노트에서는 알코올이 날아가고 남아 있는 향이 나며, 라스팅 노트에서는 알코올이 향이 나지 않고 향수 본래의 향취가 난다. 따라서 알코올이 향수 본래의 향취를 다 날아가게 한다는 말은 옳지 않다.

07 핵심 키워드 : 환경 문제, 기만적인 사랑

정답 ⑤

이 글의 내용은 '자연환경 파괴 속에서 자연보호란 인간 자신의 생활이 걸려 있는 중요한 문제이며, 기만적인 자연에 대한 사랑은 아무런 해결도 되지 않는다.'는 것이다.
⑤ 다른 지역 사람들과 정당은 자신의 이익만을 추구하여 자연에 대한 제삼자적 입장을 보이고 있다고 제시되어 있다.

| 오답 피해가기 |
① 위기를 회피하기 위해서 자연의 입장에 서야 한다고 단정하고 있지 않다.
② 진보적 정당이 만들어진 목적은 노동자의 입장을 대변하기 위해서이다.
③ 정당들이 이익을 추구하기 위해서 환경 문제를 바라보고 있다는 내용은 제시되어 있지만, 진보 정당의 의무는 제시되어 있지 않다.
④ '자연의 입장에 설 것인지', '인간의 입장에 설 것인지' 하는 문제가 '진지한 것'이라는 점을 인식하라고 주장하고 있을 뿐, '작물의 수확량 감소나 생활의 빈곤을 견디는 것'을 '불가피한 일'이라고까지 주장하고 있지는 않다.

08 핵심 키워드 : 양천제

정답 ②

| 문단 요지 |
1문단 : 조선 시대 신분 제도인 양천제에 대한 설명.
2문단 : 양인에 포함되는 상민의 범주에 대한 설명.
3문단 : 상민에 대한 설명.
4문단 : 양천제의 실시에도 불구하고, 양인으로서의 권리를 누리지 못하는 상민.

2문단에서 상민은 독자적인 신분 결정 요인으로 구별된 것이 아니라, 양인 중에서 다른 계층을 제하고 남은 사람들을 가리키는 말이었음을 서술하고 있다.

| 오답 피해가기 |
① 양인 남자에게만 부과되는 국역 성격의 역과 달리 천인에게는 남녀 모두에게 징벌 의미의 신역이 부과된 것으로 보아, 천인에게 역에 대한 부담이 더 컸음을 알 수 있다.
③, ④ 상민은 법적으로 양반과 동등한 권리를 가지고 있었고 관학의 교육과 과거 응시가 가능하였으나, 경제력과 정치적 권력의 부족으로 인해 권리를 누리기 어려웠다.

09 핵심 키워드 : 상품생애주기, 도입기, 성장기, 성숙기, 쇠퇴기

정답 ⑤

| 문단 요지 |
1문단 : 상품생애주기의 개념과 의의.
2문단 : 상품생애주기의 구분과 도입기에 대한 설명.
3문단 : 상품생애주기의 성장기에 대한 설명.
4문단 : 상품생애주기의 성숙기에 대한 설명.
5문단 : 상품생애주기의 쇠퇴기에 대한 설명.

기업이 생산한 제품은 상품생애주기를 거치는데, 이 주기를 통해 제품을 전략적으로 개선·조정하면 장기적으로 수익을 높일 수 있다고 하였으나 이것으로 쇠퇴기의 도래를 막을 수 있다고 볼 수는 없다.

Part 2 Theme 02 Advance 발전문제

01 다음 글을 읽고 언급된 내용을 고르시오.

제한시간 45초

17세기 네덜란드의 경제가 급성장하고 부가 축적됨에 따라 새롭게 등장한 시민계급은 이전의 귀족과 성직자들이 즐기던 역사화나 종교화와는 달리 자신들에게 친근한 주제와 형식의 그림을 선호하게 되었다. 이러한 현실적이고 실용적인 취향에 따라 출현한 정물화는 새로운 그림 후원자들의 물질에 대한 태도를 반영했다. 화가들은 다양한 사물을 통해 물질적 풍요와 욕망을 그려 냈다. 동시에 그들은 그려진 사물을 통해 부와 화려함을 경계하는 기독교적 윤리관을 암시했다.

루뱅 보쟁의 〈체스판이 있는 정물-오감〉에는 테이블 위로 몇 가지 물건들이 보인다. 흑백의 체스 판 위에는 카네이션이 꽂혀 있는 꽃병이 놓여 있다. 꽃병

에 담긴 물과 꽃병의 유리 표면에는 이 그림의 광원인 창문과 거기에서 나오는 다양한 빛의 효과가 미묘하게 표현되어 있다. 그 빛은 테이블 왼편 끝에 놓인 유리잔에도 반사될 뿐만 아니라, 술잔과 꽃병 사이에 놓인 흰 빵, 테이블 전면에 놓인 만돌린과 펼쳐진 악보, 지갑과 트럼프 카드에도 골고루 비치고 있다. 이처럼 보쟁은 섬세한 빛의 처리를 통해 물건들에게 손으로 만지는 듯한 질감과 함께 시각적 아름다움을 부여했다.

이 그림의 부제가 암시하듯, 그림 속의 사물들은 각각 인간의 오감을 상징한다. 당시 많은 화가들이 따랐던 도상적 관례에 의거하면, 붉은 포도주와 빵은 미각과 성찬을 상징한다. 카네이션은 그리스도의 수난과 후각을, 만돌린과 악보는 청각을 나타낸다. 지갑은 탐욕을, 트럼프 카드와 체스 판은 악덕을 상징하는데, 이들은 모두 촉각을 상징하기도 한다. 그림 오른편 벽에 걸려 있는 팔각형의 거울은 시각과 함께 교만을 상징한다.

이와 같은 사물들의 다의적인 의미에도 불구하고, 당시 오감을 주제로 그린 다른 화가들의 작품들로부터 이 그림의 의미를 찾을 수 있다. 당시 대부분의 오감 정물화는 세상의 부귀영화가 얼마나 허망한지를 강조하며, 현실의 욕망에 집착하지 말고 영적인 성장을 위해 힘쓰라고 격려했다. 이 사실로부터 우리는 중세적 도상 전통에서 '일곱 가지 커다란 죄' 중의 교만을 상징하는 거울에 주목하게 된다. 이때 거울은 자기 자신의 인식, 깨어 있는 의식에 대한 필요성으로 이해된다. 그런 점에서 이 그림은 감각적인 온갖 악덕에 빠질 수 있는 자신을 가다듬고 경계하라는 의미를 암시하고 있다. 보쟁의 정물화 속에 그려진 하나하나의 감각을 음미하다 보면 매우 은은하고 차분한 느낌과 함께 일종의 명상에 젖게 된다.

① 보쟁의 예술적 생애
② 정물화 후원자의 미적 취향
③ 정물화의 재료 및 작업 도구
④ 보쟁의 작품에 대한 당시의 비평
⑤ 보쟁 이외의 화가들의 그림에 대한 자세한 묘사

02 다음 글을 읽고 (가)글의 밑줄 친 ㉠~㉣ 가운데 (나)글의 (A)와 (B)의 관계에 유사하게 대응되는 것을 고르시오.

제한시간 45초

(가) ㉠ 공영(公營) 방송은 세 번의 위기를 겪었다. 첫 번째는 ㉡ 사영(私營) 방송의 등장이었다. 서유럽에서 방송은 1920년대 탄생 초기부터 공영으로 운영되는 것이 일반적이었는데 1950년대 이후 사영 방송이라는 경쟁자가 나타나게 된 것이다. 그러나 이러한 사영 방송의 등장은 공영 방송에 '위협'이 되었을 뿐, 진정한 '위기'를 불러오지는 않았다. 경제적으로 꾸준히 발전하던 이 시기에 공영 방송은 사영 방송과 함께 시장을 장악했다. 두 번째 위기는 케이블 TV 등 ㉢ 다채널 방송의 등장이었다. 서구에서는 1980년대, 한국에서는 1990년대 후반에

시작한 다채널 서비스의 등장은 공영 방송의 존재에 큰 회의를 품게 하였다. 다채널 방송은 공영 방송이 제공해 온 차별적인 장르들, 즉 뉴스, 다큐멘터리, 어린이 프로그램들을 훨씬 더 전문적인 내용으로, 더 많은 시간 동안 제공해 주었다. 이에 공영 방송은 양질의 프로그램 제작을 위해 상대적으로 더 많은 재원을 필요로 하게 되었고, 이를 위해 수신료 인상이 필요했지만, 시청자들은 동의하지 않았다. 그러나 이러한 위기에도 불구하고 공영 방송은 어느 정도의 시청률을 유지한 채 주류방송으로서의 지위를 굳건히 지켜냈다. 최근 들어 ㉢ 디지털 융합형 미디어의 발전이라는 세 번째 위기가 시작되었다. 이는 채널 제공 경쟁자가 늘어나는 것이 아니라 수용자의 미디어 소비 패턴 자체를 바꾸는 변화이기 때문에 훨씬 더 위협적이다. 디지털 미디어에 익숙한 젊은 시청자들은 채널을 통해 제공하는 일방향 서비스에 의존적이지 않다. 개별 국가의 정체성 형성을 담당하던 공영 방송은 유튜브와 팟캐스트 등 국경을 넘나드는 새로운 플랫폼에 속수무책인 상황에 처하게 되었다.

(나) 미국의 과학사학자 쿤은 그의 대표적인 저서인 「과학 혁명의 구조」에서 패러다임이라는 중심 개념을 도입하고 소개하였다. 그의 패러다임 개념은 어떤 과학 영역에서 전문적 과학자 집단을 지배하고 그 구성원 사이에서 공유되고 있는 시각이나 방법, 문제를 해결하는 과정 등의 총체를 의미한다. 이 이론에 의하면 여러 가지 견해 가운데 특정 견해에 관하여 합의를 본 기존의 과학적 활동을 (A) 정상 과학(正常科學)이라고 하고, 이것을 대치하는 새로운 패러다임이 생겨나게 되면 그것을 (B) 이상 과학(異常科學)이라고 한다. 또한 기존의 패러다임이 새로운 패러다임으로 교체되는 현상을 과학혁명이라고 하였다.

	(A)	(B)		(A)	(B)
①	㉠	㉡	②	㉠	㉢
③	㉠	㉣	④	㉡	㉢
⑤	㉡	㉣			

★★★☆☆ 제한시간 50초

03 다음 글에서 사르트르가 주장한 내용과 일치하는 것을 고르시오.

이미지란 무엇인가? 근대 철학자들은 우리가 현실 세계의 사물을 감각에 의해 지각하여 실재 세계를 구성하듯 이미지도 감각을 바탕으로 한다고 보았다. 여기서 현실 세계는 인간에 의해 지각되기 이전에 이미 객관적으로 존재하는 세계를 의미하고, 실재 세계는 이러한 현실 세계를 인간의 지각에 의해 파악한 세계를 의미한다. 그런데 이미지는 감각을 바탕으로 하지만 그것은 불완전하게 지각된 모사물에 불과하다고 여겼다. 따라서 그들은 이미지가 지각의 하위 영역이며 실재 세계에 비해 상대적으로 열등한 것으로 보았다. 그러나 사르트르는 '이미지 이론'을 통해 상상 세계를 제시하면서 이에 대해 반대하는 입장을 드러냈다.

사르트르는 "실재 세계와 상상 세계는 본질적으로 서로 공존할 수 없다."라고 단언하며 이 두 세계는 지각과 상상이라는 인식 방법의 차이에 따라 달리 인식되는 것이라 설명한다. 이는 두 세계가 존재하는 것이 아니라 현실 세계를 지각에 의해 인식하기도 하고 상상에 의해 이미지로 인식하기도 한다는 것을 뜻한다. 결국 사르트르는 현실 세계가 우리의 의식이 지향하는 바에 따라 실재 세계와 상상 세계로 나누어지며 이 둘이 동시에 인식될 수 없다고 주장한다. 따라서 사르트르는 이전까지 실재 세계에 속한 영역이자 열등한 복사물 정도로 여겨져 왔던 이미지를 실재 세계에서 완전히 독립하여 상상 세계에서 이루어지는 정신 의식으로 규정하였다.

이렇게 사르트르에 의해 실재 세계로부터 독립된 이미지는 인식된 그 순간부터 온전한 전체가 된다는 특징을 지닌다. 지각에 의해 인식된 실재 세계는 세부적 특성이 파악될 때마다 변화하는 것에 비해 이미지는 우리가 아는 만큼만, 혹은 우리가 의도한 만큼만 구성되기 때문에 변하지 않는다는 것이다. 예를 들어 대상을 비추는 조명의 색이 달라지면 실재 세계에서 지각되는 색채는 그에 따라 달라지지만, 이미지는 조명의 색이 달라지더라도 상상 세계에서 항상 같은 색채를 가지게 된다는 것이다. 또한 이미지는 지각에 의해 파악되는 실재 세계의 속성들과 단절되어 상상 세계에서만 나타난다는 특징이 있다. 작년에 외국으로 떠난 친구에 대해 상상할 때, 그와 함께 하던 빈 방을 보며 그의 부재라는 실재 세계는 사라지고, 상상 세계에 이미지화되어 있는 친구의 모습만 떠오른다는 것이다.

이러한 사르트르의 관점에서 예술을 바라본다면, 예

발전문제

술은 늘 변할 수밖에 없는 실재 세계가 아닌 독립된 상상 세계에서 인식되어야 한다. 고전적인 조각의 경우를 예로 들면 예술가는 자신이 지각한 그대로를 완벽하게 표현하려 애쓰지만 실재 세계에서 인식되는 대상은 계속 변화하기 때문에 결국 지각에 의한 재현에는 어려움이 생길 수밖에 없다. 그러나 조각을 상상 세계에서 이미지화하면 의도한 만큼 작품을 변하지 않게 구성할 수 있다. 이때 비로소 예술가가 나타내고자 했던 이미지를 그대로 전달할 수 있다는 것이다.

① 실재 세계는 존재하지 않으며 이미지에 의존하는 상상 세계만이 존재한다.
② 모든 사람은 현실 세계를 자체적 이미지화를 통해 인식한다.
③ 이미지는 지각에 의존하지 않는 독자적인 영역이다.
④ 이미지는 현실보다 불완전하며 유동적이다.
⑤ 감각이 존재하기 때문에 이미지를 지각할 수 있는 것이다.

제한시간 2분

04~05 다음 글의 내용과 일치하는 것을 고르시오.

★★★★☆
04

인간 이외의 동물은 본능을 따라 행동할 때, 망설임이나 불안이 없다. 동물들에게 있어서 세계는 미리 질서가 확립된 곳이기 때문에 스스로가 그것을 만들어 낼 필요가 없기 때문이다. 즉, 선택의 여지가 없다는 뜻이다. 그에 반해 인간은 그런 본능의 이끌림을 잃기도 하기 때문에 문화라는 장치를 만들어내서 재정비된 질서를 찾아왔다. 인간이 종종 문화를 가진 생물로 불린 이유는 여기에 있다.

어째서 인간만이 그런 특이한 생물로 진화하게 되었는지는 그 자체가 매우 흥미로운 문제이지만, 여기서는 주제에서 벗어나기 때문에 다루지 않는다. 대신에 문화를 가진 생물이 되어버린 인간이 환경의 변화를 마주할 때 다른 종처럼 몇 세대에 걸쳐 서서히 스스로를 변화시키고 그 변화에 적응하는 행위를 하지 않고, 스스로 만들어 낸 문화라는 장치를 조작하면서 적응해왔다는 것이 어떤 의미를 가지게 되었는지를 생각해 보고 싶다.

방금 말한 것처럼 혼돈의 세계 속에서 문화를 통해 질서를 회복하려는 시도가 행해짐에 따라 인간은 세계를 해석할 수 있게 되었지만 그 해석이 유효하려면 집단의 구성원들이 문화라는 장치를 인정해야 한다. 즉, 문화가 문화로서 기능하기 위해서는 사회에서 제도화돼야 한다는 것이다. 그런데 이런 사회 제도화된 문화가 일단 성립되면, 이번에는 그 문화 자체가 인간에 의해 이른바 제2의 자연으로서 인간의 행동을 규제하게 된다. 따라서 〈문화〉는 원래 〈자연〉과 대립하는 개념이지만, 인간이 문화의 범위 내에서만 행동할 수 있다고 본다면 어떤 의미로는 '문화=자연'이라는 관계가 성립한다고 볼 수 있다.

① 인간이 문화를 가지게 된 것은 다른 동물과 달리 살아가는데 있어서 본능 이외의 질서를 줄 필요성이 있던 점과 깊은 관련이 있다.
② 인간이 다른 생물과 결정적으로 다른 점은 환경의 변화에 마주할 때 스스로를 적응시키면서도 대립이라는 보편적인 가치관을 확립해 왔기 때문이다.
③ 한 번 사회적 제도에 따라 인정받은 문화라는 장치는 어떤 식으로 세상이 변화한다고 해도 쉽게 그 유효성을 의심받지는 않는다.
④ 본래 인간의 문화란 것은 자연과의 공존을 꾀하기 위한 수단이었지만 사회 제도가 성립되면서 그 사실은 잊혀져 갔다.
⑤ 인간 이외의 생물이 자연 속에서 살아온 것과는 대조적으로 인간은 자연과는 독립적인 사회를 의도적으로 만들어 가까스로 삶을 부지해 왔다.

★★★★☆
05

현대 사회를 살아가는 우리들은 자신이 '비인간적'으로 사는 방식을 피할 수 없음을 실감하고 산다. '인간적인 것은 구체적으로 무슨 뜻일까'라는 어려운 논의를 시작하기도 전에, 이미 우리가 실감하고 있는 개념인 것이다. 이는 기묘한 것이다. 왜냐하면 현대 사회는 자유와 번영을 목표로 다양한 사람들이 장기간에 걸쳐 다양한 활동을 해서 탄생한 사회인데, 그렇다면 과거의 어떤 시대와 비교해도 훨씬 인간적이어야 하기 때문이다. 그럼에도 불구하고, '~이어야 한다'와 '현실'에 큰 차이가 있는 것은 대체 왜일까?

그 이유는 인간의 욕구는 사회적인 여러 조건과 함께 변화하고 확대된다는 사실이다. 조선 시대의 농민과 비교하거나 혹은 일제 강점기 시대의 사람들과 비교해보면 오늘날 대다수 한국인들의 생활은 훨씬 자유롭고 풍요로워졌을 것이다. 당시는 꿈같은 일이었지만 현재는 실현된 것도 많다. 그러나 사회의 생산력이 증대되고 사회적 여러 조건들이 그렇게 발전한 생산력에 적합하게 갖춰지면 그만큼 사람들의 욕구도 확대된다. '인간적이다'라고 느낄만한 요소가 변화하는 것이다. 소작료를 내기 위해 열심히 일한 농민, 장기간 중노동에 신음하던 해방 직후의 노동자들이 자주적인 판단을 통해 자신의 능력을 충분히 발휘하고 사회적 연대를 실감할 가능성은 불가능했다. 그들은 오늘날의 공장 노동자와 비교해 볼 때 훨씬 비인간적인 상태에 있었을 것이다. 어떤 사람은 그 당시 농민과 수공업 노동자는 스스로 자기 일을 관리하거나 생각하고, 작업 속도도 자신들이 정했기 때문에 기계에 쫓기는 오늘날의 노동자들에 비해 자주적이었다고 말하기도 한다. 확실히 한정된 좁은 범위 내에서 자주적 판단이 가능했을지 모르지만 그들의 노동 조건은 열악하기 짝이 없었다. 또한 신분적 종속 관계가 그들의 행동을 강하게 속박하기도 했다. 즉, 기본적으로는 종속된 상태였으며 그 조건 속에 한정된 자주성이 존재했다는 것은 오늘날의 노동자가 취직 시의 계약 때 가지고 있는 자주성과 비교해 볼 때 현저히 제한된 자주성에 지나지 않는다.

① 사회적 여러 조건들의 변화에 더불어 사람들의 욕구는 과거와 비교해서 커지고, '인간적이다'라고 느낄만한 요소가 변화한다.
② 오늘날 대다수 한국인들의 생활은 과거의 어느 시대와 비교해도 훨씬 자유롭고 풍족하기 때문에 '인간적이다'라고 할 수 있다.
③ 조선 시대의 농민은 소작료를 내기 위해 노동에 내몰렸기 때문에 자신의 생활을 '인간적이다'라고 느낄 수 없었다.
④ 해방 직후의 노동자들은 자주적인 판단을 기본으로 능력을 발휘했는데 그들은 오늘날 공장 근로자보다도 인간적인 생활을 보냈다.
⑤ '인간적이다'라고 느낄만한 요소는 노동 조건이나 신분적 제약의 유무에는 관계없이 사람들이 느끼는 방법에 따라 결정된다.

06~07 다음 글의 내용과 일치하지 않는 것을 고르시오.

★★★☆☆

06

스마트 그리드(Smart Grid)란 정보통신기술을 통해 송전·배전·발전소 등 전기의 생산·운반·소비 과정에 있는 전력 공급자와 소비자가 서로 정보를 교환함으로써 전기를 보다 효율적으로 사용할 수 있는 지능형 전력망을 의미한다. 기존의 전력망에 ICT(Information and Communications Technologies) 기술을 접목하여 전력 생산 및 소비 정보를 교환함으로써 에너지 효율을 최적화하는 것이다.

전력망은 전력을 생산하는 '발전 설비', 전력을 이동시키는 '송·배전 설비', 전력을 소비하는 '수용가'로 구성되어 있다. 기존에는 증가하는 전력 수요에 대처하기 위해 발전소를 늘리거나 송·배선 설비를 효율화하는 것에 집중적으로 투자가 이루어졌다. 그러나 스마트 그리드를 활용해 전력 사용의 효율성을 극대화하기 위해서는 수용가에서 사용하는 전력의 양을 실시간으로 정확히 측정하고 이를 기반으로 향후 소비량을 예측하는 과정이 수반되어야 한다. 이 과정을 통해 직접적인 발전 비용과 송·배전에 필요한 투자비용을 줄일 수 있고, 개별 제품의 전력 소비량을 파악하여 그 정보를 소비자에게 보여줌으로써 전기 사용량을 관리하도록 유도할 수도 있다.

스마트 그리드는 전력뿐만 아니라 충전기기·통신·가전·건설·자동차·에너지 등 산업 전반과 연계되어 큰 파급 효과를 기대할 수 있어 새로운 성장 동력으로 주목받고 있으며 이미 주요 선진국들은 정부 주도하에 시장 선점을 시도하고 있다. 미국은 2003년에 「Grid 2030」 국가 비전을, 2009년에는 100개의 스마트 그리드 프로젝트에 매칭펀드 형태로 총 81억 달러를 투입할 것임을 발표하였고, EU는 2006년에 「Smart Grids Vision&Strategy」를 발표하고 2007년에 전략적 5대 연구 분야를, 2008년에 전략적 6대 우선 구현 분야를 선정하였다. 일본은 2009년에 기술개발 로드맵 수립에 착수하여 4개 도시를 스마트 그리드 실증지역으로 선정하고 1,000억 엔 규모의 사업을 추진하고 있으며, 중국에서는 국가전망공사가 2020년까지 스마트 그리드 사업에 4조 위안 이상을 투자할 것임을 발표한 바 있다.

우리나라는 스마트 그리드 구축을 통한 저탄소 녹색 성장 기반 조성을 비전으로, 2030년까지 세계 최초로 국가 단위의 스마트 그리드를 구축하는 것을 목표로 삼

발전문제

고 있다. 이를 위해 기술개발 결과물을 시험하고 비즈니스 모델을 개발함으로써 기술 상용화 및 수출산업화 기반을 마련할 수 있도록 제주에 스마트 그리드 실증단지를 건설하였고, 민간 사업자 8곳과 함께 3년간 총 5,668억 원을 투입해 전국 13개 지역에 스마트 그리드 거점을 마련할 계획이다.

세계 각국에서 스마트 그리드를 추진하는 것은 에너지 효율을 높여 화석연료의 고갈에 대비하고 시장성이 큰 산업을 선점하고자 하는 것 외에도 환경 문제를 해소하고자 하는 바도 있다. 국제사회는 온실가스로 인해 발생하는 기후변화에 대응하기 위해 각국 정부에 과거보다 더 강력한 조치를 요구하고 있는데, 우리나라는 GDP 대비 온실가스 배출량이 OECD 평균의 1.6배 수준으로 많아 저탄소 녹색성장을 위한 인프라 구축이 필요하다는 인식 아래 스마트 그리드를 추진하고 있다.

① 스마트 그리드를 이용하면 양방향·실시간으로 전력 생산 및 소비 정보를 교환할 수 있다.
② 전력 수요의 증가는 전력을 이동시키는 설비의 효율을 높임으로써 일정 부분 대처가 가능하다.
③ 스마트 그리드를 활용하면 개별 제품의 전력 소비를 자동으로 통제함으로써 전기 사용량을 관리할 수 있다.
④ 일본과 우리나라는 스마트 그리드 관련 연구를 위해 실증지역을 선정하였다.
⑤ 전기를 만들어 내는 과정에서 발생하는 일부 물질이 기후에 부정적인 영향을 미치고 있다.

★★★☆☆

07　　　　　　　　　　　　　　　　　| 2017 삼성 |

욜로(YOLO)는 2011년, 미국의 인기가수 드레이크(Drake)의 노래〈The Motto〉에서 등장한 노랫말이 화제가 되어 대중적으로 유행하기 시작했다. 대화 도중 화제를 전환할 때 쓰이던 'YOLO'의 의미가 드레이크에 의해 재조명된 것이다. 이후 미국의 오바마 전 대통령이 '오바마 케어(Obama Care)'를 알리기 위해 만든 영상에서 'YOLO'를 사용하면서 세계적인 신조어로 확산되었으며, 한국에서는 2015년 방영된 예능 프로그램 '꽃보다 할배'를 통해 소개되어 전국적으로 '욜로 열풍'이 불게 되었다.

욜로(YOLO)는 'You Only Live Once'의 약자로 '한 번뿐인 인생, 혼자서라도 즐기자'라는 가치관이 담긴 신조어이다. 욜로 라이프를 실천하고 소비하는 욜로족은 많은 돈을 소유하는 것보다 가지고 있는 돈으로 현재 나의 삶을 윤택하게 만드는 것이 진정한 풍요라고 믿는다. 부자가 되기 위해 인내하고 절약하기보다는 지금 이 순간을 즐겁게 살 수 있는 경험을 소비하는 데 중점을 두는 것이다. 이처럼 부모세대의 전형적인 가치관에서 탈피한 욜로족들은 행복과 성공의 기준을 '나'로 삼고, 주변 환경에 연연하지 않은 채 자신에게 주어진 시간을 적극적으로 즐기는 삶을 살고자 한다.

욜로족의 욜로 라이프는 1코노미(1conomy)와 스몰 럭셔리(Small Luxury), 얼로너(Aloner) 등 다양한 형태로 우리 사회에 나타나고 있다. 1코노미는 '1인'과 영어 단어인 '이코노미(Economy)'의 합성어로 혼자만의 소비를 즐기는 방식을 뜻하며, 이는 가족 단위의 소비를 지향하던 과거와는 전혀 다른 형태의 소비 방식이라고 볼 수 있다. 다음으로 스몰 럭셔리는 작은 사치에 만족하는 소비 트렌드를 말하는데, 이는 고가의 명품보다는 상대적으로 저렴한 소품이나 화장품을 구매함으로써 작은 규모로나마 사치를 부리는 것이다. 마지막으로 얼로너는 사회에 적응하지 못하여 병적으로 고립된 과거의 히키코모리와는 달리, 내가 좋아서 자발적인 고립을 택하는 사람들을 뜻한다. 그들은 '나'라는 주체의 본능과 욕구에 충실하기 때문에 혼밥이나 혼술, 혼놀을 부끄러움이 아닌 나를 위한 즐거운 행위로 여긴다. 이처럼 1코노미와 스몰 럭셔리, 얼로너는 지금 이 순간 나의 행복을 위해 투자하는 욜로족의 성향과 잘 맞아떨어지는 사회적 형태들이며, 이 외에도 욜로족이 점차 증가하면서 우리 사회의 다양한 분야에서 '나'를 우선시하는 변화가 이루어지고 있다.

하지만 욜로가 새로운 라이프 스타일로 부상하게 된 사회적 배경이 그리 밝지만은 않다. 전문가들은 높은 이자와 물가상승률을 경험했던 경제적 고성장기가 끝나고, 3저 시대(저금리·저성장·저물가)가 도래한 것이 욜로족의 등장 원인이라고 보고 있다. 치솟는 물가와 최악의 실업률, 오르지 않는 급여 등으로 안정적인 미래를 준비할 여력이 없기 때문에 오히려 현재를 즐기려는 성향이 커졌다는 것이다. 뿐만 아니라 부동산 가격의 급증과 1인 가구의 증가 역시 욜로족 등장의 또 다른 원인으로 꼽힌다.

욜로 라이프와 욜로족의 등장은 경제에 대한 비관과 불안한 미래에 대한 반사 현상에 기인한다. 욜로 라이프는 단순한 쾌락을 추구하는 것처럼 보이지만 사실은 가장 복합적인 원인으로 등장한 삶의 방식이며, 욜로족은 '한탕주의자'와 '개인주의자'보다는 긍정적이고 합리적인 형태를 띠고 있다. 어쩌면 욜로 라이프는 끝없는 경제 불황 속에서 비관주의로 불행하게 살아가기보다는 작은 긍정의 힘을 믿고자 하는 사람들의 불가피한 선택일지도 모른다.

① 욜로(YOLO)의 의미는 드레이크에 의해 재조명되었다.
② 욜로 라이프는 미래에 가치를 두고 현재에 투자하는 삶의 방식이다.
③ 욜로족의 소비 형태는 가족보다는 개인에 중점을 둔다.
④ 욜로족이 등장한 가장 큰 원인은 경제적 불황에 있다.
⑤ 욜로족은 비관주의로 살아가기를 거부하는 긍정의 존재라고 볼 수 있다.

★★★☆☆   제한시간 1 분

08 다음 글을 읽고 [보기]와 관련하여 전문가들이 낸 의견으로 옳지 않은 것을 고르시오.

> 1890년대에 프로이트는 사람의 감정과 행동을 어떤 원인이 작용한 결과로 보고, 그 원인을 정신적인 것에서 찾으려 했다. 프로이트는 정신적 원인의 실체를 과거의 경험들로부터 형성된 '무의식'에 두는 정신분석적 상담을 시도하였다. 이에 따르면 상담자와 내담자가 오랜 시간 관계를 맺으며 과거의 경험과 감정을 거리낌 없이 털어놓고 상담자가 그것에 담긴 의미를 해석해 주면, 내담자가 자신의 무의식을 이해하고 받아들이게 되어 심리적 문제를 해결할 수 있다는 것이다.
> 1940년대에 로저스는 프로이트가 인간을 과거의 경험에 의해 형성되는 수동적인 존재로 파악한 것에 반발하여 인간을 '자신의 가능성과 잠재력을 발견하고 실현할 수 있는 존재'로 간주하는 인간중심적 상담을 주장했다. 인간중심적 상담에서는 사람은 외적으로 부여된 가치에 맞추어 살려고 하기 때문에 자기가 타고난 가능성과 잠재력을 발견하지 못하고 심리적 문제를 겪는다고 보았다. 따라서 상담자는 내담자를 대할 때 가식이나 겉치레 없는 진솔한 태도를 보이며, 어떠한 전제나 조건을 달지 않고 이야기를 들어주고 세심하고 정확하게 이해해 주는 공감적 태도를 취한다. 상담자가 이러한 태도를 일관되게 유지하면, 내담자가 자기 자신을 의미 있게 만드는 것은 바로 자신이라는 것을 깨닫게 되어 외적으로 부여된 가치들을 스스로 해체하여 심리적 문제를 해결할 수 있다는 것이다. 인간중심적 상담은 이전의 상담과 달리 상담 기법보다는 상담 태도에, 문제 해결보다는 내담자 자체에 초점을 두었다.
> 그런데 정신분석적 상담은 장기적으로 진행되어 비효율적이고, 인간중심적 상담은 심리적 문제 자체에 초점을 맞추지 못했다. 그래서 1960년대에 엘리스는 심리적 문제 그 자체에 초점을 맞추면서도 단기적인 해결을 중요시하는 인지행동적 상담을 제안했다. 인지행동적 상담에서는 인간의 인지 방식에 초점을 맞춘다. 그래서 사람은 감정이나 행동을 어떻게 인지하고 받아들이느냐에 따라 영향을 받는다고 주장한다. 엘리스에 따르면 정서적 문제를 겪는 이유는 구체적인 사건들 때문이 아니라 그 사건을 인지하고 받아들이는 방식이 잘못되었기 때문이다. 이 잘못된 사고방식의 뿌리에는 '비합리적 신념'들이 깔려 있다. 비합리적 신념이란 '반드시 ~해야 한다.'나 '결코 ~ 할 수 없다.'와 같이 융통성이 없거나 현실적으로 실현 불가능한 생각을 말한다. 따라서 상담자는 상담 과정에서 내담자의 비합리적 신념을 찾아 그 부당성을 적극적으로 논박하여 합리적인 신념으로 변환시키는 역할을 맡는다. 이런 과정을 통해 내담자는 정서적 건강을 되찾게 되는 효과를 얻게 되는 것이다.

―|보기|―
수미는 프레젠테이션 면접을 앞두고 고민이 많다. 사람들 앞에 서면 얼굴이 빨개지고 목소리도 떨리고 긴장되어서 하고 싶은 말을 제대로 못하기 때문이다. 심지어 누군가의 입에서 자신의 이름이 거론되기만 해도 불안함에 어쩔 줄 몰라 한다.

① 프로이트 : 수미는 과거에 많은 사람들 앞에서 망신을 당한 경험이 있었을 것입니다.
② 로저스 : 수미는 발표를 잘할 수 있는 가능성을 가지고 있습니다. 수미에게 자신의 잠재적 가능성에 대해서 일깨워준다면 문제를 해결할 수 있습니다.
③ 엘리스 : 지금 수미는 면접을 앞두고 있어요. 현재 수미가 가지고 있는 부정적인 생각들을 찾아내면 쉽게 해결이 됩니다.
④ 로저스 : 그렇다면 "나는 많은 사람들 앞에서 결코 말을 잘하지 못 할 거야."라는 수미의 비합리적인 신념을 합리적인 신념으로 바꾸어 주어 정서적인 건강을 되찾아 주면 되겠군요.
⑤ 프로이트 : 아니죠. 망신당했던 경험에 관해서 털어놓고, 상담자가 그때 당시 경험의 의미를 설명해주면 문제를 해결할 수 있습니다.

발전문제

09~11 다음 글을 읽고 지문의 내용과 일치하는 것을 모두 고르시오.

제한시간

09 ★★★★☆

강화 학습 시스템은 현실의 다양한 문제를 자기 주도적으로 해결하는 프로그램을 실현하고자 한다. 대부분의 현실 문제는 매우 복잡하므로 정형화된 규칙에 한정되지 않는 방식으로 대처하는 매우 큰 유연성을 필요로 한다. 그런 유연성이 없는 프로그램은 결국 특정한 목적에만 사용된다. 강화 학습 시스템의 목적은 궁극적으로 자신의 목표를 유연하고도 창의적으로 성취할 수 있는, 다시 말해 자가 프로그래밍적인 시스템에 도달하는 것이다.

1980년대까지 강화 학습 시스템은 실제 세계의 문제를 해결하기에 너무 느렸고 이로 인해 이 시스템에 대한 연구를 지속할 필요가 있는지 의문이 제기되었다. 하지만 이 평가는 적절하지 않다. 그 어떤 학습 시스템도 아무런 가정 없이 학습을 시작할 수는 없는 법이다. 자신이 어떤 문제에 부딪히게 될지, 그 문제로부터 어떻게 학습할 수 있을지 등의 가정도 없는 시스템이라면 그 시스템은 결국 아무 것도 배울 수 없다. 생물계는 그런 가정을 가진 학습 시스템을 가장 잘 보여주는 사례이다. 생명체 모두는 각자의 DNA에 암호화된 생물학적 정보를 가지고 학습을 시작한다. 강화 학습 시스템이 가정을 거의 갖지 않은 상태로 문제를 해결하려고 할 경우, 그 시스템은 매우 느리게 학습하고 아주 간단한 문제조차 풀지 못하게 된다. 이는 생물학적 유기체인 경우에도 마찬가지다. 쥐의 경우 물 밑에 있는 조개를 어떻게 사냥해야 할지에 관해서는 아는 바가 거의 없지만, 어둡고 특히 공간적으로 복잡한 장소에서 먹이를 구하는 데 있어서는 행동에 관한 엄청난 정보를 지니고 있다. 따라서 쥐는 생존에 필수적인 문제들에 대해 풍부한 내적 모형을 사전에 갖고 있다고 봐야 한다. 이를 통해 볼 때 강화 학습 시스템에 대한 연구가 진행되어야 할 이유는 분명하다.

㉠ 현재의 강화 학습 시스템은 실제 문제를 해결하는 속도가 너무 느리다는 평가를 받고 있다.
㉡ 아무런 가정도 없이 강화 학습 시스템만으로 문제를 해결하는 것은 매우 어려운 일이다.
㉢ 강화 학습 시스템은 현실의 여러 가지 문제를 유연하고 창의적으로 해결하는 프로그램을 만들고자 한다.
㉣ 대부분의 현실 문제는 복잡하게 진행되기 때문에 정형화된 규칙을 만드는 것은 의미 없는 작업이다.

① ㉠, ㉣
② ㉡, ㉢
③ ㉠, ㉡, ㉢
④ ㉠, ㉡, ㉣
⑤ ㉠, ㉡, ㉢, ㉣

10 ★★★★☆

꿀벌은 나무 둥지나 벌통에서 군집생활을 한다. 암컷인 일벌과 여왕벌은 침이 있으나 수컷인 수벌은 침이 없다. 여왕벌과 일벌은 모두 산란하지만 여왕벌의 알만이 수벌의 정자와 수정되어 암벌인 일벌과 여왕벌로 발달하고, 일벌이 낳은 알은 미수정란이므로 수벌이 된다. 여왕벌의 수정란은 3일 만에 부화하여 유충이 되는데 로열젤리를 먹는 기간의 정도에 따라서 일벌과 여왕벌로 성장한다.

꿀벌 집단에서 일어나는 모든 생태 활동은 매우 복잡하기 때문에 이를 이해하는 관점도 다르게 형성되었다. 꿀벌 집단을 하나로 모으는 힘이 일벌을 지배하는 전지적인 여왕벌에서 비롯된다는 믿음은 아리스토텔레스 시대부터 시작되어 오늘에 이르고 있다. 이러한 믿음은 여왕벌이 다수의 수벌을 거느리고 결혼비행을 하며 공중에서 교미를 한 후에 산란을 하는 모습에 연원을 두고 있다. 꿀벌 집단의 노동력을 유지하기 위하여 매일 수천여 개의 알을 낳거나, 다른 여왕벌을 키우지 못하도록 억제하는 것도 이러한 믿음을 강화시켰다. 또한 새로운 여왕벌의 출현으로 여왕벌들의 싸움이 일어나서 여왕벌을 중심으로 한 곳에 있던 벌떼가 다른 곳으로 옮겨가서 새로운 사회를 이루는 과정도 이러한 믿음을 갖게 하였다.

그러나 꿀벌의 모든 생태 활동이 이러한 견해를 뒷받침하는 것은 아니다. 요컨대 벌집의 실질적인 운영은 일벌에 의하여 집단적으로 이루어진다. 일벌은 꽃가루와 꿀 그리고 입에서 나오는 로열젤리를 유충에게 먹여서 키운다. 일벌은 꽃가루를 모으고, 파수병의 역할을 하며, 벌집을 새로 만들거나 청소하는 등 다양한 역할을 수행한다. 일벌은 또한 새로운 여왕벌의 출현을 최대한 억제하는 역할도 수행한다. 여왕벌에서 '여왕 물질'이라는 선분비물이 나오고 여왕벌과 접촉하는 일벌은 이 물질을 더듬이에 묻혀 벌집 곳곳에 퍼뜨린다. 이 물질의 전달을 통해서 여왕벌의 건재함이 알려져서 새로운 여왕벌을 키울 필요가 없다는 사실이 집단에게 알려지는 것이다.

㉠ 일벌은 암벌로만 이루어져 있다.
㉡ 아리스토텔레스는 꿀벌 집단을 결집시키는 힘이 여왕벌에서 비롯된다고 믿었다.
㉢ 여왕 물질은 여왕벌의 힘과 능력이 여전히 그대로라는 것을 보여주는 여왕벌의 선분비물이다.
㉣ 꿀벌 중 침이 있는 벌은 수벌이 아니다.

① ㉠, ㉡
② ㉢, ㉣
③ ㉠, ㉡, ㉢
④ ㉠, ㉢, ㉣
⑤ ㉠, ㉡, ㉢, ㉣

★★★★☆
11

창은 채광이나 환기를 위해서, 문은 사람들의 출입을 위해서 건물 벽에 설치한 개폐가 가능한 시설이다. 일반적으로 현대적인 건축물에서 창과 문은 각각의 기능이 명확하고 크기와 형태가 달라 구별이 쉽다. 그러나 한국 전통 건축, 곧 한옥에서 창과 문은 그 크기와 형태가 비슷해서 구별하지 않는 경우가 많다. 그리하여 창과 문을 합쳐서 창호라고 부른다. 이것은 창호가 창과 문의 기능과 미를 공유하고 있다는 것을 의미한다. 그런데 창과 문을 굳이 구별한다면 머름이라는 건축 구성 요소를 통해 가능하다. 머름은 창 아래 설치된 낮은 창턱으로, 팔을 얹고 기대어 앉기에 편안한 높이로 하였다.

공간의 가변성을 특징으로 하는 한옥에서 창호는 핵심적인 역할을 한다. 여러 짝으로 된 큰 창호가 한쪽 벽면 전체를 대체하기도 하는데, 이때 외부에 면한 창호뿐만 아니라 방과 방 사이에 있는 창호를 열면 별개의 공간이 합쳐지면서 넓은 새로운 공간을 형성하게 된다. 창호의 개폐에 의해 안과 밖의 공간이 연결되거나 분리되고 실내 공간의 구획이 변화되기도 하는 것이다. 이처럼 창호는 한옥의 공간 구성에서 빠트릴 수 없는 중요한 위치를 차지한다.

한편, 한옥에서 창호는 건축의 심미성이 잘 드러나는 독특한 요소이기도 하다. 창호가 열려 있을 때 바깥에 나무나 꽃과 같은 자연물이 있을 경우 방 안에서 창호와 일정 거리 떨어져 밖을 내다보면 창호를 감싸는 바깥 둘레 안으로 한 폭의 풍경화를 감상하게 된다. 방 안의 사람이 방 밖의 자연과 완전한 소통을 하여 인공의 미가 아닌 자연의 미를 직접 받아들임으로써 한옥의 실내 공간은 자연과 하나 된 심미적인 공간으로 탈바꿈한다. 열린 창호가 안과 밖, 사람과 자연 사이의 경계를 없앤 것이다.

창호가 닫혀 있을 때에는 창살 문양과 창호지가 중요한 심미적 기능을 한다. 한옥에서 창호지는 방 쪽의 창살에 바른다. 방 밖에서 보았을 때 대칭적으로 배열된 여러 창살들이 서로 어울려 만들어내는 창살 문양은 단정한 선의 미를 창출한다. 창살로 구현된 다양한 문양에 따라 집의 표정을 읽을 수 있고 집주인의 품격도 알 수 있다. 방 안에서 보았을 때 창호지에 어리는 햇빛은 이른 아침에 청회색을 띠고, 대낮의 햇빛이 들어올 때는 뽀얀 우윳빛, 하루 일과가 끝날 때쯤이면 석양의 붉은색으로 변한다. 또한 창호지가 얇기 때문에 창호가 닫혀 있더라도 외부와 소통이 가능하다는 장점도 있다. 방 안에서 바깥의 바람과 새의 소리를 들을 수 있고, 화창한 날과 흐린 날의 정서와 분위기를 느낄 수 있다. 창호는 이와 같이 사람과 자연 간의 지속적인 소통을 가능케 함으로써 양자가 서로 조화롭게 어울리도록 한다.

㉠ 현대 건축물과 달리 한옥의 창과 문은 전혀 구별할 수 없는 구조로 되어 있다.
㉡ 창호는 창 밑에 위치한 낮은 창턱으로, 팔을 올리고 기댈 수 있도록 되어 있다.
㉢ 한옥에는 실내 공간의 구획을 변화시킬 수 있는 장치가 되어 있다.
㉣ 한옥의 방 안에서 창 쪽을 바라보면 창살은 창호지 너머에 있다.
㉤ 창호지를 바른 창은 외부의 소음을 차단하여 밖의 소리가 안으로 전달되지 않는다.

① ㉠, ㉡
② ㉢, ㉣
③ ㉠, ㉡, ㉤
④ ㉢, ㉣, ㉤
⑤ ㉠, ㉡, ㉢, ㉣, ㉤

발전문제

제한시간 4분

12~14 다음 글을 읽고 지문의 내용과 일치하지 않는 것을 모두 고르시오.

★★★★☆
12

연금술은 일련의 기계적인 속임수나 교감적 마술에 대한 막연한 믿음 이상의 인간 행위이다. 출발에서부터 그것은 세계와 인간 생활을 관계 짓는 이론이었다. 물질과 과정, 원소와 작용 간의 구분이 명백하지 않았던 시대에 연금술이 다루는 원소들은 인간성의 측면들이기도 했다.

당시 연금술사의 관점에서 본다면 인체라는 소우주와 자연이라는 대우주 사이에는 일종의 교감이 있었다. 예를 들면, 대규모의 화산은 일종의 부스럼과 같고 폭풍우는 왈칵 울어대는 동작과 같았다. 연금술사들은 두 가지 원소가 중요하다고 보았는데, 그 중 하나가 수은이다. 그 이유는 수은이 밀도가 높고, 영구적인 모든 것을 대표한다고 생각했기 때문이었다. 또 다른 하나는 황인데, 황은 가연성이 있고, 비영속적인 모든 것을 표상한다. 이 우주 안의 모든 물체들은 수은과 황으로 만들어졌다. 이를테면 연금술사들은 알 속의 배아에서 뼈가 자라듯, 모든 금속들은 수은과 황이 합성되어 자라난다고 믿었다. 그들은 그와 같은 유추를 진지한 것으로 여겼는데, 이는 현대 의학의 상징적 용례에 그대로 남아 있다. 우리는 지금도 여성의 기호로 연금술사들의 구리 표시, 즉 '부드럽다'는 뜻으로 '비너스'를 사용하고 있다. 그리고 남성에 대해서는 연금술사들의 철 기호, 즉 '단단하다'는 뜻으로 '마르스'를 사용한다.

모든 이론이 그렇듯이 연금술은 당시 그 시대의 문제를 해결하기 위한 노력의 산물이었다. 1500년경까지는 모든 치료법이 식물 아니면 동물에서 나와야 한다는 신념이 지배적이었기에 의학 문제들은 해결을 보지 못하고 좌초해 있었다. 그때까지 의약품은 대체로 약초에 의존하였으나, 연금술사들은 거리낌 없이 의학에 금속을 도입했다. 예를 들어 유럽에 창궐한 매독을 치료하기 위해 대단히 독창적인 치료법을 개발했는데, 그 치료법은 연금술에서 가장 강력한 금속으로 간주된 수은을 바탕으로 하였다.

㉠ 연금술사들은 상온에서 액체 상태로 존재하는 금속은 수은뿐이라는 이유로, 수은이 영구적인 모든 것을 대표한다고 주장하였다.

㉡ 연금술사들은 수은과 황이 합성되면 이 세상의 모든 금속들이 만들어진다고 생각했다.
㉢ 연금술사들은 매독을 고치기 위해 수은을 바탕으로 한 새로운 치료법을 고안하였다.
㉣ 연금술은 그것이 유행하던 시기에 살았던 여러 사람들을 현혹시킨 속임수에 불과하다.

① ㉠, ㉣
② ㉠, ㉢
③ ㉡, ㉢
④ ㉡, ㉣
⑤ ㉠, ㉡, ㉢, ㉣

★★★★☆
13

무기물의 세계는 인과법칙의 지배를 받기 때문에 과거와 현재가 미래를 결정한다. 그러나 생명체의 생장과 발달 과정에서는 현재의 상태가 미래의 목적에 맞게끔 조정되고, 그런 식으로 현재가 미래에 의해 결정되는 것처럼 보인다. 이처럼 미래가 현재를 결정한다는 견해가 '목적론'이다. 그러나 '결정된다'는 말을 인과법칙과 일관된 방식으로 사용한다면, 우리는 미래가 현재를 결정한다고 말할 수 없다. 어떤 목적이든 그 실현 과정은 인과법칙에 따라 이루어져야 하며, 이런 관점에서 볼 때 생명체에서도 현재의 모습은 미래에 의해서가 아니라 이미 존재하는 어떤 청사진의 구현 과정에서 결정될 뿐이기 때문이다.

실제로 우리는 인과법칙과 상충하는 요소를 끌어들이지 않고도 생명에 관한 목적론적 설명을 대체할 수 있다. 우연이 낳는 변화와 자연에 의한 선택이라는 개념으로 진화를 설명한 다윈의 업적이 바로 그것이다. 현존하는 종들을 하나의 체계적인 질서 속에 위치시켜 보면, 인간이 이 질서의 맨 위쪽에 있고, 그 밑에 영장류, 이어 포유동물이 있다. 이런 계열은 조류, 파충류, 어류를 지나 여러 형태의 해양생물로 이어지고 마침내 아메바 같은 단세포생물에 이른다. 다윈에 따르면 현존하는 종들 간의 이런 체계적 질서는 종 발생의 역사적 질서를 반영한다. 그리고 목적론적 과정에 의해서가 아니라 인과법칙을 따르는 진화의 과정을 통해 단세포생물로부터 오랜 세월을 거쳐 고등생물이 나타났다. 다양한 시대의 지층에 대한 지질학적 탐구의 성과 역시 이런 추리를 적극적으로 지지한다.

㉠ 다윈에 의하면 목적론에 따르는 진화의 과정을 통해 고등생물이 나타났다.
㉡ 지층의 구조는 그 지층을 형성한 시간 질서를 반영한다.
㉢ 다윈의 설명은 목적론적 설명을 대체하는 힘을 지니므로 목적론적 개념을 필요로 하지 않는다.
㉣ 단순한 구조물로부터 고도의 복잡성과 자기복제 능력을 지닌 체계가 우연히 발생할 가능성은 없다.

① ㉠, ㉣
② ㉡, ㉢
③ ㉢, ㉣
④ ㉠, ㉢, ㉣
⑤ ㉠, ㉡, ㉢, ㉣

★★★★☆
14

20세기 미술의 특징은 무한한 다원성에 있다. 어떤 내용을 어떤 재료와 어떤 형식으로 작품화하건 미술적 창조로 인정되고, 심지어 창작 행위가 가해지지 않은 것도 '작품'의 자격을 얻을 수 있어서, '미술'과 '미술 아닌 것'을 객관적으로 구분해 주는 기준이 존재하지 않게 된 것이다. 단토의 '미술 종말론'은 이러한 상황을 설명하기 위한 미학 이론 중 하나이다. 단어가 주는 부정적 어감과는 달리 미술의 '종말'은 결과적으로 모든 것이 미술 작품이 될 수 있게 된 개방적이고 생산적인 상황을 뜻한다. 그런데 이러한 다원성은 전적으로 새로운 상황일까, 아니면 이전부터 이어져 온 하나의 흐름에 속할까?

작품의 형식과 내용이 전적으로 예술가의 주체적 선택에 달려 있다는 관점에서만 보면, 20세기 미술의 양상은 아주 낯선 것은 아니라고 할 수 있다. 르네상스 때 시작된 화가의 서명은 작품이 외부의 주문에 따라 제작되더라도 그것의 정신적 저작권만큼은 예술가에게 있음을 알리는 행위였다. 이는 창조의 자유가 예술의 필수 조건이 되는 시대를 앞당겼다. 즉 미켈란젤로가 예수를 건장한 이탈리아 남성의 모습으로 그렸던 사례에서 보듯, 르네상스 화가들은 주문된 내용도 오직 자신만의 방식으로 이미지화했다.

이러한 형식의 자율화는 내용의 자기 중심화로 이어졌다. 17세기의 네덜란드 화가들은 신이나 성인(聖人)을 그리던 오랜 관행에서 벗어나 친근한 일상을 집중적으로 그리기 시작했고, 19세기 낭만주의에 와서는 내면의 무한한 표출이 예술의 생명이 되기에 이르렀다. 이런 관점에서 보면 20세기 미술은 예술적 주체성과 자율성의 발휘라는 일관된 흐름의 정점이라고 할 수 있다.

그러나 단토가 주목하는 것은 이러한 흐름과는 결정적으로 구분되는 20세기만의 질적 차별성이다. 이전 시대까지는 '미술'과 '미술 아닌 것'을 '무엇을 그리는가?' 또는 '어떻게 그리는가?'의 문제, 곧 내용·형식·재료처럼 지각 가능한 '전시적 요소'에 의존하여 구분했다. 반면, 20세기에는 빈 캔버스, 자연물, 기성품 등도 '작품'으로 인정되는 것에서 보여지듯, 전시적 요소로는 더 이상 그러한 구분이 불가능해졌다. 이제 그러한 구분은 대상이 어떤 것이든 그것에 미술 작품의 자격을 부여하는 지적인 행위, 곧 작품 밖의 '비전시적 요소'에 의존할 따름이다. 현대 미술이 미술의 개념 자체를 묻는 일종의 철학이 되고, 작품의 생산과 감상을 매개하는 이론적 행위로서 비평의 중요성이 부각된 이유가 바로 여기에 있다.

㉠ 17세기의 네덜란드 화가들로부터 형식의 자율화와 내용의 자기 중심화가 시작되었다.
㉡ 르네상스 시대의 화가들은 일상에서 얻은 소재를 자신만의 방식으로 작품화하였다.
㉢ 현대 미술은 내용과 형식뿐만 아니라 재료까지 고려하여 작품인지 아닌지 판단한다.
㉣ 20세기에는 내용에 창작 행위가 가해지지 않더라도 작품으로 인정받을 수 있었다.
㉤ 미술 종말론은 내용과 형식이 사라진 현대 미술을 부정적으로 바라보는 미학 이론이다.

① ㉠, ㉢, ㉤
② ㉡, ㉣, ㉤
③ ㉠, ㉡, ㉢, ㉣
④ ㉠, ㉡, ㉢, ㉤
⑤ ㉠, ㉡, ㉢, ㉣, ㉤

발전문제

15~16 다음 글을 읽고 물음에 답하시오.  제한시간 1분 30초

비트겐슈타인이 1918년에 쓴 「논리 철학 논고」는 '빈학파'의 논리실증주의를 비롯하여 20세기 현대 철학에 큰 영향을 주었다. 그는 많은 철학적 논란들이 언어를 애매하게 사용하여 발생한다고 보았기 때문에 언어를 분석하고 비판하여 명료화하는 것을 철학의 과제로 삼았다.

그는 이 책에서 언어가 세계에 대한 그림이라는 '그림 이론'을 주장한다. 이 이론을 세우는 데 그에게 영감을 주었던 것은, 교통사고를 다루는 재판에서 장난감 자동차와 인형 등을 이용한 모형을 통해 사건을 설명했다는 기사였다. 그런데 모형을 가지고 사건을 설명할 수 있는 이유는 무엇일까? 그것은 모형이 실제의 자동차와 사람 등에 대응하기 때문이다. 그는 언어도 이와 같다고 보았다. 언어가 의미를 갖는 것은 언어가 세계와 대응하기 때문이다. 다시 말해, 언어가 세계에 존재하는 것들을 가리키고 있기 때문이다. 언어는 명제들로 구성되어 있으며, 세계는 사태들로 구성되어 있다. 그리고 명제들과 사태들은 각각 서로 대응하고 있다. 이처럼 언어와 세계의 논리적 구조는 동일하며, 언어는 세계를 그림처럼 기술함으로써 의미를 가진다.

'그림 이론'에서 명제에 대응하는 '사태'는 '사실'이 아니라 사실이 될 수 있는 논리적 가능성을 의미한다. 따라서 언어를 구성하는 명제들은 사실적 그림이 아니라 논리적 그림이다. 사태가 실제로 일어나서 사실이 되면 그것을 기술하는 명제는 참이 되지만, 사태가 실제로 일어나지 않는다면 그 명제는 거짓이 된다. 어떤 명제가 '의미 있는 명제'가 되기 위해서는 그 명제가 실재하는 대상이나 사태에 대해 언급해야 하며, 그것에 대해서는 참, 거짓을 따질 수 있다. 하지만 만약 어떤 명제가 실재하지 않는 대상 혹은 사태가 아닌 것에 대해 언급하면 그것은 '의미 없는 명제'가 되며, 그것에 대해 참, 거짓을 따질 수 없다. 따라서 경험적 세계에 대해 언급하는 명제만이 의미 있는 것이 된다.

이러한 관점에서 비트겐슈타인은 기존의 철학자들이 다루었던 신, 영혼, 형이상학적 주체, 윤리적 가치 등과 관련된 논의가 의미 없는 말들에 불과하다고 보았다. 왜냐하면 그 말들이 가리키는 대상이 세계 속에 존재하지 않는, 즉 경험 가능하지 않은 대상이기 때문이다. 이와 같은 형이상학적 문제와 관련된 명제나 질문들은 의미가 없는 말들이다. 그러한 문제는 우리의 삶을 통해 끊임없이 드러나는 신비한 것들이지만 이에 대해 말로 답변하거나 설명할 수는 없다. 그래서 비트겐슈타인은 "말할 수 없는 것에 대해서는 침묵해야 한다."라고 말했다.

★★★★☆

15 본문에 언급된 단어 중 밑줄 친 '말할 수 없는 것'에 해당하지 않는 것을 고르시오.

① 신
② 영혼
③ 윤리적 가치
④ 사태
⑤ 형이상학적 주체

★★★☆☆

16 윗글의 내용과 관련하여 다음 중 옳지 않은 것을 고르시오.

① 그림 이론에 따르면 모형이 사건을 대신 설명하는 것처럼 언어도 세계를 기술한다.
② 의미 있는 명제에 대해서만 참, 거짓을 따질 수 있다.
③ 그림 이론에서 명제에 대응하는 사태는 실제로 일어난 사실이어야 한다.
④ 비트겐슈타인은 신과 영혼을 경험이 불가능한 대상으로 생각하였다.
⑤ 비트겐슈타인은 경험이 가능하지 않은 대상에 관한 논의는 의미가 없다고 보았다.

17~18 다음 글을 읽고 물음에 답하시오. 제한시간 1분 30초

중세부터 르네상스 시대에 이르기까지 생리학 분야의 절대적 권위는 2세기 경 그리스 의학을 집대성한 갈레노스에게 있었다. 갈레노스에 따르면, 정맥피는 간에서 생성되어 정맥을 타고 온몸으로 영양분을 전달하면서 소모된다. 정맥피 중 일부는 심실 벽인 격막의 구멍을 통과하여 우심실에서 좌심실로 이동한 후, 거기에서 공기의 통로인 폐정맥을 통해 폐에서 유입된 공기와 만나 동맥피가 된다. 그 다음에 동맥피는 동맥을 타고 온몸으로 퍼져 생기를 전해 주면서 소모된다. 이 이론은 피의 전달경로에 대한 근본적인 오류를 포함하고 있었으나, 갈레노스의 포괄적인 생리학 체계의 일부로서 권위 있게 받아들여졌다. 중세를 거치면서 인체 해부가 가능했지만, 그러한 오류들은 고대의 권위를 추종하는 학문 풍토 때문에 시정되지 않았다.

16세기에 이르러 베살리우스는 해부를 통해 격막에 구멍이 없으며, 폐정맥이 공기가 아닌 피의 통로라는 사실을 발견했다. 그 후 심장에서 나간 피가 폐를 통과한 후 다시 심장으로 돌아오는 폐순환이 발견되자 갈레노스의 피의 소모 이론은 도전에 직면했다. 그러나 당시의 의학자들은 갈레노스의 이론에 얽매여 있었으므로 격막 구멍이 없다는 사실로 인해 생긴 문제, 즉 우심실에서 좌심실로 피가 옮겨 갈 수 없는 문제를 폐순환으로 설명할 수 있다고 생각하였다.

이러한 판도를 바꾼 사람은 하비였다. 그는 생리학에 근대적인 정량적 방법을 도입했다. 그는 심장의 용적을 측정하여 심장이 밀어내는 피의 양을 추정했다. 그 결과, 심장에서 나가는 동맥피의 양은 섭취되는 음식물의 양보다 훨씬 많았다. 먹은 음식물보다 더 많은 양의 피가 만들어질 수 없으므로 하비는 피가 순환되어야 한다고 생각했다. 그는 이 가설을 검증하기 위해 실험을 했다. 하비는 끈으로 자신의 팔을 묶어 동맥과 정맥을 함께 압박하였다. 피의 흐름이 멈추자 피가 통하지 않는 손은 차가워졌다. 동맥을 차단했던 끈을 약간 늦추어 동맥피만 흐르게 해 주자 손은 이내 생기를 회복했고, 잠시 후 여전히 끈에 압박되어 있던 정맥의 말단 쪽 혈관이 부풀어 올랐다. 끈을 마저 풀어 주자 부풀어 올랐던 정맥은 이내 가라앉았다. 이로써 동맥으로 나갔던 피가 손을 돌아 정맥으로 돌아온다는 것이 확실해졌.

이 실험을 근거로 하비는 1628년에 '좌심실 → 대동맥 → 각 기관 → 대정맥 → 우심방 → 우심실 → 폐동맥 → 폐 → 폐정맥 → 좌심방 → 좌심실'로 이어지는 피의 순환 경로를 제시했다. 반대자들은 해부를 통해 동맥과 정맥의 말단을 연결하는 통로를 찾을 수 없음을 지적하였다. 얼마 후, 말피기가 새로 발명된 현미경으로 모세혈관을 발견하면서 피의 순환 이론은 널리 받아들여졌다. 그리고 폐와 그 밖의 기관들을 피가 따로 순환해야 하는 이유를 포함하여 다양한 인체 기능을 설명하는 새로운 생리학의 구축이 시작되었다.

★★★☆☆

17 '피의 순환 이론'의 성립이나 수용에 기여하지 않은 것을 고르시오.

① 새로운 생리학의 구축
② 과학적 발견들과의 부합
③ 정량적 사고방식의 채택
④ 새로운 관찰 도구의 도입
⑤ 실험적 방법의 적극적 활용

★★★★☆

18 [보기]는 '하비'가 제시한 피의 순환 경로의 일부이다. '하비'가 끈 실험에서 차단했던 위치를 바르게 지적한 것을 고르시오.

보기
좌심실 →㉠ 대동맥 →㉡ 각 기관 →㉢ 대정맥 →㉣ 우심방

① ㉠, ㉡
② ㉠, ㉢
③ ㉡, ㉢
④ ㉡, ㉣
⑤ ㉢, ㉣

Part 2 Theme 03 올바른 추론

출제 빈도 ●●●●●

✓ 핵심 Check
- 글을 통해 추론할 수 있는 내용을 고르는 문제들이 출제된다.
- 글에 직접적으로 제시되어 있지는 않지만 지문의 내용을 근거로 삼아 다른 판단을 이끌어내야 하므로 개인적 견해를 배제하고 지문의 내용을 통해서만 판단해야 한다.
- 따라서 올바른 추론을 하기 위해서 가장 우선시되어야 하는 것은 글에 대한 이해임을 기억하도록 한다.

빈출예제

01 [내용 추론] ★★★☆☆ 제한시간 1분

다음 글을 읽고 추론할 수 없는 것을 고르시오.

2016 SK

유형 분석
지문을 바탕으로 내용을 추론할 수 있는지를 묻는 문항이다.

해결 전략
추론은 사실을 바탕으로 다른 문제에 대한 결론을 도출하는 과정을 의미한다. 독해에서는 글을 바탕으로 논리적인 과정을 통해 합리적인 결론을 내려야 하므로, 글을 전제로 하여 선택지를 보도록 한다.

↓

마찬가지로 답을 찾을 때는 소거법을 사용한다. '올바른 이유'를 찾는 것보다 '틀린 이유'를 찾으면 더욱 빨리, 정확하게 찾을 수 있다.

커피에서 카페인 성분을 없애고 커피의 맛과 향을 그대로 즐길 수 있는 커피를 디카페인 커피(decaffeinated coffee)라고 한다. 카페인에 민감한 사람들도 흔히 즐길 수 있어 디카페인 커피의 소비량이 날로 증가하고 있다.

하지만 디카페인 커피라고 해서 카페인이 전혀 없는 것은 아니다. 디카페인 커피로 분류되는 국제기준은 대략 97% 이상의 카페인이 추출된 커피이다. 따라서 디카페인 커피 한잔에는 보통 10mg 이하의 카페인이 함유되어 있다.

수많은 화학 물질이 함유된 커피 원두에서 카페인만 추출해 내는 작업은 쉬운 일이 아니다. 카페인을 제거하는 방법에는 물을 이용하는 방법, 용매를 이용하는 방법, 초임계 이산화탄소 추출을 이용하는 방법 등 다양한 방법이 있다. 이 중에서 물을 이용하는 방법은 스위스에서 1930년대에 개발된 것으로, 안전하고 열에 의한 원두의 손상이 상대적으로 덜 받기 때문에 널리 쓰이고 있다. 물을 이용하여 카페인을 제거하는 방식은 커피 원두를 용매에 직접 닿게 하는 대신 물에 닿게 하여 카페인을 제거하는 것인데 이는 카페인이 물에 잘 녹는 성질을 이용한 것이다. 커피 원두를 뜨거운 물에 넣어 두면 카페인과 같은 여러 가지 성분들이 추출되는데 이 추출된 용액을 활성탄소로 가득 채운 관에 통과시켜 카페인만을 분리한다. 이 용액에 새 커피 원두를 담그면 카페인만 녹아 나오게 된다. 이러한 과정을 거친 원두를 말리고 볶으면 카페인이 없는 커피 원두가 된다.

커피가 건강에 미치는 영향에 대해서는 수많은 연구와 논란이 있지만 이미 커피는 많은 사람들의 기호 식품이 되었다. 개인의 특성에 맞게 카페인의 강하고 약한 정도를 적절히 조절하여 섭취한다면 많은 연구 결과에서처럼 다이어트나 노화 방지, 집중력 향상 등의 효과를 볼 수 있을 것이다.

① 카페인에 민감하지만 밤에 커피를 마시고 싶다면 디카페인 커피를 마신다.
② 용매를 이용하여 카페인을 제거하는 방법은 물을 이용하는 것보다 원두의 손상도가 크다.
③ 활성탄소는 커피 원두에 있는 여러 가지 성분들 중에서 카페인만을 분리해 낸다.
④ 커피 원두를 물에 담가 두는 시간에 따라 커피의 맛과 향이 결정된다.
⑤ 자신의 몸에 알맞은 커피 섭취를 한다면 건강하게 커피를 즐길 수 있을 것이다.

| 해설 |

핵심 키워드 : 디카페인 커피, 추출, 물

이 글은 디카페인 커피에 대한 소개와 커피 원두에서 카페인을 추출하는 방법을 설명하고 있다. ④에서 커피 원두를 물에 담가 두는 시간에 따라 커피의 맛과 향이 달라진다고 했으나, 이는 제시되어 있지 않다. 또한 3문단에서 커피 원두를 물에 닿게 하는 것은 카페인을 제거하기 위함일 뿐이므로 ④는 적절하지 않은 진술이다.

〈글의 구조〉
1. 디카페인 커피 : 카페인 성분을 줄임
2. 카페인 추출 방법
   (1) 물을 이용하는 방법 : 1930년대에 개발. 원두 손상이 상대적으로 덜함
       원두 → 뜨거운 물 → 성분 추출 → 활성탄소 → 분리
   (2) 용매
   (3) 초임계 이산화탄소
3. 적절히 섭취한 카페인의 효능
   : 다이어트, 노화 방지, 집중력 향상

| 오답 피해가기 |

② 3문단을 보면 물을 이용하는 방법이 다른 방법에 비해 상대적으로 안전하고 열에 의한 원두의 손상이 적다고 나와 있다.

③ 3문단을 보면 커피 원두에서 여러 성분을 분리해내는 것은 물이고, 활성탄소는 물에서 추출된 용액으로부터 카페인만을 분리하는 데 사용된다.

| 정답 | ④

02 [전제 추론]

제한시간

다음 글의 전제로 알맞은 것을 고르시오.

> 19세기 중반 화학자 분젠은 버너 불꽃의 색을 제거한 개선된 버너를 고안함으로써 물질의 불꽃색을 더 잘 구별할 수 있도록 하였다. 하지만 두 종류 이상의 금속이 섞인 물질의 불꽃은 색깔이 겹쳐 분간이 어려웠다. 이에 물리학자 키르히호프는 프리즘을 통한 분석을 제안했고 둘은 협력하여 불꽃의 색을 분리시키는 분광 분석법을 창안했다.
>
> 그들은 불꽃 반응에서 나오는 빛을 프리즘에 통과시켜 띠 모양으로 분산시킨 후 망원경을 통해 이를 들여다보는 방식으로 실험을 진행하였다. 이 방법을 통해 그들은 알칼리 금속과 알칼리 토금속의 스펙트럼을 체계적으로 조사하여 그것들을 함유한 화합물들을 찾아내었다. 이 과정에서 그들은 특정한 금속의 스펙트럼에서 띄엄띄엄 떨어진 밝은 선의 위치는 그 금속이 홑원소로 존재하든 다른 원소와 결합하여 존재하든 불꽃의 온도와 상관없이 항상 같다는 결론에 도달하였다. 이 방법의 유효성은 그들이 새로운 금속 원소인 세슘과 루비듐을 발견함으로써 입증되었다.

① 물질은 고유한 불꽃색을 가지고 있어 불꽃색을 통해 물질을 구별할 수 있다.
② 전통적인 분석 화학의 방법에 의존하면 정확하게 화합물의 원소를 판별해 낼 수 있다.
③ 19세기 중반 과학계에서는 불꽃 반응과 관련된 실험이 성행하고 있었다.
④ 분광 분석법의 창안은 과학사에 길이 남을 업적이다.
⑤ 세 종류 이상의 금속이 섞인 물질의 불꽃색은 분간할 수 없다.

빈출예제

| 해설 |

핵심 키워드 : 불꽃의 색, 분광 분석법

이 글은 불꽃의 색을 분리시키는 분광 분석법에 대해 설명하고 있다. 첫 번째 문장을 보면 물질의 불꽃색은 구별이 가능한 것으로 나타나 있다. 또한, 불꽃의 색을 분리하는 분광 분석법을 통해 새로운 금속 원소를 발견하였다고 하였으므로, 물질은 고유한 불꽃색을 가지고 있고 그 불꽃색을 통해 물질을 구별할 수 있다는 것을 전제로 하고 있음을 알 수 있다.

〈글의 구조〉
1. 화학자 '분젠' : 불꽃색 제거한 버너 고안
   → 물질의 불꽃색을 더 잘 구별 가능
   BUT 두 종류 이상의 금속이 섞인 물질
   → 분간 어려움
2. 물리학자 '키르히호프' : 프리즘을 통한 분석
3. 분젠 + 키르히호프 : 분광 분석법
   밝은 선의 위치 = 불꽃의 온도와 관계없이 항상 일치
   유효성 입증 ← 세슘, 루비듐 발견을 통해

| 정답 | ①

03 [사례 추론]

`2016 CJ`

유형 분석
지문을 읽고 지문과 관련된 사례를 추론할 수 있는지를 묻는 문항이다.

해결 전략
문장을 읽을 때 중요한 부분에 동그라미를 치거나 줄을 그어서 한 눈에 알아볼 수 있도록 한다.
1문단 게임화 전략
2문단 회원 등급 체계
3문단 아이스 버킷 챌린지
1문단에서 개념을 제시해 주고 2, 3문단에서 그에 대한 사례를 계속해서 들고 있으므로, 2문단까지만 읽고 풀도록 한다.

다음 글을 읽고 이와 관련된 사례로 옳지 않은 것을 고르시오.

　이솝 우화 '개미와 베짱이'에는 겨울을 대비해 열심히 음식을 모으는 개미와 놀기만을 좋아해 노래만 부르며 아무런 준비를 하지 않는 베짱이가 등장한다. 이를 통해 우화에서는 베짱이의 게으름을 비난하고 있지만, 최근 교육, 마케팅, 홍보 등 여러 분야에서는 베짱이와 같이 재미와 놀이를 좋아하는 인간의 본능을 긍정적인 방향으로 활용하는 '게임화' 전략을 자주 찾아볼 수 있다. 게임화란 게임이 아닌 분야에 재미·보상·경쟁 등 게임적 요소를 접목하는 것으로, 설계자는 이를 통해 자신이 의도한 메시지를 자연스럽게 전달하며 목적을 달성한다. 이 전략에서는 보상을 받을수록 성과가 높아지는 인간의 보상 심리와, 다른 사람과의 대결에서 승리하려는 욕구인 경쟁 심리를 이용한다.

　게임화의 대표적인 예로 우리나라 지식 공유 사이트의 회원 등급 체계를 이야기할 수 있다. 질문자에게 답변이 채택될 때마다 포인트를 부여하고 채택 답변수에 따른 등급 체계를 둠으로써 사용자가 더 높은 등급을 얻기 위해 양질의 답변을 제공하도록 하는 것이다. 이는 '포인트'라는 보상을 받으며 남들보다 높은 등급을 차지하고자 하는 사람들의 경쟁 심리를 이용한 경우라 할 수 있다.

　2014년 유행했던 아이스 버킷 챌린지(ice bucket challenge)는 게임적 요소에 감성적 요소를 접목한 성공적인 게임화 사례로 손꼽힌다. 이 캠페인은 미국에서 루게릭병에 대한 관심을 불러일으키고 기부금을 모으기 위해 시작된 것으로, 얼음물이 든 양동이를 뒤집어쓴 후 다음 참가자로 지인 세 명을 지목하여 그들이 얼음물을 뒤집어쓰는 것과 루게릭병 단체에 100달러를 기부하는 것 중 선택하게 하는 방식으로 진행되었다. 아이스 버킷 챌린지 영상은 SNS를 통해 빠르게 확산되었으며, 많은 사람들은 얼음물을 뒤집어쓰는 행위에 재미를 느끼며 캠페인에 참여하였다. 이를 통해 기부에 무지했던 사람도 자연스럽게 루게릭병에 관심을 갖고 기부에 동참하게 되는 효과가 나타났다.

① 게임 산업이 발달함에 따라, 게임을 직업으로 삼는 스타크래프트 프로게이머가 증가하고 있다.
② 미국의 인기 커피전문점인 스타벅스(starbucks)는 음료 구매시 별 스탬프를 부여하여 무료 음료를 제공하는 쿠폰 이벤트를 시행한다.
③ 의과 대학에서는 수술 과정의 의료 시뮬레이션 실습을 통해 학생의 단계별 달성도를 평가한다.
④ 음악 예능 프로그램인 〈복면가왕〉은 관객이 가면으로 얼굴을 가린 두 가수의 노래를 듣고 즉석에서 투표하여 승자를 선택한다.
⑤ 나이키 플러스(nike plus)는 사용자의 운동 목표를 관리하고 다른 사람과 운동 기록을 공유하며 운동하는 프로그램이다.

| 해설 |

핵심 키워드 : 게임화 전략, 보상 심리, 경쟁 심리
이 글은 게임이 아닌 분야에 게임적 요소를 접목하는 게임화 전략에 대해 설명하고 있다. 실제 게임을 직업으로 하는 프로게이머는 이와 관련이 없다.

〈글의 구조〉
(구체적인 예) 개미와 배짱이
  → 게임화 전략
  : 의도한 메시지를 자연스럽게 전달
1. 보상 심리 2. 경쟁 심리
(구체적인 예) 회원 등급 체계, 아이스 버킷 챌린지

| 오답 피해가기 |
② 스타벅스는 음료를 구매할 때마다 별 스탬프 한 개를 보상으로 부여하고, 일정 개수가 모일 때마다 무료 음료를 증정하는 리워드 제도를 통해 사람들의 구매를 유도하는 게임화 마케팅을 시행하고 있다.
③ 의료 시뮬레이션은 환자 모형과 가상 프로그램을 통해 실제 환자를 진료하는 것과 유사한 상황을 구현하여 학생의 성취도를 평가하는 것으로, '가상현실'이라는 게임적 요소를 이용한 게임화 전략이 활용되었다고 볼 수 있다.
④ 〈복면가왕〉은 얼굴을 가린 참가자의 목소리만 듣고 누군지 맞히기 위해 추리하면서 직접 투표로 대결의 승자를 결정하는 게임화 전략을 활용하였다. 이를 통해 관객(시청자)들은 프로그램에 더욱 적극적으로 참여하고 깊이 몰입하게 된다.
⑤ 나이키 플러스는 애플의 디지털 센서와 나이키의 제품을 결합한 제품으로, 사용자가 운동 시간·거리·소모 열량 등의 기록을 다른 사람과 공유하고 경쟁하면서 운동을 즐기도록 하는 게임화 전략이 활용되었다.

| 정답 | ①

하나 더+

추론의 종류

기본문제

빠른 풀이 비법

문단의 요지를 파악한다.

1문단 도금의 개념과 전기 도금에 대한 설명.
↓
2문단 구리 도금을 하는 방법.
↓
3문단 플라스틱을 이용한 도금에 대한 설명.

01 다음 글을 통해 추론할 수 없는 것을 고르시오.

제한시간 40초

> 도금은 물질이 닳거나 부식되지 않도록 보호하기 위해 혹은 물질의 표면 상태를 개선하기 위해 금속 표면에 다른 물질로 얇은 층을 만들어 덮어씌우는 일을 말한다. 오늘날 도금은 일반적으로 전기 도금을 가리키는데, 전기 도금은 전기 분해의 원리를 이용하여 한 금속을 다른 금속 위에 덧씌우는 도금 방법을 의미한다. 일반적으로 금이나 은, 구리, 니켈 등을 사용하는데, 다른 도금 방법들에 비해 내구성이 뛰어나다는 장점이 있어서 다양한 분야에서 필수적으로 여겨지는 가공 기술이다.
> 전기 도금 중, 구리 도금을 하는 방법은 우선 도금할 물체를 음극에 연결하고 양극에는 구리를 매단다. 그리고 전해액으로 구리의 이온이 포함된 용액을 사용한다. 두 전극을 전해질 용액에 담그고 전류를 흘려주면 양극에 있는 구리가 산화되어 이온이 발생하며, 음극에서는 이온이 구리로 환원되어 도금이 된다.
> 최근에는 플라스틱을 이용한 도금 기술이 많이 사용되고 있다. 분사 스프레이로 플라스틱을 분사해 금속 표면에 색을 입히는 것이다. 이 방법은 고가의 설비 없이 다양한 색상과 질감 효과를 줄 수 있어 경제적이지만, 공정 시 사용되는 재료가 인체에 상당히 해로운 영향을 미친다는 단점이 있다.

① 전기 도금을 하면 그 특성덕분에 다른 도금 방법들보다 칠이 쉽게 벗겨지지 않는다.
② 숟가락을 은이나 니켈로 도금하기 위해서는 두 과정 모두 음극에 숟가락을 연결해야만 한다.
③ 금속이 산화되면 이온이 발생하게 된다.
④ 도금을 통해 금속에 원하는 색을 입히는 것이 가능하다.
⑤ 금속으로 플라스틱을 도금하는 과정은 다른 도금 방법들과 비교하여 인체에 더 유해하다.

하나 더+

글을 이해한다는 것은 글쓴이의 주장이 무엇인지 알아내는 것을 의미한다. 그러므로 난해한 표현에 현혹되거나 대상에 대해 자신이 갖고 있는 선입견에 휘둘리지 말고, 글을 근거로 하여 문장의 구조를 파악해야 한다. 따라서 글을 순서대로 하나의 직선과 같이 읽는 것이 아니라, '이것은 일반론', '이것은 글쓴이의 주장', '이것은 부차적인 설명', 이런 식으로 글의 구조를 의식하며 읽도록 한다.

02 다음 글을 읽고 추론(유추)한 것으로 옳은 것을 고르시오.

태초에 대폭발이 있었고 우주는 팽창해왔다. 과학자들은 이 폭발을 우주의 시작이라고 보고 우주의 나이에 대한 연구를 해왔다. 허블은 은하가 우주의 중심에서 멀어지는 속도와 우주의 중심에서 이 은하까지의 거리와의 관계를 조사하였는데, 어떤 은하가 우주의 중심에서 멀어지는 속도는 우주의 중심에서 그 은하까지의 거리에 비례하였다. 이 비례상수를 허블상수라고 한다. 우주의 팽창 속도가 태초부터 현재까지 변하지 않았다면 허블상수의 역수는 우주의 나이가 되며, 이로부터 구한 우주의 나이는 115~125억 년이다.

우주의 나이에 대한 또 다른 정보는 우주에 있는 무엇인가의 나이를 측정하는 것으로 얻을 수 있다. 우주 내에서 가장 오래된 천체로 밝혀진 구상성단의 나이는 140억 년이다. 우주가 태어나고 난 후 그 구상성단이 만들어졌을 것이 분명하므로 우주의 나이는 이 구상성단의 나이 이상이다. 그렇다면 지금까지 허블상수로 추정했던 우주의 나이가 잘못이라는 결론이 나온다. 이를 '우주의 나이 문제'라고 한다.

이 문제를 해결하기 위해 우주의 팽창 속도가 일정하다는 가설은 포기되어야만 했다. 팽창 속도가 처음에는 느렸고 점차 증가하여 현재 우주가 팽창하는 속도에 이르렀다면, 팽창 속도가 일정한 경우보다 현재 우주의 크기로 우주가 팽창하는 데 걸리는 시간이 더 오래 걸렸을 것이다. 따라서 과학자들은 우주 팽창에 대한 정교한 이론인 '팽창 속도 이론'을 만들었다. 이에 따르면 우주의 나이는 145~155억 년으로, 우주의 나이 문제는 해결되게 된다.

현대우주론의 또 다른 화두는 "우주 속에서 은하와 은하단과 같은 거대구조가 어떤 과정으로 만들어졌을까?"하는 질문이다. 우주의 팽창에 대한 이론으로는 이 과정을 이해할 수 없기 때문이다. 연구자들은 관찰한 은하 중 가장 작은 은하를 구성하는 별들에 대한 모든 정보를 조사한 후 이 별들을 공간에 마구 흩어 놓아 초기 조건을 만들고 은하가 물리 법칙에 의해 생겨나는 것을 컴퓨터로 시뮬레이션하였다. 그 결과 은하가 생기는 데 걸리는 시간은 우주의 나이의 약 100배나 되었다. 은하가 만들어지는 데 걸리는 시간이 우주의 나이보다 너무 길어 천문학자들을 당혹스럽게 하고 있다.

① 허블상수는 현재까지도 우주의 나이를 측정하는 데에 중요한 기준으로 작용하고 있다.
② 대부분의 과학자들은 우주의 나이가 140억 년이라고 추정하고 있다.
③ 우주의 팽창 속도는 빨랐다가 점차 느려졌다.
④ 허블상수로 추정한 우주 나이의 오류는 우주의 팽창 속도가 일정하다고 가정했기 때문이다.
⑤ 우주는 은하보다 일찍 탄생되었다.

빠른 풀이 비법

문단의 요지를 파악한다.

1문단 허블상수로 계산한 우주의 나이.

2문단 구상성단의 나이로 우주의 나이를 계산하면서 발견된 '우주의 나이 문제'

3문단 '우주의 나이 문제' 해결을 위해 제시된 '팽창 속도 이론'

4문단 은하가 우주보다 나이가 많다는 또 다른 발견.

기본문제

One Point Lesson

추론하는 유형의 문제도 취지를 파악하면 답을 구하기 쉽다. 따라서 적재적소에 핵심어를 정리하거나 글을 읽으며 표시를 해두는 것이 좋다.

↓

갑 개인의 자유, 정당히 얻은 결과, 국가의 간섭은 침해, 선천적 능력 차이, 빈부격차, 자발적 기부

을 정의로운 사회, 약자 배려, 합의 과정, 자발적 기부, 사회적 제도

03 다음 논쟁으로부터 추론할 수 있는 것을 고르시오.

| JTBC, TOCT 유형 |

- 갑 : 정의로운 사회란 타인에게 피해를 주지 않는 한, 개인의 모든 자유가 보장되는 사회라고 생각합니다. 개인이 정당하게 얻은 결과를 온전히 소유할 수 있도록 자유를 보장하는 것이 정의지요. 따라서 개인의 소유에 대해 국가가 간섭하는 것은 소유권이라는 개인의 자유를 침해하는 것이므로 정의롭지 못한 것이라 생각합니다. 그렇기 때문에 선천적인 능력의 차이와 사회적 빈부 격차는 당연한 것이라고 봅니다. 다만 빈부 격차를 해소하기 위한 사람들의 자발적 기부는 인정하고 있습니다.

- 을 : 글쎄요. 저는 개인의 자유를 보장하면서도 사회적 약자를 배려하는 사회가 정의로운 사회라고 생각합니다. 정의로운 사회가 되기 위해서는 우선 사회 원칙을 정하는 데 있어서 사회 구성원 간의 합의 과정이 있어야 합니다. 이러한 합의를 통해 정의로운 세계의 규칙 또는 기준이 만들어지는 것이죠. 그리고 사회적 약자의 입장을 고려해야 합니다. 인간의 출생, 신체, 지위 등에는 우연의 요소가 많은 영향을 미칠 수 있습니다. 따라서 누구나 우연에 의해 사회적 약자가 될 수 있기 때문에 사회적 약자를 차별하는 것은 정당하지 못한 것입니다. 마지막으로 개인이 정당하게 얻은 소유일지라도 그 이익의 일부는 사회적 약자에게 돌아가야 합니다. 사회적 약자가 될 가능성은 누구에게나 있으므로, 자발적 기부나 사회적 제도를 통해 사회적 약자의 처지를 최대한 배려하는 것이 사회 전체로 볼 때 공정하고 정의로운 것이기 때문입니다.

① 갑과 을은 정의로운 사회에 있어서 개인의 자유 보장에 대해 상반된 입장을 취한다.
② 갑은 복지 제도나 누진세와 같은 국가에 의한 재분배 시도에 동의하고 있다.
③ 자선행사에 대해 갑은 부정적인 입장을, 을은 긍정적인 입장을 취한다.
④ 을은 개인이 얻은 이익을 사회적으로 분배할 필요가 있다고 생각한다.
⑤ 을은 선천적인 능력 이외의 사유로 발생되는 빈부 격차의 차별은 정당하다고 본다.

04 다음 글을 읽고 유추(추론)할 수 있는 것을 고르시오.

채권은 사업에 필요한 자금을 조달하기 위해 발행하는 유가증권으로, 국채나 회사채 등 발행 주체에 따라 그 종류가 다양하다. 채권의 액면 금액, 액면 이자율, 만기일 등의 지급조건은 채권 발행 시 정해지며, 채권 소유자는 매입 후에 정기적으로 이자액을 받고, 만기일에는 마지막 이자액과 액면 금액을 지급받는다. 이때 이자액은 액면 이자율을 액면 금액에 곱한 것으로 대개 연 단위로 지급된다. 채권은 만기일 전에 거래되기도 하는데, 이때 채권 가격은 현재 가치, 만기, 지급 불능 위험 등 여러 요인에 따라 결정된다. 채권 투자자는 정기적으로 받게 될 이자액과 액면 금액을 각각 현재 시점에서 평가한 값들의 합계인 채권의 현재 가치에서 채권의 매입 가격을 뺀 순수익의 크기를 따진다. 채권 보유로 미래에 받을 수 있는 금액을 현재 가치로 환산하여 평가할 때는 금리를 반영한다. 가령 금리가 연 10%이고, 내년에 지급받게 될 금액이 110원이라면, 110원의 현재 가치는 100원이다. 즉 금리는 현재 가치에 반대방향으로 영향을 준다. 따라서 금리가 상승하면 채권의 현재 가치가 하락하게 되고 이에 따라 채권의 가격도 하락하게 되는 결과로 이어진다. 이처럼 수시로 변동되는 시중 금리는 현재 가치의 평가 구조상 채권 가격의 변동에 영향을 주는 요인이 된다.

채권의 매입 시점부터 만기일까지의 기간인 만기도 채권의 가격에 영향을 준다. 일반적으로 다른 지급 조건이 동일하다면 만기가 긴 채권일수록 가격은 금리 변화에 더 민감하므로 가격 변동의 위험이 크다. 채권은 발행된 이후에는 만기가 점점 짧아지므로 만기일이 다가올수록 채권 가격은 금리 변화에 덜 민감해진다. 따라서 투자자들은 만기가 긴 채권일수록 높은 순수익을 기대하므로 액면 이자율이 더 높은 채권을 선호한다. 또 액면 금액과 이자액을 약정된 일자에 지급할 수 없는 지급 불능 위험도 채권 가격에 영향을 준다. 예를 들어 채권을 발행한 기업의 경영 환경이 악화될 경우, 그 기업은 지급 능력이 떨어질 수 있다. 이런 채권에 투자하는 사람들은 위험을 감수해야 하므로 이에 대한 보상을 요구하게 되고, 이에 따라 채권 가격은 상대적으로 낮게 형성된다.

한편 채권은 서로 대체가 가능한 금융 자산의 하나이기 때문에, 다른 자산 시장의 상황에 따라 가격에 영향을 받기도 한다. 가령 주식 시장이 호황이어서 주식 투자를 통한 수익이 커지면 상대적으로 채권에 대한 수요가 줄어 채권 가격이 하락할 수도 있다.

① 채권의 순수익은 정기적으로 지급될 이자액을 합산하여 현재 가치로 환산한 값이다.
② 다른 지급 조건이 같다면 채권의 액면 이자율이 높을수록 채권 가격은 하락한다.
③ 일반적으로 지급 불능 위험이 낮으면 상대적으로 액면 이자율이 높다.
④ 지급 불능 위험이 커진 채권을 매입하려는 투자자는 높은 순수익을 기대한다.
⑤ 채권투자자는 채권의 미래 가치를 중요시한다.

기본문제

이것만은 꼭

밑줄 친 부분에 해당하는 사례를 찾는 문제이므로 ㉠에 힌트가 포함되어 있다. 따라서 시간이 없다면 밑줄 친 부분만 읽어도 괜찮지만 여유가 있다면 밑줄 친 부분의 앞뒤 한 문장씩은 더 읽는 것이 좋다.
㉠의 문장이 'A가 아니라 B이다'의 내용으로 이루어져 있으므로 선택지에서 찾아야 하는 것은 B이다.

★★☆☆☆

05 다음 중 밑줄 친 ㉠에 해당하는 사례로 가장 적절한 것을 고르시오.

제한시간 30초

> 놀이가 상품 소비의 형식을 띠면서 놀이를 즐기는 방식도 변화한다. 과거의 놀이가 주로 직접 참여하는 형식으로 이루어졌다면, ㉠ <u>자본주의 사회의 놀이는 대개 참여가 아니라 구경이나 소비의 형태로 이루어진다.</u> 생산자가 이미 특정한 방식으로 소비하도록 놀이 상품을 만들어 놓았기 때문이다. 그런데 이른바 디지털 혁명이 일어나면서 놀이에 자발적으로 직접 참여하여 즐기고자 하는 사람들이 늘어나고 있다. 이런 성향은 비교적 젊은 세대로 갈수록 더하다. 이는 젊은 세대가 놀이의 주체가 되려는 욕구가 크기 때문이다. 인터넷은 주요 특성인 쌍방향성을 통해 그런 욕구의 실현 가능성을 높여 준다. 이는 텔레비전과 같은 대중 매체가 대다수의 사람들을 구경꾼으로 만들었던 것과는 근본적으로 차이가 있다.

① 진희는 직장 동료가 추천해준 식당에 찾아가서 저녁을 먹었다.
② 성호는 제휴 카드 할인을 통해 저렴하게 미술관을 관람하였다.
③ 민지는 여행사에서 제시한 상품을 통해 일본 여행을 다녀왔다.
④ 우주는 드라마 속에 등장하는 간접광고를 보고 놀이공원에 갔다.
⑤ 현수는 학교에서 추첨한 이벤트에 당첨되어 공짜로 콘서트를 관람하였다.

One Point Lesson

글 전반적으로 전문용어들이 계속해서 나타나고 있으므로 글의 중심이 되는 문장을 빠르게 찾는다. 대부분의 글은 미괄식과 두괄식의 구성을 보이고 있으므로 첫 부분과 마지막 부분에 주의를 기울여 읽도록 한다.

★★☆☆☆

06 다음 글의 내용과 유사한 예시를 고르시오.

제한시간 30초

> 포도주에 함유된 폴리페놀은 심장병, 뇌 질환, 암 등을 예방해주며, 스트레스를 줄여주는 데도 효과가 있어, 포도주는 오래전부터 약으로 쓰이기도 하였다. 특히 적포도주는 우리 몸에 이로운 HDL 콜레스테롤의 증가를 돕는 폴리페놀이 백포도주의 열 배나 들어 있으며, 조혈 성분이 있는 철도 함유되어 있다. 따라서 매일 적당량의 포도주를 섭취하면 포도주에 함유된 폴리페놀이 콜레스테롤의 산화를 막아 관상동맥 질환을 예방할 수 있다. 또한 동맥경화를 막아주는 HDL 콜레스테롤은 증가시키고, 동맥경화를 유발하는 LDL 콜레스테롤은 감소하게 하여 각종 질병 예방과 치료에도 효과가 있다. 이러한 포도주의 효능은 한방에서도 입증된 바 있다.

① 설탕은 원료에 따라 수수설탕과 무설탕으로 나뉘고, 제품 형태에 따라 함밀당과 분밀당으로 나뉜다.
② 위장약을 장기간 복용하게 되면 위산이 나오지 않는 무산증에 걸릴 가능성이 있으므로 복용법을 잘 지키는 것이 중요하다.
③ 마라톤 전투에서 아테네는 1만1천여 명의 병력으로 1만5천 명의 페르시아 군대와 싸워 승리하였다.
④ 벌꿀에 함유된 프로폴리스는 살균성, 항산화성, 항염 작용 등을 가지고 있어 이집트에서는 상처 및 염증 치료제로 사용하곤 하였다.
⑤ 비타민과 미네랄은 체내 영양을 공급하고 사람들의 건강을 증진하는 데 도움을 주는 미량 영양소이다.

정답 및 해설

01 정답 ⑤

핵심 키워드 : 전기 도금, 구리 도금, 플라스틱 도금

이 글에서 인체에 유해하다고 한 공정은 금속으로 플라스틱을 도금하는 것이 아니라, 플라스틱으로 금속을 도금하는 것이다.

| 오답 피해가기 |
① 1문단에 전기 도금은 내구성이 뛰어나다는 언급이 있다.
② 2문단에 도금할 물체를 음극에 연결한다는 내용이 있다. 물론 2문단은 구리 도금에 대한 설명을 하고 있지만, 구리 도금은 전기 도금의 한 종류에 불과하다. 따라서 다른 전기 도금의 진행 과정도 이와 유사할 것임을 추론할 수 있다.
③ 구리 도금은 금속 도금에 속하므로, 구리가 금속에 해당함을 알 수 있다. 또한 2문단에 구리가 산화되어 이온이 발생한다는 내용이 있으므로, 이를 통합하면 금속이 산화되어 이온이 발생함이 추론가능하다.
④ 3문단에 다양한 색상에 대한 언급이 있다.

02 정답 ④

핵심 키워드 : 허블상수, 우주의 나이 문제, 팽창 속도 이론

1문단의 마지막 문장에 '우주의 팽창 속도가 태초부터 현재까지 변하지 않았다면'이라고 제시되어 있다.

| 오답 피해가기 |
① 허블상수로 계산했을 때 '우주의 나이 문제'가 발생하였고 이를 해결하기 위해 '팽창 속도 이론'이 나왔으므로, 현재까지도 허블상수가 우주 나이를 측정하는 기준으로 사용된다고 볼 수 없다.
② 140억 년이라고 추정하는 것은 구상성단의 나이이다.
③ 3문단에 우주의 팽창 속도는 처음에 느렸다가 점차 증가하여 지금의 속도에 이르렀다는 내용이 제시되어 있다.
⑤ 4문단에 은하가 만들어지는 데 걸리는 시간이 우주의 나이보다 길다고 하였으므로, 은하가 먼저 만들어지고 그 다음 우주가 탄생한 것임을 알 수 있다.

03 정답 ④

핵심 키워드 : 갑) 개인의 자유, 소유, 빈부 격차, 자발적 기부 을) 합의, 사회적 약자, 사회적 제도

을은 개인의 이익의 일부가 사회적 약자에게 돌아가는 것이 공정하고 정의로운 것이라 하였으므로 사회적 약자에게 개인 이익의 일부를 분배하는 것을 인정한다고 볼 수 있다.

| 오답 피해가기 |
① 갑과 을은 정의로운 사회에서 개인이 정당하게 얻은 결과를 소유할 수 있는 개인의 자유 보장에 대해 동의하고 있다.
② 갑은 개인의 소유에 국가가 간섭하는 것은 개인의 자유를 침해하는 것이라 여기므로, 국가에 의한 재분배에 대해 부정적인 입장임을 추론할 수 있다.
③ 갑과 을 모두 자발적 기부를 인정하고 있으므로 두 사람 모두 다른 사람을 돕기 위한 자선 행사에 대해 긍정적인 입장이라 볼 수 있다.
⑤ 을은 누구나 우연에 의해 사회적 약자가 될 수 있기 때문에 사회적 약자를 차별하는 것은 정당하지 못하다고 주장한다.

04 정답 ④

핵심 키워드 : 채권, 금리, 만기, 지급 불능 위험, 자산 시장의 상황

2문단을 보면 약정일자에 액면 금액과 이자액을 지급할 수 없는 지급 불능 위험이 있는 채권 가격은 상대적으로 낮게 형성된다고 하였으므로 높은 순수익을 기대할 수 있다.

| 오답 피해가기 |
① 채권의 순수익은 채권의 현재 가치에서 채권의 매입 가격을 뺀 것이다.
② 채권 소유자는 정기적으로 이자액을 받고 만기일에 마지막 이자액과 만기 금액을 받으므로 이자율이 높을수록 채권 선호도가 상승하여 채권 가격은 상승할 것이다.
③ 지급 불능 위험과 액면 이자율의 관계는 명시적으로 제시되어 있지 않지만, 일반적으로 지급 불능 위험이 낮으면 액면 이자율이 낮을 것이다.

05 정답 ③

핵심 키워드 : 자본주의 사회, 놀이 상품, 참여

㉠에서 말하고 있는 자본주의 사회의 놀이가 대개 구경이나 소비의 형태로 이루어지는 이유는 생산자가 놀이 상품을 만들어 놓았기 때문이라고 하였으므로, 이와 가장 관련된 사례는 생산자인 여행사에서 마련해 놓은 상품을 구입하여 여행한 민지가 된다.

06 정답 ④

핵심 키워드 : 포도주, 폴리페놀, 질병 예방, 치료

이 글은 포도주에 함유된 폴리페놀이 우리 몸에 이로운 작용을 하여 질병을 예방해주고 치료해준다는 내용을 담고 있다. 따라서 벌꿀에 함유된 프로폴리스 역시 상처와 염증 치료에 효과가 있다는 ④의 내용이 가장 유사한 예시이다.

Advance 발전문제

01 다음 글을 읽고 던질 수 있는 질문으로 가장 적절하지 않은 것을 고르시오.

실학을 과연 근대 정신이라 부를 수 있는 것인가? 현재와 동일한 생활 및 시대 형태를 가진 시대를 근대라 한다면, 실학은 결코 근대의 의식도 근대의 정신도 아니다. 실학은 그 비판적인 입장에서 봉건사회의 본질을 해부하고, 노동하지 않는 계급을 비방하였을 뿐만 아니라, 신분 세습과 대토지 사유화를 비판·부인하였다. 그러나 그 비판의 기조는 유교에서 말하는 중국 고대의 이상적인 태평시대인 당우(唐虞) 삼대에 속하는 것이었으며, 비판의 입장도 역사적 한계를 넘어설 만큼 질적으로 다르지 않았다. 이에 반해 서양의 문예부흥은 고대 희랍에서 확립되었던 시민의 자유를 이상으로 하고, 또 강제·숙명·신비·인습 등의 봉건적 가치를 완전히 척결하였다. 이것은 실학과 좋은 대조를 이룬다. 실학은 봉건 사회의 제 현상에 대한 회의와 반항이기는 하였다. 그러나 실학은 여전히 유교를 근저로 하는 봉건사회의 규범 안에서 생겨난 산물이었기에 사실상 보수적 행동으로 이를 따랐던 것이다. 다만 실학은 이러한 정체된 봉건 사회를 극복하고, 근대라는 별개의 역사와의 접촉을 준비하는 한 시기의 사상이었다. 실학은 근대정신의 내재적인 태반 역할을 담당하였던 것이다.

① 실학이 근대 사회의 성립에 끼친 영향은 전혀 없는가?
② 실학이 중국의 고대 사상과 상통한다는 증거는 무엇인가?
③ 과연 서양의 문예 부흥이 봉건적 가치를 완전히 척결했는가?
④ 동양과 서양에서 봉건 사회를 바라보는 관점의 차이는 없는가?
⑤ 근대에 대한 개념과 기준이 정확한 것인가?

02 다음 글을 읽고 추론할 때 자동차 생산을 중심으로 하는 M 그룹의 대응방안으로 가장 적절하지 않은 것을 고르시오.

지난 달 일본에 대한 소재·부품 부문 의존도는 상반기 '역대 최저'를 기록할 정도로 완화되었지만, 개선 추세를 보이던 무역수지는 엔저의 여파로 다시 악화되었다. 산업통상자원부에 따르면 지난 상반기 우리나라의 소재·부품 대일 수입 의존도는 21.0%로 역대 최저수준을 기록했다. 반면 최근 몇 년간 개선 추세를 보였던 대일 무역수지는 수출 급감 현상이 나타나며 급격하게 고꾸라졌다.
우리나라의 일본 무역의존도는 중국, 아세안 등 신흥국을 대상으로 한 무역 확대 기조에 밀려 갈수록 줄어들고 있다. 최근 3년간 우리나라의 지역별 교역비중을 보면 일본은 2010년 10.3%에서 9.7%로 줄어든 반면, 아세안 국가들과의 비중은 10.9%에서 12.3%로 크게 늘어나, 우리나라 주요 교역대상국으로 중국, 미국, 아세안, 유럽연합 다음에 일본을 얘기할 정도로 일본의 비중이 상당히 줄었다. 그러나 아직도 일본에서 수입하는 소재·부품은 디스플레이와 자동차 등 우리 주력 수출 상품에 필요한 핵심 품목이다. 전문가들은 소재 부문 의존도를 더 낮추려면 상당한 시간과 자본이 필요할 것으로 보고 있다. 탄소섬유, 리튬전지 등 핵심 소재는 고도의 기술을 요구하는 만큼 선진국과 5~10년 격차가 존재하는 데다, 핵심 IT소재는 일본 기업이 독식하고 있기 때문이다. 산업부의 한 관계자는 "부품 분야는 2001년과 비교해 상당히 많이 성장했다"며 "다만 소재 부문은 원천기술이어서 좀더 시간이 걸릴 것으로 보인다."고 말했다.

① 선진 기술을 보유한 일본의 소재·부품 기업과의 글로벌 연구 협력을 통해 지속적으로 R&D 역량을 강화한다.
② 기술연구소를 설립하여 자동차 부품의 선행기술과 핵심 설계기술을 연구·개발하고, 전문교육기관을 통해 전문 인력을 양성한다.
③ 일본이 핵심 기술을 독식하고 있는 소재 부문보다 빠른 시일 내에 성과를 낼 수 있는 부품 부문의 개발에 집중 투자하여 대일 무역수지 흑자를 달성한다.

④ 그룹 내 철강사에 대한 장기적인 대규모의 투자 계획을 수립하여 조강생산능력을 확충하고, 자동차용 강종의 집중적인 개발을 통해 자동차 소재에 특화된 제철소를 완성한다.
⑤ 소재·부품의 독자적인 기술과 노하우를 가진 국내 중소기업을 발굴하여 투자와 협력을 통해 공생관계를 형성함으로써 소재·부품의 국산화를 순차적으로 시행한다.

03 다음 글을 읽고 [보기]의 영화 속 상황을 추론한 것으로 적절한 것을 고르시오.

텔로미어에 대해 알기 위해서는 먼저 DNA의 구조와 복제 과정을 알아야 한다. DNA는 긴 사슬의 형태로 이어져 있는 핵산들의 가닥 2개가 나선 모양으로 결합한 구조를 보이고 있다. 이 핵산들에는 각각 아데닌(A), 구아닌(G), 시토신(C), 티민(T) 같은 염기가 하나씩 들어 있다. 한쪽 가닥의 아데닌이 있는 핵산은 다른 가닥의 티민이 있는 핵산과, 구아닌이 있는 핵산은 시토신이 있는 핵산과 상보적으로 결합하는데, 이들 염기의 배열 순서가 유전 정보이다.

DNA가 복제될 때는 나선 구조의 한쪽 끝이 열리면서 두 가닥이 서로 벌어진다. DNA를 합성하는 효소들은 벌어진 두 가닥을 지나가면서 배열된 염기 순서에 맞춰 상보적인 염기를 가진 핵산으로 새로운 DNA 사슬을 짠다. 문제는 DNA 사슬을 복제할 때 끝부분의 핵산이 복제되지 않는다는 것이다. 복제 효소는 복제 대상인 핵산을 지나서 다음 핵산에 도달할 때 지나온 핵산을 복제한다. 따라서 끝에 있는 핵산은 다음 핵산이 없으므로 효소가 지나갈 수 없고, 따라서 복제가 되지 않는다. 이런 이유로 복제가 될 때마다 DNA 사슬 끝부분의 핵산이 사라지고, 사라지는 부분에 있는 유전 정보들은 손실된다.

DNA는 진화를 거치면서 양끝에 유전 정보가 들어 있지 않은 짧은 길이의 사슬을 붙이는 방법으로 문제를 해결했는데, 이 짧은 사슬이 바로 텔로미어(telomere)이다. 생물은 각 종마다 텔로미어의 염기서열과 길이가 서로 다르다. 사람 염색체에 있는 텔로미어는 염기서열 TAGGG가 반복되는 구조이다. 이러한 텔로미어가 유전 정보가 들어 있는 사슬 부분에 덧붙어 있으면 복제 효소가 통과할 수 있게 되어, 정보의 손실을 예방할 수 있다. 물론 텔로미어도 세포분열(DNA 복제)이 반복될수록 그 길이가 짧아진다. 텔로미어라 해도 마지막 핵산이 복제되지 않는 것은 마찬가지이기 때문이다.

세포분열의 횟수는 조직에 따라 정해져 있으며, 그 횟수는 텔로미어의 길이에 따라 결정된다. 텔로미어가 어느 정도의 길이(노화점) 이하로 짧아지면 노화 현상이 생기고 결국 세포가 죽는다.

하지만 모든 세포에서 텔로미어가 줄어드는 것은 아니다. 암세포의 텔로미어는 세포가 분열해도 줄어들지 않는다. 즉 분열 횟수가 증가해도 노화 현상이 생기지 않고, 무제한으로 증식한다. 이런 현상은 텔로미어를 만드는 효소인 텔로머라제가 활성화되어 있기 때문에 발생한다. 텔로머라제는 텔로미어를 합성한 뒤 DNA 끝에 붙여서 텔로미어 전체의 길이를 늘린다. 이 효소는 모든 세포에 있지만, 정상인의 경우 대부분의 일반 세포에서는 활성화되어 있지 않다. 난자를 만드는 전구세포와 혈액세포를 만드는 조혈모세포 같은, 세포분열이 활발해야 하는 일부 세포에서만 활성화되어 있다.

─┤보기├─

영화 '벤자민 버튼의 시간은 거꾸로 간다'는 늙은 상태로 태어나 아기가 돼 죽음을 맞는다는 상상력으로 관심을 모았다. 검버섯이 핀 피부, 안경 없이는 볼 수 없는 나쁜 시력. 1918년 미국 뉴올리언스에서 태어난 아이인 벤자민 버튼은 외모가 노인 같았다. 벤자민의 괴상한 외모에 놀란 아버지는 '노인 아이'를 한 양로원 앞에 버린다. 그의 나이 12살. 해가 지날수록 자신이 젊어진다는 것을 발견할 때쯤 벤자민은 할머니를 찾으러 양로원에 온 6살 꼬마 데이지를 만난다. 만나고 헤어지기를 수차례. 벤자민과 데이지는 마침내 함께하게 되지만 그는 날마다 어려지고 데이지는 늙어만 간다.

① 벤자민과 데이지의 염색체에 있는 텔로미어 염기서열 구조는 서로 달랐을 것이다.
② 벤자민과 데이지가 처음 만났을 때에는 벤자민의 일반 세포 속 텔로미어의 길이가 더 길었을 것이다.
③ 나이가 들수록 데이지의 세포분열 횟수는 벤자민보다 점점 많아졌을 것이다.
④ 벤자민의 일반 세포 속 텔로미어는 시간이 흐를수록 노화점에서 멀어졌을 것이다.
⑤ 데이지 할머니의 일반 세포에는 텔로머라제가 존재하지 않았을 것이다.

발전문제

★★★☆☆

04 다음 글을 읽고 유추할 수 없는 것을 고르시오.

제한시간  40초

생명의 진화 과정에서 중요한 사건 중의 하나는 생물이 바다에서 나와 육상으로 진출한 것이다. 그러나 최초로 육상에 진출한 생물은 중력이라는 한계에 직면하게 되었다. 물 속에서는 부력 때문에 덜했지만, 지상에서는 중력 때문에 무거운 몸을 움직이기 힘들었던 것이다. 이때부터 육상동물은 중력과의 투쟁을 시작했다. 육상 동물은 다리가 어정쩡한 상태로 기어 다니던 양서류에서 완전히 수상생활과 결별한 파충류를 거쳐 좀더 긴 다리와 튼튼한 근육을 가진 포유류로 진화하는 과정을 거치면서, 지면에서 점차 몸통을 높이 일으킬 수 있게 된 것이다. 한편, 조류는 몸의 무게를 줄이고 모양을 유선형으로 만들어 하늘을 날 수 있게 되었다. 인간은 또 다른 방식으로 중력에 저항한 경우에 속한다. 인간은 두 발로 서게 됨에 따라 다른 포유류보다 지표면에서 멀리 몸통을 일으켜 세울 수 있었고, 더불어 두 손의 자유를 얻게 된 것이다.

스포츠와 춤이 추구하는 목표도 동일한 테두리 안에 있음을 알 수 있다. 빨리뛰기, 멀리뛰기, 높이뛰기 등의 모든 육상 경기는 중력의 한계에 대한 도전에서 비롯된다. 중력의 한계에 도전하는 운동 경기는 포환이나 창을 던지는 행위, 역기를 드는 행위처럼, 대상물의 중력을 도전의 수단으로 삼은 경우에까지 진전된다. 춤의 경우는 또 어떠한가. 중력의 한계에서 자유롭고자 하는 인간의 꿈이 반영된 대부분의 춤은 신체의 무거움을 극복하여 가벼워진 상태를 지향한다. 춤에서는 중력의 한계를 극복한 것처럼 보이게 하려고 여러 가지 방법을 사용하는데, 예를 들어 발레에서는 빠르고 가볍게 움직이는 동작을 통해 새의 모습을 표현한다.

① 연극배우의 동작에는 언어 표현의 한계를 극복하려는 의지가 담겨 있다.
② 교통수단의 발달은 빠르고 자유로운 공간 이동을 추구해 온 노력의 결과이다.
③ 행글라이딩이라는 스포츠에는 하늘을 날고자 하는 인간의 꿈이 반영되어 있다.
④ 관중들이 홈런을 기대하는 것은 자유로워지려는 자신의 욕망을 야구공에 전이시킨 것이다.
⑤ 그네타기와 널뛰기는 지상의 속박에서 벗어나고자 하는 욕망의 표현이다.

05~06 다음 글을 읽고 유추(추론)한 것으로 옳지 않은 것을 고르시오.

제한시간  3분

★★★★☆

05

한국 경제는 아시아 외환위기나 글로벌 금융위기와 같이 주요 위기가 발생할 때마다 원·달러 환율이 상승(통화가치 하락)해 순수출 주도로 경기가 반등했다. 이를 환율의 경기 동행적 움직임으로 인한 '경기 자동안정화(automatic stabilizer) 효과'라고 한다. 경기침체기에는 통화가치가 하락해 순수출이 증가하면서 경기가 부양되고, 반대로 경기가 호황일 때에는 통화가치가 상승해 순수출이 감소하면서 경기가 진정되는 것이다. 다음은 원화의 경기 동행성이 실제로 어느 수준이며, 환율의 경기 안정화 효과가 어떤지 분석한 세 가지 결과이다.

첫째, 경기 동행성은 주요국 통화 중 원화가 가장 높았다. OECD 회원국과 주요 신흥국 통화 39개를 대상으로 경기 동행성을 추정한 결과 원화가 경기 동행성이 가장 높은 것으로 분석되었다. 이는 한국이 외환위기 경험국이라는 '낙인효과(stigma effect)'로 인해 원화가 국제 금융시장에서 위험자산으로 인식되었기 때문이다. 또한 한국은 금융시장이 개방되어 있고 외국인자금의 영향력이 큰데, 경기상황에 따라 외국인자금이 유출입하여 환율의 경기에 대한 민감도가 다른 나라에 비해 큰 것으로 나타났다.

둘째, 수출 중심형 국가에서 환율의 경기 자동안정화 효과가 나타났다. 한국과 같이 수출 중심형 국가이면서 환율이 경기 동행적으로 움직인 국가들은 경기침체기에 통화가치가 하락하며 순수출이 증가해 경기 변동폭이 축소되었다. 하지만 내수 중심형 국가에서는 환율 조정을 통한 경기 안정화 효과가 나타나지 않았다. 이는 내수 중심형 국가에서는 통화가치 하락으로 인한 순수출 증가 효과가 크지 않고, 오히려 수입물가 상승 등에 따른 내수위축 효과가 더 컸기 때문이다.

셋째, 환율의 경기 자동안정화 효과가 있었던 국가들은 경제성장률도 더 높았다. 과도한 경기 변동성은 민간투자 등에 악영향을 미쳐 경제성장률을 하락시키는 효과가 있는데, 환율의 경기 자동안정화 효과로 경기 변동성이 축소된 국가는 경기 관련 불확실성이 완화되어 결과적으로 성장률도 상대적으로 높았던 것으로 나타났다.

한국 경제는 당분간 경기침체가 지속될 것으로 보인다. 하지만 원화는 주요 선진국의 양적완화와 한국 경제의 대외건전성 개선 등으로 강세를 보일 것으로 예상되어 과거와 같은 환율의 경기 자동안정화 효과가 약화될 우려가 있다. 따라서 단기적으로는 선진국의 무차별적 양적완화에 따른 외국인자금 유입으로 실물경제와 괴리된 환율 움직임이 발생할 가능성에 대비하여야 한다. 이를 위해 외국인 자금이 과도하게 유입될 경우에만 적용되는 '조건부 금융거래세' 도입을 검토하는 등 외국인자금 유출입 관리를 강화해야 한다. 장기적으로는 한국 경제의 발전에 따라 위험자산으로 인식되던 원화의 위상이 강화되어 환율의 경기 동행적 움직임이 약화될 가능성에 대비할 필요가 있다. 과거에는 원화가 위험자산으로 인식되면서 경기침체 시에 약세를 보여 경기 안정화 효과를 기대할 수 있었으나 원화의 위상이 강화되면 그러한 경기 동행성이 약화될 수 있기 때문이다. 따라서 선진 경제로 이행하는 과정에서 경기 변동을 줄이기 위해서는 안정적인 내수를 확충할 필요가 있다.

① 경기침체기에 환율이 상승하면 수출이 증가하여 한국 경제는 경기가 좋아진다.
② 외환위기를 겪은 나라의 화폐는 국제 금융시장에서 위험한 자산으로 여겨진다.
③ 외국인 자본의 유출입에 따라 경기 변동이 잦은 수출 중심형 국가가 내수 중심형 국가보다 선진 경제에 더 가깝다.
④ 내수 중심형 국가에서 환율 조정을 통한 경기 안정화 효과가 나타나지 않는 이유는 외국인 자금 유출입에 대한 민감도가 크지 않기 때문이다.
⑤ 경기 동행성이 낮은 국가의 화폐는 상대적으로 안전한 자산이라는 인식을 가지고 있다.

06 | 2017 삼성 |

표면장력은 에너지적인 측면과 힘적인 측면으로 설명할 수 있다. 먼저 에너지적인 측면에서 살펴보겠다. 물방울의 단면을 잘랐을 때 물분자들이 사각형 모양으로 나란히 배열되어 있다고 가정해보자. 이때 물분자들을 내부 분자와 최외곽 분자로 구분할 수 있다. 내부 분자는 상하좌우로 모두 4개의 분자와 결합을 하고 있지만, 최외곽층의 분자는 결합이 불완전하다. 맨 위에 위치하는 분자일 경우 아래와 좌우에는 결합할 분자들이 존재하지만, 위쪽에는 분자가 존재하지 않기 때문이다. 따라서 최외곽층의 분자들, 즉 표면에 있는 물분자들은 최대로 결합할 수 있는 결합의 수보다 적게 결합하게 되므로 더 결합할 가능성을 남겨 두고 있다. 이를 '에너지가 높은 상태' 혹은 '반응성이 크다'고 이야기한다. 따라서 표면 쪽에 있는 물분자는 내부 분자보다 에너지적으로 더 높은 상태에 있고, 그들은 이 에너지를 낮추고 싶어 한다. 최외곽층 분자도 내부 분자처럼 4개의 분자와 결합하고 싶어 하기 때문이다. 이것이 표면에 있는 원자가 외부의 물질을 끌어당기는 이유이며, 이를 표면장력이라고 한다.

힘적인 측면에서도 표면장력을 설명할 수 있다. 앞서 했던 가정을 그대로 이용해보자. 액체의 내부에 있는 물분자들은 서로 밀고 당기는 인력과 척력이 균형을 이루고 있으므로 분자력은 0으로 안정되어 있다. 반면에 공기와 접촉하는 최외곽층의 물분자일 경우, 계면(서로 다른 물질이 접하는 경계)에서는 힘이 작용하지 않고 액체 내부에 있는 분자와의 인력만 존재한다. 계면에는 물분자가 존재하지 않아서 인력이 작용하지 않기 때문이다. 이는 즉, 최외곽 분자는 내부로 잡아당기는 힘만 존재하므로 내부 물분자들에 비해 상대적으로 덜 안정되어 있다는 것을 의미한다. 물분자간 인력의 균형이 액체의 표면 부근에서 깨지기 때문이다. 따라서 이곳에 있는 분자는 안정상태로 가기를 원하고, 물방울은 공기와 접촉된 표면에 가급적이면 물분자를 최소로 노출시켜야 최대로 안정한 상태를 유지할 수 있다. 위와 마찬가지로 표면장력이 발생하게 되는 것이다.

에너지적인 측면과 힘적인 측면에서 물방울을 보았을 때, 둘 모두 표면장력이 작용함을 볼 수 있었다. 이와 같이 표면장력이 작용하게 되면, 물방울은 그 결과로 구의 형태를 띠게 된다. 주어진 부피에서 표면적을 가장 최소로 하는 기하학 도형이 바로 구이기 때문이다. 따라서 물방울이 구 모양을 유지하는 것은 표면장력에 따른 자연스러운 결과인 셈이다.

발전문제

① 내부 물분자는 주변 분자들과의 결합이 완전하게 이루어진다.
② 내부 물분자는 상대적으로 에너지가 낮고 반응성이 작은 상태이다.
③ 최외곽층 물분자의 분자력은 0이 아니다.
④ 물방울이 구 모양인 것은 기체와 접촉되는 물분자의 수를 최소로 하려하기 때문이다.
⑤ 내부 물분자의 계면은 최외곽층 물분자의 계면보다 넓다.

★★★★☆ 제한시간

07 다음 글을 읽고 추론(유추)한 것으로 적절하지 않은 것을 모두 고르시오.

진리 정합론에 따르면, 어떤 명제가 참이라는 것은 그 명제가 대다수의 사람이 참이라고 믿는 명제와 정합적이라는 말과 같다. 그렇다면 어떤 명제가 다른 명제와 정합적이라는 것은 무슨 뜻일까? 진리 정합론자 X는 '정합성' 개념을 '논리적 일관성'으로 설명한다. 그렇다면 '논리적 일관성'이란 무엇인가? 다음 두 명제를 생각해보자.

　(가) 숭례문은 서울에 있다.
　(나) 서울은 대한민국의 유일한 수도이다.

이 두 명제가 동시에 참일 수 있을까? 즉, 둘 모두 참인 세계를 상상할 수 있을까? 그럴 수 있다면, 두 명제는 논리적으로 일관적이다. 우리는 두 명제가 동시에 참인 세계를 상상할 수 있다. 따라서 두 명제는 논리적으로 일관적이다. 다르게 말하여, 논리적 일관성이란 모두가 참이라고 해도 모순이 생기지 않는다는 뜻이다. 그런 점에서 논리적 일관성을 무모순성이라고도 한다. 이제 위의 두 명제에 명제 하나를 더하여 세 명제를 함께 생각해보자.

　(다) 서울이 대한민국의 유일한 수도라면, 숭례문은 서울에 없다.

이렇게 구성된 세 명제는 동시에 참일 수 없다. 우리는 (가)~(다) 모두가 참인 세계를 상상할 수 없다. 따라서 이 세 명제는 논리적으로 일관적이지 않다.

그러나 이러한 논리적 일관성으로 정합성 개념을 설명하는 것은 만족스럽지 않다. 어떤 명제들의 집합 A가 있다고 할 때, A와 논리적으로 일관적이지만 서로 동시에 참일 수 없는 두 명제를 찾아내기는 어렵지 않기 때문이다. 예를 들어 (가)와 (나)만을 원소로 갖는 집합을 A라 하자. 이때, 두 명제 "영이는 석이를 사랑한다."와 "영이는 석이를 사랑하지 않는다."는 모두 A와 논리적으로 일관적이다. 그렇다면 집합 A의 명제들만을 믿고 있는 사람에게는 "영이가 석이를 사랑한다."는 것도 정합적이어서 참이고 "영이가 석이를 사랑하지 않는다."는 것도 정합적이어서 참이 되어야 한다. 그러나 이것은 논리적으로 있을 수 없는 일이다.

이러한 난점 때문에 진리 정합론자 Y는 '정합성'이라는 개념을 '논리적 함축'으로 설명한다. 그렇다면 (가)와 (나)만을 원소로 갖는 집합 A가 어떤 명제 p를 논리적으로 함축한다는 것은 무슨 뜻인가? 그것은 바로 A가 참인 경우에 p가 거짓일 수 없다는 것이다. 다음 두 명제를 가지고 생각해보자.

　(라) 부산은 대한민국의 수도가 아니다.
　(마) 철수는 행정안전부의 사무관이다.

(라)와 (마)는 모두 A와 논리적으로 일관적인 명제들이다. 그러나 A는 (라)를 논리적으로 함축하지만, (마)는 논리적으로 함축하지 않는다. A의 (나)가 참일 경우 (라)는 반드시 참이지만, A의 명제들이 모두 참이라 할지라도 (마)가 반드시 참이라고는 할 수 없기 때문이다. 따라서 A의 명제들만 믿는 사람이 참으로 받아들일 수 있는 명제는 (라)뿐이다.

그러나 이렇게 정합성을 설명하는 진리 정합론도 문제가 있다. 진리, 즉 참이라는 개념을 설명하기 위해서 정합성이라는 개념을 이용하고, 정합성의 개념을 논리적 함축이라는 개념을 이용하여 설명한다. 그런 다음, 논리적 함축을 "한 명제가 참이라면 다른 명제도 반드시 참이어야 한다."고 설명한다. 결국 진리가 무엇인지 설명하기 위해 진리 개념을 이용하고 있는 셈이다. 그러므로 정합성을 논리적 함축이라고 설명하는 진리 정합론은 순환 논증의 오류를 범하고 있다.

㉠ X에게 정합성은 두 명제가 서로 모순되지 않음을 뜻한다.
㉡ 명제 (나)와 명제 (라)는 서로 동시에 참일 수 없다.
㉢ 진리 정합론자 X와 진리 정합론자 Y 둘 다 논리적인 오류를 가지고 있다.
㉣ 명제 (가)는 명제 (마)를 논리적으로 함축한다.
㉤ "철수는 공무원이다."라는 명제에 논리적 함축 개념을 이용하여 (마)의 정합성을 설명한다면 순환 논증의 오류를 해결할 수 있다.

① ㉠
② ㉡, ㉢
③ ㉡, ㉣, ㉤
④ ㉢, ㉣, ㉤
⑤ ㉠, ㉢, ㉣, ㉤

★★★★★ 제한시간 1분 30초

08 다음 글에 근거할 때 밑줄 친 ㉠현상이 발생한 이유를 바르게 추론한 것을 고르시오.

영국의 화학자 프리스틀리는 연소나 호흡 시 공기의 성질이 변하는 것은 공기에 포함된 '플로지스톤'이라는 물질이 빠져나오기 때문이라고 설명했다. 모든 가연성 물질이나 금속에는 플로지스톤이 함유되어 있어 연소 과정을 통해 소모되고 플로지스톤이 모두 소모되면 연소 과정이 끝난다고 하는 플로지스톤설에 따라 공기도 마찬가지로 연소나 호흡을 거치면서 플로지스톤의 양이 줄어 이것이 적게 함유된 공기로 바뀌게 된다는 것이다. 그는 자신의 주장을 증명하기 위해 지름 12inch, 초점거리 20inch에 이르는 커다란 볼록렌즈로 빛을 모아 산화수은에 열을 가하는 실험을 선보였고, 그 결과로 포집하여 얻은 기체 속에서 양초에 불을 붙이자 불꽃이 크게 타올랐다.

하지만 프랑스의 화학자 라부아지에는 프리스틀리의 생각에 동의하지 않았다. 그는 공기가 두 가지 기체의 혼합물이라고 생각했으므로 연소 후 남은 기체는 공기의 성분 중 연소나 호흡에 꼭 필요한 요소가 제거된 상태라고 주장하였다. 그는 자신의 주장을 뒷받침하기 위해 프리스틀리의 실험 방법을 그대로 이용하였다. 우선 유리병 속에 공기와 순수한 수은 4oz(온스)를 넣고 밀폐한 상태에서 12일 동안 열을 가한 뒤 식혀 유리병 속 공기의 양을 측정하였다. 그 결과 공기의 ㉠ 부피는 1/6가량 줄어 있었고, 수은의 무게는 45gr(그레인) 가량 늘어 있었으며, 유리병 속에서 양초에 불을 붙였으나 타지 않았다. 그리고 다시 이 산화수은 45gr을 긁어 모아 유리관에 넣고 볼록렌즈로 모은 빛으로 열을 가하자 기체의 부피가 증가하였고 이 발생한 기체의 부피를 측정하였더니 첫 번째 실험에서 줄어들었던 기체의 부피와 거의 같았으며, 첫 실험 후 남은 기체와 합쳐 섞자 일반적인 공기와 똑같아졌다. 라부아지에는 자신의 실험을 근거로 산은 공기를 구성하는 특정 성분과 결합하여 생성된다고 생각하였고, 산화수은을 통해 얻은 이 기체를 '산소'라 이름 지었다.

그의 산소 이론과 플로지스톤설의 가장 큰 차이점은 연소와 관련된 물질의 이동 방향이다. 플로지스톤설에서는 연소에 관련된 물질이 물체 안에서 빠져나간다고 보았고, 산소 이론에서는 연소에 관련된 물질이 물체 밖에서 물체와 결합한다고 보았다.

라부아지에의 실험에 따라 연소란 산소와 물질이 결합하는 것이고 반응 전후의 질량은 변하지 않고 보존된다는 현대적인 연소반응이론이 만들어지며 기존의 연소 이론의 주류를 이루었던 플로지스톤설은 완전히 부정되어 폐기되고 만다. 그리고 후속 연구에서 발견된 수많은 화합물을 정리하는 과정에서 근대적인 화학적 명명법이 만들어졌으며 원소의 개념 역시 재정립되었다. 이것이 바로 앙투안 라부아지에가 촉발한 '제1차 화학 혁명'이다.

① 수은 안에 있던 플로지스톤이 소모되었다.
② 산소가 물 밖으로 빠져나갔다.
③ 고온에서 수은이 산소와 반응하여 공기 중의 산소가 소모되었다.
④ 산화수은이 분해되어 수은과 산소가 생성되었다.
⑤ 열에 의해 산소가 유리병과 반응하였다.

★★☆☆☆ 제한시간 45초

09 다음 글의 '나'가 결론에 도달하기 위하여 암묵적으로 전제하고 있는 것을 고르시오.

나는 티코의 관측 자료를 가지고 작업을 시작했다. 나는 다섯 행성의 위치를 나타내는 수만 개의 숫자로 표현된 그의 자료를 빠짐없이 반영하는 모형을 만들기 위해 나의 모든 수학적 능력을 동원했다. 하지만 이 작업은 결코 단순치 않았다. 거의 6년에 걸친 작업 끝에 마침내 화성의 위치를 설명하고 예측할 수 있도록 해주는 화성 궤도의 수학적 모형을 완성하였다.

나는 이 모형의 정확성을 확신했다. 나는 이 모형을 토대로 하짓날 자정쯤 화성이 정확히 백조자리의 베타별과 중첩되어 보일 것으로 예측했다. 그러나 지난 하짓날 밤의 관측 결과는 실망스러웠다. 화성과 백조자리 베타별의 위치 사이엔 6분 정도의 차이가 나타났다. 더욱 중요한 것은 티코의 자료와 이 모형의 예측 값 사이에 종종 8분까지 오차가 벌어진다는 사실이었다. 나는

발전문제

> 이 정도의 오차가 어디에서 비롯되었는가를 밝히는 데 몰두했다. 문제는 내 모형이 화성의 궤도를 완전한 원으로 가정하고 있다는 사실이었다. 실제로 화성의 궤도를 원이 아닌 타원이라 가정하고 원래 모형에 약간의 간단한 수정을 가하자마자 오차들은 마법처럼 사라져 버렸다. 이렇게 해서 나는 화성의 궤도가 타원이라는 확신을 가질 수 있었다.

① 행성의 공전 궤도는 타원형이어야 한다.
② 화성은 태양이 아닌 지구 주위를 회전하는 천체다.
③ 화성의 위치에 관한 티코의 자료는 신뢰할 만하다.
④ 백조자리 베타별은 행성의 위치를 가늠하는 주요 기준이다.
⑤ 하짓날은 화성의 위치를 가늠하기 좋은 시기이다.

★★★☆☆

10 다음 글에서 A의 추리가 전제하고 있는 것을 [보기]에서 모두 고르시오.

> 낭포성 섬유증은 치명적 유전 질병으로 현대 의학이 발달하기 전에는 이 질병을 가진 사람은 어린 나이에 죽었다. 지금도 낭포성 섬유증을 가진 사람은 대개 청년기에 이르기 전에 사망한다. 낭포성 섬유증은 백인에게서 3,000명에 1명 정도의 비율로 나타나며 인구의 약 5% 정도가 이 유전자를 가지고 있다. 진화생물학 이론에 의하면 유전자는 자신이 속하는 종에 어떤 이점을 줄 때에만 남아 있다. 만일 어떤 유전자가 치명적 질병과 같이 생물에 약점으로 작용한다면 이 유전자를 가지고 있는 생물은 그렇지 않은 생물보다 생식할 수 있는 기회가 줄어들기 때문에, 이 유전자는 궁극적으로 유전자 풀(Pool)에서 사라질 것이다. 그러나 낭포성 섬유증 유전자는 이 이론으로 설명할 수 없는 것으로 보인다.
>   1994년 미국의 과학자 A는 흥미로운 실험 결과를 발표하였다. 정상 유전자를 가진 쥐에게 콜레라 독소를 주입하자 쥐는 심한 설사로 죽었다. 그러나 낭포성 섬유증 유전자를 1개 가지고 있는 쥐는 독소를 주입한 다음 설사 증상을 보였지만 그 정도는 낭포성 섬유증 유전자가 없는 쥐에 비해 절반 정도였다. 낭포성 섬유증 유전자를 2개 가진 쥐는 독소를 주입한 후에도 전혀 증상을 보이지 않았다. 낭포성 섬유증 증세를 보이는 사람은 장과 폐로부터 염소이온을 밖으로 퍼내는 작용을 정상적으로 하지 못한다. 반면 콜레라 독소는 장으로부터 염소이온을 비롯한 염분을 과다하게 분비하게 하고 이로 인해 물을 과다하게 배출시켜 설사를 일으킨다. 이 결과로부터 A는 낭포성 섬유증 유전자의 작용이 콜레라 독소가 과도한 설사를 일으키는 메커니즘을 막기 때문에, 낭포성 섬유증 유전자를 가진 사람이 콜레라로부터 보호될 수 있을 것이라고 추측하였다. 그러므로 1800년대에 유럽을 강타했던 콜레라 대유행에서 낭포성 섬유증 유전자를 가진 사람이 살아남기에 유리했다고 주장하였다.

─ 보기 ─
㉠ 쥐에서 나타나는 질병 양상은 사람에게도 유사하게 적용된다.
㉡ 낭포성 섬유증은 백인 외의 인종에서는 드문 유전 질병이다.
㉢ 콜레라 독소는 콜레라균에 감염되었을 때와 같은 증상을 유발한다.
㉣ 낭포성 섬유증 유전자를 가진 모든 사람이 낭포성 섬유증으로 인하여 청년기 전에 사망하는 것은 아니다.

① ㉠, ㉡
② ㉠, ㉢
③ ㉢, ㉣
④ ㉠, ㉢, ㉣
⑤ ㉡, ㉢, ㉣

★★★★☆

11 다음 글에서 밑줄 친 '어려움'을 초래하는 전제들을 [보기]에서 모두 고르시오.

> 당신이 베토벤의 5번 교향곡 〈운명〉이라는 음악 작품을 듣고 있다고 상상해보자. 이때 '음악 작품'이란 어

떤 대상을 가리키는 걸까? 베토벤이 남긴 자필악보일까? 하지만 미술 작품과 달리 악보에서는 적어도 미학적으로 감상할 만한 것이 별로 없다. 그렇다고 연주나 그 연주의 녹음을 음악 작품이라고 부르기도 어렵다. 연주는 그 자체가 작품이라기보다는 작품에 접근하기 위한 하나의 수단이라고 여겨지기 때문이다. 따라서 음악작품은 구체적 악보나 공연 이상의 무엇, 즉 그것들로부터 독립적이면서 그것들을 결정하고 지배하는 추상적인 대상이라는 생각이 자연스럽다. 연주들에 공통되는 어떤 구조, 즉 소리 구조가 추상적인 존재자로 있다는 것이다. 베토벤의 〈운명〉의 서두 부분을 머릿속에 떠올려 보자. 구체적인 물리적 특성이 결여된 머릿속의 음악도 여전히 교향곡 〈운명〉이다. 또 원래의 악기에 의한 것과 전혀 다른 물리적 특성을 보이는 신디사이저 연주도 동일한 작품으로 인정된다. 그렇다면 이 모두를 동일한 작품으로 생각하게 하는 대상은 추상적인 무엇이어야 하지 않겠는가? 따라서 이 입장은 의외로 직관적이다. 내 눈앞에 있는 책상의 경우에는 그것이 무엇인지 확인하기 위해 구체적인 책상 이상의 무엇을 필요로 하지는 않지만 음악 작품이 무엇인지 설명하기 위해서는 악보와 특정 공연만으로는 분명히 무언가 빠진 것이 있는 것처럼 보이기 때문이다. 따라서 책상의 이데아와 같은 추상적 대상이 존재한다고 믿지 않는 사람들도 음악 작품이 시작도 끝도 없이 영원불변한 추상적 존재라는 생각에는 동의해야 할 것 같다. 하지만 음악 작품이 작곡에 의해 창조된다는 사실 또한 부인할 수 없다. 이 점을 고려하게 되면 음악 작품이 추상적 대상이라는 주장은 더 이상 직관적으로 받아들일 수 없게 된다. 이는 음악 작품이 무엇인가를 이해하는 일의 어려움을 잘 드러내준다.

―| 보기 |―
㉠ 음악 작품은 창조된다.
㉡ 추상적 존재자들도 창조될 수 있다.
㉢ 음악 작품은 추상적인 존재자로 있다.
㉣ 추상적 존재자는 시작도 끝도 없이 영원불변하다.
㉤ 창조될 수 있는 것은 어떤 것도 영원불변하지 않다.
㉥ 모든 영원불변한 대상이 창조될 수 없는 것은 아니다.

① ㉠, ㉡, ㉢, ㉣
② ㉠, ㉡, ㉢, ㉥
③ ㉠, ㉢, ㉣, ㉤
④ ㉡, ㉢, ㉣, ㉤
⑤ ㉡, ㉣, ㉤, ㉥

★★★☆☆

12 『 』 부분의 전제로 적절한 것을 [보기]에서 모두 고르시오.

제한시간 1분

장차 정전법(井田法)을 시행하여야 하는가? 안 된다. 정전법은 시행할 수 없다. 정전법은 넓은 평원의 토지와 한전(旱田)을 토대로 시행된 것인데, 수리 시설이 갖춰지고 메벼와 찰벼가 맛이 좋으니 수전(水田)을 버리겠는가? 정전이란 평평한 농지인데, 나무를 베어내느라 힘을 들였고 산과 골짜기를 이미 개간하였으니 이러한 밭을 버리겠는가?

장차 균전법(均田法)을 시행하여야 하는가? 안 된다. 균전법은 시행할 수 없다. 균전은 농지와 인구를 계산하여 분배해 주는 것인데, 호구의 증감은 달마다 다르고 해마다 다르다. 금년에는 갑의 비율로 분배하였다가 명년에는 을의 비율로 분배해야 하므로 조그마한 차이는 산수(算數)에 능한 자라도 살필 수 없고, 토지의 비옥도가 경(頃)마다 무(畝)마다 달라 한정이 없으니 어떻게 균등하게 하겠는가?

『장차 한전법(限田法)을 시행하여야 하는가? 안 된다. 한전법은 시행할 수 없다. 농지 소유를 한정한다는 것은 농지를 사되 몇 무 이상은 더 사지 못하고, 농지를 팔되 몇 무 이하는 더 팔지 못하게 하는 것이다. 그런데 가령 내가 남의 명의로 더 산다면 누가 알 것이며, 남에게 내 명의를 빌려주고 판다면 누가 알 것인가? 그러므로 농지 소유를 한정하는 것은 시행할 수 없는 것이다.』

그런데 사람들은 모두 정전법을 다시 시행할 수 없다는 것만 알고, 유독 균전법과 한전법에 대해서는 사리에 밝고 시무(時務)를 안다는 자도 또한 즐겨 말하니, 나는 그윽이 의혹하는 바이다.

―| 보기 |―
㉠ 이상적인 토지 제도라 하더라도 자연 환경이 다른 경우에는 받아들일 수 없다.
㉡ 이상적인 토지 제도라 하더라도 인간의 욕구나 사회적 필요와 어긋나는 경우에는 실효성이 없다.
㉢ 이상적인 토지 제도라 하더라도 편법적인 수단에 의해 제도의 근간이 흔들리면 토지 개혁의 목적을 달성할 수 없다.
㉣ 이상적인 토지 제도라 하더라도 시행 후 일정한 시간이 지나 농지나 인구가 증감하면 형평에 반하는 결과가 발생할 수 있다.

① ㉠, ㉡
② ㉠, ㉢
③ ㉠, ㉣
④ ㉡, ㉢
⑤ ㉢, ㉣

발전문제

13 글 (가), (나)에서 암묵적으로 전제하는 가장 적절한 주장을 고르시오.

> (가) 사람들이 어떤 특정한 기계방 A(지구에 있는)로 들어가서 잠시 후 사라지고, 공간적으로 아주 멀리 떨어진 다른 장소의 또 다른 기계방 B(화성에 있는)에서 그들이 다시 나타난다. 이 기계방들은 공간이동기라고 불린다. 자, 이제 철민이가 A로 걸어 들어간다. 그리고 몇 분 후 이 공간이동기의 작동 후 그는 사라진다. 한편, 거리가 많이 떨어진 B에서 철민은 다시 나타나 존재한다. A는 철민의 모든 물리적 속성들을 완벽하고 철저하게 분석해서 그의 몸을 원자로 분해한다. 그리고 분해된 그 원자 덩어리들은 B로 엄청나게 빠른 속도로 보내지고 B는 그 자료 위에서 그 원자 덩어리들을 철민으로 완벽하게 재구성해낸다. 이제 철민은 다시 일상으로 돌아와 아무 일도 없었던 듯이 업무를 계속한다.
>
> (나) 성훈이가 자고 있는 방의 창문을 통해서 외계인 둘이 들어왔다. 그들은 어떤 목적을 가지고 지구를 방문해서 성훈의 방을 그들의 최종목적지로 정했다. 그들은 전자총으로 성훈을 쏴서 없애 버렸다. 그리고 그들이 원하는 여러 가지 조사를 얼마간 하고 그곳을 떠나려고 하다가 어떤 이유에선지 그들은 다시 성훈을 살리기로 결정했다. 이미 성훈은 없어져 버렸기 때문에 그들은 목욕탕으로 가서 수도꼭지를 통해서 받은 물을 통해서 충분한 양의 탄소를 추출해 내고 그것으로 다시 성훈을 재구성해 살리고 침대에 눕혀 놓고 지구를 떠난다. 다음날 성훈은 아무 일도 없이 잠에서 깨어나 일상생활을 한다.

① 물리적 속성들의 복원은 정신적 속성들의 복원을 수반한다.
② 공간이동기는 철민과 성훈의 몸뿐만 아니라 정신도 완벽하게 분해하고 재구성했다.
③ 사건 전과 사건 후의 철민과 성훈의 물리적 성질들은 동일하지만 그들의 정신적 성질은 동일하다고 볼 수 없다.
④ 사건 전과 사건 후의 철민과 성훈의 정신적 속성들은 전혀 다르기 때문에 일상으로 돌아와도 예전처럼 행동하지 못한다.
⑤ 사건 전과 사건 후의 철민과 성훈의 물리적 상태는 이전과 다르더라도 정신적 상태는 동일하다.

14 다음 글에서 설명하는 베블런 효과(veblen effect)와 밴드웨건 효과(bandwagon effect) 중 어느 쪽에도 해당하지 않는 것을 고르시오.

> 베블런 효과(veblen effect)는 미국의 사회학자이자 사회평론가인 소스타인 베블런(Thorstein Bunde Veblen)이 1899년에 내놓은 저서 「유한계급론」에서 유래되었다. 이 책에서 베블런은 '상류계층 사람들의 두드러진 소비는 자신의 사회적 지위를 과시하기 위해서 별 자각 없이 행해진다'며, 그들은 자신의 성공을 드러내고 허영심을 충족시키려 사치를 일삼는다고 지적하였다. 이에 따라 베블런 효과는 상류계층 사람들의 소비행태로서, 상품의 가격이 상승함에도 불구하고 오히려 수요가 증가하는 현상을 의미하게 되었다.
>
> 베블런 효과와 달리 미국의 하비 레이번스타인(Harvey Leibenstein)에 의해 1950년에 발표된 밴드웨건 효과(bandwagon effect)는 서부개척시대의 역마차인 밴드웨건에서 유래되었다. 이때 밴드웨건은 사람들을 불러 모으기 위해 요란한 음악을 연주하며 돌아다니던 운송수단으로서, 어디선가 금광이 발견되었다는 소식이 전해지면 수많은 사람들을 데리고 그곳으로 달려갔다. 즉, 밴드웨건 효과는 금광 발견 소식을 듣고 엄청난 수의 사람들이 모여들듯이, 특정 상품에 대한 어떤 사람의 수요가 다른 사람들의 수요에 의해 영향받는 것을 뜻하게 되었다.

① A는 명품브랜드인 C사에서 새롭게 출시된, 세계에서 단 100개뿐인 가방을 구매하였다.
② D는 가구를 고를 때 브랜드명보다는 제품이 가지고 있는 독특한 디자인과 실용성을 중시한다.
③ S는 유명 연예인이 P사 화장품을 즐겨 사용한다는 방송이 나오자마자 그것과 같은 상품을 주문하였다.
④ 친구의 자녀가 I사 학습지를 공부한 후 성적이 많이 올랐다는 말을 전해들은 U는 자신의 자녀에게도 동일한 학습지를 사주었다.
⑤ 기존에 판매하던 정장의 가격을 높였더니 판매량이 급증했다.

15 ㉠에 대한 추론으로 적절한 것을 고르시오.

변론술을 가르치는 프로타고라스(P)에게 에우아틀로스(E)가 제안하였다. "제가 처음으로 승소하면 그때 수강료를 내겠습니다." P는 이를 받아들였다. 그런데 E는 모든 과정을 수강하고 나서도 소송을 할 기미를 보이지 않았고 그러자 P가 E를 상대로 소송하였다. P는 주장하였다. "내가 승소하면 판결에 따라 수강료를 받게 되고, 내가 지면 자네는 계약에 따라 수강료를 내야 하네." E도 맞섰다. "제가 승소하면 수강료를 내지 않게 되고 제가 지더라도 계약에 따라 수강료를 내지 않아도 됩니다."

지금까지도 이 사례는 풀기 어려운 논리 난제로 거론된다. 다만 법률가들은 이를 해결할 수 있는 사안이라고 본다. 우선, 이 사례의 계약이 수강료 지급이라는 효과를, 실현되지 않은 사건에 의존하도록 하는 계약이라는 점을 살펴야 한다. 이처럼 일정한 효과의 발생이나 소멸에 제한을 덧붙이는 것을 '부관'이라 하는데, 여기에는 '기한'과 '조건'이 있다. 효과의 발생이나 소멸이 장래에 확실히 발생할 사실에 의존하도록 하는 것을 기한이라 한다. 반면 장래에 일어날 수도 있는 사실에 의존하도록 하는 것은 조건이다. 그리고 조건이 실현되었을 때 효과를 발생시키면 '정지 조건', 소멸시키면 '해제 조건'이라 부른다.

민사 소송에서 판결에 대하여 상소, 곧 항소나 상고가 그 기간 안에 제기되지 않아서 사안이 종결되든가, 그 사안에 대해 대법원에서 최종 판결이 선고되든가 하면, 이제 더 이상 그 일을 다툴 길이 없어진다. 이때 판결은 확정되었다고 한다. 확정 판결에 대하여는 '기판력(旣判力)'이라는 것을 인정한다. 기판력이 있는 판결에 대해서는 더 이상 같은 사안으로 소송에서 다툴 수 없다. 예를 들어, 계약서를 제시하지 못해 매매 사실을 입증하지 못하고 패소한 판결이 확정되면, 이후에 계약서를 발견하더라도 그 사안에 대하여는 다시 소송하지 못한다. 같은 사안에 대해 서로 모순되는 확정 판결이 존재하도록 할 수는 없는 것이다.

확정 판결 이후에 법률상의 새로운 사정이 생겼을 때는, 그것을 근거로 하여 다시 소송하는 것이 허용된다. 이 경우에는 전과 다른 사안의 소송이라 하여 이전 판결의 기판력이 미치지 않는다고 보는 것이다. 위에서 예로 들었던 계약서는 판결 이전에 작성된 것이어서 그 발견이 새로운 사정이라고 인정되지 않는다. 그러나 임대인이 임차인에게 집을 비워 달라고 하는 소송에서 임대차 기간이 남아 있다는 이유로 임대인이 패소한 판결이 확정된 후 시일이 흘러 계약 기간이 만료되면, 임대인은 집을 비워 달라는 소송을 다시 할 수 있다. 계약상의 기한이 지남으로써 임차인의 권리에 변화가 생겼기 때문이다.

이렇게 살펴본 바를 바탕으로 ㉠ P와 E 사이의 분쟁을 해결하는 소송이 어떻게 전개될지 따져 보자. 이 사건에 대한 소송에서는 조건이 성취되지 않았다는 이유로 법원이 E에게 승소판결을 내리면 된다. 그런데 이 판결 확정 이후에 P는 다시 소송을 할 수 있다. 조건이 실현되었기 때문이다. 따라서 이 두 번째 소송에서는 결국 P가 승소한다. 그리고 이때부터는 E가 다시 수강료에 관한 소송을 할 만한 사유가 없다. 이 분쟁은 두 차례의 판결을 거쳐 해결될 수 있는 것이다.

① 첫 번째 소송에서 P는 계약이 유효하다고 주장하고, E는 계약이 유효하지 않다고 주장할 것이다.
② 첫 번째 소송의 판결문에는 E가 수강료를 내야 할 의무가 있다는 내용이 실릴 것이다.
③ 첫 번째 소송에서나 두 번째 소송에서나 P가 할 청구는 수강료를 내라는 내용일 것이다.
④ 두 번째 소송에서는 E가 첫 승소라는 조건을 달성하지 못한 상태이므로 P는 수강료를 받을 수 있을 것이다.
⑤ 첫 번째와 두 번째 소송의 판결은 P와 E 사이에 승패가 상반될 것이므로 두 판결 가운데 하나는 무효일 것이다.

Part 2 Theme 04 글의 구조 파악

출제 빈도 ●●○○○

✓ 핵심 Check

- 글의 서술 방식을 묻는 문제와 글의 구조를 도식화하는 문제들이 출제된다.
- 문장 혹은 문단 간의 연결 관계뿐만 아니라, 글의 전체적인 구조를 잘 파악할 수 있어야 한다.
- 글을 읽을 때 각 단락별로 핵심 문장을 정리하고 도식화하며 학습하도록 한다.

빈출예제

01 ★★☆☆☆ [논지 전개 방식]   제한시간 45초

다음 글의 서술 방식으로 옳은 것을 고르시오.

> '춘향전'에서 이도령과 변학도는 아주 대조적인 사람이었다. 흥부와 놀부가 대조적인 것도 물론이다. 한 사람은 하나부터 열까지가 다 좋고, 다른 사람은 모든 면에서 나쁘다. 적어도 이 이야기에 담긴 '권선징악'이라는 의도가 사람들을 그렇게 믿게 만든다.
>
> 소설만 그런 것이 아니다. 우리의 의식 속에는 은연중 이처럼 모든 사람을 좋은 사람과 나쁜 사람 두 갈래로 나누는 버릇이 있다. 그래서인지 흔히 사건을 다루는 신문 보도에는 모든 사람이 경찰 아니면 도둑놈인 것으로 단정한다. 죄를 저지른 사람에 관한 보도를 보면 마치 그 사람이 죄의 화신이고, 그 사람의 이력이 죄만으로 점철되었고, 그 사람의 인격에 바른 사람으로서의 흔적이 하나도 없는 것으로 착각하게 된다.
>
> 이처럼 우리는 부분만을 보고, 심지어는 그것도 잘못보고 전체를 판단하기 부지기수이다. 부분만을 제시하면서도 보는 이가 그것이 전체라고 잘못 믿게 만들 뿐만이 아니라, '말했다'를 '으스댔다', '우겼다', '푸념했다', '넋두리했다', '뇌까렸다', '잡아뗐다', '말해서 빈축을 사고 있다' 같은 주관적 서술로 감정을 부추겨서 상대방으로 하여금 이성적인 사실 판단이 아닌 감정적인 심리 반응으로 얘기를 들을 수밖에 없도록 만든다.
>
> 이 세상에서 가장 결백하게 보이는 사람일망정 스스로나 남이 알아차리지 못하는 결함이 있을 수 있고, 이 세상에서 가장 못된 사람으로 낙인이 찍힌 사람일망정, 결백한 사람에서마저 찾지 못할 아름다운 인간성이 있을지도 모른다.

① 설의법을 적절히 활용하여 내용을 강조하고 있다.
② 열거법을 통해 말하고자 하는 바를 강조하고 있다.
③ 인용을 통해 주장을 뒷받침하고 있다.
④ 두 대상을 비교하여 자세히 설명하고 있다.
⑤ 의인법을 사용하여 주장을 극대화하고 있다.

| 해설 |

핵심 키워드 : 권선징악, 부분으로 전체, 주관적

이 글은 이분법적 사고와 부분만을 보고 전체를 판단하는 것의 위험성을 예를 들어 설명하고 있다. 특히 3문단에서는 '으스댔다', '우겼다', '푸념했다', '넋두리했다', '뇌까렸다', '잡아뗐다', '말해서 빈축을 사고 있다'와 같은 서술어를 열거해 주관적 서술로 감정적 심리 반응을 유발하는 것이 극단적인 이분법적 사고로 이어질 수 있음을 경계하고 있다.

2014 KT

유형 분석
지문을 읽고 논지의 전개 방식을 파악할 수 있는지를 묻는 문항이다.

해결 전략

선택지를 먼저 확인하고 지문을 읽는다. 선택지를 보고 글을 읽으면, 바로 글을 읽을 때보다 한정된 범위 내에서 생각하게 되므로 문제를 푸는 시간이 단축된다.
→ 선택지를 통해 '설의법', '열거법', '인용', '비교', '의인법'을 확인한다.

내용을 자세히 볼 필요가 없으므로 빠르게 글을 읽어 내려간다.
→ 글을 전체적으로 보았을 때, 3문단에서 연속되는 작은따옴표가 눈에 들어왔다면 해당 문단만 읽고도 답을 고를 수 있다.

142 · 직무적성 총연습 | 언어

| 오답 피해가기 |
① 설의법은 의문 형식을 사용하여 글쓴이가 나타내고자 하는 생각을 강조하는 표현 방법이다.
③ 인용은 자신의 주장을 분명히 하기 위해, 속담이나 명언, 타인의 생각 등을 사용하는 것을 말한다.
⑤ 의인법은 사람이 아닌 것을 사물에 견주어 표현하는 방법이다.

| 정답 | ②

02 [글의 짜임]

제한시간 30초

다음 글의 짜임으로 가장 적절한 것을 고르시오.

> 글의 구조적 특징(特徵)들은 이야기를 이해하고 기억하는 데에도 영향을 주게 된다. 이야기의 구조는 상위 구조와 하위 구조들로 이루어지는데, 상위 구조에 속한 요소들, 즉 주제, 배경, 인물 등의 중요한 골자는 더 잘 기억되고, 더 오래 기억된다. 우리가 옛날에 읽었거나 들은 심청전을 기억해 보면, 심청이 효녀라는 점, 뺑덕 어멈의 품성이 좋지 못하다는 점을, 이를 뒷받침해주는 구체적인 하나하나의 행동보다 더 잘 기억하고 있음을 알게 된다.

① 전제 – 주지 – 예시
② 주지 – 부연 – 예시
③ 전제 – 종합 – 첨가
④ 주지 – 상술 – 첨가
⑤ 전제 – 예시 – 결론

| 해설 |
핵심 키워드 : 상위 구조, 하위 구조
- **주지** : 이야기를 이해하고 기억하는 데에는 글의 구조가 큰 영향을 미친다.
- **부연** : 그러한 글의 구조에는 상위 구조와 하위 구조가 있는데, 상위 구조에 속한 요소들이 더 잘 기억된다.
- **예시** : 왜 상위 구조가 더 잘 기억되는지를 심청전을 예로 들어 설명하고 있다.

| 정답 | ②

유형 분석
지문의 서술 구조를 파악할 수 있는지를 묻는 문항이다.

해결 전략
마지막 문장의 '심청전'을 보고 첫 문장을 보면 '심청전'이 예시로 쓰인 것을 알 수 있다. 따라서 마지막에 예시가 들어가지 않는 선택지는 소거한다.
↓
전제 결론을 이끌어내기 위해 근거를 제시하거나 배경을 서술하는 문장
주지 글쓴이의 주장이나 중심 내용이 제시되어 있는 문장

하나 더+

전개 방식		구분	설명
설명	정태적 전개 방식	정의	단어의 의미를 명백히 밝혀 개념을 한정하는 것.
		비교	둘 이상의 대상을 유사성을 중심으로 설명하는 것.
		대조	둘 이상의 대상을 차이점을 들어 설명하는 것.
		분류	어떤 대상을 공통적인 기준에 따라 구분하는 것.
		분석	어떤 대상을 이루는 구성 요소를 분리하여 설명하는 것.
		비유	어떤 대상을 직접 설명하지 않고 다른 것에 빗대어 표현하는 것.
		예시	사례를 들어 추상적인 진술을 구체화하는 것.
		묘사	감각을 이용하여 어떤 대상을 표현하는 것.
		유추	생소한 개념을 익숙한 것에 미루어 추측하는 것.
	동태적 전개 방식	서사	사건을 시간적 변화에 따라 서술하는 것.
		과정	어떤 대상이 결과에 도달하기 위한 변화나 절차에 중점을 두어 설명하는 것.
		인과	어떠한 원인에 의해 결과가 발생하는 현상에 중점을 두어 설명하는 것.
논증		명제	자신의 주장을 표현한 문장.
		논거	명제를 뒷받침하는 논리적인 근거.
		추측	근거를 바탕으로 결론을 도출해 내는 과정.

빈출예제

★★☆☆☆

03 [글의 구조 파악]

제한시간 45초

다음 (가)~(마)의 논리적 구조에 대한 설명으로 바르지 않은 것을 고르시오.

> (가) 많은 경제학자들은 제도의 발달이 경제 성장의 중요한 원인이라고 생각해 왔다.
> (나) 예를 들어 재산권 제도가 발달하면 투자나 혁신에 대한 보상이 잘 이루어져 경제 성장에 도움이 된다는 것이다.
> (다) 그러나 이를 입증하기는 쉽지 않다.
> (라) 제도의 발달 수준과 소득 수준 사이에 상관관계가 있다 하더라도, 제도는 경제 성장에 영향을 줄 수도 있지만 경제 성장으로부터 영향을 받을 수도 있으므로 그 인과관계를 판단하기 어렵기 때문이다.
> (마) 그런데 최근에 각국의 소득 수준이 위도나 기후 등의 지리적 조건과 밀접한 상관관계를 가진다는 통계적 증거들이 제시되었다.

① (나)는 예시를 통해 (가)의 내용을 부연설명하고 있다.
② (다)는 (가)에 대한 반론이다.
③ (라)는 (다)의 근거이다.
④ (마)는 (라)에 대한 반증이다.
⑤ (마)는 새로운 내용으로 전환하고 있다.

| 해설 |
핵심 키워드 : 제도의 발달, 경제 성장, 인과 관계
'예를 들어'로 문장이 시작하는 것으로 보아 (나)는 구체적인 사례를 들며 (가)를 뒷받침하고 있다. (다)는 '그러나 이를 입증하기는 쉽지 않다'며 (가)를 반박하고, (라)는 그 이유에 관해서 설명해 주고 있다. 마지막으로 (마)는 '그러나'로 시작하며 제도의 발달과 경제 성장(소득 수준)에 관한 내용을 다루었던 (가)·(나)·(다)·(라)와는 달리, 소득 수준과 지리적 조건 간의 관계를 이야기하고 있으므로 새로운 내용으로의 전환이 이루어진 것이다.

| 정답 | ④

★★★☆☆

04 [구조 도식화]

제한시간 1분

다음 글의 구조를 도식화할 때 그 배열 방식을 바르게 나타낸 것을 고르시오.

> (가) 예술은 인간 감정의 구현체로 간주되곤 한다. 그런데 예술과 감정의 연관은 예술이 지닌 부정적 측면을 드러내는 데 쓰이기도 했다. 즉, 예술은 이성적으로 통제되지 않는 비합리적 활동, 심지어는 광기 어린 활동으로 여겨지곤 했다. 그렇지만 예술과 감정의 연관을 긍정적인 측면에서 해석하려는 입장도 유구한 전통을 형성하고 있다. 이러한 입장을 대표하는 사람으로 톨스토이와 콜링우드를 들 수 있다.
> (나) 톨스토이의 견해에 따르면, 생각이 타인에게 전달될 필요가 있듯이 감정도 그러하다. 이때 감정을 타인에게 전달하는 주요 수단이 예술이다. 예술가는 자신이 표현하고픈 감정을 떠올린 후, 작품을 통해 타인도 공감할 수 있도록 전달한다. 그런데 이때 전달되는 감정은 질이 좋아야 하며, 한 사회를 좋은 방향으로 이끌어 나갈 수 있어야 한다. 연대감이나 형제애가 그러한 감정이다. 이런 맥락에서

톨스토이는 노동요나 민담 등을 높이 평가하였고, 교태 어린 리스트의 음악이나 허무적인 보들레르의 시는 부정적으로 평가하였다. 좋은 감정이 잘 표현된 예술만이 전 사회, 나아가 전 세계를 감동시키며 세상의 발전에 기여할 수 있다고 보았기 때문이다.

(다) 반면, 콜링우드는 톨스토이와 생각이 달랐다. 콜링우드는 연대감이나 형제애를 사회에 전달하는 예술이 부작용을 초래할 수 있다고 보았다. 전체주의적 대규모 집회에서 드러나듯 예술적 효과를 통한 연대감의 전달은 때론 비합리적 선동을 강화하는 결과를 낳기 때문이다. 톨스토이 식으로 예술과 감정을 연관시키는 것은 예술에 대한 앞서의 비판에서 벗어나기 힘들다. 따라서 콜링우드는 감정의 전달이라는 외적 측면보다는 감정의 정리라는 내적 측면에 관심을 두었다.

(라) 콜링우드에 따르면, 언어가 한 개인의 생각을 정리하는 수단이듯이 예술은 한 개인의 감정을 정리하는 수단이다. 우리의 생각을 정리하는 훈련이 필요하듯이 우리의 감정도 그러하다. 일상사에서 벌컥 화를 내거나 하염없이 눈물을 흘리다 보면 감정을 지나치게 드러낸 듯하여 쑥스러운 경우가 종종 있다. 그런데 분노나 슬픔은 공책을 펴 놓고 논리적으로 곰곰이 추론한다고 정리되는 것이 아니다. 생각은 염주 알처럼 진행되지만, 감정은 불쑥 솟구쳐 오르거나 안개처럼 스멀스멀 밀려오기 때문이다. 이러한 인간의 감정은 그와 생김새가 유사한 예술을 통해 정리되는 것이 바람직하다. 베토벤이 인생의 파란만장한 곡절을 「운명」 교향악을 통해 때론 용솟음치며 때론 진저리치며 굽이굽이 정리했듯이, 우리는 자기 나름의 적절한 예술적 방식을 통해 그렇게 할 수 있다. 그리고 예술을 통해 우리의 감정이 정리되었으면 굳이 타인에게 전달하지 않더라도 예술은 그 소임을 충분히 완성한 것이다.

(마) 톨스토이와 콜링우드 양자의 입장은 차이가 나지만, 양자 모두 예술과 감정의 긍정적 연관성에 주목하면서 예술의 가치를 옹호하였다. 특히 이들의 이론은 질풍처럼 몰아치고 노도처럼 격동했던 낭만주의 예술을 이해하는 데 기여하였다.

빠른 풀이 비법

- (가) 예술, 입장, 톨스토이, 콜링우드
- (나) 톨스토이
- (다) 반면, 콜링우드
- (라) 콜링우드
- (마) 톨스토이, 콜링우드

① (가) ─ [(나) / (다) / (라)] ─ (마)

② (가) ─ (나) ─ [(다) / (라)] ─ (마)

③ (가) ─ [(나) ─────── / (다) ─ (라)] ─ (마)

④ (가) ─ [(다) / (나) ─ (라)] ─ (마)

⑤ (가) ─ [(나) ─ (라) / (다) ───────] ─ (마)

| 해설 |

핵심 키워드 : 예술과 감정, 감정 전달의 수단, 예술의 부작용

(가)는 이 글 전체의 중심을 이루는 '예술과 감정의 긍정적 연관성'에 대해 언급한 도입 부분으로, 이를 대표하는 인물로 톨스토이와 콜링우드를 들고 있다. (나)는 예술을 감정 전달의 수단으로 보는 톨스토이의 견해를, (다), (라)는 예술을 감정 정리의 수단으로 보는 콜링우드의 견해를 나타내면서 두 사람의 의견차가 대조를 이루고 있다. 마지막으로 (마)는 그럼에도 불구하고 이들이 공통적으로 예술의 가치를 옹호하고 이후 예술의 이해에 기여한 바를 서술하면서 글을 마무리하고 있다.

| 정답 | ③

Part 2 Theme 04 Basic 기본문제

01~03 다음 글 (가)와 (나)의 공통된 서술 방식으로 옳은 것을 고르시오.

One Point Lesson

글을 전체적으로 살펴보면 (가)와 (나) 모두 첫 번째 문장이 '예술 산업'에 관한 내용으로 시작한다. 더 나아가 (가)는 '뉴욕의 예술'로 (나)는 '소설, 비디오 예술, 순수 미술 등'으로 구체화되고 있다.

01 ★★★☆☆

(가) 예술은 과거보다 훨씬 더 큰 산업 유발 효과를 가진다. 최근 자료에 따르면, 뉴욕에서 예술 산업은 매년 110억 달러의 경제적 파급 효과를 낳고, 13만 개에 달하는 일자리를 창출한다. 연극이나 미술 작품을 관람하기 위해 뉴욕시를 찾는 예술 관련 관광객들은 연간 25억 달러를 뉴욕 시내에서 소비한다. 뉴욕에서는 예술 산업이 광고, 호텔 경영, 기업 운영 상담, 컴퓨터 및 데이터 처리 서비스 못지않은 경제적 효과를 낳는다.

(나) 이제 예술은 다른 어느 분야 못지않게 큰 부가 가치를 창출하는 산업으로 자리 잡았다. 소설이 블록버스터 영화로 제작되어 세계인들을 열광시키기도 하고, 전위적 비디오 예술이 음악 전문 채널의 인기 프로그램으로 제작되기도 하며, 순수 미술 작품이 새로운 디자인 개발이나 산업적 발명에 영감을 제공하기도 한다. 이제 예술이 경제 활성화에 크게 이바지한다는 점은 분명해 보인다. 예술은 화랑, 영화, 라디오, 텔레비전처럼 직접적으로 예술 상품을 다루는 분야뿐만 아니라 패션, 광고, 출판, 관광, 실내 장식 등 여러 산업 분야에서 경제적 가치를 창출한다.

① 전제 – 부연 ② 주지 – 상술 ③ 전제 – 첨가
④ 주장 – 근거 ⑤ 주지 – 예시

One Point Lesson

(가)와 (나) 모두 내용을 반전시키는 '하지만'이나 '그러나'의 역접 접속사가 없고, '예를 들어'를 통해 구체적인 사례를 들고 있지도 않다. 글을 살펴보면 사용된 접속사들이 '결국', '즉', '그래서'와 같은 것들이므로 (가)와 (나)가 하나의 주장으로 처음부터 끝까지 막힘없이 이어지고 있음을 알 수 있다.

02 ★★★☆☆

(가) 자본주의 시장경제가 잘 굴러가기 위해서 끝없는 욕망으로 인해서 늘 불만족해하는 사람들이 있어야 한다. 그런 사람들은 열심히 일해서 돈을 벌 욕심이 강하기 때문에 한편으로는 노동시장에서 노동공급을 원활하게 하며 다른 한편으로는 노동시장에서 번 돈을 상품시장에서 펑펑 써서 상품이 잘 팔리게 해준다. 달리 말하면 자본주의 시장경제는 다른 어떤 체제보다도 인간을 더 행복하게 만들 수 있는 능력을 가지고 있지만 결국 사람들을 끊임없이 불만스럽게 만들어야 잘 굴러갈 수 있다는 모순을 내포하고 있다.

(나) 신화는 물론 인류의 보편적 속성에 기반하여 형성되고 발전되어 왔지만 그 구체적인 내용은 각 민족마다 다르게 나타난다. 즉, 나라마다 각각 다른 지리·기후·풍습 등의 특성이 반영되어 각 민족 특유의 신화가 만들어지는 것이다. 그래서 고대 그리스의 신화와 중국의 신화는 신화적 발상과 사유에 있어서는 비슷하지만 내용은 전혀 다르게 전개되고 있다.

① 전제 – 예시 ② 주지 – 부연 ③ 전제 – 주지
④ 주장 – 이유 제시 ⑤ 전제 – 첨가

03 ★★★☆☆

(가) 인공위성을 이용한 원격 측정 기술은 각종 전자파 센서를 이용하여 대기 중의 오존이나 수증기와 같은 구성 물질의 전 지구적 분포를 측정하는 데 커다란 역할을 할 것이다. 미국은 적도를 따라 바다에서의 강수량을 측정할 수 있는 극초단파 센서를 장착한 인공위성을 쏘아 올릴 예정이고, 오존이나 수증기의 연직 분포를 인공 위성에서 측정할 수 있는 방법 등을 연구 개발 중이다. 우리나라도 최근에 과학 로켓 1호와 2호에 오존 측정 기기를 장착하여 오존의 연직 분포 측정에 성공하였는데, 대기 오염 측정 기기나 기상 측정 기기가 개발되어 우리나라 인공 위성에 장착될 날도 멀지 않았다.

(나) 지상에서 레이저 광선을 발사하여 대기 중의 구성 물질을 측정하는 원격 측정 기술도 활발히 진행되고 있다. 이 방법은 각 기체 분자가 가지고 있는 분광학적 특성을 이용한 것인데, 대기 중에서 반사되어 오는 분광(spectrum)의 성분을 분석하여 아황산 가스나 오존과 같은 대기 오염 물질의 농도 및 그 연직 분포를 측정하는 것이다. 21세기에는 원격 측정 기술을 비롯한 측정 과학 기술이 크게 발전하여, 전 지구적인 환경 감시 기능을 수행할 것으로 예상된다.

① 주지-예시-부연
② 전제-상세화-주지
③ 전제-현실 비판-대안의 제시
④ 일반적 진술-구체적 진술-미래의 전망
⑤ 주장-상세화-근거

확실하게 눈에 띄는 특징이 있다면 이를 바탕으로 선택지를 찾거나 소거하여 시간을 단축하도록 한다. 글을 전체적으로 보았을 때 가장 눈에 들어오는 것은 (가)와 (나)의 마지막 줄이다. 두 문단이 각각 '멀지 않았다'와 '예상된다'로 끝맺음하고 있으므로 이를 힌트로 삼는다.

04 ★★☆☆☆ 다음 글의 서술상의 특징을 바르게 설명한 것을 고르시오.

체계를 이루는 각 항목이나 범주는 서로 긴밀히 연관되어 있기 때문에 그 중의 하나가 변화하게 되면 다른 항목이나 체계 전체에 영향을 끼쳐서, 변화 전까지 유지되어 있던 균형이 깨지기도 한다. 즉, 체계 전체에 걸쳐 변화가 일어나는 것이다. 예를 들어 중세 국어의 'ㆍ'는 'ㅡ'로 바뀌었으며 어떤 것은 'ㅗ'로 변하기도 했다. 이러한 예를 토대로 국어의 모음 체계 자체가 달라진 것을 파악하는 일이 가능하다. 'ㆍ' 모음이 소멸된 결과, 해당 모음이 담당하고 있던 기능이 'ㅏ', 'ㅡ', 'ㅗ'의 모음에 분산되어, 이 세 모음이 담당해야 하는 단어가 늘어난 것이라고 볼 수 있기 때문이다.

① 현상의 원인과 결과를 분석하여 상술하고 있다.
② 구체적인 예를 들어 독자의 이해를 돕고 있다.
③ 대상의 개념을 제시하고 그 특징을 묘사하고 있다.
④ 문제를 제기하고 나서 그 해결 방안을 제시하고 있다.
⑤ 비판에 대한 반론을 제시하고 있다.

5초 내외로 선택지를 훑어본다. 선택지를 살펴보면 '원인-결과', '예', '개념', '방안', '반론'과 같은 서술 특징들을 확인할 수 있다. 선택지를 먼저 보고 지문을 읽는다면 서술 특징들이 눈에 잘 들어오기 때문에 글을 읽을 땐 접속사와 흐름에만 초점을 맞춰 빠르게 읽어나가도록 한다.

기본문제

이것만은 꼭

1. **수직적 관계**

   전제
   ↓
   결론

   : 전제→(따라서/그러므로/결론적으로/이처럼)→결론, 결론→(왜냐하면)→전제

2. **수평적 관계**

   전제+전제

   : 전제→(또한/더구나/그리고/게다가/더불어)→결론

3. **병렬 통합**

   : 만일 여러 개의 전제들이 따로따로 결론을 지지하면, 그 전제들은 하나로 합치지 않고 구분하여 표시한다.

   전제1 전제2 전제3
   ↓   ↓   ↓
         결론

★★★☆☆

05 다음 글의 논리적 구조를 바르게 분석한 것을 고르시오.

제한시간  40초

> (가) 역사는 어느 시대, 어떤 상황에 있어서도 삶과 동떨어진 가치란 존재하기 어렵다는 사실을 우리에게 일깨워 주고 있다.
> (나) 문학은 그 시대적 상황을 수렴한다.
> (다) 따라서, 작가는 현실에 대한 바른 안목으로 그 안에 용해되어 있는 삶의 모습들을 예술적으로 형상화하는 데 부단한 노력을 경주하여야 한다.
> (라) 현실적 상황이 제시하고 만들어 내는 여러 요소들을 깊이 있게 통찰하고, 이를 진지한 안목에서 분석하여 의미를 부여할 때, 문학은 그 존재 가치가 더욱 빛나는 것이다.
> (마) 그뿐만 아니라, 문학의 궁극적인 목적이 인간성을 구현하는데 있는 것이라면, 이를 효과적으로 드러낼 수 있는 현실의 가능성을 찾아내고, 거기에 사람의 옷을 입혀 살아 숨쉬게 하는 작업이 필요하다.
> (바) 그런 면에서, 문학은 삶을 새롭게 하고 의미를 부여하며, 그 삶의 현실을 재창조하는 작업이라 할 수 있다.

①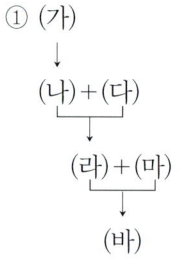

②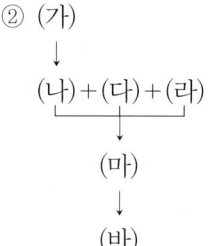

③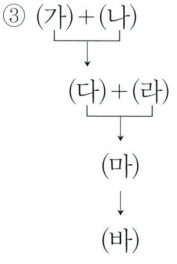

④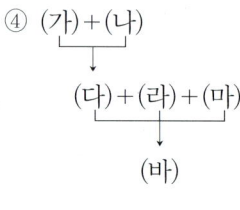

⑤ (가)+(나)+(다)
   ↓
   (라)+(마)
   ↓
   (바)

06 다음 문장들의 논리적 구조를 바르게 설명한 것을 고르시오.

> (가) 한국사에 적용되는 법칙은 세계 모든 나라의 역사에 적용되는 보편적인 법칙 하에 놓여 있다.
> (나) 역사를 지배하는 보편적인 법칙은 엄밀히 말하면 일원적인 것이 아니라 다원적이다.
> (다) 즉, 한 나라의 역사는 일원적인 법칙의 지배를 받는 것이 아니라 다원적인 법칙의 지배를 받는다.
> (라) 한국사는 이 다원적인 법칙들이 결합하는 양상이 다른 민족의 역사와 다르다.
> (마) 한국사의 특수성은 한국사에만 적용되는 법칙이 있어서가 아니라 보편적이고 다원적인 법칙들의 결합방식이 특수해서 생기는 것이다.
> (바) 그러므로 한국사를 올바로 이해하는 길은 결국 한국사의 특수성을 세계사의 보편적 법칙들과 관련시켜 파악하는 것이다.

① (나)는 (가)를 바탕으로 상술한 것이다. ② (다)는 (나)의 예시이다.
③ (라)는 (다)의 근거이다. ④ (라)는 글 전체의 결론이다.
⑤ (바)는 (라)와 (마)의 결론이다.

정답 및 해설

01 정답 ⑤
핵심 키워드: (가) 예술, 산업 유발 효과 (나) 예술, 부가 가치 창출
(가)는 예술이 과거보다 훨씬 더 큰 산업 유발 효과를 가진다는 점을 주지하고, 최근 자료에 따른 구체적인 예를 들고 있다. (나)는 예술이 다른 분야 못지않게 큰 부가 가치를 창출하는 산업이 되었음을 주지하고, 그에 따른 예를 나열하고 있다.

02 정답 ②
핵심 키워드: (가) 자본주의 시장 경제, 욕망으로 인한 불만족 (나) 신화, 민족적 특성
(가)는 자본주의 시장 경제가 잘 굴러가기 위해 끝없는 욕망으로 불만족해 하는 사람들이 있어야 함을 주지하고, 구체적인 이유에 대해 부연하여 설명하고 있다. (나)는 신화의 구체적인 내용이 민족마다 다르게 나타남을 주지하고 그에 따른 설명을 자세하게 부연하고 있다.

03 정답 ④
핵심 키워드: (가) 인공위성, 원격 측정 기술 (나) 레이저 광선, 원격 측정 기술
(가)와 (나)는 각 세 문장으로 구성되어 있다. 즉, (가)는 '일반적 진술 – 구체적 진술(예시) – 전망'으로 구성되었고, (나)는 '일반적 진술 – 구체적 진술(상세화) – 전망'으로 구성되었다.

04 정답 ②
핵심 키워드: 하나의 변화, 체계 전체에 영향
체계를 이루는 항목이나 범주 중 하나가 변하면 다른 항목에 영향을 미쳐 체계 전체에 변화가 일어난다는 일반적인 원리나 법칙을 먼저 제시하고, 그에 대한 구체적인 예로 중세 국어의 'ㆍ'를 들어 설명하는 방식을 사용하고 있다.

05 정답 ④
핵심 키워드: 문학, 시대적 상황, 인간성 구현, 현실 재창조
(가)는 삶과 가치가 떨어지기 어렵다고 말하고 있고, (나)는 그 예로 문학을 들고 있다. (다)는 작가가 삶의 가치를 예술로 형상화해야 한다고 하였으므로 (가)와 (나)가 (다)의 전제임을 알 수 있다. 또한 (라)와 (마)는 (다)의 의의에 대해 설명하고 있으므로, (다), (라), (마)는 서로 병렬적인 관계에 있다. 마지막으로 (바)의 '그런 면에서'를 보았을 때, (다), (라), (마)가 (바)의 전제임을 파악할 수 있다.

06 정답 ①
핵심 키워드: 한국사, 보편적 법칙, 다원적 법칙, 결합
(다)는 (나)를 부연 설명하고 있고, (라)는 (가)~(다)를 바탕으로 하여 한국사의 특수성을 설명하기 위한 전제가 된다. (바)는 (가)~(마)의 내용을 바탕으로 도출된 글 전체의 결론적 진술이다.

01~02 다음 글의 서술상의 특징을 바르게 설명한 것을 고르시오.

★★★☆☆
01

> 고객은 제품의 품질에 대해 나름의 욕구를 가지고 있다. 카노는 품질에 대한 고객의 욕구와 만족도를 설명하는 모형을 개발하였다. 카노는 일반적으로 고객이 세 가지 욕구를 가지고 있다고 하였다. 그는 그것을 각각 기본적 욕구, 정상적 욕구, 감동적 욕구라고 지칭했다.
> 기본적 욕구는 고객이 가지고 있는 가장 낮은 단계의 욕구로, 그들이 구매하는 제품이나 서비스에 당연히 포함되어 있을 것으로 기대되는 특성들이다. 만약 이런 특성들이 제품이나 서비스에 결여되어 있다면, 고객은 예외 없이 크게 불만족스러워 한다.
> 그러나 기본적 욕구가 충족되었다고 해서 고객이 만족감을 느끼는 것은 아니다. 정상적 욕구는 고객이 직접 요구하는 욕구로서, 이 욕구가 충족되지 못하면 고객은 불만족스러워 한다. 그러나 이 욕구가 충족되면 될수록, 고객은 만족을 더 많이 느끼게 된다. 감동적 욕구는 고객이 지니고 있는 가장 높은 단계의 욕구로서, 고객이 기대하지는 않는 욕구이다. 감동적 욕구가 충족되면 고객은 큰 감동을 느끼지만, 충족되지 않아도 상관없다고 생각한다. 카노는 이러한 고객의 욕구를 확인하기 위해 설문지 조사법을 제안하였다.
> 세 가지 욕구와 관련하여 고객이 식당에 가는 상황을 생각해 보자. 의자와 식탁이 당연히 깨끗해야 한다고 생각하는 고객은 의자와 식탁이 깨끗하다고 해서 만족감을 느끼지는 않는다. 그러나 그렇지 않으면 그 고객은 크게 불만족스러워 한다. 한편 식탁의 크기가 적당해야 만족감을 느끼는 고객은 식탁이 좁으면 불만족스러워 한다. 그러나 자신의 요구로 식탁의 크기가 적당해지면 고객의 만족도는 높아진다. 여기에 더해 꼭 필요하지는 않지만, 식탁 위에 장미가 놓여 있으면 좋겠다고 생각하는 고객이 실제로 식탁 위에 장미가 놓여 있는 것을 보면, 단순한 만족 이상의 감동을 느낀다. 그러나 이런 것이 없다고 해서 그 고객이 불만족스러워 하지는 않는다.
> 제품이나 서비스에 대한 고객의 기대가 항상 고정적이지는 않다. 고객의 기대는 시간이 지남에 따라 바뀐다. 즉 감동적 욕구를 충족시킨 제품이나 서비스의 특성은 시간이 지나면 정상적 욕구를 충족시키는 특성으로, 시간이 더 지나면 기본적 욕구만을 충족시키는 특성으로 바뀐다. 또한 고객의 욕구는 일정한 단계를 지닌다. 고객의 기본적 욕구를 충족시키지 못하는 제품은 고객의 정상적 욕구를 절대로 충족시킬 수 없다. 마찬가지로 고객의 정상적 욕구를 충족시키지 못하는 제품은 고객의 감동적 욕구를 충족시킬 수 없다.

① 저명한 학자의 이론을 제시함으로써 주장에 힘을 싣고 있다.
② 장단점의 비교·분석을 통해 독자의 올바른 선택을 돕고 있다.
③ 비교를 통해 이론을 분석하고 합리적인 결론을 도출하고 있다.
④ 예를 들어 설명을 돕고 독자의 이해를 이끌어내고 있다.
⑤ 근거를 밝히면서 문제점에 대한 해결책을 제시하고 있다.

★★★☆☆
02

> '친구 따라 강남 간다'는 속담이 있듯이 다른 사람들의 행동을 따라하는 것을 심리학에서는 '동조'라고 한다. 퀴즈에서 답을 잘 모를 때 더 많은 사람들이 선택하는 쪽을 따르는 것도 일종의 동조이다.
> 심리학에서는 동조가 일어나는 이유를 크게 두 가지로 설명한다. 첫째, 사람들은 자기가 확실히 알지 못하는 일에 대해 남이 하는 대로 따라 하면 적어도 손해를 보지는 않는다고 생각한다는 것이다. 낯선 지역을 여행하던 중에 식사를 할 때 여행객들은 대개 손님들로 북적거리는 식당을 찾게 마련이다. 식당이 북적거린다는 것은 그만큼 그 식당의 음식이 맛있다는 것을 뜻한다고 여기기 때문이다. 둘째, 어떤 집단이 그 구성원들을 이끌어 나가는 질서나 규범 같은 힘을 가지고 있을 때, 그러한 집단의 압력 때문에 동조 현상이 일어난다는 것이다. 만약 어떤 개인이 그 힘을 인정하지 않는다면 그는 집단에서 배척당하기 쉽다. 이런 사정 때문에 사람들은 집단으로부터 소외되지 않기 위해서 동조를 하게 된다. 여기서 주목할 것은 자신이 믿지 않거나 옳지 않다고 생각하는 문제에 대해서도 동조의 입장을 취하게 된다는 것이다.

상황에 따라서는 위의 두 가지 이유가 함께 작용하는 경우도 있다. 예컨대 선거에서 지지할 후보를 결정하고자 할 때 사람들은 대개 활발하게 거리 유세를 하며 좀 더 많은 지지자들의 호응을 이끌어 내는 후보를 선택하게 된다. 이는 곧 지지자들의 열렬한 태도가 다른 사람들도 그 후보를 지지하도록 이끄는 정보로 작용한 것이다. 이때 지지자 집단의 규모가 클수록 지지를 이끌어 내는 데에 효과적으로 작용한다.

동조는 개인의 심리 작용에 영향을 미치는 요인이 무엇이냐에 따라 그 강도가 다르게 나타난다. 가지고 있는 정보가 부족하여 어떤 판단을 내리기 어려운 상황일수록, 자신의 판단에 대한 확신이 들지 않을수록 동조 현상은 강하게 나타난다. 또한 집단의 구성원 수가 많고 그 결속력이 강할 때, 특정 정보를 제공하는 사람의 권위와 그에 대한 신뢰도가 높을 때도 동조 현상은 강하게 나타난다. 그리고 어떤 문제에 대한 집단 구성원들의 만장일치 여부도 동조에 큰 영향을 미치게 되는데, 만약 이때 단 한 명이라도 이탈자가 생기면 동조의 정도는 급격히 약화된다.

어떤 사람이 길을 건너려고 할 때 무단 횡단하는 사람들이 있으면 별 생각 없이 따라 하는 것처럼, 동조 현상은 부정적인 경우에도 일어난다. 그러나 정류장에서 차례로 줄을 서서 버스를 기다리는 모습처럼 긍정적으로 작용하는 경우도 많다. 또한 동조는 개인으로 하여금 정보 부족 상태에서 좀 더 나은 판단이나 선택을 할 수 있게 하는가 하면, 사회적으로는 질서를 유지하게 하는 원동력으로 작용하기도 한다. 뿐만 아니라 붐비는 가게를 찾고, 같은 농담을 즐기며, 유행하는 옷을 선호하는 사람들의 행동 특성이나 사회 현상을 이해하는 데에도 동조는 적절한 근거를 제공해 준다.

① 동조에 대한 개념을 주관적인 기준에 따라 새롭게 설명하고 있다.
② 동조에 대한 여러 현상의 예를 들어서 개념의 이해를 돕고 있다.
③ 동조에 대한 상반된 관점의 견해를 제시하여, 새로운 개념을 만들어 내고 있다.
④ 예상되는 질문을 묻고 답하는 방식을 사용하여 주장을 강화하고 있다.
⑤ 동조에 대한 일반적인 개념을 설명한 다음, 기준을 세워 분류하고 있다.

★★★☆☆ 제한시간 1분

03 다음 글에 나타난 설명 방식이 아닌 것을 고르시오.

우리 몸에서 체온은 어떤 역할을 하는 것일까? 환자가 응급실에 도착하면, 의료진은 가장 먼저 바이탈 사인(vital sign)을 확인한다. 바이탈 사인이란 환자의 신체가 정상적인 상태인지를 보여주는 것으로 혈압, 맥박, 호흡, 체온 등이 이에 해당한다. 이 중 체온은 사람의 건강 상태를 가늠하는 중요한 기준이 되며, 정상 범위에 해당하지 않는 체온은 우리 몸에 다양한 영향을 미친다.

우리가 '정상 체온'으로 알고 있는 36.5℃는 몸의 신진대사와 혈액순환, 면역체계 작동 등 생명유지 활동에 필요한 효소가 가장 활발하게 활동하는 온도이다. 체온은 성별, 나이, 활동량 등에 따라 차이를 보이는데, 보통 노인은 건강한 성인보다 체온이 0.5℃ 가량 낮으며 같은 사람이라도 낮보다 활동량이 적은 밤의 체온이 0.5℃ 정도 낮다. 그러나 질병이 있는 상태가 아니라면 일반적으로 정상 체온의 범위는 36~37.5℃이다. 우리 몸은 체온이 정상 범위를 벗어날 경우 곧바로 체온을 조절하기 위한 생체 작용이 일어난다. 피부에 있는 온도 수용체에서 뇌의 시상하부에 명령을 내리면, 시상하부는 갑상샘, 교감신경, 대뇌피질, 근육 등에 신호를 보내 체온을 조절하도록 하는 것이다. 교감신경은 체온이 정상 범위보다 높으면 땀샘을 열고 혈관을 확장함으로써 열을 방출하고, 체온이 낮으면 땀샘을 닫고 혈관을 좁힘으로써 열을 보호한다.

체온은 이러한 체내의 생체조절 작용으로 인해 보통 정상 범위 내의 온도로 유지된다. 다만 신체 내·외부의 자극에 따라 변화가 나타나는데, 체온이 정상 범위보다 낮은 경우는 크게 두 가지로 나눌 수 있다. 첫째는 외부의 추위에 장시간 노출되는 경우이다. 보온을 제대로 하지 않은 상태에서 낮은 온도와 강한 바람에 노출되면 가장 먼저 오한이 나타난다. 시상하부에서 열을 생산하기 위해 근육을 떨게 하기 때문이다. 이후 낮은 기온에 장시간 노출되면 우리 몸에서는 발열 작용이 일어나며 혈관이 수축한다. 이 때문에 움직임이 둔해지거나 걸음걸이가 흔들리는 등 신체 기능에 문제가 생긴다. 35℃가 되면 손놀림이 부자연스러워지고 정신이 혼미해지며, 32℃ 이하가 되면 심장이 멎어 사망에 이를 수 있다.

한편, 외부 온도가 낮지 않음에도 평소 체온이 낮은 사람이 있다. 이 경우 35~36℃ 사이라면 저체온 증상

발전문제

이 심하지 않기 때문에 자신은 다른 사람보다 체온이 낮은 편일 뿐이라고 생각하며 쉽게 넘기는 경우가 많다. 그러나 체온이 정상 범위 이하로 낮은 사람은 발병 위험이 더욱 크게 나타난다. 체온이 낮을수록 면역력이 약해지기 때문이다. 우리가 감기에 걸렸을 때 열이 나는 것은 외부에서 우리 몸으로 침투한 균을 물리치기 위한 일종의 면역 작용이다. 그런데 체온이 낮은 사람은 발열 작용이 충분히 일어나지 않아 병에 걸리기 쉬운 상태가 되는 것이다. 실제로 일본의 한 종양내과 전문의는 "36℃ 이하의 체온이 당뇨병, 암, 치매 등과 같은 질환을 초래할 수 있다"고 말하였다. 또한, 우리 몸의 효소는 체온이 낮으면 제대로 기능을 하지 못해 우리 몸에 산소나 영양분을 운반하는 과정에서 문제가 발생하게 된다. 이 때문에 몸의 전반적인 기능이 저하되는 것이다.

① 용어의 정의에 관해 설명하며 이해를 돕고 있다.
② 물음을 통해 글의 전개 방향을 암시하고 있다.
③ 전문가의 말을 인용함으로써 글의 신빙성을 높이고 있다.
④ 상반된 개념을 대조하며 설명하고 있다.
⑤ 특정 기준에 따라 구분하여 설명하고 있다.

★★★☆☆ 제한시간  1분

04 다음 글의 진술 방식은 무엇인지 고르시오.

노벨 문학상이 발표되면 큰 소동이 벌어지던 시절이 있었다. 우리나라가 아직 국제 저작권 협약에 가입하지 않았던 그 무렵, 출판사들은 앞다투어 수상작을 '뚝딱' 번역해 내곤 했다. 중복 출판에 부실 번역으로 수상작은 만신창이가 되기 일쑤였다. 그렇게 훼손된 작품인데도 독자들의 반응은 뜨거웠다. 노벨 문학상 특수라 할 법한 상황이었다.

이즈음 그런 특수나 소동은 많이 가라앉은 느낌이다. 저작권 협약의 규제를 받게 되었기 때문만은 아닐 터이다. 노벨 문학상을 대하는 시선이 한결 성숙해졌달까. 노벨상이라면 일단 '끔벅 죽는' 맹목에서 벗어나, 제 아무리 노벨 문학상 수상작이라도 냉정하게 따져 보는 객관화 능력이 얻어진 결과라 보고 싶다.

몇 년 전의 수상자인 오스트리아 작가 엘프리데 옐리네크의 경우에도 기왕에 그의 대표작 격인 「피아노 치는 여자」와 희곡이 국내에 번역돼 있었긴 했지만, 노벨 문학상 수상이 추가 번역 출간 바람으로 이어지지는 않았다. 실험적인데다 독자를 불편하게 하는 그의 작품들이 그다지 '상품성' 있는 것으로 보이지 않았기 때문이다.

급진 페미니스트로서 기성의 관습과 제도를 상대로 날카롭게 각을 세워 온 여성 작가의 수상은 그 자체로 평가할 만해 보인다. 그러나 그가 이른바 주류 언어의 하나인 독일어로 작품 활동을 하는 작가라는 사실은 아쉽게 느껴진다는 평가를 받기도 했다. 노벨 문학상의 유럽어 중심주의를 다시금 확인한 것 같았기 때문이었다.

노벨 문학상이 발표되면 으레 뒤따르는 '우리는 언제나 ……' 하는 푸념도 이제는 식상한 느낌이다. 번역이 문제라느니, 궁극적으로는 경제력을 포함하는 국력이 말해줄 거라느니 하는 진단과 처방도 익숙한 가락이긴 마찬가지다. 노벨 문학상의 유럽어 중심주의에 짜증이 나면서도 동시에 그 상에 한국 문학의 자존심이 걸려 있기라도 하다는 듯 초조해하는 국내의 반응 역시 개운하지는 않다.

노벨 문학상이란 세계 곳곳에서 주어지는 여러 문학상의 하나일 뿐이라는 관점의 전환이 필요하다. 굳이 노벨 문학상에 목매달 필요는 없다는 이야기다. 몇 해 전에 방한한 나이지리아 출신 노벨상 수상 작가 월 소잉카도 노벨 문학상을 타기 위한 인위적인 노력은 바람직하지 않다는 충고를 남긴 바 있다. 평상심을 지니고 작품을 쓰다 보면 언젠가는 한국에도 노벨 문학상 차지가 올 거라는 것이다.

그렇다고 해서 한국 문학의 번역과 소개를 등한히 하자는 이야기는 아니다. 굳이 노벨상을 염두에 두지 않더라도 한국문학의 세계화를 위한 노력은 계속해야 한다. 영화와 텔레비전을 위시한 한류 열풍, 각종 스포츠 종목에서 거두고 있는 세계 수준의 성과를 감안하면 문학의 '부진'은 한결 안쓰럽고 답답해 보이기조차 한다.

그러나 당위와 구호만으로는 뜻한 바 성과를 거두기 어려운 법. 구체적이고도 실질적인 방도가 필요하다. 이와 관련해 연세대 출판부가 펴낸 「한국 문학의 외국어 번역」이라는 책에서 나온 제안에 귀기울여 볼 만하다. '유럽 문화 정보 센터'에서 관련 학자들을 동원해 집필토록 한 이 책은 영어·프랑스어·스페인어·독일어·러시아어·체코어·중국어·일본어 등 7개 언어권별로 한국 문학의 번역 현황을 점검한 다음, 그 문제점과 개선 방안을 제시하고 있다. 특히 관심을 끄는 것

은 대안 부분인데, 이 책에서 권하는 대안의 핵심은 '한국 문학 번역 학교' 설립으로 요약된다.

이 방법이 당장의 노벨 문학상 수상으로 이어지기는 어려울 것이다. 적어도 10년 이상 길게 내다볼 필요가 있다. 딱히 노벨상을 타기 위해서라기보다는 한국 문학을 세계 문학 '시장'에서 객관적으로 검증 받도록 하기 위해서, 말하자면 타자의 거울을 통해 자신을 들여다보기 위해서도 번역의 관문을 통과하는 것은 피할 수 없는 노릇이다. 사정이 그렇다면 기왕이면 양질의, 제대로 된 번역을 만나야 할 것이고, 그를 위한 최선의 방책은 지금으로 보아 한국 문학 번역 학교 설립으로 보인다.

① 비교, 대조 등으로 노벨상의 의의를 밝히고 있다.
② 예시로 문학계에서도 여성 상위 시대가 온 것을 추측할 수 있다.
③ 문제와 관련된 여러 이론을 고찰하면서 각각 이론을 상대적으로 분석하였다.
④ 사회적 현상의 견해를 권위 있는 사람의 말을 인용하여 주장을 강화하고 있다.
⑤ 객관적인 자료를 활용하여 노벨상에 대해 설명하고 있다.

  제한시간 1분

05 다음 (가)와 (나)에 대한 설명으로 옳지 않은 것을 고르시오.

(가) 언어는 그것을 사용하는 언중의 역사와 생활을 반영한다. 그러기에 언어를 문화의 색인이라고까지 말한다. 한 민족은 그 민족 나름의 독특한 역사와 문화를 지니고 있으며, 독특한 사상, 감정 및 사고 방식도 아울러 지닌다. 이들은 그대로 언어에 반영되는데, 어휘 부문에서 가장 두드러진다. 국어의 어휘상의 특질 중 몇 가지를 살펴보면 다음과 같다. 첫째, 다량의 한자어들이 들어와 한자어가 전체 어휘에서 차지하는 비중이 매우 높다. 한자는 대략 기원전 3세기경에 이 땅에 전래되어, 신라가 삼국을 통일한 7세기경에는 이미 널리 사용되었던 것으로 보인다. 그리하여 신라 22대 지증왕 때와 35대 경덕왕 때에 각각 인명과 지명 등을 한자어로 바꾸었다. 이러한 한자어는 그 후 고려시대에 불교, 조선시대에 유학이 융성함에 따라 더욱 많이 사용되었다. 둘째, 우리말에는 감각어가 매우 발달되어 있다. 우리 민족은 정서적이고 감각적인 편이었다. 이러한 특징이 언어에 반영되어 우리말에 감각적인 어휘가 풍부하게 발달하게 되었다고 볼 수 있다. 예를 들어 노란색을 나타내는 말만 하더라도 매우 다양하다. 노란색을 나타내는 말이 영어에서는 'yellow' 하나 정도라는 것을 생각해 볼 때, 국어의 감각어가 얼마나 다채롭게 발달되어 있는지 쉽게 알 수 있다. 셋째, 상징어의 발달을 들 수 있다. 상징어는 주로 소리, 동작 형태를 모사하는 것으로서, 구체적이고 감각적인 표현 수단의 하나이다. 상징어는 국어에 특히 발달되어 있고, 음상의 차이에 의해 다양하게 분화될 수 있다.

(나) 우리말의 특징을 고려하여 우리말을 표현력이 더욱 풍부한 언어로 만들려면 언어를 사용하는 구성원 전체의 노력이 필요하다. 우리말의 표현력을 높이기 위해 우리가 할 수 있는 일 중에서 어휘와 관련되는 것을 살펴보면 다음과 같다. 표현력을 높이려면 우선 어휘의 절대량을 늘리는 일이 필요하다. 이를 위해서 다양한 합성법을 사용하거나, '-보, -쟁이' 등 파생 접사를 이용한 파생법을 사용할 수 있다. 한편 어휘의 절대량을 늘리기 위해 외래 요소를 받아들이기도 한다. 우리가 오랫동안 한문을 사용해 온 까닭은 우리말에는 다량의 한자어가 들어와 있기 때문이다. 다만 우리 민족은 한자어를 받아들이되 우리식 한자음으로 읽었으며, 한자어 명사나 부사에 '-하다'를 붙여 우리말 조어 규칙에 맞는 동사로 만들어 받아들였다. 바람직하다고는 볼 수 없지만, '스마트하다', '다이내믹하다'처럼 영어의 형용사에 '-하다'를 붙여서 새로운 단어를 만드는 것과 유사하다고 볼 수 있다. 또한 우리말에 발달한 의성어나 의태어를 새로 만드는 것도 부분적으로 가능하다. 사전에는 '사르르'만 실려 있는데, 실제 발화에서는 '사르르르', '사르르르르' 식으로 표현하기도 한다. 소설류에는 '나훌나훌', '필릴리' 등 기존 사전에 없는 상징어들이 등장하는데, 이 중 일부는 개인이 만든 것일 수 있다. 새로 만들어진 어휘들은 이후에 사회적인 공인을 얻어 사전에 오를 수도 있다. 따라서 어휘의 절대량을 늘리는 일 못지않게 중요한 것이 기존 어휘를 적극적으로 이용하는 일이다. 예를 들면 방언이나 옛말

발전문제

등을 찾아 적극적으로 이용하는 방법이 있다. 어촌 지역에서 주로 쓰이던 '하늬바람'이 시어 등에 자주 사용되면서 널리 쓰이게 되었고, '가람, 뫼' 등 옛말 어휘가 오늘날 인명, 상표명 등에 쓰이기도 한다. 이처럼 이미 우리말에 존재하던 어휘들이 새롭게 쓰이면서 정서적인 의미를 추가로 가지게 되어 우리말의 표현력을 높이는 데에 기여하기도 한다.

① (가)를 고려하여 (나)의 노력을 실행한다.
② (가)는 우리말의 어휘상의 특질을 근거로 국어의 우수성을 강조한다.
③ (나)는 국어의 표현력을 높이기 위한 방안을 제시한다.
④ (가)와 (나)는 모두 우리말에 한자어가 많다는 데에 동의한다.
⑤ (가)와 (나) 모두 구체적인 사례를 들어 설명하고 있다.

것은 한 사발의 밥을 함께 먹다 싸울 때와 똑같다.
(라) 이로써 보면 싸움이 밥 때문이지, 말이나 태도나 행동 때문에 일어나는 것이 아님을 알 수 있다. 이해의 연원이 있음을 알지 못하고는, 그 잘못됨을 장차 고칠 수가 없는 법이다. 가령 오늘은 한 사발의 밥을 함께 먹다 싸웠으되 내일에는 각기 밥상을 차지하고 배불리 먹게 하여 싸우게 되었던 원인을 없앤다면, 한 때 헐뜯고 꾸짖던 앙금이 저절로 가라앉아 다시는 싸우는 일이 없게 될 것이다.

① (가)는 (라)로부터 이끌어낸 주장이다.
② (나)는 원인과 결과를 분석하고 있다.
③ (다)는 (나)에 대한 예시이다.
④ (나)와 (다)는 병렬적 관계이다.
⑤ (라)에는 글쓴이의 의도가 나타나 있지 않다.

★★★☆☆

06 다음 글의 논리적 구조를 바르게 설명한 것을 고르시오.

(가) 붕당(朋黨)은 싸움에서 생기고, 그 싸움은 이해(利害)에서 생긴다. 이해가 절실할수록 당파는 심해지고, 이해가 오랠수록 당파는 굳어진다. 이것은 형세가 그렇게 만드는 것이다. 어떻게 하면 이것을 밝힐 수 있을까?
(나) 이제 열 사람이 모두 굶주리다가 한 사발의 밥을 함께 먹게 되었다고 하자. 그릇을 채 비우기도 전에 싸움이 일어난다. 말이 불손하다고 꾸짖는 것을 보고 사람들은 모두 싸움이 말 때문에 일어났다고 믿는다. 다른 날에 또 한 사발의 밥을 함께 먹다 그릇을 채 비우기도 전에 싸움이 일어난다. 태도가 공손치 못하다고 꾸짖는 것을 보고 사람들은 모두 싸움이 태도 때문에 일어났다고 믿는다. 다른 날에 또다시 같은 상황이 벌어지면 이제 행동이 거칠다고 힐난하다가, 마침내 어떤 사람이 울화통을 터뜨리고 여럿이 이에 시끌벅적하게 가세한다. 시작은 대수롭지 않으나 마지막에는 크게 된다.
(다) 이것을 또 길에서 살펴보면 이러하다. 오던 자가 어깨를 건드리면 가던 자가 싸움을 건다. 말이 불손하고, 태도가 사나우며, 행동이 거칠다 하여 그 하는 말은 끝이 없으나 떳떳하게 성내는 것이 아닌

★★★☆☆

07 다음 글의 논리적 구조에 대한 설명으로 옳지 않은 것을 고르시오.

(가) 일반적으로 동식물에서 종(種)이란 '같은 개체끼리 교배하여 자손을 남길 수 있는' 또는 '외양으로 구분이 가능한' 집단을 뜻한다. 그렇다면 세균처럼 한 개체가 둘로 분열하여 번식하며 외양의 특징도 많지 않은 미생물에서는 종을 어떤 기준으로 구분할까?
(나) 미생물의 종 구분에는 외양과 생리적 특성을 이용한 방법이 사용되기도 한다. 하지만 이러한 특성들은 미생물이 어떻게 배양되는지에 따라 변할 수 있으며, 모든 미생물에 적용될 만한 공통적 요소가 되기도 어렵다. 이런 문제를 극복하기 위해 오늘날 미생물 종의 구분에는 주로 유전적 특성을 이용하고 있다. 미생물의 유전체는 DNA로 이루어진 많은 유전자로 구성되는데, 특정 유전자를 비교함으로써 미생물들 간의 유전적 관계를 알 수 있다. 종의 구분에는 서로 간의 차이를 잘 나타내 주는 유전자를 이용한다. 유전자 비교를 통해 미생물들이 유전적으로 얼마나 가깝고 먼지를 확인할 수 있는데, 이를 '유전 거리'라 한다. 유전 거리가 가까울수록 같은 종으로 묶일 가능성이 커진다.

(다) 하지만 유전자 비교로 확인한 유전 거리만으로는 두 미생물이 같은 종에 속하는지를 명확히 판별하기 어렵다. 특정 유전자가 해당 미생물의 전체적인 유전적 특성을 대변하지는 못하기 때문이다.

(라) 이러한 문제를 보완하기 위한 것이 미생물들 간의 유전체 유사도를 측정하는 방법이다. 유전체 유사도를 정확히 측정하기 위해서는 모든 유전자를 대상으로 유전적 관계를 살펴야 하지만, 수많은 유전자를 모두 비교하는 것은 현실적으로 어렵다. 따라서 유전체의 특성을 화학적으로 비교하는 방법이 주로 사용되고 있다. 이렇게 얻어진 유전체 유사도는 종의 경계를 확정하는 데 유용한 기준을 제공한다.

(마) 유전적 특성을 이용한 미생물의 종 구분은 학술적 연구 외에도 의학이나 미생물 산업 분야에서 중요하게 활용되고 있다. 향후 유전체 분석 기술이 더욱 발전하면 미생물의 종을 보다 정밀하게 구분할 수 있을 것이다.

① (가)는 문제를 제기하고 있다.
② (나)는 (가)에서 언급한 문제를 해결하기 위한 방안을 제시하고 있다.
③ (다)는 (나)에서 언급하지 않은 다른 해결방안을 제시하고 있다.
④ (라)는 (다)에서 제시한 해결방안의 한계를 보완하기 위한 방법이 서술되어 있다.
⑤ (마)는 논의를 마무리 짓고 있다.

제한시간 4분 30초

08~10 다음 글의 구조를 도식화할 때 그 배열 방식을 바르게 나타낸 것을 고르시오.

★★★☆☆
08

(가) 옛 사람들은 '그림을 본다'는 말보다 '그림을 읽는다'는 말을 즐겨 했다. 이 말의 의미는 동양의 오랜 전통인 서화일률(書畵一律)의 뜻을 알면 더욱 뚜렷해진다. 즉, 서화일률은 글씨와 그림이 한 가락이라는 말이므로, 그림도 글을 쓰고 읽듯이 해야 한다는 의미이다.

(나) 오늘날 우리는 서양식 가로쓰기 방식으로 글을 쓰고 읽으며 이 방식대로 그림을 본다. 이때 시선은 왼편에서 오른편으로, 그리고 위에서 아래로 이동한다. 그러므로 그림을 보는 사람의 잠재적 시선은 우선 좌상(左上)으로 갔다가 대각선을 따라 우하(右下)로 이동한다. 다음으로 우상(右上)으로 갔다가 역시 대각선을 따라 좌하(左下)로 시선을 이동한다. 즉, 영어의 알파벳 'X'자를 쓰듯이 그림을 감상한다.

(다) 그러나 우리의 선조들은 그림을 위에서 아래로, 오른편에서 왼편으로 눈길을 옮겨 가며 감상했다. 즉, 우상(右上)에서 좌하(左下)로 이어지는 대각선의 흐름을 따라 읽은 것이다. 우리 조상들은 한문이건 한글이건 그렇게 쓰고 읽었으며, 옛 악보인 정간보 역시 이 같은 방식으로 기록하였다. 그러므로 옛 그림에서 중요한 자리는 오른쪽 상단이고, 왼쪽 하단은 상대적으로 덜 중요하다. 우상(右上)에 제목을 적고 좌하(左下)에 작가의 관지(款識)를 넣는 것은 그 때문이다.

(라) 서양 그림은 서양 사람들의 습관에 따라 X자의 방향으로 보는 것이 적절할 것이다. 하지만 우리의 옛 그림을 그렇게 보는 것은 적절한 방법이라 할 수 없다. 우리 그림은 모름지기 한자 '풀 벨 예(乂)'자의 획순처럼, 먼저 삐침을 따라서 보고, 이어 파임을 좇아가듯이 감상하는 것이 좋다. 〈상서(尚書)〉의 홍범(洪範) 편에 '종작예(從作乂)'라는 글귀가 있다. 이 말은 '이치를 따르니 조리가 있다'는 뜻으로, 우리의 옛 그림을 조리 있게 보는 방법을 알려주는 것이라 할 수 있을 것이다.

(마) 애초에 옛 그림의 표구 형식이 족자나 병풍차(屛風次)처럼 내리닫이가 많은 것은 모두 글 쓰는 방식을 따랐기 때문이다. 옛 화가들에게는 세로로 읽고 쓰는 것이 너무나 당연했으므로, 보는 이도 당연히 우상(右上)에서 좌하(左下) 쪽으로 감상해 나갈 것이라 생각하면서 구도를 잡고 세부를 조정하며, 또 필획(筆劃)의 강약까지도 조절했을 것이다. 이와 같은 방식은 옛 그림의 표면에 나타난 형상보다 그 형상에 담긴 작가의 마음을 읽을 수 있도록 한 것이다. 따라서 우리도 이러한 방식대로 옛 그림을 감상할 때 작가가 추구하고자 했던 의미까지 제대로 읽어낼 수 있을 것이다.

발전문제

① (가) ┌(다)┐-(마)
   (나) └(라)┘

② (가) ┌(나)┐┌(다)┐
       └(라)┘└(마)┘

③ (가)-(나) ┌(다)┐-(마)
            └(라)┘

④ (가) ┌(나)┐-(라)-(마)
       └(다)┘

⑤ (가)-(나)-(다)-(라)-(마)

★★★★☆
09

(가) 과도적 혼합 문화는 적어도 세 가지의 새로운 위기에 봉착하게 된다. 세 가지 위기란, 첫째는 적합성의 위기, 둘째는 정체성의 위기, 셋째는 통합성의 위기이다.

(나) 과도적인 생활 양식은 전통 사회의 생활 양식의 일부와 외래적인 생활 양식의 일부가 계층 간, 세대 간, 지역 간의 격차를 보이면서 서로 융합되지 않은 채로 혼재하거나, 아니면 어느 정도 변질된 과거의 생활 양식이 외래적인 유형과 적당히 타협해서 일시적인 적응을 가능하게 하는 형태의 관행(慣行)이 된다. 이와 같은 과도적인 행위 양식들도 행위 변화가 계속 진행됨에 따라 끊임없이 그 적합성에 새로운 도전을 받게 된다. 뿐만 아니라, 과도적인 행위 양식 속에 혼재해 있는 외래적인 양식들은 한국 사회의 구조에 적합한지의 여부를 끊임없이 시험받게 마련이다. 그러므로 과도적인 혼합 문화는 잘 통합되어 있는 문화가 아니며, 충분히 제도화될 수 있을 정도로 영속적 적합성을 지키기가 어려운 것이다.

(다) 과도적인 문화 속에는 한국 사회에 적합성을 가지지 못하는 차용된 외래문화가 많다. 그와 같은 차용문화는 사회 구조의 변화에 따른 전통 문화의 해체에 의해서 일어나는 문화적 공백을 메우기 위해 도입된 외래문화이기 때문에, 충분히 선택적으로, 비판적으로, 주체적으로 수용되었다기보다는 모방과 도입에만 급급하면서 받아들인 문화이다. 그러므로 어느 정도의 모방과 도입기를 거쳐 외래적인 행위 양식이 상당히 널리 확산되는 단계에 이르면 외래문화는 문화적 전통의 정체를 위협하게 된다.

(라) 이처럼 정체의 위기에 당면한 사회에서는 문화적 전통과 전통문화에 대한 관심이 고조된다. 그러나 문화적 정체의 회복이 전통사회 문화로의 복귀나 외래문화의 배격과 같은 문화적 복고주의(復古主義)나 문화적 폐쇄주의로 성취될 수 없음은 물론이다. 문화적 복고주의나 문화적 폐쇄주의는 정체를 회복시키는 데에는 효과적일지 모르지만, 적합성의 위기를 더욱 고조시키게 될 것이기 때문이다. 그러므로 정체의 회복과 문화적 전통의 확립은 문화의 적합성을 희생시키지 않는 범위 내에서, 즉 현대 사회와 적합성을 유지할 수 있는 '문화적 전통'의 재발견과 그와 같은 문화적 전통과 잘 통합되는 외래문화의 선별적 수용을 통해서만 가능한 것이다.

(마) 앞에서 말한 바와 같이 과도적인 문화는 많은 혼란과 갈등을 내포하고 있다. 전통 사회의 유형과 외래적인 유형이 혼재(混在)하며, 세대 간, 계층 간, 지역 간의 문화적 격차가 일어나고, 명확한 규범의 부재에서 일어나는 아노미가 발생하는 등 과도적인 문화는 그 통합성의 위기에 봉착하게 된다.

(바) 그러한 위기에서 계층 간, 세대 간, 지역 간의 문화적 격차가 줄어들고, 현대적 사회 구조와 한국의 문화적 전통과 적합성을 지닌 명확한 가치와 규범이 확립됨으로써 문화의 통합이 추구되어야 하는 것이다.

① (가)-(나) ┌(다)┐-(바)
            │(라)│
            └(마)┘

② (가) ┌(나)┐-(마)-(바)
       │(다)│
       └(라)┘

③ (가)-(나) ┌(다)┐-(마)-(바)
            └(라)┘

④ (가) ┌(나)┐┌(라)┐-(바)
       └(다)┘└(마)┘

⑤ (가) ┌(나)┐
       │(다)│-(라)
       └(마)┘   -(바)

★★★★☆
10

(가) 사물이 새로 생기거나 사물의 모양이 달라지면 그에 맞추어 낱말이 생기거나 변화하게 된다. 즉, 인식의 범위가 넓어지고 사고의 체계가 정밀해질수록 더 많은 낱말이 필요하게 되는 것이다. 어떤 민족이 지금 풍부한 낱말을 가지고 있다면 그것은 그들의 삶이 그만큼 다양하고 풍성했음을 의미한다.

(나) 우리말에는 본래부터 가지고 있던 고유어에 중국에서 많은 한자어가 유입되어 일상생활에서 널리 쓰이고 있으며, 몽골, 만주, 일본 등에서 유입된 말들이 조금씩 섞여 있다. 외부로부터의 문물 도입과 함께 자연스럽게 유입된 다양한 외래어는 우리의 언어 생활을 편리하고 윤택하게 하였다. 그런데 일본어는 우리 민족에게 감정적으로 받아들이기 힘든 점이 있어서 우리말에서 일부 뽑아 버린 일이 있다.

(다) 근대화 시기에 민족주의가 대두되면서 우리에게도 국어의 의미가 생기게 되고, 이에 따라 우리말과 글을 연구하고 정리하여 발전시키려는 움직임이 일어났다. 이런 흐름 속에 우리말을 이용하여 새로운 낱말을 만드려는 시도가 있었지만 쉬운 일은 아니었다. 우리 자신이 우리말에 대해 제대로 모르고 있어 우리말에 대한 자신감이 부족했으며, 이것은 우리말 조어 능력의 상실로 이어졌기 때문이다. 유입되는 외래어에 무방비 상태인 상황에서 우리말을 활용하여 새로운 낱말을 만들더라도 그것이 사람들에게 쉽게 받아들여지지 않거나, 조어법 논란에 휘말려 폐기되거나, 아예 처음부터 사람들의 관심을 끌지 못한 경우도 있었다.

(라) 근대 학문을 하는 다른 분야에서는 우리말로 이름을 지어 사용하는 경우가 거의 없는데, 유독 동식물 이름에서는 멋진 우리말 이름을 지어서 그대로 사용하고 있으니 놀라운 일이다. 동식물의 신조어 성공 사례를 보면 우리말 조어력의 한계만 탓하던 사람들이 부끄러움을 느낄 만하다.

(마) 우리말은 형태소를 연결하는 방법으로 새로운 낱말을 얼마든지 만들어 낼 수 있다. 동식물에 우리말 이름을 붙이려고 노력한 분은 나비 박사로 알려진 석주명(1908~1950) 선생이다. 일본에서 농업 분야를 연구하면서 나비에 관심을 가졌던 그는 귀국하여 우리나라 나비를 채집하기 시작했고, 채집한 나비에 우리말 이름을 붙였다. 그는 새로운 나비를 발견하고 '부전나비'라는 이름을 붙이면서 이런 말을 했다고 한다. "나비의 날개가 부전처럼 보여서 부전나비라고 했다." 이렇게 말해도 사람들은 오히려 '부전이 뭐지?' 하며 별로 감동하지 않을 것이다. 부전은 원래 어린 여자 아이들이 노리개로 차던 것인데 그 모양이 비슷해서 장구의 줄을 고르도록 끼워놓은 사피(斜皮)를 가리키기도 하고, 사진틀의 모서리에 끼우는 세모꼴 거멀장을 가리키기도 한다. 석주명 선생은 나비의 날개 모양에서 부전을 떠올렸기 때문에 그 나비를 부전나비라고 부르기로 한 것이다. 곤충뿐 아니라 여러 동식물 이름을 짓는 데도 이 방법이 원용되어 수많은 우리말 동식물 이름이 만들어졌다.

① (가)-(나)-(다)┬(라)
　　　　　　　　└(마)

② (가)┬(나)
　　　└(다)-(라)-(마)

③ (가)┬(나)
　　　├(다)+(라)
　　　└(마)

④ (가)┬(나)-(다)
　　　└(라)-(마)

⑤ (가)-(나)┬(다)
　　　　　 ├(라)
　　　　　 └(마)

Part 2 Theme 05 반론·평가·수정

출제 빈도

✓ 핵심 Check

- 글을 읽고 내용을 수정하거나 논지를 반박·강화하는 내용을 고르는 문제, 혹은 글을 읽고 [보기]를 평가하거나 분석하는 문제들이 출제된다.
- 내용을 올바르게 반론·평가하려면 글에 대한 정확한 이해가 전제되어야 한다.
- 따라서 논점에서 벗어나거나 개인적인 생각을 배제하지 못한다면 정답을 잘못 고를 확률이 매우 높으므로 주의해야 한다.
- 평소 뉴스나 신문을 볼 때 직선적으로 받아들이지 말고 비판적으로 생각하는 연습을 해두도록 한다..

빈출예제

★★★☆☆

01 [수정하기]

다음 글을 읽고 수정한 내용으로 적절하지 않은 것을 고르시오.

| 2016 현대자동차 |

유형 분석
지문을 읽고 문맥이나 어법에 맞게 수정할 수 있는지를 묻는 문항이다.

해결 전략
가장 먼저 선택지를 확인하고, 해당 선택지가 문법에 관한 것인지 문맥에 관한 것인지를 파악한다.
↓
문법에 관련된 내용이면 해당 문장만 읽어서 시간을 단축하고, 문맥에 관한 내용이면 관련 문단을 읽어 정확성을 높이도록 한다.

　　최근 개인의 정서적 고통이나 심리적인 장애가 개인과 가정을 ㉠넘어 사회적인 문제로 대두되면서 우울증, 불안장애 등 심리적인 질병을 담당하는 상담심리사의 사회적 수요가 급증하고 있다.
　　일반적으로 상담심리사라고 하면 단순히 상담을 통한 치료법만을 연상하기 쉬우나 자세히 살펴보면 환자의 상태나 요건, 주변 환경 등에 따라 치료 방법에 큰 차이가 존재한다. 실제로 각 분야별로 자격증이 따로 존재할 정도로 분야가 세분화되어 있다. ㉡이와 같은 치료 과정에서 활용되는 치료법은 그 매개체에 따라 예술치료와 놀이치료, 독서치료 등으로 나눌 수 있다.
　　기본적으로 상담심리사는 표준화된 심리검사와 상담을 통해 내담자의 심리상태를 ㉢다층적으로 분석하고, 이를 토대로 다양한 치료방법을 대입해 내담자가 겪고 있는 문제점을 치료하는 직업을 말한다.㉣
　　예술을 이용한 치료 방법 중 미술치료는 그림 혹은 디자인 등의 미술 활동을 통해 마음의 질병을 가지고 있는 사람들이 심리적인 안정과 치유를 얻도록 하는 방법이다. 미술치료와 함께 예술치료에 포함되는 음악치료는 단순히 음악을 감상하는 것뿐만 아니라 직접 노래를 부르거나 악기를 연주하는 등의 활동을 통해 심리 상태의 긍정적인 변화를 도모한다.
　　㉤놀이치료와 반대로 주로 성인을 대상으로 행해지는 독서치료는 책을 통해 심리적인 안정감을 얻고 나아가 거기서 감정과 생각을 상담자와 공유함으로써 내담자의 심리를 진단하고 치료하는 것을 말한다.
　　㉥주로 미취학 어린이를 대상으로 불안, 긴장감 같은 부정적인 감정을 놀이를 통해 발산할 수 있도록 돕는 놀이치료는 최근 유아기 아동의 특수 치료법으로 각광받고 있다.
　　㉦따라서 치료 방법에 따라 다양하게 나뉘는 심리상담은 건강한 가정을 이루는 데 도움을 줄 뿐만 아니라 심리적으로 불안정한 사춘기의 청소년들을 위한 상담이나 지도에 활용되기도 하고 범죄 심리 분야에도 적용이 가능하다.

① ㉠ '넘어'를 '너머'로 수정한다.
② ㉡ 문장을 ㉣의 위치로 이동시킨다.
③ ㉢ '다층적으로'를 '심층적으로'로 수정한다.
④ ㉤ 문장과 ㉥ 문장의 위치를 서로 바꾼다.
⑤ ㉦ '따라서'를 '이처럼'으로 수정한다.

| 해설 |
핵심 키워드 : 상담심리, 예술치료, 놀이치료, 독서치료
'넘어'는 '넘다'라는 동사의 '-아/어'형 어미가 연결된 것으로 동사이고, '너머'는 명사로 공간적인 위치를 나타낸다. 이 문장에서 '넘어'는 '개인의 정서적 고통이나 심리적인 장애'의 서술어에 해당하므로 동사가 와야 한다.

| 오답 피해가기 |
② 앞뒤 문장을 살펴볼 때 ㉡을 ㉣의 위치로 이동시키면 문장이 보다 매끄럽게 연결된다.
③ 문맥상 여러 측면을 의미하는 '다층적으로'보다는 내면의 깊은 곳을 의미하는 '심층적으로'가 보다 바람직하다.
④ ㉤에서 독서치료를 ㉥의 놀이치료와 대비시켜 설명하고 있으므로 ㉥이 ㉤보다 앞에 오는 것이 바람직하다.
⑤ 앞서 제시한 내용의 결과가 아니라 그 내용을 받아서 새로운 내용을 전개하고 있으므로 '따라서'가 아닌 '이처럼'이 와야 한다.

| 정답 | ①

02 [논지 반박]

다음 글의 글쓴이가 말하고자 하는 바에 반박하는 내용을 고르시오.

2016 SK

> 우리가 기술을 만들지만 기술은 우리 경험과 인간관계 및 사회적 권력관계를 바꿈으로써 우리를 새롭게 만든다. 어떤 기술은 인간 사회를 더 민주적으로 만드는 데 기여하지만, 어떤 기술은 독재자의 권력을 강화하는 데 사용된다. 예를 들어 라디오는 누가, 어떻게, 왜 사용하는가에 따라서 다른 결과를 낳는다. 그렇지만 핵무기처럼 아무리 민주적으로 사용하고 싶어도 그렇게 사용할 수 없는 기술도 있다. 인간은 어떤 기술에 대해서는 이를 지배하고 통제하는 주인 노릇을 할 수 있다. 그렇지만 어떤 기술에는 꼼짝달싹 못하게 예속되어 버린다.
> 기술은 새로운 가능성을 열어 주지만, 기존의 가능성 중 일부를 소멸시키기도 한다. 따라서 이렇게 도입된 기술은 우리를 둘러싼 기술 환경을 바꾸고, 결과적으로 사회 세력들과 조직들 사이의 역학 관계를 바꾼다. 새로운 기술 때문에 더 힘을 가지게 된 그룹과 힘을 잃게 된 그룹이 생기며 이를 바탕으로 사회 구조의 변화가 수반된다.
> 기술 중에는 우리가 잘 이해하고 통제하는 기술도 있지만 대규모 기술 시스템은 한두 사람의 의지만으로는 통제할 수 없다. '기술은 언제나 사람에게 진다.'라고 계속해서 믿다가는 기술의 지배와 통제를 벗어나기 힘들다. 기술에 대한 철학과 사상이 그것도 비판적이면서 균형 잡힌 철학과 사상이 필요한 것은 이 때문이다.

① 전문가를 통해 충분히 기술을 통제할 수 있다.
② 기술의 양면성은 철학과 사상이 아닌 새로운 기술로 보완해야 한다.
③ 기술의 순기능만을 더 발전시켜야 한다.
④ 새로운 기술로 힘을 잃게 된 그룹을 지원해 주는 정책이 필요하다.
⑤ 철학과 사상은 기술을 지배하고 통제할 수 있다.

유형 분석

지문에서 주장하는 내용을 반박할 수 있는지를 묻는 문항이다.

해결 전략

선택지를 빠르게 훑어봄으로써 글의 주제가 기술에 관한 것임을 파악한다.
↓
일반적으로 글은 미괄식, 두괄식으로 구성되어 있으므로, 첫 문단과 마지막 문단에 집중하여 읽는다.
↓
글쓴이의 주장에 반대되거나 근거를 무력화시키는 선택지를 찾아 답을 고른다.

빈출예제

| 문단 요지 |
1문단 : 인간이 통제하지 못하는 기술의 존재.
2문단 : 기술은 기존의 가능성을 소멸시키고 사회 구조를 바꿈.
3문단 : 기술의 지배에서 벗어나기 위해 기술에 대한 비판적인 철학과 사상이 필요.

| 해설 |
핵심 키워드 : 기술, 통제, 사회 구조의 변화, 철학과 사상
1문단, 2문단은 기술의 양면성에 관해 언급하고 있고, 3문단은 사회 구조를 바람직하게 하려면 비판적이고 균형 있는 철학과 사상이 필요하다고 주장하고 있다. 따라서 글쓴이가 말하고자 하는 바는 3문단 나타나 있다. 이 문제는 논지를 반박하는 내용을 고르는 것이므로 주제 문단인 3문단과 반대되는 내용을 고르면 된다. 그러므로 기술의 양면성을 철학과 사상이 아닌 또 다른 새로운 기술로 보완해야 한다는 ②가 반박하는 내용으로 적절하다.

| 오답 피해가기 |
① 1문단의 마지막 문장내용을 반박할 수 있지만, 이는 글쓴이가 궁극적으로 말하고자 하는 바가 아니므로 적절하지 않다.
③ 글쓴이는 통제할 수 없는 기술이 존재한다고 보았다. 이는 인간이 강제적으로 기술의 순기능만을 발전시킬 수 없다는 사실을 암묵적으로 전제하고 있는 것이다. 따라서 글쓴이의 입장과 반대되는 내용은 맞지만, ①과 마찬가지로 글쓴이의 주장에 대한 반박이 아니다.

| 정답 | ②

★★☆☆☆

03 [논지 강화]

제한시간 50초

다음 글의 결론을 강화시키는 것을 고르시오.

> 술이 약한 사람들은 술을 잘 하는 사람들과 비교해 알츠하이머병에 걸리기 쉽다는 연구결과가 나왔다. 유럽의 한 노인병 연구소는 술을 잘 하는 사람에게서 움직임이 활발하게 관찰되는 효소 Y가 알츠하이머병과 관계가 깊은 유독 효소의 분해에 효과가 있다는 사실을 발표했다. 연구소 측이 40~70대 2,400명의 혈액을 조사한 결과, 효소 Y의 움직임이 약한 사람은 문제의 유독 효소를 더 많이 생성하는 것으로 파악됐다. 통상적으로 술이 약한 사람들은 효소 Y의 활동도 약하기 때문이다.

① 알츠하이머병은 금연·금주, 규칙적이고 꾸준한 운동 등의 건강한 생활을 통해 예방할 수 있다.
② 알츠하이머병은 국내 치매 환자의 약 70%를 차지하지만 현재로서는 원인인 유전자가 확인되지 않아 근본적인 치료방법이 없으므로 예방이 가장 중요하다.
③ 적절한 음주는 소화기능을 돕고 심근경색이나 동맥경화를 방지한다.
④ 커피는 노화로 인한 인지능력 저하를 억제하므로 하루 2~4잔의 커피를 마시면 알츠하이머병의 발생 위험을 27% 낮춘다.
⑤ 술을 잘 마시는 사람 중 잘못된 음주습관을 가졌다면 알코올성 치매가 생기기 쉽다는 연구 결과가 있다.

유형 분석
지문의 주장을 뒷받침하는 내용을 고를 수 있는지를 묻는 문항이다.

해결 전략
글을 읽고 핵심어와 주제를 파악한다.
핵심어 술, 효소 Y, 알츠하이머병
주제 효소 Y가 알츠하이머병에 효과가 있다
↓
핵심어가 포함되지 않거나, 내용과 관련이 없는 선택지를 가장 먼저 소거한다.
↓
글의 주장과 일치하거나, 근거를 강화시킬 수 있는 선택지를 찾아 답을 고른다.

| 해설 |
핵심 키워드 : 알츠하이머병, 효소 Y
글에 따르면 효소 Y는 알츠하이머병과 관계가 깊은 유독 효소의 분해에 효과가 있다고 하였으므로 병의 예방에 도움을 줄 수 있다. 즉, 알츠하이머병의 예방이 가장 중요하다는 ②의 내용은 효소 Y에 대한 연구 결과를 강화시킨다.

| 오답 피해가기 |
①·③·④ 지문의 내용과는 직접적인 관련이 없다.
⑤ 술을 잘 마시는 사람 중 일부는 알코올성 치매에 걸리기 쉽다는 내용은 글의 결론을 약화시킨다.

| 정답 | ②

04 [평가하기]

(나) 글의 글쓴이 입장에서 (가) 글을 반박할 때 가장 적절한 것을 고르시오.

> (가) 당신은 혹시 비흡연자입니까? 그렇기 때문에 담배 연기가 당신에게 미치는 영향에 대해서 심각하게 생각해 본 적이 없지 않습니까? 조사 결과에 따르면 흡연자가 담배를 피울 때 흡입하는 타르와 니코틴의 양보다 두 배나 많은 양의 타르와 니코틴이 대기 중으로 방출된다고 합니다. 그 타르와 니코틴이 공중을 떠다닌다는 건 무엇을 뜻할까요? 그렇습니다. 당신이 고스란히 그것들을 모두 마시게 된다는 것을 의미하는 것이지요. 어떤 의학 연구에 따르면, 만일 당신이 흡연자와 같은 장소에서 생활할 경우 당신의 심장과 폐는 하루에 담배를 열한 개비를 피우는 사람과 동일한 손상을 입는다고 합니다. 그다지 심각하게 와 닿지 않을 수도 있겠습니다. 그러나 여러분이 60세가 되면 무려 7,187갑이나 되는 담배를 의도하지 않게 피운 셈이 됩니다. 이것은 그냥 간과할 만한 일이 아닙니다. 더욱이 담배 연기는 눈을 충혈되게 하고 기침을 유발하며 호흡을 불안정하게 합니다. 뿐만 아니라 고혈압이나 심장병을 유발할 수 있으며, 심각하게는 폐암에 걸릴 위험을 초래할 수도 있습니다. 당신은 알게 모르게 자신의 생명을 흡연자들에게 내맡기고 있는 것입니다.
>
> (나) 개인에게는 좋아하는 것을 취하고 즐길 권리가 있습니다. 특히 개인의 취향과 관련된 것이라면 더욱 그렇습니다. 좋아하는 것을 입고 먹고 즐길 권리는 누구나 존중받아야 합니다. 그 어느 것도 그러한 권리를 침해해서는 안 됩니다.

① 담배는 대표적인 기호식품이므로 누구도 흡연자의 권리를 침해할 수 없다.
② 간접 흡연이 심각한 질병을 유발했다는 직접적인 사례가 제시되지 않았다.
③ 흡연 구역에서의 흡연은 비흡연자에게 어떠한 피해도 주지 않기 때문에 허용해야 한다.
④ 개인의 취향이 반영된 것이더라도 많은 사람들에게 불이익을 주는 행위라면 반드시 제재를 가해야 한다.
⑤ 흡연자에 의해 비흡연자의 건강이 위험해질 수 있으므로 이를 염두에 두어야 한다.

| 해설 |

핵심 키워드 : (가) 비흡연자, 생명 (나) 즐길 권리, 개인의 취향
(가)에서는 흡연으로 인해 비흡연자가 받게 되는 피해에 대하여 설명하고 있으므로 흡연에 대해 제재를 가해야 한다는 입장으로 볼 수 있다. 또한 (나)에서는 개인의 취향에 따라 행동할 권리를 보장해야 함을 주장하고 있다. 따라서 (나)의 입장에서 (가)를 반박할 때는 담배도 개인의 취향에 해당하므로 흡연할 권리를 보장해야 한다는 내용이 나와야 한다.

| 오답 피해가기 |
② (가)에 대한 비판은 맞지만 (나)의 입장이 드러나 있지 않으므로 적절하지 않다.
④, ⑤ (나)와 반대되는 입장이다.

| 정답 | ①

유형 분석
지문을 읽고 글을 평가할 수 있는지를 묻는 문항이다.

해결 전략
(나)의 입장에서 (가)를 반박하는 문제이므로, (나)를 먼저 읽는다.
↓
(나)의 첫 번째 문장에서 글쓴이의 주장을 바로 확인할 수 있으므로 '즐길 권리'에 표시를 해 두고 (가)로 넘어간다.
↓
(가) 역시 첫 번째, 두 번째 문장에서 글쓴이의 주장이 확인 가능하므로 '비흡연자'와 '담배 연기'에 표시를 하고 선택지로 넘어간다.
↓
(나)의 글쓴이가 반박하는 선택지를 고르는 문제이므로, (가)와 관련된 선택지는 소거한다.

기본문제

01~04 글의 통일성을 고려할 때 ㉠~㉤ 중 삭제해야 할 문장을 고르시오. 제한시간 1분

01 ★★☆☆☆

㉠ 오늘날 세계 거의 모든 나라의 사람들은 '빅맥'을 먹는다. ㉡ '빅맥'은 맥도날드의 대표적인 제품으로 세계 여러 나라들의 실질적인 통화 가치를 측정하는 데에도 활용되고 있다. ㉢ 이는 세계화의 확산을 단적으로 나타내는 현상이다. ㉣ 오늘날 세계화 시대의 양상은 두 가지로 표현할 수 있다. ㉤ 그 하나는 '모든 나라의 사람들은 빅맥을 먹는다.'는 것이고, 다른 하나는 '그렇다 하더라도 일부는 '김치'를 또한 먹고 있다.'는 것이다.

① ㉠ ② ㉡ ③ ㉢
④ ㉣ ⑤ ㉤

02 ★★☆☆☆

> **One Point Lesson**
> 각 문장 속에서 중심이 되는 핵심어들을 찾아 표시를 하며 읽는다. 글을 살펴보면 전체적으로 '스크래피', '이온화방사선', '추출물'이 계속해서 언급되고 있으므로, 이러한 단어들의 관계성을 파악하여 답을 고른다.

㉠ 과학자들은 스크래피를 연구하기 위해 스크래피로 죽은 동물들의 뇌에서 추출한 물질에 이온화방사선을 쪼인 뒤 정상적인 동물의 뇌에 주입했다. ㉡ 이온화방사선은 추출물 속의 DNA와 RNA를 전부 파괴하는 작용을 한다. 그런데 이렇게 주입된 물질이 건강했던 실험동물에게 스크래피를 유발했다. ㉢ 다른 팀의 연구자들이 같은 종류의 추출물에 이번에는 단백질을 파괴하는 것으로 알려진 과정을 적용해 보았다. ㉣ 그런데 이렇게 처리된 추출물은 건강한 동물에 스크래피를 일으키는 일이 거의 없었다. ㉤ '해면상 뇌질환'이라는 퇴행성 뇌질환의 이름은 이 질병에 걸린 동물의 뇌에 구멍이 뚫려 스펀지처럼 보이는 데서 따온 이름이다.

① ㉠ ② ㉡ ③ ㉢
④ ㉣ ⑤ ㉤

03 ★★☆☆☆

㉠ 국어 순화는 우리말을 순수하게 가꾸자는 것이다. ㉡ 순화란 잡것을 걸러서 순수하게 한다는 것이니 우리말을 어지럽히는 잡것을 제거하고 순수하고 아름다운 말씨로 바꾸어서 다듬어 나가자는 것이 국어 순화이다. ㉢ 국어 순화라고 하지만 실제로 말을 다듬는 것은 어려운 일이다. ㉣ 우리말의 발달을 해치는 외국말, 저속하고 틀린 말, 까다롭고 어려운 한자들을 솎아 내거나 줄이고 바르고 쉽게 아름다운 말로 바꾸어 가는 것이 국어 순화인 것이다. ㉤ 또 토박이말 가운데서도 발음이 까다롭거나 어감이 나쁜 말을 되도록 발음하기 쉽고 듣기 좋은 말로 바꾸고, 동음이의어를 되도록 줄여 가도록 힘쓰는 것도 국어 순화의 길이다.

① ㉠ ② ㉡ ③ ㉢
④ ㉣ ⑤ ㉤

04

㉠ 신문이 특정 후보를 공개적으로 지지하는 것은 사회적 가치에 대한 신문의 입장을 분명히 드러내는 행위이다. ㉡ 최근 신문의 후보 지지 선언이 과연 바람직한가에 대한 논쟁이 계속되고 있다. ㉢ 후보 지지 선언이 언론의 공정성을 훼손할 수 있다는 것이 이 논쟁의 핵심 내용이다. ㉣ 이런 논쟁이 일어나는 이유는 신문의 특정 후보 지지가 언론의 권력을 강화하는 도구로 이용될 뿐만 아니라, 수많은 쟁점들이 복잡하게 얽혀 있는 선거에서는 후보에 대한 독자의 판단을 선점하려는 비민주적인 행위가 될 수 있기 때문이다. ㉤ 신문의 특정 후보 지지가 유권자의 표심에 미치는 영향은 생각보다 강하지 않다는 학계의 일반적인 시각 또한 이에 대한 비판의 근거로 제시되고 있다.

① ㉠　　　　② ㉡　　　　③ ㉢
④ ㉣　　　　⑤ ㉤

05 다음 글을 읽고 수정한 것으로 옳지 않은 것을 고르시오.

| 2015 현대자동차 |

㉠ 담화에서 화자는 발화를 통해 '명령', '요청', '질문', '제안', '약속', '경고', '축하', '위로', '협박', '칭찬', '비난' 등의 의도를 전달한다. 이때 화자의 의도가 직접적으로 표현된 발화를 직접 발화, 암시적으로 혹은 간접적으로 표현된 발화를 간접 발화라고 한다. ㉡ 간접 발화는 직접 발화보다 화자의 의도를 더 잘 전달해 준다.
㉢ 글의 기본 단위가 문장이라면 구어를 통한 의사소통의 기본 단위는 발화이다. 일상 대화에서도 간접 발화는 많이 사용되는데, 그 의미는 맥락에 의존하여 파악된다. ㉣ 방 안이 시원하지 않다는 상황을 고려하여 청자는 창문을 열게 되는 것이다. ㉤ '아, 덥다.'라는 발화가 '창문을 열어라.'라는 의미로 파악되는 것이 대표적인 예이다. ㉥ 이처럼 화자는 상대방이 충분히 그 의미를 파악할 수 있다고 판단될 때 간접 발화를 전략적으로 사용함으로써 의사소통을 원활하게 하기도 한다.
공손하게 표현하고자 할 때도 간접 발화는 유용하다. 남에게 무언가를 요구하려는 경우 직접 발화보다 청유 형식이나 의문 형식의 간접 발화를 사용하면 공손함이 잘 드러나기도 한다. ㉦

① ㉢을 ㉠의 위치로 이동시킨다.
② ㉡은 글의 통일성을 해치므로 삭제한다.
③ ㉣과 ㉤의 위치를 서로 바꾼다.
④ ㉥를 '이처럼'을 '그러나'로 바꾼다.
⑤ ㉦에 공손하게 표현하기 위해 간접 발화를 사용하는 예를 추가한다.

기본문제

One Point Lesson
글에서는 'K군의 인기'라는 원인으로 '에어컨 판매량의 증가'라는 결론을 내렸으므로, 결론을 약화시키기 위해서는 글에서 제시한 원인을 부정하거나 또 다른 원인을 찾아야 한다.

06 다음 글의 결론을 약화시키는 것을 고르시오.

올해 S사는 최근 종영된 드라마를 통해 많은 인기를 얻은 배우 K군을 새로운 광고 모델로 기용하여 에어컨을 광고하였다. 연말이 되어 S사에서 자사 제품의 판매량을 조사한 결과, K군이 광고한 에어컨의 판매량이 작년에 비해 평균 20% 가량 증가했다는 것을 알게 되었다. 이에 S사는 K군의 인기 덕분에 K군이 광고한 에어컨의 판매량도 증가한 것이라는 결론을 내렸다.

① K군이 광고하고 있는 의류 제품의 판매량도 지난해보다 10% 정도 증가했다.
② K군이 출연한 드라마가 방영된 해외 국가에서 S사 에어컨의 판매량이 증가했다.
③ S사의 선풍기 판매량은 지난해보다 감소했다.
④ 올해 우리나라의 여름 평균 기온이 전년 대비 5℃ 가량 높았다.
⑤ 최근 우리나라의 여름이 길어지고 있다.

One Point Lesson
문제에 주장이 제시되어 있고, 주어진 글은 논리적 타당성이 부족하다고 하였으므로 바로 선택지로 넘어간다. 문제에서 언급한 주장을 통해 신축 아파트와 오래된 아파트의 주위 환경이 동일하다는 사실을 유추할 수 있으므로, 두 아파트의 주위 환경을 다르게 서술한 선택지를 가장 먼저 소거한다.

07 다음을 통해 '신축 아파트의 내부 대기에는 건설된 지 오래된 아파트의 내부 대기보다 유해물질이 더 많이 포함되어 있다.'는 주장을 할 경우, 지문의 내용만으로는 논리적 타당성이 부족하다. 다음 중 이 주장을 뒷받침할 수 있는 논거로 가장 적절한 것을 고르시오.

새로 건설되는 아파트들은 주로 대도시나 신도시 개발이 활발히 진행되는 지역에 위치하는 경우가 많다. 그런데 이들 지역은 공사 시 발생하는 먼지 및 유해물질과 교통 혼잡에 따른 차량 배기가스 등이 대기를 오염시킨다. 이렇게 오염된 대기는 아파트 안에도 축적되어 내부 대기를 오염시킨다.

① 오래된 아파트는 내부가 낡고 환기가 원활하게 되지 않아 세균과 곰팡이가 잘 번식하므로 내부 대기가 오염되기 쉽다.
② 대규모로 건설되는 새 아파트에는 입주한 인구만큼 자동차나 편의 시설이 늘어나 여기서 나오는 배기가스와 오염 물질 때문에 아파트의 내부 대기 또한 오염될 가능성이 높다.
③ 새 아파트를 시공할 때 사용되는 벽지나 건축자재 등에서 벤젠, 폼알데하이드, 석면, 일산화탄소, 부유 세균 등의 발암 물질, 오염 물질이 발생하여 내부 대기가 오염된다.
④ 교통량의 차이가 있는 수도권과 지방의 아파트 내부 대기를 비교해 보면, 수도권에 위치한 아파트의 내부 대기가 지방에 있는 아파트보다 더 오염되어 있으므로 교통량에 따른 대기의 오염도를 짐작해 볼 수 있다.
⑤ 새 아파트 신축 시 대기의 유해 물질을 줄이기 위해 자연친화적인 페인트와 건축 자재를 이용하는 기업들이 증가하고 있다.

정답 및 해설

01 정답 ②
핵심 키워드 : 빅맥, 세계화, 김치
이 글은 빅맥과 세계화에 관한 내용에 초점이 맞추어져 있다. 따라서 빅맥을 통한 실질적 통화 가치의 측정은 경제적인 측면에 해당하므로 전체적인 흐름에 어울리지 않는다.

02 정답 ⑤
핵심 키워드 : 스크래피
이 글의 전체적인 흐름은 스크래피 연구를 위한 과학자들의 실험 내용이 주가 되므로, ⑩의 '해면성 뇌질환'이라는 이름에 관한 유래는 문맥상 어울리지 않는다.

03 정답 ③
핵심 키워드 : 국어 순화
㉠을 소주제문으로 보면 ㉡은 ㉠의 뒷받침 문장이 되고, ㉣은 ㉠을 구체화시키고 있는 문장이 된다. ㉢은 국어 순화에 대한 반대의 입장으로 글의 통일성을 해치고 있다.

04 정답 ⑤
핵심 키워드 : 신문의 특정 후보 지지
선거 과정에서 신문의 특정 후보에 대한 지지 표명이 논쟁이 되는 것에 관한 글이다. ㉠, ㉡, ㉢은 논쟁이 되는 현상에 대한 설명이고, ㉣, ㉤은 비판의 근거를 제시하고 있다. 그러나 ㉤에서 신문의 특정 후보 지지가 유권자의 표심에 미치는 영향이 크지 않다는 학계의 시각은 신문의 특정 후보에 대한 지지 표명을 옹호하는 근거이지 비판의 근거가 아니므로 글의 흐름과 가장 관련이 없다.

05 정답 ④
핵심 키워드 : 담화, 간접 발화
㉥의 '이처럼' 이후의 문장을 보면 앞에서 말한 예시에 대하여 설명하고 있으므로, 앞의 내용과 뒤의 내용이 상반될 때 사용하는 '그러나'로 수정하는 것은 적절하지 않다.
| 오답 피해가기 |
① ㉢은 발화에 대한 정의이므로 '발화'가 가장 처음 등장하는 문장의 앞에 놓여야 한다. 따라서 ㉠으로 이동하는 것이 적절하다.
② 뒷 내용을 보면, 간접 발화는 맥락에 의존하여 파악된다고 하였으므로 직접 발화보다 의도를 더 잘 전달해 준다는 것은 적절하지 않다.

06 정답 ④
핵심 키워드 : 인기 배우, 에어컨 광고, 판매량
에어컨의 판매량이 상승한 원인을 인기 배우가 광고했기 때문으로 보고 있다. 따라서 글의 결론을 약화하기 위해서는 사람들이 작년보다 에어컨을 더 많이 구매한 또 다른 요인이 있었다는 진술이 필요하다. 따라서 작년보다 높아진 기온이 에어컨 판매량 증가의 변수로 작용되었다는 ④가 적합하다.

07 정답 ③
핵심 키워드 : 신축 아파트, 내부 대기
지문은 새로 건설되는 아파트 주변의 개발과 교통량이 원인이 되어 '새 아파트의 내부 대기가 오래된 아파트보다 좋지 않다'는 내용인데, 이는 오래된 아파트가 새 아파트와 같은 지역에 있을 때에는 적절한 근거가 될 수 없어 논리적으로 타당하지 못하다. 따라서 '새로 지은 아파트의 내부 대기에는 오래된 아파트보다 유해물질이 더 많이 포함되어 있다.'는 주장을 하기 위해서는, 공통으로 작용하는 주변의 환경적 요인보다는 아파트 자체에 따른 오염 원인을 찾는 것이 더 적절하다. 그러므로 새 아파트에 들어가는 내부 벽지나 건축자재 등에서 발생하는 발암·오염물질을 근거로 삼아 주장하는 편이 더 설득력을 얻을 수 있다.

Part 2 Theme 05 Advance 발전문제

정답 및 해설 39쪽

제한시간  3 분

01~03 다음 글을 읽고 수정한 것으로 옳지 않은 것을 고르시오.

★★★☆☆
01 | 2013 현대자동차 |

　㉠ 나구모 요시노리가 주장하는 건강실천법은 '첫째, 하루 한 끼만 먹어라. 둘째, 그 한 끼도 밥과 국 한 그릇, 나물 등 채소 반찬 한 가지 정도로 간소하게 하는 것이 좋다. 셋째, 채소는 잎·껍질·뿌리째로 다 먹어라. 넷째, 생선도 머리·껍질·뼈를 모두 통째로 먹어라. 다섯째, 곡물은 가능한 한 도정하지 않은 통곡을 먹어라. 여섯째, 밤 10시와 새벽 2시에 사이에는 잠을 자라.'로 요약된다. 요시노리는 하루 한 끼가 건강에 좋은 이유는 공복 상태에서 나오는 시르트르라는 유전자 때문이라고 설명했다. ㉡ 그는 "식사량을 40% 줄이면 수명이 1.5배로 늘어난다는 동물실험 결과도 있다"며 "이건 실생활에서 검증된 것으로, 바로 나 자신이 그 산증인"이라고 주장했다. ㉢ 시르트르는 노화와 병을 막고 수명을 늘려주는 유전자인데, 이 유전자가 활동하기 위한 전제 조건이 공복상태라는 것이다. ㉣ 그가 주장하는 또 다른 근거는 동물실험이다. ㉤

　㉥ 그리고 이에 반대하는 의견도 있다. 비만치료 전문가 박용우 교수는 하루에 한 끼만으로 몸에 필요한 영양소를 다 챙길 수 없으며, 우리 몸의 생리적인 현상을 감안하면 오히려 건강을 해치는 방법이라고 주장하였다. ㉦ 박 교수는 1일 1식을 하게 되면 몸이 위기감을 느껴 내장지방을 사용하게 되므로 내장지방이 많은 사람에게 1일 1식이 효과적일 수 있다고 부연하였다. 그는 체중이 많이 나가는 사람의 경우 1일 1식을 하게 되면 호르몬이 정상적으로 작동하지 못하기 때문에 과민반응으로 인한 당뇨가 생길 가능성이 크다며 차라리 조금씩 자주 먹는 것이 낫다고 말했다.

① ㉠의 위치에 "최근 일본의 암 전문의 나구모 요시노리의 책 '1日 1食'이 서점가 종합 베스트셀러 10위권에 오르며 인기를 얻고 있다."라는 문장을 추가한다.
② ㉡을 ㉤의 위치로 이동시킨다.
③ ㉢과 ㉣의 위치를 서로 바꾼다.
④ ㉥의 '그리고'를 '그렇지만'으로 바꾼다.
⑤ ㉦의 문단의 통일성을 해치므로 삭제한다.

★★★☆☆
02

　어떤 상품의 가격은 기본적으로 수요와 공급의 힘에 의해 결정된다. ㉠ 이런 현상은 특히 투기의 대상이 되는 자산의 경우에 자주 목격되는데, 우리는 이를 '거품(bubbles)'이라고 부른다. 시장에 참여하고 있는 경제주체들은 자신이 갖고 있는 정보를 기초로 하여 수요와 공급을 결정한다. 이들이 똑같은 정보를 함께 갖고 있으며 이 정보가 아주 틀린 것이 아닌 한 상품의 가격은 어떤 기본적인 수준에서 크게 벗어나지 않을 것이라고 예상할 수 있다. ㉡ (　　　) 튤립 알뿌리 하나의 값은 수선화 알뿌리 하나의 값과 비슷하고, 메추리알 하나는 달걀 하나보다 더 쌀 것으로 짐작해도 무방하다는 말이다.

　㉢ 그러나 현실에서는 사람들이 서로 다른 정보를 갖고 시장에 참여하는 경우가 많다. 어떤 사람은 특정한 정보를 갖고 있는데 거래 상대방은 그 정보를 갖고 있지 못한 경우도 있다. ㉣ 뿐만 아니라 이들 사이에 거래에 참여하는 목적이나 재산 등의 측면에서 큰 차이가 존재하는 것이 보통이다. 이런 경우에는 어떤 상품의 가격이 우리의 상식으로는 도저히 이해하기 힘든 수준까지 일시적으로 뛰어오르는 현상이 나타날 가능성이 있다. ㉤

　일반적으로 거품이란 것은 어떤 상품―특히 자산―의 가격이 지속적으로 급격하게 상승하는 현상을 가리킨다. 이와 같은 지속적인 가격 상승이 일어나는 이유는 애초에 생긴 가격 상승이 추가적인 가격 상승의 기대로 이어져 투기 바람이 형성되기 때문이다. 어떤 상품의 가격이 올라 그것을 미리 사 둔 사람이 재미를 보았다는 소문이 돌면 너도나도 사려고 달려들기 때문에 가격이 ㉥ 문전성시로 뛰어오르게 된다. 물론 이 같은 거품이 무한정 커질 수는 없고 언젠가는 터져 정상적인 상태로 돌아올 수밖에 없다. ㉦

① ㉠을 ㉤의 위치로 이동시킨다.
② ㉡에는 접속사 '예를 들어'를 넣는다.
③ ㉢과 ㉣의 위치를 서로 바꾼다.
④ ㉥의 한자성어를 '천정부지'로 바꾼다.
⑤ ㉦의 위치에 거품이 터졌을 때 발생할 수 있는 문제점을 추가한다.

03

　㉠ 이제 소비자들은 이성적일 뿐만 아니라, 감성적이거나 감정적으로 영향을 받으며 창조적으로 도전받길 원한다. '전통적 마케팅'이라는 용어는 지난 한 세기 동안 축적된 마케팅의 개념과 방법론을 의미한다. 이러한 전통적 마케팅은 대체로 기능상의 특징과 편익에 초점을 맞춘다. 전통적 마케터들은 소비자들이 상품의 기능적 특징을 평가하여 최고의 효용을 가져다줄 상품을 선택한다고 가정한다. ㉡
　㉢ 그러므로 소비생활을 오랜 기간 지속해 온 고객들은 이제 제품의 편익과 품질을 반영한 기능적 특징에 더불어 '그 외의 것'을 요구한다. 이때 소비자들은 자신의 감각에 호소하고 가슴에 와닿으며 자신의 정신을 자극하는 상품과 마케팅을 원한다. 다시 말해 소위 '체험 마케팅'을 원하는 시대가 도래한 것이다. ㉣ 기능적 효용으로 설명되지 않는 소비자의 구매 행위에 대해서는 '이미지 효과'나 '브랜드 효과'로 설명하며, 이는 전체 소비 행위의 비중에서 미미할 것으로 간주한다.
　체험 마케팅은 전통적인 마케팅과 달리 고객 체험에 중점을 둔다. 체험은 감각, 마음 그리고 정신을 자극하는 계기가 되어 고객의 라이프스타일을 기업과 브랜드로 연결시킨다. ㉤ 그러나 체험 마케터들은 이와 더불어 좀 더 폭넓게 '욕실에서의 몸치장'을 생각하여 어떤 제품이 이 소비상황에 맞는지, 어떻게 하면 소비자의 체험을 더 승화할 수 있는지 등을 반영한 상품들의 마케팅 범주까지 고려한다. ㉥ 이를테면 전통적 마케터들이 생각하는 욕실 상품의 마케팅 범주는 샴푸, 면도 크림, 드라이기 등의 용품이 갖는 기능적 특징을 중심으로 결정된다. ㉦

① ㉠은 이어지는 문장들과 어울리지 않으므로 삭제한다.
② ㉣을 ㉡의 위치로 이동시킨다.
③ ㉢의 '그러므로'를 '하지만'으로 바꾼다.
④ ㉤과 ㉥의 위치를 서로 바꾼다.
⑤ ㉦의 위치에 전통적 마케팅의 단점을 서술하는 문장을 추가한다.

04 다음 글의 밑줄 친 부분은 글의 흐름으로 보아 어색한 문장이다. 가장 자연스럽게 고쳐 쓴 것을 고르시오.

　인류가 옷을 처음 입기 시작한 이유는 추위나 여러 가지 위험 등으로부터 자신을 보호하기 위함이었다. 그러나 문명이 발전되면서 새로운 기능이 의복에 첨가되었다. 의복은 지위를 나타내기도 하고, 자신을 좀 더 아름답게 표현할 수 있는 수단이 되기도 하였다. 우리는 사람을 처음 대할 때에 그 사람이 입고 있는 옷에서 강한 인상을 받기도 하고, 옷을 통해서 그 사람의 안목과 성격을 짐작하기도 한다. 이와 같이 <u>보호 수단으로서보다는 상대방에게 자기의 이미지를 전달하기도 하므로, 의생활에서는 실용성에 더 신경을 써야 한다.</u>

① 옷은 보호 수단으로서만이 아니라 자기의 이미지를 전달하는 기능도 담당하고 있음을 알아야 한다.
② 옷은 자신의 신체를 보호하는 기능뿐 아니라 상대방에게 자기의 이미지를 전달하는 기능도 지니므로, 의생활에서는 표현성도 고려해야 한다.
③ 옷은 보호 기능에서부터 상대방에게 자기의 이미지를 전달하는 기능을 담당하는 것으로 바뀌었다.
④ 옷은 보호 기능만이 아니라 자기의 이미지를 전달하는 구실을 하고 있음을 말해 준다. 따라서 옷을 살 때에는 실용성도 고려해야 한다.
⑤ 나는 옷의 기능은 자신을 보호하는 데에서 상대방에게 자기의 이미지를 전달하는 것으로 변천되었다고 생각한다. 따라서 의생활에서는 표현성에 더 신경을 써야 한다.

05 다음 글을 읽고 취지에 반박하는 것을 고르시오.

　어떤 연구자는 리더십을 「목표 달성을 위해 행사되는 영향력」이라 정의내리고, 리더의 공통된 자질로서는 지력, 교양, 전문지식, 정력, 용기, 정직, 상식, 판단력, 건강을 꼽았다. 그러나 실제로 리더가 갖추어야 할 조건이란 이론적인 것이며, 상황에 따라 달라지는 것이 사실일 것이다.

발전문제

정치세계에 있어서의 리더십의 요건이 경제계, 군대 또는 교육계에 있어서의 요건과 같을 개연성은 없다. 정계만을 생각할 때, 그 나라가 어떠한 상황에 놓여있는가에 따라 필요한 리더십도 달라진다. 즉, 어디에서나 기능하는 유일하고 절대적인 리더십의 존재는 수긍하기 어렵다. 리더십을 강력한 통솔력인 것처럼 해석하는 사람도 있으나, 자유방임형이나 상담형의 리더십이란 것도 있을 수 있으며, 상황에 따라서는 후자의 유형이 유효하게 기능하는 일도 있다. 물론 어떤 조직에서 다른 유형의 리더십이 마찬가지로 제대로 기능하는 경우도 있을 수 있다.

리더십이란 특정인만이 갖고 있는 특수한 자질은 아니다. 리더가 될 수 있는 잠재적 능력은 선천적, 생득적(生得的)인 것이 아니라 오히려 후천적인 것이며, 거의 대부분의 사람은 인위적 훈련에 따라 어떤 형태의 리더십을 몸에 익히는 것이 가능하다. 그러나 모든 조직, 집단, 국가는 광의에 있어서의 환경 속에 존재하며, 이것과의 적합성이 항상 의문시된다.

어려운 것은 리더십을 몸에 익히는 것보다도 어떠한 리더십을 몸에 익히고, 발휘하면 되는 것인가 하는 문제이다. 통솔력이 뛰어난 강력한 리더가 되는 것보다도 그 조직 또는 환경에 있어서 바람직한 리더상이 무엇인가를 간파하는 것이 더욱 어려우며, 또 본질적으로 중요한 문제이기도 하다.

① 조직별로 리더에게 요구되는 자질은 다르므로 뛰어난 장군이 뛰어난 정치가가 될 수 있다고 단정지을 수 없다.
② 독재형 리더십이 제대로 기능할 수 없었던 조직이나 국가에서도 상담형 리더가 정점에 서면 잘 될 가능성이 있다.
③ 지금까지의 리더와 전혀 다른 자질·사고방식의 소유주가 리더가 되더라도 종래와 마찬가지로 통치나 관리를 잘 수행할 수도 있다.
④ 같은 조직이라도 처한 상황이나 환경이 다르면 유효한 리더십의 형태가 달라질 수 있다.
⑤ 정치세계에서는 강력한 통솔력보다 자유방임형이나 상담형의 리더십이 더 효과적이다.

★★★☆☆  제한시간 1분

06 다음 글을 읽고 반박하는 진술로 옳지 않은 것을 고르시오.

우리 사회의 경제적 불의는 더 이상 방치할 수 없는 상태에 이르렀다. 도시 빈민가와 농촌에 잔존하고 있는 빈곤은 최소한의 인간적 삶조차 원칙적으로 박탈하고 있으며, 경제력을 독점하고 있는 소수 계층은 각계에 영향력을 행사하여 대다수 국민들의 의사에 반하는 결정들을 관철시키고 있다.

만연된 사치와 향락은 근면과 저축의욕을 감퇴시키고 손쉬운 투기와 불로소득은 기업들의 창의력과 투자의욕을 감소시킴으로써 경제 성장의 토대가 와해되고 있다. 부익부 빈익빈의 극심한 양극화는 국민 간의 균열을 심화시킴으로써 사회 안정 기반이 동요되고 있으며 공공연한 비윤리적 축적은 공동체의 기본 규범인 윤리 전반을 문란하게 하여 우리와 우리 자손들의 소중한 삶의 터전인 이 땅을 약육강식의 살벌한 세상으로 만들고 있다.

부동산 투기, 정경유착, 불로소득과 탈세를 공인하는 차명계좌의 허용, 극심한 소득차, 불공정한 노사관계, 농촌과 중소기업의 피폐 및 이 모든 것들의 결과인 부와 소득의 불공정한 분배, 그리고 재벌로의 경제적 집중, 사치와 향락, 환경 오염 등 이 사회에 범람하고 있는 경제적 불의를 척결하고 경제정의를 실천함은 이 시대 우리 사회의 역사적 과제이다.

이의 실천이 없이는 경제 성장도 산업 평화도 민주복지사회의 건설도 한갓 꿈에 불과하다. 이 중에서도 부동산 문제의 해결은 가장 시급한 우리의 당면 과제이다. 인위적으로 생산될 수 없는 귀중한 국토는 모든 국민들의 복지 증진을 위하여 생산과 생활에만 사용되어야 함에도 불구하고 소수의 재산 증식 수단으로 악용되고 있다. 토지 소유의 극심한 편중과 투기화, 그로 인한 지가의 폭등은 국민생활의 근거인 주택의 원활한 공급을 극도로 곤란하게 하고 있을 뿐만 아니라 물가 폭등 및 노사 분규의 격화, 거대한 투기 소득의 발생 등을 초래함으로써 현재 이 사회가 당면하고 있는 대부분의 경제적·사회적 불안과 부정의의 가장 중요한 원인으로 작용하고 있다.

정부 정책에 대한 국민들의 자유로운 선택권이 보장되며 경제적으로 시장 경제의 효율성과 역동성을 살리면서 깨끗하고 유능한 정부의 적절한 개입으로 분배의 편중, 독과점 및 공해 등 시장 경제의 결함을 해결하는 민주복지사회를 실현하여야 한다. 그리고 이것이 자유

와 평등, 정의와 평화의 공동체로서 우리가 지향할 목표이다.

① 뚜렷하고 구체적인 정책을 제시하지 않고 해결책을 에둘러 말하고 있다.
② 경제·사회적 불안과 부정의의 가장 큰 원인이 부동산 문제라고만은 할 수 없다.
③ 경제력을 독점하고 있는 소수 계층이 경제적 불의를 일으키고 있다.
④ 수많은 경제적 불의 문제들은 나라가 발전하고 성장하는 데에 필수불가결한 단계이다.
⑤ 소수 전문가들의 의사결정이 필요한 경우도 있으며 이는 더 효율적일 수 있다.

07 다음 글의 논지를 반박하는 근거로 알맞은 것을 고르시오.

지구 곳곳에서 심각한 기후 변화가 나타나고 있고 그 원인이 인간의 활동에 있다는 주장은 일견 과학적인 것처럼 들리지만 따지고 보면 진실과는 거리가 먼, 다분히 정치적인 프로파간다에 불과하다. "자동차는 세워두고 지하철과 천연가스 버스 같은 대중교통을 이용합시다."와 같은 기후 변화와 사실상 무관한 슬로건에 상당수의 시민이 귀를 기울이도록 만든 것은 환경주의자들의 성과였지만, 그 성과는 사회 전체의 차원에서 볼 때 가슴 아파해야 할 낭비의 이면에 불과하다.
희망컨대 이제는 진실을 직시하고, 현명해져야 한다. 기후 변화가 일어나는 이유는 인간이 발생시키는 온실가스 때문이 아니라 태양의 활동 때문이라고 보는 것이 합리적이다. 태양 표면의 폭발이나 흑점의 변화는 지구의 기후 변화에 막대한 영향을 미친다. 결과적으로 태양의 활동이 활발해지면 지구의 기온이 올라가고, 태양의 활동이 상대적으로 약해지면 기온이 내려간다. 환경주의자들이 말하는 온난화의 주범은 사실 자동차가 배출하는 가스를 비롯한 온실가스가 아니라 태양이다. 태양 활동의 거시적 주기에 따라 지구 대기의 온도는 올라가다가 다시 낮아지게 될 것이다.
대기화학자 브림블컴은 런던의 대기 오염 상황을 16세기 말까지 추적해 올라가서 20세기까지 그 거시적 변화의 추이를 연구했는데, 그 결과 매연의 양과 아황산가스 농도가 모두 19세기 말까지 빠르게 증가했다가 그 이후 아주 빠르게 감소하여 1990년대에는 16세기 말보다도 낮은 수준에 도달했음이 밝혀졌다. 반면에 브리블컴이 연구 대상으로 삼은 수백 년 동안 지구의 평균 기온은 지속적으로 상승해왔다. 두 변수의 이런 독립적인 행태는 인간이 기후에 미치는 영향이 거의 없다는 것을 보여 준다.

① 지구의 온도가 상승하면서 인도의 벵골 호랑이와 중국의 판다 개체 수가 줄어들어 멸종 위기에 처해 있다.
② 1,500cc 자동차가 5분 동안 공회전을 하면 90g의 이산화탄소가 공기 중에 배출되고, 12km를 달릴 수 있는 정도의 연료가 소모된다.
③ 친환경 에너지타운, 생태마을 등을 조성하는 일이 실질적으로 미세먼지를 줄이는 데에 실효성이 있는지는 여전히 의문이다.
④ 미세먼지에 자주 노출되면 호흡기 및 심혈관계 질환을 발생시킬 위험이 있으며, 특히 10마이크로미터 이하의 미세한 입자들은 폐와 혈중으로 유입될 수 있다.
⑤ 최근 수십년 간 전 세계가 대기오염을 줄이기 위한 캠페인의 일환으로 숲을 조성한 결과 지구의 평균 기온 상승률이 어느 정도 완만해졌다.

08 다음 글을 읽고 제기할 수 있는 반론으로 가장 적절한 것을 고르시오.

인류가 생존하기 위해 꼭 필요한 것이 있다면 숨 쉴 공기, 마실 물과 먹을 음식이다. 숨 쉴 공기가 없으면 아무도 5분을 넘게 살 수 없으며 마실 물이 없으면 5일을 넘기기가 어렵고 먹을 음식이 없으면 5주를 넘기기 어렵다. 이 세 가지는 생존을 위한 필요조건이고, 이것이 충족되면 '생존'의 차원을 넘어서 '삶'을 위한 조건, 즉 쾌적한 환경과 편리한 문명의 혜택 및 마음의 풍요를 위한 문화생활을 찾게 된다.

발전문제

18세기 말 영국에서 시작된 산업 혁명 이후, 인류는 눈부신 과학 기술의 발전과 산업화의 결과로 풍요로운 물질문명의 혜택을 누리게 되었다. 하지만 산업화로 말미암아 도시가 비대해지고, 화석 에너지 및 공업용수의 사용이 급속히 늘어나, 대기 오염, 식수원 오염 및 토양 오염을 유발하여 쾌적하지 못한(따라서 삶의 질을 저하시키는 수준의) 환경 오염을 초래하게 되었다. 급기야는 1940~1950년대를 전후하여 공업 선진국의 몇몇 도시에서는 이미 대기 오염에 의한 인명 사고가 발생하기 시작하였다. 대표적인 것은 1952년 12월, 영국에서 발생했던 '런던 스모그 사건'이다. 이로 인하여 4,000여 명이 사망하였다고 하니 정말 끔찍한 일이 아닐 수 없다. 이 사건은 환경 오염이 삶의 질 차원을 넘어서 인류 생존의 문제로 악화되고 있음을 시사해 주는 대표적인 것으로 기록되어 있다.

실험실에서 미생물을 배양할 때, 어느 때까지는 잘 자라다가 일정 시간이 지나면 먹이 고갈과 노폐물의 축적으로 성장을 멈추고, 끝내는 사멸한다는 것은 익히 알려진 바이다. 인류라고 예외일 수는 없다. 만약, 인류의 생산 활동의 부산물인 대기 오염, 수질 오염 및 토양 오염을 그대로 방치할 경우, 환경 문제는 환경 오염의 차원을 넘어 '환경 파괴'로 치닫게 될 것이다. 그 다음의 결과야 불을 보듯 뻔하지 않은가?

20세기 후반에 와서는 측정 기술의 발달에 힘입어, 지구 생태계의 보호막인 대기의 오존층이 인류가 발명한 염화플루오르화탄소(CFC ; Chloro Fluoro Carbon, 일명 프레온)라는 합성 물질에 의하여 파괴되고 있고, 또 대기 중에 탄산가스와 메탄 등의 온실 기체가 꾸준히 증가하고 있다는 사실이 밝혀졌다. 그리고 슈퍼컴퓨터를 이용한 기후 예측 모델에 따르면, 대기 중의 탄산가스 농도가 현재와 같은 추세로 증가할 경우, 2030년경에는 지구의 평균 기온이 2~5도 상승되게 되고, 그 결과로 해수면이 50~60센티미터 상승할 것으로 예측되고 있다.

이러한 지구 환경의 위기에 대비하여 1992년 6월, 브라질 리우에서 개최된 환경과 개발에 관한 유엔 회의에서는, '환경적으로 건전하고 지속 가능한 발달(ESSD ; Environmentally Sound and Sustainable Development)'만이 인류가 나아가야 할 방향임을 천명하게 되었다. 앞으로 성장 위주의 개발 정책은 국제 사회에서 용납되지 않을 것이며, '환경 보전과 조화를 이루는 개발', 즉 환경적으로 건전하고 지속 가능한 발달의 실현이 21세기에 인류가 추구해야 할 과제인 것이다.

① 미래의 환경 보전과 개발은 양립할 수 없다. 환경을 보전하는 개발이 어떻게 가능하겠는가?
② 측정 기술의 발달로 지구의 환경 변화를 예측할 수 있다고 하였지만 그것은 불가능하다. 미래의 일은 신만이 아는 것이다.
③ 산업화와 환경 오염의 관계를 추리해 낸 것은 잘못이다. 공업 선진국보다는 개발 도상국의 예를 들어 설명해야 논지의 보편성을 인정받을 수 있다.
④ '편리한 문명의 혜택'이 '삶'을 위한 필요조건이 된다는 주장은 지나치게 일반화된 생각이다. 문명의 혜택을 받지 못한 '미개인들'이 '생존'만을 하고 있다고 그 누가 단언할 수 있겠는가?
⑤ 브라질 리우 선언에서 내건 원칙인 '환경적으로 건전하고 지속 가능한 발달'은 하나의 선언이기 때문에 법적 구속력이 없다. 이를 실현하고자 하는 국가가 몇이나 있겠는가?

★★★☆☆  제한시간 1분

09 (가)의 입장에서 (나)를 비판할 때 옳은 것을 고르시오.

(가) 한갓 오랑캐의 풍속으로써 중국의 아름다운 문화를 변화시키고, 사람을 금수로 타락시키면서도 이를 잘하는 일이라고 여기며 개화라는 이름을 붙입니다. 그러니 이 개화라는 말은 너무도 쉽게 나라를 망치고 집안을 뒤엎는 글자입니다. 간혹 자주(自主)라는 이름을 붙이기도 하는데 실상은 나라를 왜놈에게 주고서 모든 정사와 법령에 대해 반드시 자문을 구합니다. 또 예의를 무너뜨리고 오랑캐로 타락하면서 억지로 문명이라고 부릅니다. 지금 비록 하나하나 따질 수는 없지만 특히 의복 제도를 변경하는 일은 도리를 매우 심하게 해치고 있으므로 시급하게 먼저 복구하지 않을 수 없습니다. 물론 우리나라 의복 제도가 옛 법에 완전히 부합하지는 않지만 여기에는 중국의 문물이 내재되어 있습니다. 중국이 비록 외국이라도 중국의 문물은 선왕

들께서 일찍이 강론하여 밝혀 준수해온 것이며, 천하의 모든 나라들이 일찍이 우러러 사모하며 찬탄한 것입니다. 이러한데도 버린다면 요·순·문·무(堯舜文武)를 통해 전승해 온 문화의 한줄기를 찾을 수가 없게 되고, 기자 및 선대의 우리 임금들이 중국의 아름다운 문화를 가져오신 훌륭한 덕과 큰 공로를 후세에 밝힐 수 없게 될 것입니다. 어찌 차마 이렇게 할 수 있겠습니까.

(나) 지금 조선이 이렇게 약하고 가난하며 백성은 어리석고 관원이 변변치 못한 이유는 다름이 아니라 다 학문이 없기 때문이다. 조선이 강하고 부유해지며 관민이 외국 사람들에게 대접을 받기 위해서는 배워서 구습을 버리고 개화한 자주독립국 백성과 같이 되어야 한다. 그렇게 하면 나라의 문화는 활짝 꽃필 것이다. 사람들이 정부에서 정치도 의논하게 되며 각종의 물화(物貨)를 제조하게 되며 외국 물건을 수입하거나 내국 물건을 수출하게 되며 세계 각국에 조선 국기를 단 상선과 군함을 바다마다 띄우게 될 것이다. 또 백성들은 무명옷을 입지 않고 모직과 비단을 입게 되며 김치와 밥을 버리고 우육과 브레드를 먹게 되며, 남에게 붙잡히기 쉬운 상투를 없애어 세계 각국의 인민들처럼 우선 머리가 자유롭게 될 것이다. 또 나라 안에 법률과 규칙이 바로 서서 애매한 사람이 형벌당하는 일이 없어지고, 약하고 무식한 백성들이 강하고 유식한 사람들에게 무리하게 욕보일 일도 없어지며, 정부 관원들이 법률을 두렵게 여김으로써 협잡이 없어지며, 인민이 정부를 사랑하여 국내에서 동학과 의병이 다시 일어나지 않을 것이다.

① 중국과 왜놈의 문물은 오랑캐의 풍속으로 조선의 문명을 타락시킬 것이다.
② 모직과 비단을 입게 된다면 중국으로부터 받은 도리를 해치는 일이다.
③ 상투는 백성들의 자유를 억압하고 있다.
④ 민란이 일어나지 않게 하기 위해서는 구습을 버려야 한다.
⑤ 조선이 가난에서 벗어나기 위해서 수입과 수출을 활발하게 해야 한다.

★★★★☆

10 다음 글을 접한 독자가 [보기]를 통해 생각할 때 나타낼 수 있는 반응으로 가장 적절한 것을 고르시오.

사람들은 왜 더 좋은 대학을 가려고 할까? 전문직 종사자들이 고급 승용차를 타려는 이유는 무엇일까? 경제학자 스펜스는 이러한 현상을 개별 경제 주체들이 상호 간 정보 보유량의 격차가 있는 시장에 참여하면서 그 문제를 조정해 가는 과정으로 분석하였다. 그에 따르면, 정보량이 풍부한 쪽은 정보량이 부족한 쪽에게 자신의 정보를 전달하기 위해 노력하며, 그 결과 위와 같은 현상이 일어난다는 것이다.

경제학에서는 이처럼 경제 주체의 속성을 알려 주는 인지 가능한 행위나 형태를 '신호'라고 하며, 신호를 보내거나 받는 측을 각각 발신자와 수신자라 일컫는다. 이때 발신자는 수신자에게 자신들이 신호를 보낼 능력이 있음을 보여 줌으로써, 신호를 보낼 수 없는 다른 이들에게 핸디캡이 생기도록 만들며, 이를 통해 시장에서 유리한 위치를 선점한다는 것이다.

발신자가 보내는 신호는 그 성격에 따라 평가 신호와 관례 신호로 나뉜다. 먼저 평가 신호는 신호를 만들기 위해 높은 비용이 수반되는 신호를 말한다. 또한 신호와 발신자의 속성 간에 내적 연관이 요구되므로 수신자에게 높은 신뢰도를 줄 수 있다. 구직자들이 좋은 직장에 취업하기 위하여 시간과 비용을 투자해 박사 학위를 취득하는 경우가 좋은 예이다.

반면 관례 신호는 신호를 만들기 위한 비용이 거의 들지 않으며 신호와 발신자의 속성 간에 아무런 관계가 없는 신호를 말한다. 관례 신호는 발신자가 신호를 만들기 위하여 그러한 특성을 보유하지 않아도 된다는 점에서 신뢰성이 약하다. 그럼에도 불구하고 이 신호는 발신자 입장에서는 적은 비용으로 신호를 보낼 수 있다는 점에서 자신의 핸디캡을 감추기 위한 방편으로 자주 사용된다. 지식인처럼 보이기 위해 그 내용을 알지 못하는 전문 서적을 들고 다니는 경우가 이에 해당된다.

이러한 평가 신호와 관례 신호 모두 기만에 노출되어 있다. 기만이란 신호와 관련된 속성을 갖지 못한 발신자들이 마치 그러한 속성을 갖고 있는 것처럼 신호를 조작하는 행위를 말한다. 자기 소개서를 허위로 작성한다거나, 학력을 위조하는 경우가 이에 해당한다. 수신자 입장에서 기만으로 인한 피해가 미미하다면 발신자의 기만 행위는 크게 문제되지 않는다. 그러나 기만을 하기 위해 필요한 비용이 기만을 적발 당했을 때 지불해야 할 비용보다 낮다면 기만이 지나치게 확산될 수 있다. 그럴

발전문제

경우 수신자는 발신자들의 신호를 더 이상 신뢰할 수 없게 되며, 그 결과 정직한 신호를 보낸 발신자가 피해를 보게 된다.

> **|보기|**
> 수신자는 발신자가 보낸 신호가 정직한 것인지, 아니면 자신을 기만하기 위한 것인지 알 수 없다. 따라서 수신자는 발신자들이 보내는 신호를 특정 방법을 통해 걸러내고, 이 중에서 신뢰할 수 있는 신호만을 가려낸다. 이런 과정을 여러 번 거치게 되면 수신자는 기만에 빠질 위험성이 줄어든다. 이러한 수신자의 활동을 '가려내기'라고 한다.

① 동일한 기만에 노출되어 있을 경우 수신자는 발신자의 속성과 밀접한 관련이 없는 평가 신호의 '가려내기'에 집중하겠군.
② 발신자에 대한 정보가 부족할수록 수신자의 '가려내기' 과정은 늘어나겠군.
③ 기만을 적발 당했을 때 드는 비용이 기만을 위해 필요한 비용보다 많이 들수록 '가려내기' 절차는 보다 간단해지겠군.
④ 기만으로 인한 피해가 커질수록 수신자의 '가려내기'는 수월해지겠군.
⑤ 기만으로 인한 피해가 미약하다면 '가려내기'를 할 필요가 없어지겠군.

★★★★☆　　　　　　　　　　　　제한시간 **1분 30초**

11 다음 글을 읽고 이 글의 글쓴이에게 [보기]의 관점에서 제기할 수 있는 비판적 의문으로 가장 적절한 것을 고르시오.

> 인류 문명사에서 나노 기술 혁명은 어떤 의미가 있는가? 인류는 농업 시대에는 땅을 정복하였고, 산업 시대에는 자동차·비행기를 통해 공간을 정복하였으며 컴퓨터와 인터넷을 발명하면서 시간을 정복하였다. 그에 이은 나노 기술 혁명을 통해서는 나노 크기의 영역에서 물질을 인위적으로 조작하고 제어함으로써, 궁극적으로 물질을 정복하게 될 것이다.
> 　나노 기술 구현의 최대 난제는 나노 물질의 인위적 제조이다. 나노 물질은 '나노 점(點)', '나노 선(線)', '나노 박막(薄膜)'의 형태로 구분된다. 나노 박막의 경우에는 원자층 두께까지 제조가 가능한 상태이지만, 나노선과 나노점을 제조하는 기술은 아직 초보 수준을 벗어나지 못하고 있다.
> 　나노선과 나노점을 만들기 위해 하향식과 상향식의 두 가지 방법이 시도되고 있다. 하향식 방법은 원료 물질을 전자빔 등을 이용하여 작게 쪼개는 방법인데, 현재 7나노미터 수준까지 제조가 가능하지만 생산성과 경제적 효용성이 문제가 되고 있다. 이러한 문제점을 해결하기 위해 시도되고 있는 상향식 방법에서는 물질을 작게 쪼개는 대신 원자나 분자의 결합력에 따른 자기 조립 현상을 이용하여 나노 입자를 제조하려 한다. 상향식 방법은 경제적 측면에서는 하향식에 비해 훨씬 유리하나 균일한 나노점이나 나노선을 구현하기 위해서 해결해야 할 기술적인 난점들이 많다는 문제가 있다.
> 　나노 기술이 가장 큰 영향을 끼칠 분야는 정보 기술 분야이다. 지금까지의 정보 기술은 반도체 메모리를 중심으로 소형화, 고집적화를 추구하는 방향으로 발전되어 왔다. 그러나 100나노미터 이하의 크기에서는 64기가바이트 이상의 고집적화가 기술적으로 불가능하다고 알려져 있다. 이를 극복하기 위해 연구하고 있는 것이 나노 자성체를 이용한 자기 메모리인데, 이것이 성공하면 테라급 메모리의 구현이 가능하다고 한다. 자기 메모리는 집적도가 우수할 뿐만 아니라 전력 소비도 매우 적어, 조만간 현재의 반도체 플래시메모리를 대신하여 이동 통신 기기나 휴대용 컴퓨터에 이용될 것이다.
> 　생체의 상태가 나노 크기 분자의 움직임에 좌우되기 때문에 나노 기술의 혁명은 생명 공학과 의학의 발전에도 지대한 영향을 미치리라 전망된다. 다양한 생체 현상을 나노 수준에서 이해하고 응용한다면 새로운 개념의 바이오센서나 약물 전달 시스템 등이 구현될 수 있을 것이다. 최근에는 여섯 개의 단백질로 만들어진 나노 크기의 모터가 인간 몸 속의 ATP를 연료로 구동되어, 수십 나노미터의 플라스틱 공을 움직일 수 있다는 연구 결과가 발표되기도 하였다.
> 　현재 우리나라의 나노 기술 연구는 초기 단계이지만, 세계에서 가장 얇은 금속선 제조에 성공하는 등 세계적

수준의 연구 업적들이 나오고 있다. 더욱이 우리는 세계 최고 수준의 반도체 공정 기술을 보유하고 있으므로, 이 기술과 경험을 활용하고 창의적 연구 인력을 확대해 나가는 국가적 차원의 전략이 마련된다면, 선진국과 대등한 기술 경쟁을 하며 새로운 발견과 발명의 진원지 역할을 할 수 있을 것이다.

| 보기 |

대상을 분석적으로 쪼개 가며 연구하는 환원주의적 기술의 발전은 인간을 단지 가장 우수한 정보 처리 시스템으로 보는 새로운 인간관을 낳았다. 이 인간관에 따르면, 인간은 DNA의 다양한 조합일 뿐이며 DNA 조작은 시스템의 개선을 위한 당연한 작업일 뿐이다. 이러한 기술 문명이 발전할수록, 인간이 지녔던 특별한 의미는 사라지고 생명은 물질의 부속물로 전락하고 말 것이다.

① 나노 기술의 발전만으로 생명 공학에 혁명적 변화가 가능하다고 생각하는 것은 인간의 우수한 정보 처리 능력을 도외시한 판단이 아닐까요?

② 인간은 다른 생물과 확연히 구별되는 특성들을 지니고 있는데, 나노 기술의 발전으로 인간의 본성을 모두 해석할 수 있다고 생각하는 것은 너무 섣부른 결론 아닌가요?

③ 나노 물질 제조 기술들의 가능성조차 입증되지 않은 상태에서 나노 기술의 다양한 응용 가능성을 언급하는 것은 너무 성급한 태도 아닌가요?

④ 인류가 지속적인 기술 혁명을 이루어 왔다는 것을 근거로 해서 나노 기술 혁명도 성공할 수 있으리라고 보는 것은 타당성이 부족한 것 아닌가요?

⑤ 생체 현상조차 나노 크기 분자들의 움직임에 좌우된다고 보는 입장에서 나노 기술을 발전시키는 것은 인간의 정체성을 위협하는 위험한 생각 아닌가요?

★★★★☆

12 [보기]와 같은 문화 현상에 대해 이 글쓴이의 입장에서 할 수 있는 말로 가장 적절한 것을 고르시오.

19세기 중반 이후 사진, 영화 같은 시각 기술 매체가 발명되면서 예술 영역에는 일대 변혁이 일어났다. 작품에서는 일회성과 독창성이 사라지고 수용자는 명상적인 수용에서 벗어나기 시작하였다. 그리고 비디오, 위성, 컴퓨터 등의 '위대한 신발명들'로 인해 매체는 단순한 수단 이상의 적극적이고 능동적인 의미를 부여받게 되었다. 이제 이러한 매체와의 소통이 곧 '문화'로 규정되고 있다.

정보와 소통이라는 비물질적 요소가 사회의 토대로 작용하는 매체 시대를 맞아 이성과 합리성에 의해 억압되었던 감각과 이미지의 중요성이 부각되고 있다. 또한 현실과 허구, 과학과 예술의 경계가 무너지면서 그 자리에 '가상 현실'이 들어서게 되었다. 가상 현실에서는 실재하는 것이 기호와 이미지로 대체되고, 그 기호와 이미지가 마치 실재하는 것처럼 작동한다. 따라서 현실 세계의 모방이라는 예술 영역의 기본 범주가 매체 사회에서는 현실과 허구가 구분되지 않는 시뮬레이션이라는 범주로 바뀌게 되었다.

매체 시대의 특징은 속도이다. 텔레비전이 공간의 차이를 소멸시키고, 컴퓨터가 시간의 차이까지 소멸시킴으로써 매체 시대에는 새로운 지각 방식이 대두되었다. 매체에 의해 합성된 이미지는 과거·현재·미래가 구분되는 '확장된 시간'이 아니라 과거·현재·미래가 공존하는 '응집된 시간'에 의존하며, 이는 문학과 예술의 서술 형태까지도 변화시킨다. 시간적 연속성의 구조가 파괴된 장면들이 돌발적인 사슬로 엮여진 뮤직 비디오가 그 예이다.

이러한 매체 시대의 특징들을 바탕으로 매체 이론가들은 '매체 작품'이라는 개념을 제시한다. 전통적으로 예술 작품은 고독한 예술가의 창작물로 간주되었으며, 예술가는 창작 주체로서의 특권화된 위치를 차지하였다. 특정 질료를 독창적으로 다루어 만들어 낸 예술 작품은 그 누구도 모방할 수 없는 원본의 가치를 지니며, 모방물은 부정적으로 평가되었다. 그러나 오늘날의 매체 작품은 고독한 주체의 창조물이 아니라 매체들 간의 상호 소통의 결과물이다. 여기저기에서 조금씩 복사하여 책을 만들기도 하고, 예술가의 개별적인 작업보다는 협동 작업이 중시되기도 한다. 또한 홀로그래피, 텔레마틱 같은 새로운 장르 혼합 현상이 나타난다.

발전문제

전통적인 미학론자들은 이러한 매체 작품이 제2의 문맹화를 가져오며 수용자에게 '나쁜' 영향을 끼칠 것이라고 평가한다. 그런데 이는 인쇄술의 발달과 함께 문학적 글쓰기가 대중성을 획득할 당시의 경고와 흡사하다. 예컨대 18세기 모리츠의 「안톤 라이저」는 '감각을 기분 좋게 마비시키는 아편'으로 간주되었다. 그럼에도 불구하고 소설 문화는 이후 지속적으로 발전하였다. 이를 볼 때 지금의 매체 작품도 향후 지속적으로 발전하여 정상적인 문화 형태로 자리잡으리라는 전망이 가능하며, 따라서 전통적인 예술 작품과 매체 작품 모두 문화적 동인(動因)으로 열린 지평 안에 수용되어야 할 것이다.

| 보기 |

컴퓨터광들이 공동으로 한 작품을 창작하는 방식과 한 사람의 작가가 총체적인 계획 하에 자신의 고유한 작품을 완성하는 전통적인 글쓰기 방식이 공존하고 있다.

① 서로의 차이를 인정하고 존중하면서 상호 개방적인 태도를 취해야 한다.
② 두 문화 방식을 절충하여 가장 종합적이고 합리적인 대안을 찾아야 한다.
③ 기존의 예술 방식은 새로운 매체 환경에 적응하면서 변해야만 살아남을 수 있다.
④ 기술 매체에 의해 위협받고 있는 전통적인 예술과 문학의 방식이 보호되어야 한다.
⑤ 각자의 예술 방식에 대한 자기 반성을 통해 거듭나고자 하는 노력을 기울여야 한다.

★★★★☆ 제한시간  1분 30초

13 다음 글을 읽고 [보기]에서 밑줄 친 부분의 논거로 적절한 것을 고르시오.

| 보기 |

항상 사회를 위협하는 것은 그들을 혼란하게 만든 사상이나 반대하는 행동을 허용하지 않는 권력자들의 욕망이다. 그들은 창조나 실험의 효력에 대해서는 별로 관심이 없다. 그들의 관심사는 정적(靜的)인 사회의 유지에 있다. 왜냐하면 그런 질서가 그들의 욕망을 보다 더 충족시켜 줄 수 있기 때문이다. 선악에 대한 권력자의 관념은 이러한 욕망 충족의 정도에 있다. 그들이 세우는 기준은 자기들을 만족시켜 줄 질서 유지 수단에 불과하다. 그들이 억압하고 증오하는 대상은 그들과 상반되는 새로운 질서를 확립하는 수단이다.

그러나 이 세계는 고정된 세계가 아니며, 또 꼭 묶어서 고정시켜 놓을 수도 없다. 호기심·발견·발명 등은 그 성과를 받아들이지 않는 현 사회의 기초를 위태롭게 한다. 따라서 새로운 것에 대한 관용은 그 자체가 바람직스러운 것일 뿐 아니라 정치적으로도 현명하다고 할 수 있다. 관용 외의 다른 행동은 평화적인 조정을 가능케 할 분위기를 보장할 수 없기 때문이다. 만일, 권력이 소수자에 의해 장악된다면 행복 역시 그 소수자에게 한정되고 말 것이다. 그리고 모든 독창적인 사상이나 경향은 한정된 행복에 대한 도전으로 간주될 것이다. 그리고 이 행복에 참여할 기회와 자격을 배제당한 사람들은 항상 새로이 시도된 그 무엇의 주변에 모이는 것이다. 왜냐하면 이 세계는 동적일 뿐만 아니라 다양하며, 행복에 이르는 길은 한 길만이 있는 것은 아니기 때문이다.

인간은 경제적인 명령에 굴복하여 기꺼이 자기의 경험에 기초한 생각을 버리고, 단순히 남의 생각을 지지하지는 않는다. 사람은 이성적 설득에 의해서만이 하나의 생각이 다른 생각보다 우월하다는 것을 납득한다. 그러므로 어떤 경험의 의미가 만족스럽게 받아들여지게 하려면 강제가 아닌 설득에 의하지 않으면 안 된다.

물론 이것은 이상적인 권고이다. 사람들은 권력에 중독된다. 어떤 정열도 이것만큼 사람의 충동을 깊이 지배하지는 못한다. 견해의 차이를 인정하는 데서의 즐거움, 또 개인의 진리가 전체적인 진리와 결코 같지 않다는 것을 인정하는 용기, 이러한 점은 인간에게는 극히 드문 면이다. 그 때문에 자유의 벗은 모든 사회에서 항상 소수에 불과하게 되는 것이다.

또한 어떤 특별한 상황에 대해 내려지는 명령을 무기력하게 수락하게 되면 전제를 초래하게 되는데, 그렇게 되지 않기 위해서 자유는 매일 새롭게 쟁취되고 유지되지 않으면 안 된다. 왜냐하면 전제적인 권력자들은 자신들의 욕망을 충족시키기에 용이하도록 모든 행동 영역에서 자유를 억압하려고 하기 때문이다. 이런 점에서 신학이나 자연 과학의 영역에서부터 자유로이 새로운 생각을 하여 새로운 학설을 인정받은 사람들은 확실히 정치적 자유의 시조들이었다.

브루너나 갈릴레오가 없었더라면 루소도 볼테르도 있을 수 없었을 것이다. 따라서 자유는 결정적인 시점에서 힘의 요구에 저항하는 용기라고 하겠다. 그리고 이 때문에 자유는 항상 권력자에 대한 하나의 위협이지만, 경험을 막고자 하는 권력자들의 기도는 부정되고 말 것이다. 그의 생활로부터 어떤 교훈이 진리임을 알아버린 사람은 그 진리의 진실성을 납득하고 그 교훈에 따라 생활하려고 한다. 이것이 바로 자유의 주장이다. 형벌은 그런 노력을 포기하도록 그 사람을 협박하고 설득할 것이다. 그리고 물론 형벌이 두려워서, 자기의 견해대로 행동하기를 포기한 사람들도 있을 것이다. 그러나 아무리 철저한 박해도 의의 있는 진리를 영구히 은폐할 수는 결코 없을 것이다. 만일 소수자에 의해 주장되는 원리가 일반인들의 경험과 합치된다면, 이 소수자의 경험의 표현을 인정하는 사람들은 반드시 다시 그것을 주장할 것이다.

| 보기 |

우리 사회는 그동안의 공업화로 표면상으로는 산업 사회의 면모를 갖추고 있으나, 문제를 합리적으로 해결해 가는 사회 내부의 자율 능력은 억제되고 통제되었다. 이는 근대화 과정에서 배제되거나 소외된 집단들의 불만과 주장이 명백히 증가해 왔으나, 권력을 쥔 자들이 그것을 합리적으로 해결하는 장치를 마련하지 않고 이들을 힘으로 누르는 <u>권위주의적 통제 방식</u>을 택했다는 것을 의미한다.

① 인간은 경제적인 이유만으로 단순히 남의 생각을 지지하지는 않는다.
② 권력에 대한 정열만큼 사람의 충동을 깊이 지배하는 것은 없다.
③ 사람은 이성적인 설득에 의해서만 하나의 생각이 다른 생각보다 우월하다는 것을 납득한다.
④ 권력자들은 자신들의 욕망을 충족시켜 줄 수 있는 정적(靜的)인 사회의 유지를 원한다.
⑤ 우리가 사는 세계는 고정된 것이 아니라 늘 변하는 것이다.

Part 2 Theme 06 빈칸 채우기

출제 빈도

핵심 Check

- 빈칸에 들어갈 알맞은 어휘나 접속사, 문장, 문단을 고르는 문제들이 출제된다.
- 비중이 높은 편은 아니지만 꾸준히 출제되고 있는 문제 유형이므로 중요하게 학습해 두어야 한다.
- 글의 흐름과 핵심을 이해하여 문장이나 문단 간의 연결 관계를 파악할 수 있어야 한다.
- 지문을 꼼꼼하게 읽는다면 푸는 데 큰 어려움은 없지만, 시간적 여유가 없기 때문에 응시생들이 판단력을 잃고 핵심을 놓치기 쉽다. 따라서 기출문제 및 다양한 문제들을 풀어봄으로써 요령을 습득하도록 한다.

빈출예제

01 [접속사 채우기] ★★★★☆ 제한시간 50초

다음 글의 A~D 중 어느 곳에도 들어가지 않는 말을 고르시오.

> 어떤 사람이 할 수 있는 것을 어떤 사람은 하지 못한다. 어떤 사람이 도달할 수 있는 곳에 어떤 사람은 도달하지 못한다. (A) 어떤 것을 할 수 있는지 없는지, 어떤 곳에 도달할 수 있는지 없는지를 주요 문제로 삼을 때, 각 사람의 천성은 그 성질뿐만 아니라 그 크기와 강약에 대해서도 문제가 된다. 이러한 관점에서 보면 각 사람의 가치는 거의 숙명적으로 결정된다는 사실을 부정할 수 없다. (B) 관찰의 관점을 외면적이고 비교적인 입장에서 내면적이고 절대적인 입장으로 옮긴다면, 성과에 해당하는 일을 중시하기보다 추구하고자 하는 노력의 성실함으로 옮긴다면, 천성의 문제보다 의사의 문제로 옮긴다면, 우리의 눈앞에는 새로운 시야가 펼쳐진다. (C) 어찌 할 수 없는 대상으로서 엄연히 존재하는 것은 쉽게 융화되기 마련이다. (D) 모든 정신적 존재는 동포로서 공존한다. 이 세상에서 각 사람이 부여받은 천성에 따라 각자 자기 자신의 가치를 창조하는 것이다.

① 하지만   ② 원래   ③ 그리하여
④ 따라서   ⑤ 오히려

| 해설 |

핵심 키워드 : 천성, 관점

이 글은 '각 사람의 가치는 숙명적인 천성에 의한 것이라고 보는 견해도 있지만, 관점을 바꾸면 모두 평등하고 각자에게 부여된 천성으로 각자의 가치를 창조하면 된다.'라는 내용이다. A는 앞 문장의 내용을 이어받아 뒤 문장에서 결론을 나타내고 있으므로, ④의 '따라서'가 들어간다. B에서는 A의 뒤 문장에서 나타낸 하나의 결론과는 다른 관점이 있으며, 그 관점에 따르면 전혀 다른 결론도 존재한다고 하였으므로 역접이기 때문에, ①의 '하지만'이 들어간다. 또한 C는 B의 뒷내용을 이어받는 것이며, 그 새로운 결론은 지금까지 어찌할 수 없는 것을 실제로 쉽게 가능한 것으로 만들 수 있다고 말한 문장이므로, ②의 '원래'가 들어간다. D는 앞 문장을 이어받는 것으로 순접이기 때문에 ③의 '그리하여'가 들어간다. 따라서 ⑤의 '오히려'가 들어갈 빈칸은 없다.

| 정답 | ⑤

유형 분석

지문을 읽고 빈칸에 들어갈 접속사를 고르는 문항이다.

해결 전략

글을 훑으면서 A~D의 위치 확인!
→ 분산되어 있으므로 글 전체를 읽어야 한다.

↓

전체적으로 흐름만 확인하며 읽어 내려가고, A~D의 바로 앞, 뒤 문장에서 집중하며 읽는다.

↓

A의 뒤 문장까지 읽고 선택지 확인!
→ 해당되는 선택지 소거

↓

다시 글로 돌아와서, B의 뒤 문장까지 읽고 선택지 확인!
→ 해당되는 선택지 소거

↓

위와 같은 과정을 반복하여 선택지를 좁혀 나간다.

하나 더+

나열	순접	보충	예시	대조	인과	요약	전환
또(는) 더구나 하물며 및 그리고 혹은 이와 함께	그러니 따라서 다만 이리하여 그리하여 그리고	그리고 아울러 더구나 더불어 게다가 또한 뿐만 아니라 그뿐 아니라	예컨대 예를 들면	그러나 그렇지만 하지만 그래도	그래서 그러므로 그러니까 따라서 왜냐하면	요컨대 즉 결국 말하자면	그런데 그러면 한편 다음으로 여기에 아무튼 각설하고

★★☆☆☆

02 [어구 채우기]

 제한시간 30초

다음 글에서 빈칸에 들어갈 어구로 적절하지 않은 것을 고르시오.

이른바 '죄수의 딜레마' 이론에서는 서로 의사소통을 할 수 없도록 (㉠) 두 용의자가 각각 개인 수준에서 가장 (㉡) 내린 선택이, 오히려 집합적인 결과에서는 두 사람 모두에게 (㉢) 결과를 초래할 수 있다고 설명하고 있다. 즉, 다른 사람을 (㉣) 않고 자신의 이익만을 추구하는 (㉤) 합리성만을 강조하면, 오히려 사회 전체적으로는 (㉢) 결과를 초래할 수 있다는 것이다.

① ㉠ - 격리된
② ㉡ - 합리적으로
③ ㉢ - 비합리적인
④ ㉣ - 선택하지
⑤ ㉤ - 개인적 차원의

| 해설 |

핵심 키워드 : 죄수의 딜레마

'서로 의사소통을 할 수 없도록'이 전제되므로 ㉠에는 '격리된'이 들어가야 한다. '개인 수준에서 가장 ~한 선택이 결국 두 사람 모두에게 ~한 결과를 초래'했다는 문장으로 보아 ㉡과 ㉢은 의미상 반대되는 단어일 것이다. 이와 관련하여 ㉣을 살펴보면, 바로 뒤에 '자신의 이익만을 추구'한다는 표현이 있으므로, ㉣에 '다른 사람을 배려하지 않거나 고려하지 않는다'와 같은 내용이 들어가는 것이 적절하다. 따라서 문맥상 ㉡과 ㉢에는 각각 '합리적으로', '비합리적인'이 들어가야 한다. ㉤도 ㉣과 마찬가지로 바로 앞의 표현에 따라 '개인적 차원'이 들어가야 한다.

| 정답 | ④

유형 분석
지문을 읽고 빈칸에 들어갈 어구들을 고르는 문항이다.

해결 전략

글을 훑으면서 빈칸의 위치 확인!
→ 빈칸이 여럿일 경우에는, 뒤로 갈수록 앞에서 고른 어구와 관련지어 풀어야 하므로 글 전체를 읽는 것이 좋다.

↓

빈칸의 힌트를 포착하였다면 선택지 확인!
→ 해당되는 선택지 소거

↓

다시 글로 돌아와, 다음 빈칸의 힌트 포착!
→ 선택지 확인

↓

위와 같은 과정을 반복하여 답을 찾아 나간다.

↓

짧은 글이라면, 빈칸을 채운 상태에서 다시 한 번 글을 빠르게 읽어 확인하고 넘어간다.

빈출예제

2016 KT

유형 분석
지문을 읽고 빈칸에 들어갈 문장을 고르는 문항이다.

해결 전략
선택지를 빠르게 훑어본다.
→ 눈에 들어오는 키워드 : 몸, 영혼, 감각

↓

글로 돌아와 빈칸의 위치 확인!
→ 빈칸이 2문단에 있으므로, 해당 문단만 읽는다. 하지만 시간적 여유가 있다면 글 전체를 읽어 흐름을 잡고 가는 것이 안정적이다.

↓

글을 읽으며 중요한 부분에 밑줄 친다.
1문단 마지막 문장에 밑줄
2문단 두 번째 문장, 빈칸의 바로 앞 문장에 밑줄

↓

선택지 확인

03 [문장 채우기]
★★★★☆
제한시간 50초

다음 빈칸에 들어갈 적절한 문장을 고르시오.

> 우주는 물체와 허공으로 구성된다. 물체와 허공 이외에는 어떠한 것도 존재한다고 생각할 수 없다. 그리고 우리가 허공이라고 부르는 것이 없다면 물체가 존재할 곳이 없고 움직일 수 있는 공간도 없을 것이다. 허공을 제외하면 비물질적인 것은 존재하지 않는다. 허공은 물체에 영향을 주지도 받지도 않으며, 다만 물체가 자신을 통과해서 움직이도록 허락할 뿐이다. 물질적인 존재만이 물질적 존재에 영향을 줄 수 있다.
>
> 영혼은 아주 미세한 입자들로 구성되어 있기 때문에, 몸의 나머지 구조들과 더 잘 조화를 이룰 수 있다. 감각의 주요한 원인은 영혼에 있다. 그러나 몸의 나머지 구조에 의해 보호되지 않는다면, 영혼은 감각을 가질 수 없을 것이다. 몸은 감각의 원인을 영혼에 제공한 후, 자신도 감각 속성의 몫을 영혼으로부터 얻는다. 영혼이 몸을 떠나면, 몸은 더 이상 감각을 소유하지 않는다. 왜냐하면 (   )
> 물론 몸의 일부가 소실되어 거기에 속했던 영혼이 해체되어도 나머지 영혼은 몸 안에 있다. 또한 영혼의 한 부분이 해체되더라도, 나머지 영혼이 계속해서 존재하기만 한다면 여전히 감각을 유지할 것이다. 반면에 영혼을 구성하는 입자들이 전부 몸에서 없어진다면, 몸 전체 또는 일부가 계속 남아 있더라도 감각을 가지지 못할 것이다. 더구나 몸 전체가 분해된다면, 영혼도 더 이상 이전과 같은 능력을 가지지 못하고 해체되며 감각 능력도 잃게 된다.

① 몸에서 영혼이 떠나게 되면 감각 능력을 상실되면서, 더불어 신체의 모든 기능이 멈춰버리기 때문이다.
② 몸은 감각 능력을 스스로 가진 적이 없으며 몸과 함께 태어난 영혼이 몸에게 감각 능력을 주었기 때문이다.
③ 몸은 영혼과 따로 떨어져서 존재한다는 것은 불가능한 그야말로 불가분의 관계이기 때문이다.
④ 몸은 그 자체만으로는 하나의 물체에 불과하며, 영혼만이 감각을 지닐 수 있고 느낄 수 있기 때문이다.
⑤ 몸과 영혼은 독자적인 관계이므로 서로에게 영향을 주지 않기 때문이다.

| 해설 |

핵심 키워드 : 물질적, 영혼, 몸
빈칸은 '왜냐하면'에 이어지는 내용으로, 영혼이 몸을 떠나면 몸은 더 이상 감각을 소유하지 않는다는 앞 문장에 대한 이유를 설명하는 내용이 들어가야 한다. 이와 관련하여 글을 살펴보면 영혼과 몸의 관계에 대해 몸은 영혼에 감각의 원인을 제공하고, 영혼으로부터 감각 속성의 몫을 얻는다고 하였다. 즉, 몸은 스스로 감각 능력을 가지는 것이 아니라 영혼을 통해 감각 능력을 얻게 되는 것이므로 이에 대한 내용을 찾으면 된다.

| 정답 | ②

04 [어구 조합하기]

다음 글의 A, B에 들어갈 말로 가장 적절한 조합을 고르시오.

일반적으로 상품을 판매하는 사람에게는 그 상품의 가치를 실현하기 위해 그것을 가치 있는 것으로서 받아들일 구매자가 없으면 안 된다. 구매자가 그 상품을 받아들여야 비로소 상품은 제 가치를 지닌 것이라는 점이 확증되는 것이다. 하지만 구매자는 판매자가 예상하는 대로 받아들이지 않을 수도 있다. 그러면 그 상품은 아무도 받아들여 주는 사람이 없는 상태로 그대로 남게 되거나, 또는 보기에도 비참할 정도로 낮은 값에 팔릴 수도 있다. 이처럼 판매자가 직면할 수밖에 없는 팔릴지 말지에 대한 위험성을 마르크스는 '상품의 (A) 도약'이라는 말로 표현했다. 그것은 사회가 화폐라는 교환 매체를 발명하고, 판매와 구매를 분리함으로써 교환 과정을 효율적으로 만든 것에 대해 지불하지 않으면 안 되는 하나의 중요한 대가이기도 하다.

그런데 상품의 (A) 도약도, 어느 정도 도약을 반복하다 보면 일종의 시세(교환 규칙)가 생긴다. 시세가 있으면, (A) 도약은 더는 존재하지 않는다. 이른바 수급이 균형을 이루는 가격이 생겨났기 때문이다. 그때 판매자는 팔릴지 말지, 자신의 판매 가격이 받아들여질지 말지를 더는 걱정하지 않아도 된다. 물론 '상품'의 경우에는 그러한 자동 조정 기구(마켓 메커니즘)를 가정해도 이상하지 않을 수 있다.

하지만 브랜드는 다르다. 왜냐하면 브랜드 가치는 (B)이기 때문이다. 어제 그 브랜드가 마음에 들어 구매한 구매자라 해도, 새로운 가치로 구성된 똑같은 브랜드를 오늘은 사지 않을 수도 있다. 변용된 가치가 그 구매자에게 의미를 가지는지 가지지 못하는지는 신 말고는 아무도 알 수 없다.

	A	B
①	목숨을 건	항상 새로이 재구성되기
②	목숨을 건	환경 상황의 변화에 거의 영향을 받지 않기
③	한계 없는	소비 욕구로도 다른 권위로도 환원되지 않기
④	한계 없는	눈에 보이는 모양이나 소재로는 환원되지 않기
⑤	믿지 못할	구매자의 욕망에 따라 만들어지기

| 해설 |

핵심 키워드 : 상품의 가치

이 글 내용은 '상품은 그 가치를 실현시키기 위해 구매자가 필요하다. 하지만 구매자의 행동은 판매자가 예측하기 어려우며, 상품이 팔릴지 말지에 관한 우려에 직면한다. 화폐라는 교환 매체에 의해 효율적으로 만든 대가인 이러한 우려를 마르크스는 '상품의 목숨을 건 도약'이라고 했다. 그런데 이러한 도약을 반복하면 시세가 생기지만 브랜드는 그것과는 달리, 구매자의 행동을 예측할 수 없다.'는 내용이다. A에 들어갈 말은 '목숨을 건', '한계 없는', '믿지 못할' 중 하나인데 '상품의 A 도약'이란 '팔릴지 말지에 대한 위험성'이기 때문에 '목숨을 건'이라는 내용이 들어간 ①과 ②로 좁혀진다. 다음으로 B는 브랜드가 '상품'과는 다른 이유를 설명하는 것이며, 그 다음에 이어지는 '어제' 이후의 문장은 B 부분을 자세히 설명하는 것이다. 그러므로 '새로운 가치로 구성된'이라는 부분을 통해 ①의 '항상 새로이 재구성되기'가 들어가야 한다.

| 정답 | ①

기본문제

01~05 다음 빈칸에 알맞은 접속사를 넣으려 할 때, 가장 적절한 것을 고르시오. 제한시간 1 분

One Point Lesson
첫 문장을 통해 '지식'과 '체험'을 포착할 수 있고, 빈칸의 바로 뒤 문장에는 '콜레라균'이 직접적으로 제시되어 있다. 따라서 첫 줄만 읽어도 답을 찾을 수 있으므로 더 읽지 말고 빠르게 넘어가도록 한다.

01 ★★☆☆☆

지식 중에는 체험으로써 배우기에는 너무 위험한 것이 많다. (   ) 콜레라균은 사람을 죽일 수 있는 무서운 독성을 가진 미생물인데, 이것을 어떠한 개인이 먹어 보아서 그 성능을 증명하려 하면 그 사람은 그 지식을 얻기 전에 벌써 죽어 버리고 말게 될 것이다.

① 또한 ② 하물며 ③ 가령
④ 따라서 ⑤ 그런데

02 ★★☆☆☆

과학 기술자는 물질 문명의 발달에 기여한 바도 크지만, 그에 못지 않게 환경 오염 문제를 유발한 책임도 있다고 하겠다. (   ) 오존층의 파괴, 지구 온난화 문제 등 환경 오염의 구체적인 실상을 밝혀낸 것도, 그리고 이에 대한 구체적인 해결 방안을 제시할 수 있는 것도 과학 기술자이다.

① 그리고 ② 따라서 ③ 그러나
④ 그러므로 ⑤ 하물며

One Point Lesson
1문단 마지막 문장과 2문단의 첫 줄만으로 답을 찾을 수 있다. '소방 시설 부재'와 '인지 못함' 사이의 관계를 확인한 다음, 선택지를 고른다.

03 ★★☆☆☆

지난 15일 인천에서 발생한 지하 주점 화재 사건에 대하여 소방당국은 누전으로 인한 단순 화재 사고라고 발표하였다. 그런데 조사 결과 이 주점은 제대로 된 화재 경보 시스템이나 대피 통로, 소방 시설 등을 갖추지 않았다는 것이 밝혀졌다. (   ) 손님들이 화재 사실을 빠르게 인지하지 못했고, 출구를 찾는 데 지체하여 단순 화재 사고임에도 큰 인명 피해로 이어진 것으로 보인다. 이에 따라 소방당국의 부실점검 문제가 또다시 대두되고 있다.

① 때문에 ② 그렇지만 ③ 하지만
④ 왜냐하면 ⑤ 반면

04

괴테는 평생 동안 완전한 자기 자신을 만들기 위해 노력한 사람이다. 시인이며 자연 과학자이고, 사상가이며 정치가인 삶을 살았지만 그는 이 모든 것에 앞서 인간다운 인간이 되고 싶어 했다. 그가 말하는 '진정한 인간성'은 이러한 삶의 목표를 반영하고 있다. 여기서 인간다운 인간은 한 곳에 안주하지 않고 끊임없이 노력하는 사람이며 동시에 어떠한 상황에서도 고결하고 선량하며 동정심을 잃지 않는 사람을 말한다. ( ) 그 바탕에는 내면세계를 부단히 성찰하면서 자신의 참모습을 일구어 가는 진지함이 자리 잡고 있다. 이러한 품성을 두루 갖춘 인간성을 괴테는 자연과 유사한 상태로 간주하였다.

① 돌이켜 보건대 ② 반면 ③ 도리어
④ 아울러 ⑤ 가령

05

슈미트라는 수학자가 수학의 불완전성을 증명했지만, 그는 이 증명을 발표하기 전에 죽었다. 그런데 그의 동료 수학자 쿠르트가 이 증명을 마치 자신의 성과인 것처럼 세상에 발표했다. ( ) 이러한 역사적 진실은 알려지지 않았다.

① 따라서 ② 그리고 ③ 그래서
④ 그러나 ⑤ 또한

06~07 다음 글의 빈칸에 들어갈 알맞은 단어를 고르시오.

06

국민은 자신들에게 별로 혜택이 없거나 부당하다고 생각될 경우 납세 거부 운동을 펼치거나 정치적 선택으로 조세 저항을 표출하기도 한다. 그래서 세계 대부분의 국가는 원활한 재정 활동을 위한 조세 정책에 골몰하고 있다.

경제학의 시조인 아담 스미스를 비롯한 많은 경제학자들이 제시하는 바람직한 조세 원칙 중 가장 대표적인 것이 ( )와/과 효율의 원칙이라 할 수 있다. ( )의 원칙이란 특권 계급을 인정하지 않고 국민은 누구나 자신의 능력에 따라 세금을 부담해야 한다는 의미이고, 효율의 원칙이란 정부가 효율적인 제도로 세금을 과세해야 하며 납세자들로부터 불만을 최소화할 수 있는 방안으로 징세해야 한다는 의미이다.

① 강제 ② 차등 ③ 자유
④ 자본 ⑤ 공평

기본문제

One Point Lesson

빈칸의 위치가 글의 끝부분에 위치해 있는 경우에는 글의 내용을 정리하는 부분일 가능성이 높다. 이는 단어를 채우는 유형의 문제이므로, 내용을 함축할 수 있는 핵심어가 존재할 것이다. 이를 염두에 두고 1문단을 빠르게 보면 눈에 들어오는 것은 '행상인'과 '문화'이다. 또한 1문단의 마지막 문장을 보았을 때, 2문단에서는 이에 대한 설명이 계속해서 이어질 것임을 추측할 수 있으므로 더 읽지 않고 바로 빈칸이 있는 문장으로 넘어간다.

★★☆☆☆

07

역사를 뒤돌아보면 우리나라에서는 행상인조차도 문화의 전달자이곤 했다. 전국 각지를 돌며 새로운 식견을 지닐 수 있었던 행상인은 소위 움직이는 매체였으며 그들의 이야기를 듣는 것은 마을 사람들의 즐거움이었다. 행상인이라고는 하나 그들은 '문화인'으로서 대우받았으며, 진정한 문화인이었던 것이다.

생활에 필요한 물건을 취급하는 상인은 지방에서 지방으로 또는 강촌에서 산촌으로, 때로는 항구 마을을 찾아 등에 짐을 지고 전국을 떠돌아다니면서 온갖 물건들을 팔러다녔다. 이들이 곧 보부상인 봇짐장수와 등짐장수였다. 등짐장수인 부상은 삼국 시대 이전에, 보부상은 신라 시대부터 있었는데, 이들의 활동은 조선 왕조의 수립과 함께 활발해졌다. 이들은 규율과 신의를 지키고 조선 시대에는 정부에 좋지않은 일이 발생하였을 때 양식을 대기도 하였으므로 정부에서는 이들을 크게 믿고 소중히 여기어 때로는 전령이나 치안의 일을 거들게도 하였다. 이러한 상인들이 펼치는 이야기는 곧 전국 각지의 문화를 배경으로 한 것들이어서 이들의 이야기 자체가 곧 우리 민족의 (　　　)(이)였다. 따라서 이런 의미에서 보면 오늘날의 '유통업'은 '문화산업'을 뜻한다고도 할 수 있을 것이다.

① 문학　　　② 문화　　　③ 산업
④ 예술　　　⑤ 생활

단어를 조합하는 문제일 경우, 가장 먼저 선택지를 살펴봄으로써 글의 내용을 짐작해 본다. 선택지를 보았을 때 A, B, C 모두 대상의 성질에 관한 것이므로, 해당 글이 A, B, C를 서로 비교하여 설명하고 있는 내용임을 추측할 수 있다. 따라서 빈칸의 떨어짐 정도를 보아, 개념 하나하나를 설명하고 있는 듯한 2문단부터 읽으면 된다.

★★★☆☆  제한시간 45초

08 A~C에 들어갈 알맞은 말끼리 짝지어진 것 중 가장 적절한 것을 고르시오.

근대 과학이 이렇게까지 사람들에게 신뢰받고 설득력을 가지게 된 것은 어떤 이유에서일까? 또한 고금의 수많은 이론과 학문 중에서 근대 과학이 특별한 위치를 점하고 있는 이유 역시 무엇일까? (A)와/과 (B)와/과 (C)라는, 자기 자신의 설을 논증하여 타인을 설득하기에 매우 좋은 이 세 가지 성질은 지금까지 많은 이론들에서 개별적으로 확인할 수는 있었지만, 서로 어울리지 않고 양립될 수 없다고 간주하여왔다. 그러나 근대과학이 탄생하면서 처음으로 이들은 연결되고 통일되면서 이례적인 힘을 발휘하게 되었다.

일단 (A)은/는 이론의 적용 범위가 매우 넓다는 특징이 있다. 예외 없이 언제 어디에서든지 타당하다는 것이다. 그래서 그러한 성격을 가진 이론에 대해서는 예외를 갖고 반론할 수가 없다. 원리적인 예외는 있을 수 없기 때문이다. 다음으로 (B)은/는 주장하는 것이 극히 명쾌하게 수미일관한다는 특징이 있다. 이론의 구축에 관해서도 용어상에서도 다의적인 모호함을 조금도 포함하고 있지 않다. 따라서 이러한 성격을 가진 이론에 대해서는 처음 논자에 의해 선택된 사리에 의해서만 문제를 세우고 의논할 수밖에 없다. 마지막으로 (C)인데, 이는 어떤 것이든 누구에게든 인정받을 수밖에 없는 명백한 사실을 말한다. 개개인의 감정 또는 생각으로부터 독립하여 존재한다는 것이다. 그래서 그러한 성격을 가진 이론에 있어서 사물의 존재라는 것은 주관에 따라서 조금도 좌우되지 않는다.

	A	B	C
①	보편성	이론성	객관성
②	보편성	절대성	주관성
③	특수성	논리성	주관성
④	일반성	절대성	객관성
⑤	특수성	논리성	객관성

09~10 다음 글을 읽고 빈칸에 들어갈 알맞은 문장을 고르시오.

09
　평상시 우리는 대화할 때 "우리는 사회 속에서 살고 있다.", "사회의 벽은 높다.", "사회가 변했다.", "너도 이제부터는 사회라는 거친 파도를 극복해야 한다."고 말한다. 그리고 이때 이러한 말을 하는 사람과 듣고 있는 사람 모두 마치 '사회'라는 실체가 우리 인간과는 별개인 존재인 것처럼 생각하고 있을 뿐만 아니라, 사회가 실체로 존재한다는 사실을 특별히 신기하게 생각하지 않는다. 그리고 우리는 "젊은이들이 변한 것은 사회가 변했기 때문이야.", "이러한 사회에서는 인간은 살아갈 수 없어."라고 말하며, 그러므로 "빨리 사회를 변화시켜야 한다."라고도 말한다. 그렇게 말하고 나서 우리가 생각하는 것은 사회의 구조나 제도, 법률 등의 제도적인 내용이지, 인간 개개인에 대해서가 아니다.
　하지만 조금 냉정하게 생각해 보면, 사회라는 실체가 (　　　)는 것을 금방 깨달을 수 있다. 사회가 실체로 존재한다고 했을 때, 사회의 실체인 것처럼 믿고 있는 조직이나 제도, 법률 등도 사실은 인간이 사회생활을 원활히 하기 위해 잠정적으로 꾸민 사물이거나 일이지, 인간과 떨어져 객관적으로 존재하고 있는 것이 아니다. 따라서 제도나 법률 등은 우리가 생활하는 데 있어서 불필요하다고 생각한다면 언제든지 없앨 수 있는 것이며 상황이 안 좋으면 언제든지 상황이 좋게끔 변하게 할 수 있는 것이라 할 수 있다. 사회에 대해서 생각할 경우 이를 확실히 염두에 두어야 한다.

① 인간의 생활에 영향을 끼치고 있다
② 인간과 떨어져서 존재하지 않는다
③ 논리적으로 설명되어 있지 않다
④ 놀라운 속도로 변화하고 있다
⑤ 개인과 직접적으로 관련이 없다

기본문제

이것만은 꼭

시간적인 여유가 있다면 모든 빈칸을 채운 후, 한 번 더 읽어 보면서 확인하는 것이 좋다.

★★☆☆☆

10

> 고양이는 영리한 편이지만 지능적으로 기억을 관장하는 전두엽이 발달하지 않아 썩 머리가 좋다고 할 수는 없다. 그러나 개와 더불어 고양이가 오랫동안 인간의 친구가 될 수 있었던 것은 바로 (　　　　　　) 주인이 슬퍼하면 고양이는 위로하듯이 응석을 부리고 싸움이 나면 겁에 질려 걱정하고 주인이 기뻐하면 함께 기뻐한다. 고양이는 인간의 말을 음성의 고저 등으로 이해한다. 말은 못하지만 고양이만큼 주인 마음에 민감한 동물도 없다. 따라서 어차피 동물이라 모를 거라고 무시했다가는 큰코다칠 수 있음을 기억해야 한다.

① 인간의 말을 이해하기 때문이다.
② 감정의 이해가 매우 빠르기 때문이다.
③ 주인에게 충성하기 때문이다.
④ 인간을 경계하지 않기 때문이다.
⑤ 인간과 같은 감정을 지니고 있기 때문이다.

정답 및 해설

01 핵심 키워드 : 체험, 위험
정답 ③
체험으로 배우기 위험한 것 중 하나로 콜레라균을 사례로 들고 있다. 따라서 '가정하여 말하자면, 예컨대'의 뜻을 가진 접속사인 '가령'이 들어가는 것이 적절하다.

02 핵심 키워드 : 과학 기술자, 환경 오염
정답 ③
빈칸의 앞부분은 과학 기술자가 환경 오염 문제를 유발하였다는 부정적인 내용이고, 뒷부분은 그들이 구체적인 해결 방안을 제시해 주었다는 내용이므로 앞뒤의 내용이 상반될 때 쓰이는 접속사인 '그러나'가 들어가는 것이 적절하다.

03 핵심 키워드 : 화재 사고, 부실점검
정답 ①
빈칸의 앞부분은 해당 주점이 제대로 된 화재 대비 시설이 없었다는 내용이고, 뒷부분은 그 결과 사람들이 제대로 된 대처를 하지 못해 큰 인명 피해가 났다는 내용이다. 앞 문장이 뒤 문장의 결과가 나타나게 된 원인이므로 '때문에'가 들어가는 것이 적절하다.

04 핵심 키워드 : 괴테, 진정한 인간성
정답 ④
괴테가 추구하는 진정한 인간은 끊임없이 노력하는 사람, 고결·선량하고 동정심을 잃지 않는 사람이며 이와 동시에 그 바탕에는 내면의 성찰과 진지함이 자리 잡고 있다고 하였다. 이렇게 같은 범주 항목을 열거할 때에는 '동시에 함께'라는 의미를 지닌 '아울러'가 들어가는 것이 적절하다.

05 핵심 키워드 : 슈미트, 쿠르트, 진실
정답 ④
쿠르트가 슈미트의 증명을 자신의 성과인 것처럼 발표하였으나 진실은 알려지지 않았으므로 '그러나'가 들어가야 한다.

06
핵심 키워드 : 조세 정책

정답 ⑤

이 글에서 '( )의 원칙'이란 '특권 계급을 인정하지 않고 국민은 누구나 자신의 능력에 따라 세금을 부담해야 한다는 의미'라고 하였으므로, 특권 계급과 국민을 차등해서는 안 된다는 의미를 내포하고 있다. 따라서 빈칸에는 '어느 한 쪽으로도 치우치지 않음'을 뜻하는 '공평'이 들어가는 것이 알맞다.

07
핵심 키워드 : 행상인, 문화

정답 ②

우리나라에서는 예부터 행상인이 움직이는 매체로서 문화의 전달자이자, 전국 각지의 산물을 전달하는 유통업자였다고 나와 있다. 또한 전국 각지의 문화를 배경으로 한 이런 상인들의 이야기가 곧 우리 민족의 문화였다고 하였으므로, ②가 가장 적절하다.

08
핵심 키워드 : 근대 과학

정답 ①

| 문단 요지 |
1문단 : 여러 이론과 학문들 중 근대과학이 특별한 위치를 점하게 된 이유 세 가지.
2문단 : 세 가지 특징들에 대한 개념 설명.

빈칸에 이어지는 내용을 통해 빈칸에 들어가야 할 말을 찾을 수 있다. 내용을 요약하면, '근대 과학이 사람들에게 신뢰되고 설득력이 있게 된 이유는 '보편성', '논리성', '객관성'에 있다.'는 것이다. A에는 이론의 적용 범위가 넓고, 예외를 내더라도 반론할 수가 없다는 성질을 나타내는 말이 들어있으므로, 기타 동종의 것과는 다르다는 것을 의미하는 '특수성'이 들어가면 안 된다. C는 개개인의 감정 또는 생각으로부터 독립하여 존재한다고 했으므로, 자기 생각인 점이 강조되는 '주관성'은 잘못되었다. ①과 ④를 비교했을 때, 주장하는 부분이 명쾌하게 수미 일관한다는 말을 보면 B에 들어갈 말이 '절대성'보다는 '논리성' 쪽이 적절하지만 '논리성'이라는 선택지는 남아 있지 않으므로 '절대성'을 제외한다. 또한 A의 '원리적인 예외는 있을 수 없다'를 의미하는 말로서는 '일반성'보다 '보편성'이 더 적절하다고 할 수 있으므로 ①이 정답이 된다.

09
핵심 키워드 : 사회의 실체, 인간

정답 ②

| 문단 요지 |
1문단 : 사람들은 사회가 인간과 별개 존재인 것처럼 말하고 생각함.
2문단 : 하지만 사회를 구성하고 있는 제도나 법률들은 결국 인간이 만들어낸 것.

이 글의 내용은 '사회라는 실체가 인간과 떨어져 존재하는 것처럼 생각되는 경우가 있지만, 인간 이외에 사회의 실체를 구성할 수 있는 것은 없다는 점을 잊어서는 안 된다.'는 것이다. 빈칸은 역접을 의미하는 '하지만'의 다음으로 이어지는 문장이므로 앞 문단의 내용과 상반되는 어구가 들어가야 한다. 따라서 앞 문장의 '인간 개개인에 대해 생각하고 있지 않다'와 상반되는 내용인 ②가 들어가는 것이 적절하다.

| 오답 피해가기 |
① 빈칸 뒤에 '사회가 실체로써 존재한다고 했을 때, 사회의 실체라고 믿어지는 조직이나 제도 등도 인간이 만든 것'이라고 말하고 있으므로, 사회가 인간의 생활에 영향을 끼치고 있다는 내용은 글의 주장과 반대된다.
④ 이 글은 변화의 속도에 대해서 전혀 관여하고 있지 않으므로 사회의 실체의 설명으로써 속도를 언급하는 것은 잘못되었다.
⑤ 빈칸의 내용을 부연 설명해 주는 바로 뒤 문장과 반대되는 내용이다.

10
핵심 키워드 : 고양이, 주인 마음

정답 ②

빈칸에 이어지는 '고양이는 주인이 슬퍼하면 위로를 해주고 주인이 기뻐하면 함께 기뻐한다'는 내용을 통해 고양이가 주인의 감정을 매우 빠르게 이해한다는 사실을 알 수 있다.

Part 2 Theme 06 Advance 발전문제

01~02 다음 빈칸에 알맞은 접속사를 넣어 문단을 완성하려 할 때, 가장 적절한 것을 고르시오.

★★☆☆☆
01

아이들에게 돈의 개념을 가르치는 지름길은 바로 용돈이다. 용돈을 받아 그것을 소유한 아이들은 돈에 대해 책임감을 느끼게 되고, 돈에 대한 결정을 스스로 내리기 시작한다. 그렇다면 언제부터, 얼마를 용돈으로 주는 것이 좋을까? 연구 결과 만 7세부터 돈의 개념을 어렴풋이나마 짐작하게 되는 것으로 나타났다. (   ) 이때부터 아이들에게 약간의 용돈을 주는 것으로 돈에 대한 교육을 시작하면 좋다. 또한 8세 때부터는 돈의 위력을 이해하기 시작하므로 소유가 무엇을 의미하는지, 물물교환은 어떻게 하는지 등을 가르칠 수 있다. 그와 동시에 아이들은 돈을 벌고자 하는 욕구를 느끼게 된다. 그러므로 이 시기부터 돈은 자연스러운 것이고, 건강한 것이고, 인생에서 필요한 것이라고 가르치는 것이 매우 중요하다.

① 따라서 ② 하지만
③ 게다가 ④ 반면에
⑤ 또한

★★☆☆☆
02

양자 역학은 고전 역학보다 더 많은 현상을 정확하게 예측함으로써 고전 역학을 대체하여 현대 물리학의 근간이 되었다. (   ) 양자 역학이 예측하는 현상들 중에는 매우 불가사의한 것이 있다. 다음의 예를 살펴보자. 양자 역학에 따르면, 같은 방향에 대한 운동량은 합이 0인 한 쌍의 입자는 아무리 멀리 떨어져도 그 연관을 유지한다. 이제 이 두 입자 중 하나는 지구에 놓아두고 다른 하나는 금성으로 보냈다고 가정하자. 만약 지구에 있는 입자의 수평 방향 운동량을 측정하여 +1을 얻었다면, 금성에 있는 입자의 수평 방향 운동량이 −1이 된다. 도대체 그렇게 멀리 떨어진 입자가 어떻게 순간적으로 지구에서 일어난 측정의 결과에 영향을 받을 수 있을까?

① 차라리 ② 예를 들어
③ 그럼에도 불구하고 ④ 뿐더러
⑤ 사실인 즉

03~04 다음 빈칸에 들어갈 접속사가 순서대로 바르게 짝지어진 것을 고르시오.

★★★☆☆
03

어떤 시스템이든 부분과 전체는 밀접하게 관련을 맺고 있다. 이 부분과 전체의 관계를 새롭게 규정하는 개념이 바로 홀론(holon)이다. 홀론은 그리스어인 홀로스(holos, 전체)와 온(on, 부분, 입자)을 합쳐서 만든 신조어이다. (㉠) 홀론이라는 말은 부분이면서 동시에 전체라는 뜻이다. 세포는 한 생물을 이루는 기본적인 집의 벽돌과 같은 것이다. (㉡) 세포는 단순한 부분이 아니다. 세포는 그 자신이 독립된 하나의 개체이자 전체이다. 즉, 세포는 내부의 소기관에 대해서는 부분인 것이다. (㉢) 생물에서 떼어낸 세포를 배양액에 담가두면 혼자서도 살아간다. 생물체 안에 있을 때는 부분에 지나지 않지만, 홀로 떨어져 나올 때는 전체로서 자립해 나간다. 이렇게 부분과 전체의 양면성을 가지고 있는 존재가 홀론이다.

	㉠	㉡	㉢		㉠	㉡	㉢
①	즉	그러나	그러나	②	즉	그러나	따라서
③	그러나	따라서	또한	④	그리고	즉	그리고
⑤	반면	그러나	그러므로				

★★★☆☆
04

현재의 인공 지능 컴퓨터는 한정된 범위의 지식 영역에서는 전문가에 견줄 만한 지적 능력을 보여 주고 있다. (㉠) 상식을 이용한 추론이나 인간이 매일 겪는 문제와 상황에 대한 이해 및 감각 정보의 처리 등에서는 이렇다 할 성과를 거두지 못하고 있다. 현재 인공 지능을 연구하는 사람들은, 컴퓨터 프로그램의 문제 해결 능력이 프로그램 자체의 구성 방법보다는 프로그램이 가지고 있는 지식의 양에서 비롯된다고 본다. 그들에 따르면 컴퓨터 프로그램은 정보와 지식을 많이 지닐수록 지능적인 것이 된다. (㉡) 인간과 비슷한 컴퓨터 시스템을 개발하는 것은 현재로서는 역부족이라고 할 수밖에 없다. 다만 인간이 행하는 몇 가지 형태의 지적 행위들을 제한된 범위에서 흉내 낼 수 있을 뿐이다. 이러한 측면에서 보았을 때, 진정한 의미에서 인간의 지능을 컴퓨터로 실현하려는 꿈은 아직 갈 길이 멀다고 할 수 있다.

	㉠	㉡		㉠	㉡
①	그러나	따라서	②	또한	그러므로
③	하지만	한편	④	그래서	즉
⑤	그리고	요컨대			

제한시간 4분

05~08 다음 글의 빈칸에 들어갈 단어의 조합으로 올바른 것을 고르시오.

★★★☆☆
05

집단생활을 하는 것은 물론 인간만은 아니다. 유인원, 어류, 조류, 곤충류 등도 일정한 영토를 확보하고 집단 생활을 하며, 그 안에는 계층적 차이까지 있다.

특히, 유인원은 혈연적 유대를 기초로 하는 가족이나 가족 집단이 있고, 성(性)에 의한 분업(分業)이 행해지며, 새끼를 위한 공동 작업도 있어, 인간의 가족 생활과 유사한 점이 많다.

그러나 이것은 다만 (가)에 따른 것이므로, (나)적인 인간의 그것과는 구별된다. 따라서 이들의 집단을 (다)(이)라 하고, 인간의 집단을 (라)(이)라고 불러 이들을 구별한다.

	(가)	(나)	(다)	(라)
①	본능	창조	군집	사회
②	본능	사회	군집	창조
③	창조	본능	사회	군집
④	창조	본능	군집	사회
⑤	창조	군집	사회	본능

★★★☆☆
06

게임산업이 메이저기업 위주로 흘러가고 있다. 메이저기업들이 막강한 자본력과 인력풀은 물론 유통 채널까지 장악함에 따라 중견기업들이 설 자리는 점점 좁아지고 있다.

중견기업들은 지금까지 메이저기업과 소규모 개발사의 (가) 역할을 해왔다. 축구에 비유하면 미드필드라고 할 수 있겠다. 미드필드진이 취약해지면 경기의 전체적인 짜임새가 불안해지고 결국 수비·공격할 것 없이 모든 전력이 약화될 수밖에 없다. 즉 중견기업들의 (나)은 결코 메이저기업들에도, 중소기업들에도 이득이 될 수 없다는 말이다.

극소수 메이저기업들이 게임 시장을 좌지우지하게 될 경우 일어날 가장 큰 문제점은 (다) 현상이다. (다) 현상이 일어나면 다양한 아이디어의 상품화가 어려워진다. 메이저기업들의 양적 팽창이 계속될수록 외부 퍼블리싱 대상은 일부 스타급 개발자가 만드는 프로젝트로 제한될 수밖에 없기 때문이다.

이제는 정부가 나서서 정책적으로 중견기업들을 지원해야 한다. 중소기업 위주의 지원 정책도 중요하지만, 중견기업을 키우지 않고는 중소기업 정책이 힘을 받기 어렵다. 중견기업이 몰락하면 게임 산업의 미래는 결코 밝을 수 없다는 것을 정책 당국자들은 명심해야 할 것이다.

	(가)	(나)	(다)		(가)	(나)	(다)
①	첨병	소멸	수렴화	②	중계	위축	경직화
③	가교	몰락	고급화	④	가교	결렬	집중화
⑤	가교	위축	양극화				

발전문제

★★★☆☆
07

우리는 일상생활이나 학문 활동에서 '진리' 또는 '참'이라는 말을 자주 사용한다. 예를 들어 '그 이론은 진리이다'라고 말하거나 '그 주장은 참이다'라고 말한다. 그렇다면 우리는 무엇을 '진리'라고 하는가? 이 문제에 대한 대표적인 (가)에는 (나), (다), (라)이 있다.

(나)은 어떤 판단이 사실과 일치할 때 그 판단을 진리라고 본다. '내 말을 믿지 못하겠거든 가서 보라'라는 말에는 이러한 (나)의 관점이 잘 나타나 있다. 감각을 사용하여 확인했을 때 그 말이 사실과 일치하면 참이고, 그렇지 않으면 거짓이라는 것이다.

(다)은 어떤 판단이 기존의 지식 체계에 부합할 때 그 판단을 진리라고 본다. 진리로 간주하는 지식 체계가 이미 존재하며, 그것에 판단이나 주장이 들어맞으면 참이고 그렇지 않으면 거짓이라는 것이다.

(라)은 어떤 판단이 유용한 결과를 낳을 때 그 판단을 진리라고 본다. 어떤 판단을 실제 행동으로 옮겨 보고 그 결과가 만족스럽거나 유용하다면 그 판단은 참이고 그렇지 않다면 거짓이라는 것이다.

	(가)	(나)	(다)	(라)
①	주장	정합설	실용설	대응설
②	주장	대응설	정합설	실용설
③	이론	대응설	정합설	실용설
④	이론	정합설	대응설	실용설
⑤	이론	실용설	정합설	대응설

★★★☆☆
08

(가)이/가 부재에 대한 인식과 밀접한 관련이 있는 것은 동물이 '무엇을 하지 않는다.'라는 (나)의 메시지를 전할 수 있는 것을 보면 알 수 있다. 예를 들면, 네 마리의 개가 놀이 상대인 또 하나의 개에게 '너를 이빨로 물어서 죽이지 않아'라는 (나)의 메시지를 전하려고 한다면, 물고 또 물고 몇 번이나 물어도, 그 후에도 상대를 죽이지 않는 행동을 보여줘야만 하는 것이다.

'책상 위에 사과가 없다'라는 (가)은/는 우리에게 있어 충분히 그 메시지가 전달이 되지만, 그것을 이미지(상, 그림)로 그려보라고 한다면 난감할 것이다. 아무 것도 없는 책상을 그려봐도 그것은 그저 책상 그림일 뿐이다. 그곳에 사과가 없는 것을 표현하기 위해서는 책상 위에 사과가 그려진 그림을 또 하나 그린 후 (다)해야만 한다. 이런 두 종류의 그림으로 무언가를 호소하려 한다면 그것은 이미 그림을 이용한 (가)이/가 된다.

따라서 이미지는 그 자체로 (가)이/가 아니다. 이미지는 공간을 채워서 부재(결여)를 나타내지 못한다. 부재는 '없고'가 하나 이상 존재하는 세상인 것이다. 그림에도 색을 비롯해 그려져 있는 것의 (라)은/는 있지만, (나)이/가 없기 때문에 (가)을/를 가지기 이전의 세계는 아마 이런 것일 것이다.

	(가)	(나)	(다)	(라)
①	언어	역설	확인	상이
②	언어	부정	대비	차이
③	사상	반대	조합	특색
④	표현	역설	확인	차이
⑤	표현	부정	대비	특색

★★★★☆ 제한시간 1분

09 다음 글의 A~J에는 두 개의 어구 중 하나가 들어가는데, 동일한 어구가 들어가는 것만 골라놓은 것으로 가장 알맞은 것을 고르시오.

정보란 비누 거품과 같은 것이라는 말이 있다. 거품처럼 사라져가는 것이라는 의미이다. 정보는 수명이 매우 짧아서, 3일 전의 신문조차 오래된 신문이 되어 버린다. 하지만 정보의 수명이 짧기 때문에 우리가 방대한 양을 얻게 되더라도 견딜 수가 있는 것이다. 그러나 지식은 거품과 같아서는 안 된다. 지식에 기초하여 생각하고 행동하는 우리에게 있어, 지식의 수명이 짧다면 그 근거에 대해 불안해할 수밖에 없다. 정보는 이러한 점에서, 즉 단시간 안에 소실된다는 성질 때문에 지식과는 크게 구별된다.

정보는 또한, 신뢰할 수 있는가 아닌가에 따라 지식

과는 결정적으로 차이가 있다. 크라우제 위트라는 '전쟁론'에서 정보는 허위인 것이 과반수이므로, 함부로 믿어서는 안 된다고 말했다. 속도가 중요한 정보는 자칫 그 근거가 결여된 경우가 많다. 아무리 정확해도 속도가 느리면 정보라 할 수 없다고 말하는 사람도 있다. 예를 들어, 당신이 원자로를 운전하는 일을 한다고 했을 때 잠시 문제가 생겨서 그 원인을 조사하고 있다고 해보자. 하지만 조사 도중 한 신문사에서 당신이 사고를 감추었다는 기사를 터뜨렸다. 숨긴 적도 없는데 그렇게 적으면 어떻게 하냐고 당신이 화를 냈더니, 신문사의 어떤 사람은 거짓이라도 빨리 내보내는 것이 더 중요하다고 말했다. 연구자는 부정확한 것을 입 밖에 낼 수는 없지만 신문 기자는 내일의 정확함보다 오늘의 화젯거리를 원한다. 가치관이 충돌하는 것이다.

일기 예보는 (A)지만, 평균 기온은 (B)이다. 따라서 일기 예보에서 기상청을 믿어서는 안 된다. 기상청을 믿고 계획을 짰다가 일이 잘못된다면 손해 배상을 청구할 수도 없다. 그러니 일기 예보는 판단할 때 참고하기만 하면 되는 것이다. 그것이 (C)라는 것이다. 하지만 과거 몇 년 동안의 평균 기온 표는 1년마다 개정되긴 하지만 확정된 (D)이다.

요컨대 (E)는 흘러가며 유통을 형성하고, 편파적이며, 수명이 짧고, 믿을 수 없는 내용을 포함하고 있다. 이와 전혀 반대되는 것이 (F)라 할 수 있다. 그중에서 해석과 실증이 더해짐으로써 (G)는 (H)가 될 수 있으며, 유통의 조건이 정돈됨으로써 (I)는 (J)가 된다.

① A, C, E, J
② A, C, E, G, J
③ A, C, F, H, I
④ B, D, E, G
⑤ B, D, F, H, J

★★★★☆ 제한시간
10 다음 중 빈칸에 들어갈 알맞은 어구를 고르시오.

바다 너머, 사람들은 그 너머에 있는 것을 믿고 있다. 섬이, 육지가, 신세계가 있음을. 하지만 바다는 하나의 넓디넓은 경치에 지나지 않는다. 무한하고, 잡을 수 없으며, 단조롭고 쉽게 질리는 경치를 본다.

바다를 보며, 사람들은 빠르게 피로를 느낀다. 파도가 멀어졌다가 다시 다가오는 것을 통해 인생의 지루한 일과를 떠올린다. 그리고 양달의 사구에 누워서 바다를 보는 마음 한편에 어떤 막막하고 불만족스러운 짐스러움을 느낀다.

바다는 인생의 피로를 반영한다. 희망이나 공상이나 여정과 같은 것들이 파도를 넘어서 가는 것이 아니라, 무한한 공간에서 지평선이 절단되는 것을 통해 한없이 단조로워지고 상상을 품을 만한 산 그림자를 지워버린다. 바다에는 공상을 할 틈이 없으며, 아무리 둘러봐도 평평하고, 백주대낮의 태양이 비치는 한, 그 '현실'을 비추고 있다. 바다를 보는 마음은 막막하고 재미없다. 하지만 (　　　　)가 평범한 파도 소리와 같이 다가온다.

바다 너머, 사람들은 그 너머에 있는 것을 믿고 있다. 섬이, 육지가, 신세계가 있음을. 하지만, 만약 바다에 와본다면, 바다는 우리의 피로를 반영할 뿐이다. 과거의 오래되고 마음에 들지 않고 무의미한 생활의 여독이, 한순간 막연하게 나타나온다. 사람들은 금방 울적해지고, 나른한 쓸쓸함을 느끼며, 해변의 말라붙은 모래사장 위에 쓰러지고 만다.

① 나른한 비애
② 공소한 지루함
③ 화려한 환희
④ 격렬한 고민
⑤ 피어오르는 도취

제한시간 ②분

11~12 다음 글의 빈칸에 들어갈 알맞은 말을 고르시오.

★★★★☆
11

생물 농약이란 농작물에 피해를 주는 병이나 해충, 잡초를 제거하기 위해 자연에 있는 생물로 만든 천연 농약을 뜻한다. 생물 농약을 개발한 것은 흙 속에 사는 병원균으로부터 식물을 보호할 목적에서였다. 뿌리를 공격하는 병원균은 땅 속에 살고 있기 때문에 병원균을 제거하기에 어려움이 있었다. 게다가 화학 농약의 경우 그 성분이 토양에 달라붙어 제 기능을 발휘하지 못했기 때문에, 식물 성장을 돕고 항균 작용을 할 수 있는 미생물에 주목하기 시작한 것이다.

발전문제

식물 성장을 돕고 항균 작용을 하는 미생물집단을 '근권미생물'이라 하는데, 여러 종류의 근권미생물 중 농약으로 쓰기에 가장 좋은 것은 뿌리에 잘 달라붙는 것들이다. 근권미생물의 입장에서 뿌리 주변은 (   )와/과 비슷한 조건이다. 뿌리 주변은 뿌리에서 공급되는 양분과 안락한 서식 환경을 제공받지만, 뿌리 주변에서 멀리 떨어진 곳은 황량한 지역이어서 먹을 것을 찾기가 어렵기 때문이다. 따라서 뿌리 주변에서는 좋은 위치를 선점하기 위해 미생물 간에 치열한 싸움이 벌어진다. 얼마나 뿌리에 잘 정착하느냐가 생물 농약으로 사용되는 미생물을 결정하는 데 중요한 기준이 되는 셈이다.

① 달걀의 노른자위
② 사막의 오아시스
③ 빛 좋은 개살구
④ 덫에 걸린 쥐
⑤ 모래 위의 성

하지만 로봇을 '도구'로 볼 것인지, '동료' 혹은 '친구'로 볼 것인지는 양립할 수 없는 관점이다. (칸트가 '수단'과 '인격'을 대립시킨 것과 같다) 그리고 로봇이 한없이 인간과 가까워지면 가까워질수록, 그에 대해 바라는 것은 '인격'으로서의 '친구'가 될 것이며, 그렇다면 살아있는 인간이 최고여야 한다. 그러므로 로봇이 인간과 비슷해지면 비슷해질수록 (   ).

① 살아있는 인간의 모습보다 정교하게 모방될 것이다
② '로봇이란 무엇인가'라는 오래되고도 새로운 문제로 되돌아가게 될 것이다
③ '수단'이 아닌 '인격'으로서의 로봇이 요구될 것이다
④ 로봇은 인간을 위한 '도구'로서의 존재를 거부하고, '인간'이 되고자 할 것이다
⑤ 그러한 로봇의 존재는 점점 더 무의미해지고, 로봇은 만들어지지 않게 될 것이다

★★★★☆
12

컴퓨터가 체스 세계 챔피언을 이기는 오늘날, '로봇이란 무엇인지' 혹은 '로봇에게 마음이 있는지 없는지' 하는 문제는 결국 로봇이 인간과 어떠한 관계에 있는 것으로 이해해야 하는지에 달려있다. 예를 들어, 로봇은 무엇보다 먼저 인간의 목적을 실현하기 위한 '도구'로서 만들어졌다. 이것이 로봇의 첫 번째 본질이다. 하지만 그렇다면 로봇은 원래 인간의 모습과 비슷할 필요가 전혀 없다는 점에 주의해야 한다. 도구는 인간의 몸이 할 수 없는 것을 인간보다 기능적이고 효율적으로 하기 위한 것이다. 만약 로봇을 인간처럼 집에 살게 하고 전철을 타고 공장으로 통근시킨다면, 그것은 쓸데없는 일이 된다. 그보다는 공장에 설비해 두고 24시간 가동하게 시키는 것이 더 바람직하다. 그러므로 로봇에게 다리는 필요하지 않다. 현재 활약하고 있는 공업용 로봇은 인간과 닮지 않았는데 아마 앞으로도 그럴 것이다. 그에 반해 로봇을 가능한 한 인간의 모습과 가깝게 만들려고 하는 것에는 도구와는 다른 관점과 목적이 작용한다. 애완동물로서, 간병인으로서, 혹은 대화 상대로서 만들어진 로봇은 인간의 모습과 비슷할 것이다.

제한시간 **4**분

13~17 다음 글의 빈칸에 들어갈 알맞은 문장을 고르시오.

★★★☆☆
13

경쟁이라는 말은 어원적으로 '함께 추구한다'는 뜻을 내포한다. 경쟁의 논리가 기술의 진보와 생산성 향상에 크게 기여했음은 부인할 수 없다. 인간의 욕구 수준을 계속 높여감으로써 새로운 진보와 창조를 가능케 한 것이다.

정치적인 측면에서도 경쟁 심리는 민주주의 발전의 핵심적인 동인(動因)이었다. 정치적 의지를 관철시키려는 이익집단 또는 정당 간의 치열한 경쟁을 통해 민주주의가 뿌리내릴 수 있었다. 그러나 (   )

경쟁은 더 이상 목적을 달성하기 위한 수단들 가운데 하나가 아니다. 경쟁은 그 자체가 하나의 범세계적인 지배 이데올로기로 자리 잡았다.

경쟁 논리가 지배하는 사회에서는 승리자와 패배자가 확연히 구분된다. 경쟁 사회에서는 협상을 통해 갈등을 해소하거나 타협점을 찾을 여지가 없다. 경쟁에서 상대방을 이기면 된다는 간단한 논리가 존재할 뿐이다.

① 경제적인 측면에서 경쟁에만 의존하면 시장이 붕괴될 수 있으므로 국가는 경쟁 정책을 수립할 필요가 있다.
② 경쟁은 자유로운 흐름을 조작하고자 하는 동기를 부여한다.
③ 경쟁에서 상대적으로 불리한 조건에 있는 사람은 살아남기 위해 새로운 혁신적 수단을 사용하게 되었다.
④ 오늘날 경쟁은 어원적 의미와는 달리 변질되어 통용된다.
⑤ 현대 사회에서 경쟁을 피할 수 없게 되었다.

★★★☆☆
14

우리가 초등학교에 입학해서 처음으로 영어를 배우기 시작했을 때를 떠올려 보자. 또는 의무교육 이외에 외국어 회화를 습득하기 위해 학원에 다녔던 경험을 가진 사람이라면 더 좋을 것이다. 먼저 몇 가지 주요 단어를 배우고, 덧붙여 단어의 배열을 지배하는 기본적인 문법을 배웠을 것이다. 어느 수준까지 도달하면 선생님은 학생들에게 지금까지 배운 지식을 사용하여 자유롭게 말해보라고, 또는 자기 생각을 글로 써보라고 강요한다. 옆 사람과 얼굴을 마주 보거나 책상 위에 있는 하얀 종이를 보며 당혹스러워했던 기억이 떠오르지 않는가?

단어를 외웠다고 무조건 그 단어를 사용하여 말하고 싶은 것을 작문할 수 있는 것은 아니라는 사실을 분명 깨달았을 것이다. 회화 선생님은 학생들에게 왜 좀 더 적극적으로 외국어를 말해보지 않느냐고 말하지만, 학생들은 단어를 사용하기 이전에 도대체 무엇을 말해야 하는지에 대해 고민하는 경우가 많다.

친구 중에 국제 교류를 목적으로 수십 명의 초등학생을 미국 초등학교로 데려간 적이 있는 교사가 있다. 영어에 관한 지식이 전혀 없음에도 아이들은 미국 초등학생들과 만난 지 얼마 지나지 않아 친해졌으며, 금방 의사소통을 할 수 있게 되었다고 한다. 사실 이 자체는 그리 새로운 일은 아닐지도 모른다. 누구나 말이 통하지 않아도 표정이나 몸짓으로 상대방의 메시지를 읽어낸 적이 한두 번은 있을 테니 말이다.

그런데 그 친구가 놀란 것은 한국 학생들이 초등학교 방문을 마치고 숙소로 돌아온 후의 일이었다. 모두가 방에 짐을 놓자마자 공중전화로 달려갔다는 것이다. 각자가 낮에 친해진 미국인 친구의 집으로 전화를 건 것이다. 게다가 서로 무슨 말을 하는지 단어나 문법에 대해 거의 알지 못하면서도 끊이지 않고 대화를 계속하였고, 말리지 않으면 1시간 동안이나 수화기를 붙들고 있었다고 한다. 나중에 물어보니 양쪽 모두 서로가 하고자 하는 말을 어느 정도 상대방에게 이해시키는 데 성공했다고 한다.

최근 유럽에서는 우리가 제2 언어(모국어 이외에 처음으로 배운 외국어) 습득을 어떻게 해야 하는지에 대한 연구가 진행되고 있다. 특히 독일은 구(舊) 유고슬라비아나 터키로부터 대량의 노동자가 흘러들어 오고 있는데, 언어학자에 의하면, 외국인이 독일에 정착하고 어느 정도 독일어에 숙련되기까지 개인마다 어마어마한 차이가 있다고 한다. 몇 년이 지나도 거의 말을 하지 못하는 사람이 있는가 하면, 아주 유창하게 말하는 사람도 있는 등, 천차만별이라는 것이다. 일반적으로 통용되고 있는 상식에 따르면, 외국어를 습득하는 데는 발달상의 '임계기' 같은 것이 있다고 생각한다. 즉 외국어는 어릴 때 배우면 빨리 습득하지만, 일정한 나이가 지나면 아무리 노력해도 어릴 때처럼 잘 하지는 못한다는 것이다. 하지만 독일의 연구에 의하면, 제2언어를 숙달하는 데 중요한 것은 나이가 아니라 일종의 '마음가짐'이라고 한다. 독일에는 '다양한 것에 대해 상대방과 의사소통을 하고 싶어 하는 사람은 숙달된다.'는 말이 있다. 따라서 일반적으로 인간은 (　　　　　　　) 경향이 있는 것뿐이라고 생각된다.

① 나이를 먹을수록 무언가를 전하고자 하는 의욕을 잃게 되는
② 일정한 나이가 되면 그만큼 외국어 실력이 향상되지 않는
③ 어른이 되면 문법에 사로잡혀 자유롭게 대화할 수 없게 되는
④ 어른이 될수록 모국어에 대한 애착이 강해지는
⑤ 지식으로 배운 것을 실생활로 연결 짓지 못하는

발전문제

15 ★★★★☆ | 2014 현대자동차 |

우리는 무엇을 알 수 있으며, 어떻게 알 수 있을까? 17~18세기의 경험주의 철학자들은 이에 대한 답을 경험에서 찾으려 하였다. 하지만 그들은 경험을 통해 알 수 있는 지식의 범주에 대해서는 의견을 달리했다.

로크는 우리가 태어났을 때의 정신은 그 어떤 관념도 없는 백지와 같은 상태인데, 경험을 통해 물질에 대한 감각을 지각함으로써 관념이 생긴다고 보았다. 그리고 이 관념이 지식을 형성한다고 보았다. 로크는 물질의 실재(實在)를 인정하고 여기에서 비롯되는 감각, 관념 등의 사고 과정과 그 과정을 주관하는 정신의 실재도 인정하였다.

버클리는 로크의 인식 분석이 오히려 물질의 실재를 부정하게 된다고 주장했다. 버클리는 우리가 경험적으로 지각하는 것은 물질 그 자체가 아니라 '감각의 다발'일 뿐이라고 했다. 예컨대 우리가 먹는 밥은 우선 시각, 후각, 촉각, 다음에는 미각, 다음에는 체내의 포만감일 뿐이다. 만일 우리에게 감각이 없다면 우리에게 밥이라는 물질이 존재하지 않는다는 것이다. 결국 우리가 인식하는 밥은 정신의 상태이고, 이렇게 되면 우리가 알 수 있는 유일한 실재는 정신만이 남게 된다.

흄은 버클리가 외부의 물질을 부정한 방식을 그대로 우리 내부의 정신에 적용하여 사고 과정을 주관하는 정신도 부정하였다. 우리는 물질에 대한 경험으로부터 비롯된 감각, 기억, 개별적 관념만 지각할 수 있을 뿐이고 사고과정을 주관하는 정신을 지각할 수 없기 때문이다. 사고과정을 주관하는 정신은 실체가 없기 때문에 지각의 대상이 될 수 없다고 하였다.

흄은 여기에서 더 나아가 과학적인 지식마저도 알 수 없다고 하였다. 과학적 지식은 관찰과 실험을 통해 얻은 개별적 사실로부터 인과 관계나 법칙을 찾아내어 체계화한 결과이다. (　　　　　　　　)
따라서 지식은 수학적 지식과 직접적 경험에 엄격히 한정되어야 한다고 보았다.

① 경험은 주관적인 정신의 영역이기 때문에 물질을 객관적으로 지각할 수 없다는 것이다.
② 인과관계나 법칙을 세우는 것은 곧 물질의 실재를 부정하는 일이라는 것이다.
③ 우리는 인과관계나 법칙을 지각할 수 없고 다만 경험의 직접적인 대상만을 지각할 수 있다는 것이다.
④ 과학적 지식을 얻기 위한 사고과정은 감각을 충분히 이용하지 않기 때문에 신뢰할 수 없다는 것이다.
⑤ 과학적 지식을 탐구하는 것은 실재하지 않는 것을 좇는 과정이라는 것이다.

16 ★★★★☆ | 2015 KT |

노예들이 저항의 깃발을 들고 일어설 때는 그들의 굴종과 인내가 한계에 이르렀을 때이다. 개인의 분노와 원한이 폭발할 때에도 그것이 개인의 행위로 그칠 때에는 개인적 복수극에 그치고 만다. 저항의 본질은 억압하는 자에 대한 분노와 원한이 확산되어 가치를 공유하게 되는 데 있다. 스파르타쿠스가 저항의 깃발을 들어 올렸을 때, 수십만 명의 노예와 농민들이 그 깃발 아래 모여든 원동력은 바로 이러한 공통의 분노, 공통의 원한, 공통의 가치에 있었다.

프로메테우스의 신화에서도 저항의 본질을 엿볼 수 있다. 프로메테우스는 제우스가 인간에게 불을 보내주지 않자, 인간의 고통에 공감하여 '하늘의 바퀴'에서 불을 훔쳐 지상으로 내려가서 인간에게 주었다. 프로메테우스의 저항에 격노한 제우스는 인간과 프로메테우스에게 벌을 내렸다. 인간에게는 불행의 씨앗이 들어 있는 '판도라의 상자'를 보냈고 프로메테우스에게는 쇠줄로 코카서스 산 위에 묶인 채 독수리에게 간을 쪼아 먹히는 벌을 내린 것이다.
(　　　　　　　　　　　　) 그리스도교의 정신과 의식을 원용하여 권력의 신성화에 성공한 중세의 지배체제는 너무도 견고하여 농민들의 눈물과 원한이 저항의 형태로 폭발하지 못했다. 산업사회의 시민이나 노동자들은 평균적인 안락한 생활이 위협받을 때에만 '저항의 광장'으로 나가는 모험을 감행한다. 그들이 바라고 지키려는 것은 가족, 주택, 자동차, 휴가 따위이다.

저항이 폭발하여 기존의 지배체제를 무너뜨리고 새

로운 왕조나 국가를 세우고 나면 그 저항의 힘은 시들어 버린다. 원한에 사무친 민중들의 함성이야말로 저항의 원동력이기 때문이다. 저항의 형태를 취하고 있으면서도 권력 쟁탈을 목적으로 한 쿠데타와 같은 적대 행위는 그 본질에 있어서 지배와 피지배의 관계에서 발생하는 저항과는 다르다. 권력의 성채 속에서 벌어지는 음모, 암살, 배신은 이들 민중의 원한과 분노에서 비롯된 것이 아니기 때문이다.

① 시대의 흐름에 따라 저항은 여러 가지 모습으로 그 형태를 달리하였다.
② 저항에 나선 사람들이 느끼는 굴종과 인내의 한계는 시대와 그들이 처한 상황에 따라 다르게 나타난다.
③ 굴종과 인내의 한계는 시대가 변화함에 따라 달라졌고, 저항을 보는 사회적 시선도 그에 따라 변화됐다.
④ 사회와 시대가 발전되어 감에 따라 저항이 표출되는 행태 또한 예전과 달라졌지만, 변함없이 우리 사회에 존재하여 왔다.
⑤ 지배계급을 향한 대규모 저항은 타인의 분노와 원한에 공감해야만 발생한다.

17 ★★★★★ | 2017 현대자동차 |

고전적인 미학(美學)은 정확한 규칙을 따를 때 아름다움을 창조할 수 있다고 믿었다. 미의 개념을 형태가 있는 객관적인 것으로 파악한 것이다. 우리가 황금비율(1:1.618)이나 비너스의 팔등신 등을 볼 때 아름답다고 생각하는 것도 고전적 미학에 따른 심리적 반응이다. 그러나 칸트(Kant)는 이성이 미학을 이끈다는 고전적 미학을 비판했다. 어떤 대상이 미의 규칙에 상응하더라도 그것을 반드시 아름답다고 할 수 없다는 것이다. 대신 칸트는 미를 주관적 판단이나 심리적 문제로 보고, 그에 대한 평가는 개인적 취향에 의한다고 주장했다. 미의 인지에 영향을 주는 것은 아름다움의 규칙이 아니라 아름다운 것으로 받아들여지는 취향인 것이다.

아름다움을 쾌감과 관련하여 즐거움과 만족을 주는 것으로 본 칸트는 쾌감에 근거한 판단을 취미 판단이라고 정의했다. 즉 취미 판단이란 대상의 미추를 판단하는 미적 판단력의 행위인 것이다. 칸트의 미학은 미의 본질을 밝히기보다는 미를 판정하는 능력인 취미 판단에 중점을 둔다. 미 자체보다는 아름다움을 느낄 때 사람이 갖는 마음 상태를 밝히고자 한 것이다. 칸트에 따르면 미는 사물의 객관적 속성이 아니기 때문에 미에 대한 판단은 앎과 관련 없다. 취미 판단이란 주관적으로 쾌락과 불쾌를 판단하는 것일 뿐, 대상에 대한 인식이 아니기 때문이다.

칸트는 취미의 보편타당성도 주장한다. 취미 판단은 주관적임과 동시에 보편적이라는 것이다. 이 아이러니를 설명하기 위해 두 가지 개념을 제시한다. 하나는 미적 무관심성이다. 칸트에 따르면 사람마다 미적 판단이 달라지는 이유는 불순한 요인들이 개입되기 때문이다. 그는 어떠한 조건에 얽매이지 않은 상태에서 판단을 내리면 모든 사람의 미적 판단은 일치할 것이라고 믿었다. 또 다른 하나는 공통감이다. 공통감은 대상의 아름다움을 인식하는 과정에서 그 대상과 관련한 원칙과 조건을 전제함을 의미한다. 구성원들 간에는 공통감이라는 공통의 미적 감수성이 전제되기 때문에 개인의 쾌·불쾌에 따른 주관적 판단이더라도 그 판단이 공통감에 의한 것이라면 객관적 필연성을 띠게 된다는 것이다. 우리가 추상 작품보다 구상 작품을 더 선호하는 것이 그 예이다. (　　　　　) 이처럼 칸트는 취미 판단을 주관적 보편성을 가진 것으로 보았다.

① 구상 작품과는 달리, 추상 작품은 쾌락을 추구하여 관객들에게 공통감을 형성해주기 때문이다.
② 추상 작품을 관람할 때는 작품의 외적 요인들이 작용하지만 구상 작품은 그렇지 않기 때문이다.
③ 구상 작품은 대상을 표현하는 규칙이 명확하기 때문에 공통감이 형성되었지만, 추상 작품은 마땅한 규칙이 없기 때문이다.
④ 추상 작품은 모호성으로 관객들에게 쾌감을 주지만 구상 작품은 명확한 질서에 따른 불쾌감을 제공해주기 때문이다.
⑤ 심리적으로 보았을 때, 관객이 금방 작가의 의도를 파악할 수 있기 때문에 구상 작품을 더 선호하는 것이다.

발전문제

18~19 다음 글의 흐름을 판단할 때 빈칸에 들어가기에 적합한 문단을 고르시오.

★★★☆☆
18

현대 사회가 해결해야 할 또 하나의 과제는 물질적인 것과 정신적인 것 사이의 균형을 회복하는 일이다.

옛날에는 오히려 정신적인 것이 사회 생활의 비중을 더 많이 차지해 왔다. 종교, 학문, 이상 등이 존중되었고, 그 정신적 가치가 쉽게 인정받았다. 그러나 현대 사회로 넘어오면서부터 모든 것이 물질 만능주의로 기울어지고 있다. 그것은 세계적인 현상이며, 우리나라도 예외는 아니다. 물론, 그 중요한 원인이 된 것은 현대 산업 사회의 비대성(肥大性)이다. 산업 사회는 기계와 기술을 개발했고, 공업에 의한 대량 생산과 소비를 가능케 했다.

그와 함께 사람들은 물질적 부를 즐기는 방향으로 변화하였으며, 사회의 가치 평가 역시도 생산과 부(富)를 표준으로 삼기에 이르렀다. 그 결과로 나타난 것이 문화 경시의 현실이며, 그것이 심하게 되어 인간 소외(人間疎外)의 사회가 나타나게 되었다.

[   ]

만일, 정신적 가치의 추구와 문화에의 동참이 이루어지지 않는다면, 그 결과는 어떻게 될 것인가? 물질주의는 향락주의를 이끌어들이며, 눈에 보이는 건설이 전부라는 편협한 가치관에 빠져 사회의 불행을 자초할 수밖에 없다. 그리고 정신적·문화적 조건이 갖추어지지 않는다면, 인간 상실의 비운을 면치 못하게 될 것이다.

① 우리는 한반도가 공간적으로 만주의 몇 십분의 일밖에 안 되지만, 독립된 문화를 가졌기 때문에 자주 국가로 남고, 만주는 그렇지 못했기 때문에 오늘날 중국의 한 부분으로 남아 있음을 잘 알고 있다. 문화를 남겨준 아테네는 삼천 년 이상 인류의 흠모의 대상이 되고 있으나, 스파르타는 이미 그 자취를 감춘 지 오래되었다는 역사도 배우고 있다.

② 정신적 가치는 그 설 곳을 잃게 되었으며, 물질적인 것이 모든 것을 지배하기에 이르렀다. 이렇게 물질과 부가 모든 것을 지배하게 되면, 우리는 문화를 잃게 되며, 삶의 주체인 인격의 균형을 상실하게 된다. 그 뒤를 따르는 불행은 더 말할 필요가 없다.

③ 사회는 변한다. 그 변화는 자연스레 변화하는 것에 맡겨두는 것이 아니라 적극적으로 새롭게 바꾸려 하기 때문에 이전까지의 생활을 그대로 수긍할 수 없게 된다.

④ 그리하여 우리는 둔감해지고 우리의 감정과 비판적 판단은 방해를 받으며, 결국 세상에서 벌어지고 있는 일들에 대해 밋밋하고 무관심한 태도를 갖게 되었다. 자유라는 이름 아래 삶은 모든 구조를 상실했다.

⑤ 물질 만능주의는 경제적 가치를 중시하여 인간이 가져야할 본연의 가치를 상실하고 인간을 경시하는 풍조를 일컫는 말이다. 인간 존중 사상이 뿌리 깊었던 한국의 전통적 가치와는 차이가 있는 모습이다.

★★★☆☆
19

1만 년이나 계속되어온 농경 사회가 한두 세기만에 일어난 산업 사회에 밀려나고 바야흐로 탈산업화 시대가 우리 앞에 전개되기 시작하였다. 최근 고도로 진화된 산업 사회에서는 상품과 서비스의 생산량이 15년마다 배로 늘어나고 있는데 이토록 혁명적인 변화는 일찍이 없었다. 더욱이 배증되는 데 소요되는 시간은 점차 크게 줄어들고 있다.

이런 변화는 수백만에 이르는 사람들의 습관, 신조, 생활양식 등에 폭넓은 영향을 주고 있다. 많은 사람들 가운데는 이처럼 고도로 가속화되고 있는 생활양식에 편승하기 위하여 지금까지의 삶의 양식을 버리기까지 하는 사람들이 있으며, 생활의 페이스가 늦어지면 오히려 걱정을 하거나 언짢게 생각하는 사람들까지 나타나게 되었다.

[   ]

유사한 예를 최근 파리에서 개점한 미국식 트럭 스토어에서도 찾아볼 수 있다. 처음 이 가게가 개점되었을 때에는 상당한 반발이 있었다. 그러나 그때까지 옥외의 비스트로(주점)에서 1~2시간을 소비하며 한 잔의 아페

리티프를 마시던 프랑스인들이 얼마 되지 않아 트럭 스토어에서 서둘러 밀크셰이크를 마구 들이키게 되었다. 더구나 최근에는 트럭 스토어식의 가게들이 널리 퍼져감에 따라 약 3만이나 되는 비스트로는 문을 닫게 되었다. 타임지(誌)의 말을 인용하자면 이들 가게는 「즉석 주문」의 희생이 되어버린 것이다.

① 몇 년 전, 패스트푸드 체인 맥도날드는 '우리는 당신을 위해 모든 일을 해드립니다'라는 슬로건을 들고 나왔다. 하지만 실제로 맥도날드에서는 우리가 그들을 위해 모든 일을 한다. 줄을 서서 기다리다가, 음식이 나오면 식탁으로 가져가고, 식사가 끝나면 쓰레기를 버리고, 빈 식판을 제자리에 쌓아놓는다. 노동비용이 올라가고 기술이 발전할수록 소비자는 종종 더 많은 일을 한다.

② 제임스 윌슨의 조사에 의하면 유럽의 많은 우수한 과학자가 미국이나 캐나다에 이주하는 이유 중의 하나는 빠른 생활의 페이스였다. 실제로 북미로 이주한 517명의 영국의 과학자나 의사들에 대한 조사 결과, 그들이 이주를 결정하게 된 중요한 이유는 보다 많은 급료나 나은 연구 설비 때문이기도 했지만 보다 빠른 사회적 템포가 커다란 배후 요인으로 작용하였다는 것을 알 수 있었다. 그들은 다른 것보다 북미의 빠른 페이스를 선택한 것이다.

③ 몇 년 전까지만 해도 만화 영화는 마지막 순간에 가서야 뒤엉킨 줄거리가 풀리게 되는 일관된 플롯을 가지고 있었다. 그런 점에서 만화 영화는 옛날의 광대극과 흡사했다. 그러나 이제 시간의 연관 구조는 달라졌다. 첫 장면부터 모티프가 주어지고, 그것은 이야기가 진행되는 동안 내내 파괴적 장면의 근거로 작용한다. 따라서 주인공은 그 이야기를 좇아가는 관객과 함께 무자비한 폭력의 재물이 된다.

④ 오늘날 백화점의 경우, 고객은 우선 거대한 건물과 수많은 점원들과 잔뜩 진열된 상품에 의해 압도된다. 이 모든 것에 비해 그는 자기가 얼마나 보잘것없는 존재인가를 느끼게 된다. 백화점의 입장에서 보면, 인간으로서의 그는 아무런 중요성을 갖고 있지 않으며, 단지 '한 사람'의 고객일 뿐이다. 백화점은 고객을 놓치지 않으려고 하지만, 그는 단지 추상적인 고객으로서 대접받을 뿐이지 구체적인 고객으로서 중요시되지 않는다.

⑤ 하지만 그와 동시에 느린 삶을 원하는 사람들도 생겨났다. 슬로우 시티는 공해 없는 자연 속에서 살며, 옛날 농경시대의 느린 삶을 추구하는 국제적인 운동이다. 이를 추구하는 사람들은 자연이나 시간, 계절뿐 아니라 자기 자신을 존중하며 느긋하게 살고자 한다.

Part 2 Theme 07 개요·보고서

출제 빈도 ●●●●○

✓ 핵심 Check
- 개요나 보고서 등의 문서를 수정하거나 작성하는 문제들이 출제된다.
- 올바른 목표를 수립하고 그에 적절한 자료를 찾은 후 흐름에 맞게 보고서를 작성하는 능력이 요구된다.
- 따라서 개요의 목표나 주제를 놓치지 말고 문제를 풀어 나가야 한다.
- 출제되는 문항 수는 적지만 대체적으로 난이도가 낮으므로 다양한 문제 풀이를 통해 정답률을 높이는 연습이 필요하다.

빈출예제

01 [개요 작성하기] ★★☆☆☆   제한시간 30초

다음 개요의 제목에 들어갈 내용으로 적절한 것을 고르시오.

> 제목 : _____
> Ⅰ. 서론 : 초등학교 체육교육의 중요성
> Ⅱ. 본론
>   1. 우리나라 초등학교 체육교육의 문제점
>   1) 교사의 체육에 대한 낮은 의식 수준과 무사안일주의식 수업 관리
>   2) 기능 전수 위주의 획일적인 체육수업
>   3) 체육관, 수영장 및 체육 기구 등 시설의 부족
>   2. 방안
>   1) 체육교사의 의식 및 행동 개선
>   2) 체육교과서 개선 및 다양한 평가 기준을 통한 창의적 교육 확립
>   3) 체육시설의 확충
> Ⅲ. 결론 : 초등학생의 전반적인 성장과 발달에 공헌할 수 있는 체육교육의 확립

① 우리나라 초등학교 체육교육의 실태
② 우리나라 초등학교 교육의 문제점과 대책
③ 우리나라 초등학교 체육교육의 문제점 및 해결방안
④ 올바른 신체적 성장을 촉진할 수 있는 체육교육 방안
⑤ 올바른 초등학교 체육교육을 위한 관심 촉구

2015 두산

유형 분석
본론 내용을 통해 개요의 주제, 목적을 추론하는 문항이다.

해결 전략
본론의 상위 항목 확인!!
전개 과정 중요성-문제점-해결방안
↓
자주 나오는 핵심어 포착!
핵심어 초등학교, 체육교육
↓
핵심어가 포함되지 않는 선택지 가장 먼저 소거

|해설|
빈칸에 들어갈 내용은 개요의 제목이므로 개요 전체의 내용을 총괄할 수 있어야 한다. 본론에서 우리나라 체육교육의 문제점과 해결방안이 제시되었기 때문에 이 내용이 모두 포함된 ③이 가장 적절하다.

|해설|
① Ⅱ-1 에는 포함되어 있지만 개요 전체를 포괄할 수 있는 제목은 아니다.
④ 체육교육 방안은 전체를 포괄하지 못할뿐더러, 신체적 성장을 위한다는 내용은 제시되어 있지 않다.

|정답| ③

02 [개요 수정하기]

다음은 다문화 가정 지원제도의 문제점 및 개선방안에 대한 개요이다. 개요를 수정하기 위한 방안으로 적절하지 않은 것을 고르시오.

제한시간  50초

2016 CJ

```
제목 : 다문화 가정 지원서비스의 문제점 및 개선 방안
Ⅰ. 서론 : 근 10년간 다문화 가정의 증가 실태
Ⅱ. 본론
    1. 다문화 가정의 개념
        1) 다문화 가정의 출현 배경
        2) 다문화 가정의 종류
    2. 국내 다문화 가정 지원 현황
        1) 공공기관 및 제도적 차원
        2) 사단법인, 사회단체(NGO 등) 차원
        3) 선진국의 다문화 가정 지원 사례
    3. 다문화 가정 지원서비스의 문제점
        1) 다문화 가정 정책수립의 체계성 부족
        2) 다문화 가정 구성원의 취업 및 자립지원 미흡
        3) 자녀세대 성장지원 미흡
        4) 주변의 냉대와 차별
    4. 다문화 가정 지원서비스의 개선방안
        1) 다문화 가정 정책수립의 체계성 강화
        2) 다문화 가정 취업 및 자립지원 강화
        3) 다문화 자녀의 학교 적응교육 및 글로벌 인재육성 강화
Ⅲ. 결론
```

① 본론의 1은 논의하고자 하는 쟁점의 배경지식에 해당하므로 서론으로 이동하여 다문화 가정의 증가 실태와 연관지어 다룬다.
② 본론의 '2-3) 선진국의 다문화 가정 지원 사례'는 4의 하위항목으로 이동한다.
③ 본론의 '3-4) 주변의 냉대와 차별'은 3의 하위항목으로 적절하지 않으므로 결론으로 이동한다.
④ 본론의 '4-1) 다문화 가정 정책수립의 체계성 강화'를 구체화하여 '4-1) 출신국가별, 지역별 맞춤형 서비스 제공'으로 수정한다.
⑤ 결론에 '다문화 가정 정착을 통한 국가의 글로벌 경쟁력 강화'를 덧붙인다.

| 해설 |
'3-4) 주변의 냉대와 차별'은 다문화 가정 지원서비스가 아닌 사회적인 문제점으로 3의 하위 항목으로 어울리지 않으나 다문화 가정 지원서비스의 문제점과 해결 방안을 찾고 있는 글의 흐름상 결론으로도 적절하지 않다.

| 오답 피해가기 |
① 단어의 개념은 서론에 들어가야 자연스러운 흐름이 된다.
② 선진국의 사례는 국내 다문화 가정의 서비스 개선에 도움이 될 참고자료가 될 수 있으므로 4의 하위 항목으로 이동하는 것은 적절하다.
⑤ 결론 부분에 지원서비스를 개선함으로써 얻을 수 있는 전망, 즉 국가적 이익을 넣는 것은 적절하다.

| 정답 | ③

유형 분석
개요의 흐름에 맞게 내용을 수정하는 문항이다.

해결 전략
가장 먼저 문제 확인!!
핵심어 다문화가정
예상 내용 문제점-개선방향

↓

본론의 상위 항목 확인!!
전개 과정 개념-현황-문제점-개선방향

↓

시간을 단축하기 위해 흐름만 확인하고 선택지로 간다.

↓

선택지를 기준으로 개요와 비교하며 답을 찾는다.

기본문제

이것만은 꼭

대상에 대한 문제가 제시된 개요의 경우, 일반적으로 '실태-원인-분석-해결-결론'과 같은 전개 방식을 가진다.

★★★☆☆

제한시간  30초

01 '과소비를 추방하자'라는 제목으로 글을 쓰려고 한다. 다음의 글감을 가장 잘 정리한 것을 고르시오.

• 과소비의 문제점 제기	• 건전한 소비 생활 운동 전개
• 계층간 갈등 유발	• 과소비 억제 방법
• 과소비의 폐해	• 과소비에 대한 무거운 세금 부과
• 물질 만능적 사고 조장	• 과소비 억제책 시행 강조

① 가. 과소비의 문제점 제기
　나. 과소비 억제 방법
　　1. 과소비에 대한 무거운 세금 부과
　　2. 물질 만능적 사고 조장
　다. 계층간 갈등 유발
　　1. 과소비의 폐해
　　2. 건전한 소비 생활 운동 전개
　라. 과소비 억제책 시행 강조

② 가. 과소비의 문제점 제기
　나. 과소비 억제 방법
　　1. 계층간 갈등 유발
　　2. 과소비에 대한 무거운 세금 부과
　다. 과소비의 폐해
　　1. 물질 만능적 사고 조장
　　2. 건전한 소비 생활 운동 전개
　라. 과소비 억제책 시행 강조

③ 가. 과소비의 문제점 제기
　나. 과소비의 폐해
　　1. 계층간 갈등 유발
　　2. 건전한 소비 생활 운동 전개
　다. 과소비 억제 방법
　　1. 과소비에 대한 무거운 세금 부과
　　2. 물질 만능적 사고 조장
　라. 과소비 억제책 시행 강조

④ 가. 과소비의 문제점 제기
　나. 과소비의 폐해
　　1. 물질 만능적 사고 조장
　　2. 계층간 갈등 유발
　다. 과소비 억제 방법
　　1. 과소비에 대한 무거운 세금 부과
　　2. 건전한 소비 생활 운동 전개
　라. 과소비 억제책 시행 강조

One Point Lesson

문제에서 '과소비를 추방하자'는 주제가 직접적으로 제시되어 있으므로 글쓴이가 '과소비'를 부정적인 것으로 바라보고 있음을 파악할 수 있다. 따라서 개요의 전개 방식이 '문제점-해결방안'일 것임이 유추가능하다.

⑤ 가. 과소비의 문제점 제기
　나. 과소비의 폐해
　　1. 계층간 갈등 유발
　　2. 과소비에 대한 무거운 세금 부과
　다. 건전한 소비 생활 운동 전개
　　1. 물질 만능적 사고 조장
　　2. 과소비 억제 방법
　라. 과소비 억제책 시행 강조

02~03 다음 개요를 보고 밑줄 친 부분에 들어갈 내용으로 알맞은 것을 고르시오.

02

Ⅰ. 서론
　1. 판소리의 우수성
　2. 판소리를 세계적인 예술로 만들기 위한 전략의 필요성
Ⅱ. 본론
　1. 판소리 세계화의 의의
　　가. 국가 이미지의 제고
　　나. 경제적인 파급 효과
　2. 판소리 세계화의 걸림돌
　　가. 외국인이 판소리를 쉽게 접하기 힘든 상황
　　나. 판소리에 대한 세계인의 인식 부족
　　다. 판소리 공연 내용을 외국인이 이해하기 어려움.
　3. 판소리 세계화를 위한 방안
　　가. 판소리 전용 소극장 설치로 공연의 활성화
　　나. 판소리에 대한 적극적인 홍보 대책의 수립
　　다. 외국인에게 익숙한 소재의 발굴 및 영문 자막 설치
Ⅲ. 결론 : _____

① 판소리의 미학과 우수성에 대한 고찰
② 판소리의 세계화에 대한 전망과 제언
③ 판소리의 세계화에 대한 한계와 개선 방향
④ 전문 소리꾼을 양성할 수 있는 교육기관 설립 촉구
⑤ 판소리가 직면한 문제의 해결을 위해 사람들의 관심 촉구

> **빠른 풀이 비법**
> 결론에는 본론의 내용을 포괄하거나 앞으로의 전망을 제시해 주는 내용이 들어가야 한다. 개요를 살펴보면 '판소리'와 '세계화'가 핵심어로 계속 연결되고 있으므로, 개요를 정독하지 않아도 '판소리의 세계화'에 관한 내용임을 유추할 수 있다. 따라서 두 단어가 포함되지 않거나 거리가 먼 선택지부터 소거하고 나머지만으로 답을 찾는다.

기본문제

One Point Lesson

개요를 살펴보면 핵심 소재가 '가족 내 갈등'이고, 그에 대한 원인과 대책을 가족 차원과 사회 차원으로 구분하고 있으므로 결론도 이에 따른 내용이 이어져야 한다. 따라서 '가족 내 갈등'과 '가족', '사회'가 모두 포함된 선택지를 고르면 된다.

★★☆☆☆

03

Ⅰ. 서론 : 가족 내 갈등이 심화되고 있는 실태
Ⅱ. 본론 1 : 갈등 심화의 원인
  1. 가족 차원
    가. 대화 시간 부족으로 인한 유대감 약화
    나. 가족 관계의 중요성에 대한 가족 구성원의 인식 약화
  2. 사회 차원
    가. 가족 내 의사소통 방식에 대한 교육 부족
    나. 가족 관계를 약화시키는 경쟁적 사회 분위기
Ⅲ. 본론 2 : 갈등 해소 방안
  1. 가족 차원
    가. 대화 시간 확보를 통한 유대감 강화
    나. 가족 관계의 중요성을 돌아보기 위한 노력
  2. 사회 차원
    가. 가족 내 바람직한 의사소통 방식을 교육하기 위한 프로그램 마련
    나. 경쟁적 사회 분위기를 해소할 수 있는 캠페인 전개
Ⅳ. 결론 : ＿＿＿＿＿＿＿＿＿＿＿

① 가족 내 갈등 심화와 그 해소 방안
② 가족주의를 지향하는 전통문화 회복 운동 전개
③ 이웃 가족들과의 교류 활성화를 위한 사회적 지원 미흡
④ 가족 내 갈등 해소를 위한 가족·사회 차원의 노력 촉구
⑤ 가족 내 갈등 해소를 위한 사회 제도 및 정책의 개선 필요

 제한시간 20초

★☆☆☆☆

One Point Lesson

문제에 개요의 제목이 나타나 있으므로 이를 통해 '독서'와 '인생'이 핵심어임을 파악할 수 있다. 그러나 주어진 개요에서 '독서'에 대한 언급은 결론에만 있으므로 본론의 밑줄 친 부분에 '독서'가 반드시 포함되어야 한다.

04 '독서와 인생'이란 제목으로 글을 쓸 때 다음 개요의 밑줄 친 부분에 들어갈 알맞은 내용을 고르시오.

서론 : 인간은 이상을 추구한다.
본론 : 이상을 실현하려면 지식이 필요하다.
    ＿＿＿＿＿＿＿＿＿＿＿
결론 : 따라서 인생에는 독서가 필요하다.

① 지식과 함께 노력도 있어야 한다.
② 지식은 독서를 통해 얻을 수 있다.
③ 지식은 체험을 통해 얻을 수 있다.
④ 책은 인생에서 등불과 같은 존재이다.
⑤ 독서를 통해 이상을 추구할 수 있다.

05 다음 개요를 보고 주제로 적절한 것을 고르시오.

```
주제 : _____
Ⅰ. 서론 : 사이버 공간의 확장과 그에 따른 역기능
Ⅱ. 본론
   1. 사이버폭력의 개념 : 정보통신망을 통해 부호, 문헌, 음향, 화상 등을 이용하여
      타인의 명예 또는 권익을 침해하는 행위
   2. 사이버폭력의 유형 : 사이버모욕, 사이버명예훼손, 사이버성희롱, 사이버스토킹,
      사이버음란물 등
   3. 사이버폭력의 현황
      가. 명예훼손, 모욕, 스토킹, 성폭력 등 타인의 개인적 법익에 대한 침해 행위 급증
      나. 게시판, 댓글, 퍼나르기 등을 통해 이루어지고, 블로그, 카페, 미니홈피,
         포털사이트 등에 의해 확대·재생산
      다. 정보통신윤리위원회 통계자료 제시 – 사이버폭력 관련 피해내용·건수 통계
   4. 사이버폭력의 원인
      가. 익명성
      나. 이기주의 문제
      다. 근본적 인식의 문제
   5. 사이버폭력의 해결책
      가. 실명제 도입
      나. 이기주의의 역효과 기대
      다. 근본적 인식 전환 훈련
Ⅲ. 결론 : 사이버폭력의 예방과 해결책 마련 촉구
```

① 사이버폭력의 실태 및 대응 방안
② 사이버공간의 역할
③ 인터넷 실명제 도입의 필요성
④ 사이버폭력의 현황
⑤ 범죄의 여러 유형

> **빠른 풀이 비법**
>
> 개요 전체를 읽는 것보다는 본론의 상위 항목들만 읽으며 흐름을 잡는다. '사이버폭력'이 연속해서 나타나는 것을 보면 핵심어가 '사이버폭력'임을 알 수 있다. 주제 및 제목은 본론 전반에 사용된 키워드가 포함되어야 하므로 '사이버폭력'이 들어가 있지 않은 선택지를 우선적으로 제외한다. 또한 상위 항목을 보았을 때 '개념-유형-현황-원인-해결'의 순서로 내용이 전개되므로 이를 아우를 수 있는 내용이 주제에 들어가야 한다.

기본문제

 빠른 풀이 비법

이와 같은 유형의 문제에서는 가장 먼저 주어진 개요의 중심제재 혹은 주제가 무엇인지를 대략적으로 파악하고 상위 항목들만 살펴본 후 선택지에서 거꾸로 되짚어 올라가야 시간을 단축할 수 있다.

★★★☆☆

제한시간  50초

06 다음은 '노령화사회의 문제점과 대책'에 관하여 작성한 개요이다. 개요의 수정 방안으로 바르지 않은 것을 고르시오.

> Ⅰ. 서론 : 우리나라는 세계 여러 나라에 비해 빠른 속도로 노령화 사회로 진입하고 있다.
> Ⅱ. 본론
>   1. 세계 각국의 일반적인 노령화 추세
>   2. 노령화사회의 문제점
>   가. 노인부양비 급증
>   나. 국민연금 고갈
>   다. 평균 수명 연장
>   라. 여가 프로그램 부족
>   3. 노령화사회의 원인
>   가. 출생률 감소
>   나. 사망률 감소
>   다. 보건의료 대책 시급
>   라. 경로사상 쇠퇴
>   4. 노령화사회의 대책
>   가. 노인보건관련 연구인력 확대
>   나. 노인 직업훈련 및 알선
> Ⅲ. 결론 : 제도 및 정책의 효과적인 개선으로 가속되는 노령화 사회에 대응하자.

① 'Ⅱ-4'에 '생계지원비 정책적 지원'을 하위 항목으로 추가한다.
② 'Ⅱ-3-라'는 문맥에 맞도록 'Ⅱ-2'의 하위 항목으로 옮긴다.
③ 'Ⅱ-2-다'와 'Ⅱ-3-다'는 각 상위 항목과 어울리지 않으므로 위치를 서로 바꾼다.
④ 'Ⅱ-1'은 서론과 연결되도록 '우리나라의 노령화 추세'로 수정한다.
⑤ 'Ⅱ-2-라'와 연결되도록 'Ⅱ-4'에 '여가 활용 프로그램 개발'을 하위 항목으로 추가한다.

 One Point Lesson

서론을 보면 '노령화 사회'에 대해 부정적인 어조로 서술이 되어 있으므로, 핵심어가 '노령화 사회'이며, '노령화 사회'에 대한 원인과 해결이 본론에 제시될 것임을 유추할 수 있다. '추세-문제점-원인-대책'의 순서로 전개되고 있는 본론의 상위 항목들을 통해 다시 한 번 확인하고 선택지로 넘어간다.

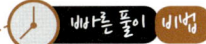

07 다음은 '지역 축제의 문제점과 발전 방안'에 관한 개요이다. 개요를 수정하기 위한 방안으로 바르지 않은 것을 고르시오.

주제 : 지역 축제의 문제점과 발전 방안
Ⅰ. 지역 축제의 실태
　가. 지역 축제에 대한 관광객의 외면
　나. 지역 축제에 대한 지역 주민의 무관심
Ⅱ. 지역 축제의 문제점
　가. 지역마다 유사한 내용의 축제
　나. 관광객을 위한 편의 시설 낙후
　다. 행사 전문 인력의 부족
　라. 인근 지자체 협조 유도
　마. 지역 축제 시기 집중에 따른 참가 인원의 감소
Ⅲ. 지역 축제 발전을 위한 방안
　가. 지역적 특성을 보여줄 수 있는 프로그램 개발
　나. 관광객을 위한 제반 편의 시설 개선
　다. 원활한 축제 진행을 위한 자원 봉사자 모집
　라. _____
Ⅳ. 결론 : 지역 축제가 가진 한계 극복

① 'Ⅱ-라. 인근 지자체 협조 유도'는 상위 항목과 어울리지 않으므로 삭제한다.
② 'Ⅲ-다. 원활한 축제 진행을 위한 자원 봉사자 모집'은 'Ⅱ-다'와 연계하여 '지역 축제에 필요한 전문 인력 양성'으로 수정한다.
③ 'Ⅳ.결론 : 지역 축제가 가진 한계 극복'은 주제와 부합하도록 '내실 있는 지역 축제로의 변모 노력 촉구'로 수정한다.
④ 'Ⅱ-가. 지역마다 유사한 내용의 축제'는 'Ⅲ-가'를 고려하여 '관광객 유치를 위한 과다 홍보'로 수정한다.
⑤ 'Ⅲ-라'에 '지자체 간 협의를 통한 축제 시기의 분산'을 추가한다.

빠른 풀이 비법

문제에서 무엇에 관한 내용인지 제시되어 있으므로, 이를 통해 이 개요의 핵심어는 '지역 축제'이며 본론의 전개 과정은 '실태-(원인)-문제점-대책'의 순서임을 유추할 수 있다. 이처럼 상위 항목들을 살펴보지 않아도 개요의 내용을 예상할 수 있으므로, 이와 같은 경우에는 문제만 읽고 바로 선택지로 넘어가 시간을 단축하도록 한다.

One Point Lesson

대체적으로 개요 문제에서는 '원인-대책' 또는 '문제점-해결방안'이 서로 대응한다. 따라서 '해결방안-가' 내용의 적절성은 그에 대응하는 '문제점-가'를 통해 판단해야 한다.

기본문제

One Point Lesson

문제를 통해 개요의 핵심어가 '고령화 사회'임이 파악가능하다. 또한 개요의 첫머리에 글 전체를 함축해 주는 제목이 제시되어 있으므로, 상위 항목을 보지 않아도 글의 진행 과정을 예상할 수 있다.

★★★☆☆

제한시간 50초

08 다음은 고령화 사회라는 주제로 글을 쓰기 위해 작성한 개요이다. 수정 및 보완 방안으로 옳지 않은 것을 고르시오.

> 제목 : 고령화 사회의 문제점을 진단하고 해결 방안을 모색한다.
> Ⅰ. 서론 : 고령화 사회에 관한 문제 제기
> Ⅱ. 본론
>   1. 고령화 사회의 문제점
>   가. 비경제 활동 인구의 증가로 인한 국가 경쟁력 약화
>   나. 노년층 부양에 따른 국민 부담 가중
>   다. 노년층 확대로 인한 여가시설의 부족
>   2. 고령화의 원인
>   가. 의료기술 및 사회보장제도의 발달
>   나. 출산율 감소로 인한 노년층의 상대적인 증가
>   3. 해결 방안
>   가. 노년층에 대한 고용 정책 실시
>   나. 노년층을 부양하는 가정에 대한 혜택 확대
>   다. 전 국민의 노년층에 대한 부정적 인식 전환
> Ⅲ. 결론 : 다가올 고령화 사회에 대한 철저한 대비가 필요하다.

① '제목'은 글의 내용을 함축적으로 제시하는 것이므로 고령화 사회의 문제점과 해결 방안으로 수정한다.
② 'Ⅰ. 서론'의 내용을 보강하기 위해 통계자료를 이용하여 고령화 사회의 현황을 제시한다.
③ 논지 전개상 원인-문제점-해결 방안이 자연스러우므로, 'Ⅱ-1'을 Ⅱ-2와 Ⅱ-3 사이로 이동한다.
④ 문제점과 해결 방안을 연계하기 위하여 'Ⅱ-1-다'를 노년층의 사회적, 심리적 고립화로 수정한다.
⑤ 인식을 전환해야 할 대상이 구체화되어야 하므로 'Ⅱ-3-다'의 전 국민을 청소년 및 청년층으로 수정한다.

해당 개요가 누구를 예상독자로 하고 고령화 사회에 대한 해결방안을 제시하고 있는지 확인해야 한다. 결론은 개요의 주제, 본문과 논리적으로 연결되어 도출되어야 하므로, 해결방안과 결론에 나타나는 예상 독자는 동일해야 한다.

정답 및 해설

01 정답 ④
도입에서는 문제를 제기하고, 전개에서는 제기된 문제를 구체적으로 제시하며, 전환에서 해결 방안을 모색한 후, 결말에서 시행 방안을 제시하는 순서로 글감을 제시하는 것이 자연스럽다.

02 정답 ②
판소리의 세계화 방안에 대한 개요이므로 결론에는 판소리의 세계화에 대한 전망과 방안에 대한 제언이 오는 것이 가장 적절하다.

| 오답 피해가기 |
③ 판소리의 잘못되거나 부족한 점을 고쳐 더 좋게 만들자는 내용(개선)이 아니므로 적절하지 않다.
④ 'Ⅱ-3. 판소리 세계화를 위한 방안'에 해당하므로 결론으로 적절하지 않다.
⑤ 본론에서 제시한 '세계화를 위한 방안'은 모두 주최측에 의한 것이므로, '사람들의 관심 촉구'라는 내용은 적절하지 않다.

03 정답 ④
결론은 글 전체에 대한 요약 및 정리의 역할을 해야 하므로, 가족 내 갈등의 심화를 해소하기 위하여 가족 차원, 사회 차원에서의 노력이 촉구된다는 내용이 와야 한다.

| 오답 피해가기 |
① 개요의 주제를 나타내는 내용이다.
②, ③ 주제에서 벗어난 내용이다.
⑤ 사회 제도 및 정책의 개선만으로는 가족 차원의 원인들에 대처할 수 없으므로 결론으로 적절하지 않다.

04 정답 ②
결론으로 미루어 보아, 인생에서 독서가 왜 필요한지가 본론에 나와 있어야 한다. 따라서 본론에는 '이상 실현을 위해서는 지식이 필요한데, 그 지식은 독서를 통해서 얻을 수 있다'라는 내용이 올 것으로 예상할 수 있다.

05 정답 ①
주제는 개요의 모든 내용을 포괄할 수 있는 것이어야 한다. '본론 1, 2, 3, 4'는 모두 실태에 해당되고, '본론 5'는 그 대응 방안이므로 이를 모두 포함한 ①이 가장 적절하다.

| 오답 피해가기 |
②, ⑤ 전체적인 내용과 관련이 없다.
③ 사이버폭력의 해결 방안에만 속하는 내용이다.
④ 개요를 작성한 이가 주제를 나타내기 위해 제시한 소재 중 하나일 뿐이다.

06 정답 ②
'경로사상의 쇠퇴'는 현대인의 윤리관과 연관성이 있는 것이지, 노령화 사회와 직접적인 관련이 없으므로 노령화 사회의 문제점이라고 볼 수는 없다. 따라서 'Ⅱ-3-라'는 주제와 어울리지 않으므로 삭제하는 것이 바람직하다.

07 정답 ④
개요를 수정하기 전인 원래 개요에서 'Ⅱ-가'와 'Ⅲ-가'는 논리적 흐름상 적절하게 연결되지만, ④처럼 고치면 오히려 논지의 흐름이 훼손되므로 적절하지 않다.

08 정답 ⑤
노년층에 대한 부정적인 인식은 사회적인 문제이다. 따라서 이에 대한 해결 방안은 전 국민을 대상으로 실시해야 좀 더 효과적으로 사회의 인식이 변화할 수 있기 때문에 대상을 청소년과 청년층으로 구체화할 필요는 없다.

Part 2 Theme 07 Advance 발전문제

01 다음 개요의 (가)~(마)에 들어갈 내용으로 적절하지 못한 것을 고르시오.

```
제목 : _____(가)_____
Ⅰ. 서론 : 국토 균형 발전에 대한 요구가 거세짐에 따라
         기업 도시 시범 사업이 시행되었다.
Ⅱ. 본론
    1. 기업 도시의 학문적 의의
    2. _____(나)_____
        1) 기업도시개발 특별법의 제정
        2) 6개 시범 도시 선정
        3) 현재의 상황
    3. 문제점
        1) 기업 도시 간의 획일화
        2) 혁신 도시, 산업 클러스터 등 비슷한 정책의 난립
        3) _____(다)_____
        4) 정부 관련 부처 간의 마찰
    4. 해결 방안
        1) _____(라)_____
        2) 정책의 선별·통합
        3) 적극적인 홍보를 통한 대기업 유치
        4) _____(마)_____
Ⅲ. 결론 : 정부와 지자체, 기업의 협동을 통해 성공적인
         기업 도시를 육성해야 한다.
```

① (가) : 기업 도시 추진 상의 문제점과 해결 방안
② (나) : 우리나라의 기업 도시 추진 현황
③ (다) : 대기업의 투자 부족
④ (라) : 지역 특색을 이용한 차별화
⑤ (마) : 공청회 실시

02 다음은 '미신'이라는 제목으로 글을 쓰기 위해 작성한 개요표이다. ㉠~㉤에 들어갈 내용으로 적절하지 못한 것을 고르시오.

```
제목 : 미신
주제 : _____㉠_____
주제문 : 우리는 미신을 물리치고 과학을 생활화해야
         한다.
Ⅰ. _____㉡_____
    (1) 병자의 경우
    (2) 무지한 사람의 경우
    (3) _____㉢_____
    (4) 지식인의 경우
    (5) 자기의 경우
Ⅱ. 미신을 믿는 이유
    (1) 미신을 믿는 사람들의 실태조사
    (2) 미신에 대한 심리학자나 사회학자의 견해
    (3) 미신에 대한 자기의 체험
Ⅲ. _____㉣_____
    (1) 과학지식의 보급
    (2) _____㉤_____
    (3) 사회복지제도의 확립
    (4) 개인의 노력
Ⅳ. 맺음말
```

① ㉠ : 미신의 타파와 과학의 생활화
② ㉡ : 미신의 종류
③ ㉢ : 빈곤한 사람의 경우
④ ㉣ : 미신을 없애기 위한 대책
⑤ ㉤ : 미신과 신앙의 구별

제한시간 50초
2016 GS

03 A 사원은 다음과 같은 지시사항에 따라 공문을 작성 중이다. 다음 중 지시사항에 가장 알맞게 작성된 공문을 고르시오.

- 발행일과 수신, 참조, 발신이 꼭 포함되어 있어야 한다.
- 제목은 공문내용의 요점이 담긴 간단한 문장으로 별도 표기해야 한다.
- 첨부서류가 있을 경우 서류 명을 밝힌다.
- 총무부를 통해 문서 번호를 발급 받아 표기해야 한다.
- 공문 내용을 항목별로 정리하여 잘 읽히도록 한다.

① 가격 결정에 대한 협조문
- **발행일** : 2016년 4월 15일
- **수신** : ○○상사 대표이사
- **참조** : ○○상사 총무부 이신영 대리
- **제목** : △△제품의 가격 인상에 대한 협조 부탁드립니다.
ㄱ. 본사에 대한 관심에 감사드리며, 귀 사의 무궁한 발전을 기원합니다.
ㄴ. 본사에서는 최근 인상된 부자재 가격으로 인해 △△제품에 대한 가격을 기존 7,600원에서 8,200원으로 인상하기로 결정하였습니다.
ㄷ. 이 가격 결정은 제품의 개발 비용부터 마케팅 비용과 생산단가 등 모든 사항을 고려하여 결정된 것이므로, 본사의 결정에 대해 협조하여 주시기 바랍니다.

(주) □□회사 대표이사 (인)

문서번호 SA-1604-03
담당 총무부 김지영   우편 서울시 강서구 등촌대로3길 20, 1001호

② □□주식회사
- **발행일** : 2016년 4월 15일
- **수신** : ○○상사 대표이사
- **참조** : ○○상사 총무부 이신영 대리
- **발신** : □□주식회사 총무부 김지영
- **제목** : △△제품의 가격 인상

1. 본사에 대한 관심에 감사드리며, 귀사의 무궁한 발전을 기원합니다.
2. 본사에서는 최근 인상된 부자재 가격으로 인해 △△제품에 대한 가격을 기존 7,600원에서 8,200원으로 인상하기로 결정하였습니다.
3. 이 가격 결정은 제품의 개발 비용부터 마케팅 비용과 생산단가 등 모든 사항을 고려하여 결정된 것이므로, 본사의 결정에 대해 협조하여 주시기 바랍니다.

(주) □□회사 대표이사

③ 가격 결정에 대한 협조문
- **발행일** : 2016년 4월 15일
- **수신** : ○○상사 대표이사
- **참조** : ○○상사 총무부 이신영 대리
- **발신** : □□주식회사 총무부 김지영
- **제목** : △△제품의 가격 인상에 대한 협조 부탁드립니다.
1. 본사에 대한 관심에 감사드리며, 귀사의 무궁한 발전을 기원합니다.
2. 본사에서는 최근 인상된 부자재 가격으로 인해 △△제품에 대한 가격을 기존 7,600원에서 8,200원으로 인상하기로 결정하였습니다.
3. 이 가격 결정은 제품의 개발 비용부터 마케팅 비용과 생산단가 등 모든 사항을 고려하여 결정된 것이므로, 본사의 결정에 대해 협조하여 주시기 바랍니다.

(주) □□회사 대표이사 (인)

문서번호 SA-1604-03
담당 총무부 김지영   우편 서울시 강서구 등촌대로3길 20, 1001호

④ 협조문
- **문서번호** : SA-1604-03
- **발행일** : 2016년 4월 15일
- **수신** : ○○상사 대표이사
- **참조** : ○○상사 총무부 이신영 대리
- **발신** : □□주식회사 총무부 김지
- **제목** : △△제품의 가격 인상에 대한 협조 부탁드립니다.

본사에 대한 관심에 감사드리며, 귀사의 무궁한 발전을 기원합니다. 본사에서는 최근 인상된 부자재 가격으로 인해 △△제품에 대한 가격을 기존 7,600원에서 8,200원으로 인상하기로 결정하였습니다. 이 가격 결정은 제품의 개발 비용부터 마케팅 비용과 생산단가 등 모든 사항을 고려하여 결정된 것이므로, 본 사의 결정에 대해 협조하여 주시기 바랍니다.

첨부 부자재 가격 인상표

(주) □□회사 대표이사

발전문제

⑤
가격 결정에 대한 협조문

- 문서번호 : SA-1604-03
- 발행일 : 2016년 4월 15일
- 수신 : ○○상사 대표이사
- 참조 : ○○상사 총무부 이신영 대리
- 발신 : □□주식회사 총무부 김지영

본사에 대한 관심에 감사드리며, 귀사의 무궁한 발전을 기원합니다. 본사에서는 최근 인상된 부자재 가격으로 인해 △△제품에 대한 가격을 기존 7,600원에서 8,200원으로 인상하기로 결정하였습니다. 이 가격 결정은 제품의 개발 비용부터 마케팅 비용과 생산단가 등 모든 사항을 고려하여 결정된 것이므로, 본사의 결정에 대해 협조하여 주시기 바랍니다.

(주) □□회사 대표이사 (인)

담당 총무부 김지영   우편 서울시 강서구 등촌대로3길 20, 1001호

04~05 다음은 '해외 한국학 육성 방안'에 대한 개요이다. 각 물음에 답하시오.

Ⅰ. 서론
  1. 한국학 강좌를 대학에 개설한 국가 수의 증가
  2. 해외 한국학 육성을 위한 정기적 전략의 필요성
Ⅱ. 본론
  1. 해외 한국학 육성의 의의
    1) 다른 나라와의 문화적, 학문적 연대 증진
    2) 남북 협력 증진 가속화
  2. 해외 한국학 발전의 장애 요소
    1) 정부 및 민간 기업의 연구 재정 지원 부족
    2) 한국학에 대한 현지인의 관심 부족
    3) 한국학을 연구할 전문 인력의 부족
  3. 해외 한국학 지원 및 육성 방안
    1) 연구 재정의 투명한 관리
    2) 한국학 국제 학술 대회 개최 등을 통한 관심 환기
    3) _____㉠_____
Ⅲ. 결론 : 해외 한국학의 전망

★★★☆☆
04 자료 제시 방안이나 개요 수정 방안으로 어울리지 않는 것을 고르시오.

① 본론 2-2)의 근거 자료로서 일본학·중국학에 비하여 한국학의 인지도가 상대적으로 낮음을 제시한다.
② 본론 2를 고려하여 본론 3-1)을 '정부의 지원 확대 및 민간 기업의 기부 활성화'로 수정한다.
③ 본론 1-1)의 근거 자료로서 각국의 문화재 보존 현황을 제시한다.
④ 서론 1에 근거 자료로서 한국학 강좌를 개설한 외국 대학들의 정확한 실태를 통계 수치로 제시한다.
⑤ 본론 1-2)는 논지의 흐름에 맞지 않으므로, '세계 속의 한국 위상 제고'로 고친다.

★★★☆☆
05 다음 중 본론 3-3)의 빈칸 ㉠에 들어갈 내용으로 가장 알맞은 것을 고르시오.

① 민간 기업에 대한 투자 확대와 전문 인력 양성
② 한국학 연구자 육성을 위한 장학 제도 마련
③ 한국 대학과 외국 대학 간의 자매 결연 체결 활성화
④ 우리 역사에 대한 국민 의식 향상 제고
⑤ 외국 저명 인사 및 학자의 초청 확대와 특강 마련

06 다음은 '과학 기술자의 책임과 권리'에 대한 개요이다. 여기에 (가), (나)의 두 참고 자료를 활용하여 항목을 수정하거나 새로운 항목을 본론에 추가하려고 할 때 그 내용으로 알맞은 것을 고르시오.

> Ⅰ. 서론 : 과학 기술의 사회적 영향력에 대한 인식
> Ⅱ. 본론
>   1. 과학 기술자의 책임
>   가. 과학 기술 측면 : 과학 기술 개발을 위한 지속적인 노력
>   나. 윤리 측면 : 사회 윤리 의식의 실천
>   2. 과학 기술자의 권리
>   가. 연구의 자율성을 보장받을 권리
>   나. 비윤리적인 연구 수행을 거부할 권리
> Ⅲ. 결론 : 과학 기술자의 책임 인식과 권리 확보의 중요성

(가) A 신문에 실린 기사
○○ 연구소에서 일어난 실험실 폭발 사고는 우리나라 젊은 과학 기술자들이 얼마나 열악한 환경에서 연구하고 있는지를 잘 보여준 사례이다. 연구소의 연구원을 대상으로 조사한 결과, 응답자의 약 40%가 실험실에서 안전사고를 겪은 경험이 있다고 답변했다.

(나) 과학 기술자의 처우 개선과 권리신장에 관한 설문 조사 결과

개선 희망 사항	응답률
경제적 처우 개선	42%
연구 환경 개선	35%
사회·문화적 인식 개선	11%
중년 이후에도 일할 권리	6%
기타	6%

① 'Ⅱ-1-가'에 '위험 요소를 줄일 수 있는 과학 기술 개발'을 추가한다.
② 'Ⅱ-1-나'에 '실험실 안전사고에 대한 윤리적 책임'을 추가한다.
③ 'Ⅱ-2-가'에 '위험한 실험을 거부할 수 있는 권리'를 추가한다.
④ 'Ⅱ-2'의 하위 항목으로 '안전하고 개선된 환경에서 연구할 수 있는 권리'를 추가한다.
⑤ 'Ⅱ-2-나'를 과학 선진국 등 '해외 유학 장려를 요구할 권리'로 수정한다.

07~08 다음은 수정 전후의 개요이다. 논지의 흐름상 적절하지 않게 수정된 것을 고르시오.

07

> 주제문 : 문화 개방 시대에 슬기롭게 대처하자.
> Ⅰ. 서론 : 외래문화가 급속히 유입되고 있는 현실
> Ⅱ. 본론
>   1. 외래문화 수용에 대한 부정적 태도 비판
>   가. 문화의 정체성을 지나치게 고집하는 태도는 버려야 한다.
>   나. 고유문화 중심주의는 국제적 고립의 한 요인이 될 수 있다.
>   2. 외래문화 수용의 이유
>   가. 외래문화도 우리 문화 발전에 기여한다.
>   나. 외래문화에 대한 부정적 선입관을 없애야 한다.
>   3. 외래문화 수용의 바람직한 태도
>   가. 외래문화를 주체적으로 수용해야 한다.
>   나. 민족 문화의 전통을 계승 발전시켜야 한다.
> Ⅲ. 결론 : 실천 촉구

> 주제문 : 우리는 외래문화를 선별하여 주체적으로 수용해야 한다.
> Ⅰ. 서론 : 외래문화가 급속히 유입되고 있는 현실
> Ⅱ. 본론
>   1. 외래문화 수용에 따른 문제점
>   가. 문화의 정체성을 지나치게 고집하는 태도는 버려야 한다.
>   나. 고유문화 중심주의는 국제적 고립의 한 요인이 될 수 있다.

발전문제

  2. 외래문화 수용의 이유
     가. 외래문화도 우리 문화 발전에 기여한다.
  3. 외래문화 수용의 바람직한 태도
     가. 외래문화를 주체적으로 수용해야 한다.
     나. 외래문화에 대한 부정적 선입관을 없애야 한다.
Ⅲ. 결론 : 외래문화의 선별적, 주체적 수용 자세 촉구

① 추상적인 주제문을 중심 내용에 맞추어 구체적으로 수정하였다.
② 'Ⅱ-1'은 하위 항목과의 포괄성을 고려하여 수정하였다.
③ 'Ⅱ-2'는 내용의 일관성 유지를 위하여 적절하지 못한 항목을 이동하였다.
④ 'Ⅱ-3'에서 논지 전개상 어색한 항목은 삭제하였다.
⑤ 결론을 명확하게 하고자 수정하였다.

★★★☆☆
08

주제문 : 인터넷상의 개인 정보 유출 문제의 심각성
Ⅰ. 서론 : 개인 정보가 유출되어 인터넷에 떠돌고 있는 현실
Ⅱ. 본론
  1. 개인 정보 유출의 사회적 의미
     가. 범죄에 악용될 위험성
     나. 사생활 침해 우려
  2. 개인 정보 유출의 원인
     가. 공공 및 민간 기관의 개인 정보 관리 소홀
     나. 개인 정보의 중요성에 대한 인식 부족
  3. 문제의 해결 방안
     가. 개인 정보 보호를 위한 체계적인 관리망 구축
     나. 개인 정보 유출 피해자에 대한 적극적인 보상
     다. 개인 정보의 중요성에 대한 의식 고취
Ⅲ. 결론 : 공공 기관의 보안 의식 제고

주제문 : 인터넷상 개인 정보 유출 문제의 심각성을 알고 이를 해결하자.
Ⅰ. 서론 : 개인 정보가 유출되어 인터넷에 떠돌고 있는 현실

Ⅱ. 본론
  1. 개인 정보 유출의 문제점
     가. 범죄에 악용될 위험성
     나. 사생활 침해 우려
  2. 개인 정보 유출의 원인
     가. 공공 및 민간 기관의 개인 정보 관리 소홀
     나. 개인 정보의 중요성에 대한 인식 부족
     다. 개인 정보 유출로 인한 피해 양상
  3. 문제의 해결 방안
     가. 개인 정보 보호를 위한 체계적인 관리망 구축
     나. 개인 정보의 중요성에 대한 의식 고취
Ⅲ. 결론 : 관련 기관 및 개인의 노력 촉구

① 형식에 맞고 전체 내용이 포괄될 수 있도록 주제문을 바꾸었다.
② 'Ⅱ-1'은 하위 항목의 내용과의 연관성을 고려하여 수정하였다.
③ 'Ⅱ-2'의 내용을 보완하기 위하여 새 항목을 추가하였다.
④ 'Ⅱ-3'의 논리적 흐름에 적절하지 않은 항목을 삭제하였다.
⑤ 결론의 내용이 제한적이므로 포괄적으로 수정하였다.

 제한시간 50초

★★★☆☆
09 다음은 스마트폰의 순기능과 역기능 및 대책에 대한 개요이다. 개요를 수정하기 위한 방안으로 적절하지 않은 것을 고르시오.

Ⅰ. 서론
  1. 스마트폰의 정의
  2. 스마트폰의 보급
  3. 스마트폰 대중화로 인한 사회변화
Ⅱ. 본론
  1. 스마트폰의 기능적 요소
  2. 스마트폰 중독 문제
  3. 스마트폰의 순기능
     1) 유비쿼터스 환경의 실현
     2) 교육적 활용
     3) 비즈니스 차원의 활용
     4) 인맥 관리 및 확장의 용이

        5) 지식과 정보 수집의 용이
        6) 오락과 여가의 수단
    4. 스마트폰의 역기능
        1) 스마트폰의 중독성
        2) 개인정보 보안의 취약성
        3) 불확실한 정보의 빠른 확산
        4) 세대 간의 단절 강화
        5) 스마트폰 소외계층 양산
    5. 스마트폰 역기능에 대한 대책
        1) 스마트폰 중독 문제에 대한 사회적 차원의 해결방안 강구
        2) 스마트폰 보안 프로그램 개발 및 이용자의 보안의식 강화
        3) SNS의 잘못된 이용에 대한 자정 노력
        4) 중장년층에 대한 스마트폰 이용 장려 및 교육
        5) 스마트폰 소외계층을 위한 보조금 지급
Ⅲ. 결론

① 본론의 '1. 스마트폰의 기능적 요소'를 서론으로 옮겨 서론의 2.로 구성하거나 서론의 1.의 내용에 포함시킨다.
② 본론의 '2. 스마트폰 중독 문제'는 본론의 4.와 중복되는 내용이므로 삭제한다.
③ 본론의 '3.-2) 교육적 활용', '3) 비즈니스 차원의 활용'의 내용을 좀더 구체화한다.
④ 본론의 5.-3)의 내용을 본론의 4-3)의 내용과 보다 긴밀하게 연결되도록 수정한다.
⑤ 본론의 5.의 내용을 전부 결론으로 옮긴다.

★★★★☆   제한시간  분

10 '우리나라의 장애인 복지'에 대한 글을 쓰기 위해 개요를 작성한 후 이를 설명하거나 보충하기 위해 다음과 같이 추가 내용을 작성하였다. 이를 활용한 개요 수정 방안으로 적절하지 않은 것을 고르시오.

제목 : 우리나라의 장애인 복지
Ⅰ. 서론 : 우리나라 장애인 복지의 현주소
Ⅱ. 본론
    1. 장애인 복지의 정의
    2. 우리나라 장애인 복지의 현황
        가. 장애 예방 정책 : 모자보건, 산업안전, 교통안전
        나. 의료 및 소득보장 정책 : 의료보험제도, 의료보호제도, 장애인 의료비지원 제도, 보장구 무료 교부 제도
        다. 장애인 특수 교육
        라. 직업재활과 고용
    3. 우리나라 장애인 복지의 실태 및 문제점
    4. 우리나라 장애인 복지의 개선 방향
        가. 장애인 복지 정책의 개선
        나. 장애인 복지 시설의 확충 및 내실화
        다. 장애인 재활 지원
        라. 장애인의 사회 참여 기회 확대
Ⅲ. 결론 : 우리나라의 장애인 복지 수준을 향상시켜 장애가 장애로 느껴지지 않는 사회를 이룩하자.

(ㄱ) 작년 전국 157개 대학 중 장애학생 특별전형 실시에 관한 평가에서 '개선요망' 점수를 받은 학교는 114개교나 된다. '개선요망'을 받은 학교라 함은 장애인 선발을 위한 입학 전형조차 마련하지 않고 있는 학교이다. ○○대의 한 관계자는 '시설이 좋은 다른 학교에 가면 되니 개선할 생각이 없다'며 장애학생 선발 전형에 대한 생각을 밝히기도 했다.
(ㄴ) 우리나라는 특수교육진흥법이라는 법률에 장애인 교육과 관련된 내용이 별도로 규정되어 있다. 이는 학령기에 장애를 가진 학생들의 교육을 받을 권리, 그리고 교육서비스에 대한 구체적인 내용이 규정되어 있다. 이 법에 의하면 장애를 가진 학생들은 특수학교, 특수학급, 일반학교 통합교육, 순회교육 등을 받을 수 있다.
(ㄷ) 시설 이용 및 이동에 불편을 겪는 사람들이 안전하고 편리하게 공공시설을 이용하고 정보에 접근할 수 있도록 하기 위한 편의시설을 확충해야 한다. 예컨대 장애인전용 주차구역, 경사로, 장애인용 화장실, 점자블록 등이다. 특히 장애인들의 이용이 결코 적지 않은 공공시설의 편의시설 설치율을 높여야 한다.
(ㄹ) UN의 '장애인의 권리선언'에서는 장애인을 선천적이든 후천적이든 관계 없이, 신체적·정신적 능력의 불완전으로 인하여 일상의 개인 또는 사회 생활에서 필요한 것을 확보하는 데 자기 자신으로서는 완전하게 또는 부분적으로 할 수 없는 사람이라 하고 있으며, 우리나라의 장애인복지법에서 정의하는 장애인의 개념은 지체장애, 시각장애, 청각

발전문제

장애, 언어장애 또는 정신지체 등 정신적 결함으로 인하여 장기간에 걸쳐 일상생활 또는 사회생활에 상당한 제약을 받는 자로서 대통령령으로 정하는 기준에 해당하는 자를 말한다.
(ㅁ) 영국과 일본, 스웨덴의 경우 정부 산하에 교통위원회를 설치하여 장애인의 이동 문제를 범정부 차원에서 해결하고자 한다.

① 'Ⅱ-1'에서 (ㄹ)을 활용하여 장애인 복지의 정의를 밝힌다.
② 'Ⅱ-3'에서 (ㄱ)을 단적인 예로 활용하여 지성의 요람이라 불리는 대학에서 나타나는 우리나라 장애인 복지의 한 단면을 보여주고 이를 비판한다.
③ 'Ⅱ-2-다'에서 (ㄴ)을 활용하여 우리나라에서 장애인 특수 교육이 어떻게 법제화되어 있는지 보여준다.
④ 'Ⅱ-4-라'에서 (ㄷ)을 활용하여 장애인들의 사회 참여에 있어 물리적 기반이 되는 공공시설의 편의시설 확충을 촉구한다.
⑤ 'Ⅲ'에서 (ㅁ)을 활용하여 선진국의 장애인 복지를 본받아 우리나라의 장애인복지 수준을 끌어올리자고 촉구한다.

★★★☆☆ 제한시간  30초

11 다음 자료들을 활용하여 '사교육비의 부담을 줄여야 한다'라는 주장의 글을 쓰려고 한다. 자료의 활용 방안으로 가장 적절한 것을 고르시오.

⑦ 도시 가구 교육비 부담 요인 (2015년, 단위 : %)

학교 납입금	각종 과외비	교재비	기타
38	55	4	3

④ 초등학교 교사 1인당 학생 수 (2015년, 단위 : 명)

한국	미국	프랑스	일본	대만
31	15	16	20	25

① 도시 가구 교육비가 증가되고 있음(⑦ 활용)을 결론으로 삼고, 그 근거로 공교육의 환경이 좋지 않다는 점(④ 활용)을 지적한다.
② 사교육비 부담률이 너무 높다는 점(⑦ 활용)을 문제로 제기하고 그 원인으로 공교육의 환경이 좋지 않다는 점(④ 활용)을 지적한다.
③ 사교육비 부담률이 너무 높다는 점(⑦ 활용)을 원인으로 지적하고, 교육 제도를 개선해야 한다는 점(④ 활용)을 결론으로 삼는다.
④ 도시 가구 교육비가 증가되고 있음(⑦ 활용)을 문제로 제기하고, 그 원인으로 공교육의 환경이 좋지 않다는 점(④ 활용)을 지적한다.
⑤ 사교육비 부담률이 너무 높다는 점(⑦ 활용)을 문제로 제기하고, 그 대책으로 교육 제도를 개선해야 한다는 점(④ 활용)을 지적한다.

★★★☆☆ 제한시간  30초

12 다음은 어느 회사 제품의 국제 경쟁력이 약화된 원인을 설명하는 글을 쓰기 위해 작성한 것이다. [보기]에 제시된 각 요인들이 인과적인 순환 관계가 잘 드러나도록 서술한 것을 고르시오.

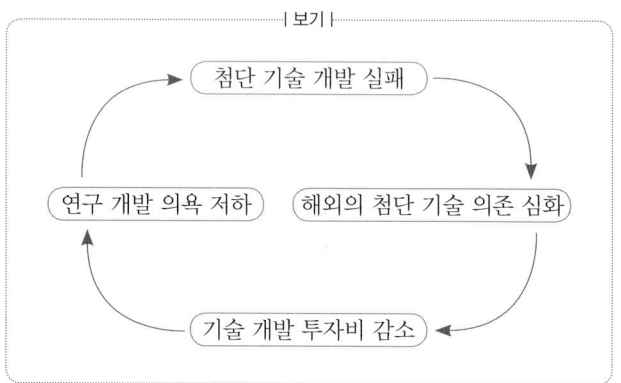

① 첨단 기술을 기초 과학에 의해 뒷받침된다. 그러니 회사는 지금 당장 필요한 기술 개발에만 신경을 쓰지 말고, 장기적인 안목으로 기초 과학 연구에 투자해야 한다.
② 회사는 현재의 기술 수준에만 만족하고 해외의 첨단 기술 정보 수집을 등한시하였다. 그러니 독자적인 첨단 기술을 갖출 수가 없어서 제품의 국제 경쟁력이 떨어지게 되었다.

③ 연구 개발 의욕이 저하되는 것은 기술 개발 투자비가 미미한 탓이다. 회사는 연구원에서 기술을 도입하여 첨단 기술 개발에 실패한다.

④ 첨단 기술 개발 실패는 연구원들의 연구 의욕을 저하시킨다. 이 때문에 회사는 기술 개발 투자비를 삭감하고 그 대신 해외에서 첨단 기술을 도입하여 제품의 국제 경쟁력을 갖추려고 한다.

⑤ 기술 개발 투자비가 감소한 것은 해외의 첨단 기술을 무분별하게 도입한 탓이다. 그러므로 연구 개발 의욕이 떨어지고 첨단 기술 개발에 실패하게 된다. 그래서 또 다시 해외 기술에 의존하게 된다.

★★★☆☆

제한시간  초

13 다음의 개요를 수정·보완할 방안으로 적절하지 않은 것을 고르시오.

주제문 : 학교에 옥외 쉼터를 조성하자.
Ⅰ. 서론 : 학교 휴식 공간의 실태와 문제점
Ⅱ. 본론
　1. 조성의 필요성
　　가. 휴식 및 친교기능의 공간 요구
　　나. 자연 친화적 성격의 공간 요구
　2. 조성의 장애 요인
　　가. 학교 휴식 공간에 대한 사회적 무관심
　　나. 자연 친화적 공간 활용 계획 수립
　　다. 재원 확보의 어려움
　3. 해결 방안
　　가. 낙후된 교실 환경에 대한 사회적 관심 촉구
　　나. 학교 옥외 공간의 활용 방안 부재
Ⅲ. 결론 : 학교 공간에 대한 발상 전환의 촉구

① 'Ⅱ-1-가'는 주제와 관련 없으므로 삭제한다.
② 'Ⅱ-2-나'와 'Ⅱ-3-나'의 위치를 바꾼다.
③ 'Ⅱ-3'의 하위 항목에 '지역 공동체와의 협력을 통한 재원 확보'를 추가한다.
④ 'Ⅱ-3-가'는 '사회적 관심 제고를 위한 캠페인 실시'로 수정한다.
⑤ 'Ⅲ'은 '정서적·환경적 가치가 높은 학교 옥외 쉼터의 조성 제안'으로 수정한다.

Part 2 Theme 08 문장·문단배열

출제 빈도 💡💡💡💡

✓ 핵심 Check

- 순서가 섞인 5개 내외의 문장이나 문단을 순서대로 나열하는 문제, 또는 주어진 문장·문단을 적절한 위치에 삽입하는 문제들이 출제된다.
- 문장 또는 문단 간의 유기적인 관계를 파악하여 글의 흐름에 대한 실마리를 찾아갈 수 있는 능력이 요구된다.
- 글을 정독하지 않아도 지시어나 접속사를 통해 빠르게 풀어나갈 수 있으므로 다양한 문제를 풀어봄으로써 요령을 획득하도록 한다.

빈출예제

01 [문장 배열하기] ★★★☆☆   제한시간  45초

다음 문장의 순서를 문맥에 맞게 배열한 것을 고르시오.

> (가) 과학에서는 이유를 알 수 없는 기호나 식에 대한 이해가 가장 첫 단계에서 요구된다.
> (나) 그럼에도 이상하다고 생각하는 표정을 지으면 이번에는 '너무 얇게 그리면 뒷자리에서 보이지 않고, 더 얇게 그리면 앞자리 사람들한테도 보이지 않으니 그냥 굵기가 없다고 생각해주렴.' 라고 하신다.
> (다) 이를 잘 견딘 경우, 반드시 성립하는 만물에 대한 객관적인 이해가 가능해진다고 한다.
> (라) 즉, 스스로 자신을 속이는 과정이 필요한 것이다.
> (마) 그 사실이 신경 쓰여 질문을 해봐도 대개는 '좋은 질문이지만 곧 깨닫게 될 것이니 지금은 칠판에 그려진 똑바른 선에 굵기가 없다는 사실에만 집중합시다.'라며 보기 좋게 무시를 당할 것이다.
> (바) 예를 들어, 초등학교 발달 학습시간에 선생님이 '직선에는 굵기가 없다'나 '점에는 크기가 없다'를 가르쳐 줄 때, 칠판에 그려진 직선에서는 굵기가 보인단 사실을 무시해야 한다.

① (가)-(가)-(마)-(라)-(바)-(다)
② (가)-(다)-(바)-(마)-(나)-(라)
③ (가)-(라)-(다)-(마)-(나)-(바)
④ (가)-(마)-(바)-(라)-(나)-(다)
⑤ (가)-(바)-(다)-(나)-(라)-(마)

|해설|

핵심 키워드 : 과학, 이해

선택지를 쭉 보면 맨 처음에 (가)문장으로 시작되는 것을 알 수 있다. 전체를 대충 살펴보면, (바)의 '예를 들어' 보다 뒤에 (나)나 (마)가 나오는 걸 알 수 있다. '그럼에도 이상하다고 생각하는 표정으로' 시작하는 (나)는 그 앞에도 의아한 태도를 취한 사실이 드러나므로 질문을 하는 부분인 (마)가 앞에 온다. 따라서 흐름은 (바)-(마)-(나)가 된다. 또한 '즉, 스스로 자신을 속이는 과정이 필요하다'라는 내용의 (라)도 경험을 통해 향하는 결론으로, (나) 혹은 (마) 뒤에 온다고 추정할 수 있다. 이 조건을 만족시키는 ②가 정답이 된다.

|정답| ②

유형 분석
뒤죽박죽 순서의 문장들을 문맥에 맞게 배열할 수 있는지를 묻는 문항이다.

해결 전략

글을 대략적으로 훑어보고 순서를 파악하기 위한 힌트를 얻는다.
→ 그럼에도, 이를, 즉, 그 사실, 예를 들어

↓

이와 같은 접속사·지시어를 염두에 두고 정렬할 수 있는 것부터 정렬시킨다.

↓

위에서 정렬시킨 순서와 일치하지 않는 선택지를 소거하고, 남은 것 중에서 답을 찾아 나간다.

02 [문단 배열하기]

다음 문단의 순서를 문맥에 맞게 배열한 것을 고르시오.

제한시간 1분

(가) 나전칠기에서 가장 많은 부분을 차지하는 검은 색은 옻칠에 의한 것이다. 옻은 옻나무에 흠집을 냈을 때 흘러나온 수액으로, 목재를 보호하고 광택을 내는 데 사용한다. 옻은 일반적으로 6월에서 11월까지 채취하는데 이 기간 중에서도 특히 7월 중순에서 8월 하순의 것을 최상으로 친다. 이렇게 최상의 옻을 준비하면, 먼저 백골에 옻칠을 한다. 이때 백골은 뼈대를 만들어 놓고 아직 옻칠하지 않은 나무 자체를 가리킨다.

(나) 이를 백골에 붙인 다음, 종이 본은 떼어 내고 옻칠을 추가한다. 남아 있는 칠을 긁어내고 인두로 마름질한 후 초벌 광, 중벌 광, 마감 광을 낸다. 그리고 가장 마지막으로 자개의 등 위에 고래를 바르는 평탈 기법을 하는데, 이는 자개 높이와 칠면을 같게 하려는 목적이다. 이처럼 나전칠기는 완성하기까지 칠하고, 건조하고 연마하기를 8개월에서 1년 동안 반복해야 한다. 나전칠기의 아름다움과 화려함 뒤에 장인의 정성이 숨어있다는 사실을 잊지 말아야 한다.

(다) 나전칠기는 옻칠한 가구의 표면에 야광패(夜光貝)나 전복 조개 등의 껍질을 여러 가지 문양으로 감입하여 장식한 칠기를 말한다. 나전칠기를 만드는 기법은 중국 주대(周代)와 당대(唐代)에 성행하였고, 그것이 한국과 일본에 전해진 것으로 보인다. 한국은 초기에는 주로 백색의 야광패를 사용하였으나 후기에는 청록 빛깔을 띤 복잡한 색상의 전복 조개의 껍질을 많이 사용하였다.

(라) 이제 자개를 놓는 일만 남았다. 자개를 만들기 위해서는 조개껍질을 숫돌로 얇게 갈아서 줄로 썰고 무늬에 맞게 끊음질을 해야 한다. 그리고 고래를 바른 상태에서 밑그림에 따라 자개에 구멍을 뚫고, 실톱으로 무늬를 오린 후 종이 본에 붙인다. 문양을 내기 위해 자개를 잘라내는 방법은 주름질과 이음질, 끊음질이 있는데 끊음질이 가장 많이 사용된다.

(마) 이후 황토와 옻칠을 혼합하여 나무의 눈메(나무 무늬)를 메워주고, 표면이 반질거리도록 연마한다. 그다음, 나무의 수축 변화를 막기 위해 옻칠과 찹쌀풀을 혼합시켜 삼베와 한지를 바르고, 그 위에 흑칠을 한다. 흑칠한 백골에 고래[토분(土粉)과 옻칠을 혼합한 것]로 다시 한번 눈메를 메워 매끄럽게 만들면, 나전칠기의 검은 부분이 완성된다.

① (가)-(다)-(마)-(나)-(라)
② (가)-(마)-(다)-(라)-(나)
③ (다)-(가)-(마)-(라)-(나)
④ (다)-(마)-(가)-(라)-(나)
⑤ (다)-(가)-(나)-(마)-(라)

| 해설 |

핵심 키워드 : 나전칠기

(다)는 나전칠기의 정의를 기술하고 있으므로, 가장 앞에 온다. 반면 (나), (라), (마)는 제작과정을 설명하고 있기 때문에 (다)의 바로 다음으로 오기에는 어색하다. 따라서 나전칠기의 정의와 제작과정 사이를 자연스럽게 연결해줄 수 있는 (가)가 와야 한다. (나)의 첫 문장에서 '종이 본은 떼어 내고 옻칠을 추가한다'고 하였지만, (가)에는 종이 본에 대한 언급이 없으므로 (가) 뒤에 (나)가 위치하지 않을 것이다. 또한, (라)에서도 '이제 자개를 놓는 일만 남았다'는 것을 보아 제작과정의 마지막 단계를 설명하고 있음을 추측해 볼 수 있다. 따라서 (가) 뒤에는 (나), (라)가 아닌 (마)가 와야 한다. (마)에서 나전칠기의 검은 부분에 대한 설명을 마쳤으므로, 이제 자개를 놓는 일에 대한 설명이 이어질 차례이다. 따라서 (라)가 뒤따르고, 적절한 끝맺음 문장으로 구성된 (나)가 마지막에 와야 한다.

| 정답 | ③

2017 현대자동차

유형 분석
뒤죽박죽 섞인 문단을 문맥에 맞게 배열하는 문항이다.

해결 전략
빠르게 글을 훑어보며 첫 문단 혹은 마지막 문단을 추측해 본다.
→ 나전칠기는~, ~잊지 말아야 한다

↓

나머지 문단들을 살펴보며 힌트가 될 수 있는 요소들을 찾는다.
→ 이를, 이제, 이후

글의 구조
(다) 나전칠기 소개 : 유래와 우리나라 나전칠기 특징
- 초기 : 백색 야광패 사용
- 후기 : 청록빛 전복 껍질 사용

↓

(가)·(마)·(라) 제작과정 설명

(가) 최상의 옻 준비, 백골 옻칠
+
(마) 황토+옻칠
흑칠+옻칠
→ 검은 부분 완성
+
(라) 자개로 문양 내기

↓

(나) 백골에 문양 낸 자개(나전)를 붙여 칠기 완성 : 아름다움에 숨겨진 장인의 정성

| 빈출예제 |

03 [문단 삽입하기]

제한시간 1분

다음 글을 읽고 주어진 문단이 들어갈 알맞은 곳을 고르시오.

> ㉠1930년대 세계는 대공황이라 부르는 극심한 경기 침체 상태에 빠져 큰 고통을 겪고 있었다. 이에 대해 당시 경제학계의 주류를 이루고 있던 고전파 경제학자들은 모든 경제적 흐름이 수요와 공급의 법칙에 따라 자율적으로 조절되므로 경기는 자연적으로 회복될 것이라고 믿었다. 인위적인 시장 개입은 오히려 상황을 악화시킬 것이라고 생각했던 것이다. 그러나 케인스의 생각은 달랐다. 케인스는 만성적 경기 침체의 원인이 소득 감소로 인한 '수요의 부족'에 있다고 생각했다. 이에 따라 케인스는, 정부가 조세를 감면하고 지출을 늘려 국민소득과 투자를 증가시키는 인위적인 수요팽창정책을 써야 한다는 '유효수요이론'을 주창했다.
> ㉡설명의 편의를 위해 가계와 기업, 금융시장만으로 구성된 단순한 경제를 상정하기로 하자. 기업은 상품 생산을 위한 노동력을 필요로 하고 가계는 이를 제공하는데, 그 과정에서 소득이 가계로 흘러 들어간다. 그리고 가계는 그 소득을 필요한 물건을 구입하기 위해 소비하게 된다. 만일 가계가 벌어들인 돈을 전부 물건 구입에 사용한다면 소득은 항상 소비와 일치하게 된다. 그러나 현실 세계에서 가계는 벌어들인 소득 전부를 즉각 소비하지는 않는다. 가계의 소득 중 소비되지 않은 부분은 저축되기 마련이며, 이렇게 저축된 부분은 소득과 소비의 순환 흐름에서 빠져나간다. 물론, 저축으로 누출된 돈이 가정의 이불이나 베개 밑에서 잠자는 것은 아니다. 가계는 저축한 돈을 금융시장에 맡겨 두고, 기업은 이를 투자 받아 생산요소를 구입한다.
> ㉢이때, 저축의 크기보다 투자의 크기가 작은 상황이 지속되면 경기가 만성적인 침체 상태에 빠지게 된다는 것이 케인스의 생각이었다. 사람들이 저축을 늘리고 소비를 줄이면 기업의 생산 활동이 위축되고 이는 가계의 소득을 감소시킨다. 소득이 감소하면 사람들은 미래에 대한 불안을 느낀 나머지 소비를 최대한 줄이고 저축을 늘리며, 이는 다시 가계의 소득을 더욱 감소시키는 악순환으로 이어진다. 따라서 국민경제 전체의 관점에서 보면 저축은 총수요를 감소시켜 불황을 심화시키는 악영향을 미친다는 것이다. 케인스는 이와 같은 관점에서 '소비는 미덕, 저축은 악덕'이라는 유명한 말을 남겼다.
> ㉣그렇지만 케인스는 저축과 투자의 크기가 이자율의 조정만으로 일치하게 될 것이라고 생각하지는 않았다. 저축과 투자는 이자율뿐 아니라 미래의 경기, 정치 상황, 기술 개발 등에 더욱 민감하게 반응한다는 점을 지적하며, 경기 회복을 위해서는 정부의 인위적인 수요팽창정책이 필요함을 역설한 것이다. ㉤

그러나 고전파 경제학자들은 이런 경우에도 수요와 공급의 법칙에 따라 '이자율'이 신축적으로 조정되므로 자연적으로 문제가 해결될 것으로 믿었다. 저축이 투자보다 커지면 수요와 공급의 법칙에 의해 이자율이 떨어지고, 이자율이 떨어지면 저축은 줄어들고 투자는 늘어나게 된다는 것이다. 따라서 저축의 크기와 투자의 크기는 일치하게 된다는 것이 고전파 경제학자들의 생각이었다.

① ㉠   ② ㉡   ③ ㉢
④ ㉣   ⑤ ㉤

유형 분석

문맥에 맞도록 주어진 문단이 삽입할 위치를 고를 수 있는지를 묻는 문항이다.

해결 전략

주어진 문단을 먼저 읽고 힌트를 찾는다.
→ 그러나, 고전파 경제학자 이를 보았을 때 해당 문단의 직전에 고전파 경제학자들과 반대되는 이야기가 나왔음을 알 수 있다.

글의 구조

1. 1930 대공황
   고전파 경제학자
   ↕
   케인스
2. 경제의 흐름
3. 케인스
   : 저축〉투자
   → 만성적 침체
4. 고전파 경제학자
   : 이자율을 통해 신축적 조정이 가능
5. 케인스
   : 정부의 인위적인 수요팽창 정책 필요

| 해설 |

핵심 키워드 : 고전파 경제학자, 케인스

제시된 문단에서는 '그러나'라는 역접 관계의 접속어를 통해 이전과는 상반된 내용을 전개하고 있으며, 고전파 경제학자들은 수요와 공급의 법칙에 따라 저축과 투자 문제가 자연적으로 해결될 것으로 믿었다고 설명하고 있다. 1문단에서는 대공황에 대한 고전파 경제학자와 케인스의 시각 차이를 소개하고 있으며, 2문단에서는 기본적인 경제 흐름을 간소화하고, 3문단에서는 케인스의 유효수요이론을 적용하여 설명하고 있다. 또한 마지막 문단에서는 저축과 투자의 크기를 일치시키기 위해 정부의 인위적인 수요팽창정책이 필요함을 역설한 케인스의 입장을 제시하고 있다. 제시된 문단의 '이런 경우'는 3문단에서 언급한 저축과 투자의 불균형에 따라 불황이 발생하는 경우를 가리키고, 마지막 문단은 제시된 문단에 대한 케인스의 재반박이므로 제시된 문장은 ㉣에 들어가는 것이 적절하다.

| 정답 | ④

하나 더+

문장·문단배열 문제 푸는 순서

1. **문제를 읽는다.**
   가장 먼저 문제 형식을 확인한다.

2. **글을 읽고 내용을 파악한다.**
   순서가 뒤죽박죽인 상태에서 일단 한번 읽고 내용을 파악한 후, 내용적으로 순서를 판단하기 위한 힌트를 얻는다.

3. **접속사나 지시어를 확인한다.**
   접속사나 지시어에 의해 글의 앞뒤 관계를 특정지을 수 있으므로 접속사나 지시어에 밑줄을 친다. 접속사라면 어떤 부분과 어떤 부분을 연결하고 있는지, 또는 그것들이 어떤 관계로 글을 구성하고 있는지를 파악하고, 지시어라면 어떤 부분을 가리키는 것인지를 파악한다.

4. **재배치할 수 있는 것부터 재배치한다.**
   접속사나 지시어 혹은 내용을 통해 순서를 알게 된 것부터 재배치한다. 작은 그룹을 몇 개 만들어 그것부터 전체를 정리해 나간다.

5. **선택지와 대조한다.**
   자기가 만든 순서와 일치하는 선택지를 찾는다. 일부분의 순서밖에 알 수 없는 경우에는, 그 순서를 포함하고 있는 선택지를 선택한다. 순서에 대해 감을 잡을 수 없을 때는 반대로 선택지를 이용하여 생각해볼 수도 있다. 또한 자기가 만든 순서와 같은 선택지가 없을 경우에는 자기가 만든 순서가 잘못된 것이므로 다시 생각하도록 한다.

6. **선택한 선택지의 순서대로 다시 읽어본다.**
   선택한 선택지의 순서대로 다시 읽어보고, 모순점이나 위화감이 없는지 확인한다.

Part 2 Theme 08 Basic 기본문제

01~02 다음 문장의 순서를 문맥에 맞게 올바르게 배열한 것을 고르시오.

제한시간 1분 | 2015 KT |

One Point Lesson

지시어나 단어의 관계에 의해 문장의 전후관계를 파악할 수 있으므로 이를 발견한다면 선을 그어 표시를 해두는 것이 좋다.

단기간 또는 장기간→대뇌피질→단기기억→장기기억

01 ★★☆☆☆

(가) 여러 감각 기관을 통해 입력된 감각 정보는 대부분 대뇌피질에서 인식된다.
(나) 해마와 대뇌피질 간 연결의 일시적인 변화가 대뇌피질 내에서 새로운 연결로 교체되어 영구히 지속되면 그 단기기억은 장기기억으로 저장된다.
(다) 우리에게 입력된 감각 정보는 모두 저장되는 것이 아니라 극히 일부분만 특정한 메커니즘을 통해 단기간 또는 장기간 저장된다.
(라) 신경과학자들은 장기 또는 단기기억의 저장 장소가 뇌의 어디에 존재하는지 연구해 왔고, 그 결과 두 기억은 모두 대뇌피질에 저장된다는 것을 알아냈다.
(마) 인식된 일부 정보는 해마와 대뇌피질 간에 이미 형성되어 있는 신경세포 간 연결이 일시적으로 변화하는 과정에서 단기기억으로 저장된다.

① (가)-(마)-(나)-(라)-(다)
② (다)-(라)-(가)-(마)-(나)
③ (라)-(가)-(나)-(마)-(다)
④ (마)-(나)-(가)-(다)-(라)
⑤ (마)-(라)-(가)-(다)-(나)

이것만은 꼭

'그런데' '이에' '따라서' '그~'와 같은 지시어, 접속사가 문두에 있다면 해당 문장은 글의 첫 부분에 올 수 없다. 따라서 이러한 문장들을 첫 시작으로 한 선택지를 가장 먼저 소거한다. 이를 제외하고 남은 선택지들의 시작이 모두 (마)와 (바)뿐이므로, 가장 먼저 이 둘을 읽음으로써 첫 문장을 찾는다.

02 ★★★☆☆

(가) 그런데 많은 문화가 혼재돼 문화 상대주의가 만연한 곳에서는 사람들은 자신이 보루로 삼을 문화의 형태나 기둥을 잃게 되며, 자기상실에 빠져들어 불안한 상태에 던져지게 된다.
(나) 이에 따라 사람은 사회의 불안정성이나 불확실성에 견딜 정신적 지주를 가질 수 있다.
(다) 따라서 모든 문화가 지리적 풍토를 벗어나 지구 전체로 이리저리 퍼지는 21세기에는 문화의 혼재에서 오는 아이덴티티(Identity) 상실의 시대가 도래할지도 모른다.
(라) 그 문화적 풍토에서 나고 자란 사람은 그 형태 속에서 자기 자신의 아이덴티티를 형성한다.
(마) 종교로 봐도, 언어로 봐도, 습관으로 봐도, 문화라는 것은 각각 서로 다른 형태를 갖고 있다.
(바) 가치의 상대성을 주장하는 것은 그 나름대로 옳지만 그게 너무 과해질 경우, 줏대를 잃게 되어 신념을 가질 수 없게 되는 것이다.

① (다)-(바)-(마)-(라)-(가)-(나)
② (마)-(가)-(바)-(나)-(다)-(라)
③ (마)-(라)-(나)-(가)-(바)-(다)
④ (바)-(가)-(라)-(마)-(나)-(다)
⑤ (바)-(마)-(나)-(라)-(다)-(가)

03~04 다음 문단을 논리적 순서대로 바르게 배열한 것을 고르시오.

03

(가) 그렇다면 실천에서 왜 공동체성이 중요한 의미를 갖는가? 이를 설명하기 위해 맥킨타이어는 삶을 '이야기' 양식으로 이해할 것을 제안한다. 개인의 삶은 어느 한 순간에만 존재하는 것이 아니다. 한 편의 이야기와 마찬가지로 탄생, 삶, 죽음으로 이어지는 하나의 이야기이며, 그 이야기는 그가 속한 공동체의 역사 속에 존재한다. 개인은 공동체의 영향을 받아 자신의 이야기를 만들어 가며, 그가 속한 공동체는 다른 공동체와 상호 작용을 한다. 이러한 과정은 공동체의 이야기를 만들어 가는 과정이기도 하다. 따라서, 개인의 행위는 공동체와의 관계 속에서 의미를 갖는다.

(나) 개인적 자유주의자는 개인은 자유롭고 독립적인 존재이므로 자유로운 선택과 합의에 의해서만 자신을 강제하는 도덕적 의무를 진다고 생각한다. 또한 이들은 자신이 한 행위에 대해서만 책임을 질 뿐, 다른 사람의 행위나 자신의 힘이 닿지 않는 데까지 책임질 수는 없다고 생각한다. 이런 생각에는 공동체적 도덕의식이 들어설 여지가 없다.

(다) 맥킨타이어는 개인적 자유주의가 강조되고 있는 현대 사회에 공동체적 도덕의식의 중요성을 환기시킬 수 있는 근거를 마련해 준다. 그러나 이와 같은 맥킨타이어의 주장에 따르면 공동체에서 개인이 져야 할 책임이 무한히 확장될 수 있다. 또한 도덕적 책임에 대한 개인의 자율적 판단이 지나치게 제한될 수도 있다.

(라) 공동체주의자의 한 사람인 맥킨타이어는 현대 사회가 개인적 자유주의의 영향을 벗어나지 못하는 것은 현대의 도덕 철학이 아리스토텔레스의 목적론적 윤리학을 거부하는 데에서 비롯된다고 생각한다. 그래서 아리스토텔레스의 목적론적 윤리학의 복권을 통해 개인적 자유주의를 극복하려고 시도한다. 목적론적 윤리학에서는 최고 선(善)인 행복을 인간이 추구해야 할 궁극적인 목적으로 설정하고, 덕(德)을 그 선에 도달하기 위한 필수 조건으로 보았다. 아리스토텔레스에 따르면 덕은 선을 이루기 위한 수단인 동시에 선을 구성하는 필수적이고 본질적인 요소인 것이다.

(마) 맥킨타이어는 덕이 실천 활동을 통해 획득될 수 있다고 말한다. 이때 실천은 그 활동에 내재하고 있는 선들이 그 활동을 통해 실현되도록 하는 것을 의미한다. 또한 실천은 개인적인 것이 아니라 사회적으로 성립된 협동적인 활동을 말한다. 그러므로 활동 자체에 내재하고 있는 선들을 실현하는 활동이라 하더라도, 자기가 속한 공동체와의 연관성이 없을 때는 덕을 획득하기 어렵다고 본다. 결국 맥킨타이어는 실천에서 공동체성이 중요한 의미를 띤다고 본다.

① (나)-(라)-(마)-(가)-(다)
② (나)-(마)-(가)-(라)-(다)
③ (라)-(마)-(다)-(가)-(나)
④ (라)-(마)-(나)-(가)-(다)
⑤ (마)-(가)-(나)-(라)-(다)

기본문제

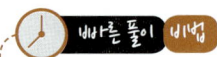

04 ★★★☆☆

(가) 예술이 과거보다 훨씬 더 큰 산업 유발 효과를 가진다는 점을 보여주는 자료들은 많다. 최근 자료에 따르면, 예술 산업은 뉴욕에서 매년 110억 달러의 경제적 파급 효과를 낳고, 13만 개에 달하는 일자리를 창출한다. 연극이나 미술 작품을 관람하기 위해 뉴욕시를 찾는 예술 관련 관광객들은 연간 25억 달러를 뉴욕 시내에서 소비한다. 뉴욕에서는 예술 산업이 광고, 호텔 경영, 기업 운영 상담, 컴퓨터 및 데이터 처리 서비스 못지않은 경제적 효과를 낳고 있는 것이다.

(나) 자본주의가 발전하면서 시장은 예술의 생산과 소비에 큰 영향을 미치게 되었다. 과거와 달리 예술가들은 익명의 구매자들에게 판매하기 위해 작품을 만들고, 그 작품은 시장을 통해 유통된다. 이제 많은 예술품들이 산업 경제의 대량 생산 모델을 좇아 제작되고 판매되며 유행이 끝난 후에는 시장에서 사라진다. 일부 비판적 이론가들은 상업화가 예술의 타락과 소외를 초래했다고 주장한다. 이 주장에 따르면, 예술 산업은 창작품을 천박한 상품으로 만들어버린다. 예컨대 완전무결하게 구성된 색채들이 흔해빠진 벽지의 무늬로 응용되어버리는 것이다.

(다) 이제 예술은 다른 어느 분야에 못지않게 큰 부가 가치를 창출하는 산업으로 자리 잡았다. 소설이 블록버스터 영화로 제작되어 세계인들을 열광시키기도 하고, 전위적 비디오 예술이 음악 전문 채널의 인기 프로그램으로 제작되기도 하며, 순수 미술 작품이 새로운 디자인 개발이나 산업적 발명에 영감을 제공하기도 한다. 이제 예술이 경제 활성화에 크게 이바지한다는 점은 분명해 보인다. 예술은 화랑, 영화, 라디오, 텔레비전처럼 직접적으로 예술 상품을 다루는 분야뿐만 아니라 패션, 광고, 출판, 관광, 실내 장식 등 여러 산업 분야에서 경제적 가치를 창출한다.

(라) 그러나 예술 시장의 활성화가 사회·경제적으로 여러 가지 긍정적인 결과를 가져온 것도 사실이다. 예술품에 대한 접근성이 증가하면서 잠재적 예술 소비자들이 크게 늘어났다. 또 예술 시장의 팽창과 활성화는 재능 있는 젊은이들을 예술계로 유인하고 안정된 창작 활동을 보장하여 예술의 발전에 기여한다. 예전에 비해 더 많은 신진 예술가들이 경제적으로 훨씬 독립적인 상황에서 예술 활동에 전념할 수 있다.

① (나)-(다)-(라)-(가) ② (나)-(라)-(다)-(가)
③ (나)-(라)-(가)-(다) ④ (다)-(나)-(가)-(라)
⑤ (다)-(라)-(나)-(가)

빠른 풀이 비법

선택지를 빠르게 보았을 때 첫 시작이 모두 (나)와 (다)뿐이므로, 이 두 문단을 가장 먼저 살핀다.

↓

(다) 문단이 '이제'로 시작하므로 첫 문단이 될 수 없다. 따라서 (다)가 첫 시작인 선택지를 소거하고 나머지 선택지를 살펴본다.

↓

남은 선택지들의 두 번째 순서는 (다)와 (라)뿐이므로 이를 읽고 첫 문단과의 유기적 연관성을 고려하여 답을 찾아 나간다.
예술→천박한 상품→그러나→예술의 발전→이제→경제적 가치→산업 유발 효과

05 다음 글에 (가)~(마)를 순서에 맞게 배열하여 글을 완성할 때 그 순서로 가장 타당한 것을 고르시오.

> 〈가상의 사회〉와 〈현실의 사회〉를 대립시켜 생각하는 사람은 '사회는 하나다'를 전제로 한다. 따라서 유일한 사회에 대응하는 '진짜 인격'이 있고, 네트워크 상에서 등장하는 '인격'은 날조된 모습이라고 생각하고 만다.

(가) 이른바 '인터넷 인격'은 확실히 존재하긴 한다. 보통은 얌전한데 인터넷상에서는 완전히 달라져 큰소리치는 사람은 분명 존재한다.

(나) 집에서는 과묵하고 사회적으로는 능력이 뛰어나며 동창회에서는 놀림의 대상이 되는 사람이 있다는 사실은 크게 드문 경우는 아니다. 소속된 집단에 따라 혹은 커뮤니케이션을 하는 장소에 따라 연기하는 역할이 달라지는 것이다. 애초에 인격이 하나라는 전제는 집안에서만 엄격한 사람과 같은 경우를 설명할 수 없다.

(다) 그러나 여기서는 '보통은 얌전한 사람'이란 부분에 주목해야 한다. '보통'이란 말 속에 큰 소리로 활개 치는 역할을 연기하는 소속 집단이나 상황이 있을 수도 있다. 인터넷상에서 성격이 싹 바뀌는 현상은 '학교에서는 활발한데 집에서는 얌전하다'라는 현상과 본질적으로 같은 것이다.

(라) '인터넷 인격'을 굳이 특별시 하는 이유는 처음부터 '네트워크는 특수한 세계'라고 규정지은 결과에 지나지 않는다.

(마) 그러나 이는 기묘한 이야기다. 우리는 집에 있을 땐 가족의 일원이며 사회나 학교로 가면 그 집단의 멤버가 된다. 집에서는 '아버지'란 역할을 가진 'X 아빠'이지만, 사회에서는 조금 말이 많은 'X 과장', 그리고 학창시절의 동창회에서는 놀림당하는 아이인 'X 군'일지도 모른다.

① (가)-(다)-(라)-(나)-(마)
② (가)-(마)-(나)-(다)-(라)
③ (라)-(나)-(마)-(가)-(다)
④ (마)-(가)-(라)-(다)-(나)
⑤ (마)-(나)-(가)-(다)-(라)

기본문제

One Point Lesson

주어진 문장을 적절한 위치에 삽입해야 하는 문제는 가장 먼저 주어진 문장을 읽어야 한다. 삽입 될 문장의 내용과 접속사, 지시어 등을 살펴본 후 지문으로 넘어간다.

주어진 문장에서 힌트가 될 만한 것은 '이르렀다'이다. '이르렀다'는 어떠한 설명이 막바지를 향해 가고 있음을 알려주는 서술어이므로, 글의 앞부분보다는 중반 이후에 들어갈 것임을 예상해 볼 수 있다.

06~07 다음 글을 읽고 주어진 문장이 들어갈 알맞은 곳을 고르시오.

제한시간 1분

06 ★★☆☆☆

(가) 현대 사회가 해결해야 할 또 하나의 과제는 물질적인 것과 정신적인 것 사이의 균형을 회복하는 일이다. (나) 옛날에는 오히려 사회 생활의 비중을 정신적인 것이 더 많이 차지해왔다. 종교, 학문, 이상 등이 존중되었고, 그 정신적 가치가 쉽게 인정받았다. 그러나 현대 사회로 넘어오면서부터 모든 것이 물질 만능주의로 기울어지고 있다. 그것은 세계적인 현상이며, 한국도 예외는 아니다. 물론, 그 중요한 원인이 된 것은 현대 산업 사회의 비대성(肥大性)이다. 산업 사회는 기계와 기술을 개발했고, 공업에 의한 대량 생산과 소비를 가능케 했다. (다) 그 결과로 나타난 것이 문화 경시의 현상이며, 그것이 심하게 되어 인간 소외의 사회를 만들게 되었다. 정신적 가치는 그 설 곳을 잃게 되었으며, 물질적인 것이 모든 것을 지배하기에 이르렀다. (라) 이렇게 물질과 부가 모든 것을 지배하게 되면, 우리는 문화를 잃게 되며, 삶의 주체인 인격의 균형을 상실하게 된다. 그 뒤를 따르는 불행은 더 말할 필요가 없다. (마)

사람들은 물질적 부를 즐기는 방향으로 쏠렸는가 하면, 사회의 가치 평가가 생산과 부(富)를 표준으로 삼기에 이르렀다.

① (가) ② (나) ③ (다)
④ (라) ⑤ (마)

One Point Lesson

주어진 문장의 접속사를 살펴보면 '나아가'가 문두에 나와 있다. '나아가' '요컨대' '즉' '그러므로' '결론적으로' 등은 글의 시작보다는 끝에 위치하는 것이 자연스럽다. 따라서 글을 읽을 때 첫 부분은 흐름만 파악하여 빠르게 읽어 나가고, 중반 이후부터는 좀 더 주의하여 읽도록 한다.

07 ★★☆☆☆

언어결정론자들은 우리의 생각과 판단이 언어를 반영하고 있고 실제로 언어에 의해 결정된다고 주장한다. 언어결정론자들의 주장에 따르면 에스키모인들은 눈에 관한 다양한 언어 표현들을 갖고 있어서 눈이 올 때 우리가 미처 파악하지 못한 미묘한 차이점들을 찾아낼 수 있다. (가) 또, 언어결정론자들은 '노랗다', '샛노랗다', '누르스름하다' 등 노랑에 대한 다양한 우리말 표현들이 있어서 노란색들의 미묘한 차이가 구분되고 그 덕분에 색에 관한 우리의 인지 능력이 다른 언어 사용자들보다 뛰어나다고 본다. (나) 이렇듯 언어결정론자들은 사용하는 언어에 의해서 우리의 사고 능력이 결정된다고 말한다. 정말 그럴까? 모든 색은 명도와 채도에 따라 구성된 스펙트럼 속에 놓이고, 각각의 색은 여러 언어로 표현될 수 있다. (다) 이러한 사실에 비추어보면 우리말이 다른 언어에 비해 더 풍부한 색 표현을 갖고 있다고 볼 수 없다. (라) 따라서 우리의 생각과 판단은 언어가 아닌 경험에 의해 결정된다고 보는 것이 옳다. 언어결정론자들의 주장과 달리, 언어적 표현은 다양한 경험에서 비롯된 것이라고 보는 것이 옳다. (마)

나아가, 더 풍부한 표현을 가진 언어를 사용함에도 불구하고 인지능력이 뛰어나지 못한 경우도 발견할 수 있다.

① (가) ② (나) ③ (다)
④ (라) ⑤ (마)

08 다음 글을 읽고 주어진 문단이 들어갈 알맞은 곳을 고르시오.

ⓘ 최근 들어 도시의 경쟁력 향상을 위한 새로운 전략의 하나로 창조 도시에 대한 논의가 활발하게 진행되고 있다. 창조 도시는 창조적 인재들이 창의성을 발휘할 수 있는 환경을 갖춘 도시이다. 즉 창조 도시는 인재들을 위한 문화 및 거주 환경의 창조성이 풍부하며, 혁신적이고도 유연한 경제 시스템을 구비하고 있는 도시인 것이다.

ⓛ 창조 도시의 주된 동력을 창조 산업으로 볼 것인가 창조 계층으로 볼 것인가에 대해서는 견해가 다소 엇갈리고 있다. 창조 산업을 중시하는 관점에서는, 창조 산업이 도시에 인적·사회적·문화적·경제적 다양성을 불어넣음으로써 도시의 재구조화를 가져오고 나아가 부가가치와 고용을 창출한다고 주장한다. 창의적 기술과 재능을 소득과 고용의 원천으로 삼는 창조 산업의 예로는 광고, 디자인, 출판, 공연 예술, 컴퓨터 게임 등이 있다.

ⓒ 창조 계층을 중시하는 관점에서는, 개인의 창의력으로 부가가치를 창출하는 창조 계층이 모여서 인재 네트워크인 창조 자본을 형성하고, 이를 통해 도시는 경제적 부를 축적할 수 있는 자생력을 갖게 된다고 본다. 따라서 창조 계층을 끌어들이고 유지하는 것이 도시의 경쟁력을 제고하는 관건이 된다. 창조 계층에는 과학자, 기술자, 예술가, 건축가, 프로그래머, 영화 제작자 등이 포함된다.

ⓔ 창조 도시는 하루아침에 인위적으로 만들어지지 않으며 추진 과정에서 위험이 수반되기도 한다. 창조 산업의 산출물은 그것에 대한 소비자의 수요와 가치 평가를 예측하기 어렵다. 또한 창조 계층의 창의력은 표준화되기 어렵고 그들의 전문화된 노동력은 대체하기가 쉽지 않다. 따라서 창조 도시를 만들기 위해서는 도시 고유의 특성을 면밀히 고찰하여 창조 산업, 창조 계층, 창조 환경의 역동성을 최대화할 수 있는 조건이 무엇인지 밝혀낼 필요가 있다. ⓜ

창조성의 근본 동력을 무엇으로 보든, 한 도시가 창조 도시로 성장하려면 창조 산업과 창조 계층을 유인하는 창조 환경이 먼저 마련되어야 한다. 창조 도시에 대한 논의를 주도한 랜드리는, 창조성이 도시의 유전자 코드로 바뀌기 위해서는 다음과 같은 환경적 요소들이 필요하다고 보았다. 개인의 자질, 의지와 리더십, 다양한 재능을 가진 사람들과의 접근성, 조직 문화, 지역 정체성, 도시의 공공 공간과 시설, 역동적 네트워크의 구축 등이 그것이다.

① ⓘ ② ⓛ ③ ⓒ
④ ⓔ ⑤ ⓜ

기본문제

정답 및 해설

01 정답 ②

핵심 키워드 : 대뇌피질, 단기기억, 장기기억

(가)부터 살펴보면 여러 감각 기관을 통해 입력된 감각 정보는 대부분이 대뇌피질에서 인식된다고 하였는데, (마)의 인식된 일부 정보가 (가)의 감각 정보에 해당하므로 (마)는 (가) 뒤에 이어져야 한다. 또한 (마)에서 단기기억의 저장에 대해 설명하고 있는데, (나)는 그 단기기억이 장기기억으로 저장되는 과정을 설명하고 있으므로 (마) 뒤에 이어지는 것이 자연스럽다.

그런데 (다)에서는 (가)에서 언급되는 감각 정보의 극히 일부분만이 단기·장기간으로 기억이 저장된다고 언급하고 있고, (라)는 그렇게 저장되는 기억이 (가)에서 언급되는 대뇌피질에 저장된다고 설명하므로 (가) 앞에 위치하는 것이 적절하다. 따라서 (다)가 맨 첫 문장으로 감각 정보의 저장이라는 글의 내용을 제시하고, 이어서 기억의 저장 장소인 대뇌피질에서의 기억 저장과정에 대해 설명하는 (라)-(가)-(마)-(나) 순으로 이어진다.

02 정답 ③

핵심 키워드 : 문화 상대주의, 신념

우선 '상대성'이라는 단어에 관해 말하고 있는 부분은 (가)와 (바)인데 (가)와 (바)는 같은 내용(가치의 상대성이 발생하는 함정)에 대해 논하고 있고 (가)의 '그런데'라는 역접 관계의 단어 때문에 (바)-(가)는 있을 수 없다. 따라서 (가)-(바)로 이어져야 한다. 문장 (나)에는 '이에 따라'라는 지시어가 나온다. '이에 따라 ~ 정신적 지주를 가질 수 있다'라고 기술하고 있으므로, (나)는 '자기 자신의 아이덴티티를 형성한다'라는 글이 포함되는 (라) 뒤에 오게 된다. 또한, (라)에는 '그 문화적 풍토'라는 지시어가 있고, 이것이 (마)의 '각각의 형태를 갖고 있다'와 연결 지을 수 있기 때문에 (마)-(라)-(나)가 된다.

03 정답 ①

핵심 키워드 : 공동체성, 덕과 선

이 글의 주요 흐름은 맥킨타이어의 공동체성이다. (나)는 개인적 자유주의자에게는 공동체적 도덕의식이 들어설 여지가 없다고 하면서 '공동체'에 대한 화두를 던지고 있고, (라)는 공동체주의자인 맥킨타이어가 개인적 자유주의를 벗어나지 못하는 이유와 선과 덕을 통한 극복 방안을, (마)는 덕과 선을 실현시켜주는 실천이 공동체성과 유기적으로 연결되어 있음을 제시하고 있어 (나)-(라)-(마)로 연결된다. 또한, 문단의 마지막 문장을 (가)의 첫 문장에서 다시 의문형으로 사용하면서 실천에서 공동체성이 갖는 중요한 의미에 대해 설명하고 있어 그 흐름이 연결된다. 마지막으로 (다)는 맥킨타이어가 제시한 주장의 의의와 그 문제점을 지적하고 있다. 따라서 순서를 정리하면 (나)-(라)-(마)-(가)-(다)가 된다.

04 정답 ②

핵심 키워드 : 자본주의, 예술의 상업화

이 글의 (나)에서 자본주의의 발전에 따라 예술이 상업화된 것에 대한 비판을 제기하고, (라)에서는 앞 문단의 비판을 역접으로 받으면서 예술 시장이 사회와 경제에 가져오는 긍정적 효과들을 나열하였다. 또한 (다)에서는 예술 시장이 높은 부가 가치를 창출하면서 경제 활성화에 이바지하는 측면을 부연하고, (가)에서 예술 산업이 산업 유발 효과를 이끌어내는 구체적인 예를 들면서 (다)의 내용을 뒷받침한다.

05 정답 ⑤

핵심 키워드 : 인터넷 인격

제시된 글은 부정적인 가치 표현이 있으므로, 주장의 방향성을 알 수 있다. 글쓴이는 '인터넷 세상은 특수한 세상이 아니고 인터넷상의 인격도 어디까지나 그 사람의 인격의 일부가 나타난 것이다'라는 입장을 취하고 있고, '인격은 하나가 아니다'라고 생각한다. 이를 바탕으로 배열 부분을 보면, '그러나'로 시작하는 부분이 (다), (마)인데, 그 내용은 모두 주어진 글에서 알 수 있는 주장과 동일한 방향임을 알 수 있다. (다)에서는 인터넷상에서 성격이 바뀌는 현상도 평소와 같은 것이며 특수한 것이 아니라고 주장하고 있으며, (마)에서는 집단이 달라질 경우 인격이 달라지는 것은 당연하다고 말하고 있다. 하지만 좀 더 자세하게 읽으면, (다)는 '보통이라는 개념을 넓게 생각해 보면, 인터넷상에서 성격이 바뀌는 경우도 동일하다'라는 내용이며, (마)에서는 '집, 사회, 동창회'라는 구체적인 예를 제시하고 있다. 이렇게 역접의 접속사로 시작하는 두 개의 파트에 있어, 같은 방향의 의견을 제시하면서도 화제의 초점에 다소 차이가 있을 경우에는 세부적인 화제 별로 그룹지어 풀 필요가 있다.

세부적인 화제 별로 정리해서 연결하면 '보통'이라는 개념이 나타나고 있는 (가), (다)가 있는데, (다)의 '여기서는 보통 얌전한 사람이라는 부분에 주목해야 한다'라는 표현에서 (가)-(다)로 이어짐을 알 수 있다. 또한 '집과 사회와 동창회'라는 화제에서 공통되는 부분은 (마)와 (나)인데, 이는 같은 방향의 내용이므로 (마)-(나)의 순서가 된다. (가)-(다)와 (마)-(나)의 선후관계에 대해서는 (다)에서 '학교에서는…이라는 현상과 본질적으로는 같다'라는 부분에서 (마)-(나)의 내용을 받은 것임을 알 수 있으므로 (마)-(나)가 먼저 와야 한다. 남는 것은 (라)인데, 글쓴이의 의견이 단적으로 드러난 부분이므로 '그러나'의 뒤에 제시되어야 하는 내용이다. 이음새를 생각해도 (다) 말미의 '본질적으로는 같은 것이다'라는 판단에서 도출해낼 수 있는 내용이기 때문에 (다)의 뒤에 오는 것이 타당하다. 따라서 전체 순서는 (마)-(나)-(가)-(다)-(라)가 된다.

06 정답 ③

핵심 키워드 : 물질 만능주의, 산업 사회의 비대성, 인간 소외

이 글의 흐름상 공업에 의한 대량 생산과 소비는 사람들로 하여금 물질적 부를 즐기게 하고 또 사회의 가치 평가 기준을 생산과 부에 두게 하였으며, 그 결과 문화 경시의 현실, 인간 소외의 사회가 나타나게 되었다고 기술하고 있다. 주어진 문장을 보면 바로 앞에 물질 만능주의에 대한 이야기가 나왔을 것임을 알 수 있다. 또한 (다) 직후에서는 물질 만능주의로 인한 결과를 서술하고 있으므로 주어진 문장은 (다)에 들어가야 할 것이다.

07 정답 ④

핵심 키워드 : 생각과 언어, 경험과 언어

이 글의 앞부분에는 언어가 사고 능력을 결정한다는 언어결정론자들의 주장과 그 근거가, 뒷부분에는 그에 대한 반박과 그 근거가 제시되고 있다. 주어진 문장은 언어가 사고능력을 결정하지 않는다는 근거로, 글의 흐름상 언어결정론자들의 주장을 반박하고 있는 부분인 (나) 이후의 위치에 놓여야 한다. 즉, 주어진 문장은 (다)나 (라)에 들어가야 하는데, (다) 뒤의 문장은 그 앞의 문장을 부연 설명해주고 있는 문장이므로 다른 내용을 담은 문장이 중간에 끼어들 수 없다. 따라서 우리말이 다른 언어에 비해 풍부한 색 표현을 가진 것이 아니라는 내용에 이어, 언어가 사고 능력을 결정하지 않는다는 두 번째 근거로 제시될 수 있도록 (라)에 들어가야 한다.

08 정답 ④

핵심 키워드 : 창조 도시, 창조 산업, 창조 환경

주어진 문단에서는 창조성의 근본 동력인 창조 산업과 창조 계층을 유인하는 창조 환경의 구축 필요성에 대해 설명하고 있다. 이를 통해 창조 산업과 창조 계층에 대해서는 이미 앞에서 언급되었음을 알 수 있다. 1문단은 창조 도시의 개념에 대해 설명하고 있으며, 2문단, 3문단은 창조 도시를 이루는 주된 동력인 창조 산업과 창조 계층에 대해 설명하고 있다. 또한 4문단에서는 창조 산업·계층·환경에 대해 종합하며 글을 마무리하고 있다. 따라서 주어진 문단이 들어가기에 알맞은 곳은 ②이다.

01 다음 주어진 글에 이어질 문장을 순서대로 바르게 배열한 것을 고르시오.

> 곤충 중에는 아름다운 눈알 모양을 한 종류가 적지 않다. 아주 섬세한 모양을 갖췄다.

(가) 이 나방은 뒷날개 쪽에 한 쌍의 멋지고 큰 눈알을 갖고 있어서, 날개를 펼치면 그 눈알이 나타나 마치 동물의 눈처럼 매서운 시선을 보낸다.
(나) 상대를 기습적으로 기절시켜서 공포심을 배로 늘리는 작전이다.
(다) 보통은 앞날개를 아래로 내려서 뒷날개의 눈알 모양을 숨겨두고, 적이 가까이 다가올 때만 앞날개를 올려, 일순간 그 문양을 보여주는 것이다.
(라) 따라서 산누에나방은 거기서 한 층 더 나아갔다.
(마) 곤충의 눈알은 여러 종류가 있는데 그 중 가장 대표적인 종류는 산누에나방이다.
(바) 눈알은 새나 도마뱀 등 시력이 좋은 적에 맞서 위협의 효과가 있다고 한다. 하지만 아무리 효과가 훌륭해도 계속 드러낸 상태라면 실제 동물이 아님을 들키게 된다고 한다.
(사) 문양은 매우 정교하게 생겨서 뚜렷한 윤곽선 안에 별 같은 흰 점들이 여기저기 흩어져 있다. 그것은 금방이라도 튀어나갈 정도로 입체감과 예술성이 있다.

① (마)-(가)-(사)-(바)-(라)-(다)-(나)
② (마)-(바)-(라)-(다)-(가)-(사)-(나)
③ (바)-(가)-(마)-(라)-(사)-(나)-(다)
④ (바)-(사)-(마)-(가)-(다)-(라)-(나)
⑤ (사)-(마)-(바)-(가)-(라)-(나)-(다)

02 다음 문장의 순서를 문맥에 맞게 올바르게 배열한 것을 고르시오.

> (가) 본질은 어떤 사물의 불변하는 측면 혹은 그 사물을 다른 사물과 구별시켜 주는 특성을 의미하는데, 본질주의자는 이러한 사물 본연의 핵심적인 측면을 중시한다.
> (나) 예를 들어 책상의 본질적 기능이 책을 놓고 보는 것이라면, 책상에서 밥을 먹는 것은 비본질적 행위이고 이러한 비본질적 행위는 잘못된 것이라고 본다.
> (다) 책상 자체가 원래 '책을 놓고 보는 것'이라는 본질을 미리 갖고 있었던 것이 아니라, 인간이 책상에서 책을 보거나 글을 쓰면서, 즉 책상에 대해 인간이 경험적으로 행동을 해 보고 난 후에 책상의 본질을 그렇게 규정한 것이라 할 수 있다.
> (라) '본질이란 무엇인가'라는 질문은 서양 철학의 핵심적 질문이다. 탈레스가 세계의 본질을 '물'이라고 이야기했을 때부터 서양 철학은 거의 모든 것들에 대해 불변하는 측면과 그렇지 않은 측면을 탐구하기 시작했다.
> (마) 그런데 본질주의자들이 강조하는 사물의 본질이란 사실 사후적으로 구성된 것이라 할 수 있다.

① (가)-(나)-(마)-(다)-(라)
② (가)-(라)-(마)-(나)-(다)
③ (라)-(가)-(다)-(마)-(나)
④ (라)-(가)-(나)-(마)-(다)
⑤ (라)-(나)-(마)-(가)-(다)

03 다음 (가)~(바)를 재배열하여 글을 완성할 때, 그 순서로서 가장 알맞은 것을 고르시오.

(가) 지금 살아있는 사람들의 기억에서 거의 사라져버린 책이라 해도 어딘가 재미있는 부분이 있어서 애독하고 있는 것이라면, 그것은 자기만의 고전이라고 할 수 있다. 그러한 자신에게 있어 충분히 가치 있는 책을 만난다는 것은 인생의 큰 행복이기도 하다.
(나) 거기에는 예로부터 읽혀오던 고전이 딱이다. 긴 세월에 걸쳐 읽혀온 만큼 곱씹어볼 만한 가치가 충분히 있다고 말할 수 있기 때문이다.
(다) 그러한 것을 계속해 나가면 나름의 고전이 생기고, 어느 샌가 의미 깊은 지적 생활을 누릴 수 있게 되지 않을까.
(라) 지금 자신만의 고전이 없다면 먼저 2, 3년 전에 읽고 재미있었던 것을 닥치는 대로 다시 읽어보는 것도 좋을 것이다. 그리고 몇 권정도 다시 읽고, 재미있으면 남겨두고, 다시 내년이나 내후년에 읽어보는 것이다.
(마) 그래도 그러한 고전에만 눈을 돌릴 필요는 없다. 몇 번이고 반복해서 읽고 그 반복이 그 사람에게 있어 장기간 계속되는 책이라면, 그것은 그 사람의 고전이라 할 수 있을 것이다.
(바) 미국의 철학자 베이컨은 '어떤 책은 그 맛을 보고, 어떤 책은 삼키고, 적은 수의 어떤 책은 꼭꼭 씹어 소화시켜야 한다'고 말했다. 여기서 말하는 꼭꼭 씹어 소화시켜야 하는 적은 수의 책을 만나는 것이 지적 생활에 있어서 빼놓을 수 없는 것이라는 의미이다.

① (가)-(나)-(바)-(다)-(라)-(마)
② (가)-(바)-(나)-(라)-(다)-(마)
③ (바)-(나)-(다)-(라)-(마)-(가)
④ (바)-(나)-(마)-(가)-(라)-(다)
⑤ (바)-(마)-(가)-(라)-(다)-(나)

04 다음 글의 빈칸에 (가)~(바)를 재배치하면 의미가 통하는 글이 된다. 그 순서로 가장 적절한 것을 고르시오.

종합적인 신체감각으로서의 공통감각을 눈뜨게 하고, 개발하는 것은 풍부한 다양성을 가진 자연뿐만은 아니다. 뛰어난 예술도 그와 같은 작용을 한다.

즉, 앞서 상상력의 소산물인 예술에도 공통감각을 눈뜨게 하는 작용이 있다고 말했는데, 사실은 그 상상력이 다름 아닌 공통감각의 작용에 의한 것이다.

(가) 현대 예술 안에 위와 같이, 아름다움과 멀리 떨어진 작품들이 나타나게 된 것은 기계화나 물질화라는 시대의 동향을 직접 반영하고 있는 것은 아니다.
(나) 그러한 것으로서의 예술은 자연 속에서 풍부한 다양성을 추출하거나 혹은 상상력에 의해 그 이상의 순수하고 풍부한 다양성을 만들어낸 것이라 할 수 있다.
(다) 그리고 이것은 공통감각이 상상력의 자리로서 매우 중요한 의미를 갖도록 한다.
(라) 공통감각을 눈뜨게하고 활성화시키는 풍부한 다양성이 자연에서 사라져가고 있으므로 그를 대신하여 지금까지와는 반대되는 것에 공통감각을 작용하도록 했기 때문일 것이다.
(마) 하지만 현대 예술 안에는 미적이지 않거나 지극히 추상적인 것도 있는데, 그러한 것들이 미적 감수성을 거스르거나 그러한 감수성에 위화감을 부여하더라도 그 또한 우리의 공통감각을 자극하고 활성화시키는 작용을 한다는 것에는 변함이 없다.
(바) 말할 필요도 없이 예술은 모양과 리듬에 따라 풍부한 다양성을 표현하고, 이를 접하는 사람에게 미적, 감성적인 감동을 준다. 우리의 공통감각에 작용하는 것이다.

① (나)-(라)-(바)-(마)-(가)-(다)
② (마)-(나)-(바)-(가)-(다)-(라)
③ (마)-(가)-(라)-(다)-(바)-(나)
④ (바)-(나)-(마)-(가)-(라)-(다)
⑤ (바)-(다)-(가)-(라)-(마)-(나)

발전문제

05 다음 글은 일본의 헌법에서 국가가 종교적 활동을 하는 것을 금하는 것에 대한 설명이며, (가)~(사)를 알맞게 배치하면 하나의 글이 된다. 글의 순서에 관한 기술로서 적절한 것을 고르시오.

(가) 원래 일본에서는 각종 종교가 다원적으로 존재하고 있었으므로 이러한 종교 사정 하에서 자유를 확실하게 실현시키기 위해서는 단순히 신앙의 자유를 무조건적으로 보장하는 것만으로는 부족했다. 따라서 국가와 모든 종교의 연결고리를 배제하기 위해 정교분리 규정을 마련할 필요성이 컸다.

(나) 하지만 원래 정교분리 규정은 신앙의 자유 자체를 직접 보장하는 것이 아니라, 국가와 종교의 분리를 제도로서 보장하면서 간접적으로나마 신앙의 자유를 확보하려 하는 것이다.

(다) 더욱이 정교분리 원칙을 완전히 관철하려고 하면 오히려 사회생활의 각 방면에 불합리한 사태가 생길 것임은 분명하다.

(라) 이러한 점에 비추어 볼 때, 일본의 헌법은 정교분리 규정을 마련함에 있어서 국가와 종교의 완전한 분리를 이상으로 삼고 국가의 비종교성 내지 종교적 중립성을 확보하려 했다고 이해해야 한다.

(마) 왜냐하면 국가가 교육, 복지, 문화 등에 관한 조성, 원조 등의 모든 정책을 실시할 때 종교와 얽히는 일이 생기는 것을 피할 수는 없기 때문이다. 따라서 국가와 종교의 완전한 분리를 실현시키는 것은 현실적으로 불가능에 가깝다.

(바) 일본에서는 헌법에 신앙의 자유를 보장하는 규정을 마련하기는 했지만, 사실상 전쟁 전에는 종교 자유의 보장이 불완전했다.

(사) 이러한 점에 비추어 볼 때 국가와 종교의 분리에도 일정한 한계가 생길 수밖에 없다.

① (가)는 세 번째에 온다.
② (나)는 세 번째에 온다.
③ (다)는 여섯 번째에 온다.
④ (라)는 일곱 번째에 온다.
⑤ (마)는 네 번째에 온다.

06~09 다음 글을 문맥에 맞게 순서대로 바르게 배열한 것을 고르시오.

06

(가) 예술은 사물의 본질을 발견하여 다양한 방식으로 이를 드러내는 것으로, 시대의 흐름과 함께 변화해 왔다. 중세를 지나면서 모든 권위의 상징이었던 신의 자리는 인간의 이성과 과학이 대신하게 되었다. 그때부터 인간을 중심으로 한 문명이 꽃폈고 사람들은 유토피아 실현에의 꿈을 추구하였다. 이런 근대의 분위기는 회화 양식에도 영향을 끼쳐, 그림 속의 모든 형상과 요소를 이성에 따라 배치하는 필연의 예술을 만들었다. 필연을 중시하는 회화에서는 예술가가 창작의 처음부터 끝까지를 이성적으로 통제했다. 일단 드로잉이 끝나면 그림은 완성될 때까지 그 형태를 유지했고, 따라서 거기에 우연한 형태가 개입될 여지는 거의 없었다.

(나) 예술과 놀이가 닮아있다는 처음의 전제로 돌아간다면, 예술가들은 화판에 그림을 그리면서 실은 각자 제 취향에 맞는 놀이를 하고 있는 셈이 된다. 몬드리안은 장기를 두고, 폴록은 주사위를 던지며, 베이컨은 말판 놀이를 한다. 그리고 이들의 놀이는 세계를 필연의 코스모스로, 우연의 카오스로, 그리고 때로는 우연과 필연이 결합된 카오스모스로 드러낸다. 결국 사물의 본질을 추구하는 예술은 때로는 필연으로, 때로는 우연으로, 그리고 때로는 필연과 우연의 결합으로 스스로를 변화시키면서 가능하면 본질에 가까이 갈 수 있는 다양한 방법을 시도하고 있는 것이다.

(다) 놀이에는 세 가지 유형이 있는데, 이성을 중시하는 장기판 놀이, 운수를 중시하는 주사위 놀이, 이성과 운수 둘 모두를 중시하는 말판 놀이가 그것이다. 그런데 이 놀이의 세 유형은 예술의 유형과도 닮아 있다.

(라) 하지만 유토피아의 실현에 대한 인간들의 꿈은 이루어지지 않았다. 문명이 더 이상 인간의 이성으로 통제될 수 없음을 깨달았던 것이다. 이런 인간의 자기반성이 예술에서는 기존 예술에 대한 도전으로 나타났다. 오늘날의 예술가들은 더 이상 필연을 고집하지 않는다. 점점 더 많은 사람들이 그림 속에 우연을 적극적으로 도입하기 시작했다. 그리하여 화가 자신도 그림을 시작하는 순간에 그 작품

이 마지막에 어떤 형태로 실현될 지 예측할 수 없게 되었다. 예술가는 우연을 도입함으로써 자신의 창작 과정을 더 이상 의식적·합리적으로 통제할 수 없게 되었다.

(마) 몬드리안의 추상 회화는 '필연'의 예술이다. 기하학적 추상은 사물이 가진 우연적·가변적 측면을 제거하고 사물의 불변적·필연적 본질을 드러내어 코스모스의 미적 이상을 실현하려 한다. 반면 화폭에 물감을 뿌리는 잭슨 폴록의 '드리핑'은 예술에 우연을 도입한 것이다. 마르셀 뒤샹은 길이 1미터짜리 실을 화폭에 떨어뜨린 후 그것을 그대로 접착시켜 작품으로 제출했다. 이렇게 창작 과정의 전부 혹은 일부를 '우연'에 맡겨버리는 것을 예술학에서는 알레아토릭(Aleatorik, 주사위 던지기)이라 한다. 한편 아일랜드의 화가 프랜시스 베이컨은 말판놀이처럼 작품 속에 우연과 필연을 결합시킨다. 그는 일단 드로잉 없이 그림을 시작한다. 중간에 손으로 뭉개거나 솔로 문지르거나 혹은 물감을 뿌리는 식으로 화폭에 우연을 도입한 후, 그렇게 발생한 형상 속의 내적 필연성을 좇아서 다시 형상을 완성해 나간다. 덧칠을 한 후 긁어내 얻어지는 우연적인 문양으로 풍경을 연출한 에른스트의 작품에서도 우연과 필연은 하나로 결합된다.

① (가)-(나)-(마)-(다)-(라)
② (가)-(다)-(라)-(나)-(마)
③ (다)-(가)-(라)-(마)-(나)
④ (다)-(마)-(가)-(라)-(나)
⑤ (마)-(나)-(라)-(가)-(다)

★★★★☆

07 | 2014 현대자동차 |

(가) 민간화는 지방 자치 단체가 담당하는 특정 업무의 운영권을 민간기업에 위탁하는 것으로, 기업 선정을 위한 공청회에 주민들이 참여하는 등의 방식으로 주민들의 요구를 반영하는 것이다. 하지만 민간화를 통해 수용되는 주민들의 요구는 제한적이므로 전체 주민의 이익이 반영되지 못하는 경우가 많고, 민간기업의 특성상 공익의 추구보다는 기업의 이익을 우선한다는 한계가 있다. 경영화는 민간화와는 달리, 지방 자치 단체가 자체적으로 민간 기업의 운영방식을 도입하는 것을 말한다. 주민들의 고객으로 대하며 주민들의 요구를 충족하고자 하는 것이다. 그러나 주민 감시나 주민자치위원회 등을 통한 외부의 적극적인 견제가 없으면 행정 담당자들이 기존의 관행에 따라 업무를 처리하는 경향이 나타나기도 한다.

(나) 현대 사회가 다원화되고 복잡해지면서 중앙정부는 물론, 지방 자치 단체 또한 정책 결정과정에서 능률성과 효과성을 우선시하는 경향이 커져 왔다. 이로 인해 전문적인 행정 담당자를 중심으로 한 정책 결정이 빈번해지고 있다. 그러나 지방 자치 단체의 정책결정은 지역 주민의 의사와 무관하거나 배치되어서는 안 된다는 점에서 이러한 정책 결정은 지역 주민의 의사에 보다 부합하는 방향으로 보완될 필요가 있다.

(다) 행정 담당자 주도로 이루어지는 정책 결정의 문제점을 극복하기 위해 그동안 지방 자치 단체의 개선 노력이 없었던 것은 아니다. 지역 주민의 요구를 수용하기 위해 도입한 '민간화'와 '경영화'가 대표적인 사례이다. 이 둘은 모두 행정 담당자 주도의 정책 결정을 보완하기 위해 시장 경제의 원리를 부분적으로 받아들였다는 점에서는 공통되지만, 운영 방식에는 차이가 있다.

(라) 직접 민주주의 제도의 활성화를 통해 지역 주민들이 직접적으로 정책 결정에 참여하게 되면, 정책 결정에 대한 주민들의 참여가 지속적이고 안정적으로 이루어질 수 있다. 그리고 각 개인들은 지역 문제에 대한 관심이 높아지고 공동체 의식이 고양되는 효과도 기대된다. 또한 이러한 직접 민주주의 제도를 통해 전체 주민의 의사가 가시적으로 잘 드러날 뿐만 아니라, 이에 따라 행정 담당자들도 정책 결정에서 전체 주민의 의사를 더 적극적으로 고려하게 된다. 아울러 주민들의 직접적인 참여를 통해 정책에 대한 지지와 행정에 대한 신뢰가 높아짐으로써 주민들의 정책 집행에 대해 적극적으로 협조하는 경향이 커지게 될 것이다.

(마) 이러한 한계를 해소하고 지방 자치 단체의 정책 결정과정에서 지역 주민 전체의 의견을 보다 적극적으로 반영하기 위해서는 주민 참여 제도의 활성화가 요구된다. 현재 우리나라의 지방 자치 단체가 채택하고 있는 간담회, 설명회 등의 주민 참여 제도는

발전문제

주민들의 의사를 간접적으로 수렴하여 정책에 반영하는 방식인데, 주민들의 의사를 더욱 직접적으로 반영하기 위해서는 주민 투표, 주민 소환, 주민 발안 등의 직접 민주주의 제도를 활성화하는 방향으로 주민 참여 제도가 전환될 필요가 있다.

① (나)-(다)-(가)-(마)-(라)
② (다)-(나)-(가)-(마)-(라)
③ (가)-(마)-(라)-(나)-(다)
④ (가)-(라)-(마)-(나)-(다)
⑤ (라)-(가)-(마)-(다)-(나)

★★★★☆
08

(가) 이러한 환율 변화는 경우에 따라서 우리나라에 호재가 될 수도, 악재가 될 수도 있다. 일반적으로 환율이 내려가면 국내 수출업체들은 불리해진다. 원화의 달러당 환율이 1,000원일 때 국내기업이 수출 대금으로 1달러를 받으면 1,000원을 받는 셈이다. 하지만 환율이 900원으로 내려가면 1달러를 받아 900원밖에 받지 못하므로 기업의 수익이 줄어든다. 반면에 환율이 내려가면 수입업체들은 유리해진다. 수입상품 대금을 치를 때 원화 대금이 줄기 때문이다. 그래서 원화 환율이 내려가면 수입이 증가한다.

(나) 환율은 고정되어 있지 않고 시시각각으로 변한다. 1달러당 1,000원 하던 환율이 900원으로 내려가면 1달러를 교환할 때 필요한 우리나라 원화가 줄어든다. 이때 '환율이 내렸다'고 하는데, 이것은 거꾸로 원화 가치가 올랐음을 의미한다. 이처럼 원화 가치가 상대적으로 높아지는 것을 평가절상되었다고 하며, 원화가 오른 상태가 지속되면 '원고(高)'가 진행된다고 한다. 반대로 1달러당 1,000원 하던 환율이 1,100원으로 올라가면 원화의 가치는 떨어지는데, 이때에는 원화가 평가절하되었다고 하며 이 상태가 유지되면 '원저(低)'가 진행된다고 한다.

(다) 무역이나 해외 여행 등을 위해서는 서로 다른 두 나라의 화폐를 교환할 필요가 있다. 이때 두 나라의 화폐는 일정한 비율로 교환되는데, 이 비율을 환율이라고 한다. 환율은 특정 국가 통화에 대해 자국 통화가 어느 정도의 값어치가 있는가를 나타내는 지표이다. 물건의 가격이 시장에서 수요와 공급에 따라 결정되는 것처럼, 환율도 외환시장의 수요와 공급에 따라 결정된다. 국제 외환시장에서는 달러화가 주로 거래되고 있기 때문에 편의상 우리나라를 비롯한 대부분의 나라에서는 미국 달러화를 기준으로 환율을 표시하고 있으며, 1달러=1,000원과 같은 형태로 나타낸다.

(라) 우리나라는 대외무역 의존도가 아주 높기 때문에 환율의 변화에 민감하게 반응할 수밖에 없는 경제 구조를 갖고 있다. 환율이 완만하게 변동하면 수출입업체가 대처할 수 있는 시간적 여유가 충분하므로 별 문제가 되지 않는다. 하지만 환율이 급격하게 변동하면 국내 수출입업체들이 이에 신속하게 대처하기 어려워 심각한 문제가 야기되기도 한다. 따라서 환율 변동으로 인한 업체들의 불안을 해소하기 위해서는 적절한 환율 관리가 필요하다.

(마) 환율이 올라가면 일반적으로 이와 반대되는 현상이 발생한다. 환율이 1,100원으로 오르면 수출대금으로 달러당 1,000원을 받던 수출업체들은 더 많은 원화를 받기 때문에 수출업체들의 수익성이 좋아진다. 이와 반대로 수입업체들은 수입 대금을 결제하기 위해 더 많은 원화를 지불해야 하기 때문에 수입원가가 비싸진다. 따라서 환율이 오르면 원자재 수입 가격이 상승하기 때문에 이를 사용하는 공산품의 가격도 상승한다. 뿐만 아니라 기계류 등 수입 완제품 가격도 상승하게 되므로 결과적으로 국내 물가 전반은 상승 압력을 받는다.

① (나)-(가)-(마)-(다)-(라)
② (나)-(마)-(가)-(다)-(라)
③ (다)-(나)-(가)-(마)-(라)
④ (다)-(라)-(나)-(가)-(마)
⑤ (라)-(다)-(나)-(가)-(마)

09 | 2017 현대자동차 |

(가) 충직한 장군이었던 맥베스는 마녀들의 예언을 들은 후 왕이 되기 위해 야망을 불태우는데, 이를 보면 인간이 얼마나 쉽게 유혹에 빠지는지 알 수 있다. 맥베스 부인은 덩컨 왕을 시해할 준비를 하지만, 맥베스가 주저하는 모습을 보고 남성의 최고 가치인 용기를 들먹이면서 맥베스를 비난한다. 욕망은 있지만, 용맹심이 없는 '비겁자'라는 것이다. 이처럼 맥베스 부부에 의해 전통적 남녀의 역할이 전도된 것은 도덕적 질서가 교란되고 있음을 보여준다. 결국, 맥베스는 아내의 재촉으로 인해 칼을 들게 된다.

(나) 〈맥베스〉는 세 마녀가 맥베스와 뱅코 장군에게 미래를 예언하면서 시작한다. 예언의 내용은 맥베스가 머지않아 스코틀랜드의 왕위에 오르리라는 것과 뱅코의 자손이 차기 왕이 되리라는 것이다. 안개가 자욱한 동굴 앞에서 혼란을 예고한 세 마녀는 당시 사람들에게는 악마의 대리자로 해석되었지만, 현대인들에게는 인간의 근원적 욕망과 공포의 상징, 즉 인간 내면의 악이 투영된 존재로 해석된다.

(다) 덩컨 왕의 시해 이후 대낮에 어둠이 세상을 뒤덮고 매가 올빼미에게 죽는 등 자연계의 질서가 혼란해지는데, 이는 인간사회의 질서 교란과 병치된다. 왕위에 오른 맥베스는 뱅코의 후손이 왕이 될 것이라는 예언을 기억하고, 자객을 보내 뱅코를 살해한다. 하지만 어느 날, 그의 앞에 뱅코의 유령이 나타난다. 유령이 맥베스에게만 보이는 것을 보면 그를 괴롭히는 것은 주변의 눈초리가 아니라 왕의 몸에 칼을 박았던 자기 자신임을 알 수 있다. 맥베스의 죄책감이 유령이라는 형상을 지닌 채 일상의 영역을 침범하게 된 것이다.

(라) 셰익스피어 연구가 브래들리(Bradley)는 셰익스피어의 비극을 '높은 지위에 있는 사람을 죽음으로 이끄는 특별한 불행'이라고 정의한다. 주인공에게 불행을 일으키는 원인은 도덕적 악이고, 그것이 주인공의 의식질서를 파괴함으로써 불행을 자아낸다는 것이다. 이러한 불행으로 가장 파멸적인 결과를 낳는 작품은 셰익스피어의 4대 비극 중 〈맥베스〉이다.

(마) 귀족들까지 자신을 의심하자 맥베스는 마녀들에게 다시 예언을 내려줄 것을 청한다. 마녀들은 그의 물음에 '여자의 배에서 태어난 자는 그를 해치지 못하며, 버남 숲이 성에 닥쳐오지 않는 한 그는 안전하다'고 답한다. 사실 세 마녀의 예언은 문자 그대로의 뜻과 그 속에 담긴 뜻이 다르다. 그러나 맥베스는 마음에 드는 예언만을 받아들이고 불리한 것은 염두에 두지 않는다. 결국, 어머니의 자궁을 절개하고 태어난 적장 맥더프가 버남 숲의 나뭇가지로 위장하여 성에 쳐들어오면서 맥베스는 최후를 맞이하게 된다.

① (라)-(가)-(나)-(다)-(마)
② (라)-(가)-(다)-(나)-(마)
③ (라)-(나)-(가)-(다)-(마)
④ (라)-(나)-(다)-(가)-(마)
⑤ (라)-(마)-(가)-(나)-(다)

10 다음 글을 읽고 주어진 문장이 들어갈 알맞은 곳을 고르시오.

차용(借用)은 창작을 중시하는 예술 세계에서, 과거에는 부정적인 의미를 지녔다. 개인의 독창성이 담긴 원작만이 진품이고, 이를 차용하는 행위는 일반적으로 거부되었던 것이다. 그러나 오늘날, 특히 현대 미술에서는 다양한 양태의 차용이 성행한다. 피카소의「시녀들」은 벨라스케스의「시녀들」을, 뒤샹의「L.H.O.O.Q」는 다빈치의「모나리자」를 차용하고 있다. 여기서 우리는 예술적으로 '허용이 되는 차용'과 '허용이 되지 않는 차용'을 구분할 필요를 느끼게 된다. 일반적으로 위조와 표절은 '허용이 되지 않는 차용', 패러디와 패스티시는 '허용이 되는 차용'으로 구분된다.

위조는 작품 제작의 내력을 의도적으로 조작한 것으로, 속이려는 의도가 필수적이다. (가) 표절은 타인의 창작물을 자신의 것으로 제시하는 행위로, 독창성이 중시되는 창작 세계에서 금기시되는 행위이다. (나) 위조와 표절 모두 속이려는 의도에 있어서는 공통되는데, 위조는 원작자의 권위에 기생하여 자신을 은폐하는 것이고, 표절은 표절자 스스로 권위를 부여받기 위해 원작을 은폐하는 것이다.

패러디는 일반적으로 풍자를 목적으로 한다. (다) 따라서 패러디는 작품의 고유성보다는 원작을 인용하여

발전문제

그것을 비판하거나 아이러니가 발생하게 하는 것을 목적으로 한다. 린다 허천은 텍스트에 대한 '구조적 덧붙이기'에 의해 원작에 대한 비평적 거리가 발생할 때 패러디가 성립한다고 하였다. 패러디가 요구하는 비평적 거리는 패러디의 대상이 되는 원작이 가치가 있다는 사실과 독자들이 그러한 사실을 알고 있다는 것을 전제로 한다.

반면 패스티시는 패러디와 달리 비판이나 풍자의 의도 없이 기존의 작품들을 모방하는 것이다. (라) 대중문화의 발달로 원작의 진품성, 희소성 관념이 해체되면서 원작의 형식적 구성 요소나 기법을 그대로 전용하는 패스티시가 등장한다. 이 같은 차용에는 과거에 대한 향수만 있을 뿐 비판성이 전혀 없다. 패스티시는 말하자면 "오리지널한 텍스트는 없다.", "스타일상의 개혁은 더 이상 가능하지 않다.", "표절에 함축된 부정적 의미를 오히려 해체시킨다."라는 것이다. 이 경우 패스티시는 원작의 가치를 해체하려는 시도로, 그 자체가 역설적으로 독창적일 수 있다.

(마) 앞으로 미술에서 차용은 더욱 성행할 것이다. 이 과정에서 수많은 철학적·미학적·비평적 문제가 제기될 것이고, 이는 필경 문화와 예술과 삶의 맥락에 대한 깊은 통찰을 요구하는 시험대로 우리를 수시로 호출할 것이다.

> 원작을 모방하지만 원작으로부터 원작 이상의 의미를 도출시키는 유머와 비평이 있는 예술적 작업이다.

① (가) ② (나)
③ (다) ④ (라)
⑤ (마)

11~12 다음 글에서 주어진 문단이 들어갈 가장 알맞은 곳을 고르시오.

★★★★★
11 | 2017 삼성 |

인공지능(AI, Artificial Intelligence)은 인간의 지능을 컴퓨터로 구현해내는 모방기술이다. 1950년대 등장한 인공지능이 이제야 주목받는 이유는 딥러닝(Deep Learning)에 있다. 딥러닝이란 뇌의 학습 처리 과정을 모방한 머신러닝(Machine Learning)의 한 종류로, 컴퓨터가 스스로 데이터를 학습할 수 있도록 만드는 기술을 의미한다. 머신러닝 알고리즘은 대표적으로 의사결정나무, 베이지안망, 서포트벡터머신(SVM), 인공신경망 알고리즘으로 구분할 수 있는데, 딥러닝은 이 중 인공신경망을 기반으로 한다. (가)

인공신경망은 생물학의 신경망에서 영감을 얻은 학습 알고리즘으로, 컴퓨터의 인공 뉴런이 학습을 통해 문제 해결능력을 갖는 비선형 모델이다. (나) 인공신경망의 시작은 1950년대 단층 퍼셉트론(Single Layer Perceptron) 모델이 등장하면서부터다. 단층 퍼셉트론은 생물의 신경전달조직인 시냅스를 수학적으로 모델링한 초기 형태이며, 신경망을 입력층과 출력층으로 구분하였다. 하지만 이 방식은 너무 단순하여 XOR(배타적 논리합) 문제를 해결할 수 없었고, 1976년 이를 해결할 수 있는 다중 퍼셉트론(Multi Layer Perceptron) 방식이 등장하게 되었다.

다중 퍼셉트론은 단층 퍼셉트론을 여러 층으로 쌓아 올린 형태를 말한다. 기존의 입력층과 출력층 사이에 은닉층을 추가하여 3층의 퍼셉트론을 만들고 이들의 가중치를 조절하여 문제를 해결하려 했다. (다) 따라서 다중 퍼셉트론을 학습시키는 방법을 찾는 것은 매우 어려웠다. 반복 학습으로 기존에 풀지 못한 문제를 해결할 수는 있었지만, 미리 학습된 데이터가 필요할뿐더러 출력단의 결과에 따라 가중치를 조절하는 일은 출력층에서 멀어질수록 효과가 미비해졌기 때문이다.

딥러닝은 이러한 인공신경망의 한계를 극복하기 위해 탄생했다. 상황을 타개해줄 수 있는 것이 바로 비지도 학습이었기 때문이다. 비지도 학습은 원하는 출력 정보 없이 입력만으로도 기계가 스스로 학습하여 패턴을 찾는 학습 방법을, 지도 학습은 퍼셉트론의 출력을 원하는 출력과 비교하며 가중치를 조절하는 학습 방법을 말한다. 많은 연구 끝에 다중 퍼셉트론의 성능을 높이려면 최종 출력층에서는 지도학습으로, 은닉층에서는 비지도 학습으로 훈련하는 것이 가장 좋다고 확인되었다. (라)

다시 말해, 인공지능의 핵심 기술로 등장하고 있는 딥러닝은 컴퓨터가 스스로 다양한 입력에 내재한 패턴을 찾아내어 속성 체계로 구축하는 기법을 의미한다. 수많은 데이터 속에서 컴퓨터가 인간이 사물을 구분하듯 객체를 분별해내는 것이다. (마) 딥러닝과 과거의 머신러닝의 차이는 사람의 예측으로 추출되던 특징들

마저 기계의 영역으로 넘어갔다는 점이다. 특징 추출과 학습 모두 딥러닝 알고리즘에 포함한 것이다. 이처럼 처음부터 끝까지 기계가 학습하기 때문에 사람이 개입함으로써 생길 수 있는 오류를 줄일 수 있다는 것이 딥러닝의 가장 큰 장점이다.

하지만 당시 머신러닝은 데이터에서 특징 추출 단계를 거쳐 인지 단계로 넘어가는 것이 대부분이었다. 예를 들어, 사람이 데이터에서 특징적인 선이나 색, 분포들을 먼저 추출하고 컴퓨터에게 '이건 사과다'라는 명령을 내려 이를 학습하도록 하는 것이다. 이러한 중간 단계를 특징 지도라고 하는데, 머신러닝은 특징 지도 시 얼마나 좋은 특징들을 뽑아내느냐에 따라 성능이 크게 좌우지됐다.

① (가)   ② (나)
③ (다)   ④ (라)
⑤ (마)

★★★☆☆
12

(가) 건축에서 공간이란 건축의 실체로서 가장 중요한 개념이다. 하나의 공간이 존재하기 위해서는 최소한의 물리적 구획이 필요한데 이때 구획을 결정짓는 것은 벽체-바닥-천장이라는 3차원 구도를 구성하는 경계요소이다. 1900년대 중반까지 대부분의 서양 건물은 경계요소에 의해 내·외부 공간이 엄격하게 차폐되는 형태를 보였다. 공간은 일률적으로 구획되었으며 물리적 구조체와 동일한 것으로 간주되었다. 공간은 기능을 위한 도구로서 의미를 가졌던 것이다.

(나) 2차 세계 대전이 끝나면서 서양 건축의 공간에 대한 인식에도 큰 변화가 일어났다. 기능과 효율 중심의 근대적 가치관으로부터 벗어나고자 했던 일군의 건축가들은 공간을 특정한 목적을 위한 수단이 아닌 다양한 가능성을 지닌 가변적 대상으로 보았다. 또한 공간이 체험자에 따라 다르게 인식되는 상대성으로 말미암아 예술적이고 감성적인 가치를 지닌다고 여겼다. 이러한 관점에서 공간 구성의 제약을 벗어난 비정형적 형태의 건물이 지어졌다. 외부 공간과 내부 공간을 연속되게 하거나 건물 내에 광장이나 공원을 만드는 시도 등이 다양하게 이루어지기도 했다.

(다) 신시내티의 '로젠탈 현대미술센터'는 기능주의 건축의 공간 인식을 탈피한 대표적 건물로 꼽을 수 있다. 이 건물은 거리의 영역을 연장하고 있다는 의미에서 '도시의 카펫'이라는 별칭을 갖고 있기도 하다. 전면이 유리로 처리된 건물의 로비는 외부의 보행로와 연결되어 통로이자 전시실이 되고 공원이자 광장으로 다양하게 활용된다. 또한 건물 곳곳의 작고 조밀한 공간들은 크기나 비례가 서로 다르게 구성되어 있고 거리감 역시 다르게 주어져 있다. 공간 체험자가 공간을 풍부하게 느낄 수 있도록 해 주는 것이다.

(라) 공간은 사람들의 신념이나 의식이 담겨 물리적 형태로 구현된 것이다. 기능주의 건축이 효율 지향의 근대적 가치관을 드러낸다면, 이를 탈피하려는 움직임으로서의 건축 경향은 조화와 예술의 시각에서 현대 문명을 이해하고자 하는 흐름을 반영하는 것이라 할 수 있다. (마)

이러한 경향성을 보여주는 대표적인 건축물은 1909년 비엔나에 지어진 '로스하우스'이다. 이 건물은 지붕과 본체, 기단의 세 부분으로 이루어진 사각의 단순한 외형으로 지어졌다. 주거를 위해 계획된 이 건물은 한 치의 낭비도 없는 가지런한 공간 구성을 하고 있다. 건물의 내부는 박스형 공간 구성을 하고 있으며 일체의 장식은 배제되었다. 건물의 외부는 내부 공간에서 필요로 하는 기능적 창들로만 구성되어 있다. 이 건물은 기능주의 건축의 표본이 되었다.

① (가)   ② (나)
③ (다)   ④ (라)
⑤ (마)

Part 2 Theme 09 직무해결

출제 빈도

핵심 Check

- 실제 업무와 관련된 자료를 주고 세부 내용을 파악하거나 추론하는 문제가 출제된다.
- 자료가 길기 때문에 문제를 먼저 읽고, 선택지를 바탕으로 글에서 찾아 나가야 한다.
- 출제 기업은 많지 않지만 직무능력 중심인 NCS에서 자주 다루어지는 유형이므로 함께 학습해두도록 한다.

빈출예제

[자료해석]

01~02 다음 주어진 자료를 보고 각 물음에 답하시오.

제한시간 3분

2016 KT

유형 분석
업무와 관련된 자료를 읽고 필요한 정보를 찾아 나가는 문항이다.

해결 전략
지문을 다 읽고 문제를 풀면 절대 안 된다. 이 유형의 풀이 방법은 가장 먼저 문제와 선택지를 확인하고, 지문에서 찾아 나가면서 푸는 것이다.

[해외지사 관리규정]

제1조(목적) 이 규정은 K 기업(이하 "본사"라고 한다)과 해외지사(이하 "지사"라 한다)간의 원활하고 유기적인 업무연락을 기하기 위하여 지사의 관리와 운영에 관한 기본적인 사항을 규정함을 목적으로 한다.

제2조(적용범위) 이 규정은 본사 및 해외지사의 관리책임자 및 관리전담부서간의 업무처리에 대하여 적용한다.

제3조(용어의 정의) 이 규정에서 사용되는 용어의 정의는 다음 각 항과 같다.
① 지사 : 해외에서의 영업 및 정보조사활동을 수행하기 위하여 해외에 설치한 기구의 총칭으로서 그 운영형태에 따라 현지법인, 지점, 사무소, 출장소로 구분한다.
② 현지법인 : 국내에서 현지법인 설립에 대한 해외투자 허가를 받고 주재국 법률에 의거 설립하여 독립채산제를 실시하는 조직
③ 지점 : 독립채산제에 의하여 영업, 정보조사, 중계역할, 수주활동 등을 수행하나 연말결산 시 본사와 합산 회계하는 조직
④ 사무소 : 영업활동을 영위치 아니하고 업무연락, 시장조사 등의 비영업적 기능만을 수행하는 조직. 다만, 기타 운영상 필요 시 대내적으로 사무소를 지사로 칭할 수 있다.
⑤ 출장소 : 지점 및 사무소의 활동을 지역적으로 분담하거나, 일시적으로 특별한 기능을 수행하기 위하여 설치한 조직

제4조(타 규정의 적용) 이 규정에 정하지 아니한 사항에 관하여는 회사관련규정, 또는 관리책임자의 결정에 따른다.

제5조(지사의 자체내규) 이 규정의 시행과 관련된 본·지사간의 업무의 위임, 전결, 회계처리 및 기타 업무수행상 필요한 경우, 본 규정의 원칙에 따라 관리책임자의 사전승인을 득한 후 자체내규를 제정하거나 개폐할 수 있다.

제6조(관리책임자) 지사를 관리, 지원, 통제하기 위하여 관리책임자 1인을 두고, 이는 본사 해외사업 담당임원으로 한다.

제7조(관리전담부서)
① 관리책임자의 업무를 실무적으로 보좌하기 위하여 지사관리 전담부서를 설치하고, 해외사업 담당임원이 이를 총괄한다.
② 지사관리 전담부서는 해외영업팀으로 한다.
③ 본·지사간의 조사 업무, 기타 업무협조는 지사관리 전담부서에서 연락, 조정, 수행한다.

④ 지사관리 전담부서는 각 지사의 업무를 지휘, 감독하고 그 내용 및 결과를 관리책임자에게 보고한다.

제8조(지사의 신설·폐쇄·통합 및 이전) 지사의 설치·폐쇄·통합 및 이전을 하고자 할 경우 관리책임자는 정관의 규정에 따라 이사회 승인을 얻어야 한다.

제9조(지사장) 지사장은 지사의 장을 말하며 지점장, 사무소장, 출장소장을 총칭하고 회사를 대표한다.

제10조(활동의 원칙) 지사는 관리책임자 또는 지사관리 전담부서의 통제에 따라 부여된 업무를 수행하고, 활동의 진행사항과 필요한 정보를 수시 또는 정기적으로 관리책임자에게 보고하여야 한다.

제11조(지사의 업무) 지사의 업무는 주재지역의 특성 및 설치목적에 따른 개별업무와 지사에서 공히 수행하는 일반업무로 구분한다.

① 개별업무는 관리책임자의 승인을 얻어 관리 전담부서가 지사에 부여한다.
② 일반업무는 다음 각 호와 같다.
   1. 공사 수주 업무
   2. 지사 사업계획의 수립
   3. 지사예산의 수립
   4. 정보조사 및 홍보
   5. 회계 및 서무 등 관리업무
   6. 현장 지원 및 관리업무(반입자재의 통관, 검수 및 내륙운송업무 등)
   7. 본사 지시사항의 수행 및 기타 필요한 업무

제12조(보고의 구분) 보고는 다음 각항에서 정한 바와 같이 정기보고, 수시보고로 구분한다.

① 정기보고 : 지사는 다음 사항에 대하여 지사관리 전담부서에 정기적으로 보고하여 관리책임자의 승인을 받아 기획조정실의 사전 검토, 조정을 득하여 대표이사 결재를 받아야 한다.
   1. 연간 사업계획 및 예산수립 : 지사장은 지사 인력계획(신규충원, 교체)을 포함한 익년도 사업계획 및 예산을 수립하여 매년도 개시 60일 전까지 제출 보고한다.
   2. 월간 업무실적 : 지사는 월간 업무실적 및 경리보고서를 작성, 익월 10일까지 보고한다.
② 수시보고 : 지사는 다음 사항에 대하여 지사관리 전담부서로 수시보고하고 기획조정실을 경유하여 대표이사에게 보고하여야 한다.
   1. 정보조사 : 지사는 주재지역 및 주변국의 각종 정보, 자료들을 수집하여 보고하며, 지사관리 전담부서는 그 원본 또는 사본을 관련부서로 송부하여야 한다.
   2. 기타사항 : 지사는 본사 지시사항의 수행 및 본·지사 업무추진과 관련된 기타 필요한 관련 사항을 수시로 보고하여야 한다.

제13조(지사장 회의)
① 관리책임자는 지사 사업실적의 분석, 평가, 업무협의 및 운영방침을 결정하기 위하여 년 1회 전체 지사장 회의를 소집하는 것을 원칙으로 한다. 다만, 소집 시기는 매년 초에 소집함을 원칙으로 하나, 필요에 따라 조정할 수 있다.
② 관리책임자는 특별한 사유가 발생하여 지사장회의의 임시소집이 필요하다고 인정될 때에는 이를 시행할 수 있다.

제14조(독립회계) 지사는 지사단위로 독립회계를 실시하며 현지법인과 지점은 독립채산제를 원칙으로 한다.

제15조(회계년도) 지사의 회계년도는 매년 1월 1일부터 12월 31일까지를 원칙으로 하며, 현지관행상 본사와 회계기준이 상이한 경우 현지관행에 따른다.

One Point Lesson

문서의 분류
- 작성 주체 : 공문서, 사문서
- 내용 : 규정문서(정관, 규정), 지시문서(지시서, 명령서), 공고문서(광고, 공고), 일반문서
- 수신 대상 : 대내문서, 대외문서

빈출예제

> 제16조(회계책임자 및 회계담당자) 회계책임자 및 회계담당자에 관한 사항은 다음 각항에서 정한 바와 같다.
> ① 회계책임자 : 지사장은 지사의 회계책임자가 되며, 지사에서 발생하는 회계업무에 대하여 책임을 진다.
> ② 회계담당자 : 각 지사의 관리담당자는 지사장의 지휘, 통제를 받아 지사의 회계업무를 담당한다.
> 제17조(감사)
> ① 각 지사장은 자체 지점 회계처리의 정확성을 기하고 매년 1회 이상 자체감사를 실시하여야 한다.
> ② 감사부서는 필요 시 감사를 실시할 수 있다.

★★★☆☆

01 해외영업팀에 새로 들어온 S 사원에게 해외지사 관리에 관한 교육을 진행한다고 할 때, 옳지 않은 내용을 설명해준 사람은?

① O 팀장 : 우리 해외영업부는 본사와 해외지사 간의 조사 업무와 기타 업무협조에 대해 연락하고 조정하는 일을 하는 곳이네. 앞으로 열심히 하게나.

② W 차장 : 지사가 새로 설치될 때는 일이 참 많은데, 우선은 정관의 규정에 따라 관리책임자인 팀장님이 대표이사의 승인을 얻는 것부터 해야 하지. 여기 정관 규정이 있으니 참고하도록 해.

③ H 과장 : 지사에서 주재지역이나 주변국의 정보 · 자료들을 수집해서 우리 쪽에 보내주기도 해. 그럴 때는 그 내용을 확인해서 관련부서로 보내주면 되는데, 어떤 부서로 보내야 할지 잘 모르겠으면 언제든 나한테 질문해.

④ E 대리 : 우리가 제일 바쁠 때는 지사로부터 연간 사업계획 및 예산보고서를 받을 때야. 매년도 개시 60일 전에 보고서가 이리저리에서 오는데, 그때가 가장 바쁠 때니 미리 알아두라고.

⑤ T 대리 : 보통 1년에 1번 이상 자체감사를 실시하니까 항상 회계처리는 정확해야 한다는 사실을 명심해둬.

| 해설 |
해외지사 관리규정 제8조를 통해 지사의 신설 · 폐쇄 · 통합 및 이전의 경우 관리책임자가 정관의 규정에 따라 이사회의 승인을 얻어야 한다고 하였다. 따라서 대표이사의 승인이라는 설명은 적절하지 않다.

| 오답 피해가기 |
① 제7조에 나와 있다.
③ 제12조 수시보고의 1. 정보조사에 나와 있다.
④ 제12조 정기보고의 1. 연간 사업계획 및 예산수립에 나와 있다.
⑤ 제17조에 나와 있다.

| 정답 | ②

02 S 사원이 각 해외지사에 보낼 메일을 검토한 H 과장은 S 사원에게 다음과 같은 피드백을 해주었다. 이에 따라 S 사원이 메일을 수정하고자 할 때 옳지 않은 것은?

발신인	해외영업팀 S 사원
발신일	2015-12-28 (월) 오전 10 : 38 : 57
수신인	하노이지사, 쿠알라룸푸르지사, 양곤지사, 뉴델리지사, 워싱턴지사, 로스앤젤레스지사, 밴쿠버지사, 토론토지사, 멕시코시티지사, 상파울루지사, 뮌헨지사, 부쿠레슈티지사, 프라하지사
제목	본사 해외영업팀입니다

안녕하십니까?
  벌써 2015년 한 해가 다 가고 있는데, 타지에서 다들 건강히 잘 지내고 계신지요.
  올해도 매년 그러했듯이 2016년 해외지사장 회의를 소집하려고 합니다. 각 지사에서는 올해 사업실적에 대한 분석 및 평가서와 업무협의 및 운영방침에 따른 보고서를 작성하여 회의 참석 시 지참해 주시기 바랍니다.
  그리고 이번 회의에서는 최근 해외지사 사업 실적이 적자로 돌아섬에 따라, 이와 관련한 대책 회의가 함께 진행될 예정입니다. 따라서 각 지사에서 제공해주신 월별 업무실적이 공개될 예정이며, 혹시 이에 대한 관련 자료가 있으시다면 같이 준비해 주시고, 본사에 요청할 것이 있다면 문의주시기 바랍니다.
  또한 각 지사에서는 지사장님들의 입국 일자 및 관련 정보를 확인하시어, 저희에게 알려주신다면 감사하겠습니다. 새해 복 많이 받으십시오.

[회의 일정] 2016년 01월 21일(목) K 기업 서울본사 2층 대회의실
[보고 사항] 각 지사의 사업실적 분석 자료
[논의 사항] 해외 지사 사업 실적, 영업 적자 실태 확인 및 대응 방안

H 과장 : 우선 업무 관련 메일인 만큼 보내는 사람이 누구인지 소속과 이름을 밝히고, 메일 제목은 메일의 요점에 맞게 다시 작성하세요. 그리고 회의 일정은 정확하게 알려드리고, 보고 사항은 메일 내용의 핵심이 포함되어야 해요. 또한, 메일을 보내기 전에 문맥과 맞춤법 다시 확인하는 거 잊지 마십시오.

① 메일의 제목을 '본사 해외영업팀입니다.'에서 메일 내용의 요점이 되는 '2016년 해외지사장 회의 관련 안내'로 수정한다.
② 메일 상단의 '안녕하십니까?' 다음에 'K 기업 서울본사 해외영업팀 사원 S입니다.'를 추가한다.
③ 회의의 시작 시간을 확인하여 회의 일정에 정확한 회의 시간을 함께 명시한다.
④ 문맥을 자연스럽게 하기 위해서 '또한 각 지사에서는 지사장님들의 입국 일자 및 관련 정보를 확인~'을 그 앞 문장에 연결한다.
⑤ 메일 내용을 요약하기 위해, 보고 사항에 '및 운영방침 보고서'를 추가한다.

| 해설 |
회의 관련 자료를 준비해달라는 내용과 각 지사의 지사장님들의 입국 일자 및 관련 정보를 알려달라는 내용은 서로 관련된 것이 아니므로, 문맥상 수정하지 않고 그대로 두는 것이 낫다.

| 정답 | ④

> 직장에서 요구되는 문서이해 능력은 문서나 자료에 수록된 정보를 확인하여 알맞은 정보를 구별하고 비교하여 통합할 수 있는 능력을 가리킨다.
> 따라서 문서에서 주어진 문장이나 정보를 읽고 자신에게 필요한 행동을 추론할 수 있는 능력이 필요하다.

Basic 기본문제

제한시간 4분

01~05 다음은 K 기업의 홍보물 발간에 관한 기업 업무 매뉴얼이다. 각 물음에 답하시오.

One Point Lesson

직장에서 문서를 사용하는 이유
- 정확한 사실과 정보 전달 : 내부(구성원 간), 외부
- 제안 혹은 기획·설득 : 높은 수준의 의사소통
- 사무 처리의 기록 및 보존 : 매일 발생하는 업무, 의사결정을 위한 증거 자료, 업무 처리 현황을 파악하는 근거 자료

[홍보물의 종류]

구분	내용
팸플릿(Pamphlet)	크기가 작고 페이지가 적은 홍보용 인쇄물
리플렛(Leaflet)	한 페이지로 구성되는 전단지 형태의 홍보용 인쇄물
포스터(Poster)	상징적인 그림과 간단한 글귀로 내용을 나타내고, 벽 등에 부착하여 선전하는 홍보용 인쇄물
스티커(Sticker)	뒷면에 접착면이 있어 부착할 수 있는 홍보용 인쇄물

[홍보물 발간 과정 및 준수사항]

홍보물을 발간해야 하는 각 팀은 다음의 과정과 사항을 따른다(어떤 팀이 해야 한다는 언급이 없는 단계는 각 팀에서 진행해야 할 일이다).

1. 계획서 제출
   1) 매년 12월 30일까지 다음 연도 연간 홍보물 발간 계획서를 홍보팀에 제출한다.
   2) 계획서를 작성한 담당자는 간부회의에 참여하여 보고하고, 계획서 내용을 인트라넷의 [공지전달 → 홍보물 계획서]에 게시하여 각 팀에 통보한다.
      ※인트라넷의 [자료방→홍보물 자료방]에 올라와 있는 양식에 따라 작성하여 홍보팀에 제출한다.
      ※인트라넷에 올릴 제목은 '부서명_홍보물 내용_담당자'로 통일한다.
   3) 제출한 계획서의 내용이 변경되거나 추가해야 하는 사항이 있을 시 매월 10일에 수정된 계획서를 홍보팀에 제출한다.
      ※제출할 계획서 양식은 위 2)와 같으며 인트라넷에 올릴 제목은 '(수정)부서명_홍보물 내용_담당자'로 통일한다.
2. 자료 기획
   1) 해당 분야의 전문가의 자문이나 의견을 수렴한다.
   2) 원고 작성 방안에 대해 회의를 진행한다.
   3) 배포 대상, 발간 시기 및 부수, 소요 예산 등을 정한다.
3. 자료 수집 및 분석
4. 원고 작성 및 편집
   1) 팀 내부에서 작성하거나 외부에 의뢰하여 작성한다.
   2) 전문 용어를 순화하여 쉽고 편하게 접할 수 있도록 한다.
5. 인쇄 업체 선정 및 계약서 발주
   1) 홍보팀은 각 팀에서 진행한 홍보물 발간 사항에 대해 매뉴얼에 따라 이행하였는지 확인한 후 인쇄 업체를 선정한다. 선정이 완료되면 계약서를 발주한다.
   2) 이때, 홍보물 비용 등의 사항은 회계 관련 규정을 따른다.
6. 인쇄된 홍보물 확인
7. 홍보물 배포
   1) 사전에 계획한 배포 계획에 따라 홍보물을 배포한다.
   2) 인트라넷의 [공지전달→홍보물 배포 자료]에 홍보물 전문을 게시하여 각 팀에 통보한다.

8. 의견 수렴 및 점검
   1) 홍보팀은 발간한 홍보물에 대한 일반인의 의견을 수렴하여 소속 팀에 통보한다.
   2) 회계팀은 매년 12월 말에 한 해 동안 홍보물 발간 시 사용된 총 금액을 산출한다. 그리고 다음 연도 예산 편성 시 반영한다.

★★★☆☆

01 개발팀에서 근무하는 A 사원은 이번 연도에 개발한 노트북들을 소개하는 홍보용 소책자를 만들려고 한다. 그런데 어떤 종류의 홍보물을 만들어야 할지 몰라서 홍보팀에 있는 S 사원에게 조언을 구하였다. 당신이 S 사원이라면 어떤 홍보물을 추천하겠는가?

① 팸플릿(Pamphlet)   ② 리플렛(Leaflet)   ③ 포스터(Poster)
④ 스티커(Sticker)   ⑤ 카탈로그(Catalogue)

One Point Lesson

문서의 개념과 목적
- 개념 : 각종 공문서, 보고서, 기획서, 홍보물
- 목적 : 상대방에게 효율적으로 의사를 전달하여 자신의 의사를 상대에게 설득

★★☆☆☆

02 01에서 홍보물의 종류를 정한 A 사원은 계획서를 제출하려고 한다. 계획서 제출 단계에서 해야 하는 일이 아닌 것은?

① 지정된 제목으로 인트라넷에 게시한다.
② 간부회의에 참여하여 보고한다.
③ 홍보물 발간 계획서를 홍보팀에 제출한다.
④ 내용이 변경될 경우 인트라넷에 다시 올린다.
⑤ 지정된 양식에 따라 계획서를 작성하여 매월 10일에 제출한다.

★★☆☆☆

03 개발팀 A 사원은 계획서를 제출하였다. 다음 중 A 사원이 하게 될 일이 아닌 것은?

① 인쇄 업체 선정   ② 원고 편집   ③ 자료 수집
④ 홍보물 배포   ⑤ 인쇄된 홍보물 확인

기본문제

★★☆☆☆

04 홍보팀에서 근무하는 K 사원은 다른 팀에서도 쉽게 알 수 있도록 홍보물 발간 관련 내용을 간략화하여 표로 정리하였다. K 사원이 정리한 것 중 옳지 않은 것은 무엇인가?

	단계	내용
①	자료 기획	전문가의 자문이나 의견 수렴, 원고 작성 방안 회의, 배포 대상·발간 시기·발간 부수·소요 예산 등 산정
②	원고 작성 및 편집	전문 용어를 순화하여 원고 작성
③	인쇄 업체 선정 및 계약서 발주	홍보팀에서 인쇄 업체 선정, 회계팀에서 홍보물 비용 책정
④	홍보물 배포	홍보물 배포 후 인트라넷의 [공지전달→홍보물 배포 자료]에 홍보물 전문을 게시
⑤	의견 수렴 및 점검	홍보팀에서 일반인의 의견 수렴 및 한 해 동안의 홍보물 발간 비용 산출

★★☆☆☆

05 K 사원이 홍보물 발간 관련 내용을 간략화하여 표로 정리하던 중 회사 메일로 다음과 같은 단체 공지가 온 것을 발견하였다. K 사원이 다음의 공지 내용을 추가하려고 할 때, 이를 추가할 가장 알맞은 단계는 무엇인가?

> 올해부터 매년 12월 10일에 홍보품질회의를 개최할 예정입니다.
> 이 회의는 각 팀에서 한 해 동안 발간한 홍보물들의 내용 및 구성, 일반인들의 평가 등을 종합하여 우수 홍보물을 가려내기 위함입니다. 1~3위까지 순위를 정해 각 순위마다 정해놓은 인센티브를 제공하고, 순위 결과는 인트라넷에 올려 모두 공유할 수 있도록 하겠습니다. 회의에 참여하게 될 인원은 추후 공지하겠습니다.

① 자료 기획　　② 원고 작성 및 편집　　③ 홍보물 배포
④ 의견 수렴 및 점검　　⑤ 홍보물 확인

하나 더+

문서작성 시 주의사항
- 문서는 작성 시기가 중요하다.
- 문서는 육하원칙에 따라 작성한다.
- 문서는 한 사안을 한 장의 용지에 작성한다.
- 문서는 작성한 후 반드시 다시 한 번 내용을 검토한다.
- 반드시 필요한 자료 외에는 첨부하지 않도록 한다.
- 문서 내용 중 금액, 수량, 일자 등은 정확하게 작성한다.
- 문장 표현은 작성자의 성의가 담기도록 경어나 단어 사용에 신경 쓴다.

06~07 다음은 K 회사의 문서작성 요령에 대한 지침이다. 물음에 답하시오.

제한시간  분

[문서 작성 요령]

1. 문서의 종류
   대내문서는 회사 내 부서 간, 본사와 사업장 간 및 사업장 상호간에 수발되는 문서이며, 대외문서는 회사와 외부기관 간에 수발되는 문서이다.

2. 문서의 용어
   - 외래어는 국립국어원 제정 외래어표기법에 의해 표기하며, 한자 및 외래어는 필요시 병기 가능하다.
   - 숫자는 부득이한 경우를 제외하고 아라비아 숫자로 표기한다.
   - 문서에 사용하는 일자는 연월일을 표시하는 것이 원칙이며, 연월일의 문자를 생략할 때에는 온점(.)을 찍어 구분한다. 또한 요일은 (   )로 표시한다.
   - 문서에 사용되는 시간은 24시간제에 의하며, 시, 분의 문자는 생략하고 콜론(:)을 찍어 시, 분을 구분한다.

3. 문서의 수정
   문서의 일부분을 수정하거나 삭제할 때에는 글자의 중앙에 두 줄(＝)을 긋고, 수정·삭제한 부분 위에 수정 내용을 기입한 후 수정자가 날인을 하며, 첨가할 때에는 삽입 표시(∨)를 기입한다. 단, 계약서 등의 문서 수정 시에는 그 난 밖에 기재한 자수를 표시하고 날인한다.

4. 두문 표시
   - 두문은 문서의 발신기관, 발신 연월일과 요일, 수신란으로 다음에 따라 구성한다.
   - 발신기관 표시 : 대외문서에는 회사명을, 대내문서에는 부서명 또는 사업장명을 표시한다.
   - 발신 연월일은 대외문서의 경우 우측 한계선에서 끝나도록 한다.
   - 수신란은 경유, 수신 및 참조로 구분한다.
     - 문서 내용이 경유를 필요로 하는 경우 경유기관을 표시하며, 경유기관장은 의견을 첨가할 수 있다.
     - 수신의 표시는 수신기관 및 기관장의 직명을 쓰며 귀하, 앞 등의 칭호를 생략한다.
     - 참조의 표시는 문서를 직접 처리하는 부장, 과장 또는 담당자의 직명을 기재한다.

5. 본문 표시
   - 본문은 제목과 내용으로 표시한다.
   - 제목 표시는 수신기관 다음 줄에 '제목'이라 기입하고 한 자 띄어 간단명료하게 표현하되, 제목이 2줄 이상 겹칠 때에는 첫 줄의 첫 자에 맞춘다.
   - 문서를 항목별로 세분할 경우 1, 가, 1), 가), (1), (가)의 순으로 부호를 붙인다.
   - 문서의 내용이 복잡할 경우, 부전지에 그 내용을 요약하여 첫 장에 첨부할 수 있다.
   - 문서에 첨부물이 있는 경우 한 줄 띄어서 '붙임' 표시를 한 후 첨부물의 명칭과 내용, 수량 등을 기재한다.
     - 본문이 끝나면 한 자 띄어서 '끝'자를 기재한다. 단, 본문이 우측 한계선에서 끝난 때에는 그 바로 아래에, 첨부물이 있는 경우에는 그 수량 표시 다음에 기재한다.

One Point Lesson

문서 작성 시 원칙
- 문장은 짧고 간결하게 쓴다.
- 상대방이 이해하기 쉽게 쓴다.
- 중요하지 않은 경우 한자 사용을 자제한다.
- 문장은 긍정문의 형식으로 쓴다.
- 간단한 표제를 붙인다.
- 문서의 주요한 내용을 먼저 쓴다.

기본문제

★★☆☆☆

06 홍보팀에서 근무하고 있는 사원인 당신은 아래의 광고기획서 일부를 '3.문서의 수정' 항목에 따라 수정하려고 한다. 다음 중 옳지 않은 것은?

> 기획 의도 : 대부분의 숙취해소 음료 광고는 광고 모델의 술에 취한 코믹연기, 위트와 중독성이 있는 CM송 등을 이용한 ㉠ 형식을 취하고 있다. 이러한 광고에서는 직장인들이 술에 취해 실제로 겪을 법한 일들을 유머러스하게 그려내어 재미있고 유쾌한 분위기를 만들어낸다. 이와 달리 우리는 자사제품을 섭취함으로써 술에 취해도 흐트러지지 않는 직장인의 모습을 보여주고자 한다. 따라서 제품의 ㉡ 위트에 보다 중점을 두고 제품에 포함된 성분의 성능을 강조하며, 진중한 ㉢ 느낌과 이미지를 가진 배우 ○○○를 모델로 ㉣ 사용하여 ㉤ 하고자 한다.

① ㉠ : 삽입표시(∨)를 한 후 '유머광고'라는 말을 추가한다.
② ㉡ : '위트'를 두 줄로 긋고 그 위에 '신뢰성'이라 쓴 후, '3글자 수정'이라고 표시하고 날인한다.
③ ㉢ : '느낌과'를 삭제하기 위해 두 줄을 긋고 날인한다.
④ ㉣ : '사용하여' 중 '사'에 두 줄을 긋고 그 위에 '기'라고 쓴 후 수정자가 수정한 부분에 날인한다.
⑤ ㉤ : 삽입표시(∨)를 한 후 '광고를'이라는 말을 추가한다.

★★☆☆☆

07 다음은 인사부 신입사원 B가 작성한 대내문서이다. [문서 작성 요령]에 맞게 당신이 이 문서에 대한 피드백을 준다고 할 때 옳지 않은 것은?

발 신	○○그룹
발신일	2015년 5월 11일(월)
수 신	각 부서 관리자
제 목	관리자 워크샵 개최 관련

안녕하십니까? 인사부 사원 B입니다.
2015년 상반기 관리자 워크샵이 개최될 예정이오니, 각 부서 관리자들은 다음 내용을 확인하시어 일정에 차질이 생기지 않도록 준비 부탁드립니다. 감사합니다.

1. 워크샵 주제
가. 관리자의 역할과 책임   나. 회의 진행방법

2. 워크샵 일시 및 장소
가. 일시 : 2015.5.22.금~2015.5.23.토
나. 장소 : 대전 교육연수원 정문(08:30까지 정문에서 모인 후 이동)

3. 워크샵 주요 내용
가. 관련 강의 수강   나. 관련 내용 발표 및 피드백
다. 부서별 연간계획 수립   라. 자유시간

붙임 세부 일정표 1부.
끝.

① 발신자를 'ㅇㅇ그룹'에서 '인사부'로 수정해야 합니다.
② 국립국어원 외래어표기법에 따라 '워크샵'을 '워크숍'으로 모두 수정해야 합니다.
③ 보다 정확한 표시를 위해 '08 : 30'를 'AM 08 : 30'로 수정해야 합니다.
④ 세부 일정표가 첨부되어 있으므로 '1부.' 뒤에 '끝'을 표시해야 합니다.
⑤ 요일은 (금)과 (토)로 수정해야 합니다.

08~10 다음은 K 그룹의 행사보고서 작성에 대한 지침서이다. 물음에 답하시오.

[행사보고서의 구성]

▶ 행사계획보고서 : 행사를 기획한 목적에 따라 행사의 취지나 행사시기, 장소 등 행사를 진행하기 위해 필요한 구체적인 행사 과정 등을 검토하기 위하여 작성하는 보고서이다.
▶ 행사진행보고서 : 행사 진행에 맞춰 요구되는 행사의 개요와 행사의 주재자가 참고하는 참고자료 등을 보고하기 위하여 작성하는 보고서이다.

[행사계획보고서 작성방법]

▶ 세부 내용
- 행사일정 : 일시와 장소, 행사계획표 등을 개략적으로 작성한다.
- 행사취지 : 행사를 개최하려는 목적과 전반적인 행사의 진행방향에 대하여 설명한다.
- 개최배경 : 행사를 개최하게 된 이유에 대하여 적는다.
- 행사시기 : 행사를 어떤 시기에 개최해야 하는지 행사의 주재자의 상황이나 다른 일정 등을 함께 고려하여 정한다. 또한 행사 가능한 여러 시기에 따른 장단점을 비교 분석한 뒤, 가장 적절한 방안을 제시한다.
- 행사내용 : 행사를 통해 참석자들에게 전달하고자 하는 내용을 간단히 정리한다.
- 참석범위 : 내부와 외부의 주요 참석자를 작성하고, 소속과 직책 등을 덧붙인다.
- 공개여부 : 행사를 공개로 진행할지, 비공개로 진행할지를 정한 다음, 그에 따른 이유를 설명한다. 행사를 공개할 경우에는 홍보방법을 첨부하고, 부분 공개 시에는 공개의 범위를 설정한다.
- 기대효과 : 행사를 통해 어떤 결과가 예상하고 기대되는지를 작성한다.

[행사진행보고서 작성방법]

▶ 세부 내용
- 행사의 제목·일시·장소 : 행사의 정확한 제목과 시간, 장소를 작성한다(시간은 분 단위까지 표시하고, 장소는 행사장의 소재지까지 밝히도록 한다).
- 행사의 목적과 성격 : 행사의 취지와 목적 등을 밝히고, 행사의 전반적인 분위기 등을 기술한다.
- 행사 진행순서 : 행사 식순에 따른 주요 내용과 소요 예상시간, 식순의 담당자, 비고 등을 표시한다.
- 주관부서 : 행사와 관련하여 협조나 지원 등을 하는 여러 부서가 있지만, 실질적으로 행사를 주관하여 진행하는 부서의 명칭을 기재한다(필요시 담당자도 함께 기재한다).
- 참석자 : 행사의 주재자를 중심으로 행사에 참여하는 주요 인사들 위주로 참석자들에

기본문제

대한 간단한 약력 등을 기재하며, 필요할 경우 약력카드를 첨부한다. 이외 기타 참석자는 전체 숫자 등만 간략히 표시하도록 한다.
- 홍보계획 : 공개행사를 진행할 경우에 작성한다. 기자들에게 배포할 자료와 브리핑 계획 등을 기재한다(필요시 여러 부서와의 홍보회의를 거쳐 별도의 상세한 홍보계획을 마련하도록 한다).

▶ 행사 종류별 구성 요소
- 연례회의, 워크숍, 세미나 등의 회의 행사
  - 행사 제목, 개최 일시 및 개최 장소
  - 행사의 취지와 성격
  - 핵심 이슈 및 토론과제
  - 회의 진행순서
  - 주요 참석자(외부 참석자 중심으로 작성) 목록
  - 주관부서 및 담당자
  - 홍보계획(공개 행사일 경우에 작성)
- 리셉션 등의 접견 행사
  - 행사 제목, 개최 일시 및 개최 장소
  - 접견 대상자를 만나야 하는 목적과 이유
  - 접견 진행순서
  - 주요 참석자(예방자와 배석자로 구분하여 작성) 목록
  - 방한(訪韓) 인사일 경우 : 방한 목적 및 방한 개요, 방한 일정 및 주요 면담자
  - 국내 인사일 경우 : 접견 목적과 관련한 주요 활동 사항, 주요 발언, 활동 내역 등
  - 주관부서 및 담당자
- 기념행사, 문화행사 등의 기타 행사
  - 행사 제목, 개최 일시 및 개최 장소
  - 행사의 성격과 개최 목적
  - 주요 행사 내용
  - 행사 진행순서
  - 주요 참석자(외부 참석자 중심으로 작성) 목록
  - 주관부서 및 담당자
  - 홍보계획(공개 행사일 경우에 작성)

[행사보고서 작성 시 유의사항]

▶ 정확하고 구체적인 내용을 보고서에 작성한다.
▶ 행사를 계획한 의도가 분명히 드러나도록 작성한다.
▶ 행사 진행 상황에 따른 중점 사항들을 재확인한다.
▶ 행사의 주재자가 행사를 이해하기 용이한 내용으로 작성한다.
▶ 행사를 진행하는 데 필요한 자료가 충분한지, 누락된 자료는 없는지 검토한다.
▶ 행사 종류(회의·접견·기타 행사 등)에 따라 보고서를 다르게 작성한다.
▶ 행사장 약도와 비치할 물품 등 주재자에게 불필요한 자료 등은 보고서에 넣지 않는다.
▶ 오자나 탈자, 부적절한 단어 사용이나 부자연스러운 문장은 없는지 확인한다.

★★★☆☆

08 이 지침서를 참고하여 행사보고서를 작성한 사람들 중 보고서를 잘못 작성한 사람은?

① A : 행사계획보고서 작성 시, 행사시기를 가능한 여러 가지로 설정하여 비교한 다음 가장 적절한 날짜를 제시하였다.
② B : 행사계획보고서 작성 시, 자세한 정보를 제공하기 위해 행사일정과 행사장의 약도 등을 첨부하였다.
③ C : 행사진행보고서 작성 시, 행사의 취지와 목적, 전반적인 행사 분위기 등을 함께 작성하였다.
④ D : 행사진행보고서 작성 시, 행사에 참여하는 주요 인사들 위주로 기술하되 기타 참석자는 전체 숫자로만 표시하였다.
⑤ E : 행사진행보고서 작성 시, 순서에 따라 주요 내용을 정리하였다.

> **One Point Lesson**
>
> **문서이해능력**
> - 공문서, 보고서와 같이 다양한 형태의 문서에 대한 이해 능력
> - 다양한 종류의 문서를 보고, 해당 문서들의 사용 목적과 구조에 대한 분석 필요

★★★☆☆

09 2017년 12월 17일 오후 3시 K 호텔 ○○홀에서 K 그룹 임원진과 아프리카 르완다 정부관계자의 접견 행사가 열릴 예정이다. 이 행사는 K 그룹이 르완다에서 진행하고 있는 사업에 대한 협력 방안을 논의하는 자리로, 경제 기자들도 함께 참석하는 공개 행사이다. 이에 따라 진행보고서를 작성할 경우, 작성할 내용으로 옳지 않은 것은?

① 접견 대상자를 만나야 하는 이유와 목적 등을 밝힌다.
② 접견에 참여하는 사람들이 누구인지, 예방자와 배석자로 구분하여 기재한다.
③ 접견 목적과 관련하여 접견 대상자의 주요 활동과 발언, 활동 내역 등을 첨부한다.
④ 기자들에게 배포할 자료를 홍보계획에 포함하여 작성한다.
⑤ 접견 대상자의 방한 일정 및 주요 면담자를 기재한다.

> **하나 더**
>
> **효과적인 보고서 작성법**
> - 업무 진행 과정에 쓰는 경우가 대부분이므로, 쓰려고 하는 핵심 내용을 구체적으로 제시한다.
> - 간결하고 핵심적인 내용을 쓰되 내용의 중복을 피한다.
> - 제출하기 전에 최종 점검을 한다.
> - 복잡한 내용은 도표나 그림을 활용한다.
> - 참고 자료는 정확하게 제시한다.
> - 상사에게 제출하는 문서이므로 궁금한 것을 질문 받을 것에 대비한다.

기본문제

★★★☆☆

10 K 그룹 홍보부에서 근무하는 P는 지역아동센터를 방문하여 주거환경을 개선해주는 봉사활동에 대한 계획보고서를 작성하고 있다. 다음의 행사계획보고서를 수정하기 위하여 아래와 같이 메모를 해 두었다고 할 때, 옳지 않은 것은?

러브하우스 봉사활동 계획보고서

2017년 3월 20일(금)

행사일시	2017년 4월 23일(목)	참석 예상자 수	30여 명
행사명	러브하우스 봉사활동		
행사장소	경기도 성남시 분당구 내 지역아동센터		
행사성격	봉사활동		
담당 관계자 및 연락처	홍보팀 : 02-****-5458 담당자 : 과장 이준승(010-****-7145)		
행사요원 및 연락처	사원 유리나(010-****-1217) 사원 신철진(010-****-7189) 사원 한병수(010-****-0361)		
행사일정	• 09 : 30 K 그룹 본사 앞으로 봉사활동자 집합 • 09 : 30~10 : 00 K 그룹 본사에서 분당구 아동센터로 이동 • 11 : 00~13 : 00 분당구 지역아동센터 방문 및 점심식사 • 13 : 00~16 : 00 분당구 지역아동센터 내 공부방과 노후시설의 보수 및 교체 작업 • 16 : 00~17 : 00 분당구청장과의 간담회 및 문패 현판식과 전체 사진촬영 • 17 : 30~18 : 00 K 그룹 본사로 이동		

① ☑ 계획보고서에 행사성격 삭제
  ☑ 행사를 개최하는 목적과 전반적인 행사 진행방향을 설명하는 행사취지를 추가

② ☑ 분당구청에 연락하여 분당구청장이 방문할 시간을 다시 한 번 확인 후, 방문시간에 따라 행사일정을 재조정

③ ☑ 참석자 중 주요 참석인사를 내부와 외부로 구분, 참석자의 직책 및 간단한 약력이나 약력카드를 첨부

④ ☑ 행사 공개 여부를 담당자에게 확인하여, 공개 시 어떻게 홍보할 것인지 홍보방법과 진행방향 추가

⑤ ☑ 러브하우스 봉사활동을 통해 K그룹이 얻을 수 있는 기대효과 추가

정답 및 해설

01 정답 ①
문제의 '이번 연도에 개발한 노트북들'과 '소책자'라는 말을 통해 여러 노트북들에 대한 설명이 실린 책자를 만들 것임을 알 수 있다. 따라서 추천에 가장 적절한 홍보물의 종류는 팸플릿(Pamphlet)이다.

02 정답 ⑤
신규 계획서는 매년 12월 30일까지 지정된 양식에 따라 홍보팀에 제출해야 한다. 매월 10일에 제출하는 것은 계획서의 내용이 변경 또는 추가되었을 때 수정된 계획서를 제출하는 경우이다.

03 정답 ①
[홍보물 발간 과정 및 준수사항]에 따르면 인쇄 업체 선정 및 계약서 발주, 의견 수렴 및 점검은 홍보팀과 회계팀이 맡게 된다. 따라서 개발팀에서 근무하는 A 사원이 하게 될 일이 아닌 것은 인쇄 업체 선정이다.

04 정답 ⑤
[홍보물 발간 과정 및 준수사항]의 '8. 의견 수렴 및 점검' 단계를 살펴보면, 일반인의 의견 수렴은 홍보팀에서, 한 해 동안의 홍보물 발간 비용 산출은 회계팀에서 진행한다는 것을 알 수 있다.

05 정답 ④
공지는 한 해 동안 발간한 홍보물들을 평가하겠다는 내용을 담고 있다. 따라서 홍보물이 배포된 후의 의견 수렴 및 점검 단계에 들어가는 것이 알맞다.

06 정답 ②
수정한 글자의 자수를 쓰는 것은 계약서를 수정하는 경우뿐이므로 수정자가 수정한 부분에 날인만 하면 된다.

07 정답 ③
'2. 문서의 용어' 항목에서 문서에 사용되는 시간은 24시간제에 의한다고 하였으므로 별도로 AM, PM을 추가하지 않아도 된다.

| 오답 피해가기 |
① '4. 두문 표시' 항목의 발신기관 표시에서 대내문서에는 부서명 또는 사업장명을 표시한다고 했으므로, 회사명이 아닌 부서명을 기입해야 한다.
② 국립국어원 외래어표기법에 따르면 '워크숍'이 올바른 표현이므로 모두 수정해야 한다.
④ '5. 본문 표시' 항목에서 첨부물이 있는 경우에는 수량 표시 다음에 '끝'을 기재한다고 했으므로 옳은 내용이다.
⑤ '2. 문서의 용어'에서 요일은 ( )로 표시한다고 나와 있다.

08 정답 ②
[행사보고서 작성 시 유의사항]에 따르면 행사장 약도와 같이 주재자에게 불필요한 정보는 행사보고서에 수록하지 말 것을 밝히고 있다.

| 오답 피해가기 |
⑤ [행사진행보고서 작성방법]에 따르면 행사 식순에 따른 내용이라고 나와 있다.

09 정답 ③
문제에 제시된 행사는 K 그룹 임원진과 아프리카 르완다 정부관계자의 접견 행사로, 행사진행보고서 중 접견 행사의 작성방법에 따르면 된다.
③ 접견 대상자의 접견 목적과 관련하여 주요 활동 개요와 발언, 활동 내역 등을 첨부하는 경우는 대상자가 국내 인사일 경우에 해당된다. 문제의 주요 참석자는 방한 인사이므로 방한의 목적 및 방한 개요, 일정 등을 기재하는 것이 옳다.

| 오답 피해가기 |
① 접견 행사 시 접견 대상자를 만나야 하는 이유와 목적을 보고서에 밝힌다.
② 참석자를 작성하되, 예방자와 배석자로 나누어서 기재토록 한다.
④ 문제에서 행사가 공개 행사임을 밝히고 있으므로, 기자들에게 배포할 자료나 브리핑 계획을 포함하여 상세한 홍보계획을 마련한다. 이는 [행사진행보고서 작성방법]의 '홍보계획'에 나와 있다.

10 정답 ③
다른 수정사항들은 [행사계획보고서 작성방법]을 통해 수정 가능한 방법이나, ③의 참석자에 대한 약력이나 약력카드의 첨부는 행사계획보고서가 아닌 행사진행보고서에 포함될 내용이다.

Part 2 Theme 09 Advance 발전문제

정답 및 해설 47쪽

제한시간  3 분

01~02 다음은 한 회사의 직무기술서이다. 각 물음에 답하시오.

직무명	인사관리	분류코드	MH03
직종	인사	직군	사무
직급	3직급 1등급	근무지역	분당

직무 개요	
인사운영방침과 계획에 따라 직원 채용·평가·교육·이직·보상에 관한 업무를 수행한다.	

자격 요건			
교육	학력	4년제 대학 졸업 이상	
	자격·면허		
	지식	기업 경영에 대한 전문 지식 인사·노동 관련 법률 지식 통계에 대한 기초적인 지식	
실무	경력	사내 인력 관리에 대한 2년 이상의 경력 사내 규정 변경에 대한 1년 이상의 경력	
	기술	컴퓨터 활용 능력 의사소통 능력	

직무 내용	
채용관리	연간 직원 채용 계획을 수립하고, 직원의 모집·선발·배치 및 근로계약과 4대 보험에 관한 업무를 수행함.
평가관리	연간 인사고과 실시계획을 수립하고 시행·평가하여, 평가 이후 결과를 보상하는 업무를 수행함.
교육관리	직원의 업무능력을 높이기 위해 부문별 교육훈련계획을 수립·실시하는 업무를 수행함.
이직관리	사직서를 받고 해고통지서를 발송하고 관련 규정을 관리함.
보상관리	직원의 공제세액을 파악하고 급여를 지급하며, 동종업계의 임금동향을 파악하여 임금 수준을 조정함. 성과급과 복리후생 비용의 규정·규모를 정비하고 관련법의 변화를 파악함.

★★☆☆☆

01 다음 MH03 직무에 지원한 사람 중 해당 직무에 가장 적합한 사람은 누구인가? (단, 제시된 내용 이외에 다른 이력은 없는 것으로 가정한다)

성명	성별	학력	전공	경력	특기
육현중	남	4년제 대학 졸업	법학	인사관리 3년	컴퓨터 활용
임태현	남	4년제 대학 졸업	의상학	제도관리 2년	발표
황진선	여	석사 졸업	지리학	품질관리 1년	의사 소통
방한음	남	4년제 대학 졸업	경영학	재무관리 2년	의사 소통
강지아	여	4년제 대학 졸업	통계학	인사관리 2년	발표

① 육현중 ② 임태현
③ 황진선 ④ 방한음
⑤ 강지아

★★☆☆☆

02 01에서 선발된 직원의 업무가 아닌 것은?

① 노사협의회에 참여하여 노동조합의 건의 사항을 조정한다.
② 동종업계에 있는 다른 회사에서는 임금을 얼마나 주는지 조사한다.
③ 매년 한 차례 실시하던 직원 성과 평가의 시행 횟수를 두 차례로 늘리자고 제안한다.
④ 영어 사용이 많은 부서의 직원들을 위해 영어 교육 프로그램을 계획한다.
⑤ 사퇴를 원하는 직원들로부터 사직서를 받아 처리한다.

03~04 다음은 K 회사의 여비규정에 관한 지침서이다. 아래 내용을 읽고 주어진 질문에 알맞은 답을 고르시오.

제한시간  4분

[제1장 총칙]

제1조(목적) 이 규정은 "주식회사 K"(이하 "회사"라 함)의 소속 임직원이 회사의 용무로 출장가거나 전보 또는 파견명령을 받고 국내외를 여행할 때에 지급하는 여비에 관한 제반사항의 정함을 목적으로 한다.

제2조(주관부서) 이 규정에 의한 제반업무의 주관부서는 경영지원팀 총무과로 한다.

제3조(여비의 구분) 여비는 국내여비와 국외여비로 구분한다.

제4조(여비의 종류) 여비는 철도임, 선임, 항공임, 자동차임 등의 교통비와 숙박비, 일비, 예비비로 구분한다.

제5조(여비의 지급구분)
1. 철도여행에는 철도임, 수로여행에는 선임, 항공여행에는 항공임, 철도 이외의 육로여행에는 자동차임을 각각 지급한다. 단, 상기 각 운임은 교통부장관의 인허 요금으로 한다.
2. 일비는 여행일수, 숙박비는 숙박야수에 따라 계산하여 지급한다. 단, 수로여행 중의 숙박야수는 이에 포함하지 아니하되 천재지변, 기타 부득이한 사유로 인하여 육상에서 숙박을 요하는 경우는 이를 지급한다.

제6조(여비의 지급기준)
1. 여비는 별표 제1호와 별표 제2호의 국·내외 여비 정액표에 정하는 바에 따른다.
2. 동일목적과 목적지에 2인 이상 동시에 여행할 때의 출장여비는 국내출장의 경우 제16조, 해외출장의 경우 제20조를 준용한다.
3. 강사초대, 거래처 초청 등 이와 유사한 출장의 경우 여비를 지급하지 아니할 충분한 이유가 있다고 인정될 때, 주관부서장은 해당사업부장과 협의하여 여비의 정액을 감액하거나 여비의 전부 또는 일부를 지급하지 아니할 수 있다.
4. 주관부서의 장은 본 규정에도 불구하고 지역의 특수성으로 여비의 산정이 불합리하다고 인정될 때에는 해당 사업부장과 협의하여 출장자에 대한 여비의 정액을 상향 조정하여 지급할 수 있다.
5. 상기 제3항 내지 제4항 및 제5항 외에 다음의 사유가 있을 때는 여비를 반환하여야 한다.
    ① 출장일정이 취소된 경우에는 그 전액
    ② 출장 기간 단축 시 그 해당 잔액
    ③ 출장 목적지 변경 시 그 해당 잔액

제7조(연수, 교육훈련, 전시회 참가 시 여비지급 기준)
1. 연수, 교육훈련, 전시회 참가를 위한 국·내외 출장의 경우에는 교통비 및 숙박비는 100%, 일비는 80%를 지급함을 원칙으로 한다. 단, 특수성이 인정되는 지역의 경우에는 대표이사의 재가를 득하여 그러하지 아니할 수 있다.
2. 그 외 정부기관 및 기타 단체가 주관하는 단체 연수의 경우에는 소정의 여비만을 지급한다.

제8조(출장의 제한)
1. 출장기간은 30일을 초과할 수 없다. 단, 특별한 사유가 있을 때에는 그러하지 아니하다.
2. 동일지에 장기간 체재하는 경우 다음과 같이 감액하여 지급한다.
    ① 10일 초과 : 10일을 초과하는 일수에 대하여 정액의 15%
    ② 20일 초과 : 20일을 초과하는 일수에 대하여 정액의 20%
    ③ 30일 초과 : 30일을 초과하는 일수에 대하여 정액의 30%

제9조(여행일수의 계산) 여행일수는 업무, 연수, 교육 등과 이동에 소요되는 일수로 계산하며 여행도중 천재지변, 기타 부득이한 사유로 인하여 소요되는 일수도 포함한다(단, 국내출장의 경우 여행 출발일이 18시 이후일 경우에는 여행일수에서 제외한다).

제10조(여비의 변경) 여행도중 사업연도의 변경 또는 직위의 변동 등 여비정액의 계산을 달리 하여야 할 필요가 있을 때에는 그 사유가 발생한 날로부터 이를 계산한다.

제11조(여비의 전도) 정액보다 초과하여 지출될 것으로 예상될 경우에는 여비를 전도할 수 있으며, 이 경우 반드시 대표이사의 승인을 득함은 물론 귀사 후 3일 이내에 정산하여야 한다.

제12조(여비의 지급절차) 여비의 지급절차는 다음의 각 항에 의거한다.
1. 출장자는 국내출장신청서(별지 제1호 서식) 또는 해외출장신청서(별지 제2호 서식) 및 회계전표를 작성하여 부서장의 승인을 득한 후 출장신청서를 주관부서장의 출장여비 금액 확인을 경유 대표이사의 승인을 득하여, 사본은 주관부서에 원본은 회계전표와 함께 총무부에 최소 출장 3일 전까지 제출하여 지정된 날짜에 여비를 지급받는다.
2. 긴급을 요하거나, 부득이한 사정으로 인하여 사전에

발전문제

출장승인을 받지 못하였을 경우에는 출장 후 3일 이내에 1항의 절차에 따라 여비를 지급받는다.

제13조(출장보고 및 정산)
1. 출장자는 귀사 후 3일 이내에 별지 제 3호 서식에 의거 출장 보고서를 작성하여 대표이사의 승인을 득한 후 주관부서에 제출한다.
2. 여비의 정산은 별도로 하지 않는다. 다만, 사전 전도, 천재지변, 출장일수의 변경 등 여비 정액의 변경사유가 발생하였을 경우에는 귀사 후 3일 이내에 증빙서류를 첨부하여 실비 정산한다.

제14조(비직원의 여비) 당사 직원이 아닌 자가 당사의 업무와 관련하여 당사 직원과 동행하는 경우에는 대표이사의 승인을 득하여 그 동행직원과 동일한 여비를 지급할 수 있다.

[제2장 국내출장 여비]

제15조(출장의 범위) 서울특별시, 인천광역시를 포함한 경기도 경계지역을 벗어난 지역으로의 근무이동을 의미한다.

제16조(국내출장 여비의 지급기준) 국내출장 여비는 별표 제1호의 규정에 의거하여 지급한다.
1. 국내출장 여비란 교통비, 숙박비, 일비를 지칭한다.
2. 교통비는 철도임, 일비 내에는 현지 교통비, 식비, 통신비 등 출장과 관련한 제반비용을 포함하며, 1일당의 규정된 정액을 지급한다.
3. 국내 항공료는 실비를 지급하며, 해외 항공료는 주관부서에서 일괄 처리한다.
4. 개인차량을 이용한 출장의 경우 교통비 산출의 어려움을 감안, 철도임으로 지급한다.
5. 여비의 산정은 출발과 복귀의 이동시간을 감안하여 총 출장일수의 1일을 공제한 나머지 일수에 대해 숙박비, 일비는 100% 지급하고 공제된 1일에 대해서는 일비 50%만 지급한다.
6. 출장지에서 숙식이 제공될 경우에는 교통비 100%, 일비 50%만 지급하며, 숙만 제공될 경우에는 교통비 및 일비를 각각 100% 지급한다.
7. 숙박비는 1야당 규정된 정액을 지급하며, 부득이한 사유로 인하여 규정된 정액을 초과하여 지출한 경우에는 당해 여행을 완료한 날부터 3일 이내에 신용카드법 제2조 1호의 규정에 의한 신용카드의 사용 시에 받은 매출전표에 세부 사용내역이 명시된 증빙자료를 첨부하여 실비 정산할 수 있다.
8. 당일 복귀하는 국내출장의 경우에는 교통비는 100%, 일비는 50%를 지급한다.
9. 18시 이후의 출발은 출장일수에서 제외함을 원칙으로 한다. 다만, 업무상 부득이하게 출발해야 할 경우에는 숙박비만을 추가하여 지급하며, 나머지 출장일수에 대한 출장여비는 본조 제5항에 의거 지급한다.
10. 동일목적과 목적지에 2인 이상 동시에 여행할 때의 출장여비는 교통비 100%, 숙박비와 일비는 80%를 지급한다.

제17조(여비의 제한)
1. 회사소유 또는 차용한 교통수단이 제공되었을 경우에는 교통비를 지급하지 아니한다.
2. 임원 이외의 직원은 원칙적으로 항공편 이용을 인정하지 아니한다. 다만, 긴급을 요하는 경우 대표이사의 사전승인을 득하여 이용할 수 있다.

[제3장 국외출장 여비]

제18조(출장의 범위) 대한민국 영해를 벗어난 지역으로의 근무이동을 의미한다.

제19조(탑승 등급) 출장자의 탑승 등급은 다음 각 항에 의거한다.
1. 사장, 부사장 : Business Class(B)
2. 임원 이하 : Economic Class(Y)

제20조(국외출장 여비의 지급기준) 국외출장 여비는 별표 제2호의 규정에 의거하여 지급한다.
1. 국외출장 여비란 항공료, 숙박비, 일비를 지칭한다.
2. 항공료는 주관부서인 경영지원팀 총무과에서 일괄 처리한다.
3. 숙박비는 1야당, 일비 내에는 현지교통비, 식비, 통신요금 등 출장과 관련한 제반비용을 포함하며, 1일당의 규정된 정액을 지급한다.
4. 일비 내에는 현지 교통비가 포함되어 있으므로 출장 중 현지 차량 대여비는 별도로 지급하지 아니한다.
5. 출장일수의 산정은 대한민국 시간으로 계산하되, 기내 숙식을 고려하여, 총 출장일수의 1일을 공제한 나머지 일수에 대한 숙박비, 일비는 100% 지급하고, 공제된 1일에 대한 숙박비, 일비는 50%만 지급한다.
6. 출장지에서 숙식이 제공될 경우는 일비의 50%만 지급하며, 숙만 제공될 경우는 일비만 100% 지급한다.
7. 동일목적과 목적지에 2인 이상 동시에 여행할 때의 출장여비는 숙박비 100%, 일비 80%를 지급한다.

제21조(예비비) 해외시장의 조사, 개척 등의 임무로 국외에 출장하는 자로서 출장 기간 중 통신비, 교제비,

기밀비 등 제20조 규정 이외의 업무 추진비가 필요한 경우에는 대표이사의 승인을 얻어 이를 지급하되, 출장자는 귀사 후 3일 이내에 세부 증빙자료를 첨부하여 실비 정산하여야 한다.

★★★☆☆

03 다음은 경영지원팀 총무과에 근무하는 R 대리에게 온 문의메일이다. 이에 대한 대답으로 가장 적절한 것은?

K-Mail	
발신인	전략기획팀 E 과장
발신일	2017년 8월 10일 (월) AM 10 : 51
수신인	경영지원팀 총무과 R 대리
제 목	출장 시 비직원의 여비에 관해 문의드립니다.

안녕하세요.
제가 8월 26일부터 30일까지 중국 상해에 있는 지사로 출장을 가기로 했습니다. 그런데 이번 업무가 상해에 있는 지사에서 회의를 한 다음, 청도에 있는 공장들을 방문하고 오는 일이라, 공장의 기계설비와 관련한 전문가가 출장에 동행하기로 저희 부서에서 결정이 되었습니다. 이럴 경우 어떤 절차를 밟아야 하며, 여비는 얼마나 지급되는지 알고 싶습니다.

① 비직원분의 출장 동행에 대해 주관부서장의 승인을 얻으시면, 함께 가시는 직원분 여비의 80%가 비직원분께 지급됩니다.
② 비직원분의 출장 동행에 대해 주관부서장의 승인을 얻으시면, 함께 가시는 직원분과 동일한 여비가 비직원분께 지급됩니다.
③ 비직원분의 출장 동행에 대해 대표이사의 승인을 얻으시면, 함께 가시는 직원분 여비의 80%가 비직원분께 지급됩니다.
④ 비직원분의 출장 동행에 대해 대표이사의 승인을 얻으시면, 함께 가시는 직원분과 동일한 여비가 비직원분께 지급됩니다.
⑤ 비직원분의 출장 동행에 대해 대표이사의 승인을 얻으시면, 교통비만 비직원분께 지급됩니다.

★★★★☆

04 다음 중 여비규정과 관련하여 제대로 이해하고 있는 사람은?

① K 사원 : 출장을 다녀온 지 5일 이내에 출장 보고서를 작성해야 하므로, 3월 4일부터 6일까지 다녀온 대구 공장 출장 보고서는 3월 11일까지 총무부에 제출하면 되겠네.
② C 대리 : 5박 6일의 폴란드 출장에는 5일치의 숙박비와 일비는 100%, 1일치의 숙박비와 일비는 50%가 지급되겠군.
③ T 과장 : 내 차를 끌고 강원도에 있는 출장지에 다녀오려고 하니, 교통비는 출장신청서 제출일자 기름값으로 거리에 비례하여 지급받으면 되겠군.
④ Y 사원 : 청주에 있는 제1공장으로 출장 당일인 4월 12일에 오후 6시 반 고속버스를 타고 2박 3일간 출장을 가려고 하므로, 2박 3일에 해당하는 여비를 받으면 되겠군.
⑤ J 사원 : 10일에서 8일로 출장 기간이 단축되어도 굳이 여비를 반환하지 않아도 되겠군.

| 2015 KT |

05~08 회사 총무부에서 근무하고 있는 대리 P는 사내구매 부문을 맡고 있다. 다음의 구매절차규정을 보고, 각 물음에 답하시오.

제1조(목적) 이 규정은 K 주식회사(이하 "회사"라고 한다)의 구매절차를 규정함으로써 구매업무와 그 관련업무의 원활한 운영을 도모함을 목적으로 한다.
제2조(구매의뢰) ① 구매는 원칙적으로 구매의뢰에 의하여 실시한다.
② 구매의뢰는 모두 구매의뢰서에 의한다.

발전문제

제3조(구매) 구매의뢰의 종류는 다음 각 호와 같다.
1. 계획구매의뢰 : 장기구매의뢰와 장기구매의뢰를 수정할 필요가 있는 경우 월별로 수정하는 월차구매외뢰가 있다.
2. 임시구매의뢰 : 임시로 구매를 필요로 하는 경우에 하는 구매의뢰를 말한다.

제4조(의뢰서발행부서) 구매의뢰서의 발행부서는 다음 각 호와 같다.
1. 유형고정자산
   가. 토지, 일반건물, 사무용용구비품, 차량운반구 : 총무부
   나. 사택 및 독립후생용토지와 시설 : 인사부
2. 재고자산
   가. 상품 : 영업부
   나. 반제품, 외주가공품, 원료, 용피재료, 저장품 : 생산부
3. 소모품
   가. 사무용소모품 : 총무부
   나. 선전용재료, 경품, 서비스품 : 영업부
   다. 일반관리판매비로서 처리되는 물품 : 각급부서

제5조(의뢰요건) ① 구매의뢰서에는 다음 각 호의 기재사항을 기재하여야 한다.
1. 품명, 종류, 명칭, 수량, 규격, 치수, 필요한 것에 대하여는 허용오차, 소도조건의 희망, 사용개소, 목적, 납기, 기초재고량, 소비량, 구매예정단가 및 금액
2. 구입계획절재된 것에 대하여는 품의번호 및 이에 갈음할 수 있는 것과 금액

② 구매의뢰서에 시방서, 도면, 견본 등을 필요로 하는 것은 이를 첨부한다.

제6조(구매의뢰절차) 구매의뢰에 이르기까지의 절차는 다음 각 호와 같다.
1. 유형고정자산관계 : 유형고정자산의 건설과 수선계획에 의한 구매의뢰절차를 밟는다.
2. 재고자산관계
   가. 판매계획 또는 생산계획에 의하여 수급계획을 설정하여 구매의뢰수치를 산출한다.
   나. 기본산출방법은 다음과 같다.
      ㉮ 월초재고량 + 당월입고량 − 당월소요량 = 월말추정재고량
      ㉯ 월말추정재고량 − 차월소요량 = 차월과부족량
      ㉰ 차월과부족량에 표준재고량을 감안하여 구매의뢰량을 결정하며 표준재고량의 결정방식은 따로 정한다.
3. 소모품관계 : 월차수정구매의뢰에 따라 발생하는 때마다 1개월을 단위로 소요량을 의뢰한다.

제7조(구매의뢰승인권한) 발주의뢰부서의 구매의뢰발생의 승인권한은 구매규정에서 정하는 승인권한에 준한다.

제8조(의뢰서의 수리) 구매담당부서는 제출된 구매의뢰서에 대하여 적절하다고 인정한 경우에는 수리한다.

제9조(의견조정) 구매담당부서장은 구매의뢰서에 의한 구입의뢰물품에 대하여 예산, 품명, 규격, 납기의 변경 등에 대하여 구매의뢰부서장과 의견의 조정을 할 수 있다.

제10조(업무계열) ① 구매의뢰를 수리한 담당부서는 시장상황 및 발주단위 등을 감안하여 구매활동을 개시하여야 한다.
② 시장조사와 경제적 발주단위, 표준재고량 판정의 방법에 관하여는 따로 정한다.

제11조(예산견적) 구매담당부가 구매물품의 예산산정을 위하여 미리 취급업자의 견적을 필요로 하는 경우에는 견적서를 요청할 수 있다. 이 경우 구두에 의할 수 있다.

제12조(입안부서) ① 구매예산의 입안은 구매담당부서가 한다.
② 공장경비예산 또는 일반관리판매비에서 처리되는 품목의 구매에 관하여도 제1항의 규정을 준용한다.

제13조(예산기초) 매매예산은 구매의뢰서에 따라 제9조에 의한 의견조정을 완료한 것에 대하여 작성한다.

제14조(예산의 종류) 구매예산은 장기구매예산, 월별수정구매예산, 임시구매예산으로 분류한다.

제15조(예산편성방침) 구매예산은 편성방침에 따라 편성한다.

제16조(요건) 구매예산은 품명, 규격, 수량, 단가, 금액 및 지급조건을 구비함을 원칙으로 한다.

제17조(구매단위) 구매예산의 구매수량단위는 구매수량에 의하여 단가불변의 것은 1개월분, 단가에 변동이 있는 물품은 3개월분을 단위로 하여 구매함을 원칙으로 한다. 다만, 특별한 물품은 그러하지 아니하다.

제18조(등록업자견적) 견적서요구의 방법은 등록한 업자 중에서 선정한 기명견적으로 한다.

제19조(견적서의 요구조건) 견적서의 요구는 명확하고 균등한 요건으로 3자 이상의 업자로부터 함을 원칙으로 한다.

제20조(단일견적) 제19조의 규정에도 불구하고 다음 각 호의 경우와 1건당 만 원 이하의 경우에는 단일견적

으로 할 수 있다.
1. 주요기기의 부속품 또는 예비품을 보충할 때
2. 기술상 또는 설비력에 있어서 다른 적합한 경쟁업자가 없을 때
3. 특허품, 전매품 등으로 다른 업자로부터 구매할 수 없을 때
4. 외주의뢰품을 계속하여 사용하고 있을 때
5. 기제품 등 극비로 할 때
6. 기타 특별한 사정에 의하여 단일견적이 회사에 유리하다고 인정된 때

제21조(견적의 종류) 견적서를 받는 방법은 동시경쟁견적, 수시경쟁견적, 단일견적으로 구분한다.

제22조(개봉) 견적서의 개봉은 구매담당부서장이 하며 1건 만 원 이상인 것에 대하여는 상무회가 개봉한다.

제23조(견적수정) 견적서개봉의 결과 제시한 조건과 다를 때 또는 견적내용이 명확하지 아니하다고 인정된 때에는 다시 제출처에 수정을 요구할 수 있다.

제24조(유효기간) ① 견적은 원칙적으로 그때마다 구매품 1건씩 하여야 한다.
② 제1항의 규정에도 불구하고 물품별로 일정조건으로 그때마다 일정기간의 구매승인을 얻는 것에 대하여는 그 기간은 당초견적으로 이에 갈음할 수 있다.
③ 제2항의 일정기간이란 1개월을 한도로 하며, 이 범위를 초과한 경우에는 무효로 한다.

제25조(견적서의 생략) 임의견적인 경우는 견적서의 요구를 생략한다.

제26조(승인의 원칙) ① 구매승인은 원칙적으로 견적서에 의한다.
② 승인은 다음 각 호에서 정하는 바에 의한다.
1. 견적최저가격의 채택을 원칙으로 하며, 다만 최저가격이란 형식적·계수적인 최저가격이 아니라 납기, 지급조건, 신용상태와 실적에 의한 품질내구력을 감안한 실질적인 최저가격을 말한다.
2. 회사제품에 중대한 영향 및 기타 사유에 의하여 최저가격의 적용이 곤란한 경우에는 관계견적서에 사유를 명기하고 제1호의 적용을 배제한다.
3. 2개소 이상의 견적의 가격이 동일하여 그 선택여부를 판정하기 어려운 경우는 종래의 구입품 또는 유명품을 우선한다.

제27조(승인절차) 구매승인은 다음 각 호에서 정하는 절차에 의한다.
1. 구매담당자는 구매승인신청서를 작성, 제출한다.
2. 구매신청자는 일련번호로 예산 및 구매품목의 세목을 기재한다.
3. 구매승인신청서에는 견적서와 규격표 및 부속표 등 관계서류를 첨부하여야 한다.
4. 구매승인을 마친 것에 관하여는 전회구입일, 수량, 단가 및 승인번호를 생략할 수 있다.
5. 구매신청서는 승인을 거친 후 구매담당자가 이를 보관한다.
6. 전 각 호의 절차에도 불구하고 구매규정에 정하는 구매승인권한 이내의 것에 대하여는 주문서에 구매승인을 할 수 있다.

제28조(품의서대용) 제27조의 구매승인서에 의하여 하는 경우는 품의서를 이에 대체할 수 있다.

제29조(계약체결) 구매승인의 결재를 받은 때는 구매담당부서는 신속히 업자와 구매에 관한 계약을 체결하여야 한다.

제30조(계약방법) ① 제29조의 계약은 주문서의 발행으로써 체결한다.
② 제1항의 규정에도 불구하고 다음 각 호의 경우에는 계약서를 작성하여야 한다.
1. 유형고정자산 1건 만 원 이상의 구매
2. 6개월 이상에 걸쳐 계속하여 구매를 계약하는 경우
3. 기타 필요하다고 인정되는 경우
③ 계약서로써 계약을 한 경우에도 주문서를 발행하여야 한다.
④ 계약서의 승인권한은 구매규정이 정하는 바에 의한다.
⑤ 계약서의 승인은 원칙적으로 구매승인 후에 받는다.

제31조(계약조건) 계약조건은 다음 각 호에서 정하는 바에 의한다.
1. 품명, 수량, 단위
2. 규격, 치수 및 허용오차
3. 단가, 금액
4. 부수비용의 부담방법
5. 납기
6. 인수장소 및 조건
7. 대금의 지급조건
8. 품질, 성능
9. 보증기간
10. 계약의 불이행 또는 하자의 처리
11. 기타 계약에 필요한 사항

제32조(주문서) 주문서의 경로는 별도로 정한다.

제33조(주문의 변경취소) ① 구매의뢰의 조건의 변경 또는 주문조건의 변경이 있는 경우는 주문의 변경 또는 취소를 할 수 있다.

발전문제

② 주문의 변경 또는 취소는 주문서에 적색으로 기입하여 주문의 절차와 같이 취급한다.

제34조(계약불이행) ① 천재지변 기타 불가항력으로 인정되는 경우 이외의 납입지연 기타 계약불이행에 의한 모든 책임은 상대방에게 있고 상대방에게 손해배상을 청구할 수 있다.
② 제1항의 손해배상 청구의 가부 및 액은 구매담당부서장이 결정한다.

제35조(주문관리) 주문관리란 주문서발행으로부터 지정장소에 입고되기까지를 말한다.

제36조(주문서의 발송) 주문서는 원칙적으로 납입지정일 전일까지 상대방 및 보고처에 도달하여야 한다.

제37조(감독) 주문서발행에서 입고까지는 구매담당자가 그 진행상황에 대하여 항상 감독을 하며 이상이 있는 경우는 즉시 이상보고를 한 후 적절한 조치를 하여야 한다.

제38조(납기관리) ① 납기관리는 주문서에 의한 처리에 의함을 원칙으로 한다.
② 주문서에 의한 처리는 다음의 방법에 의한다.
1. 구매담당부서는 주문서부본을 납일월별로 정리한다.
2. 담당자는 매일 오후까지 전일의 입고보고를 받아 주문서와 그 대조를 한다.
3. 입고미필품의 주문서는 즉시 구매담당부서에 회부한다.
4. 구매담당자는 즉시 상대방에 대하여 입고미필의 사실을 통지하고 그 이유를 확인한다.
5. 구매담당자는 확인의 결과 이상보고서를 기안하며 또 관계부서에 연락하고 처치한다.
6. 담당자는 입고미필품의 주문서부본의 반환을 받아 익일 또는 납입예정일이나 변경납입예정일에 산입한다.
7. 입고가 확인된 것은 주문서부본과 같이 매입대장으로 정리하여 보관한다.
③ 구매계획서는 구매승인을 받은 후에 구매진행을 특히 파악할 필요가 있는 경우에 작성할 수 있다.

제39조(관리담당부서) 주문 중의 구입품의 문의는 원칙적으로 구매담당부서를 통하여야 하며, 부득이한 사유로 구매의뢰부서에서 직접 조회하는 경우는 구매담당부서의 양해를 얻어야 한다.

제40조(예비검품) 구매담당부서는 필요하다면 구매품에 대한 제조현장의 시찰 또는 구매품의 예비검사를 하여야 한다.

제41조(검수) ① 구매물품의 검수는 계약에서 정하여진 인수장소에서 인수부서가 한다.
② 검수는 주문서 및 검수에 요하는 서류 등에 의하여 하여야 한다.
③ 검수는 구매담당부서에서 이를 하지 못한다.

제42조(인수의 원칙) ① 인수는 다음 각 호에 해당하는 것에 한하여 한다.
1. 주문품일 것
2. 검사에 합격한 것일 것
3. 납품서 또는 출하안내서가 구비되어 있는 것
② 제1항의 조건이 충족되지 않아 인수할 것을 거부하였음에도 불구하고 반입된 것에 대하여는 보전의 책임을 지지 아니한다.

제43조(수입수량) 수량은 수입수량에 의함을 원칙으로 하고 검수수량을 초과하고 또 유상인 경우에는 초과부분에 대하여 이를 반품하거나 필요에 따라 추가로 추가주문의 절차를 밟아야 한다.

제44조(분납 및 보관의뢰) ① 분납을 인정하고 있는 것에 대하여는 그때마다 검수를 한다.
② 보관을 외부에 의뢰하는 경우에는 출장검수를 하여 인수절차를 밟을 수 있다.

제45조(재고전용) 구매의뢰부서에서 재고물품의 구매의뢰를 하는 경우 관리부서는 필요하면 각 사업장의 재고량을 감안하여 재고전용을 결정한다.

★★★☆☆

05 P 대리는 차량운반구 매입을 위하여 구매의뢰서를 작성하려고 한다. 다음 중 구매의뢰서에 반드시 기재하지 않아도 되는 사항은 무엇인가?

① 수량 ② 규격
③ 구매예정단가 ④ 시방서
⑤ 치수

★★★☆☆

06 다음은 P 대리가 수리한 구매의뢰서 중 단일견적으로 견적조사를 진행할 의뢰서만 모아둔 것인데, 의뢰서를 확인하던 Y 과장이 이 중에 단일견적으로 진행해서는 안 되는 의뢰서가 있다고 지적했다. 다음 중 단일견적으로 진행해서는 안 되는 의뢰서는 무엇인가?

① 현장에서 주로 사용하고 있는 기기인 SI-932D 부속품을 요청한 생산 1팀의 구매의뢰서
② 극비로 개발하고 있는 신제품에 들어갈 K 베어링을 요청한 개발 1팀의 구매의뢰서
③ R 사에서 특허를 인정받아 제작 판매되고 있는 특수밸브를 요청한 생산 2팀의 구매의뢰서
④ 시판된 지 몇 달이 되지 않아 판매하는 업체 수가 적은 프로그램을 요청한 개발 2팀의 구매의뢰서
⑤ 고장에 대비하기 위해 갖추고 있던 주요기기의 예비부속품을 요청한 개발 2팀의 구매의뢰서

★★★☆☆

07 다음 중 구매의뢰가 승인이 난 이후, 총무부의 P 대리가 해야 할 업무로 옳은 것은?

① 일련번호로 예산 및 구매품목의 세목을 기재한다.
② 업자들에게서 온 견적서를 개봉하여 내역별로 정리한다.
③ 물품 입고 시 매일 오후까지 전일의 입고보고를 받아 주문서와 대조한다.
④ 구매물품에 대한 주문서 및 서류 등을 검수한다.
⑤ 예산편성방침에 따라 구매예산을 편성한다.

★★★☆☆

08 P 대리는 오늘 오전에 영업부의 H 과장으로부터 다음과 같은 메일을 받았다. 메일에 대한 P 대리의 답변으로 옳지 않은 것은?

K-mail	
일 시	2015. 04. 15. (수) 13:48
수 신	총무부
참 조	영업1부
발 신	영업1부 H 과장
제 목	K01-382 제품 팸플릿과 포스터 건

안녕하세요. 영업1부의 H 과장입니다.
내달 18일에 새롭게 출시되는 K01-382 제품과 관련하여 당사의 매장에 팸플릿과 포스터를 배포하려는 계획에 따라, 다음 주까지는 팸플릿과 포스터의 샘플을 받아 확인하여 내달 10일까지 전 매장에 배포하려는 진행 계획이 있습니다. 그래서 3일 전 총무부에서 수리된 구매의뢰가 현재 어떠한 과정에 있는지 확인 부탁드립니다.
감사합니다.

① 문의하신 구매의뢰는 현재 3개 업체를 견적조사 중에 있으며, 오늘 내로 업체가 결정될 예정입니다.
② 문의하신 구매의뢰는 현재 적격업체로 D사가 결정되었으며, 가격 조율 중에 있습니다.
③ 문의하신 구매의뢰는 현재 견적조사가 완료되었으며, 영업1부에서는 구매승인신청서를 제출해 주시길 바랍니다.
④ 문의하신 구매의뢰는 현재 단가계약이 완료되었으며, 부장님의 결재를 기다리고 있는 중입니다.
⑤ 승인을 거친 후에는 총무부에서 구매신청서를 보관해 주시면 됩니다.

Part 2 실력다지기

문항수 15문항
제한시간 30분

01 다음 글의 주제로 알맞은 것을 고르시오.

　후기자본주의에서 유흥은 일의 연장이다. 유흥을 찾는 사람들은 기계화된 노동과정을 다시금 감당할 수 있기 위해 그로부터 벗어나려는 사람들이다. 그렇지만 후기자본주의에서는 유흥상품의 제조도 여가를 즐기는 방식도 철저히 기계적인 방식으로 바뀌었다. 결과적으로 사람들은 유흥 속에서도 노동과정의 심리적 잔상 외에는 어떤 것도 더 이상 경험할 수 없게 될 것이다. 따라서 유흥상품의 소위 '내용'이라는 것은 다만 이미 빛이 바랜, 전면에 나타나는 이야기일 뿐이며, 뒤에 남는 인상은 오직 표준화된 업무가 자동적으로 흘러가게 된다.
　공장이나 사무실에서의 노동과정에서 해방되는 것은 단지 여가시간에도 그러한 노동과정에 동화됨으로써만 가능하다. 모든 유흥을 괴로워하는 불치병은 이러한 상황에서 비롯된 것이다. 즐거움은 딱딱한 지루함이 되고 만다. 왜냐하면 즐거움은 즐거움으로 계속 남기 위해 어떤 괴로운 노력도 더 이상 지불하지 않으려 하며 이로 인해 닳아빠진 연상궤도 속에 갇혀서는 그로부터 한 발자국도 못 나간 채 다람쥐 쳇바퀴를 돌고 있기 때문이다.
　유흥상품의 구경꾼은 자신의 고유한 생각을 가지려 해서는 안된다. 제작물이 모든 반응을 미리 지시해 주기 때문이다. 그러한 지시는 작품의 자연스러운 연관구조가 아닌 — 그러한 구조는 사고를 필요로 하기 때문에 붕괴된다 — '신호'를 통해 이루어진다. 정신적인 긴장을 요구하는 모든 논리적 연관은 교묘하게 기피되므로, 작품의 전개는 가능한 한 바로 앞선 장면으로부터 따라 나와야지 전체라는 이념으로부터 나와서는 안 된다. 관람객의 주의력은 개별 장면이 어떻게 될지를 미리 짐작하며, 이러한 주의력을 거스르는 플롯은 없다. 또한 심지어는 아무런 의미도 만들어 내서는 안 되는 곳에서 털끝만한 의미연관이라도 지지해주는 것처럼 보이는 장치마저 위험시된다. 예전의 관례에 따라 극중 등장인물이나 사물이 요구하는 줄거리의 발전 또한 종종 악의에 찬 거부를 당한다. 하지만 그 대신 다음 장면을 만드는 것은 시나리오 작가가 상황에 맞게 선택한 기발해 보이는 착상이다.

① 현대인들은 과도한 양의 일에 익숙해진 나머지 여가활용을 제대로 하지 못하고 있다.
② 정신적인 긴장상태를 지속시키는 여가 활동이 현대인들의 업무적 스트레스를 충분히 풀어주지 못하고 있다.
③ 천편일률적인 유흥상품들은 현대인들의 창의력 계발을 저지하고 기계적으로 사고하게 한다.
④ 과도한 업무에서 오는 현대인의 우울증은 여가시간조차 즐겁게 보내지 못하게 한다.
⑤ 현대 사회의 기계적인 유흥상품 제조과정과 여가 활용 방식으로 유흥과 일의 구분이 무의미해졌다.

| 2015 삼성 |

02 다음 글을 읽고 이해한 것으로 가장 적절한 것을 고르시오.

　한중을 점령한 위의 조조는 부하 장합과 하후연에게 한중을 지키도록 하였다. 이후 촉의 유비가 한중을 공격해오자 조홍과 장합에게 명령을 내려 서촉 지방을 공격하도록 함으로써 한중 전투가 시작되었다. 하지만 이어진 전투에서 연이어 패배하고 오랜 출전에도 별 소득이 없자 조조는 전투를 지속할지 그만둘지 깊은 고민에 빠졌다. 그러던 어느 날, 부하가 그날 밤 사용할 암호를 정하기 위해 조조를 찾아갔으나 조조는 별다른 말은 하지 않고 계륵이라고만 말하였다. 계륵이라는 암호가 전군에 전달되자 주부 벼슬에 있던 양수는 바로 돌아갈 짐을 싸기 시작했다. 주위 사람들이 놀라면서 그 이유를 묻자 양수는 "닭의 갈비에는 먹을 살이 없지만, 그냥 버리기는 아깝다. 그러니 곧 철수 명령이 내려질 것이다."라고 말하였다. 양수는 조조의 말 속에서 한중 땅이 버리기에는 아깝지만 그렇다고 큰 피해를 감수하며 지킬 만큼 필요한 곳은 아니라고 생각하는 조조의 숨은 뜻을 파악한 것이다. 그의 예상대로 조조는 이튿날 철수 명령을 내린다. 하지만 양수가 미리 철수 준비를 해두었다는 말을 전해들은 조조는 군 기강을 어지럽혔다는 명목으로 그를 처형하고 다시 전투를 감행하였다.

① 조조가 말한 계륵은 촉나라를 비유한 말이다.
② 위나라에 한중은 전혀 필요 없는 지역이다.
③ 한중이 없어도 위나라에 큰 위기가 발생하지는 않는다.
④ 위나라는 한중을 지키기 위해 어떤 피해라도 감수할 것이다.
⑤ 한중을 잃는 것은 위나라에 치명적이다.

| 2014 삼성 |

03 다음 글을 읽고 이해한 것으로 적절하지 않은 것을 고르시오.

우리는 세계를 어떻게 이해하게 되는가? 우리가 어떤 것을 이해할 때 아무 것도 모르는 상태에서 새로운 이해에 도달하는 것은 불가능하며, 이해를 위해서는 이해의 배경이 되는 지식이 필요하다. 현대 해석학의 거장인 가다머는 '선이해'와 '지평 융합'의 개념을 도입하여 세계에 대한 이해를 설명하고 있다.

선이해란 어떤 대상에 대해 미리 판단하는 일종의 선입견을 의미한다. 이성적인 견해를 중시했던 계몽주의 학자들은 선입견을 올바른 이해를 가로막는 잘못된 생각이라 보았다. 그들에 따르면 선입견은 개인의 권위나 속단에서 비롯된 비이성적인 것이다. 이와 달리 가다머는 세계에 대한 이해를 위해서는 선입견이 반드시 필요하다고 주장하였다. 그가 제시하는 선입견이란 개인적 차원에서 임의로 만들거나 제거할 수 있는 편협한 사고가 아니라, 문화나 철학, 역사와 같이 과거로부터 전승되어 온 전통에 의해 형성된 사고를 뜻한다. 이러한 선입견은 이해의 기본 조건으로, 우리가 세계를 이해할 수 있도록 인도하는 역할을 한다.

그렇다면 선이해를 기본 조건으로 하는 이해의 과정은 어떠한가? 가다머는 이를 '현재 지평'과 '역사적 지평'이 결합되는 '지평 융합'이라는 개념으로 설명하고 있다. 그가 말하는 현재 지평이란 인식의 주체가 선이해를 바탕으로 형성한 이해로, 이해 주체의 머릿속에 형성된 지식이나 신념 등과 관련이 있다. 반면 역사적 지평이란 과거로부터 축적되어 온 이해의 산물로, 텍스트를 통해 전해 내려오는 수많은 지식들이 대표적인 예이다. 이해의 과정이란, 서로 다른 두 지평이 만나 새로운 지평을 형성해 나가는 과정이다. 현재 지평은 역사적 지평과의 융합을 통해 상호작용하면서 끊임없이 수정되고 확장되어 나간다. 따라서 두 지평이 융합된 결과 형성된 지평은 주체가 기존에 가졌던 현재 지평과 다른 새로운 것이 된다.

이와 같은 이해의 과정으로서 지평 융합은 일회적으로 끝나는 것이 아니라 반복적으로 이루어진다. 즉, 주체가 가진 현재 지평은 역사적 지평과 융합하여 새로운 지평이 되고, 이것이 다음 이해의 선이해로 작용하며 또 다른 이해로 이어지는 과정을 반복한다. 이와 같은 순환 과정을 고려할 때, 이해는 결과가 아니라 언제나 도상(途上)에 있다고 볼 수 있다. 결국 가다머가 말하는 세계에 대한 이해는 완성된 것이 아니라 과정에 있는 것이며, 고정된 것이 아니라 끊임없이 변화하고 확장되어 가는 것이다.

① 계몽주의자들은 개인의 권위나 속단에서 비롯된 생각을 부정적으로 보았다.
② 가다머는 계몽주의자들과는 달리 선입견도 이성의 일부라고 주장하였다.
③ 현재 지평은 선이해를 기반으로 형성되고, 시간이 흐르면 또 다른 선이해가 된다.
④ 가다머에 의하면 이해는 언제나 미완성의 상태에 있다.
⑤ 가다머가 생각하는 선입견이란 개인을 넘어 집단 전체가 공유하는 것이다.

| 2016 삼성 |

04 다음 글의 내용과 부합하지 않는 것을 고르시오.

프랑스의 과학기술학자인 브루노 라투르는 아파트 단지 등에서 흔히 보이는 과속방지용 둔덕을 통해 기술이 인간에게 어떤 역할을 수행하는지를 흥미롭게 설명한다. 운전자들은 둔덕 앞에서 자연스럽게 속도를 줄인다. 그런데 운전자가 이렇게 하는 이유는 이웃을 생각해서가 아니라, 빠른 속도로 둔덕을 넘었다가는 차에 무리가 가기 때문이다. 즉, 둔덕은 "타인을 위해 과속을 하면 안 된다."는 사람들이 잘 지키지 않는 도덕적 심성을 "과속을 하면 내 차에 고장이 날 수 있다."는 사람들이 잘 지키는 이기적 태도로 바꾸는 역할을 한다. 라투르는 과속방지용 둔덕을 '잠자는 경찰'이라고 부르

실력다지기

면서 이것이 교통경찰의 역할을 대신한다고 보았다. 이렇게 라투르는 인간이 했던 역할을 기술이 대신 수행함으로써 우리 사회의 훌륭한 행위자가 된다고 하였다.

라투르는 총기의 예도 즐겨 사용한다. 총기 사용 규제를 주장하는 사람들은 총이 없으면 일어나지 않을 살인 사건이 총 때문에 발생한다고 주장한다. 반면에 총기 사용 규제에 반대하는 그룹은 살인은 사람이 저지르는 것이며, 총은 중립적인 도구일 뿐이라고 주장한다. 라투르는 전자를 기술결정론, 후자를 사회결정론으로 분류하면서 이 두 가지 입장을 모두 비판한다. 그의 주장은 사람이 총을 가짐으로써 사람도 바뀌고 총도 바뀐다는 것이다. 즉, 총과 사람의 합체라는 잡종이 새로운 행위자로 등장하며, 이 잡종 행위자는 이전에 가졌던 목표와는 다른 목표를 가지게 된다. 예를 들어, 원래는 다른 사람에게 겁만 주려 했는데, 총이 손에 쥐어져 있어 살인을 저지르게 되는 식이다.

라투르는 서양의 학문이 자연, 사회, 인간만을 다루어왔다고 강하게 비판한다. 라투르에 따르면 서양의 학문은 기술과 같은 '비인간'을 학문의 대상에서 제외했다. 과학이 자연을 탐구하려면 기술이 바탕이 되는 실험기기에 의존해야 하지만, 과학은 기술을 학문 대상이 아닌 도구로 취급했다. 사회 구성 요소 중에 가장 중요한 것은 기술이지만, 사회과학자들은 기술에는 관심이 거의 없었다. 철학자들은 인간을 주체와 객체로 나누면서, 기술을 저급하고 수동적인 대상으로만 취급했다. 그 결과 기술과 같은 비인간이 제외된 자연과 사회가 근대성의 핵심이 되었다. 결국, 라투르는 행위자로서 기술의 능동적 역할에 주목하면서, 이를 통해 서구의 근대적 과학과 철학이 범했던 자연과 사회, 주체와 객체의 이분법을 극복하고자 하였다.

① 라투르는 총과 사람의 합체로 탄생되는 잡종 행위자를 막기 위해서는 총기 사용을 규제해야 한다고 주장했다.
② 라투르는 서양의 학문이 자연, 사회, 인간만을 다루고 학문의 대상에서 기술을 제외했다고 비판했다.
③ 라투르는 행위자로서의 기술의 능동적 역할에 주목하여 자연과 사회의 이분법을 극복하고자 하였다.
④ 라투르는 과속방지용 둔덕이 행위자로서의 능동적 역할을 한다고 주장했다.
⑤ 라투르는 인간이 맡았던 역할을 기술이 대신 수행하는 것을 인정했다.

| 2016 삼성 |

05 다음 제시된 글을 읽고 알 수 있거나 추론할 수 있는 사실이 아닌 것을 고르시오.

적정기술(適正技術)은 1960년대 경제학자 슈마허가 만들어 낸 '중간 기술(intermediate technology)'이라는 용어에서 시작되었다. 중간기술이라고도 불리는 이 적정기술은 사회 공동체의 정치적·문화적·환경적 조건 등을 고려하여 지속적인 생산과 소비가 이루어지도록 만든 기술로, 궁극적인 삶의 질을 향상시키려는 목적을 가지고 있다. 슈마허는 선진국과 제3세계의 극심한 빈부 격차 문제에 대한 방안을 연구하던 중 간디가 주창했던 경제적 자립 운동과 불교의 영향을 받아, 지속적이고 올바른 방향으로의 개발을 위해서는 중간 규모의 기술이 필요하다는 생각을 갖게 되었다. 그는 원시적인 기술보다는 우수하지만 선진국이 보유한 거대 기술과 비교하면 작은 규모의 기술이 필요하다고 주장하면서, 거대한 자본을 투입하여 대량 제품을 생산하는 기술과 달리 현지에서 융통 가능한 재료와 소규모 자본 그리고 간단한 기술을 이용하여 해당 지역의 사람들에 의해 만들어지는 작은 규모의 생산 활동을 지향하였다. 따라서 이 기술은 값싸고 제약이 적은 기술이면서 기술의 규모에 밀려 그동안 소외되었던 인간을 중점에 둠으로써 노동을 통한 기쁨과 보람을 느끼는 '인간적인 기술'이라고 요약할 수 있다.

슈마허는 이러한 중간기술을 더욱 활발하게 개발하는 것이 제3세계의 빈곤과 거대 기술로 인한 여러 부작용을 해결할 수 있다고 보았다. 이러한 그의 주장은 1973년 발간한 그의 저서 「작은 것이 아름답다(Small is Beautiful)」를 통해 널리 알려지게 되었다. 그런데 당시 학자들은 이 '중간(intermediate)'이라는 개념이 자칫 미완성의 의미로 다가가거나 최신 기술보다 열등한 기술이라는 인식으로 여겨질 수 있음을 우려하여 '적정기술'이라는 말을 더 선호하였다. 이후부터 중간기술보다는 적정기술이라는 말이 더 널리 쓰이게 되었다.

이러한 중간기술은 1970년대에 걸쳐 점차 세계적으로 확산된다. 초기의 적정기술 운동은 제3세계의 빈곤 문제를 해결하기 위해 시작되었지만, 적정기술이 가장 성공적으로 현대 사회와 적용된 분야는 환경 문제를 위한 대안기술 개발이다. 1960년대 말에는 선진국 사회까지 적용될 수 있는 적정기술을 연구하는 여러 기관들이 설립되기 시작했고, 미국에서는 정부 차원에서 적정기술 관련 기관과 부서를 만들기 시작했다. 당시 에

너지 보존 방안을 마련하기 위해 고심했던 카터 정부는 국립적정기술센터를 설립하여 백악관에 태양광 패널을 설치하기도 하였다. 1970년대 후반부터는 '지속 가능한 개발(sustainable development)'이라는 개념이 확산되면서, 개발과 보존의 균형을 추구하면서 지속 가능한 발전을 이루는 것이 전 세계적으로 인지해야 할 중요 가치로 여기게 되었다. 이러한 문제의식은 2000년 UN이 발표한 새천년개발목표(MDGs, Millenium Development Goals)에도 잘 반영되어 있다.

그러나 적정기술 운동도 1980년대 이르러 한 차례 위기를 맞게 된다. 적정기술이 제3세계의 빈곤을 해결하는 데 실질적인 대안이 되지 않는다는 비판이 나오기 시작했고, 미국과 소련의 경쟁 구도 속에서 거대기술을 개발하는 대형 과제들이 계속 채택되면서 작은 규모의 기술을 지향하는 적정기술에 대한 관심이 점차 밀려나게 된 것이다.

적정기술 운동이 한 차례 위기를 겪은 후에는, 적정기술에 대한 새로운 관점이 부상하게 되었다. 가장 큰 변화는 적정기술 운동에서 시장 지향적 관점이 부상되었다는 것이다. 이러한 관점의 전환을 이끈 대표적인 이는 2008년 「빈곤으로부터의 탈출(Out of Poverty)」을 출간한 폴 폴락(Paul Polak)이다. 그는 기존의 기부 방식이 적정기술 운동을 실패로 이끌었다고 지적하면서, 적정기술은 좋은 의도를 가진 서투른 개인보다는 냉철한 기업가가 개발해야 한다고 주장하였다. 폴락은 그동안 기술 설계 과정에서 고려되지 않았던 소외된 90%의 빈곤 계층을 자선을 베풀기 위한 대상이 아닌 고객으로 바라보고, 그들이 필요한 물건을 사기 위해 얼마를 지불할 수 있으며 어떤 의향을 갖고 있는지를 배움으로써 적절한 가격의 디자인 수립을 목표로 삼을 것을 피력하였다. 전 세계 인구의 90%를 차지하는 빈곤층 소비자들의 소비를 유도하기 위해, 저렴한 기술을 설계하는 폴락의 운동은 지불 능력이 막강한 소수의 소비자를 주요 고객으로 삼아 온 기존의 상품 디자인을 정면으로 비판하는 일종의 '디자인 혁명'인 것이다. 2007년 뉴욕에서 개최된 〈소외된 90%를 위한 디자인〉 전시회는 적정기술 운동을 다시금 확산시키는 데 큰 영향을 주었다.

우리나라에서도 2000년대 중반부터 '적정기술 붐'이라 일컬을 정도로 적정기술에 대한 관심이 급증하게 되었다. 과학기술 전문가들을 중심으로 구성된 단체의 연구와 대학 내 관련 기관 및 NGO 단체의 개발까지 더해져 민간 차원에서도 다양한 적정기술 개발을 활발하게 이어오고 있는 것이다. 또한 2009년 우리나라가 OECD 개발원조위원회(DAC)에 회원국으로 가입하면서 공적개발원조(ODA)에 대한 지원도 늘어나고 있어서 앞으로도 적정기술 운동은 계속 활발하게 진행될 것으로 보인다.

① 적정기술은 적은 양의 자원을 쓴다는 점에서 생태적인 기술이며 양극화의 해소를 지향한다는 점에서 궁극적인 목표가 인간의 발전에 맞춰진 기술이다.
② 적정기술은 특정 기술들을 종합한 개념이라기보다는 우리 사회에 존재하는 기술과 그 기술이 사람과 맺어진 관계를 점검할 수 있는 기회라고 볼 수 있다.
③ 미국과 소련의 이분법적 기술 양극화에 대항하려는 제3세계 국가들이 자신의 국가의 경제력을 확보할 목적으로 만들게 되었다.
④ 서구의 첨단기술이 아니라 그 지역의 특성에 맞는 기술을 이용하여 그 지역 주민의 삶을 개선할 수 있다는 적정기술은 개발도상국이 나아가야 할 방향을 긍정적으로 제시했다는 점에서 큰 의미를 찾을 수 있을 것이다.
⑤ 폴 폴락은 적정기술의 대상을 자선 대상이 아니라 고객의 관점으로 바라보는 혁명적 관점을 제시하면서 냉철한 기업가에 의해 이 정신이 더 확산되어야 할 것을 주장했다.

06~10 다음 글을 읽고 물음에 답하시오.

카멜레온의 본래 색은 무엇일까? 물론 그런 색이 없다는 것은 누구나 알고 있다. 나뭇잎 위의 녹색, 밭 위의 다갈색 등 그 장소들의 색 전부가 본래의 색으로, 그중에서 유달리 본래의 색이다 싶은 색은 존재하지 않기 때문이다. 그렇지만 카멜레온이나 일곱 가지 색깔로 변화하는 수국과는 달리, 색 변화를 하지 않는 것에는 '본래의 색'이 있다고 생각하는 사람도 있을 것이다.

하지만 예를 들어, 한복의 옷감에 본래 색 같은 것이 있을까? 낮과 밤, 창가와 방의 구석, 형광등과 백열전구, 옷감을 올려둔 장의 색, 보는 사람의 눈 상태, 이런 여러 가지 상황에서 한복의 옷감은 여러 가지 색으로 보인다. 그 여러 색 중 어느 색이 그것의 '본래의 색'

실력다지기

이라고 할 수 있을까? 청자 항아리는 어느 방향, 어느 거리에서 보았을 때 그 본래의 색으로 보이는 것일까? 이러한 상황에서도 때마다 나타나는 다양한 색 전부가 본래의 색이 되는 것이지, 특정한 한 가지 색이 다른 것을 제쳐두고 진실된 색이 될 수 없다. 카스테레오의 하이파이*에서 중요한 것은 그 장치가 내는 소리가 연주 현장의 소리를 얼마나 충실하게 복제하는가이다. 하지만 연주회 날것의 소리 자체도 좌석에 따라 여러 가지로 들린다. 거기서 이 좌석에서 듣는 소리야 말로 본래의 소리다, 라고 할 수 있을 만한 좌석이 과연 있을까? 좌석에 따라 요금이 다른 것은 금액이 비쌀수록 보다 더 진실에 가까운 소리를 들을 수 있기 때문인 것일까? 그렇지 않다. 좋은 좌석일수록 잘 들리지만, 잘 들린다는 것이 본래의 소리가 들린다는 의미는 아니다. 만약 천장 좌석에서 듣는 소리가 본연의 소리라고 한다면, 그것은 바닥 좌석에서 듣는 소리와 아무런 차이도 없다. 진실이란 변변찮고 편파적인 것이 아닌, 백 가지의 얼굴을 가진 풍부한 것이기 때문이다.

그렇지만 사람들은 걸핏하면 사물을 일면적으로 정리하고 싶어 하는 것처럼 보인다. 예를 들어, 아는 사람의 인격을 품평할 때, '그는 정말 좋은 사람이야, 인간관계는 나쁘지만 사실은 친절해.' 이런 평가의 말은 어디서나 들을 수 있다. 이런 말 안에는 사람에게는 '본래의 인격'이라는 것이 있지만 그것은 종종 가려져 있다고 생각하는 사고방식이 숨어있는 것 같다. 사람을 보는 눈이라는 것도 이 가면을 벗겨내고 본연의 정체를 간파하는 힘이라고 생각된다. 하지만 본래는 친절한 남자가 행한 불친절한 행위를 거짓된 행위라고 할 수 있는 걸까? 상황에 따라서 그런 불친절함을 나타내는 것도 그 남자의 본래 인격은 아닌 것일까? 사람이 상황에 따라, 또 상대에 따라 다양하게 행동하는 것은 당연한 일이다. 부하에게는 불친절하지만 상사에게는 친절하고, 남자에게는 거짓말을 하지만 여자에게는 거짓말을 하지 않으며, 사회에서는 활발하게 굴지만 집에서는 무뚝뚝하다. 이런 얼룩무늬 같은 행동방법이 자연스러운 것이며, 친절일색이거나 활발일색인 경우에 오히려 사람이 떠나버린다. 굳이 '본래의 인격'을 운운한다면 이렇게 상황이나 상대에 따라 변화하는 행동양식이 자아내는 얼룩진 패턴이야말로 '본래의 인격'이라고 할 수 있을 것이다. 그 각각의 행위 전부가 그 사람의 본래의 인격의 표현인 것이기 때문이다. 평소에는 쩨쩨한 남자가 어떠한 경우 눈물을 삼키고 대범한 행동을 했다고는 해도, 그것은 연기도 가면도 아니다. 그것은 그 사람의 눈물겨운 진정한 행위이며, 그 사람의 본래 인격의 표출이다. 그 연기에 속아 넘어갔다고 말하는 사람은 거짓의 행위에 속아 넘어간 것이 아니라, 행위를 오해한 것뿐이다. 그것은 통계적 추이의 오류이며, 그 대범한 행동이 어떠한 거짓 행위였다는 것은 아니다.

관세음보살도 중생제도를 위해 여러 가지 모습을 취했다. 육관음이나 삼십삼관음 등으로, 다양한 관음의 본 바탕은 성관음이라고 일컬어지나 그렇다고 하여 다른 관음이 가짜 관음인 것은 아니다. 그 변화나 변신 모두가 정진정명한 관음이다. 성관음은 단지 관음의 기본형일 뿐이지 유일한 관음이 아니라는 것이다. 마찬가지로 인간 역시, 제도 때문이 아니더라도 살아가기 위해 여러 가지 모습을 나타낸다. 그 모든 모습이 진실의 한 조각이고 백 가지 얼굴의 하나인 것이다. 사람의 진실은 어딘가 깊은 곳에 숨겨져 있지 않다. 숨기려고 해도 숨길 수 있는 곳이 없다. 따라서 진실은 어쩔 수 없이 표면에 드러나 있다. 그리고 그것들을 모아서 정리하면 백 가지 얼굴의 진실이 완성되는 것이다. ㉠ 인간의 진실은 수심 0미터에 있다.

세계 또한 백 가지 모습으로 나타난다. 작은 돌 하나라도 그 모습은 내가 그것을 보는 각도나 거리, 날씨 상황이나 주변의 사물에 의해 무한히 변화한다. 그 어느 모습도 진실의 모습이라 단정 지을 수 없고, 그 중 하나의 모습을 '이것이야말로 진실!'이라며 특권적으로 골라내는 것은 불가능하다. 자신의 눈에 문제가 있다면 작은 돌은 비뚤어진 모양으로 보일 것이다. 하지만 그 비뚤어진 모양 또한 진실이며 가짜가 아니다. 정상적인 눈에 보이는 둥근 돌의 모습과 문제가 있는 눈에 모이는 비뚤어진 모습 사이에는 어떠한 진위의 구별도 없다. 그 작은 돌은 건전한 눈에는 둥글게, 나쁜 눈에는 비뚤어지게 보이는 그러한 돌인 것이다.

석양 무렵 산길을 걸을 때, 문득 길모퉁이에 사람이 서성거리는 것이 보였다. 그러나 가까이 가 보니 그것은 기묘한 모양을 한 바위였다. 이럴 때 당신은 방금 본 인영을 착각이라거나 환영이라고 말할 것이다. 내가 본 인영은 단지 내 마음이나 의식 안에 있는 가짜라고 말이다. 그러나 이 언뜻 순진하고 지극히 당연한 사고방식이 실은 ㉡ 위험한 세계관의 발단이 된다. 그 이유는 이것이 진실의 세계와 나에게 비친 그 세계의 모습이라는 '진짜−가짜' 비유의 입구이기 때문이다. 하나의 본래의 세계(객관적 세계)와 그 각양각색의 모조(주관적 세계관)라고 하는 비유인 것이다. 이 비유로부터 말하자면 같은 하나의 세계가 각각의 사람 눈에 비치는 것이 당연하고, 인간의 렌즈나 인간의 필름이 나쁘면 비틀어진 상이 비치는 것이 당연하다. 또, 필름이 어딘가 안 좋다면 실물이 없는데 환영이 생기기도 한다. 이렇게 진실의 세계는 우리에게 비친 그 모습이라는 영사막에 의해 차단당하고 멀어지게 된다.

하지만 이 비유가 실은 환영일 수도 있다. 그러므로 이 비유의 입구로 되돌아가 보자. 산길의 인영은 그것이 나에게 보였을 때 진실로 그곳에 존재했던 것이 아닐까. 그때 세계는 진실 그 모습 그대로 나타났던 것이 아닐까. 그 바위 또한, 그리고 그 바위를 포함한 세계 또한 백 가지의 모습으로 나타난 것이다. 그것은 숨은 그림이나 반전 도형 등이 여러 가지 모습으로 나타나는 것과 같다. 하나의 사건이 당사자들에게 각각 다른 모습으로 나타나는 것이 가능하다고 하는 것보다, 그냥 그것이 오히려 정상적인 상태인 것이 아닐까.

그럼에도 불구하고 멀리 보였던 인영이 잘못 봤던 것임은 틀림없다. 하지만 이 '오류'란 이 세계에 실재하지 않는 허망한 모습을 봤다는 의미에서의 '오류'가 아니다. 그 인영은 확실히 잠시 그곳에 나타났던 것이다. 바위는 확실히 인영으로 나타났다. 단지 그 순간의 모습을 영속하는 견고한 모습이라고 생각했다는 점에서의 '오류'인 것이다. 그것은 돈을 잘 쓰는 행동을 단 한 번 보고 그 사람은 항상 돈을 잘 쓰는 사람이라고 생각한 오류와 같은 류의 오류인 것이다. 이런 종류의 '오류'는 때로는 치명적인 결과를 불러일으킨다. 어두운 부두에서 해면을 도로라고 잘못 본 운전자는 목숨을 잃을 수도 있고, 아파트의 옆집을 내 집으로 잘못 본 사람은 귀찮은 상황에 처하게 된다. 그래서 이 '오류'에는 우리의 목숨과 생활이 걸려있다.

하지만 이 '오류'는 위에 서술한 의미와 같은 진실에 반대되는 오류가 아니다. 그것은 (㉮)인 것이다. 진실의 백가지 모습 중에서 우리 목숨의 안전과 안온한 생활의 표지가 되는 모습을 '옳다'고 하며, 우리를 오도에 빠트리기 쉬운 모습을 '그르다'고 하는, 이러한 생활상의 분류인 것이다. 그러므로 이 분류는 세계관 상의 진위의 분류가 아닌, ㉡ 극히 동물적이고 또 극히 문화적이기도 한 분류인 것이다. 그것을 잘못 받아들여 진실과 허위의 분류라고 할 때, 객관적 세계와 그 주관적 세계상의 분류의 환영에 빠져버린다. 그리고 우리는 세계란 직접 접촉할 수 없고, 주관적 영상이라는 유리창 너머로만 세계를 바라볼 수밖에 없다는 허망함에 빠지는 것이다.

* 하이파이 : 고품질의 음향 재생 장치를 뜻한다.

06 다음 중 ㉠의 취지로 가장 적절한 것을 고르시오.

① 사람의 표면에 현혹되지 말고 그 내면 깊은 곳에 있는 '본래의 인격'을 간파하는 것이 중요하다.
② '본래의 인격'은 사람의 표면적인 행동이나 언동에 나타난다.
③ 사람은 자칫하면 변화하는 상황을 무시하고 사물을 일면적으로 받아들이기 쉽기 때문이다.
④ 표면적인 변화의 내면 깊은 곳에 '본래의 인격'이 존재한다는 상정은 오류이다.
⑤ 절대 유일한 진실 같은 것은 인격에서는 존재하지 않는다.

07 ㉡에서 '위험한 세계관'이라고 저자가 지문에서 상정한 것을 고르시오.

① 객관적 세계는 실재하지만 인간은 그것을 인식할 수 없다는 상정
② 모든 주관적 세계관이 진실이라는 상정
③ 객관적 세계는 실재하지 않고 모든 것은 자신의 의식이라는 상정
④ 주관적 세계상은 객관적 세계상의 모조라는 상정
⑤ 주관적 세계상과 객관적 세계상을 구별하는 것은 불가능하다는 상정

08 다음 중 ㉮에 들어갈 내용으로 가장 적절한 것을 고르시오.

① 허망함 안의 '올바름'
② 진실 안의 '오류'
③ 허망함에 반대되는 '올바름'
④ 진실과는 다른 '오류'
⑤ 허망함과는 다른 '오류'

실력다지기

09 다음 중 ⓒ의 취지로 적절한 것을 고르시오.

① 그 사람의 감성이나 문화에 따라 다른 상대적 분류
② 각각의 주관에 따라 다른 상대적 분류
③ 안온한 생활이나 목숨의 안전을 기준으로 한 독자적 분류
④ 객관적인 세계의 모습과는 다른 틀린 분류
⑤ 객관적으로 옳은지 그른지를 기준으로 한 분류

10 다음 중 이 글의 취지로 가장 적절한 것을 고르시오.

① 생활상 진위의 분류를 세계관 상 진위의 분류보다 우선시하는 것으로 인해 생기는 여러 위험은 되도록 회피해야 한다.
② 세계관 상 진위의 분류를 생활상 진위의 분류보다 우선시하는 것으로 인해 생기는 여러 위험은 되도록 회피해야 한다.
③ 여러 가지 '모조'의 배경에 '진짜'가 존재한다는 세계관을 버림으로써, 세계와 직접적으로 접촉하도록 시도해 봐야 한다.
④ 여러 가지 '모조'의 배경에 '진짜'가 존재하지 않는다는 위험한 세계관을 버림으로써 세계의 실상을 확실히 보아야 한다.
⑤ 여러 가지로 변화하는 표면에 현혹되지 말고, 그 배경에 있는 '진짜' 세계를 확실히 보도록 노력해야 한다.

11~12 다음 글의 빈칸에 들어갈 알맞은 문장을 고르시오.

11 | 2015 삼성 |

우리가 컴퓨터나 스마트폰으로 채팅을 할 때, 이모티콘 없이 텍스트로만 대화를 주고받아야 한다면, 이용자들은 긴 대화를 하는 데 지루함을 느끼고 재미를 덜 느끼게 될 것이다. 또한 채팅뿐 아니라 게임, 광고, 책, 잡지 등의 여러 매체에서 전달하려는 내용에 이미지가 병행되지 않는다면 상호 간 전달의 힘이 훨씬 떨어질 수 있을 것이다. 이렇게 여러 매체들의 재미와 전달 효과를 배가시키는 힘은 바로 그림에 있다고도 할 수 있을 것이다.

이렇듯 우리가 늘 접하는 스마트폰, 신문, 책 등의 여러 매체에서 전달하려는 내용을 보강하거나 이해를 돕기 위해 그림을 그리는 일을 삽화, 즉 일러스트레이션(illustration)이라 하며 이러한 일을 전문으로 하는 사람을 삽화가, 일러스트레이터(illustrator)라고 한다. 이 일러스트레이터는 고부가 가치를 창출하는 지식기반 산업의 발전에 따라 국제 경쟁력 향상까지 도모할 수 있어 최근 이 분야의 전망이 점점 커지고 있는 추세이다.

이 일러스트레이션이 되기 위해서는 우선 세밀한 관찰력과 풍부한 창의성이 있어야 한다. (   ) 단순히 상황을 묘사하는 것에 그치지 않고 깊은 인상을 심어주기 위해 어떻게 표현하고 전달해야 할 것인지에 대한 감각이 필요하다.

두 번째로 미술가로서 기본 드로잉 실력이 탄탄해야 한다. 기본 실력이 뒷받침되어야 여러 장르의 주제를 소화할 수 있는 응용력이 생기기 때문이다. 아무리 창의성을 발휘한다 하더라도, 정교한 표현이 요구되는 작업을 해야 한다면 전문적인 드로잉 실력이 갖추어져 있어야 할 것이다. 마지막으로 의사소통능력이 필요한데 이는 작가가 맡은 작품이 작가 개인의 작업이 아닌 타인의 의뢰를 받아 작업하는 경우, 맡긴 사람이 원하는 부분을 충분히 반영해야 하므로 그 의도를 정확히 파악할 수 있어야 하기 때문이다.

그림으로 스토리를 전달하는 매력적인 예술가 일러스트레이터가 되고 싶다면, 상기된 요소들을 숙지하여 본인의 적성 및 능력을 함양시킬 수 있는지 깊게 생각해 보아야 할 것이다.

① 자신의 개성을 살리려면 의뢰인과 대화를 충분히 해야 하기 때문이다.
② 주어진 상황에 맞게 이미지를 창조할 수 있어야 하기 때문이다.
③ 꼭 그리지 않아도 될 내용을 과감히 버릴 줄도 알아야 하기 때문이다.
④ 미술을 전공하지 않았더라도 다양한 방면으로 진출할 수 있기 때문이다.
⑤ 관련 이력을 쌓아 다양한 포트폴리오를 구축해 놓아야 하기 때문이다.

12

물에 녹아 단맛이 나는 물질을 일반적으로 '당(糖)'이라 한다. 각종 당은, 신체의 에너지원으로 쓰이는 탄수화물의 기초가 된다. 인류는 주로 과일을 통해 당을 섭취해 왔는데, 사탕수수에서 추출한 설탕이 보급된 후에는 설탕을 통한 당 섭취가 일반화되었다. 그런데 최근 수십 년 사이에 설탕의 과다 섭취로 인한 유해성이 부각되면서 식품업계는 설탕의 대체재로 액상과당에 관심을 갖기 시작했다.

포도당이 주성분인 옥수수 시럽에 효소를 넣으면 포도당 중 일부가 과당으로 전환된다. 이때 만들어진 혼합액을 정제한 것이 액상과당(HFCS)이다. 액상과당 중 가장 널리 쓰이는 것은 과당의 비율이 55%인 'HFCS55'이다. 설탕의 단맛을 1.0이라 할 때 포도당의 단맛은 0.6, 과당의 단맛은 1.7이다. 따라서 액상과당은 적은 양으로도 강한 단맛을 낼 수 있다. 그런데 액상과당은 많이 섭취해도 문제가 없는 것일까? 이에 대한 답을 찾기 위해서는 포도당과 과당의 대사를 살펴볼 필요가 있다.

먼저 포도당의 대사를 살펴보자. 음식의 당분이 포도당으로 분해되면 인슐린과 함께 포만감을 느끼게 하는 호르몬인 렙틴(leptin)이 분비된다. 렙틴이 분비되면 식욕을 촉진하는 호르몬인 그렐린(ghrelin)의 분비는 억제된다. 그렐린의 분비량은 식사 전에는 증가했다가 식사를 하고 나면 렙틴이 분비되면서 자연스럽게 감소하게 된다. 한편 과당의 대사는 포도당과는 다르다. 과당은 인슐린과 렙틴의 분비를 촉진하지 않으며, 그 결과 그렐린의 분비량이 줄지 않는다. 게다가 과당은 세포에서 포도당보다 더 쉽게 지방으로 축적된다. 이런 이유로 사람들은 과당의 비율이 높은 액상과당을 달갑지 않게 생각한다.

설탕과 액상과당은 어떤 차이점이 있는 것일까? 설탕은 과당과 포도당이 1:1로 결합한 구조이다. 반면, 액상과당은 과당과 포도당이 각자의 구조를 유지한 채 섞여 있는 혼합액이다. 설탕이 분해되면 50%의 과당이 만들어진다. 따라서 (　　　　　　　) 요즘에는 아주 적은 양으로도 단맛을 낼 수 있는 인공 감미료를 많이 쓰는데, 이것은 복잡한 화학 처리 과정을 통해 만들어진다. 아미노산 계열 감미료이면서 설탕보다 200배나 단맛이 강한 아스파탐, 설탕을 화학 처리하여 설탕보다 600배나 단맛이 강한 수크랄로스 등이 대표적이다. 그런데 이 새로운 인공 감미료도 천연적으로 생성된 물질이 아니기 때문에 유해성 논란에서 자유롭지 못하다.

① 설탕의 분해 과정에서 포도당은 과당보다 먼저 분해되어 인슐린과 렙틴의 분비를 촉진한다.
② 당뇨병 환자라면 설탕 대신 액상과당을 섭취하는 것이 더 낫다.
③ 과당으로 인해 발생하는 문제는 설탕이나 액상과당이나 별반 차이가 없다.
④ 액상과당을 섭취하면 설탕을 섭취했을 때보다 혈당 상승이 더 빠르게 진행된다.
⑤ 액상과당은 설탕보다 포만감이 적게 느껴진다.

13 '청년 실업 문제'에 관하여 개요를 작성한 후 새로운 글감을 접하였다. 개요 수정 및 글감 활용 방안으로 바른 것을 고르시오.

제목 : 청년 실업 문제의 원인과 대책
Ⅰ. 서론 : 문제 제기
Ⅱ. 본론
　가. 청년 실업 문제의 실태
　나. 청년 실업 문제의 심각성
　　㉠ 사회적 차원
　　㉡ 개인적 차원
　다. 청년 실업 문제의 원인
　　㉠ 장기간에 걸친 경기 불황
　　㉡ 일자리의 해외 유출
　　㉢ 중소기업의 열악한 복지환경
　라. 청년 실업 문제에 대한 대책
　　㉠ 정부에서 할 일
　　㉡ 청년 구직자가 할 일
Ⅲ. 결론 : 요약 및 제언

A. 중소기업을 외면하는 청년 구직자들이 많은 것으로 조사되었다.
B. 취업난 속에서도 중소기업의 부족 인력이 20만 명을 상회하는 것으로 나타났다.
C. 중소기업의 연봉과 복지가 대기업의 절반 가량에도 미치지 못하는 것으로 나타났다.

실력다지기

① 글감 B를 바탕으로 기업의 사회적 책임을 강조하여 'Ⅱ-라'에 '기업에서 할 일'이라는 항목을 추가한다.
② 글감 A와 C를 활용하여 'Ⅱ-라-㉠'에 '대기업의 청년 고용을 적극적으로 유도하여야 한다.'라는 내용을 제안한다.
③ 글감 A를 활용하여 'Ⅱ-나-㉡'에 '청년 구직자의 비현실적인 눈높이'라는 항목을 추가한다.
④ 글감 B와 C를 바탕으로 'Ⅱ-라-㉠'에 '청년 구직자들이 중소기업으로 관심을 돌릴 수 있도록 중소기업을 지원해야 한다.'라는 내용을 제안한다.
⑤ 'Ⅱ-다-㉡'을 뒷받침하기 위해 글감 B를 활용하여 근거자료로 제시한다.

14 다음 글을 논리적인 흐름에 따라 바르게 배열한 것을 고르시오.

(가) 하이라인 공원은 민간단체인 '하이라인의 친구들'이 주도해서 만들어졌다. 그들은 폐허가 된 고가철도의 일괄적 공원화를 배제하고, 가능한 철도의 기본 골격을 유지하면서 주변의 건축물 및 허드슨 강변의 전망 등과 어울릴 수 있도록 구역마다 특별한 개성을 살릴 수 있는 방법을 모색했다. 뉴욕 역사가 담겨 있는 고가철도의 역사성을 지키고자 한 것이다. 그 결과 과거 철로 길이의 3분의 1을 남긴 공중산책로가 만들어졌고, 정원, 의자, 보행로 등이 지역에 맞게 배치되었다.

(나) 뉴욕의 새로운 랜드마크가 된 하이라인 공원. 애물단지이자 도시 흉물에서 도시 명물로 탈바꿈했다는 점에서 매우 흥미롭다. 공원은 도시로부터 탈출구를 의미하지만 하이라인은 도심에서 세상 밖을 내려다보는, 하늘과 바람과 더 가까워지는 공간으로 여유를 느끼며 심신을 힐링할 수 있다는 점에서 그 진가를 발휘한다.

(다) 뉴욕은 다양한 색깔로 일구어진 매력적인 도시다. 그 많은 것들 중에 뉴요커들이 망설이지 않고 꼽는 곳은 바로 하이라인 공원(High Line Park)이다. 이 공원은 2009년 맨해튼 코리아 타운의 남서쪽 지구인 첼시에 개장한 약 1.6km 녹색 하늘 길로, 뉴욕 도심 사이를 연결하는 공원이다.

(라) 또한 '하이라인'의 디자인은 공식 공모를 통해 결정됐다. 디자인 공모에는 52개 팀이 참여했고 심사를 마치는 데만 6개월이 소요되었다. 공모에 당선된 건축·조경 전문가들은 하이라인 공원의 원칙으로 Keep it simple, Slow, Quiet, Wild를 제시했는데, 이를 통해 그들이 '하이라인 공원'을 단순하게, 천천히, 조용하게, 자연을 감상하는 공간으로 조성하기 위해 노력하였음을 알 수 있다.

(마) 하이라인을 보면서 배우는 교훈은 도시를 살만한 곳으로 만들어가는 사회 시스템을 마련했다는 것이다. 공공시설물에 대해 주인의식을 가진 시민들, 피켓 시위를 벌이는 대신 다양한 의견수렴의 기회를 활용하는 시민사회단체, 법규와 전례에 숨지 않고 시민들의 합리적인 제안을 받아들이는 공무원, 정부기금을 내주었다며 생색내기 보다는 관보다 민간이 더 잘할 거라며 운영권을 넘겨주는 정부, 하이라인 공원화를 위해 수많은 전문가를 동원하면서 재능기부를 요구하지 않고 기금을 모아 제값을 주는 문화 등은 우리 사회도 한번쯤 깊이 생각해 보게 하는 사례다. 시민들 각자 제몫을 다해 공동체를 더 풍요롭게 만드는 도시 재생 프로젝트의 성공모델로 하이라인 공원은 스마트 도시의 의미를 되새겨보게 한다.

(바) 하이라인 공원은 공원에 대한 생각을 바뀌게 한 곳이다. 일정한 공간에 나무와 꽃, 연못, 쉼터 등을 배치한 그런 공원이 아니라 공중에 떠 있는 공원이기 때문이다. 머물러 있는 공원이 아닌 이동하는 공원으로 정적이고 휴식을 하는 공간이라는 통념을 깨뜨린다. 도시를 벗어나 자연을 느끼는 공원이 아니라 한 발짝 물러나서 도시를 조망하고 유람하는 공원이다.

① (나)-(가)-(다)-(라)-(마)-(바)
② (다)-(바)-(라)-(나)-(가)-(마)
③ (나)-(가)-(마)-(라)-(바)-(다)
④ (다)-(바)-(가)-(라)-(나)-(마)
⑤ (나)-(가)-(라)-(마)-(다)-(바)

15 다음 글을 읽고 제시된 문단이 들어갈 알맞은 곳을 고르시오.

| 2015 삼성 |

(㉠) 우리는 가끔 평소보다 큰 보름달인 '슈퍼문(supermoon)'을 보게 된다. 실제 달의 크기는 일정한데 이러한 현상이 발생하는 까닭은 무엇일까? 이 현상은 달의 공전 궤도가 타원 궤도라는 점과 관련이 있다.

(㉡) 타원은 두 개의 초점이 있고 두 초점으로부터의 거리를 합한 값이 일정한 점들의 집합이다. 두 초점이 가까울수록 원 모양에 가까워진다. 타원에서 두 초점을 지나는 긴 지름을 가리켜 장축이라 하는데, 두 초점 사이의 거리를 장축의 길이로 나눈 값을 이심률이라 한다. 두 초점이 가까울수록 이심률은 작아진다.

(㉢) 달은 지구를 한 초점으로 하면서 이심률이 약 0.055인 타원 궤도를 돌고 있다. 이 궤도의 장축 상에서 지구로부터 가장 먼 지점을 '원지점', 가장 가까운 지점을 '근지점'이라 한다. 지구에서 보름달은 약 29.5일 주기로 세 천체가 '태양-지구-달'의 순서로 배열될 때 볼 수 있는데, 이때 보름달이 근지점이나 그 근처에 위치하면 슈퍼문이 관측된다. 이는 지구에서 본 달의 겉보기 지름이 달라졌기 때문이다. 이처럼 지구에서 본 천체의 겉보기 지름을 각도로 나타낸 것을 각지름이라 하는데, 관측되는 천체까지의 거리가 가까워지면 각지름이 커진다.

(㉣) 이러한 원일점, 근일점, 원지점, 근지점의 위치는 태양, 행성 등 다른 천체들의 인력에 의해 영향을 받아 미세하게 변한다. 현재 지구 공전 궤도의 이심률은 약 0.017인데, 일정한 주기로 이심률이 변한다. 천체의 다른 조건들을 고려하지 않을 때 지구 공전 궤도의 이심률만이 현재보다 더 작아지면 근일점은 현재보다 더 멀어지며 원일점은 현재보다 더 가까워지게 된다. 이는 달의 공전 궤도상에 있는 근지점과 원지점도 마찬가지이다. 천체의 다른 조건들을 고려하지 않을 때 천체의 공전 궤도의 이심률만이 현재보다 커지면 반대의 현상이 일어난다. (㉤)

지구의 공전 궤도에서도 이와 같은 현상이 나타난다. 지구 역시 태양을 한 초점으로 하는 타원 궤도로 공전하고 있으므로, 궤도 상의 지구의 위치에 따라 태양과의 거리가 다르다. 달과 마찬가지로 지구도 공전 궤도의 장축 상에서 태양으로부터 가장 먼 지점과 가장 가까운 지점을 갖는데, 이를 각각 원일점과 근일점이라 한다. 지구와 태양 사이의 이러한 거리 차이에 따라 일식 현상이 다르게 나타난다. 세 천체가 '태양-달-지구'의 순서로 늘어서고, 달이 태양을 가릴 수 있는 특정한 위치에 있을 때, 일식 현상이 일어난다. 이때 달이 근지점이나 그 근처에 위치하면 대부분의 경우 태양 면의 전체 면적이 달에 의해 완전히 가려지는 개기 일식이 관측된다.

① ㉠   ② ㉡
③ ㉢   ④ ㉣
⑤ ㉤

PART 3
문법

Theme 01 어법
Theme 02 올바른 표현

최근 출제 경향

문법은 우리가 일상생활에서 접하는 문법을 바탕으로 응시생들이 정확한 우리말 표현을 알고 있는지를 측정한다. 우리가 평소 자주 사용함에도 불구하고 헷갈리는 문제들로 출제되고 있기 때문에 평소 제대로 된 표현과 어법을 사용하고 있다면 큰 어려움 없이 풀어나갈 수 있다. 하지만 기초적인 지식이 부족하다면 문제 풀이를 통해 다양한 표현과 어법을 확인하고, 이를 실생활에 적용하는 연습을 하여 익숙해지도록 노력하는 것이 좋다.

문법 파트는 어휘나 독해와 달리 출제하는 기업이 점점 줄어들고 있다. 그렇지만 출제하는 기업에서는 당락을 가르는 중요한 파트가 되기도 하므로, 적어도 기출문제를 통해 자주 나오는 유형의 문제들을 확실하게 정리해 두어야 한다. 그 정도면 크게 어려울 것은 없다.

테마별 출제 비중

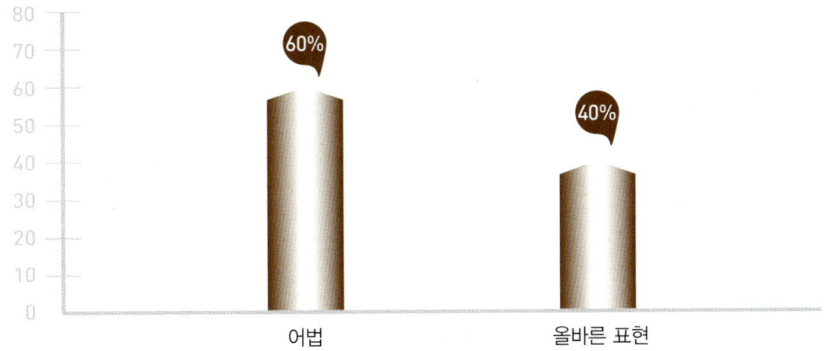

주요 출제 기업

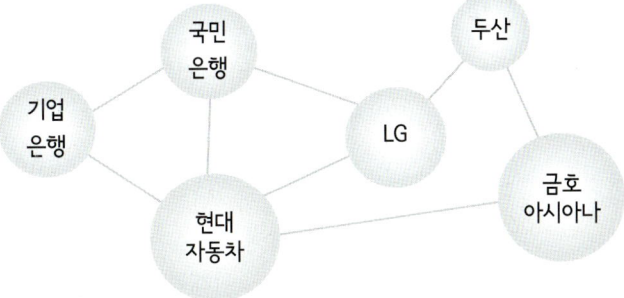

Part 3 Theme 01 어법

출제 빈도 🔅🔅🔅○○

✓ 핵심 Check

- 띄어쓰기나 맞춤법, 표준어, 표준 발음 등을 묻는 문법적인 문제들이 출제된다.
- 대체적으로 혼동하기 쉬우나 평소 올바른 문법적 표현을 사용하고 있다면 어렵지 않게 풀 수 있다.
- 출제 비중은 높지 않지만 기초적인 어법은 파악해 둘 필요가 있으므로 평상시에 올바른 어문 규범을 확인하고 사용하는 습관을 들이는 것이 좋다.

빈출예제

01 [어법] ★★★☆☆   제한시간 30초

2015 금호아시아나

유형 분석
잘못된 어법을 고를 수 있는지를 묻는 문항이다.

해결 전략
선택지를 하나씩 읽어보고, 띄어쓰기나 맞춤법, 문맥 등이 어색하지 않은지 파악한다.
↓
확실한 선택지부터 소거해 가며 답을 좁혀 나간다.

다음 중 어법에 맞지 않는 문장을 고르시오.
① 어릴 적 겪었던 일들이 지금까지도 나를 괴롭히고 있다.
② 나뭇잎 한 개를 물에 띄워 보았다.
③ 그럼 다음 주 수요일에 뵈요.
④ 할지 말지 고민하고 있다면 해야 한다.
⑤ 그들은 대학은 다르지만 같이 자취를 하고 있다.

| 해설 |
'그럼 다음 주 수요일에 뵈어요.' 혹은 '그럼 다음 주 수요일에 봬요.'로 고쳐야 한다.
'봬'는 '뵈+어'로, '뵈어요'의 준말은 '봬요'로 쓴다.

| 오답 피해가기 |
① '-적'은 '동작이 진행되거나 그 상태가 나타나 있는 때, 또는 지나간 어떤 때'를 나타낼 때 쓰이는 의존명사이다. 따라서 앞말과 띄어서 써야 한다.
② 뒷말의 첫소리 모음 앞에서 'ㄴㄴ' 소리가 덧나는 것은 사잇소리를 적는다.
   나무+잎→나뭇잎[나문닙]
④ '-ㄹ지'는 추측에 대한 막연한 의문이 있는 채로 그것을 뒤 절의 사실이나 판단과 관련시키는 데 쓰이는 연결 어미이다. 따라서 앞말과 붙여서 써야 한다.
⑤ '틀리다'와 '다르다'는 혼동하기 쉽지만, '틀리다'는 '셈이나 사실 따위가 어긋나다.'는 뜻이고, '다르다'는 '비교가 되는 두 대상이 서로 같지 아니하다.'는 의미이다. 이 선택지에서는 두 대상을 서로 비교하고 있고, 그 둘이 같지 않다는 뜻을 나타내므로 '다르다'를 써야 한다.

| 정답 | ③

02 [띄어쓰기] ★★★☆☆   제한시간 20초

2015 금호아시아나

유형 분석
띄어쓰기가 올바른 것을 고를 수 있는지를 문항이다.

다음 중 띄어쓰기가 바른 것을 고르시오.
① 세상에 그녀같이 착한 사람이 또 있을까?
② 서울에서 부터 부산까지 기차로 약 5시간 30분이 걸린다.
③ 그는 이 학교에서 4년동안 공부했다.
④ 두사람이 협력해서 일을 해야 한다.
⑤ 그녀가 말한바를 이해할 수 있다.

| 해설 |
'같이'는 '함께'라는 의미로 쓰여진 부사이기 때문에 띄어 쓴다. 그러나 명사 다음에 위치하여 '앞말의 특징처럼'이라는 의미의 조사로 쓰이는 경우에는 붙여 써야 한다.

| 오답 피해가기 |
② 서울에서 부터 → 서울에서부터 : '부터'는 조사이므로 앞말인 '서울에서'에 붙여 쓴다.
③ 4년동안 → 4년 동안 : 4년의 '년'은 의존명사이고, 마찬가지로 '동안'도 명사이므로 띄어 쓴다.
④ 두사람 → 두 사람 : '두'는 수 관형사이므로 뒤에 오는 명사와 띄어 쓴다.
⑤ 말한바를 → 말한 바를 : 의존 명사는 앞의 어미와 띄어 써야 하므로 '말한바를'의 '말한'과 '바를'을 띄어 쓰는 것이 옳다.

| 정답 | ①

---

03 [맞춤법] ★★★☆☆ 제한시간 30초

다음 중 한글 맞춤법에 맞지 않는 것을 고르시오.

① 그 사진을 보니 마음이 애달파지려 한다.
② 진수는 애꿎은 동생만 닦달했다.
③ 이것은 책이오, 저것은 붓이다.
④ 얘야, 반짇고리를 좀 가지고 와라.
⑤ 공들여 키운 보람이 있다.

> 2014 국민은행
>
> **유형 분석**
> 잘못된 맞춤법을 찾을 수 있는지를 묻는 문항이다.
>
> **해결 전략**
> 간단한 예문을 통해 정리하고 암기하면 좀 더 쉽게 기억할 수 있으므로, 이를 적극적으로 활용하도록 한다.

| 해설 |
책이오 → 책이요 : 연결형에는 '이요'를, 종결형에는 '-이오'를 사용한다.

| 오답 피해가기 |
① 마음이 아프고 쓰라릴 때 '애닳다'고 자주 사용하지만, '애달프다'가 올바른 맞춤법이다.
④ '애'는 '아이', '얘'는 '이 아이'의 준말이다. 칭하는 대상이 대화 현장에 없는 경우에는 '애'를 쓰고, 있는 경우에는 '얘'를 쓴다. 예 '그걸 아는 애가 그랬대?' '얘 왜 저래?'
⑤ '공들여'의 기본형은 '공들이다'이며, 무엇을 이루는 데 정성과 노력을 많이 들인다는 뜻이다.

| 정답 | ③

---

04 [표준 발음] ★★★☆☆ 제한시간 20초

다음 중 표준 발음으로 옳은 것을 고르시오.

① 옷 한 벌[오탄벌]
② 밭 아래[받아래]
③ 꽃 한 송이[꼳한송이]
④ 앞마당[압마당]
⑤ 넓다[넙따]

> 2015 기업은행
>
> **유형 분석**
> 발음의 표기가 올바른 것을 찾을 수 있는지를 묻는 문항이다.

| 해설 |
옷 한 벌[오탄벌] : 'ㄷ'으로 발음되는 'ㅅ, ㅈ, ㅊ, ㅌ'이 'ㅎ'과 결합되는 경우에는 'ㅌ'로 발음된다.
예 낯 한때[나탄때]

| 오답 피해가기 |
② 밭 아래[바다래] : '밭'의 'ㅌ'이 'ㄷ'으로 중화된 뒤에 연음된 것이다.
③ 꽃 한 송이[꼬탄송이] : 'ㅎ'이 앞의 자음과 축약되어 거센소리로 나타난 것이다.
④ 앞마당[암마당] : 'ㅂ, ㅍ'은 'ㄴ, ㅁ' 앞에서 'ㅁ'으로 발음된다.
⑤ 넓다[널따] : 겹받침 'ㄼ'은 어말 또는 자음 앞에서 'ㄹ'로 발음된다.

| 정답 | ①

Part 3

기본문제

미니 테스트

01. 띄어쓰기 OX퀴즈
- 사과한개 ( )
- 책 한 권 ( )
- 선수 및 관중 ( )
- 천 원 어치 ( )
- 여기에서부터 ( )
- 그것 밖에 없다 ( )
- 밥은커녕 물도 ( )
- 할 일 ( )
- 운전중 ( )

02. 높임법 OX 퀴즈
- 주문하신 아메리카노가 나오셨습니다. ( )
- 선택이 탁월하십니다. ( )
- 이 상품은 비싸세요. ( )
- 1000원이세요. ( )
- 눈이 참 예쁘시네요. ( )
- 사이즈가 없으십니다. ( )
- 모자가 멋있으십니다. ( )

---

01. X, O, O, X, O, X, O, O, X
02. X, O, X, X, O, X, O

간접 존칭은 신체·성품·심리·행위·소유물과 같이 상대방과 밀접한 관련이 있는 대상을 통해 듣는 이를 높이는 방법이다. 상대의 소유물을 통해 듣는 이를 높이는 것은 사물 존칭에 해당하지 않으며, '선택이 탁월하십니다.'처럼 상대자의 행위도 간접 존칭의 대상이 된다.

★★★☆☆

01 다음 중 띄어쓰기가 잘못된 것을 고르시오.   제한시간 20초

① 30년만에 찾아온 무더위가 기승을 부리고 있다.
② 그 일을 하든 말든 내 알 바가 아니야.
③ 그를 만난 지도 꽤 오래되었다.
④ 그녀는 존경할 만한 사람이다.
⑤ 네가 하고 싶은 대로 해도 좋다.

★★★☆☆

02 다음 중 띄어쓰기가 틀린 것을 고르시오.   제한시간 15초

① 좀더 큰것
② 국장 겸 과장
③ 이말 저말
④ 은행에서 뿐만 아니라
⑤ 제1과

★★★☆☆

03 다음 중 띄어쓰기가 바른 것을 고르시오.   제한시간 15초

① 북어 한쾌
② 어디 까지나
③ 먹을 만큼 먹어라.
④ 사장및 부사장들
⑤ 방한칸 구하기도 힘들다.

★★☆☆☆

04 다음 중 잘못된 높임 표현을 고르시오.   제한시간 20초

① (형이 동생에게) 야, 할머니께 그걸 드렸니?
② (며느리가 시아버지에게) 아버님, 아범이 출근하지 않았습니다.
③ 부장님께서는 아들이 둘이시다.
④ 교장 선생님의 말씀이 계시겠습니다.
⑤ (사장이 직원에게) 차장 어디 가셨어요?

★★★★☆

05 다음 중 어법에 맞지 않는 문장을 고르시오.   제한시간 20초

① 설거지는 제가 할게요.
② 옷이 너무 오래되어 허접스러워 보인다.
③ 딸아이가 얼굴이 부쩍 핼쑥해진 것이 안쓰럽다.
④ 실수로 유리병을 깨트리고 말았다.
⑤ 우리 모두 내일 오전 10시에 회의하도록 합시다.

[06~07] 다음 중 표준어의 표기가 올바르지 않은 것을 고르시오. 제한시간 30초

★★★☆☆
06 ① 윗입술 ② 윗도리 ③ 윗층
    ④ 윗목 ⑤ 윗자리

미니 테스트

03. 표준어 OX 퀴즈
- 삼가하다 ( )
- 삼가다 ( )
- 설레임 ( )
- 설렘 ( )
- 순댓국 ( )
- 순대국 ( )
- 건들이지 마 ( )
- 건드리지 마 ( )
- 너가 뭔데? ( )
- 네가 뭔데? ( )
- 일부러 그랬지? ( )
- 일부로 그랬지? ( )

★★★☆☆
07 ① 바라다 ② 미루나무 ③ 보퉁이
    ④ 아지랭이 ⑤ 살쾡이

One Point Lesson
표준어 문제가 출제되는 기업의 경우 자주 나오는 표준어 규정은 따로 알아두는 것이 좋다. 또한 표준어 규정은 지속적으로 바뀌고 있으므로 최근 변경된 사항들은 기억해 두도록 한다.

★★☆☆☆
08 다음 중 표준어인 것을 고르시오. 제한시간 15초
    ① 노래소리 ② 해꼬지 ③ 건넌방
    ④ 끼여들기 ⑤ 겨땀

★★★★☆
09 다음 중 한글 맞춤법에 어긋나는 문장을 고르시오. 제한시간 20초
    ① 나는 금세 잠이 들고 말았다.
    ② 왜 그렇게 안절부절못하고 있니?
    ③ 그 점에 대해서는 곰곰이 생각을 해보자.
    ④ 그녀는 미소를 띤 채 나에게 다가왔다.
    ⑤ 그 분 앞에서 오두방정을 떨다니 나도 정말 주책이다.

★★★★☆
10 다음 문장 중 어법에 맞는 것을 고르시오. 제한시간 20초
    ① 우리 팀이 승리할 확률이 많다.
    ② 서로 안면이 있었던 탓에 분위기가 좋았다.
    ③ 가능한 한 빠른 시일 내에 답변해 주십시오.
    ④ 제품을 보시면서 설명해 드리도록 하겠습니다.
    ⑤ 이런 곳에서 생활해야 한다는 사실이 믿겨지지 않는다.

03. XO, XO, OX, XO, XO, OX

기본문제

이것만은 꼭

04. 띄어쓰기 OX 퀴즈
- 하나마나한 행동 ( )
- 하나 마나 한 행동 ( )
- 텅빈 듯이 ( )
- 텅 빈 듯이 ( )
- 이 같은 ( )
- 이같은 ( )
- 올초 ( )
- 올 초 ( )
- 너 때문에 ( )
- 너때문에 ( )
- 그때 그곳 ( )
- 그때그곳 ( )
- 나가면서 까지도 ( )
- 나가면서까지도 ( )
- 계층별 ( )
- 계층 별 ( )
- 비상시 ( )
- 비상 시 ( )
- 아무 때나 ( )
- 아무때나 ( )
- 해내고 말 거야 ( )
- 해내고 말 거야 ( )
- 좋을 것 같다 ( )
- 좋을것 같다 ( )

[11~13] 다음 빈칸에 들어갈 알맞은 말을 고르시오.  제한시간 30초

11 ★★★☆☆
㉠ 토끼가 ( ) 뛰어다닌다.
㉡ 그 사람은 가난하여 ( )를 못 냈다.

① 껑충껑충, 삭을세 ② 껑총껑총, 사글세 ③ 깡충깡충, 사글세
④ 깡충깡충, 삯을세 ⑤ 깡충껑충, 사글세

12 ★★★☆☆
㉠ 그는 노름으로 모아둔 돈을 ( ) 날렸다.
㉡ 이번 일은 ( ) 넘어가지 않을 것이다.

① 송두리째, 어물쩡 ② 송두리째, 어물쩍 ③ 송두리체, 어물쩍
④ 송두리채, 어물쩡 ⑤ 송두리채, 어물쩍

13 ★★★☆☆
선녀와 ( ), ( )과 달님

① 나무꾼, 햇님 ② 나무꾼, 해님 ③ 나뭇꾼, 햇님
④ 나뭇꾼, 해님 ⑤ 나뭇군, 해님

하나 더+

2014~2017 새로 추가된 표준어

현재 표준어	추가된 표준어	현재 표준어	추가된 표준어
거방지다	걸판지다	까다롭다	까탈스럽다
건울음	겉울음	실몽당이	실뭉치
마을	마실	차지다	찰지다
예쁘다	이쁘다	~고 싶다	~고프다
가오리연	꼬리연	잎사귀	잎새
이키	이크	푸르다	푸르르다
눈두덩	눈두덩이	굽실	굽신
속병	속앓이	딴죽	딴지
허접스럽다	허접하다	꾀다	꼬시다

---

04. XO, XO, OX, XO, OX, OX, XO, OX, OX, OX, XO, OX

정답 및 해설

01 정답 ① 30년만에 → 30년 만에 : '만'은 '~동안이 얼마간 계속됨'을 뜻하는 의존명사로, 의존명사는 앞말과 띄어 쓰는 것이 원칙이다.

02 정답 ④ 은행에서 뿐만 아니라 → 은행에서뿐만 아니라 : '-뿐'은 명사로 쓰일 때도 있고 조사로 쓰일 때도 있는데 여기에서는 조사로 쓰였으므로 붙여 쓴다. '멍하니 내려다볼 뿐'에서의 '-뿐'은 용언의 관형사형인 '내려다볼' 뒤에서 '오직 그렇게 하거나 그러하다는 것'을 나타내는 의존명사로 쓰였으므로 띄어 쓴다.

03 정답 ③ ① 북어 한쾌 → 북어 한 쾌, ② 어디 까지나 → 어디까지나, ④ 사장및 부사장들 → 사장 및 부사장들, ⑤ 방한칸 → 방 한 칸

04 정답 ④ 교장 선생님의 말씀이 계시겠습니다. → 교장 선생님의 말씀이 있으시겠습니다. : 비인격체인 '말'을 가리켜 '계시다'고 하는 것은 옳지 않다.
| 오답 피해가기 |
⑤ 직장에서는 직급에 관계 없이 '-시'를 쓴다.

05 정답 ③ 핼쓱해진 → 해쓱해진, 핼쑥해진 : 얼굴에 핏기가 없음을 뜻하는 말은 '해쓱하다' 또는 '핼쑥하다'로 쓴다.
| 오답 피해가기 |
④ '깨뜨리다'와 '깨트리다'가 모두 쓰인다.

06 정답 ③ 윗층 → 위층

07 정답 ④ 'ㅣ' 역행 동화가 일어나지 않은 형태를 표준어로 삼는 경우로, '아지랑이'가 표준어이다.

08 정답 ③ '건너방'으로 오용하기 쉬우나, '건넌방'이 표준어이다.
| 오답 피해가기 |
① 노래소리 → 노랫소리 : 순우리말로 된 합성어로서 앞 단어가 모음으로 끝나고 뒤 단어의 첫 소리가 된소리로 나는 경우에는 앞 단어 끝에 사이시옷을 붙인다.
② 해꼬지 → 해코지
④ 끼여들기 → 끼어들기 : '끼다'와 '들다'가 결합할 때 연결어미 '-어'가 붙어 '끼어들다'가 되는데, 이때 'ㅣ' 모음동화 현상을 반영하여 '끼여들기'로 표기하지 않도록 한다.
⑤ 겨땀 → 곁땀 : 겨드랑이에서 나는 땀을 줄여 자주 쓰이는 '겨땀'은 '곁땀'이 표준어이다.

09 정답 ⑤ 주책이다 → 주책없다 : '주책없다'는 일정한 줏대가 없이 이랬다저랬다 하여 몹시 실없다는 뜻의 표준어이다.

10 정답 ③ 조건의 뜻을 나타내는 '한'은 의존명사이므로 앞말과 띄어 써야 한다.
| 오답 피해가기 |
① 많다 → 높다 : '하다 명사+율/률+이' 다음에는 '높다' 또는 '낮다'가 와야 한다.
② 탓 → 덕(또는 덕택, 덕분) : '탓'은 부정적인 일이 생겨난 원인, 잘못된 까닭을 의미하므로 '분위기가 좋다'는 긍정적인 문맥에는 어울리지 않는다.
④ 보시면서 → 보면서 : 제품을 보면서 설명을 듣는 주체가 고객이 되고 내가 설명하는 것이므로 문장 앞에 '고객이'라는 주어가 생략된 것이며('[고객이] 제품을 보시면서 [제가] 설명해 드리도록 하겠습니다.'). 따라서 주어와 서술어가 어울리지 않는다.
⑤ 믿겨지지 → 믿어지지 : '믿기다'는 '믿다'의 피동형으로 '믿겨지지'로 다시 피동형을 붙일 필요가 없다.

11 정답 ③ '깡충깡충'은 양성 모음이 음성 모음으로 바뀌어 굳어진 음성 모음 형태의 단어를 표준어로 삼은 단어이다. '사글세'는 어원에서 멀어진 형태로 굳어져서 널리 쓰이는 것을 표준어로 삼은 단어로써 강낭콩, 울력성당이 이와 같다.

12 정답 ② '송두리째'의 의미로 '송두리채'를 쓰는 경우가 있으나, '송두리째'만 표준어로 삼는다. 마찬가지로 '어물쩍'의 의미로 '어물쩡'을 쓰는 경우가 있으나, '어물쩍'만 표준어로 삼는다.

13 정답 ② 한글 맞춤법 사이시옷 규정에 따라, 1. 뒷말의 첫소리가 된소리, 거센소리이면 사이시옷을 넣지 않는다. 따라서 '나뭇꾼'이 아니라 '나무꾼'이 올바른 표현이다. 2. 자립적인 말과 접미사가 결합되는 구성에서는 사이시옷을 넣지 않는다. '해님'의 경우, '해'를 인격화하여 높이거나 다정함을 표하는 접미사 '님'을 붙였으므로 사이시옷이 들어가지 않는다.

Part 3 Theme 01 Advance 발전문제

정답 및 해설 51쪽

★★☆☆☆ 제한시간 15초

01 다음 중 띄어쓰기가 바른 것을 고르시오.

① 열내지 스물
② 12억 3456만 7898
③ 이만 칠천 구백 팔십 팔
④ 십오 년 여의 세월
⑤ 박지민씨

★★★☆☆ 제한시간 1분

02~05 다음 중 띄어쓰기가 잘못된 것을 고르시오.

★★★☆☆

02 ① 그는 덩치만큼이나 많이 먹었다.
② 고향을 떠나온 지가 오래다.
③ 부모님이 시키신 대로 하지 않은 것이 후회되었다.
④ 그 말을 소문내선 절대 안된다.
⑤ 오던 길로 되돌아갈 수밖에 없다.

★★★☆☆

03 ① 오늘 첫눈이 내릴 듯하다.
② 인사 관계를 떡 주무르듯 한다.
③ 오후에 좋은 일이 있을 듯하다.
④ 변덕이 죽 끓듯하다.
⑤ 사람은 놀던 데에서 놀아야 한다.

★★★☆☆

04 ① 그는 이성적이라기 보다는 감성적이다.
② 우리는 그렇게 할 수밖에 없었다.
③ 여행할 때 옷을 한 벌만 가지고 가는 사람은 무모하다.
④ 그 곳에 가려면 한 시간 내지 두 시간이 걸린다.
⑤ 그는 화가 나서 종이를 찢어 버렸다.

★★★☆☆

05 ① 제주도는 꼭 한 번 가볼 만한 곳이야.
② 사건을 조사한바 몇 가지 의문점이 나타났다.
③ 대체 이 물건이 얼마짜리인지나 알고 그러는 거야?
④ 미영이는 은연중에 자신의 생각을 전달했다.
⑤ 사실을 말하기는커녕 더 큰 거짓말만 하면 되겠니?

★★★☆☆ 제한시간 30초

06 다음 문장을 띄어쓰기에 맞춰 수정 표시했을 때, 잘못 표시한 것을 고르시오.

① 이아이는착하디착한나의동생이야. → 이∨아이는∨착하디∨착한∨나의∨동생이야.
② 수학은하면할수록더어려워지는것같아. → 수학은∨하면∨할수록∨더∨어려워지는∨것∨같아.
③ 세영은학원에다닌지사흘만에그만두었다. → 세영은∨학원에∨다닌∨지∨사흘∨만에∨그만두었다.
④ 나도나대로무척이나힘든날들을보냈다. → 나도∨나대로∨무척이나∨힘든∨날들을∨보냈다.
⑤ 구름낀하늘을보면마음이우울해진다. → 구름∨낀∨하늘을∨보면∨마음이∨우울해진다.

★★★☆☆ 제한시간 30초

07 다음 중 잘못된 높임 표현을 고르시오.

① (어른께) 점심 잡수셨습니까?
② (퇴근하면서 자기보다 윗사람에게) 수고하십시오.
③ (먼저 퇴근하는 상사에게) 안녕히 가십시오.
④ (윗사람에게 오랜만에) 그동안 안녕하셨습니까?
⑤ 교장 선생님의 말씀이 있겠습니다.

★★☆☆☆
08 다음 중 높임법이 바르게 사용된 문장을 고르시오.

① 그 분은 두 살 된 따님이 계시다.
② 선생님, 외투가 무겁죠?
③ 아버지, 큰형이 오늘 서울에 도착한대요.
④ 내가 짐을 들어다 드리겠습니다.
⑤ 주문하신 아메리카노 나오셨습니다.

★★★☆☆
09 다음 중 높임법의 쓰임이 다른 하나를 고르시오.

① 그럼 안녕히 계십시오.
② 정말 오래간만입니다.
③ 어서 오십시오.
④ 밖으로 나오시오.
⑤ 자리에 앉으십시오.

★★★☆☆
10 다음 중 표준 발음으로 옳지 않는 것을 고르시오.

① 옷안[오단]   ② 흙을[흘글]
③ 밟지[발찌]   ④ 읽지[익찌]
⑤ 외곬[외골]

★★★☆☆
11 다음 중 표준 발음으로 옳은 것을 고르시오.

① 맑다[말따]   ② 솜이불[소ː미불]
③ 광한루[광ː할루] ④ 삯일[삭닐]
⑤ 앉던[안떤]

12~13 다음 중 표준어의 표기가 올바르지 않은 것을 고르시오.

★★★★☆
12 ① 다행히도   ② 통털어
③ 뒤꿈치   ④ 고춧가루
⑤ 게거품

★★★★☆
13 ① 뇌졸중   ② 깔때기
③ 숙맥   ④ 눈꼽
⑤ 흐리멍덩하다

14~15 다음 중 단어의 표기가 바르게 된 것을 찾으시오.

★★★★☆
14 ① 강냉이   ② 덩쿨
③ 콧망울   ④ 붓기
⑤ 잎파리

★★★★☆
15 ① 끄나풀   ② 숫소
③ 모자르다   ④ 어거지
⑤ 귀뜸

16~17 다음 중 표준어인 것을 고르시오.

★★★☆☆
16 ① 넉두리   ② 봉숭화
③ 재털이   ④ 쇠고기
⑤ 바램

발전문제

17
① 딱다구리 ② 머리말
③ 수염소 ④ 허드래
⑤ 어리버리하다

18~19 다음 문장 중 어법에 맞는 것을 고르시오.

18
① 원시 시대부터 인간이 끊임없는 발전을 거듭해 왔다는 것은 우리가 인정해야 하는 사실이다.
② 이 새로운 상품은 ○○은행 연구팀에 의하여 개발됐다.
③ 전 국민으로부터 보내진 많은 구호품이 수재민에게 전달되었다.
④ 그의 슬픈 첫사랑 이야기는 나로 하여금 울게 하였다.
⑤ 내가 친구 한 명 소개시켜 줄게.

19
① 열려져 있는 창문으로 모기가 들어왔다.
② 그의 하루 일과는 신문을 보는 일에서부터 시작한다.
③ 컴퓨터를 구매하시면 저희 회사가 직접 교육해 드립니다.
④ 신분이나 나이에 걸맞는 행동을 해야 합니다.
⑤ 선생님이 빨리 오시래.

20 다음 중 '되'나 '돼'의 쓰임이 올바르지 않은 문장을 고르시오.
① 말이 되는 소리를 해라.
② 그는 농구선수가 되고 싶다고 했다.
③ 여기에 쓰레기 버려도 되요?
④ 너무 추워서 그러는데 창문 좀 닫아도 돼?
⑤ 이제 그만 해도 되겠다.

21~25 다음 중 맞춤법 혹은 어법에 맞는 것을 고르시오

21
① 나는 그 문제에 대해 곰곰히 생각해 보았다.
② 생일이라고 꼬깔모자를 썼다.
③ 친구는 꼽슬머리가 아주 심하다.
④ 그녀는 휴게실에서 간식을 먹었다.
⑤ 백분률로 환산해서 적도록 해라.

22
① 소식을 듣고 시껍했다.
② 나는 가진 것 없는 빈털터리다.
③ 쌩뚱맞게 무슨 말이냐?
④ 아둥바둥 살아가고 있다.
⑤ 그 녀석 참 응큼하다.

23
① 그것은 우리의 간절한 바램이었다.
② 그 사건은 냉전의 종식과 평화 시대의 도래를 의미한다.
③ 철수는 영희에 관심을 끌려고 노력하고 있다.
④ 내가 도착했을 때 아무도 나에게 아는 체하지 않았다.
⑤ 오랜만에 고기국을 먹으니 속이 든든하다.

24
① 저분이 나를 가르키신 선생님이다.
② 누구든지 와도 좋다.
③ 친구로써 그럴 수 있나.
④ 내가 곧 가겠오.
⑤ 나는 노력을 많이 함으로 잘 될 것이다.

★★★☆☆

25
① 물을 벌컥벌컥 들이키고 방을 나왔다.
② 하느라고 한 것이 이 모양이다.
③ 김장배추를 저린다.
④ 그렇게 좋던가?
⑤ 밥을 앉힌다.

26~27 다음 중 맞춤법 혹은 어법에 어긋난 것을 고르시오.

★★★☆☆

26
① 아무튼 넌 나와 달라.
② 그 사람한테 적잖은 도움을 받아 이번 일을 해결할 수 있었다.
③ 그 일을 하기엔 재력이 붙여 포기했다.
④ 바람에 낙엽이 차곡차곡 쌓인다.
⑤ 나를 미워하리만큼 그에게 잘못한 일이 없다.

★★★☆☆

27
① 그 답이 맞는지 헷갈린다.
② 병원에 가는 편이 나아.
③ 공공장소에서의 흡연은 삼가해 주세요.
④ 먼저 해도 돼요.
⑤ 문간채는 서까래 뼈대만 앙상히 남아 있었다.

★★★★☆

28 다음 중 사이시옷에 관한 한글 맞춤법 규정에 어긋나는 것을 고르시오.
① 베갯잇   ② 잔칫집
③ 등굣길   ④ 잇몸
⑤ 갯수

★★★☆☆

29 다음 글을 읽고 맞춤법이 잘못된 것을 고르시오.

> 부산은 수산물의 ① 집산지로써 여러 가지 제철 수산물이 대거 모였다가 판매되는 국제적인 무역항이다. 그래서인지 각종 생선은 ② 살코기가 부드럽고, 싱싱하다. A 가게는 이곳 시장에서 구입한 생선을 가져가면 회로 뜨거나 ③ 조려서 요리를 해 준다. 그리고 주인 아주머니가 직접 담근 맛깔스러운 ④ 깍두기는 생선의 ⑤ 감칠맛을 더 돋우어 준다.

① 집산지로써   ② 살코기
③ 조려서   ④ 깍두기
⑤ 감칠맛

★★★★☆

30 다음 글에 나온 규칙이 바르게 적용된 것을 ㉠~㉣에서 모두 고르시오.

> 음절의 끝소리 규칙은, 받침으로 발음되는 자음은 'ㄱ, ㄴ, ㄷ, ㄹ, ㅁ, ㅂ, ㅇ'의 일곱 가지만 올 수 있다는 것으로 이외의 자음들이 음절 끝에 오게 되면 이들 중 하나로 바뀌는 규칙이다. 즉, '잎'은 [입]으로 'ㅍ'이 'ㅂ'으로 발음된다. 이는 겹받침인 경우에도 적용되는데, 두 자음 중 하나가 대표음으로 발음된다. 또 받침 뒤에 모음으로 시작되는 조사, 어미, 접사가 오면 받침이 온전히 발음되지만 '웃어른'의 '어른'처럼 실질적인 뜻을 지닌 모음으로 된 말이 오면 음절의 끝소리 규칙을 적용한 후 다음 음절의 첫소리로 발음하여 [우더른]이 된다.

㉠ '히읗'은 [히은]으로 발음된다.
㉡ '빗으로'는 [빈으로]로 발음된다.
㉢ '부엌'은 [부억]으로 발음된다.
㉣ '웃옷'은 [우돋]으로 발음된다.

① ㉠, ㉢   ② ㉠, ㉣
③ ㉡, ㉢   ④ ㉡, ㉣
⑤ ㉢, ㉣

Part 3 Theme 02 올바른 표현

핵심 Check
- 문장 성분의 호응이나 일본어 표현, 로마자 표기법, 외래어 표기법 등의 바른 표현을 묻는 문제들이 출제된다.
- 일상생활에서 잘못 사용되는 표현들에 대한 지식이 있어야 하므로, 평소 글을 읽을 때 잘못되거나 어색한 표현을 찾아보는 습관을 들이도록 한다.

빈출예제

01 [문장 성분 호응]

다음 중 문장 성분의 호응이 어색하지 않은 것을 고르시오.

① 우리말을 바르게 사용하는 것이 우리말을 지키는 첫걸음이며, 나아가 한국의 문화를 세계에 알리는 지름길이다.
② 깊은 슬픔에 빠진 사람은 그 어둠 속에서 보이는 것이 바늘 끝만한 한 줄기 희망뿐이라서 그것이라도 잡기 위해 고군분투할 수밖에 없었다.
③ 내 친구는 고등학생 때부터 신춘문예에 소설을 공모했으나 여전히 등단하지 못했다.
④ 중요한 것은 네가 지금까지의 잘못을 반성하고 앞으로 진실하게 살아가야 한다는 것이다.
⑤ 우리는 가난한 이웃을 사랑하고 도움을 주어야 한다.

| 해설 |
① ~우리말을 지키는 첫걸음이며 → ~우리 언어를 지키는 첫걸음이며 : '우리말'이라는 단어가 여러 번 반복되고 있으므로 같은 의미의 다른 단어로 바꿔주는 것이 좋다.
② ~보이는 것이 → ~볼 수 있는 것이 : 이 문장 전체의 주어는 '깊은 슬픔에 빠진 사람'이므로 '보이다'라는 피동 표현이 아닌 주동 표현 '보다'를 써야 한다.
③ ~공모했으나 → ~응모했으나 : '공모'는 일반인을 공개 모집한다는 의미이다. 이 문장에서는 그 주체가 신문사이므로 주어 '내 친구'에 호응하기 위해서는 모집에 지원한다는 의미의 '응모'를 사용해야 한다.
⑤ 도움을 주어야 한다. → 그들에게 도움을 주어야 한다. : '도움을 주다'는 '~에게'라는 목적어가 필요하다.

| 정답 | ④

2015 국민은행

유형 분석
문장 성분의 호응이 어색한 것을 찾을 수 있는지를 묻는 문항이다.

해결 전략
가장 먼저 주어와 서술어를 찾고, 그 둘의 호응이 적절한지 파악한다.
Theme 01의 문법과 유사한 형태로 출제되므로 연계하여 함께 학습하는 것이 좋다.

02 [표기 방법]

다음 중 외래어 표기법에 알맞은 것을 고르시오.

① union - 유니온
② siren - 사이렌
③ mechanism - 메카니즘
④ yellow - 옐로우
⑤ clinic - 크리닉

| 해설 |
① union - 유니언
③ mechanism - 메커니즘
④ yellow - 옐로
⑤ clinic - 클리닉

| 정답 | ②

2013 두산

유형 분석
올바른 외래어 표기법을 찾을 수 있는지를 묻는 문항이다.

03 [일본어 표현]

다음 글의 밑줄 친 부분은 일본어의 잔재들이다. 바르게 고치지 못한 것을 고르시오.

> A : "우리 어디 가서 밥을 먹을까?"
> B : "저기 ㉠ 가건물 옆에 보이는 식당 어때? 저 가게 국수는 ㉡ 다대기 맛이 좋더라고."
> A : "㉢ 곤색 간판 식당 말하는 거지? 그럼 건물 옆 ㉣ 노견에 차를 세우고 들어가자!"
> B : "국수와 ㉤ 오뎅을 함께 먹으면 되겠다!"

① ㉠ 가건물 → 임시 건물
② ㉡ 다대기 → 다진 양념
③ ㉢ 곤색 → 검남색
④ ㉣ 노견 → 길 머리
⑤ ㉤ 오뎅 → 어묵

| 해설 |
'고속도로 또는 자동차 전용 도로에서 자동차가 달리도록 되어 있는 도로 밖의 가장자리 길'이라는 뜻의 '노견(路肩)'은 일본식 단어이므로 우리말의 '갓길'로 순화하여 사용해야 한다.

| 오답 피해가기 |
③ 곤색은 '紺(감색 감)'의 일본식 발음 '곤'에 '색'이 붙어서 만들어진 단어로, 우리말의 '감색', '검남색', '진남색'으로 순화하여 사용해야 한다.

| 정답 | ④

하나 더+

비문 유형	예시
문장 성분의 어색한 호응	그들은 지금까지의 잘못을 반성하고 진실되게 살아갈 것은 틀림없다. → 그들이 지금까지의 잘못을 반성하고 진실되게 살아갈 것은 틀림없다.
구조어의 어색한 호응	네가 도와준 탓에 1등을 하게 되었어. → 네가 도와준 덕분에 1등을 하게 되었어.
문장 성분 탈락	인간은 자연을 지배하기도 하고 복종하기도 한다. → 인간은 자연을 지배하기도 하고 자연에 복종하기도 한다.
동어 반복 표현	조그만 일에도 이해타산을 계산하는 요즘 세상 → 조그만 일에도 이해타산하는 요즘 세상
중의적 표현	이것은 그녀의 그림이다. → 그녀가 그린 그림이다. / 그녀를 그린 그림이다.
문맥에 맞지 않는 어휘	묘령의 소녀로부터 꽃다발을 받았다. → 묘령의 여인으로부터 꽃다발을 받았다.
외국어식 표현	내일이면 또 마음이 변해지겠구나. → 내일이면 또 마음이 변하겠구나. (피동문 과용)

기본문제

01~02 다음 중 의미의 중복 없이 자연스러운 문장을 고르시오.

One Point Lesson

의미가 중복되는 표현
- 기본 베이스
- 돼지돈육
- 안에 내장되다
- 추가로 부연 설명하자면
- 개인적인 사견
- 사람 없는 무인도
- 완전히 근절

★★☆☆☆

01
① 역전 앞에서 기다려라.
② 형벌 법규의 적용을 소급하여 올라갈 수 없다.
③ 친구들이랑 축구 차러 갔다.
④ 파란 지붕의 집에 살고 싶어요.
⑤ 그 안건은 과반수 이상의 찬성표를 얻었다.

★★☆☆☆

02
① 이 수익금은 불우한 이웃을 위해 쓰인다.
② 좋은 호사가 많다.
③ 그 문제는 다시 재론할 여지가 없다.
④ 교육청도 시내 버스 증차와 교통 경찰차를 늘려줄 것을 요청했다.
⑤ 토요일날 오후에 친구와 영화를 보러 가기로 했다.

미니 테스트

다음 중 비문인 문장과 비문이 아닌 문장은?
1. A는 B에게 가방을 주었는데, 그 보답으로 A에게 책을 선물했다. ( )
2. 그 집을 바라본 순간 나는 침울한 감정에 사로잡혔다. ( )
3. 한 가지 소득이 있다면 그녀가 너무나도 변해 있었다. ( )
4. 짐승도 그럴 수가 없거늘, 하물며 인간은 그럴 수가 없다. ( )
5. 그토록 인심이 후하던 그 사람도 시대가 변화하면서 마음이 달라졌다. ( )
6. 할아버지께서는 이빨이 좋으시다. ( )
7. 나는 아직도 그 이야기를 믿는 중이다. ( )

1.○ 2.X 3.○ 4.○ 5.X 6.○ 7.○
1. 주어를 빠뜨린 경우 3. 주어와 서술어 간의 어색한 호응 4. 구조어의 어색한 호응 6. 높임법의 어색한 호응 7. 시제의 어색한 호응

★★★☆☆

03 다음 글에서 밑줄 친 ㉠~㉤ 중 문맥상 표현이 어색한 것을 고르시오.

> 논증의 전제들이 결론을 '부분적으로 지지한다'는 말은 전제가 참이라면, 그 전제들은 우리가 결론을 받아들일 수 있는 ㉠ <u>충분한</u> 근거를 제공하지만, ㉡ <u>결정적인</u> 근거가 되지는 못한다. ㉢ <u>다시 말해</u> 전제들이 모두 참이라면, 결론은 아마 참일 것이 ㉣ <u>확실하지만</u> 거짓일 가능성도 있다는 것이다. 이러한 유형의 논증을 '올바른 귀납 논증'이라 ㉤ <u>부른다</u>.

① ㉠ 충분한
② ㉡ 결정적인
③ ㉢ 다시 말해
④ ㉣ 확실하지만
⑤ ㉤ 칭한다

04 제시된 문장이 쓰일 수 없는 이유와 같은 유형의 문장을 고르시오.

> 가장 최근에 있었던 일이다.

① 쉬리는 동강에 자생하고 있다.
② 나의 사상이 밖으로 표출된 것이 바로 이 책이다.
③ 어머니가 약을 다린다.
④ 시청에서 유명 인사의 말씀이 계십니다.
⑤ 우리 형도 못 푸는 문제인데 하물며 네가 풀겠다고 덤볐다.

05 다음 글의 밑줄 친 부분은 일본어의 잔재들이다. 바르게 고치지 못한 것을 고르시오.

> (가) 부동산 대책이 발표된 지 한 달이 지난 부동산 시장은 안정을 찾아가고 있다. 서울 지역 상승폭은 꾸준히 둔화되고 있으며 일부 재건축 아파트는 급 ㉠ <u>매물</u>이 출현하면서 가격이 하락했다. 매수자는 단기간 급등한 가격에 대한 부담을 느껴 관망세를 보이고 있어 ㉡ <u>보합세</u>가 이어지고 있다.
> (나) 해방 후의 ㉢ <u>민초</u>들은 미국의 팝송 음반을 ㉣ <u>구입</u>하고 방송을 통하여 일상적으로 듣고, 또 따라 불러 왔다. 이러한 상황에서 이들 강대국의 대중 가요는 우리 대중 가요보다 세련된 예술로 자리잡고, 우리의 대중 가요는 이를 모방함으로써 세련되고 발전한다는 생각이 우리를 지배하게 되었다.
> (다) 금융감독원은 해외에서 이메일을 보내 거액을 상속받게 되었다거나 자금 도피에 필요한 ㉤ <u>구좌</u>를 제공하면 사례하겠다면서 세금 및 수수료 명목의 자금을 송금하도록 유도하여 이를 가로채는 신종 이메일 국제 사기에 걸려 피해를 보는 사례가 늘고 있다고 밝히면서, 외국환은행에 대해 국제 금융 사기로 의심되는 거래와 관련해 해외 송금을 의뢰하는 고객이 있을 경우 수취인과의 관계, 송금 사유 등을 확인하고 사기 가능성을 주지시킬 것을 요청했다. 또 관련 이메일을 받은 국민들도 송금 요구 등에 응하지 말고 금융감독원과 수사기관에 신고해줄 것을 당부했다.

① ㉠ 매물 → 팔 것
② ㉡ 보합세 → 정지선
③ ㉢ 민초 → 민중
④ ㉣ 구입 → 사들임
⑤ ㉤ 구좌 → 계좌

One Point Lesson

자주 쓰는 일본어 표현
- 진검승부 → 정면대결
- 기스 → 상처
- 간지 → 멋, 느낌
- 땡땡이 무늬 → 물방울 무늬
- 고참 → 선배
- 땡강 → 생떼
- 구라 → 거짓말
- 노가다 → 노동
- 망년회 → 송년 모임
- 쇼부 → 승부
- 뽀록 → 들통
- 호치케스 → 스테이플러
- 곤조 → 근성
- 빠꾸 → 후진
- 만땅 → 가득
- 쿠사리 → 핀잔
- 와꾸 → 틀
- 찌라시 → 선전지
- 대금 → 값
- 노가다 → 공사판 노동자
- 삐끼 → 손님 끌기
- 다마네기 → 양파
- 와리바시 → 젓가락
- 우와기 → 윗옷, 재킷
- 사라 → 접시

기본문제

미니 테스트

올바른 외래어 표기법은?

- 삐에로 ( )
- 피에로 ( )
- 메시지 ( )
- 메세지 ( )
- 리더쉽 ( )
- 리더십 ( )
- 슈림프 ( )
- 쉬림프 ( )
- 돈까스 ( )
- 돈가스 ( )
- 비지니스 ( )
- 비즈니스 ( )

06~07 다음 중 외래어 표기가 올바른 것을 고르시오.

제한시간 30초

★★☆☆☆

06
① 워크샵
② 앙케이트
③ 바베큐
④ 뷔페
⑤ 매니아

★★☆☆☆

07
① 쿠테타
② 팸플릿
③ 맛사지
④ 링겔
⑤ 쥬스

이것만은 꼭

올바른 로마자 표기법
- 한강 Hangang
- 울산 Ulsan
- 자장면 Jajangmyeon
- 강변 Gangbyeon
- 불국사 Bulguksa
- 라면 Ramyeon
- 김치 Gimchi

08~09 다음 중 외래어 표기법에 어긋난 것을 고르시오.

제한시간 30초

★★☆☆☆

08
① recreation - 레크리에이션
② jacket - 재킷
③ perma - 파마
④ solution - 솔루션
⑤ styrofoam - 스티로폼

★★☆☆☆

09
① combine - 콤바인
② royalty - 로얄티
③ endorphin - 엔도르핀
④ sandal - 샌들
⑤ staff - 스태프

★★☆☆☆

10 로마자 표기가 잘못된 것을 고르시오.

제한시간 15초

① 부산 : Busan
② 제주 : Jejoo
③ 독립문 : Dongnimmun
④ 해운대 : Haeundae
⑤ 무궁화 : Mugunghwa

XO, OX, XO, OX, XO, XO

정답 및 해설

정답 ④
01　① 역전 : 역 앞.
　　② 소급 : 과거에까지 거슬러 올라가서 영향이나 효력이 미치다.
　　③ 축구 : 축구공을 발로 차면서 하는 경기.
　　⑤ 과반수 : 절반 이상의 수.

정답 ①
02　② 호사 : 좋은 일.
　　③ 재론 : 다시 논하다.
　　④ 증차 : 운행하는 차량 대수를 더 늘리다.
　　⑤ 토요일 : 월요일을 기준으로 한 주의 여섯째 날.

정답 ④
03　문맥상 '확실하지만'은 '아마'와 호응하는데, '아마'는 뒤에 오는 추측의 표현과 호응하여 '단정할 수 없지만 미루어 짐작하거나 생각하여 볼 때 그럴 가능성이 있다'는 뜻을 나타내는 표현으로 '틀림없이'보다는 확신의 정도가 낮은 말이다. 따라서 '틀림없이 그러하다'라는 뜻의 '확실하지만'과는 어색한 호응의 관계가 된다.

정답 ②
04　최근(最近)은 '가장 가까운'의 뜻으로 의미가 중복된 문장이다. 마찬가지로 ②에서도 '밖'과 '표(表)'가 중복되었다.
　　| 오답 피해가기 |
　　③ '다리다'는 '다리미로 문지르다'는 의미이므로, '끓여서 진하게 만들다'는 뜻의 '달이다'가 적절하다.
　　④ '계시다'는 주어를 직접적으로, '있으시다'는 간접적으로 높이는 말이다. 선택지에서는 '말씀'을 썼으므로 간접적으로 높이는 표현을 써야 한다.
　　⑤ '하물며'와 '덤비느냐'의 호응이 어색하다. 끝맺음 어미가 아니라 질문형으로 호응을 맞추어야 자연스러우므로 '덤비느냐'가 적절하다.

정답 ②
05　'보합세'는 가격 변동이 거의 없이 그대로 유지되는 시세를 가리키며, '주춤세' 또는 '멈춤세'로 고쳐 써야 한다.

정답 ④
06　① 워크샵→워크숍　② 앙케이트→앙케트　③ 바베큐→바비큐　⑤ 매니아→마니아

정답 ②
07　① 쿠테타→쿠데타　③ 맛사지→마사지　④ 링겔→링거　⑤ 쥬스→주스

정답 ④
08　solution은 솔루션이 아니라, 설루션으로 표기해야 한다.

정답 ②
09　royalty는 로얄티가 아니라, 로열티로 표기해야 한다.

정답 ②
10　제주는 Jejoo가 아니라, Jeju로 표기해야 한다.

Part 3 Theme 02 Advance 발전문제

정답 및 해설 55쪽

제한시간 1분

01~02 다음 중 의미의 중복 없이 자연스러운 문장을 고르시오.

★★★☆☆

01
① 그는 영어를 잘 하였으므로 전쟁 중에 통역을 맡았다.
② 지난번에 중부 지방은 홍수로 큰 피해를 당했다.
③ 이것저것 따지는 비판을 삼가야 한다.
④ 음식이 너무 작아 둘로 양분할 수 없다.
⑤ 그 문제에 대해서는 더 이상 재론할 필요가 없다.

★★★☆☆

02
① 미리 자료를 예비하신 분은 창구로 나오세요.
② 순간 머릿속 뇌리를 스치는 기억이 있었다.
③ 제가 산첩첩 물겹겹한 이 산골까지 와서 살게 된 데는 이유가 있습니다.
④ 나는 도저히 네 주장을 수용해서 받아들일 수가 없었다.
⑤ 좋은 요리를 하려면 그만한 마음가짐이 기본 밑바탕이 되어야 한다.

제한시간 50초

03~04 다음은 우리말 속에 남아있는 일본식 표현으로 이루어진 글이다. 물음에 답하시오.

(가) A : "너네들 뭐 먹을지 결정했니?"
B : "엄마, 나 우동 먹을래."
C : "난 덴뿌라 넣은 오뎅으로 먹을 거야. 근데, 엄마 여기 단무지랑 양파 없어?"
A : "글쎄, 종업원한테 물어보자. 일단, 시보리하고 와리바시 좀 가져와."

(나) A : "여보, 단스에 있던 내 우와기 어디 있어?"
B : "장 시렁에 있을 거예요. 에리도 크고 구식이라…."
A : "쓰봉도 그래."
B : "이젠 가다까지 완전히 달라져서 안 맞아요."
A : "여기 가봉한 데는 빵꾸까지 나 있어."

★★★★☆

03 다음 중 (가)에서 잘못 쓰인 표현을 찾아 바르게 고친 것을 고르시오.
① 우동 → 가락국수
② 덴뿌라 → 포크커틀릿
③ 단무지 → 노랑무
④ 시보리 → 숟가락
⑤ 와리바시 → 휴지

★★★★☆

04 다음 중 (나)에서 잘못 쓰인 표현을 바르게 고친 것을 고르시오.
① 여보, 단스에 있던 내 우와기 어디 있어?
 → 여보, 장롱에 있던 내 셔츠 어디 있어?
② 장 시렁에 있을 거예요. 에리도 크고 구식이라….
 → 장 시렁에 있을 거예요. 깃도 크고 구식이라….
③ 쓰봉도 그래. → 소매도 그래.
④ 이젠 가다까지 완전히 달라져서 안 맞아요.
 → 이젠 느낌까지 완전히 달라져서 안 맞아요.
⑤ 여기 가봉한 데는 빵꾸까지 나 있어.
 → 여기 다리미질한 데는 구멍까지 나 있어.

제한시간 15초

★★★☆☆

05 다음 중 외래어 표기가 잘못된 것을 고르시오.
① 런닝셔츠
② 매트리스
③ 타월
④ 플래카드
⑤ 프라이팬

제한시간 15초

★★★★☆

06 다음 중 지명의 잘못된 외래어 표기법을 고르시오.
① 마다가스카르
② 도이칠란트
③ 라스베이거스
④ 푸켓섬
⑤ 티베트

07 다음 중 인물의 올바른 외래어 표기법을 고르시오.

① 도스토예프스키   ② 모짜르트
③ 루스벨트   ④ 차이코프스키
⑤ 칭기스 칸

08 다음 중 복수 외래어 표기법으로 적절하지 않은 것을 고르시오.

① 점퍼, 잠바   ② 코듀로이, 코르덴
③ 벨벳, 비로드   ④ 셔츠, 샤쓰
⑤ 바톤, 바통

09 다음 밑줄 친 부분 중 표기법이 옳은 것을 고르시오.

코메디는 관객에게 웃음과 환희를 주는 헐리우드 영화 장르를 의미한다. 그러나 최근에는 탈렌트들이 티브비에 나와 우스꽝스러운 콘셉으로 연기하며 웃음을 유발하는 것 역시 코미디로 여겨지고 있다.

① 코메디   ② 헐리우드
③ 탈렌트   ④ 티브이
⑤ 콘셉

10 로마자 표기가 어긋난 것을 고르시오.

① 영동 : Yeongdong   ② 한밭 : Hanbad
③ 설악 : Seorak   ④ 왕십리 : Wangsimni
⑤ 애국가 : Aegukga

11 다음 대화 중 밑줄 친 부분을 바르게 고친 것이 아닌 것을 고르시오.

A : 로드샵에 들렀다가 저기 있는 카페로 가자. 카페라떼가 너무 먹고 싶어.
B : 그래. 나는 카페인을 못 먹으니까 따뜻한 자스민차랑 도너츠를 먹을래.
A : 음…. 아니야. 저 카페는 도너츠보다는 컵케익이 더 맛있어.
B : 정말? 너만 믿을게.

① 로드샵 → 로드숍   ② 카페라떼 → 카페라테
③ 자스민차 → 재스민차 ④ 도너츠 → 도넛
⑤ 컵케익 → 컵케잌

12 다음 대화 중 밑줄 친 부분의 로마자 표기법이 적절하지 않은 것을 고르시오.

A : 압구정으로 가려면 어떻게 가야 하나요?
B : 압구정은 강남구에 있는데 전철로 가시는 게 가장 빠를 거예요.
A : 시간이 얼마나 걸리나요?
B : 여기서 최소 1시간 정도는 걸릴 것 같아요.
A : 음…..그러면 혹시 이 부근에 맛집으로 유명한 곳이 있나요?
B : 여의도역 ○○쇼핑몰 지하에 ☆☆떡볶이라고 있는데 정말 맛있어요. 꼭 드셔보세요.
A : 감사합니다. 친구랑 같이 꼭 먹어볼게요.

① 압구정 : Abgujeong   ② 강남구 : Gangnam-gu
③ 여의도 : Yeouido   ④ 떡볶이 : tteokbokki
⑤ 같이 : gachi

Part 3 실력다지기

문항수: 15문항
제한시간: 10분

01 다음 중 의미의 중복 없이 자연스러운 문장을 고르시오.
① 재해 지역으로 선포됐어.
② 자, 어서들 배에 승선하세요.
③ 제가 돌이켜 회고해 보니까요.
④ 그럼, 짧게 약술하겠어요.
⑤ 하얀 소복을 입은 여자가 눈앞에 있었다.

02 다음 중 맞춤법에 맞는 문장을 고르시오.
① 지난주 내내 잔치를 벌리느라 정신이 없었다.
② 이 자리를 빌어 한 마디 해야겠다.
③ 세탁소에 잠깐 들러 옷을 맡길 예정이다.
④ 집에 들어가자마자 현관문을 잠궜다.
⑤ 웬지 그 사람을 보면 가슴이 두근거린다.

03 다음 중 맞춤법에 어긋난 것을 고르시오.
① 공부하려 간다.
② 저 멀리서 진돗개가 헐떡이며 뛰어오고 있다.
③ 너를 만난 지 햇수로 5년이 됐다.
④ 그 얘기에 싫증이 난다.
⑤ 숟가락과 젓가락이 있었다.

04 다음 중 표준 발음으로 옳지 않은 것을 고르시오.
① 신라[실라]   ② 섭리[섭니]
③ 의견란[의견난]   ④ 공권력[공꿘녁]
⑤ 읊다[읍따]

05 다음 중 높임법이 바르게 사용된 문장을 고르시오.
① 지사님께서 말씀이 있으시겠습니다.
② 지사님께서 말씀이 계시겠습니다.
③ 지사님의 말씀이 있으시겠습니다.
④ 지사님의 말씀이 계시겠습니다.
⑤ 지사님께서 말씀이 계셨습니다.

06 다음 문장 중 어법에 맞는 것을 고르시오.
① 당신과 함께 일한 지 해수로 5년이 됐다.
② 저희 업소는 다른 업소와 달리 안주가 일체 없습니다.
③ 이게 왠 떡이냐?
④ 오랫동안 웅크리고 앉아만 있었더니 다리가 저리기 시작했다.
⑤ 이 배는 사람이나 짐을 싣고 하루에 다섯 번씩 운행한다.

07 다음 문장 중 문장의 호응이 자연스러운 것을 고르시오.
① 몇 년 사이에 세상이 바뀌어 농사를 짓는 사람들은 조그마한 노력만 기울여도 빚 걱정 없이 행복한 나날을 보낼 수 있었다.
② 단풍이 물든 산에 접어들자 계곡을 흘러내리는 맑은 물이 나의 온몸으로 스며들어 내 마음속을 깨끗하게 정화시키고 싶었다.
③ 분명한 것은 아직도 우리 사회에 존재하는 친일파들이 과거에 저지른 잘못을 뉘우친다면 장래에 훌륭한 국민으로 거듭날 것은 확실하다.
④ 넓은 잔디밭에서 축하 잔치가 있었다. 배우들은 다음 공연을 위해 여행을 떠났고, 얼마 뒤에 귀빈들이 본관 안으로 자리를 옮기면서 시작되었다.
⑤ 태영이는 노래를 잘 하고, 농구선수가 꿈인 지민이는 키가 매우 크다.

08 다음 글에서 밑줄 친 ㉠~㉤ 중 문맥상 표현이 어색하지 않은 것을 고르시오.

> 한 언론사가 사회 각 방면에서 성공한 인물 100명을 대상으로 그들의 성공 요인을 조사해 보았는데, ㉠ <u>예상되어진</u> 것과는 다른 결과가 나왔습니다. 그들은 '지능, 학력, 가정, 환경' 대신 자신이 좋아하는 일을 했다는 데서 성공 요인을 찾았습니다.
> 사람은 자신이 좋아하는 일을 할 때 즐거움을 느낍니다. ㉡ <u>하지만</u> 즐거움을 느낄 때, 일의 능률이 ㉢ <u>발휘될</u> 것입니다. 마지못해서 또는 남에게 보이기 위한 ㉣ <u>체면치레</u>로 일을 하면 성공과 행복을 얻을 수 없습니다. 여러분은 어떤 일을 좋아합니까? 그리고 그렇게 좋아하는 일을 하기 위해서 ㉤ <u>어디서</u> 준비하고 있습니까?

① ㉠ 예상되어진 ② ㉡ 하지만
③ ㉢ 발휘될   ④ ㉣ 체면치레
⑤ ㉤ 어디서

09 다음 중 띄어쓰기가 바른 것을 고르시오.

① 행복은 늘 가까운데 있단다.
② 잃어버린 줄 알았던 립스틱을 일주일만에 찾았다.
③ 이해가 안 돼서 닥치는 대로 외웠어요.
④ 머리도 식힐겸 며칠 동안 쉬는 게 어때요?
⑤ 차라리 실패할 망정 친구를 배반하지는 말자.

10 다음 중 외래어 표기가 정확한 것을 고르시오.

① 네가 그런 써클에 가입하다니 믿어지지가 않아.
② 내가 가장 좋아하는 음악은 째즈 음악이다.
③ 얼른 슈퍼마켙에 가서 우유 좀 사 오너라.
④ 오늘 시내 커피숍에서 만나자.
⑤ 그녀는 비젼이 없는 회사에 다니고 있어.

11 다음 중 외래어 표기법에 어긋난 것을 고르시오.

① sickness : 시크니스   ② lobster : 로브스터
③ signal : 시그널   ④ propose : 프로포즈
⑤ fighting : 파이팅

12 다음 중 외래어 표기법에 알맞은 것을 고르시오.

① trumbone : 트럼본
② standard : 스탠다드
③ block : 블록
④ crystal : 크리스탈
⑤ polyester : 포리에스테르

13 다음 중 외래어 표기가 정확한 것을 고르시오.

① 나는 가디건을 입고 나왔다.
② 카페에서 카라멜 마끼아또를 주문했다.
③ 창밖을 보니 기분이 센티멘털해졌다.
④ 밥 대신 카스테라를 먹었다.
⑤ 화장실에서 악세서리를 잃어버렸다.

14 로마자 표기가 어긋난 것을 고르시오.

① 왕십리 : Wangsimni ② 학여울 : Hangnyeoul
③ 서울시 : Seoulsi   ④ 청주 : Cheongju
⑤ 집현전 : Jiphyeonjeon

15 다음 중 단어의 표기가 바르게 된 것을 찾으시오.

① 우뢰   ② 삼가하다
③ 곱배기   ④ 삐치다
⑤ 숫사돈

미래를 창조하기에 꿈만큼 좋은 것은 없다.
오늘의 유토피아가 내일 현실이 될 수 있다.

There is nothing like dream to create the future.
Utopia today, flesh and blood tomorrow.

빅토르 위고 Victor Hugo

Final Test
파이널 테스트

Final Test

문항수	35문항
제한시간	45분

01 다음 제시된 단어와 상대·반대의 뜻을 가진 단어를 고르시오.

> 금상첨화(錦上添花)

① 흥진비래(興盡悲來)
② 유방백세(流芳百世)
③ 설상가상(雪上加霜)
④ 동빙한설(凍氷寒雪)
⑤ 주경야독(晝耕夜讀)

02 다음 밑줄 친 단어와 바꾸어 쓸 수 있는 것을 고르시오.

> 양파의 대표적인 효능 중 하나는 고혈압, 당뇨병 등의 성인병 예방이다.

① 효율
② 효험
③ 성능
④ 성과
⑤ 결실

03 다음 밑줄 친 단어와 바꾸어 쓸 수 없는 것을 고르시오.

> 그 식당 주인은 화학조미료는 일절 사용하지 않는다는 소신을 고수하고 있다.

① 신념
② 신조
③ 신의
④ 생각
⑤ 견해

| 04~06 | 다음 중 밑줄 친 부분과 같은 뜻으로 쓰인 것을 고르시오.

04

> 그는 소설 속 이야기를 빌려 자신의 속마음을 투영하였다.

① 기자는 검사의 말을 빌려 이번 사건의 기사를 작성하였다.
② 다른 사람의 물건은 빌릴 수 있지만 마음은 빌릴 수 없다.
③ 이번 기회를 빌려 사과의 말씀을 드립니다.
④ 그는 집을 마련하기 위해 은행에서 돈을 빌렸다.
⑤ 아무래도 혼자서는 무리이니 일손을 빌리도록 해라.

05

> 그 영화는 주인공 어머니가 회상하는 장면에서의 독백으로 끝을 맺었다.

① 이번에 새로 맺은 거래처 담당자는 인상이 무척 좋아 보였다.
② 희생된 아이들이 너무 안 되어서 말끝을 맺지 못하고 목이 메어 울었다.
③ 옷을 여러 겹으로 감싸 포장하고 단단히 매듭을 맺었다.
④ 목련나무에 꽃망울이 소담하게 맺혀 있는 걸 보았니?
⑤ 아버지의 눈에 눈물이 맺혀 있는 걸 보니 나도 마음이 짠했다.

06

> 이 중에서 틀린 부분을 가려서 바르게 맞추어 보시오.

① 어머니는 자신이 진 빚을 조금도 가리지 못했다.
② 그 사람은 자신의 목적을 위해서라면 모든 수단과 방법을 가리지 않았다.
③ 우리는 갑자기 나빠진 집안 형편에 찬밥 더운밥 가릴 상황이 아니었다.
④ 우리 애는 아직 오줌을 가리지 못해서 이불에 실수를 하곤 해.
⑤ 그녀는 나를 처음 보는 것인데도 낯을 가리지 않고 어제 만난 사이처럼 대했다.

| 07~08 | 다음 문장의 ( ) 안에 들어가기에 적절하지 않은 단어 하나를 고르시오.

07

- ○○시는 지역산품 이용률을 높이기 위해 더욱 강력한 대응책을 ( )해 나갈 방침이다.
- 안전지침을 ( )한 후 탑승해 주시기 바랍니다.
- 저 사람은 ( )에서 자라서 어려움을 모른다.
- 선수들이 경기를 앞두고 체력과 기술의 ( )에 힘쓰고 있다.
- 의사결정을 할 때에는 비용은 물론 다른 측면도 적극 ( )해야 한다.

① 고려   ② 연마
③ 강구   ④ 숙고
⑤ 양지

08

인공위성을 이용한 원격 ( ) 기술은 각종 전자파 ( )를 이용하여 대기 중의 오존이나 수증기와 같은 구성 물질의 전 지구적 ( )를 ( )하는 데 커다란 역할을 할 것이다. 미국은 적도를 따라 바다에서의 강수량을 ( )할 수 있는 극초단파 ( )를 ( )한 인공위성을 쏘아 올릴 예정이고, 오존이나 수증기의 연직 ( )를 인공위성에서 ( )할 수 있는 ( ) 등을 연구 개발 중이다. 우리나라도 최근에 과학 로켓 1호와 2호에 오존 ( ) 기기를 ( )하여 오존의 연직 ( ) ( )에 성공하였는데, 대기 오염 ( ) 기기나 기상 ( ) 기기가 개발되어 우리나라 인공위성에 ( )될 날도 멀지 않았다.

① 측정   ② 분포
③ 센서   ④ 방법
⑤ 분리

09 첫 번째 쌍과 두 번째 쌍의 단어 관계가 같아지도록 빈 칸 안에 들어갈 알맞은 단어를 고르시오.

행정부 : ( ) = ( ) : 대법원장

① 법률, 선거   ② 국무총리, 국회의장
③ 대통령, 사법부   ④ 청와대, 여의도
⑤ 공무원, 판결

10 다음 밑줄 친 단어를 한자어로 바르게 옮긴 것을 고르시오.

대기업과 중소기업 간의 <u>상생</u>이 경제계의 화두이다.

① 反對   ② 相生
③ 商店   ④ 衆生
⑤ 相對

11 제시된 한자들의 공통된 의미로 옳은 것을 고르시오.

輩, 黨, 隊

① 나이   ② 조직
③ 직급   ④ 무리
⑤ 인사

| 2016 LG |

12 다음의 우리말 독음으로 옳은 것을 고르시오.

社務

① 사무   ② 사역
③ 근무   ④ 시계
⑤ 업무

Final Test

13 다음 글의 주제로 알맞은 것을 고르시오.

바야흐로 "21세기는 문화의 세기가 될 것이다."라는 전망과 주장은 단순한 바람의 차원을 넘어서 보편적 현상으로 인식되고 있다. 이러한 현상은 세계 질서가 유형의 자원이 힘이 되었던 산업 사회에서 눈에 보이지 않는 무형의 지식과 정보가 경쟁력의 원천이 되는 지식 정보 사회로 재편되는 것과 맥을 같이 한다.

지금까지의 산업 사회에서 문화와 경제는 각각 독자적 영역을 유지해 왔다. 그러나 지식 정보사회에서는 경제 성장에 따라 소득 수준이 향상되고 교육 기회가 확대되면서 물질적 풍요를 뛰어넘는 삶의 질을 고민하게 되었고, 모든 재화와 서비스를 선택할 때 기능성을 능가하는 문화적·미적 가치를 고려하게 되었다. 뿐만 아니라 정보 통신이 급격하게 발달함에 따라 세계 각국의 다양한 문화를 보다 빠르게 수용하면서 문화적 욕구와 소비를 가속화시켰고, 그 상황 속에서 문화와 경제는 서로 도움이 되는 보완적 기능을 하게 되었다.

이제 문화는 배부른 자나 유한계급의 전유물이 아니라 생활 그 자체가 되었다. 고급문화와 대중문화의 경계가 무너지고 장르 간 구분이 모호해지면서 서로 다른 문화가 뒤섞여 새로운 문화가 생겨나고 있다. 이렇게 해서 나타나는 퓨전 문화가 대중적 관심을 끌고 있는 가운데, 이율배반적인 것처럼 보였던 문화와 경제의 공생 시대가 열린 것이다. 특히 경제적 측면에서 문화는 고전 경제학에서 말하는 생산의 3대 요소인 토지·노동·자본을 대체하는 생산 요소가 되었을 뿐만 아니라 경제적 자본 이상의 주요한 자본이 되고 있다.

① 문화와 경제가 상생하는 지식 정보 사회
② 21세기 지식 정보 사회의 경쟁 원천
③ 퓨전 문화의 등장 배경
④ 산업 사회와 지식 정보 사회의 특징
⑤ 경제 성장과 퓨전 문화의 탄생

|14~16| 다음 글에서 알 수 있는 것을 고르시오.

14

식수오염의 방지를 위해서 빠른 시간 내 식수의 분변오염 여부를 밝히고 오염의 정도를 확인하기 위한 목적으로 지표생물의 개념을 도입하였다. 병원성 세균, 바이러스, 원생동물, 기생체 소낭 등과 같은 병원체를 직접 검출하는 것은 비싸고 시간이 많이 걸릴 뿐 아니라 숙달된 기술을 요구하지만, 지표생물을 이용하면 이러한 문제를 많이 해결할 수 있다.

식수가 분변으로 오염되어 있다면 분변에 있는 병원체수와 비례하여 존재하는 비병원성 세균을 지표생물로 이용한다. 이에 대표적인 것은 대장균이다. 대장균은 그 기원이 전부 동물의 배설물에 의한 것이므로, 시료에서 대장균의 균체수가 일정 기준보다 많이 검출되면 그 시료에는 인체에 유해할 만큼의 병원체도 존재한다고 추정할 수 있다. 그러나 온혈동물에게서 배설되는 비슷한 종류의 다른 세균들을 배제하고 대장균만을 측정하기는 어렵다. 그렇기 때문에 대장균이 속해 있는 비슷한 세균군을 모두 검사하여 분변오염 여부를 판단하고, 이 세균군을 총대장균군이라고 한다.

총대장균군에 포함된 세균이 모두 온혈동물의 분변에서 기원한 것은 아니지만, 온혈동물의 배설물을 통해서도 많은 수가 방출되고 그 수는 병원체의 수에 비례한다. 염소 소독과 같은 수질 정화과정에서도 병원체와 유사한 저항성을 가지므로 식수, 오락 및 휴양 용수의 수질 결정에 좋은 지표이다. 지표생물로 사용하는 또 다른 것은 분변성 연쇄상구균군이다. 이는 대장균을 포함하지는 않지만, 사람과 온혈동물의 장에 흔히 서식하므로 물의 분변오염 여부를 판정하는 데 이용된다. 이들은 잔류성이 높고 장 밖에서는 증식하지 않기 때문에 시료에서도 그 수가 일정하게 유지되어 좋은 상수소독 처리지표로 활용된다.

① 온혈동물의 분변에서 기원되는 균은 모두 지표생물이 될 수 있다.
② 수질 정화과정에서 총대장균군은 병원체보다 높은 생존율을 보인다.
③ 채취된 시료 속의 총대장균군의 세균수와 병원체수는 비례하여 존재한다.
④ 지표생물을 검출하는 것은 병원체를 직접 검출하는 것보다 숙달된 기술을 필요로 한다.
⑤ 분변성 연쇄상구균군은 시료 채취 후 시간이 지남에 따라 시료 안에서 증식하여 정확한 오염지표로 사용하기 어렵다.

15

고전주의적 관점에서는 보편적 규칙에 따라 고전적 이상에 일치시켜 대상을 재현한 작품에 높은 가치를 부여한다. 반면, 낭만주의적 관점에서는 예술가 자신의 감정이나 가치관, 문제의식 등을 자유로운 방식으로 표현한 것에 가치를 부여한다.

그렇다면 예술작품을 감상할 때에는 어떠한 관점을 취해야 할까? 예술작품을 감상한다는 것은 예술가를 화자로 보고, 감상자를 청자로 설정하는 의사소통 형식으로 가정할 수 있다. 고전주의적 관점에서는 재현 내용과 형식이 정해지기 때문에 화자인 예술가가 중심이 된 의사소통 행위가 아니라 청자가 중심이 된 의사소통 행위라 할 수 있다. 즉, 예술작품 감상에 있어서 청자인 감상자는 보편적 규칙과 정형적 재현 방식을 통해 쉽게 예술작품을 수용하고 이해할 수 있게 된다. 그런데 의사소통 상황에서 청자가 중요시되지 않는 경우도 흔히 발견된다. 가령, 스포츠 경기를 볼 때 선수들은 주변 사람과 관련 없이 자기 혼자서 탄식하고 환호하기도 한다. 또한, 독백과 같이 특정한 청자를 설정하지 않는 발화 행위도 존재한다. 낭만주의적 관점에서 예술작품을 이해하고 감상하는 것도 이와 유사하다. 낭만주의적 관점에서는, 예술작품을 예술가가 감상자를 고려하지 않은 채 자신의 생각이나 느낌을 자유롭게 표현한 것으로 보아야만 작품의 본질을 오히려 잘 포착할 수 있다고 본다.

낭만주의적 관점에서 올바른 작품 감상을 위해서는 예술가의 창작의도나 창작관에 대한 이해가 필요하다. 비록 관람과 감상을 전제하고 만들어진 작품이라 하더라도 그 가치는 작품이 보여주는 색채나 구도 등에 대한 감상자의 경험을 통해서만 파악되는 것이 아니다. 현대 추상회화 창시자의 한 명으로 손꼽히는 몬드리안의 예술작품을 보자. 구상적 형상 없이 선과 색으로 구성된 몬드리안의 작품들은, 그가 자신의 예술을 발전시켜 나가는 데 있어서 관심을 쏟았던 것이 무엇인지를 알지 못하면 이해하기 어렵다.

① 고전주의적 관점과 낭만주의적 관점의 공통점은 예술작품의 재현 방식이다.
② 고전주의적 관점에서 볼 때 예술작품을 감상하는 것은 독백을 듣는 것과 유사하다.
③ 낭만주의적 관점에서 볼 때 예술작품 창작의 목적은 감상자 위주의 의사소통에 있다.
④ 낭만주의적 관점에서 볼 때 예술작품의 창작의도에 대한 충분한 소통은 작품 이해를 위해 중요하다.
⑤ 고전주의적 관점에 따르면 예술작품의 본질은 예술가가 자신의 생각이나 느낌을 창의적으로 표현하는 데 있다.

16

카발리는 윌슨이 모계 유전자인 mtDNA 연구를 통해 발표한 인류 진화 가설을 설득력 있게 확인시켜 줄 수 있는 실험을 제안했다. 만약 mtDNA와는 서로 다른 독립적인 유전자 가계도를 통해서도 같은 결론에 도달할 수 있다면 윌슨의 인류 진화에 대한 가설을 강화할 수 있다는 것이다.

이에 언더힐은 Y염색체를 인류 진화 연구에 이용하였다. 그가 Y염색체를 연구에 이용한 이유가 있다. 그것은 Y염색체가 하나씩 존재하는 특성이 있어 재조합을 일으키지 않고, 그 점은 연구 진행을 수월하게 하기 때문이다. 그는 Y염색체를 사용한 부계 연구를 통해 윌슨이 밝힌 연구결과와 매우 유사한 결과를 도출했다. 언더힐의 가계도도 윌슨의 가계도와 마찬가지로 아프리카 지역의 인류 원조 조상에 뿌리를 두고 갈라져 나오는 수형도였다. 또 그 수형도는 인류학자들이 상상한 장엄한 떡갈나무가 아니라 윌슨이 분석해 내놓은 약 15만 년밖에 안 된 키 작은 나무와 매우 유사하였다.

별개의 독립적인 연구로 얻은 두 자료가 인류의 과거를 똑같은 모습으로 그려낸다면 그것은 대단한 설득력을 지닌다. mtDNA와 같은 하나의 영역만이 연구된 상태에서는 그 결과가 시사적이기는 해도 결정적이지는 않다. 그 결과의 양상은 단지 DNA의 특정 영역에 일어난 특수한 역사만을 반영하는 것일 수도 있기 때문이다. 하지만 언더힐이 Y염색체에서 유사한 양상을 발견함으로써 그 불완전성은 크게 줄어들었다. 15만 년 전에 아마도 전염병이나 기후변화로 인해 유전자 다양성이 급격하게 줄어드는 현상이 일어났을 것이다.

① 윌슨의 mtDNA 연구결과는 인류 진화 가설에 대한 결정적인 증거였다.
② 부계 유전자 연구와 모계 유전자 연구를 통해 얻은 각각의 인류 진화 수형도는 매우 비슷하다.
③ 윌슨과 언더힐의 연구결과는 현대 인류 조상의 기원에 대한 인류학자들의 견해를 뒷받침한다.
④ 언더힐은 우리가 갖고 있는 Y염색체 연구를 통해 인류가 아프리카에서 유래했다는 것을 부정했다.
⑤ 언더힐이 Y염색체를 인류 진화 연구에 이용한 것은 염색체 재조합으로 인해 연구가 쉬워졌기 때문이다.

17 다음을 읽고 바르게 추론할 수 없는 것을 고르시오.

뇌가 우리의 생명이 의존하고 있는 수많은 신체 기능을 조율하기 위해서는 다양한 신체 기관을 매 순간 표상하는 지도가 필요하다. 뇌가 신체의 각 부분에서 어떤 일이 일어나는지 아는 것은 신체의 특정 기능을 작동시키고 조절하기 위해서 필수적인 것이다. 그렇게 함으로써 뇌는 생명 조절 기능을 적절하게 수행할 수 있다. 외상이나 감염에 의한 국소적 손상, 심장이나 신장 같은 기관의 기능 부전, 호르몬 불균형 등에서 이런 조절이 일어나는 것을 발견할 수 있다. 그런데 생명의 조절 기능에서 결정적인 역할을 하는 이 신경 지도는, 우리가 흔히 '느낌'이라고 부르는 심적 상태와 직접적으로 관련을 맺는다.

느낌은 어쩌면 생명을 관장하는 뇌의 핵심적 기능을 고려할 때 지극히 부수적인 것으로 생각될 수 있다. 더구나 신체 상태에 대한 신경 지도가 없다면 느낌 역시 애초에 존재하지 않았을 것이다. 생명 조절의 기본적인 절차는 자동적이고 무의식적이기 때문에 의식적인 것으로 간주되는 느낌은 아예 불필요하다는 입장이 있다. 이 입장에서는 뇌가 의식적인 느낌의 도움 없이 신경 지도를 통해 생명의 현상을 조율하고 생리적 과정을 실행할 수 있다고 말한다. 그 지도의 내용이 의식적으로 드러날 필요가 없다는 것이다. 그러나 이러한 주장은 부분적으로만 옳다.

신체 상태를 표상하는 지도가, 생명체 자신이 그런 지도의 존재를 의식하지 못하는 상태에서도 뇌의 생명 관장 활동을 돕는다는 말은 어느 범위까지는 진실이다. 그러나 이러한 주장은 중요한 사실을 간과하고 있다. 이런 신경 지도는 의식적 느낌 없이는 단지 제한된 수준의 도움만을 뇌에 제공할 수 있다는 것이다. 이러한 지도들은 문제의 복잡성이 어느 정도 수준을 넘어서면 혼자서 문제를 해결하지 못한다. 문제가 너무나 복잡해져서 자동적 반응뿐만 아니라 추론과 축적된 지식의 힘을 함께 빌려야 할 경우가 되면 무의식 속의 지도는 뒤로 물러서고 느낌이 구원투수로 나선다.

① 생명 조절 기능이 적절하게 사용되기 위해서는 뇌가 신체에서 어떤 일이 일어나는지를 아는 것이 필수적이다.
② 신경 지도는 그 존재를 생명체가 의식하지 못하여도 뇌의 생명 관장 활동을 돕는다.
③ 신경 지도는 의식적 느낌이 있다면, 뇌에 제한 없는 수준의 도움을 제공할 수 있다.
④ 신경 지도를 통한 생리적 과정의 실행에 뇌의 의식적 느낌이 꼭 필요한 것만은 아니다.
⑤ 문제가 복잡하여 해결하지 못할 경우, 느낌이라는 심적 상태가 도움이 될 수 있다.

18 다음 글의 구조를 도식화한 것으로 올바른 것을 고르시오.

(가) 어떤 사회 현상이 나타나는 경우 그러한 현상은 '제도'의 탓일까, 아니면 '문화'의 탓일까? 이 논쟁은 정치학을 비롯한 모든 사회과학에서 두루 다루는 주제이다. 정치학에서 제도주의자들은 보다 선진화된 사회를 만들기 위해서 제도의 정비가 중요하다고 주장한다.

(나) 하지만 문화주의자들은 실제적인 '운용의 묘'를 살리는 문화가 제도의 정비보다 중요하다고 주장한다. 이들은 문화를 가치, 신념, 인식 등의 총체로서 정치적 행동과 행위를 특정한 방향으로 움직여 일정한 행동양식을 만들어내는 것으로 정의한다. 이러한 바탕 하에 이들은 국민이 정부에게 하는 정치적 요구인 투입과 정부가 생산하는 정책인 산출을 기반으로 정치문화를 세 가지로 유형화하였다.

(다) 편협형 정치 문화는 투입과 산출에 대한 개념이 모두 존재하지 않는 정치 문화이다. 투입이 없으며,

정부도 산출에 대한 개념이 없어서 적극적 참여자로서의 자아가 있을 수 없다. 사실상 정치 체계에 대한 인식이 국민들에게 존재할 수 없는 사회이다. 샤머니즘에 대한 신정 정치, 부족 또는 지역 사회 등 전통적인 원시 사회가 이에 해당한다.

(라) 신민형 정치 문화는 투입이 존재하지 않으며, 따라서 적극적 참여자로서의 자아가 형성되지 못한 사회이다. 이런 상황에서 산출이 존재한다는 의미는 국민이 정부가 해주는 대로 받는다는 것을 의미한다. 이들 국민은 정부에 복종하는 성향이 강하다. 하지만 편협형 정치문화와 달리 이들 국민은 정치 체계에 대한 최소한의 인식은 있는 상태이다. 일반적으로 독재 국가의 정치 체계가 이에 해당한다.

(마) 마지막으로 참여형 정치 문화는 국민들이 자신의 요구 사항을 표출할 줄도 알고, 정부는 그러한 국민들의 요구에 응답하는 사회이다. 따라서 국민들은 적극적인 참여자로서의 자아가 형성되어 있으며, 그러한 적극적 참여자들로 형성된 정치 체계가 존재하는 사회이다. 이는 선진 민주주의 사회로서 현대의 바람직한 민주주의 사회상이다.

(바) 요컨대, 문화주의자들은 국가를 특정 제도의 장단점에 의해서가 아니라 국가의 구성 요소들이 민주주의라는 보편적인 목적을 위해 얼마나 잘 기능하고 있는가를 기준으로 평가하고 있는 것이다.

① (가)-(다)-(라)-(마)-(바)
   (나)

② (가)
   (나)
   (다)-(라)-(마)+(바)

③ (가)-(나)
   (다)
   (라)
   (마)+(바)

④ (가)
   (나)┌(다)
      ├(라)┐(바)
      └(마)┘

⑤ (가)-(나)-(다)-(라)┌(마)
                    └(바)

|19~20| 다음 글의 서술상의 특징을 바르게 설명한 것을 고르시오.

19

한편, 우리가 계승해야 할 민족 문화의 전통으로 여겨지는 것들이, 연암의 예에서 알 수 있는 바와 같이, 과거의 인습을 타파하고 새로운 것을 창조하려는 노력의 결정이었다는 것은 지극히 중대한 사실이다. 세종대왕의 훈민정음 창제 과정에서 이 점은 뚜렷이 나타나고 있다. 만일, 세종이 고루한 보수주의적 유학자들에게 한글 창제의 뜻을 굽혔던들, 우리 민족 문화의 최대 걸작품이 햇빛을 못 보고 말았을 것이 아니겠는가?

겸재 정선이나 단원 김홍도, 혹은 혜원 신윤복의 그림에서도 이런 정신을 찾을 수 있다. 이들은 화보 모방주의의 인습에 반기를 들고, 우리나라의 정취가 넘치는 자연을 묘사하였다. 더욱이 그들은 산수화나 인물화에 말라붙은 조선 시대의 화풍에 항거하여, '밭 가는 농부', '대장간 풍경', '서당의 모습', '씨름하는 광경', '그네 뛰는 아낙네' 등 현실 생활에서 제재를 취한 풍속화를 대담하게 그렸다. 이것은 당시에 있어서는 혁명과도 같은 사실이었다. 그러나 오늘날에는 이들의 그림이 민족 문화의 훌륭한 유산으로 생각되고 있는 것이다.

① 다양한 구체적 예를 든 후 결론을 이끌어내고 있다.
② 일반적인 견해를 제시한 후 그것을 비판하고 있다.
③ 주장을 한 후 전문가들의 견해를 논거로 삼아 이를 뒷받침하고 있다.
④ 두 가지 이상의 제재를 비교·대조하고 있다.
⑤ 개념을 정의하고 그 특징을 묘사하고 있다.

20

괴테는 평생 동안 완전한 자기 자신을 만들기 위해 노력한 사람이다. 시인이며 자연과학자이고, 사상가이며 정치가인 삶을 살았지만, 그는 이 모든 것에 앞서 인간다운 인간이 되고 싶어 했다. 그가 말하는 '진정한 인간성'은 이러한 삶의 목표를 반영하고 있다. 여기서 인간다운 인간은 한 곳에 안주하지 않고 끊임없이 노

Final Test

력하는 사람이며, 동시에 어떠한 상황에서도 고결하고 선량하며 동정심을 잃지 않는 사람을 말한다. 아울러 그 바탕에는 내면세계를 부단히 성찰하면서 자신의 참모습을 일구어가는 진지함이 자리 잡고 있다. 이러한 품성을 두루 갖춘 인간성을 괴테는 자연과 유사한 상태로 간주하였다.

여러 가지 점에서 현대인은 자연스럽지 못한 상태로 변해가고 있다. 인간성의 근원인 자연에서 점점 멀어지면서, 현대인은 자신의 참모습을 만들기 위해 노력하기보다는 물질이나 이념과 같은 외면적 가치에 더욱 매달리고 있다.

이전보다 훨씬 다양한 집단에 속한 채 살아야 하는 현대인에게는 개인과 집단의 관계를 어떻게 설정하느냐 하는 문제가 더욱 중요하게 떠오른다. 이러한 문제가 발생할 때 다수의 논리를 내세워 개인의 의지를 배제한다면 그것은 바람직한 해결책이라 할 수 없다. 현대사회가 추구하는 효율성의 원칙만을 내세워 집단을 개인의 우위에 두면 '진정한 인간성'이 계발되기 어렵다. 그러므로 우리는 개인이 조직사회에 종속됨으로써 정신적 독립성을 잃게 되는 위험성을 항상 경계해야 한다.

지금 진행되고 있는 이 무서운 드라마를 끝내기 위해서는 모든 사람이 다 함께 '진정한 인간성'을 추구해야 한다. 이런 점에서, 순수하고 고결한 인간성을 부르짖는 괴테의 외침은 사람 자체를 존중하는 마음이 사라져가는 오늘날의 심각한 병폐를 함께 치유하자는 세계사적 선서의 의미를 지닌다. 모든 사람들이 근본적으로 지니고 있는 사랑하는 마음과 선량한 마음을 잃지 않고 각자 '진정한 인간성'을 행동으로 실천한다면, 현대 사회의 비인간화 현상은 극복될 수 있을 것이다.

① 개념의 일반적 정의를 소개하고 이러한 정의의 문제점을 분석한다.
② 핵심개념을 제시하고 이를 토대로 문제 해결방안을 모색한다.
③ 상반된 두 주장을 비판하고 절충적 관점을 도출한다.
④ 반대되는 입장의 논점을 제시하고 이를 반박하는 예를 통해 주장하고자 하는 바를 관철한다.
⑤ 질문을 묻고 답하는 방식을 사용하여 주장을 강화하고 있다.

21 다음 글의 논지를 강화하는 진술로 옳은 것을 고르시오.

인간의 의식을 이해하려면 인간이 세계 속에서 세계에 반응하며 삶을 영위하는 방식을 살펴보아야 한다. 의식을 이해하려면 이처럼 뇌보다 더 큰 체계의 수준에서 고찰할 필요가 있다. 의식은 뇌 안에서 생성되는 것이 아니라, 우리가 주변의 세계와 역동적으로 상호작용하는 동안 만들어진다. 즉 의식은 뇌와 몸과 외부 세계의 상호작용을 요구한다. 의식은 그렇게 환경의 맥락 안에 있는 동물의 활동으로 이루어진 산물이다. 의식의 주체는 뇌가 아니다. 달리 말하자면, 당신은 당신의 뇌가 아니다. 뇌는 당신의 일부에 지나지 않는다. 물론 뇌가 필요하다는 것, 뇌의 특성이 의식의 면면에 영향을 미친다는 것은 부인할 수 없다. 그러나 의식이 있으려면 뇌만으로는 안 된다.

만일 의식이 뇌 안에서 생겨나는 것이라면, 실험용 접시나 플라스틱 통 속에 의식을 가진 뇌를 담는 일이 최소한 원리적으로 가능해야 한다. 그러나 그것은 터무니없는 생각이다. 만약 통에 담긴 뇌가 의식을 가지고 있다면, 최소한 그 통은 뇌에 대사활동에 필요한 영양을 공급하는 장치와 더불어 노폐물을 배출하는 장치를 갖추고 있을 것이다. 우리의 몸이 하는 것처럼 뇌로 보내는 자극을 통제할 수 있으려면 그 통은 아주 세련되고 다양한 기능들을 갖추고 있어야 한다. 이 사고실험의 세부사항들을 충분히 생각해 본다면, 그런 통은 살아있는 몸과 비슷한 어떤 것이 되어야 한다는 사실이 분명해진다. 결국 우리는 의식의 자리가 생리적인 뇌의 범위를 넘어서까지 펼쳐져 있다는 것과 우리처럼 몸을 갖고 주변 환경과 상호작용하면서 살아가는 동물에게만 의식이 있을 수 있다는 사실을 깨닫게 된다.

① 영양 공급 및 노폐물 배출 장치가 갖추어진 기계에서 의식이 나타남을 확인할 수 있다.
② 영상을 통해 나타난 뇌의 모양을 관찰함으로써 인간의 의식을 추측할 수 있다.
③ 의식의 특성을 이해하기 위해 살아있는 신체가 반드시 필요한 것은 아니다.
④ B라는 사람이 A의 뇌를 이식받았다 해도, B는 A와 동일한 의식을 가지지 않는다.
⑤ 인간은 걷고 뛰는 등의 행위를 할 때 자신의 행동을 똑똑히 의식하며 수행한다.

22 '소외 계층 지원 개선 방안'을 주제로 글을 쓰기 위해 조직화한 것이다. 논지 전개 과정으로 보아 (가)에 들어갈 내용으로 적절하지 않은 것을 고르시오.

[논지 전개 과정]	[주요 내용]
무엇이 문제인가?	불경기로 기부금이 줄어 소외 계층을 지원하는 사회 복지 단체의 어려움이 가중되고 있다.
문제의 원인은?	정부의 지원과 일부 대기업의 기부에 주로 의존하여 재원을 마련해 왔다.
문제 해결을 위한 방향은?	• 재원 마련 방법을 다양화한다. • 시민들의 자발적인 기부 참여를 유도한다. • 기부 문화에 대한 의식의 전환이 필요하다.
구체적인 방안은?	(가)

① 사회 복지 단체가 자체 수익 사업을 할 수 있도록 장려한다.
② 언론 매체들이 새로운 기부 문화 창출에 나서도록 해야 한다.
③ 나눔의 의미를 깨닫고 실천할 수 있도록 의식 교육을 강화해야 한다.
④ 기부금이 투명하게 운용되는지 시민들이 감독할 수 있도록 해야 한다.
⑤ 바자회 등을 통해 기부 참여를 유도하도록 한다.

| 23~25 | 다음 글의 빈칸에 들어갈 알맞은 문장을 고르시오

23

심리학자인 미셸은 아동의 절제력에 관한 실험을 진행했다. 4세 아동들을 방으로 데려가 마시멜로 사탕을 하나씩 나눠준 후, 선생님이 돌아올 때까지 먹지 않고 있으면 상으로 하나를 더 주겠다고 제안했다. 아동들은 선생님이 나가자마자 먹기도 하고, 중간에 먹기도 했으며, 끝까지 참고 기다리기도 하였다. 그리고 이 실험에 참여한 아동들을 15년 후에 다시 보았을 때 오래 참은 아동일수록 높은 학업 성취도를 보였으며, 삶의 만족도도 높게 나타났다. 미셸 박사는 이 실험에서 아동이 보인 행동, 즉 즉각적인 욕구 만족이나 보상을 스스로 지연하고, 그 과정에서 발생하는 좌절을 인내하는 능력을 '만족지연 능력'이라 불렀다.

정신분석 이론에서는 충동적 욕구를 따르는 원초아(id)의 쾌락 원리보다 유용성을 고려하는 자아(ego)의 현실 원리가 우세할 때 만족지연 능력이 생긴다고 본다. 발달 과정에서 만족지연 능력은 문화적 영향력보다 충동을 억제하려는 자아의 강도에 의해 형성된다. 아동이 성숙하고 자발적인 자제력을 갖게 되면서 만족지연 능력이 발달한다는 것이다.

인지발달 이론에서는 아동이 즉각적인 보상을 선택하는 이유를 지연된 보상이 더 가치 있을 수 있다는 가치적 측면을 고려하지 못하기 때문이라고 설명한다. 그리고 (   ) 즉각적인 작은 보상과 일정 시간 지난 후 받을 큰 보상이라는 선택 상황에서 두 측면을 동시에 고려하는 인지적 능력, 즉 사건을 구조화하고 현실을 이해하는 능력이 향상되었기 때문이라는 것이다.

그렇다면 사회학습 이론에서는 만족지연 능력을 어떻게 보는가? 이 이론에 따르면 아동은 사회적 강화를 통해 만족을 지연하는 행동이 더 가치 있고 적절하다는 것을 인식하게 된다. 특히 지연된 보상이 실현될 것이라는 기대나 신뢰감은 약속 이행에 대한 과거의 경험에 크게 의존한다는 것이다. 만족지연 능력은 개인의 직접적인 경험 외에도 또래나 부모, 교사 등 사회적 모델들의 행동을 관찰함으로써 학습된다고 할 수 있다.

만족지연 능력에 관한 연구는 한 개인의 학문적 성취와 사회적 적응을 위한 발달의 기초가 어릴 때부터 형성됨을 보여준다. 유해한 자극들로 가득한 현대 사회에서 아동이 스스로 충동을 조절하여 미래지향적이고 성취지향적인 가치관을 내면화할 수 있도록 교육하는 것은 중요한 문제이다. 따라서 만족지연 능력은 아동기에 핵심적으로 계발해야 하는 발달 과업이라 할 수 있다.

Final Test

① 이 만족지연 능력은 어렸을 때부터 부모님이나 선생님 등을 통해 길러진다.
② 이 인지발달 이론에서는 아동의 절제력보다 사물에 대한 집착에 중점을 둔다.
③ 이 이론에서는 만족지연 능력이 강해지는 것을 아동의 인지적 성장이 반영된 것으로 본다.
④ 이러한 만족지연 능력은 아동이 인지적으로 아직 덜 성장했다는 증거로 성인이 되면서 점차 현재 만족을 느끼는 쪽으로 바뀐다.
⑤ 이러한 만족지연 능력은 문화적 영향보다 아동의 성향에 더 큰 영향을 받는다고 주장한다.

24

사과를 본 철수가 '사과는 붉다'고 지각(知覺)했을 때, '사과'는 지각의 대상, '철수'는 지각의 주체, '사과가 붉다'는 지각의 내용이 된다. 그런데 이러한 인간의 '지각'을 어떻게 설명할 수 있을까?

경험주의는 인간의 정신이 개입되지 않는 객관적인 세계가 있고, 그 세계가 인과적으로 지각된다고 보았다. 여기에는 대상이 주는 자극과 대상으로부터 얻는 지각의 일 대 일 대응 관계가 전제되어 있다. 철수가 사과를 지각하는 경험을 예로 들면, 대상인 사과에서 자극된 색깔의 요소가 철수에게 감각되고, 그 요소가 뇌에 전달되어 '사과는 붉다'는 식으로 지각이 이루어진다는 것이다. 그러나 경험주의의 관점으로는 붉은 색과 녹색이 뒤섞인 사과를 회색으로 지각하는 경우처럼, 대상과 일치하지 않는 지각 경험은 설명하기 곤란하다.

주지주의는 인간의 지각에서 정신 작용을 강조했다. 달리 말해, 지각은 인간의 정신에 존재하는 개념에 감각된 요소들을 일치시키는 것이라고 보았다. 예를 들어 철수가 '사과는 붉다'고 지각했다면, 철수의 정신에 존재하는 '사과', '붉다' 등의 개념을 중심으로 감각된 요소들을 재구성하는 것이라는 식의 설명이다. 주지주의의 이론대로라면 정신 내에 개념이 형성되지 않은 대상은 지각이 불가능해야 한다. 하지만 실제로는 그렇지 않다.

메를로 퐁티는 경험주의와 주지주의의 지각에 대한 설명을 비판했다. 그는 경험주의가 지각 주체에 비해 대상을 지나치게 중요시하는 오류를 범했고, 주지주의는 대상에 비해 지각 주체의 정신을 지나치게 중요시하는 오류를 범했다고 본다. 그리고 그러한 오류의 공통된 원인은 지각 과정에서 지각 주체인 인간의 '몸'을 무시하기 때문이라고 지적했다.

메를로 퐁티는 인간의 '몸'에 주목한다. 그가 말하는 '몸'은 정신을 주관하는 주체이고, 육체와 정신으로 분리되지 않으며, 무엇인가를 의식하는 지향성을 지닌 '몸'이라는 점에서, 생리학적인 몸과 구별된다. 그는 '몸'을 핵심으로 하는 '현상학적 장' 개념을 도입해 지각을 설명한다. 그에 따르면, 지각은 '몸'이 특정한 상황에서 대상과 마주할 때에만 가능하다는 점에서 시간성과 공간성을 지닌다. 즉, 의식의 주체로서의 '몸'이 특정한 시간과 공간에서 대상과 마주하는 장면이 '현상학적 장'이고, 이러한 '현상학적 장'에서 '몸'이 체험한 것이 곧 지각이라는 것이다.

메를로 퐁티의 관점에 따르면, 붉은 색과 녹색이 뒤섞인 대상이 회색으로 지각된 것은, '몸'의 착각이나 시간과 공간 등의 변수에 영향을 받은 현상학적 체험으로 설명할 수 있다. 또, 인간의 의식에 개념이 형성되지 않은 대상에 대한 지각도 '몸'이 의식과 구분되지 않는 것이기 때문에 개념이 형성되지 않은 상태에서의 '몸'의 체험으로 설명할 수 있다. 이런 의미에서 (   )

① 메를로 퐁티가 도입한 '몸'에 대한 새로운 개념은 생리학 분야에 큰 반향을 불러일으키기에 충분했다.
② 메를로 퐁티의 관점은 경험주의와 주지주의가 지니는 문제의 원인을 정확히 파악했다는 데 큰 의의가 있다.
③ 메를로 퐁티의 지각에 대한 설명은 경험주의와 주지주의의 틀을 극복한 것으로 평가받는다.
④ 메를로 퐁티의 관점은 주체의 대상과 지각 주체의 정신을 모두 포괄하는 개념으로 결론지을 수 있다.
⑤ 메를로 퐁티의 지각 개념은 경험주의와 주지주의의 지각 개념보다 더 다양한 요소를 고려한 것이라 할 수 있다.

25

코펜하겐 미래학 연구소장이자 '드림 소사이어티(Dream Society)'의 저자인 롤프 옌센(Rolf Jensen, 1942~)은 꿈과 감성이 지배하는 21세기에는 상품 자체가 아니라 상품을 구성하는 스토리가 담긴 제품이 사고 팔릴 것이라 말한다. 비물질적인 요소가 소비자를 끌어들이는 결정적인 요소가 될 이 시대에는 상품과 서비스에 감성적 가치를 덧붙여야 한다는 것이다. 롤프 옌센이 전망한 바와 같이 현 세대는 바로 스토리 텔링이 주목받는 시대가 되었다.

스토리 텔링이란 스토리(Story)와 텔링(Telling)의 합성어로 영화·책·드라마의 분야를 넘어서 게임과 외식업, 여행사 등 다양한 분야에 접목되고 있다. 여기에 마케팅을 접목하면 스토리 텔링 마케팅이 된다. 구체적으로 말해, 제품이나 브랜드에 담긴 이야기를 만들어내어 고객에게 몰입과 재미를 불러일으키는 감성 지향적 마케팅을 의미한다. 예컨대 단순히 커피를 마시는 게 아니라 '유명 여배우가 우울할 때 즐기는 커피'를 마심으로써 소비자들은 특별한 커피를 경험할 수 있다. 이러한 스토리 텔링 마케팅의 성공 여부는 제품이나 브랜드에 훌륭한 스토리를 어떻게 잘 녹이느냐가 관건이다.

스토리 텔링 마케팅으로 성공을 거둔 대표적인 사례로 코카콜라 회사가 제조한 비타민 음료 제품을 들 수 있다. 이 제품은 PPL(간접광고)로도 유명세를 탔지만, 화려한 색깔 각각에 이야기를 담고, 소비자들로 하여금 마시는 재미와 골라 먹는 재미를 체험하게 한다. 제품 속에 담긴 감성적 이야기에 매료되어 소비자는 함께 공감하고 소통하며 심지어 다른 사람과 공유하고 싶어 한다. 그런 점에서 훌륭한 스토리는 (   ) 그 밖에 스토리 텔링 마케팅 사례로는 삼성의 디지털카메라 광고에 나온 남녀 간의 풋풋한 사랑 이야기를 들 수 있다. '사랑을 보다'라는 이름으로 새로운 형식의 3종(TV용, Full story 버전, 극장용) 광고를 만들어내어 소비자들 사이에서 화제가 되었다. 또한, 홍보를 위해 별도로 인터무비(영화 사이에 상영되는 극장용 단편 영화)를 제작하여 국내 최초로 시사회를 열기도 했다.

이처럼 기업들은 멀티채널을 이용하여 스토리 텔링 마케팅의 활용도를 높이고 있다. 일반적으로 과거에는 TV를 통해 스토리를 전달해왔다면, 앞으로는 여러 매체의 연관성을 고려한 훌륭한 스토리 창조의 필요성이 제기될 것이다. 다양한 커뮤니티와 블로그, 전 세계적으로 소셜네트워크서비스(SNS) 등이 활성화되어 있는 상황에서 스토리 텔링을 활용한 마케팅의 범위는 무한히 넓으며, 잘 만들어진 스토리 텔링 마케팅의 파급 효과는 대단할 것이다.

① 신뢰가 기반이 되어야 한다.
② 논리보다 감각에 호소한다.
③ 모호하게 전파된다.
④ 모든 사람을 겨냥하는 경우가 드물다.
⑤ 이상적이기보다 현실적이다.

26
다음은 '자전거 이용의 활성화'와 관련된 글감과 이를 바탕으로 작성한 개요이다. 개요의 수정 및 보완 방안으로 바르지 않은 것을 고르시오.

> A. 자전거 이용의 이점 : 건강 증진, 교통비 절감, 에너지 절약, 교통난 해소, 대기 오염 억제, 심신 안정, 정감 있는 거리 조성 등
> B. 자전거를 이용하지 않는 이유
>   ⓐ 자전거 전용 도로의 문제 – 전용 도로 부족, 허술한 관리 등
>   ⓑ 자전거 이용 시 안전 문제 – 자전거 이용자에게 불리한 도로교통법 등
> C. 자전거 이용의 모범 사례 : 외국의 자전거 친화 정책, 상주·제주 등의 모범 사례, 무료로 이용할 수 있는 양심 자전거 제도 등

> Ⅰ. 서론 : 자전거 이용의 현황
> Ⅱ. 본론
>   1. 자전거 이용의 이점
>   가. 개인적 차원 – 건강 증진, 교통비 절감
>   나. 사회적 차원 – 대기 오염 억제, 에너지 절약, 교통난 해소
>   2. 자전거 이용이 활성화되지 않는 이유
>   가. 시설상의 문제점
>   나. 제도상의 문제점

Final Test

```
      3. 자전거 이용 활성화 대책
         가. 전용 도로 확충
         나. 전용 도로 관리 강화
         다. 도로교통법 개정
Ⅲ. 결론 : 자전거 이용의 활성화로 건강을 지키자.
```

① 'Ⅱ-1-가'에 자전거를 이용할 때 얻을 수 있는 정서적 이점을 추가한다.
② 'Ⅱ-3'의 세 항목을 'Ⅱ-2'에 맞추어 '시설의 개선'과 '제도의 보완' 두 항목으로 묶는다.
③ 결론에 'Ⅱ-1'의 내용을 고려하여 '에너지 절약'과 '교통난 해소'와 같은 내용을 반영한다.
④ 'Ⅱ-2'의 하위 항목으로 개인의 이기심 때문에 양심 자전거 제도가 시행되지 못하고 있음을 제시한다.
⑤ 'Ⅱ-3'에 '자전거 이용 의식 고취'라는 새로운 항목을 설정하여 모범적 이용 사례를 소개한다.

27 다음은 부동산 가격 공시제도에 관련하여 논문을 쓰기 위한 개요이다. 개요를 수정하기 위한 방안으로 올바르지 않은 것을 고르시오.

```
제목 : 부동산 가격 공시제도의 문제점
1. 서론
   1) 연구의 목적
   2) 연구의 범위와 방법
2. 본론
   1) 부동산 가격 공시제도에 관한 이론적 배경
      가. 부동산 가격 공시제도의 개념 및 유형
      나. 부동산 가격 공시제도의 시행과정
      다. 부동산 가격 공시제도의 특성 및 효과
   2) 부동산 가격 공시제도의 문제점
      가. 공시가격 조사산정의 고비용 구조
      나. 공시가격 조사산정업무 전산화 시행
      다. 낮은 시가반영도
   3) 개선방안
      가. 공시제도의 장기발전계획 및 단계별 추진전략 수립
      나. 합리적인 조사체계 구축을 위한 제도적 지원
      다. 컴퓨터를 통한 제도운용의 합리성 제고
      라. 실거래가격 조사체계로의 전환
3. 결론 및 제언
```

① 제목을 '부동산 가격 공시제도의 문제점과 개선방향'으로 변경한다.
② 본론의 '1)-나. 부동산 가격 공시제도의 시행과정'은 이론적 배경에 어울리지 않으므로 밑으로 내려 '2) 우리나라의 부동산 가격 공시제도 시행과정'으로 고친 후 세부 내용을 추가하고, 기존의 2)와 3)을 각각 3)과 4)로 수정한다.
③ 본론의 '2)-나. 공시가격 조사산정업무 전산화 시행'은 문제점이 아니므로 '2)-나. 공시가격 조사산정업무 전산화 미흡'으로 수정한다.
④ 문제점과 개선방안이 서로 연계되어야 하므로 '3)-가. 공시제도의 장기발전계획 및 단계별 추진전략 수립'을 삭제한다.
⑤ 결론·제언에 구체적인 내용을 붙여 개요를 완성한다.

28 다음 문장을 문맥에 맞게 배열한 것을 고르시오.

(가) '실은 몰랐지만 넘겨짚어 시험의 정답을 맞힌' 경우와 '제대로 알고 시험의 정답을 맞힌' 경우를 구별할 수 있을까?
(나) 이는 위의 첫 번째 물음이 항상 긍정으로 대답되지는 않으리라는 사실을 말해준다.
(다) 그러나 만일 시험관이 답안지를 놓고 응시자와 면담할 기회가 주어진다면, 시험관은 응시자에게 그가 정답지를 선택한 근거를 물음으로써 그가 과연 문제에 관해 올바른 정보와 추론 능력을 가지고 있었는지 검사할 수 있을 것이다.
(라) 선택형 시험의 평가는 오로지 답안지에 표기된 선택지가 정답과 일치하는가의 여부에만 달려 있다.
(마) 전자와 후자는 서로 다르게 평가받아야 할까, 아니면 동등한 평가를 받는 것이 마땅한가?
(바) 또 무작정 외워서 쓴 경우와 제대로 이해하고 쓴 경우는 어떤가?

① (가) - (마) - (바) - (나) - (라) - (다)
② (가) - (바) - (마) - (다) - (라) - (나)

③ (가)-(바)-(마)-(라)-(나)-(다)
④ (라)-(가)-(바)-(마)-(나)-(다)
⑤ (라)-(나)-(다)-(가)-(바)-(마)

29 다음 글을 읽고 주어진 문단이 들어갈 알맞은 곳을 고르시오.

(㉠) 최근 해양수산부 국립해양조사원은 제주도의 중문 해수욕장을 대상으로 올해 여름부터 '실시간 이안류 감시 서비스'를 제공한다고 발표하였다. 실시간 이안류 감시 서비스란 해수욕장의 현장 구조대원들에게 이안류 발생가능성을 사전에 알림으로써 해수욕객의 대피와 구조를 돕는 시스템이다.

(㉡) 이안류(rip currents)는 일종의 역(逆)파도로, 해수가 해안에서 바다 쪽으로 급속히 빠져나가는 현상을 말한다. 이안류의 초속은 매우 빨라 한번 휩쓸리면 수영에 능숙한 사람도 빠져나오기 어렵다. 또한 이안류는 해수욕객을 수심이 깊은 먼 바다로 빠르게 이동시키기 때문에 위험한 사고를 초래하는 원인이 되기도 한다. 게다가 발생 장소나 강도가 일정하지 않고, 짧은 시간에 발생했다가 빠르게 소멸하기 때문에 예측하기도 어렵다.

(㉢) 유럽에서는 이안류 현상으로 인해 매년 4,000~6,000명이 익사하는 것으로 알려져 있다. 국내에서도 이안류로 인한 사고가 매년 발생하는 추세이기에 더욱 주의를 요하고 있다. 이런 이유로 국내에서는 지난 2011년에 해운대를 시작으로 하여 2014년에는 대천 해수욕장, 올해부터는 제주도 중문 해수욕장에 실시간 이안류 감시 서비스를 도입하였다.

(㉣) 이안류 감시 시스템은 뛰어난 성과를 보이고 있는데, 이는 국립해양조사원의 이안류 감시 서비스와 기상청의 이안류 예보 서비스의 융합으로 인한 결과물이라 할 수 있다. 이 시스템은 해수욕장 인근 바다에 설치한 파고계를 통해 파도의 높이와 주기 등을 관측·분석하여 위험지수를 제공한다. 그 결과, 관측기반 정보와 예측기반 정보의 장점을 모두 살린 일관성 있는 정보 서비스 구현이 가능해졌다. (㉤)

> 이안류가 발생하는 근본적 원인은 바로 파도 때문이다. 수심이 얕은 곳에서의 파도는 앞으로 전진하며 바닷물을 해안으로 밀어 올리는 역할을 한다. 이렇게 밀려온 바닷물은 다시 깊은 바다로 빠져나갈 곳을 찾으며 해안을 따라 이동하다가, 파도가 약해지는 지점, 즉 해안가 바닥에 생긴 골로 인해 파도가 제대로 치지 못하는 지점을 통해 깊은 바다로 빠져나가게 된다.

① ㉠   ② ㉡   ③ ㉢
④ ㉣   ⑤ ㉤

| 30~31 | 다음 글을 읽고 물음에 답하시오.

스페인의 어느 변호사는 2010년 어느 날 자신의 이름을 구글에서 검색해 보았더니 기억하고 싶지 않았던 자신의 과거가 검색 결과로 나왔다. 그가 어렵게 살던 시절에 연금을 내지 않아 집이 경매로 넘어갔던 내용의 신문기사였다. 그는 이제 빚도 다 갚았고 과거의 일이니 기사와 검색 결과를 삭제해 달라고 스페인 개인정보보호원에 요청하였다. 이에 스페인 개인정보보호원은 기사는 삭제하지 않되 구글 검색 결과에 관련 링크는 삭제하라는 결정을 내렸다. 최근 이 사건에 대해 유럽연합 최고법원인 유럽사법재판소는 "구글 검색 결과에 링크된 해당 웹페이지의 정보가 합법적일지라도 그 링크를 삭제할 의무가 있다."고 최종 결정을 내렸다. 즉, '잊혀질 권리'를 인정한 판결인 것이다.

잊혀질 권리란 인터넷 상에서 저장되거나 유통되는 개인 정보에 대해 소유권을 강화하고 이를 삭제·수정 및 영구적 파기를 요청할 수 있는 권리, 즉 '개인정보 삭제 청구권'이다. 이 개념은 2012년에 유럽 일반정보보호규정에서 처음 등장하였다. 최근에는 온라인 상에서 자신의 사생활을 직접 게시하고 여러 가지 지식이나 정보 등을 공유하면서 네트워크가 형성되는 가운데 잊혀질 권리에 대한 관심이 더 높아지고 있다.

오늘날은 개인정보뿐 아니라 수많은 정보들이 데이터베이스화되어 저장 및 보관되고 있어 누구든지 인터넷 검색만으로 쉽게 정보를 얻을 수 있다. 특히 언론 기사로 인해 생성된 정보는 그 유효기간이 무한대이므로, 누구든지 먼 과거의 정보까지도 쉽게 얻을 수 있다. 이 때문에 새롭게 생산되는 모든 정보들에 '정보 만료일'을 부여할 필요가 있다고 주장하는 목소리도 나오고 있다.

잊혀질 권리의 입법에 대한 논의도 활발히 이루어지고 있다. 이를 반대하는 사람들은 먼저 잊혀질 권

Final Test

리가 제한 없이 적용되면 역사의 기록이 원활하게 지속되지 않을 수도 있고, 광범위한 온라인 상에서 개인의 일부 정보만 삭제하는 것이 기술적으로 어렵기 때문에 회의적인 시각을 보이고 있다. 또한 잊혀질 권리가 입법화되어 법을 집행한다고 할 때 투입되는 인력과 비용 상의 문제가 발생할 수 있고, 이를 적극적으로 나서서 진행할 기업을 찾는 일도 쉽지 않을 것이며, 본질적으로 인터넷의 개방성이라는 정체성이 불분명해질 것이라고 주장한다.

이와는 반대로 상당한 시간이 지났음에도 과거에 있었던 일들이나 정보, 기사를 언제든지 검색할 수 있고 유포할 수 있는 소위 '신상 털기'가 가능해짐을 우려하는 목소리 또한 높다. 개인 정보가 불특정 다수에게 공개되어, 본인도 모르게 누군가에 의해 신원파악이 이루어질 수 있는데 이는 범죄에 악용될 가능성이 매우 높기 때문이다. 이로 인해 본인은 물론 제3자에게까지 미치는 파장이 걷잡을 수 없이 확장될 수 있어 사회적으로 큰 문제를 일으킬 수 있다.

30 이 글과 관련하여 나눈 대화 중 다른 의견을 갖고 있는 사람은 누구인가?

① 윤아 : 스페인 변호사는 잊고 싶었던 과거가 인터넷상에 남아 있다는 것을 알고 큰 상처를 받았을 거야.
② 진호 : 만약에 스페인 변호사가 승진을 앞두고 있는데 상사가 과거의 그 기사를 보고 승진에 불이익을 준다면 정말 억울할 거야.
③ 유리 : 과거의 기사를 보고 스페인 변호사에 대한 신상정보를 이용해서 범죄에 악용하는 사람들이 생겨날 수도 있어.
④ 시원 : 개인의 사소한 과거들까지 모두 일일이 삭제하려고 하면 엄청난 시간과 비용이 들지 않을까? 그런 일을 맡아서 할 기업이 과연 있을까?
⑤ 지효 : 과거의 기사에서 얻은 변호사의 신상정보를 이용한 범죄는 변호사뿐만 아니라 부인이나 가족들, 자식에게까지 피해가 갈 수 있어.

31 이 글에 이어질 내용으로 알맞은 것은?
① 언론인들의 의견
② 각국의 인식 및 대응
③ 사회적 문제에 대한 사례
④ 잊혀질 권리의 입법 사례
⑤ 전문가의 입장

32 다음 제시된 한글맞춤법 규정에 어긋나는 것을 고르시오.

> 제5항 한 단어 안에서 뚜렷한 까닭 없이 나는 된소리는 다음 음절의 첫소리를 된소리로 적는다.
> 1. 두 모음 사이에서 나는 된소리
> 2. 'ㄴ, ㄹ, ㅁ, ㅇ' 받침 뒤에서 나는 된소리
> 다만, 'ㄱ, ㅂ' 받침 뒤에서 나는 된소리는 같은 음절이나 비슷한 음절이 겹쳐나는 경우가 아니면 된소리로 적지 아니한다.

① 치다꺼리　② 해쓱하다　③ 싹뚝싹뚝
④ 딸꾹질　⑤ 넙죽

33 제시된 문장이 쓰일 수 없는 이유와 같은 유형의 문장을 고르시오.

> 청년은 군대에 입소하러 들어갔습니다.

① 누나는 모범생이며, 형은 냉면을 좋아한다.
② 민수는 나보다 등산을 더 좋아한다.
③ 아내가 사고를 당했다는 소식에 안절부절했다.
④ 개인적인 사견은 최대한 배제해야 한다.
⑤ 너의 도움 탓에 좋은 성적을 받을 수 있었어.

34 다음 중 맞춤법에 어긋난 것을 고르시오.
① 살다보면 별 희한한 일이 다 생긴다.
② 조만간 내가 그리로 갈게.
③ 마당에서부터 부리나케 뛰어 들어왔다.
④ 그 사람은 돈 받고 그런 짓 할 사람이 아니예요.
⑤ 넝큼 일어나지 못하겠니?

35 다음 중 외래어 표기법에 맞게 쓰인 것을 고르시오.
① 다이나믹　② 미스터리
③ 샤베트　④ 넌센스
⑤ 카스테라

직무적성 종합심 언어 Final Test 답안지

직무적성 총연습 언어 Final Test 응답 용지

www.gosinet.co.kr **gosi**net

시간은 연습이다

시간 싸움이다
시험 준비도,
시험장에서도 시간이 부족하다

문제당 12초~45초다
문제 유형과 친해져라
빠른 풀이에 숙달되어야 한다
학습이 아니라 연습이다

시간!
선택과 집중이 시간이다
풀고 또 풀어야 하는 연습이다

저마다의 일생에는,
특히 그 일생이 동터 오르는 여명기에는
모든 것을 결정짓는 한 순간이 있다.
그 순간을 다시 찾아내는 것은 어렵다.
그것은 다른 수많은 순간들의 퇴적 속에
깊이 묻혀있다.
- 장 그르니에, 섬 LES ILES

시간 싸움, 학습 아닌 연습이다!

수험서의 혁명이다

직무적성 총연습 ① | 언어

언어능력 | 언어논리 | 언어이해 | 언어비평

김필승 김재승 김지영

정답 및 해설

한국고시회
gosinet
(주)고시넷

정답 한눈에 보기

Part 1 어휘

Theme 01
발전문제
- 01 ③ 02 ⑤ 03 ⑤ 04 ③ 05 ①
- 06 ④ 07 ④ 08 ④ 09 ① 10 ④
- 11 ③ 12 ① 13 ③ 14 ① 15 ②
- 16 ② 17 ③ 18 ① 19 ③ 20 ③
- 21 ⑤

Theme 02
발전문제
- 01 ①, ② 02 ①, ④ 03 ②, ③ 04 ④ 05 ③
- 06 ① 07 ④ 08 ④ 09 ② 10 ⑤
- 11 ③ 12 ② 13 ① 14 ④ 15 ①
- 16 ③ 17 ③ 18 ① 19 ① 20 ①
- 21 ③ 22 ⑤ 23 ① 24 ④ 25 ③
- 26 ④ 27 ① 28 ③ 29 ① 30 ④

Theme 03
발전문제
- 01 ①, ② 02 ①, ③ 03 ②, ④ 04 ②, ③ 05 ①, ④
- 06 ②, ④ 07 ①, ④ 08 ③ 09 ① 10 ④
- 11 ④ 12 ③ 13 ③ 14 ③ 15 ①
- 16 ① 17 ② 18 ③ 19 ④ 20 ①
- 21 ④ 22 ③ 23 ③ 24 ① 25 ①
- 26 ② 27 ② 28 ④ 29 ④ 30 ⑤

Theme 04
발전문제
- 01 ④ 02 ③ 03 ② 04 ② 05 ③
- 06 ④ 07 ② 08 ② 09 ① 10 ③
- 11 ③ 12 ① 13 ④ 14 ④ 15 ②
- 16 ④ 17 ③ 18 ① 19 ③ 20 ①
- 21 ③ 22 ④ 23 ① 24 ③ 25 ⑤

Theme 05
발전문제
- 01 ④ 02 ③ 03 ② 04 ④ 05 ③
- 06 ⑤ 07 ④ 08 ④ 09 ③ 10 ③
- 11 ④ 12 ② 13 ② 14 ① 15 ③
- 16 ②, ④ 17 ④, ② 18 ③, ② 19 ③, ① 20 ①
- 21 ⑤ 22 ② 23 ④ 24 ④ 25 ③
- 26 ② 27 ④ 28 ④ 29 ① 30 ③
- 31 ⑤

Theme 06
발전문제
- 01 ② 02 ① 03 ① 04 ① 05 ④
- 06 ③ 07 ④ 08 ① 09 ④ 10 ②
- 11 ② 12 ③ 13 ⑤ 14 ① 15 ②
- 16 ⑤ 17 ③ 18 ② 19 ③ 20 ④
- 21 ④ 22 ② 23 ② 24 ④ 25 ①

실력다지기
- 01 ① 02 ① 03 ① 04 ② 05 ④
- 06 ② 07 ⑤ 08 ② 09 ① 10 ③
- 11 ① 12 ④ 13 ② 14 ① 15 ⑤

Part 2 독해

Theme 01
발전문제
- 01 ③ 02 ① 03 ③ 04 ⑤ 05 ④
- 06 ④ 07 ⑤ 08 ⑤ 09 ① 10 ①
- 11 ⑤ 12 ② 13 ③ 14 ④ 15 ④
- 16 ② 17 ④ 18 ⑤ 19 ②

Theme 02
발전문제
- 01 ② 02 ③ 03 ③ 04 ① 05 ①
- 06 ③ 07 ② 08 ④ 09 ② 10 ④
- 11 ② 12 ① 13 ① 14 ④ 15 ④
- 16 ③ 17 ① 18 ③

Theme 03
발전문제
- 01 ① 02 ③ 03 ④ 04 ① 05 ③
- 06 ⑤ 07 ③ 08 ③ 09 ③ 10 ④
- 11 ③ 12 ④ 13 ① 14 ② 15 ③

정답 한눈에 보기

Theme 04
발전문제
01 ④ 02 ② 03 ④ 04 ④ 05 ②
06 ④ 07 ③ 08 ④ 09 ⑤ 10 ②

Theme 05
발전문제
01 ③ 02 ③ 03 ⑤ 04 ② 05 ⑤
06 ③ 07 ⑤ 08 ① 09 ② 10 ②
11 ⑤ 12 ① 13 ④

Theme 06
발전문제
01 ① 02 ③ 03 ① 04 ① 05 ①
06 ⑤ 07 ③ 08 ② 09 ① 10 ①
11 ② 12 ⑤ 13 ④ 14 ① 15 ③
16 ② 17 ③ 18 ② 19 ②

Theme 07
발전문제
01 ⑤ 02 ② 03 ③ 04 ③ 05 ②
06 ④ 07 ② 08 ③ 09 ⑤ 10 ①
11 ② 12 ⑤ 13 ①

Theme 08
발전문제
01 ① 02 ④ 03 ④ 04 ④ 05 ③
06 ③ 07 ① 08 ③ 09 ③ 10 ③
11 ③ 12 ②

Theme 09
발전문제
01 ① 02 ① 03 ④ 04 ② 05 ④
06 ④ 07 ③ 08 ③

실력다지기
01 ⑤ 02 ③ 03 ② 04 ① 05 ③
06 ④ 07 ④ 08 ② 09 ③ 10 ③
11 ② 12 ③ 13 ④ 14 ② 15 ④

Part 3 문법

Theme 01
발전문제
01 ② 02 ④ 03 ④ 04 ① 05 ②
06 ① 07 ② 08 ③ 09 ④ 10 ③
11 ③ 12 ② 13 ④ 14 ① 15 ①
16 ④ 17 ② 18 ① 19 ② 20 ③
21 ④ 22 ② 23 ② 24 ② 25 ④
26 ③ 27 ③ 28 ⑤ 29 ① 30 ①

Theme 02
발전문제
01 ① 02 ④ 03 ① 04 ② 05 ①
06 ④ 07 ② 08 ⑤ 09 ④ 10 ②
11 ⑤ 12 ①

실력다지기
01 ① 02 ② 03 ① 04 ② 05 ③
06 ④ 07 ① 08 ④ 09 ③ 10 ①
11 ④ 12 ② 13 ③ 14 ③ 15 ④

Final Test
01 ③ 02 ② 03 ③ 04 ① 05 ②
06 ② 07 ④ 08 ⑤ 09 ③ 10 ②
11 ④ 12 ① 13 ① 14 ③ 15 ④
16 ② 17 ③ 18 ④ 19 ① 20 ②
21 ④ 22 ④ 23 ② 24 ③ 25 ②
26 ④ 27 ② 28 ③ 29 ③ 30 ④
31 ③ 32 ③ 33 ④ 34 ④ 35 ②

정답 및 해설

Part 1 어휘
Part 2 독해
Part 3 문법
Final Test

정답 및 해설

Part 1 어휘

Theme 01 단어 의미

발전문제
문제 10쪽

01 ③	02 ⑤	03 ⑤	04 ③	05 ①
06 ④	07 ④	08 ④	09 ①	10 ④
11 ③	12 ①	13 ③	14 ①	15 ②
16 ②	17 ③	18 ①	19 ③	20 ③
21 ⑤

01 단어 의미 | 어휘 의미 찾기
| 정답 | ③

| 오답 피해가기 |
① 모면(謀免) : 그는 수사관의 날카로운 질문에 적절한 응변으로 대처하여 위기를 모면(謀免)하였다.
② 타파(打破) : 허균은 홍길동이란 영웅을 통해 당대의 정치적 모순을 타파(打破)하고 이상향을 건설하려 했던 자신의 이상을 내비쳤다.
④ 회피(回避) : 사고의 원인을 제공하고 회피(回避)해 버리는 도피적 행동은 조속히 없어져야 한다.
⑤ 탈출(脫出) : 불이 난 건물 안에 있던 두 사람은 문을 부서뜨리고 밖으로 탈출(脫出)하였다.

02 단어 의미 | 어휘 의미 찾기
| 정답 | ⑤
| 해설 | 경질(更迭)은 어떤 직위에 있는 사람을 다른 사람으로 바꾸는 것을 의미한다.

03 단어 의미 | 어휘 의미 찾기
| 정답 | ⑤
| 오답 피해가기 |
① 겸묵(謙默) ② 겸근(謙謹) ③ 겸공(謙恭) ④ 겸허(謙虛)

04 단어 의미 | 어휘 의미 찾기
| 정답 | ③
| 오답 피해가기 |
① 고샅 ② 어귀 ④ 길섶 ⑤ 대로(大路)

05 단어 의미 | 어휘 의미 찾기
| 정답 | ①
| 해설 | 고식(姑息)은 잠시 숨을 쉰다는 뜻으로, 우선 당장에는 탈이 없고 편안하게 지냄을 비유적으로 이르는 말이다. 임시변통이나 한때의 미봉책으로 하는 모양을 말한다.

06 단어 의미 | 어휘 의미 찾기
| 정답 | ④
| 해설 | 앙앙(怏怏)은 매우 마음에 차지 아니하거나 야속하다는 뜻으로, 불쾌(不快)와 유의 관계의 단어이다.

07 단어 의미 | 어휘 의미 찾기
| 정답 | ④
| 해설 | 가뭇없다는 보이던 것이 전혀 보이지 않아 찾을 곳이 감감하다는 의미로, 눈에 띄지 않게 감쪽같은 상황에서 쓰인다.

08 단어 의미 | 알맞은 어휘 고르기
| 정답 | ④
| 오답 피해가기 |
① 척도(尺度) : 자로 재는 길이의 표준. 평가하거나 측정할 때 의거할 기준.
② 상등(相等) : 등급이나 정도 등이 서로 비슷하거나 같음.
③ 보합(保合) : 시세가 거의 변동 없이 계속됨.
⑤ 반등(反騰) : 물가나 주식 등의 시세가 떨어지다가 오름.

09 단어 의미 | 알맞은 어휘 고르기
| 정답 | ①
| 해설 | 추요(樞要)의 추(樞)는 사물의 한가운데 중앙·중심이 되는 의미이다.
| 오답 피해가기 |
② 모태(母胎) : 사물의 발생·발전의 근거가 되는 토대를 비유적으로 이르는 말.
③ 요지(要旨) : 말이나 글 등에서 핵심이 되는 중요한 내용.
④ 수범(垂範) : 몸소 본보기가 되도록 함.
⑤ 경향(傾向) : 현상이나 행동 따위가 어떤 방향으로 기울어짐.

10 단어 의미 | 알맞은 어휘 고르기
| 정답 | ④
| 해설 | '이익(利益)'은 '일정 기간의 총수입에서 그것을 위하여 들인 비용을 뺀 차액'이라는 의미로도 쓰인다.
| 오답 피해가기 |
① 수익(收益) : 이익을 거두어들임. 또는 그 이익.
② 차액(差額) : 어떤 액수에서 다른 어떤 액수를 제하고 남은 나머지 액수.

③ 환급(還給) : 도로 돌려줌.
⑤ 검약(儉約) : 돈이나 물건, 자원 등을 낭비하지 않고 아껴 씀.

11 단어 의미 어휘 바꿔 쓰기
| 정답 | ③
| 해설 | '내포(內包)'는 '어떤 성질이나 뜻 등을 속에 품고 있다.'는 의미이다.
| 오답 피해가기 |
① 수용(受容) : 어떠한 것을 받아들임.
② 용인(容認) : 용납하여 인정함.
④ 포용(包容) : 남을 너그럽게 감싸 주거나 받아 들임.
⑤ 묵인(默認) : 모르는 체하고 하려는 대로 내버려 둠으로써 슬며시 인정함.

12 단어 의미 어휘 바꿔 쓰기
| 정답 | ①
| 해설 | '국한(局限)'은 '범위를 일정한 부분에 한정함'을 의미한다.
| 오답 피해가기 |
② 제어(制御) : 감정, 충동, 생각 등을 막거나 누름.
③ 규정(規定) : 규칙으로 정함.
④ 개입(介入) : 자신과 직접적인 관계가 없는 일에 끼어듦.
⑤ 무산(霧散) : 안개가 걷히듯 흩어져 없어짐.

13 단어 의미 어휘 바꿔 쓰기
| 정답 | ③
| 해설 | '접촉(接觸)'은 '서로 맞닿음.'을 의미한다.
| 오답 피해가기 |
① 접선(接線) : 어떤 목적을 위하여 비밀리에 만남.
② 접착(接着) : 두 물체의 표면이 접촉하여 떨어지지 아니하게 됨.
④ 접합(接合) : 한데 대어 붙임.
⑤ 접목(接木) : 둘 이상의 다른 현상 등을 알맞게 조화하게 함.

14 단어 의미 어휘 바꿔 쓰기
| 정답 | ①
| 해설 | ㉠ '불가피(不可避)하다'는 '피할 수 없다.'는 의미이다.

15 단어 의미 어휘 바꿔 쓰기
| 정답 | ②
| 해설 | ㉡ '경시(輕視)'는 '대수롭지 않게 보거나 업신여김.'의 의미이다.

16 단어 의미 어휘 바꿔 쓰기
| 정답 | ②
| 해설 | '흐드러지다'는 '매우 탐스럽거나 한창 성하다.'는 의미이다.

17 단어 의미 어휘와 뜻 연결하기
| 정답 | ③
| 해설 | 고기배 : 고기의 배
고깃배 : 고기잡이 배

18 단어 의미 어휘 채우기
| 정답 | ①
| 해설 | • 그의 잘못된 선택은 (혼돈)을(를) 불러올 것이 분명했다.
• 신세를 (한탄)하고 있는 그의 모습을 보니 마음이 아팠다.
• 그 팀은 심판 판정이 억울하다며 (원통)해 하고 있었다.
• 그녀는 자신이 유일하게 믿고 의지했던 그가 부재하자 (혼돈)에 빠진 듯 보였다.
• 부장님은 우리 회사 제품이 불리한 조건으로 거래되면 (분개)하실 거야.
① 애환(哀歡) : 슬픔과 기쁨을 아울러 이르는 말.
| 오답 피해가기 |
② 한탄(恨歎) : 원통하거나 뉘우치는 일이 있을 때 한숨을 쉬며 탄식함.
③ 혼돈(混沌) : 마구 뒤섞여 갈피를 잡을 수 없음.
④ 분개(憤慨) : 몹시 분하게 여김.
⑤ 원통(冤痛) : 분하고 억울함.

19 단어 의미 어휘 채우기
| 정답 | ③
| 해설 | • 세대 간 갈등을 허물고 (융화)을(를) 이루었으면 좋겠다.
• 우리 시어머니와 저는 처음부터 갈등이 없었기에 (화해)할 일도 없습니다.
• 어색했던 시간은 이제 잊고 앞으로 (화친)하고 지냅시다.
• 이번 모임은 친구들 사이에 (화목)을(를) 다질 수 있는 기회가 될 거예요.
• 회사에서는 무엇보다 동료 간의 (화목)이 가장 중요해요.
③ 합병(合併) : 둘 이상의 기구나 단체, 나라 등이 하나로 합쳐짐.
| 오답 피해가기 |
① 융화(融和) : 서로 어울려 갈등이 없이 화목하게 됨.
② 화해(和解) : 싸움하던 것을 멈추고 서로 가지고 있던 안 좋은 감정을 풀어 없앰.
④ 화친(和親) : 서로 의좋게 지내는 정분. 나라와 나라 사이에 다툼 없이 가까이 지냄.
⑤ 화목(和睦) : 서로 뜻이 맞고 정다움.

정답 및 해설

20 단어 의미 | 어휘 채우기
| 정답 | ③

| 해설 |
- 그림의 아이디어를 어디서 얻느냐는 질문에 그녀는 매일 아침 산책길에서 신선한 (착상)을(를) 발견한다고 말했다.
- 이번 특별법의 (입안)을(를) 맡은 위원회가 어제 대책 모임 회동을 가졌다.
- 아무 (계획) 없이 무작정 떠난 여행에서 오히려 많은 풍경과 자유를 만났다.
- 새로 들어온 연구원은 최근 불거진 사내 문제를 해결할 기발한 방법을 (고안)하였다.

따라서 새로운 영역, 운명, 진로 등을 처음으로 열어 나감 또는 거친 땅을 일구어 쓸모 있는 땅으로 만듦을 뜻하는 '개척(開拓)'은 빈칸에 들어가기에 적절하지 않다.

| 오답 피해가기 |
① 입안(立案) : 어떤 안(案)을 세움.
② 고안(考案) : 연구하여 새로운 안을 생각해 냄.
④ 계획(計劃) : 앞으로 할 일의 절차, 방법, 규모 등을 미리 헤아려 작정함.
⑤ 착상(着想) : 어떤 일이나 창작의 실마리가 되는 생각이나 구상 등을 잡음.

21 단어 의미 | 어휘 채우기
| 정답 | ⑤

| 해설 | 제시된 문장은 모두 어떤 일이나 방향을 바라고 원한다는 의미가 담겨 있으므로 유의어 관계인 '기대, 염원, 소망, 바람'이 모두 적절하게 어울린다. 그러나 '애착(愛着)'은 몹시 사랑하거나 끌리어 떨어지지 아니하는 마음을 뜻하므로 집착(執着)과 유의어 관계이며 제시된 문장에 쓰이기에는 적절하지 않다.

| 오답 피해가기 |
① 기대(期待) : 어떤 일이 원하는 대로 이루어지기를 바라면서 기다림.
② 염원(念願) : 마음에 간절히 생각하고 기원함.
③ 소망(所望) : 어떤 일을 바람. 또는 그 바라는 것.
④ 바람 : 어떤 일이 이루어지기를 기다리는 간절한 마음.

Theme 02 유의어

발전문제
문제 20쪽

01 ①, ②	02 ①, ④	03 ②, ③	04 ④	05 ③
06 ①	07 ④	08 ④	09 ②	10 ③
11 ③	12 ②	13 ①	14 ④	15 ①
16 ③	17 ③	18 ①	19 ①	20 ①
21 ③	22 ④	23 ①	24 ④	25 ③
26 ④	27 ①	28 ①	29 ①	30 ④

01 유의어 | 어휘 짝 찾기
| 정답 | ①, ②

| 해설 |
- 선별하다 : 가려서 따로 나누다.
- 구별하다 : 성질이나 종류에 따라 갈라놓다.

| 오답 피해가기 |
③ 추궁하다 : 잘못한 일에 엄하게 따져서 밝히다.
④ 선정하다 : 여럿 가운데서 어떤 것을 뽑아 정하다.
⑤ 자중하다 : 말이나 행동, 몸가짐 등을 신중하게 하다. 자기를 소중히 하다.

02 유의어 | 어휘 짝 찾기
| 정답 | ①, ④

| 해설 |
- 속박(束縛) : 어떤 행위나 권리의 행사를 자유로이 하지 못하도록 강압적으로 얽어매거나 제한함.
- 질곡(桎梏) : 몹시 속박하여 자유를 가질 수 없는 고통의 상태를 비유적으로 이르는 말.

| 오답 피해가기 |
② 해방(解放) : 구속이나 억압에서 벗어남.
③ 심연(深淵) : 좀처럼 빠져나오기 어려운 힘든 구렁을 비유적으로 이르는 말.
⑤ 소행(所行) : 이미 해 놓은 일이나 짓.

03 유의어 | 어휘 짝 찾기
| 정답 | ②, ③

| 해설 |
- 가공(加功)=방조(幇助) : 타인의 범죄 수행에 편의를 주는 모든 행위.

| 오답 피해가기 |
① 협조(協調) : 힘을 합하여 서로 조화를 이룸.
④ 동조(同調) : 남의 주장에 자기의 의견을 일치시키거나 보조를 맞춤.

⑤ 조력(助力) : 힘을 써 도와줌. 또는 그 힘.

- 가공(加工) 원자재나 반제품에 인공적으로 처리하여 새로운 제품을 만들거나 제품의 질을 높임.
- 가공(架空) 이유나 근거가 없이 꾸며 냄. 또는 사실이 아니고 거짓이나 상상으로 꾸며 냄.

04 유의어 | 유사한 어휘 찾기

| 정답 | ④

| 해설 | • 평범(平凡) : 뛰어나거나 색다른 점이 없이 보통임.
- 범상(凡常) : 중요하게 여길 만하지 아니하고 예사로움.

| 오답 피해가기 |
① 특출(特出) : 특별히 뛰어남.
② 비범(非凡) : 보통 수준보다 특별히 뛰어남.
③ 불범(不凡) : 평범하지 않음.
⑤ 범용(凡庸) : 평범하고 변변하지 못함. 또는 그런 사람.

05 유의어 | 유사한 어휘 찾기

| 정답 | ③

| 해설 | • 지탄(指彈) : 잘못을 지적하여 비난함.
- 힐난(詰難) : 트집을 잡아 거북할 만큼 캐고 따지고 듦.

| 오답 피해가기 |
① 농락(籠絡) : 남을 교묘한 꾀로 휘잡아서 제 마음대로 놀리거나 이용함.
② 퇴락(頹落) : 지위나 수준 등이 뒤떨어짐.
④ 개탄(慨歎) : 분하거나 못마땅하게 여겨 한탄함.
⑤ 쇄락(灑落) : 기분이나 몸이 상쾌하고 깨끗함.

06 유의어 | 유사한 어휘 찾기

| 정답 | ①

| 해설 | • 좌시(坐視) : 참견하지 않고 가만히 앉아서 보기만 함.
- 방관(傍觀) : 어떤 일에 직접 나서서 관여하지 않고 곁에서 보기만 함.

| 오답 피해가기 |
② 간섭(干涉) : 직접 관계가 없는 남의 일에 부당하게 참견함.
③ 오판(誤判) : 잘못보거나 잘못 판단함.
④ 존경(尊敬) : 타인의 인격, 사상, 행동 등을 받들어 공경함.
⑤ 오만(傲慢) : 태도나 행동이 건방지거나 거만함. 또는 그 태도나 행동.

07 유의어 | 유사한 어휘 찾기

| 정답 | ④

| 해설 | • 보필(輔弼) : 윗사람의 일을 도움.
- 보좌(補佐) : 상관을 도와 일을 처리함.

| 오답 피해가기 |
① 원조(援助) : 물품이나 돈 등으로 도와줌.
② 조력(助力) : 힘을 써서 도와줌. 또는 그 힘.
③ 후임(後任) : 앞서 맡아보던 사람에 뒤 이어 직무를 맡음.
⑤ 퇴임(退任) : 비교적 높은 직책이나 임무에서 물러남.

08 유의어 | 유사한 어휘 찾기

| 정답 | ④

| 해설 | • 채용(債用)=차용(借用) : 돈이나 물건 등을 빌려서 씀.

| 오답 피해가기 |
① 임용(任用) : 직무를 맡기어 사람을 씀.
② 이용(利用) : 어떠한 대상을 필요에 따라 이롭게 씀.
③ 변상(辨償) : 타인에게 진 빚을 갚음.
⑤ 배상(賠償) : 남의 권리를 침해한 사람이 그에 대한 손해를 물어주는 일.

09 유의어 | 유사한 어휘 찾기

| 정답 | ②

| 해설 | • 시나브로 : 모르는 사이에 조금씩 조금씩.
- 야금야금 : 남모르게 조금씩 행동하는 모양.

| 오답 피해가기 |
① 곤곤하다 : 몹시 곤란하거나 빈곤하다.
③ 소소곡절 : 자질구레한 여러 가지 복잡한 사정.
④ 희나리 : 채 마르지 않은 장작.
⑤ 교교하다 : 재주와 지혜가 있다.

10 유의어 | 유사한 어휘 찾기

| 정답 | ③

| 해설 | • 가멸차다 : 재산이나 자원 등이 매우 많고 풍족하다.
- 풍부하다 : 넉넉하고 많다.

| 오답 피해가기 |
① 가지런하다 : 여럿이 층이 나지 않고 고르게 되어 있다.
② 매정하다 : 얄미울 정도로 쌀쌀맞고 인정이 없다.
④ 당돌하다 : 꺼리거나 어려워하는 마음이 조금도 없이 올차고 다부지다.
⑤ 야멸차다 : 자기만 생각하고 남의 사정을 돌볼 마음이 거의 없다. 태도가 차고 야무지다.

11 유의어 | 유사한 어휘 찾기

| 정답 | ③

정답 및 해설

| 해설 | • 미쁘다=미덥다 : 믿음성이 있다.
| 오답 피해가기 |
① 예쁘다 : 생긴 모양이 아름다워 눈으로 보기에 좋다.
② 시쁘다 : 마음에 차지 않아 시들하다.
④ 시답다 : 마음에 차거나 들어서 만족스럽다.
⑤ 궁하다 : 가난하고 어렵다. 일이나 물건 등이 다하여 없다. 일이 난처하거나 막혀 피하거나 변통할 도리가 없다.

12 유의어 유사한 어휘 찾기
| 정답 | ②
| 해설 | • 발군(拔群) : 여럿 가운데 특별히 뛰어남.
• 걸출(傑出) : 남보다 훨씬 뛰어남. 또는 그런 사람.
| 오답 피해가기 |
① 독립(獨立) : 다른 것에 예속하거나 의존하지 않고 상태로 됨.
③ 이단(異端) : 자신이 믿는 것 이외의 도(道).
④ 외도(外道) : 바르지 않은 길이나 노릇.
⑤ 매도(罵倒) : 심하게 욕하며 나무람.

13 유의어 유사한 어휘 찾기
| 정답 | ①
| 해설 | • 본질(本質) : 본디부터 가지고 있는 사물 자체의 성질이나 모습
• 정수(精髓) : 사물의 중심이 되는 골자 또는 요점.
| 오답 피해가기 |
② 청천(晴天) : 맑게 갠 하늘.
③ 신속(神速) : 신기할 정도로 몹시 빠름.
④ 정밀(精密) : 아주 정교하고 치밀하여 빈틈이 없고 자세함.
⑤ 명징(明徵) : 분명한 증거. 사실이나 증거로 분명히 함.

14 유의어 유사한 어휘 찾기
| 정답 | ④
| 해설 | • 당착(撞着) : 말이나 행동 등의 앞뒤가 맞지 않음.
• 모순(矛盾) : 어떤 사실의 앞뒤, 또는 두 사실이 이치상 어긋나서 서로 맞지 않음.
| 오답 피해가기 |
① 집착(執着) : 어떤 것에 늘 마음이 쏠려 잊지 못하고 매달림.
② 동경(憧憬) : 어떤 것을 간절히 그리워하여 그것만을 생각함.
③ 투철(透徹) : 속속들이 뚜렷하고 철저하다.
⑤ 타당(妥當) : 일의 이치로 보아 옳음.

15 유의어 유사한 어휘 찾기
| 정답 | ①
| 해설 | • 실랑이 : 이러니저러니, 옳으니 그르니 하며 남을 못살게 굴거나 괴롭히는 일.
• 승강이 : 서로 자기 주장을 고집하며 옥신각신하는 일.
| 오답 피해가기 |
② 딸랑이 : 흔들면 딸랑딸랑 소리가 나도록 만든 어린아이들의 장난감.
③ 승냥이 : 갯과에 속한 포유 동물의 하나.
④ 신경질 : 신경이 너무 예민하거나 섬약하여 사소한 일에도 자극되어 곧잘 흥분하는 성질.
⑤ 얌생이 : 남의 물건을 조금씩 슬쩍슬쩍 훔쳐 내는 짓을 속되게 이르는 말.

16 유의어 유사한 어휘 찾기
| 정답 | ③
| 해설 | • 세밑=세모(歲暮) : 연말. 한 해가 끝날 무렵.
| 오답 피해가기 |
① 세월(歲月) : 흘러가는 시간.
② 후세(後世) : 다음 세대의 사람들. 또는 다음에 오는 세상.
④ 세수(歲首) : 한 해의 처음. 또는 한 해의 첫 달.
⑤ 삭망(朔望) : 음력 초하룻날과 보름날을 아울러 이르는 말.

17 유의어 유사한 어휘 찾기
| 정답 | ③
| 해설 | • 문외한(門外漢) : 어떤 일에 전문적인 지식이 없는 사람.
• 소인(素人) : 어떤 일에 비전문적·비직업적인 사람. 또는 익숙하지 아니한 사람.
| 오답 피해가기 |
① 태두(泰斗) : 어떤 분야에서 가장 권위가 있는 사람.
② 대가(大家) : 학문이나 기술에 조예가 깊은 사람.
④ 전문가(專門家) : 어떤 분야를 연구하거나 그 일에 종사하여 그 분야에 상당한 지식과 경험을 가진 사람.
⑤ 소외(疏外) : 어떤 무리에서 기피하여 따돌리거나 멀리함.

18 유의어 유사한 어휘 찾기
| 정답 | ①
| 해설 | • 아리다 : 상처나 살갗 등이 찌르는 듯이 아프다.
• 쓰라리다 : 상처가 쓰리고 아리다.
| 오답 피해가기 |
② 두렵다 : 어떤 대상을 무서워하여 마음이 불안하다.
③ 맵다 : 고추나 겨자와 같이 맛이 알알하다.
④ 시다 : 맛이 식초나 설익은 살구와 같다.
⑤ 싱겁다 : 음식의 간이 보통 정도에 이르지 못하고 약하다.

19 유의어 유사한 어휘 찾기
| 정답 | ①

| 해설 | • 출타(出他) : 집에 있지 아니하고 다른 곳으로 나감.
• 외출(外出) : 집이나 근무지 등에서 벗어나 잠시 밖으로 나감.

| 오답 피해가기 |
② 지출(支出) : 어떤 목적을 위해 돈을 지급하는 일.
③ 출세(出世) : 사회적으로 높은 지위에 오르거나 유명하게 됨.
④ 출생(出生) : 세상에 나옴.
⑤ 탄생(誕生) : 사람이 태어남.

20 유의어 유사한 어휘 찾기
| 정답 | ①

| 해설 | • 획득(獲得) : 얻어 내거나 얻어 가짐.
• 취득(取得) : 자기 것으로 만들어 가짐.

| 오답 피해가기 |
② 이득(利得) : 이익을 얻음. 또는 이익.
③ 성득(性得) : 학문이나 수행 따위의 수단에 의하지 아니하고 태어날 때부터 지니고 있는 것.
④ 납득(納得) : 다른 사람의 말이나 행동, 형편 따위를 잘 알아서 긍정하고 이해함.
⑤ 체득(體得) : 몸소 체험하여 알게 됨.

21 유의어 유사한 어휘 찾기
| 정답 | ③

| 해설 | • 위작(僞作) : 다른 사람의 작품을 흉내 내어 비슷하게 만드는 일.
• 도작(盜作) : 남의 작품 일부나 전부를 본떠서 자기가 지은 듯이 대강 고쳐서 자기 글로 만듦.

| 오답 피해가기 |
① 졸작(拙作) : 솜씨가 서투르고 보잘것없는 작품.
② 실패작(失敗作) : 일을 잘못하여 그르친 작품.
④ 조작(造作) : 어떤 일을 사실인 듯이 꾸며 맞춤.
⑤ 대작(大作) : 뛰어난 작품. 규모나 내용이 큰 작품이나 제작.

22 유의어 유사한 어휘 찾기
| 정답 | ④

| 해설 | • 품격(品格) : 사람 된 바탕과 타고난 성품.
• 교양(敎養) : 학문, 지식, 사회생활을 바탕으로 이루어지는 품위.

| 오답 피해가기 |
① 관용(寬容) : 남의 잘못을 너그럽게 받아들이거나 용서함.
② 사치(奢侈) : 필요 이상의 돈이나 물건을 쓰거나 분수에 지나친 생활을 함.
③ 행실(行實) : 실지로 드러나는 행동.
⑤ 품위(品位) : 사람이 갖추어야 할 위엄이나 기품.

23 유의어 유사한 어휘 찾기
| 정답 | ①

| 해설 | • 입고(入庫) : 물건을 창고에 넣음.
• 입하(入荷) : 짐이나 상품 등을 들여옴.

| 오답 피해가기 |
② 입국(入國) : 자기 나라 또는 남의 나라로 들어감.
③ 출고(出庫) : 창고에서 물품을 꺼냄. 또는 생산자가 생산품을 시장에 냄.
④ 출하(出荷) : 짐이나 상품을 내어보냄. 생산자가 생산품을 시장으로 내어보냄.
⑤ 광고(廣告) : 세상에 널리 알림. 또는 그런 일. 상품이나 서비스에 대한 정보를 여러 가지 매체를 통하여 소비자에게 널리 알리는 의도적인 활동.

24 유의어 유사한 어휘 찾기
| 정답 | ④

| 해설 | • 형편없다 : 결과나 상태, 내용이나 질 등이 매우 좋지 못하다.
• 조악하다 : 거칠고 나쁘다.

| 오답 피해가기 |
① 마뜩하다 : 제법 마음에 들 만하다.
② 훌륭하다 : 썩 좋아서 나무랄 곳이 없다.
③ 터무니없다 : 허황하여 전혀 근거가 없다.
⑤ 사악하다 : 간사하고 악하다.

25 유의어 유사한 어휘 찾기
| 정답 | ③

| 해설 | • 참담하다 : 끔찍하고 절망적이다. 몹시 슬프고 괴롭다.
• 참혹하다 : 비참하고 끔찍하다.

| 오답 피해가기 |
① 모자라다 : 기준이 되는 양이나 정도에 미치지 못하다.
② 기막히다 : 어떤 일이 놀랍거나 언짢아서 어이없다.
④ 기뻐하다 : 마음에 기쁨을 느끼다.
⑤ 훈훈하다 : 날씨나 온도가 견디기 좋을 만큼 덥다. 마음을 부드럽게 녹여 주는 따스함이 있다.

26 유의어 문맥으로 단어 의미 파악하기
| 정답 | ④

| 해설 | • 결지(決志) = 결의(決意) : 뜻을 정하여 굳게 마음을 먹음.

| 오답 피해가기 |
① 결기(-氣) : 못마땅한 것을 참지 못하고 성을 내거나 왈칵 행동

정답 및 해설

하는 성미.
② 결사(決死) : 죽기를 각오하고 있는 힘을 다할 것을 결심함.
③ 결손(缺損) : 어느 부분이 없거나 잘못되어서 불완전함.
⑤ 결원(缺員) : 사람이 빠져 정원에 차지 않고 빔. 또는 그런 인원.

27 유의어 문맥으로 단어 의미 파악하기
| 정답 | ①
| 해설 | • 값 : 사고파는 물건에 일정하게 매겨진 액수.
• 가격 : 물건이 지니고 있는 가치를 돈으로 나타낸 것.
| 오답 피해가기 |
② 삯 : 일한 데 대한 품값으로 주는 돈이나 물건.
③ 요금(料金) : 남의 힘을 빌리거나 사물을 사용·소비·관람한 대가로 치르는 돈.
④ 임금(賃金) : 근로자가 노동의 대가로 사용자에게 받는 보수.
⑤ 품삯 : 품을 판 대가로 받거나, 품을 산 대가로 주는 돈. 또는 물건.

28 유의어 문맥으로 단어 의미 파악하기
| 정답 | ③
| 해설 | • 효능(效能) : 효험(效驗)을 나타내는 능력.
• 효험(效驗) : 일의 좋은 보람. 어떤 작용의 결과.
| 오답 피해가기 |
① 효율(效率) : 들인 노력과 얻은 결과의 비율.
② 성능(性能) : 기계 등이 지닌 성질이나 기능.
④ 성과(成果) : 이루어낸 결실.
⑤ 처방(處方) : 병을 치료하기 위해 증상에 따라 약을 짓는 방법.

29 유의어 문맥으로 단어 의미 파악하기
| 정답 | ①
| 해설 | • 점검(點檢) : 낱낱이 검사함.
• 검열(檢閱) : 어떤 행위나 사업 등을 살펴 조사하는 일. 언론 및 출판 등의 내용을 사전에 심사하여 그 발표를 통제하는 일.
| 오답 피해가기 |
② 점거(占據) : 어떤 장소를 차지하여 자리를 잡음.
③ 감시(監視) : 단속하기 위하여 주의 깊게 살핌.
④ 전제(前提) : 어떠한 사물이나 현상을 이루기 위하여 먼저 내세우는 것.
⑤ 감독(監督) : 일이나 사람 따위가 잘못되지 아니하도록 살피어 단속함. 또는 일의 전체를 지휘함.

30 유의어 문맥으로 단어 의미 파악하기
| 정답 | ④
| 해설 | • 청렴(淸廉) : 성품과 행실이 높고 맑으며 탐욕이 없음.

• 강직(剛直) : 마음이 꼿꼿하고 곧다.
| 오답 피해가기 |
① 고상(高尙) : 품위나 몸가짐의 수준이 높고 훌륭함.
② 숭고(崇高) : 뜻이 높고 고상함.
③ 소박(素朴) : 꾸밈이나 거짓이 없고 수수함.
⑤ 숭앙(崇仰) : 공경하여 우러러봄.

Theme 03 반의어

발전문제   문제 30쪽

01 ①, ②	02 ①, ③	03 ②, ④	04 ②, ③	05 ①, ④
06 ②, ④	07 ①, ④	08 ③	09 ①	10 ④
11 ④	12 ③	13 ②	14 ④	15 ①
16 ①	17 ②	18 ③	19 ④	20 ①
21 ④	22 ③	23 ③	24 ①	25 ①
26 ②	27 ②	28 ③	29 ④	30 ⑤

01 반의어 어휘 짝 찾기
| 정답 | ①, ②
| 해설 | • 멀찍하다 : 사이가 꽤 떨어져 있다.
• 가직하다 : 거리가 조금 가깝다.
| 오답 피해가기 |
③ 정갈하다 : 깨끗하고 깔끔하다.
④ 구순하다 : 서로 사귀거나 지내는 데 사이가 좋아 화목하다.
⑤ 숭고하다 : 뜻이 높고 고상하다.

02 반의어 어휘 짝 찾기
| 정답 | ①, ③
| 해설 | • 착수(着手) : 어떤 일을 시작함.
• 종결(終結) : 일을 끝냄.
| 오답 피해가기 |
② 기원(祈願) : 바라는 일이 이루어지기를 빎.
④ 시초(始初) : 기원. 맨 처음.
⑤ 면책(免責) : 책임이나 책망을 면함.

03 반의어 어휘 짝 찾기
| 정답 | ②, ④
| 해설 | • 진부(陳腐) : 사상, 표현, 행동 등이 낡아서 새롭지 못함.
• 신선(新鮮) : 새롭고 산뜻함.
| 오답 피해가기 |

① 폐단(弊端) : 어떤 일이나 행동에서 나타나는 옳지 못한 경향이나 해로운 현상.
③ 고풍(高風) : 고상하고 뛰어난 풍채나 품격.
⑤ 미풍(微風) : 약하게 부는 바람.

04 반의어 어휘 짝 찾기

| 정답 | ②, ③

| 해설 |
• 농축(濃縮) : 용액 등의 농도를 높이는 것.
• 희석(稀釋) : 용액에 물이나 다른 용매를 더하여 농도를 묽게 함.

| 오답 피해가기 |
① 축소(縮小) : 모양이나 규모 등을 줄여서 작게 함.
④ 압착(壓搾) : 압력을 가하여 짜냄.
⑤ 압축(壓縮) : 물질 등에 압력을 가하여 그 부피를 줄임.

05 반의어 어휘 짝 찾기

| 정답 | ①, ④

| 해설 |
• 등한하다 : 무엇에 관심이 없거나 소홀하다.
• 철저하다 : 어떤 일에 대해 속속들이 꿰뚫어 미치어 밑바닥까지 빈틈이나 부족함이 없다.

| 오답 피해가기 |
② 교요하다 : 짐승을 가르쳐 길들이다.
③ 순치하다 : 짐승을 길들이다. 목적한 상태로 차차 이르게 하다.
⑤ 교묘하다 : 솜씨나 재주 따위가 재치 있게 약삭빠르고 묘하다.

06 반의어 어휘 짝 찾기

| 정답 | ②, ④

| 해설 |
• 환열(歡悅) : 즐거워 기뻐함. 또는 큰 기쁨.
• 비애(悲哀) : 슬퍼하고 서러워함.

| 오답 피해가기 |
① 오락(娛樂) : 쉬는 시간에 여러 가지 방법으로 기분을 즐겁게 하는 일.
③ 애환(哀歡) : 슬픔과 기쁨을 아울러 이르는 말.
⑤ 오욕(汚辱) : 명예를 더럽히고 욕되게 함.

07 반의어 어휘 짝 찾기

| 정답 | ①, ④

| 해설 |
• 힐책하다 : 잘못된 점을 따져 나무라다.
• 추어주다(=추어올리다) : 실제보다 높여 칭찬하다.

| 오답 피해가기 |
② 건경하다 : 아주 힘차고 씩씩하다.
③ 추악하다 : 더럽고 흉악하다.
⑤ 강경하다 : 성격이나 기질이 꿋꿋하고 굳세다.

08 반의어 반대되는 어휘 찾기

| 정답 | ③

| 해설 |
• 되바라지다 : 사람됨이 남을 너그럽게 감싸 주지 않고 적대적으로 대하다.
• 다소곳하다 : 온순한 마음으로 따르는 태도가 있다.

| 오답 피해가기 |
① 엎어지다 : 서 있는 사람이나 물체 등이 앞으로 넘어지다.
② 내성적이다 : 겉으로 드러나지 않고 마음속으로만 생각하는 또는 그런 것.
④ 모이다 : 한데 합치다.
⑤ 살갑다 : 마음씨가 부드럽고 상냥하다.

09 반의어 반대되는 어휘 찾기

| 정답 | ①

| 해설 |
• 보편성(普遍性) : 모든 것에 두루 미치거나 통하는 성질.
• 특수성(特殊性) : 일반적이고 보편적인 것과는 다른 성질.

| 오답 피해가기 |
② 상대성(相對性) : 사물이 그 자체적으로 독립하여 존재하지 않고 다른 사물과 의존적인 관계를 가지는 성질.
③ 일반성(一般性) : 전체에 두루 해당하는 성질.
④ 개별성(個別性) : 사물이나 사람 또는 어떤 상황이나 현상이 각각 따로 지니고 있는 특성.
⑤ 사회성(社會性) : 사회생활을 하려고 하는 인간의 근본 성질. 인격, 혹은 성격 분류에 나타나는 특성의 하나.

10 반의어 반대되는 어휘 찾기

| 정답 | ④

| 해설 |
• 공복(空腹) : 배 속이 비어 있는 상태.
• 만복(滿腹) : 배가 잔뜩 부름.

| 오답 피해가기 |
① 개복(開腹) : 수술을 하려고 배를 갈라서 엶.
② 흉복(凶服) : 상중에 있는 상제나 복인이 입는 예복.
③ 포복(抱腹) : 배를 그러안음.
⑤ 예복(禮服) : 의식을 치르거나 특별히 예절을 차릴 때에 입는 옷.

11 반의어 반대되는 어휘 찾기

| 정답 | ④

| 해설 |
• 간헐(間歇) : 얼마 동안의 시간 간격을 두고 되풀이하여 일어났다 쉬었다 함.
• 지속(持續) : 어떤 상태가 오래 계속됨. 또는 어떤 상태를 오래 계속함.

| 오답 피해가기 |
① 가끔 : 시간적·공간적 간격이 얼마쯤씩 있게.

정답 및 해설

② 나중 : 얼마의 시간이 지난 뒤.
③ 헐가 : 그 물건의 원래 가격보다 훨씬 싼 값.
⑤ 매도 : 값을 받고 물건의 소유권을 다른 사람에게 넘김.

12 반의어 | 반대되는 어휘 찾기
| 정답 | ③
| 해설 | • 개혁(改革) : 제도나 기구 등을 새롭게 뜯어고침.
• 보수(保守) : 새로운 것이나 변화를 적극적으로 받아들이기보다는 전통적인 것을 옹호하며 유지하려 함.
| 오답 피해가기 |
① 선도(善導) : 올바르고 좋은 길로 이끎.
② 개진(改進) : 기술이나 낡은 제도 등이 점차 나아져 발전함.
④ 혁신(革新) : 묵은 풍속, 관습, 조직, 방법 등을 완전히 바꾸어서 새롭게 함.
⑤ 참신(斬新) : 새롭고 산뜻하다.

13 반의어 | 반대되는 어휘 찾기
| 정답 | ②
| 해설 | • 전입(轉入) : 이전 거주지에서 새 거주지로 옮겨 옴.
• 전출(轉出) : 이전 거주지에서 새 거주지로 옮겨 감.
| 오답 피해가기 |
① 전세(傳貰) : 부동산의 소유자에게 일정한 금액을 맡기고 그 부동산을 일정 기간 동안 빌려 쓰는 일.
③ 이주(移駐) : 다른 곳으로 옮겨 머무름.
④ 차입(借入) : 돈이나 물건을 꾸어 들임.
⑤ 차용(借用) : 돈이나 물건 등을 빌려서 씀.

14 반의어 | 반대되는 어휘 찾기
| 정답 | ④
| 해설 | • 언짢다 : 마음에 들지 않아 좋지 않다.
• 달갑다 : 거리낌이나 불만이 없어 마음이 흡족하다.
| 오답 피해가기 |
① 행복하다 : 생활에서 충분한 만족과 기쁨을 느끼어 흐뭇하다.
② 만족하다 : 마음에 흡족하다. 모자람이 없이 충분하고 넉넉하다.
③ 불쾌하다 : 못마땅하여 기분이 좋지 않다.
⑤ 꺼림칙하다 : 매우 꺼림하다.

15 반의어 | 반대되는 어휘 찾기
| 정답 | ①
| 해설 | • 번잡(煩雜) : 번거롭게 뒤섞여 어수선함.
• 간결(簡潔) : 간단하고 깔끔하다. 간단하면서도 짜임새가 있다.
| 오답 피해가기 |

② 조야(粗野) : 물건 등이 거칠고 막됨.
③ 외잡(猥雜) : 음탕하고 난잡스러움.
④ 잡무(雜務) : 여러 가지 자질구레한 사무나 일.
⑤ 난잡(亂雜) : 행동이 막되고 문란함. 사물의 배치나 사람의 차림새 따위가 어수선하고 너저분함.

16 반의어 | 반대되는 어휘 찾기
| 정답 | ①
| 해설 | • 계승(繼承) : 조상의 전통이나 문화유산, 업적 등을 물려받아 이어 나감.
• 단절(斷絶) : 유대나 연관 관계를 끊음.
| 오답 피해가기 |
② 수계(受繼) : 조상의 전통이나 문화유산, 업적 등을 물려받아 이어 나감.
③ 승계(承繼) : 선임자의 뒤를 이어받음.
④ 승사(承嗣) : 선임자의 뒤를 이어받음.
⑤ 연속(連續) : 끊이지 아니하고 죽 이어지거나 지속함.

17 반의어 | 반대되는 어휘 찾기
| 정답 | ②
| 해설 | • 미점(美點) : 언행이나 성품에서 칭찬할 만한 아름다운 점.
• 단점(短點) : 잘못되고 모자라는 점.
| 오답 피해가기 |
① 종점(終點) : 기차, 버스, 전차 등을 운행하는 일정한 구간의 맨 끝이 되는 지점.
③ 이점(利點) : 이로운 점.
④ 장점(長點) : 좋거나 잘하거나 긍정적인 점.
⑤ 방점(傍點) : 글 가운데에서 보는 사람의 주의를 끌기 위하여 글자 옆이나 위에 찍는 점.

18 반의어 | 반대되는 어휘 찾기
| 정답 | ③
| 해설 | • 심대(甚大) : 매우 큼.
• 경미(輕微) : 가볍고 아주 적어서 대수롭지 아니함.
| 오답 피해가기 |
① 정통(精通) : 어떤 사물에 대하여 깊고 자세히 통하여 앎.
② 미묘(微妙) : 뚜렷하지 않고 야릇하고 묘함.
④ 수명(壽命) : 생물이 살아있는 연한.
⑤ 연명(延命) : 목숨을 겨우 이어 살아감.

19 반의어 | 반대되는 어휘 찾기
| 정답 | ④
| 해설 | • 역연(歷然) : 분명히 알 수 있도록 또렷함.

• 막연(漠然) : 뚜렷하지 못하고 어렴풋함.
| 오답 피해가기 |
① 당연(當然) : 일의 앞뒤 사정을 놓고 볼 때 마땅히 그러함.
② 태연(泰然) : 마땅히 머뭇거리거나 두려워할 상황에서 태도나 기색이 아무렇지도 않은 듯이 예사로움.
③ 자연(自然) : 사람의 힘이 더해지지 않고 세상에 스스로 존재하는 존재나 상태.
⑤ 확연(確然) : 아주 확실함.

20 반의어 반대되는 어휘 찾기
| 정답 | ①
| 해설 | • 숙독(熟讀) : 글의 뜻을 잘 생각하면서 차분하게 하나하나 읽음.
• 속독(速讀) : 책 등을 빠른 속도로 읽음.
| 오답 피해가기 |
② 숙성(熟成) : 충분히 이루어짐. 효소나 미생물의 작용에 의하여 발효된 것이 잘 익음.
③ 음독(音讀) : 글 등을 소리 내어 읽음.
④ 애독(愛讀) : 즐겨 재미 있게 읽음.
⑤ 묵독(默讀) : 소리를 내지 않고 속으로 글을 읽음.

21 반의어 반대되는 어휘 찾기
| 정답 | ④
| 해설 | • 백안(白眼) : 업신여기거나 냉대하여 흘겨보는 눈.
• 청안(靑眼) : 좋은 마음으로 남을 보는 눈.
| 오답 피해가기 |
① 적안(赤眼) : 눈의 흰자위가 붉게 되는 증상.
② 혈안(血眼) : 기를 쓰고 달려들어 독이 오른 눈.
③ 노안(老眼) : 늙어 시력이 나빠짐.
⑤ 개안(開眼) : 눈을 뜸. 깨달아 아는 일.

22 반의어 반대되는 어휘 찾기
| 정답 | ③
| 해설 | • 대항(對抗) : 굽히거나 지지 않으려고 맞서서 버티거나 항거함.
• 귀순(歸順) : 적이었던 사람이 반항심을 버리고 스스로 돌아서서 복종하거나 순종함.
| 오답 피해가기 |
① 순응(順應) : 환경이나 변화에 적응하여 익숙하여지거나 체계, 명령 등에 적응하여 따름.
② 모반(謀反) : 배반을 꾀함.
④ 역모(逆謀) : 반역을 꾀함.
⑤ 대응(對應) : 어떤 일이나 사태에 맞추어 태도나 행동을 취함.

23 반의어 반대되는 어휘 찾기
| 정답 | ③
| 해설 | • 직계(直系) : 혈연이 친자 관계에 의하여 직접적으로 이어져 있는 계통.
• 방계(傍系) : 직접적이고 주된 계통에서 갈라져 나가거나 벗어나 있는 관련 계통.
| 오답 피해가기 |
① 직신(直臣) : 강직한 신하.
② 계열(系列) : 서로 관련이 있거나 유사한 점이 있어서 한 갈래로 이어지는 계통이나 조직.
④ 누계(累計) : 소계를 계속하여 덧붙여 합산함.
⑤ 연계(連繫) : 잇따라 맴. 어떤 일이나 사람과 관련하여 관계를 맺음.

24 반의어 반대되는 어휘 찾기
| 정답 | ①
| 해설 | • 과작(寡作) : 작품 등을 적게 지음.
• 다작(多作) : 작품 등을 많이 지어냄.
| 오답 피해가기 |
② 가작(佳作) : 매우 뛰어난 작품.
③ 졸작(拙作) : 솜씨가 서투르고 보잘것없는 작품.
④ 걸작(傑作) : 매우 훌륭한 작품.
⑤ 수작(秀作) : 우수한 작품.

25 반의어 반대되는 어휘 찾기
| 정답 | ①
| 해설 | • 착공식(着工式) : 토목이나 건축 등의 공사를 시작[＝기공(起工)]할 때에 하는 의식.
• 준공식(竣工式) : 공사의 마침을 축하하는 의식
| 오답 피해가기 |
② 기공식(起工式) : 토목이나 건축 등의 공사를 시작할 때 치르는 의식.
③ 다공식(多孔式) : 구멍이 많이 난 것으로 하거나, 또는 구멍을 많이 낸 것으로 하는 방식.
④ 시공식(施工式) : 공사를 시행할 때 치르는 의식.
⑤ 상량식(上樑式) : 상량할 때에 이를 축하하는 의식.

26 반의어 반대되는 어휘 찾기
| 정답 | ②
| 해설 | • 방불하다 : 거의 비슷하다. 흐릿하거나 어렴풋하다. 무엇과 같다고 느끼게 하다.
• 다르다 : 비교가 되는 두 대상이 서로 같지 않다.
| 오답 피해가기 |

정답 및 해설

① 희미하다 : 분명하지 못하고 어렴풋하다.
③ 비슷하다 : 두 개의 대상이 크기, 모양, 상태, 성질 따위가 똑같지는 아니하지만 전체적 또는 부분적으로 일치하는 점이 많은 상태에 있다.
④ 방자하다 : 어려워하거나 조심스러워하는 태도가 없이 무례하고 건방지다.
⑤ 미미하다 : 보잘것없이 아주 작다.

27 반의어 문맥으로 단어 의미 파악하기

| 정답 | ②

| 해설 | • 도외시(度外視)하다 : 상관하지 않거나 무시하다.
• 중시(重視)하다 : 가볍게 여길 수 없을 만큼 매우 크고 중요하게 여기다.

| 오답 피해가기 |
① 방관(傍觀)하다 : 어떤 일에 직접 나서서 관여하지 않고 곁에서 보기만 하다.
③ 강조(強調)하다 : 어떤 부분을 특별히 강하게 주장하거나 두드러지게 하다.
④ 방임(放任)하다 : 돌보거나 간섭하지 아니하고 제멋대로 내버려 두다.
⑤ 무시(無視)하다 : 사물의 존재나 가치를 알아주지 아니하다.

28 반의어 문맥으로 단어 의미 파악하기

| 정답 | ③

| 해설 | • 꺼림하다 : 마음에 걸려 언짢은 느낌이 있다.
• 개운하다 : 기분이나 몸이 상쾌하고 가뜬하다.

| 오답 피해가기 |
① 즐기다 : 즐겁게 누리거나 맛보다.
② 미심쩍다 : 분명하지 못하여 마음이 놓이지 않다.
④ 활달하다 : 생기 있고 활발하며 의젓하다.
⑤ 동정하다 : 남의 어려운 처지를 자기 일처럼 딱하고 가엾게 여기다.

29 반의어 문맥으로 단어 의미 파악하기

| 정답 | ④

| 해설 | • 성마르다 : 참을성이 없고 성질이 조급하다.
• 느긋하다 : 마음에 흡족하여 여유가 있고 넉넉하다.

| 오답 피해가기 |
① 복잡하다 : 일이나 감정 등이 갈피를 잡기 어려울 만큼 여러 가지가 얽혀 있다.
② 비상하다 : 평범하지 않고 뛰어나다. 정도가 심하고 예사롭지 않다.
③ 옹졸하다 : 성품이 너그럽지 못하고 생각이 좁다.
⑤ 소슬하다 : 으스스하고 쓸쓸하다.

30 반의어 문맥으로 단어 의미 파악하기

| 정답 | ⑤

| 해설 | • 이울다 : 꽃이나 잎 등이 시들다.
• 번성하다 : 한창 성하게 성하게 일어나 퍼지다.

| 오답 피해가기 |
① 기울다 : 비스듬하게 한쪽이 낮아지거나 비뚤어지다.
② 되살다 : 죽거나 없어졌던 것이 다시 살다.
③ 시들다 : 몸이 기력이나 기운이 빠져서 생기가 없어지다.
④ 울적하다 : 마음이 답답하고 쓸쓸하다.

Theme 04 다의어

발전문제
문제 40쪽

01 ④	02 ③	03 ②	04 ②	05 ③
06 ④	07 ②	08 ②	09 ①	10 ③
11 ③	12 ①	13 ④	14 ④	15 ②
16 ④	17 ③	18 ①	19 ③	20 ①
21 ③	22 ④	23 ①	24 ③	25 ⑤

01 다의어 어휘의 사전적 의미

| 정답 | ④

| 해설 | ①, ②, ③, ⑤의 '이르다'는 「2」의 '정도나 범위에 미치다'라는 주변적 의미로 사용되었다. 반면 ④의 '이르다'는 '자정'이라는 시간적 표현으로 보아, 「1」의 '어떤 장소나 시간에 닿다'라는 중심적 의미로 사용되었다.

02 다의어 어휘의 사전적 의미

| 정답 | ③

| 해설 | ①, ②, ④, ⑤의 '싸다'는 「1」의 '물건을 안에 넣고 보이지 않게 씌워 가리거나 둘러 말다'라는 중심적 의미로 사용되었다. 반면 ③은 「2」의 '어떤 물체의 주위를 가리거나 막다'라는 주변적 의미로 사용되었다.

| 오답 피해가기 |
① 아이를 포대기 안에 넣고 보이지 않게 했다.
② 헝겊으로 머리가 보이지 않게 둘렀다.
④ 선물을 포장지 안에 넣었다.
⑤ 유리를 비닐 안에 넣었다.

03 다의어 유사한 쓰임 찾기

| 정답 | ②

| 해설 | 제시된 문장에서 죄를 무겁다고 하는 것은 물리적인 무거움이 아니라, 그 정도가 무겁다는 의미이다. 따라서 선택지 중에서 정도가 심하고 큰 듯한 의미를 가진 것을 고른다. ②의 '증세'도 마찬가지로 물리적인 무거움을 의미하지 않고, 그 상태가 심각하다는 것을 의미하므로 제시된 문장의 '무겁다'와 같은 의미로 쓰였다.

| 오답 피해가기 |
① 생각이나 행동 등이 신중하다.
③ 무게가 나가는 정도가 크다.
④ 비중이나 책임 등이 크거나 중대하다.
⑤ 분위기 등이 어둡고 답답하다.

04 다의어 유사한 쓰임 찾기

| 정답 | ②

| 해설 | 제시된 문장의 '장'은 그릇을 보관하는 용도로 '장'이 사용되고 있음을 알 수 있다. 따라서 물건을 넣어 두는 찬장이나 옷장, 책장 등과 같은 가구의 의미로 쓰이는 선택지를 고른다.

| 오답 피해가기 |
① 많은 사람이 모여 여러 가지 물건을 사고파는 곳.
③ 간장, 고추장, 된장 등을 통틀어 이르는 말.
④ 어떤 조직체나 부서 단위의 우두머리.
⑤ 글의 내용을 체계적으로 나누는 구분의 하나.

05 다의어 유사한 쓰임 찾기

| 정답 | ③

| 해설 | 제시된 문장의 '빼내다'는 박혀 있거나 끼워져 있는 것을 뽑는다는 의미로 쓰였다. ③은 뒷주머니에 박혀 있던 지갑을 뽑은 것이므로 제시된 문장의 '빼내다'와 같은 의미로 쓰였다.

| 오답 피해가기 |
①, ④ 남의 물건 등을 돌려내다.
② 얽매인 사람을 자유롭게 해 주다.
⑤ 여럿 가운데에서 필요한 것 혹은 불필요한 것만을 골라내다.

06 다의어 찾기 유사한 쓰임 찾기

| 정답 | ④

| 해설 | 제시된 문장은 사람들이 더 이상 오지 않는다는 의미로 쓰였음을 알 수 있다. 이는 즉 사람과의 관계, 인연 등이 이어지지 않음을 의미한다. 따라서 인간 사회와의 인연을 끊는다는 ④가 가장 적절하다.

| 오답 피해가기 |
① 배달하던 것을 배달하지 못하게 하다.
② 표 등을 사다.
③ 하던 일을 하지 않거나 멈추게 하다.
⑤ 실, 줄, 끈 등의 이어진 것을 잘라 따로 떨어지게 하다.

07 다의어 유사한 쓰임 찾기

| 정답 | ②

| 해설 | 제시된 문장은 원래 했어야 하는 행동을 생각하지 못하여 실행하지 못한 것으로, 순간적으로 깜빡한 상황이라고 볼 수 있다. 따라서 기억해야 할 것을 순간적으로 생각해 내지 못한 내용의 선택지를 고르면 된다.

| 오답 피해가기 |
① 어떤 일에 열중한 나머지 잠이나 끼니 등을 제대로 취하지 않다.
③ 지난 일을 마음속에 두지 않거나 신경 쓰지 않다.
④ 본분이나 은혜 등을 마음에 새겨 두지 않고 저버리다.
⑤ 한번 알았던 것을 기억하지 못하거나 기억해 내지 못하다.

08 다의어 유사한 쓰임 찾기

| 정답 | ②

| 해설 | 제시된 문장의 '찾다'는 모르는 것을 알아내고 밝혀내려고 애쓴다는 의미이다. ②는 두 번째 용의자에게서 혐의를 밝혀내려는 의미이므로 제시된 문장의 '찾다'와 유사한 의미로 쓰였다.

| 오답 피해가기 |
① 어떤 사람을 만나거나 어떤 곳을 보러 그와 관련된 장소로 옮겨 가다.
③ 어떤 사람이나 기관 등에 도움을 요청하다.
④ 잃거나 빼앗기거나 맡기거나 빌려주었던 것을 돌려받아 가지게 되다.
⑤ 어떤 것을 구하다.

09 다의어 유사한 쓰임 찾기

| 정답 | ①

| 해설 | 제시된 문장의 '길'을 다른 말로 바꾸면 '방법'이 적절하다. 따라서 '방법'이 들어가도 어색하지 않은 선택지를 고르면 된다.

| 오답 피해가기 |
② 목적이나 전문 분야.
③ '과정, 도중, 중간'의 뜻을 나타내는 말.
④ 방면이나 분야.
⑤ 걷거나 탈것을 타고 어느 곳으로 가는 노정(路程).

10 다의어 유사한 쓰임 찾기

| 정답 | ③

| 해설 | 제시된 문장의 '문제'는 부정적인 용도로 쓰였다. 논쟁, 논의, 연구 등의 대상이 되는 것의 의미이다. ③의 '문제'를 수식하는 '청년 실업' 역시 부정적인 사회 현상이라고 볼 수 있으므로 정답이 된다.

| 오답 피해가기 |
① 세상의 이목이 쏠리는 것.

정답 및 해설 · 15

정답 및 해설

② 귀찮은 일이나 말썽.
④ 중요한 일.
⑤ 해답을 요구하는 물음.

11 다의어 유사한 쓰임 찾기
| 정답 | ③

| 해설 | 제시된 문장의 '어렵다'는 가능성이 거의 없다는 의미로 쓰였다. 따라서 문맥상 이와 유사한 의미를 나타내는 것은 합격의 가능성이 희박한 ③이다.

| 오답 피해가기 |
① 가난하여 살아가기가 고생스럽다.
② 이해하기에 까다롭다.
④ 상대가 거리감이 있어 행동하기가 조심스럽다.
⑤ 겪게 되는 곤란이나 시련이 많다.

12 다의어 유사한 쓰임 찾기
| 정답 | ①

| 해설 | 제시된 문장의 '짙게'는 드러나는 기미, 경향, 느낌 등이 보통 정도보다 뚜렷하다는 의미로 쓰였다. ① 역시 여름, 혹은 여름의 더위라는 경향이 점점 더 심화된다는 의미이므로 유사하게 쓰였다.

| 오답 피해가기 |
② 액체 속에 어떤 물질이 많이 들어 있어 진하다.
③ 일정한 공간에 냄새가 가득 차 보통의 정도보다 강하다.
④ 그림자나 어둠 같은 것이 아주 뚜렷하거나 빛깔에 아주 검은색이 있다.
⑤ 빛깔을 나타내는 물질이 많이 들어 있어 보통 정도보다 빛깔이 강하다.

13 다의어 유사한 쓰임 찾기
| 정답 | ④

| 해설 | 제시된 문장의 '남았다'는 사람들이 쓰레기를 버리고 가서 쓰레기가 떨어져 있게 된 상황이다. 따라서 어떤 상황의 결과로 생긴 사물이나 상태 등이 다른 사람이나 장소에 있다는 의미로 쓰인 선택지를 고르면 된다. ④ 역시도 사람들이 제작과정을 밝혀내지 못한 결과로 유물들이 수수께끼 상태에 놓여 있게 된 것이므로 가장 유사하다.

| 오답 피해가기 |
①, ③ 다 쓰지 않거나 정해진 수준에 이르지 않아 나머지가 있게 되다.
② 들인 밑천이나 제 값어치보다 얻는 것이 많다. 또는 이익을 보다.
⑤ 나눗셈에서, 나누어 떨어지지 않고 나머지가 얼마 있게 되다.

14 다의어 유사한 쓰임 찾기
| 정답 | ④

| 해설 | 제시된 문장의 '생각'은 사물을 헤아리고 판단하는 작용의 의미로 쓰였다. 이는 ④의 사람이 머리를 써서 사물을 헤아리고 판단하는 작용의 의미와 유사하다.

| 오답 피해가기 |
① 어떤 일을 하려고 마음을 먹음.
② 어떤 사람이나 일 등에 대한 기억.
③ 어떤 일에 대한 의견이나 느낌을 가짐.
⑤ 앞으로 일어날 일에 대하여 상상해 봄.

15 다의어 유사한 쓰임 찾기
| 정답 | ②

| 해설 | 제시된 문장에서는 '가볍게'가 비중이나 가치, 책임 등이 낮거나 적다는 의미로 사용되었음을 알 수 있다. 반면 ②가 작업은 무겁고 중한 것이라는 의미이므로 제시된 문장에서와 같은 의미로 쓰였음을 알 수 있다.

| 오답 피해가기 |
① 다루기에 힘들지 아니하고 수월하다.
③ 옷차림이나 화장이 요란하지 않고 산뜻하거나 활동하기에 편하다.
④ 정도가 대수롭지 않고 예사롭다.
⑤ 병세나 상처 등이 그다지 심하지 않다.

16 다의어 유사한 쓰임 찾기
| 정답 | ④

| 해설 | 제시된 문장에서 초인종을 누르는 것과 ④에서 피아노 건반을 누르는 것은 '물체의 전체 면이나 부분에 대하여 힘이나 무게를 가하다'는 의미로 쓰였음을 알 수 있다.

| 오답 피해가기 |
① 자신의 감정이나 생각을 밖으로 드러내지 않고 참다.
② 경기나 경선 등에서 상대를 제압하여 이기다.
③ 계속 머물다.
⑤ 마음대로 행동하지 못하도록 힘이나 규제를 가하다.

17 다의어 유사한 쓰임 찾기
| 정답 | ③

| 해설 | 제시된 문장에서는 무언가를 위해 '정성'이라는 긍정적 요소를 보낸 것을 의미하고 있다. 따라서 애정이나 노력, 물자 등을 아낌없이 보내는 선택지를 고르면 된다. ③의 이장님 역시 마을의 전통을 위해 애정을 보낸 것으로, 제시된 문장과 유사하게 쓰였다.

| 오답 피해가기 |
①, ⑤ 담긴 물건을 쏟으면서 붓다.

② 저주, 욕설, 비난 등을 많이 하다.
④ 총이나 포 등을 한곳에 집중적으로 많이 쏘다.

18 다의어 유사한 쓰임 찾기
| 정답 | ①
| 해설 | 제시된 문장에서 '고치다'가 잘못된 버릇을 바로잡는 의미로 사용되었다. ①도 잘못된 행동인 '고지식한 태도'를 바로잡는다는 의미로 사용되었으므로 정답이 된다.
| 오답 피해가기 |
② 병 등을 낫게 하다.
③ 모양이나 내용 등을 바꾸다.
④ 이름, 제도 등을 바꾸다.
⑤ 고장이 나거나 못 쓰게 된 물건을 손질하여 제대로 되게 하다.

19 다의어 유사한 쓰임 찾기
| 정답 | ③
| 해설 | 제시된 문장과 ③의 '걸다'는 '기계 등이 작동하도록 준비하여 놓다'는 의미로 쓰였다.
| 오답 피해가기 |
① 어느 단체에 속한다고 이름을 내세우다.
② 자물쇠, 문고리를 채우거나 빗장을 지르다.
④ 돈 등을 계약이나 내기의 담보로 삼다.
⑤ 벽이나 못 등에 어떤 물체를 떨어지지 않도록 매달아 올려놓다.

20 다의어 유사한 쓰임 찾기
| 정답 | ①
| 해설 | 제시된 문장과 ①의 '맞추다'는 '어떤 기준이나 정도에 어긋나지 아니하게 하다'의 의미로 쓰였다.
| 오답 피해가기 |
② 서로 떨어져 있는 부분을 제자리에 맞게 대어 붙이다.
③ 약속 시간 등을 넘기지 아니하다.
④ 다른 어떤 대상에 닿게 하다.
⑤ 일정한 규격의 물건을 만들도록 미리 주문을 하다.

21 다의어 어휘의 다양한 의미 파악
| 정답 | ③
| 해설 | ① 대상을 필요에 따라 이롭게 쓰다.
② 사람에게 일정한 돈을 주고 어떤 일을 하도록 부리다.
④ 얼굴이나 머리에 모자 따위를 덮다.
⑤ 머릿속의 의견을 종이 같은 것에 글로 나타낸다.

22 다의어 어휘의 다양한 의미 파악
| 정답 | ④
| 해설 | ① 물이나 불, 바람 등의 기세가 크거나 빠르다.
② 행동이나 밀고 나가는 기세가 강하다.
③ 어떤 물건의 수효를 헤아리다.
⑤ 머리카락이나 수염 같은 털이 희어지다.

23 다의어 어휘의 다양한 의미 파악
| 정답 | ①
| 해설 | ② 발을 빠르게 움직여 나아가다.
③ 어떤 물건 등의 값이나 가치가 갑자기 오르다.
④ 어떠한 자격으로 일하다.
⑤ 순서를 무시하거나 넘기다.

24 다의어 어휘의 다양한 의미 파악
| 정답 | ③
| 해설 | ① 윗니나 아랫니 또는 입술 사이에 어떠한 것을 끼워 떨어지거나 빠져나가지 않도록 세게 누르다.
② 이익을 위해 어떠한 것이나 사람 등을 차지하다.
④ 갚아야 할 무언가를 치르다.
⑤ 모기 등의 벌레가 주둥이로 살을 찌르다.

25 다의어 어휘의 다양한 의미 파악
| 정답 | ⑤
| 해설 | ① 여러 가지를 따져서 보고 헤아리다.
② 잘난 척하면서 으스대거나 뽐내다.
③ 몸동작이 재빠르다.
④ 사물 등을 차곡차곡 포개어 쌓아 두다.

정답 및 해설

Theme 05 단어 관계

발전문제
문제 50쪽

01 ④	02 ③	03 ②	04 ④	05 ③
06 ⑤	07 ④	08 ④	09 ③	10 ③
11 ④	12 ②	13 ②	14 ①	15 ③
16 ②, ④	17 ④, ②	18 ③, ②	19 ③, ①	20 ①
21 ④	22 ②	23 ④	24 ④	25 ②
26 ②	27 ④	28 ④	29 ①	30 ③
31 ⑤				

01 단어 관계 한 단어 유추
| 정답 | ④
| 해설 | 아파트는 모두 주거에 속하며, 징역은 형벌에 속한다.
- 징역(懲役) : 죄인을 교도소에 가두어 노동을 시키는 형벌.
- 주거(住居) : 일정한 곳에 머물러 삶. 또는 그런 집.
- 금고(禁錮) : 교도소에 가두어 두기만 하고 노역은 시키지 않는 형벌.

02 단어 관계 한 단어 유추
| 정답 | ③
| 해설 | ILO는 국제노동기구이다. 대치되는 각각의 분야에 해당하는 국제기구가 들어가야 하므로 보건의료를 담당하는 세계보건기구 WHO가 답이 된다.
| 오답 피해가기 |
① 세계무역기구 ② 경제협력개발기구 ④ 국제원자력기구
⑤ 국제통화기금

03 단어 관계 한 단어 유추
| 정답 | ②
| 해설 | 급등은 물가·시세 등이 갑자기 오른다는 뜻이고, 급락은 물가·시세 등이 급격히 떨어진다는 뜻이므로 반의관계이다. 곤궁은 가난하고 구차하다. 부유는 재물이 많고 생활이 풍요롭다는 의미로 서로 반의관계에 있다.

04 단어 관계 한 단어 유추
| 정답 | ④
| 해설 | 나비와 매미는 곤충에 속하므로 토끼와 같이 포유류에 속하는 사자가 답이다.

05 단어 관계 한 단어 유추
| 정답 | ③
| 해설 | 오른쪽의 단어가 왼쪽 단어에 포함되는 관계다. 문방사우(文房四友)는 종이, 붓, 먹, 벼루의 네 가지 문방구를 가리키는 말이다. 세한삼우(歲寒三友)는 추운 겨울철의 세 벗이라는 뜻으로, 추위에 잘 견디는 소나무, 대나무, 매화나무를 통틀어 이른다.
| 오답 피해가기 |
① 사시사철(四時四−) : 봄·여름·가을·겨울 네 철 내내의 동안.
② 엄동설한(嚴冬雪寒) : 눈 내리는 깊은 겨울의 심한 추위.
④ 관포지교(管鮑之交) : 우정이 아주 돈독한 친구 관계를 이르는 말.
⑤ 백해무익(百害無益) : 해롭기만 하고 하나도 이로운 바가 없음.

06 단어 관계 한 단어 유추
| 정답 | ⑤
| 해설 | 반 고흐가 그린 작품이 해바라기이므로, 예술가와 작품 간의 관계임을 알 수 있다. 마술피리는 모차르트가 만든 음악이다.

07 단어 관계 한 단어 유추
| 정답 | ④
| 해설 | 위법과 합법은 반의관계에 해당한다. 전문적인 지식이 없거나 관계가 없는 사람을 뜻하는 문외한의 반의어는 전문가이다.

08 단어 관계 한 단어 유추
| 정답 | ④
| 해설 | 장씨의 셋째 아들과 이씨의 넷째 아들이란 뜻의 張三李四(장삼이사)와 이름 없는 남편과 아내를 뜻하는 匹夫匹婦(필부필부)는 모두 평범한 사람들을 가리키는 말로 유의어 관계이다. 따라서 가난한 가운데서도 편안하게 생활하며 도를 즐기는 것을 뜻하는 安貧樂道(안빈낙도)와 의미가 비슷한 성어는 자기의 분수를 지키며 만족할 줄 아는 삶의 태도를 가리키는 安分知足(안분지족)이다.
| 오답 피해가기 |
① 擧案齊眉(거안제미) : 밥상을 눈썹과 가지런하도록 공손히 들어 남편 앞에 가지고 간다는 뜻으로, 남편을 깍듯이 공경함을 이르는 말.
② 伯牙絕絃(백아절현) : 중국 춘추 시대에 거문고의 명인 백아가 자기의 연주를 들어주던 절친한 친구 종자기의 죽음을 슬퍼한 나머지 거문고 줄을 끊었다는 고사에서 나온 말로, 진정한 벗을 잃은 슬픔을 뜻함.
③ 悠悠自適(유유자적) : 속세를 떠나 아무 속박 없이 조용하고 편안하게 삶.
⑤ 登高自卑(등고자비) : 높은 곳에 오르려면 낮은 곳에서부터 오른다는 뜻으로, 일을 순서대로 하여야 함을 이르는 말.

09 단어 관계 두 단어 유추

정답 | ③

해설 | 복숭아의 원산지는 중국으로 실크로드를 통해서 서양에 전파되었고, 고추의 원산지는 남아메리카로 신대륙을 발견한 콜럼버스에 의해 유럽 전역으로 전파되었다.

10 단어 관계 두 단어 유추

정답 | ③

해설 | 편향은 한쪽으로 치우침을 뜻하고 중도는 한쪽으로 치우치지 않은 바른 길을 뜻하므로 서로 반의관계이다. 선택지 중에서 반의관계에 해당하는 것은 순종과 거역이다. ①, ②, ④, ⑤는 유의관계이다.

11 단어 관계 두 단어 유추

정답 | ④

해설 | 파스타는 물과 밀가루를 사용하여 만드는 이탈리아 국수요리를 총칭하는 말로 스파게티, 라자냐, 마카로니 등이 모두 파스타의 범주에 속한다. 따라서 상하관계에 해당되는 것을 찾으면 한복과 마고자이다. 사탕과 국화는 서로 범주가 다른 이종관계, 빙모와 장모, 우유와 밀크는 유의관계, 보다와 읽다는 중심의미와 주변의미의 관계이다.

12 단어 관계 두 단어 유추

정답 | ②

해설 | 연목구어(緣木求魚)는 나무에 올라가서 물고기를 잡는다는 뜻으로, 도저히 불가능한 일을 굳이 하려 함을 비유적으로 이르는 말이다. 경전하사(鯨戰蝦死)는 고래 싸움에 새우 등 터진다는 뜻으로, 강한 자끼리 서로 싸우는 통에 아무 상관도 없는 약한 자가 해를 입음을 비유적으로 이르는 말이다.

오답 피해가기 |

① 화용월태(花容月態) : 아름다운 여인의 얼굴과 맵시를 이르는 말.

③ 상전벽해(桑田碧海) : 뽕나무 밭이 푸른 바다가 된다는 뜻으로, 세상일의 변천이 심함을 비유적으로 이르는 말.

④ 교주고슬(膠柱鼓瑟) : 아교풀로 비파나 거문고의 기러기발을 붙여 놓으면 음조를 바꿀 수 없다는 뜻으로, 고지식하여 조금도 융통성이 없음을 이르는 말.

⑤ 단순호치(丹脣皓齒) : 붉은 입술과 하얀 치아라는 뜻으로, 아름다운 여자를 이르는 말.

13 단어 관계 두 단어 유추

정답 | ②

해설 | 구속(행동이나 의사의 자유를 제한하거나 속박함)과 방면(붙잡아 가두었던 사람을 놓아줌), 민속(민첩한 행동, 빠른 속도)과 지둔(굼뜨고 미련함)은 반의관계이다. 사원과 사찰은 절을 뜻하는 유의어이다.

14 단어 관계 두 단어 유추

정답 | ①

해설 | 물고기를 잡기 위해서는 지렁이가 필요하고, 불을 피우기 위해서는 나무가 필요하다.

오답 피해가기 |

⑤ 얼음을 만들기 위해서는 물이 필요하지만, 순서가 바뀌었으므로 정답이 아니다.

15 단어 관계 세 단어 유추

정답 | ③

해설 | 철로 솥을 만들고, 솥으로 밥을 짓는다. 마찬가지로 종이로 책을 만들고 책을 통해 지식을 얻으므로 ③이 정답이 된다.

16 단어 관계 두 단어 유추

정답 | ②, ④

해설 | 견원지간(犬猿之間)은 개와 원숭이의 사이라는 뜻으로, 사이가 매우 나쁜 두 관계를 비유적으로 이르는 말이다. 양두구육(羊頭狗肉)은 양의 머리를 걸어놓고 개고기를 판다는 뜻으로, 겉보기만 그럴듯하게 보이고 속은 변변치 않음을 이르는 말이다.

오답 피해가기 |

① 궁조입회(窮鳥入懷) : 쫓긴 새가 품 안에 날아든다는 뜻으로, 궁한 사람이 와서 의지함을 이르는 말.

③ 토영삼굴(兎營三窟) : 토끼가 위기에서 벗어나기 위해 세 개의 굴을 파 놓아둔다는 뜻으로, 자신의 안전을 위하여 미리 몇 가지 대비책을 짜놓음을 이르는 말.

④ 호가호위(狐假虎威) : 여우가 호랑이의 위세를 빌려 호기를 부린다는 뜻으로, 남의 권세를 빌려 위세를 부림을 이르는 말.

⑤ 운룡풍호(雲龍風虎) : 구름을 타고 하늘로 오르는 용과 바람을 타고 달리는 범이라는 뜻으로, 의기와 기질이 서로 맞거나 성주가 현명한 신하를 얻음을 이르는 말.

17 단어 관계 두 단어 유추

정답 | ④, ②

해설 | 국가의 3요소는 국민, 영토, 주권이고, 생산의 3요소는 노동, 자본, 토지이다.

• ILO : 국제노동기구(International Labor Organization)

18 단어 관계 두 단어 유추

정답 | ③, ②

해설 | 국가와 국화를 연결하는 문제이다. 네덜란드의 국화는 튤립이므로 A에는 튤립이 들어가야 하고, 장미는 영국의 국화이므

정답 및 해설

로 B에는 영국이 들어가야 한다.

19 단어 관계 | 두 단어 유추
| 정답 | ③, ①
| 해설 | A의 선택지를 보았을 때 ①, ②, ⑤가 검약과 유의한 뜻을 가지므로 유의관계는 아님을 알 수 있다. 따라서 반의관계인 단어들을 연결하면 된다. 검약은 돈이나 물건, 자원 따위를 아껴 쓴다는 의미이므로 낭비와 반의관계이고, 산재는 여기저기 흩어져 있다는 뜻이므로 밀집과 반의관계이다.

20 단어 관계 | 단어 관계 유추
| 정답 | ①
| 해설 | 찬성과 반대는 반의관계이므로, 관점과 유의관계가 되는 견지가 답이 된다.
- 관점(觀點) : 사물이나 현상을 관찰할 때, 그 사람이 보고 생각하는 태도나 방향 또는 처지.
- 견지(見地) : 어떤사물을 판단하거나 관찰하는 입장.

21 단어 관계 | 단어 관계 유추
| 정답 | ⑤
| 해설 | 창출과 생성은 유의관계이므로 상행의 반의관계가 되는 하행이 답이 된다.
- 상행(上行) : 위쪽으로 올라감.
- 하행(下行) : 아래쪽으로 내려감.

22 단어 관계 | 단어 관계 유추
| 정답 | ②
| 해설 | 기우와 노파심, 영향과 여파, 탐닉과 몰입, 보조개와 볼우물은 모두 유의관계가 성립하지만 교환과 환불은 서로 유의관계가 아니므로 나머지와 상관관계가 다르게 연결되었다.

23 단어 관계 | 단어 관계 유추
| 정답 | ④
| 해설 | 대서양과 지중해는 상하관계에 있고, 나머지는 모두 구성요소로 이루어져 있다.
| 오답 피해가기 |
① 연극의 3요소는 무대, 관객, 배우이다.
② 국가의 구성요소는 국민, 영토, 주권이다.
③ 지방자치는 지역, 자치권, 자치사무, 지방자치단체와 주민, 자치기관, 자치재원 등으로 이루어진다.
⑤ 음악의 3요소는 멜로디, 리듬, 하모니이다.

24 단어 관계 | 단어 관계 유추
| 정답 | ④
| 해설 | 다른 선택지들은 모두 기생관계에 있지만 청솔모와 도토리는 공생관계에 있으므로 나머지와 상관관계가 다르게 연결되었다. 도토리는 청솔모의 식량이고, 청솔모가 먹다 남긴 도토리의 일부에서 도토리가 자란다.

25 단어 관계 | 단어 관계 유추
| 정답 | ③
| 해설 | 여권을 발급하다, 죄수를 석방하다, 사전을 편찬하다, 소포를 개봉하다. 이는 모두 앞의 말이 뒤의 말과 호응하여 목적어와 서술어의 관계를 이루고 있다. 하지만 ③은 절도의 결과로 재판이 발생한 것이므로 나머지와 다른 관계라고 할 수 있다.

26 단어 관계 | 단어 관계 유추
| 정답 | ②
| 해설 | ①, ③, ④, ⑤에서 세 번째 단어는 첫 번째와 두 번째 단어를 이용해서 할 수 있는 것이다. 즉, 옷감과 홍두깨(옷감을 감아 다듬이질할 때 쓰는 도구)로 다듬이질을 할 수 있고, 공책과 펜으로 필기를 할 수 있으며, 셔틀콕과 라켓을 가지고 배드민턴을 할 수 있고, 드럼과 스틱으로 연주를 할 수 있다. 그런데 다듬이질, 필기, 배드민턴, 연주와 같은 것은 사람의 힘으로 이루어지는 활동인 반면, ②의 연소는 사람의 힘없이 나무와 불만 있어도 일어나는 현상이므로 다른 선택지와 관계가 같지 않다.

27 단어 관계 | 단어 관계 유추
| 정답 | ④
| 해설 | ①, ②, ③, ⑤는 각각 소설, 힘, 색, 경제의 3요소로, 셋 중 하나라도 빠지면 상위개념의 형성 조건을 충족할 수 없다는 공통점이 있다. 즉, 인물·사건·배경이 있어야 소설이 되고, 힘의 크기·방향·작용점이 있어야 힘이 존재한다. 또한, 모든 색의 색상은 색상·채도·명도로 표현되며, 가계·기업·국가가 갖추어져야 경제가 성립된다. 반면, ④는 문장의 성분인데, 주어와 서술어로만 구성된 '영희는 예쁘다'와 같이, 목적어는 문장을 만드는 데 필수적인 요소는 아니다.

28 단어 관계 | 단어 관계 유추
| 정답 | ④
| 해설 | ①은 출판 과정, ②는 상품의 이동 과정, ③은 헤겔의 논리적 전개 과정, ⑤는 곤충의 성장 과정으로, 각 과정은 대체로 순차적으로 진행된다는 공통점이 있다. 반면 ④는 물리·화학적 변화를 열거하였으나, 나열된 각 과정이 순차적으로 연결되는 것은 아니며 각각 개별적인 현상으로 나타나기도 한다.

29 단어 관계 | 단어 관계 유추
| 정답 | ①
| 해설 | 세 번째 단어는 첫 번째, 두 번째 단어의 용도이다. 달력과 시계는 장식의 기능도 있지만 주된 목적은 정보 전달이다.

30 단어 관계 | 단어 관계 유추
| 정답 | ③
| 해설 | '성김'은 공간적으로 사이가 뜬 것을 의미하고, '빽빽함'은 사이가 비좁고 촘촘한 것을 가리킨다. 따라서 이 두 단어의 관계는 반의관계이다. 그러나 '넉넉하다-푼푼하다'는 두 단어 모두 '여유가 있고 넉넉하다'의 뜻으로 유의관계이다.

31 단어 관계 | 단어 관계 유추
| 정답 | ⑤
| 해설 | '기업'과 '이익'의 관계는 기업의 목적은 이익 추구에 있다는 것이다. 마찬가지로 정당의 목적 역시 정권 획득에 있으므로 가장 유사한 관계라고 할 수 있다.

Theme 06 한자어

발전문제   문제 62쪽

01 ②	02 ①	03 ①	04 ①	05 ④
06 ③	07 ④	08 ①	09 ④	10 ②
11 ②	12 ②	13 ⑤	14 ①	15 ②
16 ⑤	17 ③	18 ②	19 ②	20 ④
21 ④	22 ②	23 ②	24 ②	25 ①

01 한자어 | 부수 찾기
| 정답 | ②
| 해설 | 載(실을 재)의 부수는 車(수레 거)이다.

02 한자어 | 부수 찾기
| 정답 | ①
| 해설 | 收(거둘 수)의 부수는 攵(등글월 문)이다.

 보충 플러스+
手(손 수)가 부수로 쓰일 때 扌(재방 변)으로 바뀌어 쓰인다.

03 한자어 | 부수 결합하기
| 정답 | ①
| 해설 | 史(사기 사)의 부수는 口(입 구), 羌(오랑캐 강)의 부수는 羊(양 양)이다. 따라서 두 부수를 결합하여 만든 한자는 善(착할 선)이다.
| 오답 피해가기 |
② 只(다만 지) ③ 呒(분명하지 않을 무) ④ 钯(포 파)
⑤ 吣(침 침)

04 한자어 | 한자의 음뜻
| 정답 | ①
| 해설 | 晝(낮 주), 夜(밤 야)
| 오답 피해가기 |
② 旦(아침 단) ③ 畫(그림 화) ④ 盡(다할 진) ⑤ 朝(아침 조)

05 한자어 | 한자의 음뜻
| 정답 | ④
| 해설 | 進(나아갈 진)과 반대의 뜻을 가진 한자는 ④의 退(물러날 퇴)이다.
| 오답 피해가기 |
① 道(길 도) ② 代(대신할 대) ③ 運(움직일 운)
⑤ 落(떨어질 락)

06 한자어 | 한자의 음뜻
| 정답 | ③
| 해설 | 受(받을 수)
| 오답 피해가기 |
① 攻(칠 공) ② 撻(때릴 달) ④ 打(칠 타) ⑤ 毆(때릴 구)

07 한자어 | 한자의 음뜻
| 정답 | ④
| 해설 | 尊重(높을 존, 무거울 중)
| 오답 피해가기 |
① 존경(尊 높을 존, 敬 공경 경) : 남의 인격, 사상, 행위 따위를 받들어 공경함.
② 숭상(崇 높을 숭, 尙 오히려 상) : 높여 소중히 여김.
③ 준량(駿 준걸 준, 良 어질 량) : 다른 사람들보다 뛰어나게 어진 사람.
⑤ 귀중(貴 귀할 귀, 重 무거울 중) : 귀하고 중요함.

08 한자어 | 한자의 음뜻
| 정답 | ①
| 해설 | 工(장인 공)-共(한가지 공)

정답 및 해설

| 오답 피해가기 |
② 弱(약할 약) - 育(기를 육)
③ 九(아홉 구) - 各(각각 각)
④ 明(밝을 명) - 無(없을 무)
⑤ 問(물을 문) - 民(백성 민)

09 한자어 한자의 음뜻
| 정답 | ④
| 해설 | 固(굳을 고) - 困(곤할 곤)
| 오답 피해가기 |
① 感(느낄 감) - 減(덜 감)
② 成(이룰 성) - 性(성품 성)
③ 雨(비 우) - 友(벗 우)
⑤ 眉(눈썹 미) - 米(쌀 미)

10 한자어 한자의 음뜻
| 정답 | ②
| 해설 | • 信任(믿을 신, 맡길 임) : 믿고 일을 맡김. 또는 그 믿음.
• 新任(새 신, 맡길 임) : 새로 임명되거나 새로 취임함. 또는 그 사람.
| 오답 피해가기 |
① 收去(거둘 수, 갈 거) : 거두어 감.
③ 委任(맡길 위, 맡길 임) : 어떤 일을 책임 지워 맡김. 또는 그 책임.
④ 植栽(심을 식, 심을 재) : 초목을 심어 재배함.
⑤ 信印(믿을 신, 도장 인) : 거짓 없이 진실하다는 것을 나타내는 표적.

11 한자어 올바른 한자어 찾기
| 정답 | ②
| 해설 | 感動(느낄 감, 움직일 동) : 크게 느끼어 마음이 움직임.
| 오답 피해가기 |
① 甘受(달 감, 받을 수) : 책망이나 괴로움 등을 달갑게 받아들임.
③ 行動(다닐 행, 움직일 동) : 몸을 움직여서 동작을 하거나 어떤 일을 함.
④ 減少(덜 감, 적을 소) : 양이나 수치가 줄어듦.
⑤ 感情(느낄 감, 뜻 정) : 어떤 현상에 대하여 느끼는 기분.

12 한자어 올바른 한자어 찾기
| 정답 | ②
| 해설 | 喪失(잃을 상, 잃을 실)
| 오답 피해가기 |
① 授受(줄 수, 받을 수) ③ 深淺(깊을 심, 얕을 천)
④ 賣買(팔 매, 살 매) ⑤ 是非(옳을 시, 아닐·그를 비)

한자어의 구조

유사관계
서로 같거나 비슷한 뜻을 가진 한자가 나란히 놓여 이루어진 것
家屋(집 가, 집 옥), 改革(고칠 개, 가죽·고칠 혁), 共同(한가지 공, 한가지 동), 巨大(클 거, 클 대), 群衆(무리 군, 무리 중), 到達(이를 도, 통달할·이를 달), 明朗(밝을 명, 밝을 랑), 美麗(아름다울 미, 고울·아름다울 려), 變革(변할·고칠 변, 가죽·고칠 혁), 生活(살 생, 살 활), 星辰(별 성, 때 신/별 진), 溫暖(따뜻할 온, 따뜻할 난)/溫煖(따뜻할 온, 더울·따뜻할 난), 宇宙(집 우, 집 주), 援助(도울 원, 도울 조), 正直(바를 정, 곧을·바를 직), 淸淨(맑을 청, 깨끗할·맑을 정), 衝突(찌를·부딪칠 충, 갑자기·부딪칠 돌), 土地(흙·땅 토, 땅 지), 販賣(팔 판, 팔 매), 寒冷(찰 한, 찰 랭), 海洋(바다 해, 큰 바다 양), 繪畫(그림 회, 그림 화), 希望(바랄 희, 바랄 망) 등

대립관계
서로 반대되는 한자로 이루어진 것
加減(더할 가, 덜 감), 强弱(강할 강, 약할 약), 開閉(열 개, 닫을 폐)/開闔(열 개, 문짝·닫을 합), 高低(높을 고, 낮을 저), 多少(많을 다, 적을 소), 大小(클 대, 작을 소), 買賣(살 매, 팔 수), 賞罰(상줄 상, 벌할 벌), 上下(윗 상, 아래 하), 善惡(착할 선, 악할 악), 臧否(착할 장, 아닐 부), 勝敗(이길 승, 패할 패), 是非(이·옳을 시, 아닐·그를 비), 當否(마땅 당, 아닐 부), 適否(맞을 적, 아닐 부), 緩急(느릴 완, 급할 급), 往來(갈 왕, 올 래), 優劣(넉넉할·뛰어날 우, 못할 열)/勝劣(이길 승, 못할 렬), 有無(있을 유, 없을 무), 因果(인할 인, 실과·결과 과), 陰陽(그늘 음, 볕 양), 贊反(도울 찬, 돌이킬·뒤집을·반대할 반), 出入(날 출, 들 입), 黑白(검을 흑, 흰 백), 喜悲(기쁠 희, 슬플 비) 등

13 한자어 올바른 한자어 찾기
| 정답 | ⑤
| 해설 | 돈의 액수를 표시하거나 시험을 채점할 때 획을 긋는 등 부정 방지를 위해 획을 더 많이 써서 모양이 다른 한자를 만들었는데, 이를 '갖은자'라고 한다. 획을 추가하여 변형하기 쉬운 1, 2, 3, 10, 1,000을 주로 사용한다.

보충 플러스+
• 一 → 壹 : 한 일 • 二 → 貳 : 두 이
• 三 → 參 : 석 삼 • 十 → 拾 : 열 십
• 千 → 仟 : 일천 천

14 한자어 올바른 한자어 찾기
| 정답 | ①
| 해설 | 授受(줄 수, 받을 수)
| 오답 피해가기 |
② 與受(더불 여, 받을 수) : 거두어서 받음.
③ 哀愁(슬플 애, 근심 수) : 마음을 서글프게 하는 슬픈 시름.
④ 秀麗(빼어날 수, 고울 려) : 빼어나게 아름다움.

⑤ 殊常(다를 수, 떳떳할 상) : 보통과는 달리 이상하여 의심스러움.

15 [한자어] 올바른 한자어 찾기

| 정답 | ②

| 해설 | ㉠ 老人(늙을 노(로), 사람 인), ㉡ 白髮(흰 백, 터럭 발)

| 오답 피해가기 |

① ㉠ : 靑年(푸를 청, 해 년(연)), ㉡ : 白髮(흰 백, 터럭 발)
③ ㉠ : 子息(아들 자, 쉴 식), ㉡ : 長髮(길 장, 터럭 발)
④ ㉠ : 停年(머무를 정, 해 년(연)), ㉡ : 潔白(깨끗할 결, 흰 백)
⑤ ㉠ : 老人(늙을 노(로), 사람 인), ㉡ : 白旗(흰 백, 기 기)

16 [한자] 빈칸 채우기

| 정답 | ⑤

| 해설 | 靑出於藍(청출어람) : 쪽에서 뽑아낸 푸른 물감이 쪽보다 더 푸르다는 뜻으로, 제자가 후배가 스승이나 선배보다 나음을 비유적으로 이르는 말.

| 오답 피해가기 |

① 黃(누를 황) ② 赤(붉을 적) ③ 綠(푸를 녹) ④ 紫(자줏빛 자)

17 [한자어] 한자성어와 속담

| 정답 | ③

| 해설 | 良藥苦口(양약고구) : 좋은 약은 입에 쓰다는 뜻으로, 충언(忠言)은 듣기에 거슬리지만 자신에게 이로움을 이르는 말.

18 [한자어] 한자성어와 속담

| 정답 | ②

| 해설 | 走馬看山(주마간산) : 말을 타고 달리며 산천을 구경한다는 뜻으로, 자세히 살펴보지 아니하고 대충대충 보고 지나감을 이르는 말.

19 [한자어] 한자성어 고르기

| 정답 | ②

| 해설 | 臥薪嘗膽(와신상담) : 불편한 섶에 몸을 눕히고 쓸개를 맛본다는 뜻으로, 원수를 갚거나 마음먹은 일을 이루기 위하여 온갖 어려움과 괴로움을 참고 견딤을 이르는 말.

| 오답 피해가기 |

① 九曲肝腸(구곡간장) : 굽이굽이 서린 창자라는 뜻으로, 깊은 마음속 또는 시름이 쌓인 마음속을 비유적으로 이르는 말.
③ 朝令暮改(조령모개) : 아침에 명령을 내렸다가 저녁에 다시 고친다는 뜻으로, 법령을 자꾸 고쳐서 갈피를 잡기가 어려움을 이르는 말.
④ 樂山樂水(요산요수) : 산수(山水)의 자연을 즐기고 좋아함.
⑤ 多岐亡羊(다기망양) : 갈림길이 많아 잃어버린 양을 찾지 못한

는 뜻으로, 두루 섭렵하기만 하고 전공하는 바가 없어 끝내 성취하지 못함을 이르는 말.

20 [한자어] 한자성어 고르기

| 정답 | ④

| 해설 | 轉禍爲福(구를 전, 재화 화, 할 위, 복 복) : 재앙과 화난이 바뀌어 오히려 복이 된다는 뜻으로, 어떤 불행한 일이라도 끊임없는 노력과 강인한 의지로 힘쓰면 불행을 행복으로 바꾸어 놓을 수 있음을 이르는 말.

21 [한자어] 내용에 맞는 한자성어 찾기

| 정답 | ④

| 해설 | 발본색원(拔本塞源) : 좋지 않은 일의 근본 원인이 되는 요소를 완전히 없애 버려서 다시는 그러한 일이 생길 수 없도록 함.

| 오답 피해가기 |

① 박이부정(博而不精) : 널리 알지만 정밀하지는 못함.
② 부화뇌동(附和雷同) : 줏대 없이 남의 의견에 따라 움직임.
③ 도탄지고(塗炭之苦) : 진구렁에 빠지고 숯불에 타는 괴로움을 이르는 말.
⑤ 갑론을박(甲論乙駁) : 여러 사람이 서로 자신의 주장을 내세우며 상대편의 주장을 반박함.

22 [한자어] 내용에 맞는 한자성어 찾기

| 정답 | ②

| 해설 | 표리부동(表裏不同) : 겉으로 드러나는 언행과 속으로 가지는 생각이 다름.

| 오답 피해가기 |

① 呼兄呼弟(호형호제) : 서로 형이니 아우니 하고 부른다는 뜻으로, 매우 가까운 친구로 지냄을 이르는 말.
③ 肝膽相照(간담상조) : 간과 쓸개를 서로 비춰 보인다는 뜻으로, 서로 속마음을 털어놓고 친하게 사귐을 이르는 말.
④ 朋友有信(붕우유신) : 친구와 친구 사이의 도리는 믿음에 있음을 이르는 말.
⑤ 莫逆之間(막역지간) : 막역한 벗의 사이.

23 [한자어] 내용에 맞는 한자성어 찾기

| 정답 | ②

| 해설 | 지호지간(指呼之間) : 손짓하여 부를 만큼 가까운 거리.

| 오답 피해가기 |

① 교언영색(巧言令色) : 아첨하는 말과 알랑거리는 태도.
③ 도청도설(道聽塗說) : 길에서 듣고 길에서 말한다는 뜻으로, 길거리에 퍼져 돌아다니는 뜬소문을 이르는 말.
④ 일취월장(日就月將) : 나날이 다달이 자라거나 발전함.

정답 및 해설

⑤ 역지사지(易地思之) : 처지를 바꾸어서 생각하여 봄.

24 [한자어] 내용에 맞는 한자성어 찾기
| 정답 | ④

| 해설 | 제시된 글은 한국의 전통문화가 근대화의 과정에서 전통의 유지·변화에 따른 입장에 따라 진보주의와 보수주의로 나뉘어 견해가 상반되었으나, 전통문화의 변화 문제는 어느 한쪽의 입장에서가 아닌 사회 구조의 변화에 따라 분석하고 판단하는 것이 중요하다고 밝히고 있다. 따라서 세상의 변화에 맞추어 함께 변화함을 뜻하는 '여세추이(與世推移)'와 그 입장이 가장 유사하다.

| 오답 피해가기 |

① 격세지감(隔世之感) : 오래지 않은 동안에 몰라보게 변하여 아주 다른 세상이 된 것 같은 느낌.
② 진퇴유곡(進退維谷) : 이러지도 저러지도 못하고 꼼짝할 수 없는 궁지.
③ 탁상공론(卓上空論) : 현실성이 없는 허황한 이론이나 논의.
⑤ 부화뇌동(附和雷同) : 줏대 없이 남의 의견에 따라 움직임.

25 [한자어] 내용에 맞는 한자성어 찾기
| 정답 | ①

| 해설 | 빈칸의 앞뒤 내용을 보면, 앞부분에는 환경과 교육이 사람을 만든다는 엘베시우스의 말이 자녀 교육에 관심 많은 사람에게 '금과옥조'처럼 와 닿는다 했고, 뒷부분에서는 좋은 환경이 아이를 모두 영재로 키울 수 있는가에 대한 질문이 제시되어 있다. 따라서 빈칸에는 환경과 교육이 사람을 만든다는 말을 중요하게 생각한다는 뜻을 내포하는 한자성어가 들어가야 하므로, 규칙 등을 금이나 옥처럼 귀중히 여김을 뜻하는 '금과옥조(金科玉條)'가 가장 적절하다.

| 오답 피해가기 |

② 계란유골(鷄卵有骨) : 달걀에도 뼈가 있다는 뜻으로, 운수가 나쁜 사람은 모처럼 좋은 기회를 만나도 역시 일이 잘 안됨을 이르는 말이다.
③ 경당문노(耕當問奴) : 농사일은 당연히 머슴에게 물어보아야 한다는 뜻으로, 모르는 일은 잘 아는 사람에게 상의하여야 함을 이르는 말이다.
④ 유방백세(流芳百世) : 꽃다운 이름이 후세까지 길이 남음을 이르는 말.
⑤ 권토중래(捲土重來) : 어떤 일에 실패한 뒤에 힘을 가다듬어 다시 그 일에 착수함을 비유하여 이르는 말.

실력다지기
문제 66쪽

01 ①	02 ①	03 ③	04 ②	05 ④
06 ②	07 ⑤	08 ③	09 ①	10 ③
11 ①	12 ④	13 ②	14 ①	15 ④

01 [유의어] 유사한 어휘 찾기
| 정답 | ①

| 해설 | '파탄하다'는 일이나 계획 등이 원만하게 진행되지 못하고 중도에서 잘못됨을 뜻하므로 '그릇되다'의 유의어이다.

02 [유의어] 유사한 어휘 찾기
| 정답 | ①

| 해설 | 알력(軋轢)은 수레바퀴가 삐걱거린다는 뜻으로, 서로 의견이 맞지 않아 사이가 안 좋거나 충돌하는 것을 이르는 말이다. 따라서 두 가지 이상의 기회나 목표가 충돌하는 상태인 갈등(葛藤)과 유의어이다.

| 오답 피해가기 |

② 전력(全力) : 모든 힘.
③ 전쟁(戰爭) : 국가와 국가, 또는 교전 단체들 사이에 무력을 사용하여 싸움.
④ 협상(協商) : 어떤 목적에 부합되는 결정을 하기 위하여 여럿이 서로 의논함.
⑤ 봉기(蜂起) : 벌 떼처럼 떼 지어 세차게 일어남.

03 [반의어] 반대되는 어휘 찾기
| 정답 | ③

| 해설 | '관례(慣例)'는 전부터 해 내려오던 전례(前例)가 관습으로 굳어진 것을 뜻하는 말로, 보통에서 벗어난 특이한 예를 의미하는 이례(異例)와 반의어이다.

| 오답 피해가기 |

① 상례(常例) : 보통 있어 온 일.
② 전례(前例) : 예로부터 전하여 내로오는 일 처리의 관습.
④ 사례(事例) : 어떤 일이 전에 실제로 일어난 예.
⑤ 범례(範例) : 예시하여 모범으로 삼는 것.

04 [반의어] 반대되는 어휘 찾기
| 정답 | ②

| 해설 | '개국(開國)'은 새로 나라를 세우거나 나라의 문호를 열어 다른 나라와 교류한다는 의미로, 다른 나라와의 교역과 통상을 금한다는 뜻의 쇄국(鎖國)과 반의어이다.

| 오답 피해가기 |

① 건국(建國) : 나라가 세워짐.
③ 소국(小國) : 국력이 약하거나 국토가 작은 나라.
④ 입국(立國) : 자기 나라 또는 남의 나라 안으로 들어감.
⑤ 외국(外國) : 자기 나라가 아닌 다른 나라.

05 단어 관계 ― 단어 관계 유추

| 정답 | ④

| 해설 | 풋내기는 어떤 일에 경험이 적어 서투른 사람을 이르는 말로, 새로 부화된 병아리를 가리키는 햇병아리는 풋내기를 비유적으로 이르는 말로 쓰여 둘은 유의관계이다. 볼우물은 보조개의 순우리말이므로 유의관계이고 혼란과 혼잡, 참담과 비탄, 논평과 평론도 각각 유의관계이다. 그러나 선구자는 어떤 일의 선두로 먼저 선 사람이고, 예언자는 앞으로 다가올 일을 미리 짐작하여 말하는 사람이므로 유의관계가 아니다.

06 단어 관계 ― 한 단어 유추

| 정답 | ②

| 해설 | 마차는 말이 끄는 수레이고, 쟁기는 논밭을 가는 데 쓰는 농기구이다. 우리 농촌에서는 보통 소가 쟁기를 끌도록 하여 재배할 땅을 가는 데 많이 사용하였다.

07 다의어 ― 유사한 쓰임 찾기

| 정답 | ⑤

| 해설 | 제시된 문장과 ⑤의 '굳다'는 '근육이나 뼈마디가 뻣뻣하게 되다.'라는 의미로 쓰였다.

| 오답 피해가기 |
①, ④ 무른 물질이 단단하게 되다.
② 표정이나 태도 등이 부드럽지 못하고 딱딱하여지다.
③ 돈이나 쌀 등이 헤프게 없어지지 아니하고 자기의 것으로 계속 남게 되다.

08 다의어 ― 유사한 쓰임 찾기

| 정답 | ③

| 해설 | 제시된 문장과 ③의 '박다'는 '한곳을 뚫어지게 바라보다.'는 의미로 쓰였다.

| 오답 피해가기 |
① 머리나 얼굴 등을 깊이 숙이거나 눌러서 대다.
② 자기 쪽 사람을 은밀히 넣어 두다.
④ 머리 등을 부딪치다.
⑤ 음식에 소를 넣다.

09 다의어 ― 유사한 쓰임 찾기

| 정답 | ①

| 해설 | 제시된 문장과 ①의 '쏟다'는 '마음속에 품고 있는 생각이나 말을 밖으로 드러내다.'는 의미로 쓰였다.

| 오답 피해가기 |
② 어떠한 액체나 물질을 그것이 담겨 있던 용기에서 바깥으로 나오게 하다.
③ 눈물이나 피, 땀 등을 많이 흘리다.
④ 햇볕이나 비 등을 강하게 비치게 하거나 내리게 하다.
⑤ 앞으로 넘어질 것처럼 몸을 숙이다.

10 단어 의미 ― 문맥에 맞는 어휘 고르기

| 정답 | ③

| 해설 | • 의향(意向) : 마음이 향하는 바. 무엇을 하려는 생각.
• 마음 : 사람이 어떤 일에 대하여 가지는 관심.

| 오답 피해가기 |
① 견해(見解) : 어떤 사물이나 현상에 대한 자기의 의견이나 생각.
② 의도(意圖) : 무엇을 하고자 하는 생각이나 계획.
④ 의의(意義) : 말이나 글의 속뜻.
⑤ 의견(意見) : 어떤 대상에 대하여 가지는 생각.

11 단어 의미 ― 어휘 채우기

| 정답 | ①

| 해설 | • 두 사람은 전깃줄에 감전되듯 사랑의 감정이 (증폭)되기 시작했다.
• 합성 세제 사용의 (증가)로 인해 수질 오염이 더욱 악화되었다.
• 그 나라의 대통령은 약해진 국력의 (증진)에 힘쓰겠다고 하였다.
• 그 영화배우는 덩치 큰 캐릭터를 연기하기 위해 몸무게를 (증량)하였다.
• 그 기업은 신기술 도입을 통해 생산력을 (증가)시켜 경쟁력을 강화하였다.
① 증액(增額) : 돈의 액수를 늘림.

| 오답 피해가기 |
② 증폭(增幅) : 사물의 범위가 늘어나 커짐.
③ 증진(增進) : 기운이나 세력 등이 점점 더 늘어 가고 나아감.
④ 증가(增加) : 양이나 수치가 늚.
⑤ 증량(增量) : 수량이나 무게가 수량이나 무게를 늘림.

12 단어 의미 ― 어휘 채우기

| 정답 | ④

| 해설 | • 우리는 당 대표의 뜻에 필사적으로 (찬동, 찬성)의 뜻을 표명하였다.
• 우리는 그 법안에 절대 (찬성)할 수 없다.
• 선희는 대학교 장학재단에서 학비 (보조)를 받게 되었다.
• 제갈량의 현명한 (보좌, 보조)가 없었다면 유비는 촉나라를 세

정답 및 해설

우지 못했을 것이다.
④ 참고(參考) : 살펴서 생각함. 살펴서 도움이 될 만한 재료로 삼음.

| 오답 피해가기 |
① 찬성(贊成) : 어떤 행동이나 견해, 제안 등이 옳거나 좋다고 판단하여 수긍함.
② 찬동(贊同) : 어떤 행동이나 견해 등이 옳거나 좋다고 판단하여 그에 뜻을 같이함.
③ 보조(補助) : 보태어 도움.
⑤ 보좌(補佐) : 상관을 도와 일을 처리함.

13 한자 부수 결합하기

| 정답 | ②

| 해설 | • 斎(재계할 재)의 부수는 文(글월 문), 巽(부드러울 손)의 부수는 己(몸 기)이다. 따라서 두 부수를 결합한 改(고칠 개)가 정답이다.

| 오답 피해가기 |
① 壺(병 호)의 부수 : 士(선비 사)
③ 景(볕 경)의 부수 : 日(날 일)
④ 貢(바칠 공)의 부수 : 貝ㅈ(조개 패)
⑤ 都(도읍 도)의 부수 : 阝(우부 방)

14 한자 한자성어 고르기

| 정답 | ①

| 해설 | 이전투구(泥田鬪狗) : 진흙탕에서 싸우는 개라는 뜻으로, 자기의 이익을 위하여 비열하게 다툼을 비유적으로 이르는 말.

| 오답 피해가기 |
② 약육강식(弱肉强食) : 약한 자가 강한 자에게 먹힌다는 뜻으로, 강한 자가 약한 자를 희생시켜서 번영하거나, 약한 자가 강한 자에게 끝내는 멸망됨을 이르는 말.
③ 조삼모사(朝三暮四) : 간사한 꾀로 남을 속이고 희롱함을 이르는 말.
④ 설왕설래(說往說來) : 서로 변론을 주고받으며 옥신각신함. 또는 말이 오고 감.
⑤ 애걸복걸(哀乞伏乞) : 소원 따위를 들어 달라고 애처롭게 사정하며 간절히 빎.

15 한자어 내용에 맞는 한자성어 찾기

| 정답 | ④

| 해설 | ㉠ 파죽지세(破竹之勢) : 대를 쪼개는 기세라는 뜻으로, 적을 거침없이 물리치고 쳐들어가는 기세를 이르는 말.
㉡ 부화뇌동(附和雷同) : 줏대 없이 남의 의견에 따라 움직임.

| 오답 피해가기 |
① 하석상대(下石上臺) : 아랫돌 빼서 윗돌 괴고 윗돌 빼서 아랫돌 괸다는 뜻으로, 임시변통으로 이리저리 둘러맞춤을 이르는 말.
② 견강부회(牽强附會) : 이치에 맞지 않는 말을 억지로 끌어 붙여 자기에게 유리하게 함.
③ 주객전도(主客顚倒) : 주인과 손의 위치가 서로 뒤바뀐다는 뜻으로, 사물의 경중·선후·완급 따위가 서로 뒤바뀜을 이르는 말.
⑤ 가담항설(街談巷說) : 거리나 항간에 떠도는 소문.

Part 2 독해

Theme 01 주제 및 중심 내용

발전문제
문제 82쪽

01 ③	02 ①	03 ③	04 ⑤	05 ④
06 ④	07 ⑤	08 ⑤	09 ①	10 ①
11 ⑤	12 ①	13 ⑤	14 ④	15 ④
16 ②	17 ④	18 ⑤	19 ②	

01 주제 및 중심 내용 | 중심 내용과 속담 연결하기

| 정답 | ③

| 해설 | 핵심 키워드 : (가) 과대광고, 과욕 (나) 가득 채움의 경계, 과욕

(가)는 과대광고와 허위선전을 예로 들어 과욕 경영을 경계할 것을 주장한 글이고, (나)는 조선 시대 도공 우명옥이 만든 계영배를 통해 가득 채움을 경계하고, 과욕을 다스려야 성공할 수 있음을 설명한 글이다. 따라서 (가)와 (나)의 공통된 중심 내용은 욕심을 억제하자는 것이므로 자신과 환경이나 조건이 다른 사람의 사정을 이해하기 어렵다는 의미인 '자기 배부르면 남의 배고픈 줄 모른다'는 속담과는 내용상 관련이 없다.

| 오답 피해가기 |
① 말 타면 경마 잡히고 싶다 : 사람의 욕심이란 한이 없다는 말.
② 욕심은 부엉이 같다 : 욕심이 매우 많음을 비유적으로 이르는 말.
④ 토끼 둘을 잡으려다가 하나도 못 잡는다 : 욕심을 부려 한꺼번에 여러 가지 일을 하려 하면 그 가운데 하나도 이루지 못한다는 말.
⑤ 말 위에 말을 얹는다 : 욕심이 많은 사람을 비유적으로 이르는 말.

02 주제 및 중심 내용 | 공통된 주제 찾기

| 정답 | ①

| 해설 | 핵심 키워드 : (가) 독서, 진실됨 (나) 행실, 행동

(가)의 첫 문장 '독서란 장차 이치를 밝혀서 일에다 펼치려는 것이다'를 통해 주제를 알 수 있다. 책을 노정기에, 행함을 노정기에 따라 말을 몰고 달리는 것에 비유하여 말을 달리지 않고 노정기만 강론한다면 먼 길을 가려는 계획을 이룰 수 없다고 하고 있다. 즉, 책을 읽고 깨달은 바를 실행에 옮기지 않으면 아무런 의미가 없다는 것이다.

(나)의 첫 문장 '성현의 글을 읽는 것은 덕에 나아가고 행실을 닦아 부족한 점을 채우기 위한 것이다'를 통해 주제를 알 수 있다. 좀 더 읽어보면, 책을 한 권 읽었어도 읽은 바를 행실에 적용하지 못하는 것보다 한두 문장만 읽었을지라도 그것을 행실에 옮길 수 있는 것이 더욱 가치 있다고 말하고 있다.

03 주제 및 중심 내용 | 제목 찾기

| 정답 | ③

| 해설 | 핵심 키워드 : 고대 그리스 3대 비극, 기업 경영, 경영철학

이 글은 그리스의 3대 비극을 통해 기업이 배워야 할 점들을 언급하고 있다. 『오이디푸스 왕』을 통해서는 기업 경영의 실패 앞에서 의연할 수 있는 태도를, 『콜로노스의 오이디푸스』를 통해서는 경영자로서의 윤리의식을, 『안티고네』를 통해서는 경영의 혁신적 자세를 배울 점으로 내세우고 있다. 따라서 신화 속에 나타난 그리스인의 정신을 보고 기업이 바른 태도를 지니기를 기대하는 내용의 마지막 문장이 핵심 문장이 된다.

04 주제 및 중심 내용 | 핵심 문제 찾기

| 정답 | ⑤

| 문단 요지 |
1문단 : 인간의 호흡 기관이 불합리한 구조인 것에 대한 의문.
2문단 : 바닷속 동물들의 호흡계 구조 진화 과정.
3문단 : 고등 척추동물로의 호흡계 진화 과정.
4문단 : 타협적으로 구조를 선택하는 진화 방식.

| 해설 | 핵심 키워드 : 인간의 호흡 기관, 진화 과정, 환경에 적응

이 글에서는 인간의 호흡 기관이 질식사의 위험이 있는 불합리한 구조를 갖게 된 원인을 진화 과정에서 찾아 해명하고 있다. 즉, 처음에는 호흡기가 필요하지 않았는데 몸집이 커지면서 호흡기가 생기게 되고 다시 허파가 생기는 식으로 진화가 이루어지다 보니 이상적이고 완벽한 구조와는 거리가 멀어졌다는 것이다.

| 오답 피해가기 |
③ 시작은 이러한 내용을 토대로 접근하고 있지만, 이 글에서 핵심 화제 중 하나는 진화론적 해명이므로 이러한 내용을 포함하고 있어야 한다.
④ 인간의 호흡기는 진화의 결과 질식사의 위험이 있는 구조를 띠고 있으므로 이를 해소시킬 근본적인 방안은 없다.

05 주제 및 중심 내용 | 중심 내용 찾기

| 정답 | ④

| 해설 | 핵심 키워드 : 역사, 이야기식 서술, 문학적 형식, 의미

이 글은 화이트가 주목한 역사의 이야기식 서술에 관한 내용이며, 3문단이 전체 내용을 정리하여 포괄하고 있다. 글을 요약하면 이야기식 서술은 역사에 문학적 형식을 부여하여 역사의 흐름을 인위적으로 구분할 뿐만 아니라 의미도 함께 부여한다는 것이다.

06 주제 및 중심 내용 | 중심 내용 찾기

| 정답 | ④

| 문단 요지 |

정답 및 해설

1문단 : 지구에 도달하는 빛의 세기 측정, 글로벌 디밍 현상 연구.
2문단 : 글로벌 디밍 현상의 원인 연구.
3문단 : 글로벌 디밍이 지속될 경우 예측되는 생태계 변화 우려.

| 해설 | **핵심 키워드** : 햇빛 감소, 글로벌 디밍, 글로벌 워밍

40여 년 전 이스라엘 농업 연구청에서 햇빛의 양이 줄어든 것을 발견한 후, 세계 여러 나라의 기후학자들이 비슷한 연구 결과를 내놓으면서 글로벌 디밍 현상이 발견되었다. 이후 미국 캘리포니아대의 A교수가 공기 중의 오염 입자가 글로벌 디밍의 원인임을 밝혀냈고, 마지막 문단 역시 이산화황 같은 오염 입자가 글로벌 디밍의 원인임을 말하고 있다. 따라서 글의 주제로는 글로벌 디밍의 발견과 원인이 가장 적절하다.

07 　주제 및 중심 내용　 중심 내용 찾기

| 정답 | ⑤
| 문단 요지 |
1문단 : 튀코 브라헤의 관측 동기.
2문단 : 우주에 대한 인간의 관심과 그로 인한 기술의 발달.
3문단 : 우주에 대한 욕망이 가져온 훌륭한 천문학자들의 등장.
4문단 : 인간의 탐구심에 기반한 천문학.

| 해설 | **핵심 키워드** : 흥미, 천문학, 탐구심, 과학적 의식

과학 발전의 배경에는 인간이 지닌 과학적 의식이 있다고 기술하는 글이다. 우선 순수하게 과학적인 동기에서 대규모 관측 장치를 만든 최초의 인물은 튀코 브레헤였지만 그는 점성술 신봉자였다. 그러나 그의 관측 동기는 점성술에서가 아닌 우주에 대한 흥미 때문이었다. 이렇듯 인간은 옛날부터 동기가 무엇이든 우주에 깊은 관심을 갖고 있었다. 그런 동기도, 설비도 한 개인의 능력만으로는 이룰 수 없었기 때문에 부자 권력과 결탁한 빅 사이언스 형태가 된 것이다. 이 글의 주제는 4문단의 '동기가 무엇이든 우주 현상을 관측하기 위해 방대한 지혜와 노력이 천문학에 투입되어 왔고, 그것은 탐구심, 과학적 의식에 기반한 것이다.'이다. 따라서 모든 문단이나 전제 조건 등을 만족하고 있는 ⑤가 정답이 된다.

| 오답 피해가기 |
① 탐구심이 천문학을 뒷받침했다는 것이 이 글의 주제이다. 따라서 이 선택지는 주제의 전제 조건에 지나지 않기 때문에 적절하지 않다.
② 천문학은 빅 사이언스의 성격을 갖고 있었기 때문에 발전할 수 있었다고 언급하고 있다. 그러나 이것도 전제 조건에 그치기 때문에 적절하지 않다.
③ 이 글에서 말하는 구심력, 과학적인 의식이지만 이것만으로는 주제로 인정하기 어렵다. 이 같은 구심력이 천문학을 발전시켰다는 것이 글의 주제이기 때문이다.
④ 글쓴이가 말하고자 하는 내용 중 하나이지만 4문단에 다시 정리된 내용이 나오기 때문에 주제로는 약하다. 글쓴이가 하고자 하는 말은 이 선택지보다 더 자세히 전달하고 있는 선택지가 있기 때문에 적절하지 않다.

08 　주제 및 중심 내용　 중심 내용 찾기

| 정답 | ⑤
| 문단 요지 |
1문단 : 예술의 의의.
2문단 : 예술의 두 가지 기능에 대한 설명.
3문단 : 구체적 사례(근대 이전 문학, 고대 예술).
4문단 : 예술과 사회적 사상을 구분해야 하는 이유(예술의 사회적 기능과 미적 기능의 결부).
5문단 : 예술과 사회적 사상을 구분해야 하는 또 다른 이유.

| 해설 | **핵심 키워드** : 예술, 미적 기능, 사회적 기능, 사회적 사상

4문단의 '만일 그러한 여러 종류의 사회적 기능을~' 이후에 글쓴이의 주장이 나타나 있다. 글쓴이는 예술과 문화적 사상(사회적 사상)이 다르다는 입장이며, 그 둘을 구분 짓는 요소는 예술이 가진 사회적 기능과 미적 기능의 결부에 있다고 진술한다. 5문단에서 추가적인 이유를 덧붙여 설명하고 있지만, 이는 부차적인 것이기 때문에 중심 문장이 될 수 없다.

| 오답 피해가기 |
① 글쓴이의 주장과 반대된다. 4문단에서 사회적 기능을 예술의 전적인 기능이라고 말할 수 없다고 언급하고 있다.
② 글쓴이의 주장을 강화하기 위해 제시한 구체적인 사례에 해당하므로 중심 문장이 될 수 없다.
③ 2문단에 제시되어 있지만 글쓴이의 주장은 아니다.
④ 인과 관계가 잘못되었다. 5문단을 보면, 예술은 가정적 상상의 산물이기 때문에 현실적 산물과 구분되어야 한다고 제시되어 있다.

09 　주제 및 중심 내용　 중심 내용 찾기

| 정답 | ①
| 문단 요지 |
1문단 : 클라크의 산업 분류와 새로운 산업 분류 기준의 필요성.
2문단 : 국가가 제정한 표준산업분류(소비자 관점에 따라)
3문단 : (기술 수준에 따른) 경제협력개발기구의 기준.
4문단 : 새로운 기술 영역의 출현에 따른 산업 변화.
5문단 : 시장 수요의 변화에 따른 산업 변화.
6문단 : 산업의 정의와 분류에 대한 전망.

| 해설 | **핵심 키워드** : 표준산업분류, 경제협력개발기구의 기준, 새로운 기술의 출현

산업을 분류하는 다양한 체계와 기준을 소개하고 그에 대한 전망을 제시한 글이다. 산업 분류 체계와 기준의 신축적이고 실질적인 접근의 필요성을 진술하고 있다.

| 오답 피해가기 |
② 두 가지의 분류에 대한 설명은 제시되어 있지만, 둘을 비교하고 있지는 않다.
③ 4문단의 중심 내용이고, 이 글의 중심 내용은 아니다.

④ 6문단을 보면 산업 분류에 대한 부정적인 견해는 없으므로 답이 아니다. 만약 '부정적'이라는 기술이 없더라도 이 선택지는 6문단에 한정되어 있기 때문에 적절하지 않다.
⑤ 5문단에 '시장 수요'의 측면이라고 제시되어 있으므로 적절하지 않다. 만약 '시장 수요'라고 기술되어 있어도 5문단에 한정되어 있기 때문에 적절하지 않다.

10 주제 및 중심 내용 | 중심 내용 찾기

| 정답 | ①

| 해설 | 핵심 키워드 : 다문화 사회, 패러다임, 다문화주의, 적정 단계
이 글은 우리 사회가 단일 민족 국가에서 다문화 사회로 변화하고 있는 상황 속에서 어떻게 대처해 나가야 하는지에 대하여 언급하고 있다. 또한 다문화주의라는 장기적 목표를 지향하여 중·단기적으로 실시할 수 있는 단계별 정책 목표와 구체적 사업 등의 적정한 정책을 세워 추진해야 함을 강조하고 있다.

11 주제 및 중심 내용 | 중심 내용 찾기

| 정답 | ⑤

| 해설 | 핵심 키워드 : 세균, 영양분, 효능
이 글은 세균에 대해 설명하고 있는 글이다. 세균을 부정적인 면이 아니라, 긍정적인 면에서 서술하고 있다. 특히, 우리 몸속의 세균들이 소화를 시키고, 비타민을 흡수하고, 약효가 제대로 발휘되게 돕는 등의 여러 역할을 통해 우리가 건강할 수 있도록 도움을 주는 것에 대해 구체적으로 설명하고 있다. 따라서 세균이 우리 몸속에서 다양한 역할을 통해 건강을 지켜 주는 것을 알아보자는 내용의 주제가 적절하다.

12 주제 및 중심 내용 | 중심 내용 찾기

| 정답 | ②

| 해설 | 핵심 키워드 : 구조주의, 언어 규제, 랑그, 스틸, 에크리튀르
이 글에서는 구조주의 언어학자인 소쉬르와 소쉬르의 이론을 발전시킨 바르트의 언어 이론을 소개하고 있다. 소쉬르는 개인의 언어 사용에 작용하는 공동체의 규제로 랑그(langue)를 들었으며, 바르트는 개인적 선호에 의한 규제인 스틸(style)과 집단적 선택에 의한 규제인 에크리튀르(ecriture)를 통해 언어의 사용이 보이지 않는 규제에 의해 좌우되고 있음을 설명하였다.

| 오답 피해가기 |
③ 바르트의 이론에 의하면 언어에 작용하는 규제에는 개인의 무의식적 규제인 스틸(style)도 존재한다.

13 주제 및 중심 내용 | 중심 내용 찾기

| 정답 | ⑤

| 문단 요지 |
1문단 : 복잡하고 애매모호한 현대 사회.

2문단 : 마그리트 '금지된 재현'의 의의.
3문단 : 현대 인간의 초상화에 있어 '금지된 재현'이 갖는 의미(자기주체성 확립의 어려움)
4문단 : 정신이 비어있는 초상화는 현대인의 특징을 반영한 결과물.

| 해설 | 핵심 키워드 : 초상화, 현대인, 정신
현대인은 정신이 얼굴에 구현되지 않는 특징이 있으므로 그대로 초상화를 그려내게 되면 정신적 면은 텅 빈 채 완성된다. 과거에는 헤겔이 말하는 것처럼 '정신이 텅 빈' 초상화가 예술적 가치가 낮았을지 몰라도 현대에서는 그러한 '예술적 가치가 낮은' 초상화야말로 우리 사회의 특징이므로 과거의 초상화의 가치관과는 다른 의미를 지니게 되었다. 따라서 이와 일치하는 내용인 ⑤가 정답이다.

| 오답 피해가기 |
① 현대의 초상화에 있어 정체성을 파악할 수 없는 부분은 제시되어 있지만 중요성이 희박해졌다는 것은 언급되지 않았다.
② 현대의 초상화는 정신적으로 비어 있다는 점이 특징이라고 언급하고는 있지만 그것이 예술적으로 가치가 있는지 없는지는 다루고 있지 않다. 헤겔의 말처럼 예술적 가치는 낮을지 몰라도 이 역시 주제와는 관계가 없다.
③ '초상화에 있어 현대인의 정신적인 부분이 비어 있다는 것이 특징'이라는 언급은 하고 있지만 여기에서 정신적 내용의 출현이 요구된다고까지는 언급하고 있지 않다.
④ 얼굴이 인간의 정신을 드러내지 않게 됐다는 뜻이 아니라 드러낼지라도 공허한 정신에 불과하다고 주장하고 있다. 초상화에 인간의 얼굴이 필요한지 아닌지는 문제가 아니다.

14 주제 및 중심 내용 | 중심 내용 찾기

| 정답 | ④

| 해설 | 핵심 키워드 : 영화, 독자적 예술, 상형 문자, 회의 문자
1문단에서 '영화가 독자적인 예술이 ~ 이를 수 있어야 한다'라고 하면서 글을 쓴 목적, 즉 문제 제기를 하고 있다. 그리고 에이젠슈테인이 한자의 육서 중 회의 문자의 구성 원리에 주목한 사실을 이어서 설명하면서, 두 상형 문자의 결합으로 새로운 추상적인 개념을 생성하는 원리를 영화에 상응시키고 있다. 영화의 개별 장면들을 상형 문자에, 개별 장면들이 결합된 조합을 회의 문자에 대응시켜 영화의 수많은 개별 장면들이 어떤 사물이나 사실을 나타내지만 이들이 특정하게 결합되면 그 조합으로써 새로운 추상적인 의미의 개념을 표현하게 된다는 것이다. 다시 말해 영화가 지니는 시각적 의미 표현 방식의 문제를 영화의 영역 밖인 한자의 구성 원리에서 끌어내어 영화의 추상적 의미 표현에 응용하고 있다.

15 주제 및 중심 내용 | 중심 내용 찾기

| 정답 | ④

| 해설 | 핵심 키워드 : 파시즘, 군사 독재, 권위주의 체제

정답 및 해설 · 29

정답 및 해설

첫 문장을 보면 이 글의 내용을 대략적으로 파악할 수 있다. 다른 정치 형태들과 진정한 파시즘 사이의 경계를 명확하게 긋지 않고는 파시즘을 이해할 수 없다고 하였으므로 ④가 정답이 된다.

| 오답 피해가기 |

① 권위주의 체제가 사적 영역을 허용하고 현 상태의 유지에 집착했다는 설명은 맞지만, 파시즘보다 발전된 정치 형태라는 설명은 언급되지 않았다.
② 글의 중심 내용이 아닌 글의 내용에 부합하는 하나의 사실에 불과하므로 적절하지 않다.
③ 파시즘의 특징이다. 고전적 독재와 권위주의 체제는 대중을 적극적으로 동원하지 않았다.
⑤ 파시즘은 민주주의가 실패함으로써 나타난 새로운 현상일 뿐, 여기에서 민주주의 성립의 역사적 의의를 끌어내는 것은 무리가 있다.

16 | 주제 및 중심 내용 | 중심 내용 찾기

| 정답 | ②

| 해설 | 핵심 키워드 : 신화, 근원적 진실, 전거의 확보, 인식의 틀

이 글은 '신화의 힘은 오늘날 우리에게 어떤 영향을 행사하는가'에 대한 화제를 던지고, 그에 대한 대답을 전개해 나가고 있다. 이어서 전개되는 신화의 힘을 요약하면, 신화는 우주에 대한 근원적인 진실을 보여 주고(2문단), 현실을 비판하기 위한 자료로 작용하며(3문단), 현대인과 다른 인식의 틀을 제공하고 있으므로(4문단) 현대인들에게 강력한 영향력을 행사하고 있다. 따라서 중심 내용은 신화의 힘, 즉 신화가 우리에게 제공하는 가치에 관해 언급하고 있는 ②가 정답이 된다.

| 오답 피해가기 |

① 신화의 재조명을 촉구하는 것이 아니라 신화의 가치를 설명하고 있다.
③ 신화에 대한 다양한 해석은 3문단에만 나타나기 때문에 중심 내용이라고 할 수 없다. 또한 신화의 다양한 해석은 현실을 비판하기 위해 참고해야 할 전거를 확보하기 위함이다.
④ 1문단에서 합리성을 추구하는 현대인들과 다르게 신화는 허구적 창작물에 불과하다. 따라서 허구성을 띠는 신화가 현실 비판을 위한 합리적인 힘을 제공해 준다고는 할 수 없다. 신화는 참고 자료가 될 뿐이다.

17 | 주제 및 중심 내용 | 각 문단의 중심 내용 찾기

| 정답 | ④

| 해설 | 핵심 키워드 : 과학 이론, 관찰, 패러다임

(라) 문단은 패러다임의 성립과 이에 의지해 문제를 해결하려는 과학자들의 태도를 설명한 것으로, 패러다임의 이론적 근거는 제시되어 있지 않다.

18 | 주제 및 중심 내용 | 각 문단의 중심 내용 찾기

| 정답 | ⑤

| 해설 | 핵심 키워드 : (가) 화이론 (나) 사대외교, 독자적 영역 (다) 숭명의식, 소중화 (라) 조선 중화주의 (마) 북벌론

(마) 문단에서는 '조선 중화주의'에 대해 설명하면서, 표면적으로는 조선을 중화라 격상했지만 실제로는 명에 대해 여전히 중화와 소중화란 불변 관계가 고정되어 있어 주체성과 독립성을 실현하지 못하고 있음을 말하고 있다.

19 | 주제 및 중심 내용 | 글의 요지 파악하기

| 정답 | ②

| 해설 | 핵심 키워드 : 우리말, 농경 문화, 감각어

글쓴이는 1문단에서 우리말은 농경 문화의 특성이 반영되어 있다고 하면서 농사일과 우리말이 결부되어 있음을 설명하고는 있다. 하지만 우리말을 잘 알기 위해 농사일을 알아야 한다고 밝히고 있지는 않다.

| 오답 피해가기 |

① 2문단에서 각 달을 농가의 상황에 빗대어 표현하고 있으므로, 우리말이 농사와 관련이 있음을 알 수 있다.
③ 3문단에서 보릿고개의 예를 통해 우리 조상들이 어려움을 직설적으로 표현하지 않고, 에둘러 표현하는 품위와 마음의 여유가 있었음을 보여 주고 있다.
④ 4문단에서는 우리 민족이 풍류를 즐기고 낙천적인 민족이며 정서적이고 감각적인 편임을 드러내며 이러한 특징이 언어에 반영되었음을 말하고 있다.
⑤ 4문단에서 꽃에 대한 동장군의 시샘을 뜻하는 '꽃샘'이라는 말도 일종의 감정 이입법을 통해서 만들어졌다는 사실에서 생각해 볼 수 있다.

Theme 02 세부 내용 파악

발전문제
문제 110쪽

01 ②	02 ③	03 ③	04 ①	05 ①
06 ③	07 ②	08 ④	09 ②	10 ④
11 ②	12 ①	13 ①	14 ④	15 ④
16 ③	17 ①	18 ③		

01 세부 내용 파악 | 언급된 내용 찾기

| 정답 | ②

| 문단 요지 |
1문단 : 정물화의 등장 배경과 특징.
2문단 : 보쟁의 작품 속에 나타난 시각적인 특징 설명.
3문단 : 그림 속 사물들이 상징하는 인간의 오감.
4문단 : 오감 정물화가 암시하고 있는 의미.

| 해설 | 핵심 키워드 : 정물화, 기독교적 윤리관, 보쟁, 오감
1문단에서는 정물화가 출현하게 된 역사적 배경에 대해 언급하고 있다. 17세기에 등장한 시민계급은 이전의 역사화나 종교화와 달리 자신들에게 친근한 주제와 형식의 그림을 선호하게 되는데, 그들이 화가들을 후원하면서 그들이 갖는 물질에 대한 태도가 정물화에 반영되었다는 것이다. 따라서 ②의 내용은 언급되어 있으나 '보쟁'의 예술적 생애라든가, '보쟁' 작품에 대한 당시 사람들의 비평에 대해서는 언급되지 않았다.

02 세부 내용 파악 | 가리키는 것 찾기

| 정답 | ③

| 해설 | 핵심 키워드 : (가) 공영 방송의 위기, 사영 방송, 다채널 방송, 디지털 융합형 미디어 (나) 정상 과학, 이상 과학
(가)에는 공영 방송의 세 가지 위기가 나오는데, 그 중 사영 방송과 다채널 방송의 등장은 공영 방송에게 위기가 되었지만 위협으로 이어지진 않았다. 그러나 디지털 융합형 미디어의 등장은 기존 미디어의 소비 패턴 자체가 바뀌는 등 새로운 플랫폼을 형성하여 공영 방송을 위협하고 있다고 하였다. 이와 같은 현상을 (나)에서는 과학에 비추어 과학혁명이라고 설명하고 있다. 따라서 ⑦ 공영 방송은 (나)의 기존의 과학적 활동을 나타내는 '정상 과학'에 대응되고, ㉢ 디지털 융합형 미디어는 이를 대치하는 새로운 패러다임인 '이상 과학'에 대응된다.

03 세부 내용 파악 | 내용 일치

| 정답 | ③

| 해설 | 핵심 키워드 : 이미지, 사르트르, 실재 세계, 상상 세계
이 글에서는 근대 철학자들이 이미지를 감각을 바탕으로 한 불완전한 모사물로 생각했던 것과 달리, 사르트르는 이미지가 상상이라는 인식 방법을 통해 구축되는 정신 의식이라고 주장하였다. ③은 3문단에 나와 있으므로 정답이다.

| 오답 피해가기 |
① 사르트르는 현실 세계가 실재 세계와 상상 세계로 나누어진다고 보았다.
② 사르트르는 이미지를 상상세계 속에서만 일어나는 정신 의식으로 보았다.
④ 3문단에 따르면 사르트르는 실재 세계로부터 독립된 이미지는 온전한 전체가 된다고 보았다. 반면 실재 세계는 지각으로 인해 인식되기 때문에 계속적으로 변화가 이루어진다고 하였으므로 사르트르의 입장과 일치하지 않는다.
⑤ 이미지가 감각을 바탕으로 한 것이라고 생각한 사람들은 근대 철학자들이다.

04 세부 내용 파악 | 내용 일치

| 정답 | ①

| 문단 요지 |
1문단 : 인간이 문화적 동물로 불리는 이유를 동물과 비교하여 설명.
2문단 : 문화를 조작하면서 변화에 적응해 온 인간.
3문단 : 인간이 조작한 문화가 제도화되면서, 문화는 자연과 유사한 성질을 지니게 됨.

| 해설 | 핵심 키워드 : 문화, 조작, 적응, 문화=자연
이 글은 혼돈 속에서 문화라는 장치를 찾아낸 인간이 그것을 사회 제도화하는 과정에서 문화가 자연과 같은 상태가 되어버린 것을 설명하는 글이다.
① 인간과 동물이 서로 다른 것은 동물의 경우 본능에 따르도록 행동하는 이유가 이미 그 세계의 질서가 확립되어있기 때문이며, 이와는 대조적으로 인간은 혼돈의 세상에 마주할 때 문화라는 장치를 창조해 내어 다시금 질서를 되찾았다는 점이다. 따라서 이는 본문의 내용에 모순이 전혀 없으므로 정답이 된다.

| 오답 피해가기 |
② 이 글에서 명확하게 '인간이 환경의 변화에 대해 적응하지 않고'라고 설명하고 있다. 즉, 이 선택지처럼 환경의 변화에 대응해서 스스로를 적응시킨 적은 없다.
③ 사회 제도화 된 문화가 일단 성립하면, 이번에는 그것이 제2의 자연이 되어 인간의 행동을 규제하게 된다고 설명하고는 있다. 그렇지만 세계가 변화해도 유효성을 의심받지는 않는다, 라고 말하기는 어렵다. 글에서 다뤄지지 않는 내용이기 때문이다.
④ 인간의 문화가 만들어진 것은 혼돈의 세상에서 다시금 질서를 되찾아오기 위함이다.
⑤ 사회가 자연과 독립된 것인지의 여부는 글 속에서 파악할 수 없으며 가까스로 삶을 부지해 왔다는 내용도 옳지 않다. 동물과는 달리 문화라는 장치를 창조해 냈다고만 설명하고 있다.

정답 및 해설

05 | 세부 내용 파악 | 내용 일치

| 정답 | ①

| 문단 요지 |
1문단 : 사회가 발전했음에도 현실과 이상 사이에 차이가 발생하는 것에 대한 의문.
2문단 : 사회와 함께 인간의 욕구도 변화해 옴.

| 해설 | 핵심 키워드 : 비인간적, 현실, 인간의 욕구, 변화
1문단에서 '과거의 어떤 시대와 비교해도 훨씬 인간적이어야 하는 현대의 우리가 왜 비인간적인 방식을 취할 수밖에 없다고 느끼는 건지'라는 문제 제기를 하고, 2문단에서 그 이유를 서술하고 있다. 여기서는 그 이유 중 '사회적 여러 조건의 변화에 따른 욕구의 변화와 확대'를 들고 있고 '욕구의 확대'에 대해서는 '인간적이라 느낄만한 요소가 변화한다'라고 설명한다.
① 2문단 전반부의 설명과 일치한다.

| 오답 피해가기 |
② 오늘날의 대다수 한국인의 생활이 자유롭고 풍족한 것은 확실하지만 인간적이라고는 말할 수 없다.
③ 조선 시대 농민에 대한 언급은 있지만 '인간적이다'와 '느낄 수 없었다'라는 내용은 언급되지 않았다.
④ 해방 직후와 오늘날의 내용이 반대로 기술되었다.
⑤ '노동 조건이나 신분적인 제약의 유무에는 관계없이'라는 부분이 잘못됐다. '인간적이다'라고 느낄 수 있는 요소들은 사회적 여러 조건에 따라 변화하는 것이므로 관계가 없을 수 없다.

06 | 세부 내용 파악 | 내용 일치

| 정답 | ③

| 해설 | 핵심 키워드 : 스마트 그리드, 에너지 효율
2문단에 따르면 스마트 그리드를 활용해 개별 제품의 전력 소비량을 보여 줌으로써 소비자가 직접 전기 사용량을 관리하도록 유도할 수 있지만, 개별 제품을 자동으로 통제하는 기술에 대해서는 언급하고 있지 않다.

| 오답 피해가기 |
⑤ 5문단을 보면, 스마트 그리드의 사용은 환경 문제를 해소하기 위한 목적이기도 하다고 나와 있다. 이를 바탕으로 기존의 전력망이 전기를 만들어내는 과정에서 기후에 부정적인 영향을 끼쳤기 때문에, 환경에 덜 해로운 스마트 그리드를 추진하고 있음을 추론할 수 있다.

07 | 세부 내용 파악 | 내용 일치

| 정답 | ②

| 해설 | 핵심 키워드 : 욜로, 현재, 불안한 미래
욜로 라이프가 현재에 투자한다는 것은 맞지만, 미래에 가치를 둔다는 것은 옳지 않다. 욜로 라이프를 살아가는 사람들은 현재에 가치를 두기 때문에 미래가 아니라 현재에 투자하며 살아간다.

| 오답 피해가기 |
③ 3문단을 보면, 1코노미를 소개하면서 '가족 단위의 소비를 지향하던 과거와 전혀 다른 형태의 소비 방식'이라고 설명하고 있다. 1코노미는 욜로족들의 삶의 방식 중 하나이므로 그들이 가족보다는 개인을 중심으로 소비하고 있음을 알 수 있다.
④ 4문단에서 3저 시대와 물가 상승, 실업률, 급여 문제와 같은 경제적 요인들을 원인으로 꼽고 있으며, 마지막 문장에서는 비경제적 요인으로 1인 가구의 증가를 언급했다. 이를 보았을 때 경제적 요인이 가장 큰 비중을 차지하고 있음을 알 수 있다.
⑤ 5문단의 마지막 문장에 나와 있다.

08 | 세부 내용 파악 | 내용 관련짓기

| 정답 | ④

| 해설 | 핵심 키워드 : 상담, 프로이트, 로저스, 엘리스
정신적 문제에 대한 로저스의 해결책은 인간주의적인 상담이고, 엘리스의 해결책은 비합리적 신념을 합리적 신념으로 바꿔주는 상담이다. 따라서 ④는 '비합리적'과 '합리적'이라는 단어가 들어가 있으므로 엘리스에 해당한다.

| 오답 피해가기 |
①, ⑤ 프로이트 : 정신적 원인의 실체를 과거의 경험들로 인해 생성된 '무의식'에 두고 있다. 따라서 상담자는 내담자와 오랫동안 과거의 이야기를 하고 상담자가 그것에 담긴 의미를 해석해주면, 내담자 자신의 무의식을 이해하고 받아들이면서 문제를 해결할 수 있다.
② 로저스 : 인간이 외적으로 형성된 가치에 맞추어 살려고 하기 때문에 자신의 타고난 잠재적 가능성을 발견하지 못하여 심리적 문제가 발생한다. 따라서 상담자는 내담자에게 외적인 것으로부터 자유롭게 하고 자신의 진정한 가치와 가능성을 발견하게 해야 한다.
③ 엘리스 : 인간이 어떤 행동과 감정을 잘못 인지하고 받아들였기 때문에 심리적 문제가 발생한다. 따라서 비합리적으로 인지된 신념의 부당성을 찾아 합리적인 신념으로 바꾸어 주면 문제가 해결된다.

09 | 세부 내용 파악 | 내용 일치

| 정답 | ②

| 해설 | 핵심 키워드 : 강화 학습 시스템, 유연성
ⓒ 2문단에 강화 학습 시스템이 가정을 거의 갖지 않은 상태로 문제를 해결하려고 할 경우 아주 간단한 문제조차도 풀 수 없다고 나온다.
ⓒ 1문단을 통해 알 수 있는 내용이다.

| 오답 피해가기 |
㉠ 1980년대까지 강화 학습 시스템은 실제 세계의 문제를 해결하는 속도가 너무 느리다는 평가를 받았다. 하지만 현재에도 그러한 평가를 받는지에 대해서는 알 수 없다.

ㄹ 대부분의 현실 문제는 매우 복잡하기 때문에 정형화된 규칙에 한정되지 않는 방식으로 대처하는 유연성이 필요하다. 하지만 정형화된 규칙을 만드는 작업이 의미가 있는지 없는지에 대해서는 언급되지 않았으므로 알 수 없다.

10 세부 내용 파악 | 내용 일치

| 정답 | ④

| 해설 | 핵심 키워드 : 꿀벌, 여왕벌, 일벌
㉠ 여왕벌의 수정란은 암벌인 일벌과 여왕벌이 되고, 일벌의 미수정란은 수벌이 된다고 하였으므로 적절하다.
㉢ 여왕벌의 선분비물인 '여왕 물질'을 벌집 곳곳에 퍼뜨려 여왕벌의 건재함을 알린다고 하였으므로 적절하다.
㉣ 암컷인 일벌과 여왕벌에만 침이 있고, 수벌은 침이 없다.

| 오답 피해가기 |
㉡ 꿀벌 집단을 결집시키는 힘이 여왕벌로부터 나온다는 믿음은 아리스토텔레스 시대부터 시작되었으나, 아리스토텔레스가 믿었다는 내용은 제시되어 있지 않다.

11 세부 내용 파악 | 내용 일치

| 정답 | ②

| 해설 | 핵심 키워드 : 창호, 공간 구성, 심미성
㉢ 한옥의 방과 방 사이에 있는 창호를 열면 별개의 공간이 연결되면서 넓은 공간이 만들어진다. 즉, 창호를 이용하여 실내 공간의 구획을 변화시킬 수 있다.
㉣ 한옥에서 창호지는 방 쪽의 창살에 바르기 때문에, 방 안에서 창을 바라보면 창살이 창호지 너머에 있다.

| 오답 피해가기 |
㉠ 한옥의 창과 문은 구별하지 않는 경우가 많지만 굳이 구별하자면 머름을 통해 구분할 수 있다.
㉡ 머름에 대한 설명이다.
㉤ 창호지는 두께가 얇기 때문에 창호를 닫더라도 외부와 의사소통이 가능하다고 밝히고 있다.

12 세부 내용 파악 | 내용 일치

| 정답 | ①

| 해설 | 핵심 키워드 : 연금술, 수은, 황
㉠ 연금술사들은 수은이 영구적인 모든 것을 대표한다고 생각했지만, 그렇게 생각한 이유에 대해서는 지문에 언급되지 않았다.
㉣ 연금술에 대하여 1문단에서는 기계적인 속임수나 교감적 마술에 대한 막연한 믿음 이상의 인간 행위라고 나오고, 3문단에서는 그 시대의 문제를 해결하기 위한 노력의 산물이었다고 나온다. 따라서 속임수에 불과하다는 설명은 잘못되었다.

| 오답 피해가기 |
㉡ 2문단을 통해 알 수 있는 내용이다.
㉢ 3문단을 통해 알 수 있는 내용이다.

13 세부 내용 파악 | 내용 일치

| 정답 | ①

| 해설 | 핵심 키워드 : 목적론, 다윈, 인과법칙
㉠ 다윈에 의하면 목적론적 과정에 의해서가 아니라 인과법칙을 따르는 진화의 과정을 통해 단세포생물로부터 오랜 세월을 거쳐 고등 생물이 나타났다.
㉣ 다윈은 우연이 낳는 변화와 자연에 의한 선택이라는 개념으로 진화를 설명하고 있다.

| 오답 피해가기 |
㉡ 다윈이 현존하는 종들 간의 체계적 질서가 종 발생의 역사적 질서를 반영하며 다양한 시대의 지층에 대한 지질학적 탐구의 성과 역시 이러한 추리를 적극적으로 지지한다고 하였으므로 옳은 설명이다.
㉢ '실제로 우리는 인과법칙과 상충하는 요소를 끌어들이지 않고도 생명에 관한 목적론적 설명을 대체할 수 있다.'고 하였으므로 적절한 설명이다.

14 세부 내용 파악 | 내용 일치

| 정답 | ④

| 해설 | 핵심 키워드 : 미술의 다원성, 자기 중심화, 질적 차별성
㉠ 르네상스 시대에 시작된 형식의 자율화가 17세기에 이르러 내용의 자기 중심화로 이어졌다. 이는 17세기의 네덜란드 화가들이 친근한 일상을 그리기 시작한 것에서 알 수 있다.
㉡ 미켈란젤로가 예수를 이탈리아 남성으로 표현한 것처럼, 르네상스 시대에는 화가들이 자신들만의 방식으로 그림을 그렸다. 하지만 신과 성인을 그리던 관행에서 벗어나 친근한 일상을 그리기 시작한 것은 17세기의 네덜란드에서부터이다.
㉢ 20세기 이전에는 내용 · 형식 · 재료와 같은 전시적 요소에 의하여 미술과 미술 아닌 것을 구분할 수 있었다. 하지만 현대 미술의 경우 전시적 요소에 의한 구분 자체가 불가능해졌다.
㉤ 미술 종말론의 '종말'은 모든 것이 미술 작품이 될 수 있는 개방적이고 생산적인 상황을 의미하므로, 현대 미술을 부정적으로 바라보는 이론이라 볼 수 없다.

| 오답 피해가기 |
㉣ 1문단을 통해 알 수 있는 내용이다.

15 세부 내용 파악 | 가리키는 것 찾기

| 정답 | ④

| 해설 | 핵심 키워드 : 그림 이론, 논리적 가능성, 형이상학적 문제
4문단을 보면, 비트겐슈타인은 기존의 철학자들이 논의의 대상으로 여겼던 신, 영혼, 형이상학적 주체, 윤리적 가치 등은 이것들이 가리키는 대상이 세계 속에 존재하지 않아 경험이 불가능하기

정답 및 해설

때문에 의미 없는 말들에 불과하고, 말로 답변하거나 설명할 수 없으므로 침묵해야 한다고 하였다. 또한 사태는 사실이 될 수 있는 논리적 가능성으로 언어와 대응하는 세계를 구성하며, 실재하지 않는 대상이나 사태가 아닌 것에 대한 언급은 의미 없는 명제가 되고, 실재하는 대상이나 사태를 언급하는 명제(언어)만이 의미 있는 명제가 된다고 하였다. 따라서 '사태'는 '말할 수 없는 것'에 속하지 않는다.

16 세부 내용 파악 | 내용 일치

| 정답 | ③

| 해설 | 3문단을 보면, 그림 이론에서 명제에 대응하는 사태는 사실이 아니라 사실이 될 수 있는 논리적 가능성을 의미한다고 하였다. 다만 의미 있는 명제가 되기 위해서 실재하는 대상이나 사태에 대해 언급해야 하며, 사태가 실제로 일어난 사실이 되면 명제는 참이 되고 사태가 실제로 일어나지 않으면 명제는 거짓이 된다고 제시되어 있다.

17 세부 내용 파악 | 내용 일치

| 정답 | ①

| 문단 요지 |
1문단 : 갈레노스가 주장한 '피의 전달 경로'.
2문단 : 갈레노스 이론에 대한 베살리우스의 반박.
3문단 : 생리학 분야의 판도를 바꾼 하비의 발견.
4문단 : 하비의 '피의 순환 경로'에 의해 새로운 생리학이 구축됨.

| 해설 | 핵심 키워드 : 생리학, 하비, 피의 순환 경로
'피의 순환 이론'은 하비의 주장에 모세혈관의 발견까지 겹쳐지면서 완전히 정립된 이론이다. 이는 오랫동안 아성을 지켜오던 의학적 정설을 뒤집으며 새로운 생리학 구축의 토대를 마련한 것이었다. 즉 '피의 순환 이론'이 성립되고 이와 관련된 내용들이 현실에 수용되면서 생리학은 새로운 국면을 맞기 시작한 셈이다. 그래서 글의 마지막 문장을 통해 '새로운 생리학의 구축'이 시작되었다고 말하고 있는 것이다. 이런 순서를 고려해 볼 때, ①은 '피의 순환 이론'의 성립에 이어 일어날 수 있는 일일 뿐, '피의 순환 이론'의 성립이나 수용에 기여했다고 말할 수는 없다.

| 오답 피해가기 |
② 폐정맥이 공기의 통로가 아니라 피의 통로라는 베살리우스 발견과 부합하며 '피의 순환 이론'이 성립되었다.
③ 하비는 먹은 음식물보다 더 많은 양의 피가 만들어질 수는 없다는 생각을 바탕으로 가설을 세우며 문제를 해결하고자 하였다.
④ 새로운 현미경이 모세혈관을 발견하면서 '피의 순환 이론'이 널리 받아들여졌다.
⑤ 하비는 자신의 혈관을 직접 묶으며 실험한 결과를 가지고 피의 순환 이론의 토대를 마련하였다.

18 세부 내용 파악 | 가리키는 것 찾기

| 정답 | ③

| 해설 | 하비는 동맥과 정맥을 압박하다가 동맥을 압박하던 끈을 먼저 풀어서 피가 통하게 하고 다시 정맥을 압박하던 끈을 풀어 부풀어 오른 정맥을 가라앉힘으로써 동맥에서 나갔던 피가 손을 돌아 정맥으로 돌아온다는 것을 확인하였다. 그러므로 하비가 끈을 묶어 압박했던 지점은 각 기관(손)을 중심으로 할 때, 그 전과 그 이후이므로 ⓒ과 ⓒ이 된다.

Theme 03 올바른 추론

발전문제
문제 132쪽

01 ① 02 ③ 03 ④ 04 ① 05 ③
06 ⑤ 07 ③ 08 ③ 09 ③ 10 ④
11 ⑤ 12 ④ 13 ① 14 ② 15 ③

01 올바른 추론 | 질문 추론

| 정답 | ①

| 해설 | 핵심 키워드 : 실학, 근대정신, 봉건 사회의 극복
실학은 근대를 준비하는 시기의 사상이며, 근대정신의 내재적인 태반 역할을 하였다고 이미 밝히고 있으므로 ①은 적절하지 않다.

| 오답 피해가기 |
② 실학의 봉건적 가치에 대한 비판의 기조가 유교적인 중국 고대 사상에 있다고 하였으므로 이 둘의 일맥상통하는 사항에 대해 심층적인 질문을 제기할 수 있다.
③ 서양의 문예 부흥이 봉건적 가치를 완전히 척결하였다는 내용에 대해 구체적인 예와 근거를 물음으로써 의문을 제기할 수 있다.
④ 근대 정신은 반(反)봉건의 특징을 가지므로 동양과 서양에 있어 봉건 사회를 규정짓는 관점의 차이에 대한 의문을 가질 수 있다.
⑤ 근대의 정의와 그 기준이 과연 정확한 것인지, 또 다른 시각은 없는지에 대해 의문을 가질 수 있다.

02 올바른 추론 | 대응방안 추론

| 정답 | ③

| 해설 | 핵심 키워드 : 일본 무역의존도 감소, 핵심 품목, 핵심 소재
이 글에서는 우리나라의 소재·부품 부문 대일 의존도가 역대 최저를 기록하고, 일본과의 교역 비중 역시 상당히 줄었는데도, 소재·부품 핵심 분야를 아직도 일본에 의존하고 있기 때문에 엔저 현상에 따라 대일 무역수지 적자가 심화되고 있음을 설명하고 있다. 따라서 자동차 생산을 중심으로 하는 M 그룹으로서는 다양한 방식의 연구와 투자를 통해 장기적으로 소재·부품의 국산화를 이룩하는 방향으로 가는 것이 바람직하다.

③ 소재는 부품 및 완성차를 생산하기 위한 재료에 해당하므로 이를 무시한 채 부품에만 집중적으로 투자할 경우, 단기적인 무역수지 흑자를 달성해도 독자적인 자동차 사업의 발전은 힘들 것이다.

03 올바른 추론 | 상황 추론

| 정답 | ④

| 해설 | 핵심 키워드 : 텔로미어, DNA, 세포분열, 노화점

4문단에서 텔로미어 길이가 노화점 이하로 짧아지면 노화 현상이 생긴다고 했는데, 벤자민은 시간이 갈수록 젊어지고 있으므로 텔로미어가 노화점에서 점점 멀어졌을 것이다.

| 오답 피해가기 |

① 3문단에서 사람의 텔로미어 염기서열 구조는 TAGGG로 모두 동일하다고 나와 있다.
② 벤자민과 데이지가 처음 만났을 때, 벤자민은 12살, 데이지는 6살이었다. 또한 벤자민은 노인의 모습이었을 것이므로 벤자민보다 데이지의 텔로미어 길이가 더 길었을 것이다.
③ 3문단, 4문단에서 세포 분열이 반복될수록 텔로미어의 길이가 짧아지면서 노화현상이 오고, 결국 세포가 죽는다고 했다. 따라서 갈수록 데이지의 세포가 줄어들어, 그녀의 세포분열 횟수는 점점 벤자민보다 적어졌을 것이다.
⑤ 5문단에 따르면 텔로머라아제는 텔로미어를 만드는 효소로, 모든 세포에 있기는 하지만 활성화되지 않을 뿐이다. 따라서 텔로머라아제가 존재하지 않았을 것이라는 내용은 적절하지 않다.

04 올바른 추론 | 내용 추론

| 정답 | ①

| 문단 요지 |

1문단 : 중력과의 투쟁의 결과로 나타난 육상동물들의 진화.
2문단 : 중력의 한계를 극복하고자 하는 인간의 꿈이 반영된 스포츠와 춤.

| 해설 | 핵심 키워드 : 진화, 중력, 스포츠, 춤

이 글에서 설명하고 있는 것은 '중력과의 투쟁'에 대한 것이다. 교통수단의 발달, 행글라이딩, 홈런, 그네타기 등은 모두 중력의 한계에 도전하는 양상을 띤 것이다. 그러나 연극배우의 몸짓은 언어 표현의 한계를 극복하기 위한 것으로, 중력의 한계에의 도전과는 동떨어진 예이다.

05 올바른 추론 | 내용 추론

| 정답 | ③

| 해설 | 핵심 키워드 : 환율, 경기 동행성, 경기 자동안정화

외국인 자본의 유출입에 따라 경기 변동이 잦은 수출 중심형 국가는 선진 경제가 아니다. 자국의 자본이 힘을 가진 내수 중심형 국가가 선진 경제에 더 가깝다. 한국 경제가 선진 경제로 나아가기 위해서는 경기 변동이 심하지 않은 안정적인 내수 중심형 경제를 만들어가야 한다.

| 오답 피해가기 |

① 첫 문장을 통해 알 수 있는 내용이다.
② 2문단에서 한국의 원화가 외환위기 후 위험자산으로 인식되었다는 내용을 통해 알 수 있다.
④ 내수 중심형 국가는 외국인 자금에 크게 영향을 받지 않아 환율로 인해 자국의 경기 안정화 효과는 크게 나타나지 않는다.
⑤ 원화의 경우 외환위기 이후에 위험자산이라는 인식으로 낙인 찍혀 한국은 경기 동행성이 높은 국가가 되었다. 따라서 경기 동행성이 낮은 국가의 화폐는 비교적 안전한 자산이라는 인식이 있다고 추론할 수 있다.

06 올바른 추론 | 내용 추론

| 정답 | ⑤

| 문단 요지 |

1문단 : 에너지적 측면에서 이해한 표면장력이 발생하는 원인.
2문단 : 힘적 측면에서 이해한 표면장력이 발생하는 원인.
3문단 : 물방울이 구 모양을 띠는 이유.

| 해설 | 핵심 키워드 : 표면장력, 에너지적 측면, 힘적 측면

계면은 서로 다른 물질이 접하는 경계를 말한다. 내부 물분자는 주위가 모두 물분자들로 이루어져 있으므로 계면이 존재하지 않는다.

| 오답 피해가기 |

① 1문단을 통해 알 수 있다. 내부 물분자는 상하좌우 모두 물분자들로 둘러쌓여 있기 때문에 최외곽층 물분자와는 달리 결합을 완전하게 하고 있다.
② 1문단에 따르면, 최외각층의 분자들은 더 결합할 가능성이 있으므로 에너지가 높고 반응성이 크다고 나와 있다. 따라서 내부 분자들은 그와 반대일 것임을 추론할 수 있다.
③ 2문단에 따르면, 내부 물분자들의 분자력은 0으로 안정되어 있다고 나와 있다. 반면 최외곽층 분자들은 안정이 깨진 상태에 있으므로, 0이 아님을 알 수 있다.
④ 2문단에서 물방울은 물분자를 최소로 노출시켜야 최대로 안정한 상태를 유지할 수 있다고 제시되어 있다. 따라서 3문단에서 물방울이 표면적을 최소로 하기 위해 구 모양을 띠는 원인은 공기에 노출되는 물분자 수를 최소로 하기 위함임을 알 수 있다.

07 올바른 추론 | 내용 추론

| 정답 | ③

| 해설 | 핵심 키워드 : 정합성, 논리적 일관성, 논리적 함축, 순환 논증의 오류

ⓒ 동시에 참일 수 없음은 서로 모순되는 내용임을 뜻한다. 서울은 대한민국의 유일한 수도이므로 부산은 대한민국의 수도가 아닌 것이 맞으므로, 두 명제 (나)와 (라)는 서로 모순되지 않아 동시에 참일 수 있다.
ⓔ 논리적으로 함축한다는 말은 의미적으로 포함관계가 있음을

정답 및 해설

뜻한다. 숭례문이 서울에 있다는 명제는 철수의 직업이 행정안전부의 사무관이라는 의미를 포함하고 있지 않다. 따라서 명제 (가)는 (마)를 논리적으로 함축하지 않는다.
ⓜ 순환 논증의 오류는 결론에 전제의 내용을 사용할 때 발생한다. 논리적 함축 개념은 어떤 명제로 그 명제에 함축된 또 다른 명제의 정합성을 설명하기 때문에 논리적 함축 개념을 사용한다면 어떤 명제를 사용해도 순환 논증의 오류를 가질 수밖에 없다.

| 오답 피해가기 |
㉠ 진리 정합론자 X는 정합성 개념을 논리적 일관성으로 설명하는데 논리적 일관성이란 두 명제가 동시에 참인, 즉 서로 모순되지 않음을 뜻한다.
㉢ 진리 정합론자 X는 명제들의 집합 A와 논리적으로 일관적이지만 서로 동시에 참일 수 없는 두 명제들과 각각 정합적이어서 참이 되는데, 서로 동시에 참일 수 없는 명제들이기 때문에 오류를 가진다. 진리 정합론자 Y는 진리의 개념을 설명하기 위해 진리 개념을 이용하는 순환 논증의 오류를 범하고 있다.

08 올바른 추론 | 원인 추론
| 정답 | ③
| 해설 | 핵심 키워드 : 연소 과정, 수은, 산소
라부아지에의 첫 번째 실험에서는 수은이 공기 중의 산소와 결합하여 산화수은의 질량은 늘고, 결합한 만큼의 공기(산소)의 부피는 줄었으며, 두 번째 실험에서는 반대로 산화수은이 수은과 산소로 분해되어 첫 번째 실험에서 줄어든 부피만큼의 산소가 생성되었다. 따라서 첫 번째 실험에서 공기의 부피가 줄어든 이유는 산소가 수은과 결합·산화하여 그만큼 산소가 소모되었기 때문이다.

09 올바른 추론 | 전제 추론
| 정답 | ③
| 해설 | 핵심 키워드 : 화성 궤도, 오차
글쓴이가 내린 결론은 '화성의 궤도가 타원이다.'이다. 글쓴이의 원래 가정은 '화성의 궤도가 완전한 원이다.'라는 것이었는데 티코의 자료와 오차가 발생하자 글쓴이 스스로 세운 최초의 '완전한 원' 가정을 '타원' 가정으로 수정하여 이와 같은 결론을 얻은 것이다. 이러한 추론 과정에서 글쓴이는 티코의 자료를 불신하기보다 자기 스스로 세운 가정을 수정하는 방향으로 문제를 해결했다. 즉, 이 과정에서 숨은 전제는 글쓴이의 가정보다 티코의 자료가 더 신뢰할 만하다는 것이다.

| 오답 피해가기 |
① 글쓴이의 최초 가정과 일치하지 않는다.
② 근거가 없을뿐더러 결론에 도달하기까지 직접적으로 필요한 전제는 아니다.
④ 백조자리 베타별이 화성의 위치를 가늠하는 하나의 기준인 것은 사실이나, 그보다 더 결론에 도달하기 위한 결정적인 전제는 티코의 자료 기준과의 오차에 대한 것이다.

⑤ 관측하는 날짜와 결과와의 관계가 제시되어 있지 않으므로 판단할 수 없다.

10 올바른 추론 | 전제 추론
| 정답 | ④
| 해설 | 핵심 키워드 : 낭포성 섬유증, 콜레라
쥐에게 실험한 이유는 인체의 발병 양상과 유사하다고 여겼기 때문이므로 ㉠은 옳은 진술이며, ㉡은 이 글에서 백인만 연구했을 뿐 다른 인종에 대한 언급이 없으므로 옳지 않은 진술, ㉢은 콜레라균에 의한 질병은 과도한 설사를 유발하는데 콜레라 독소도 같은 증상이라고 했으므로 옳은 진술, ㉣은 낭포성 섬유증을 가진 사람의 전부가 아닌 대부분의 사람이 청년기에 이르기 전에 사망한다고 하였으므로 옳은 진술이다.

11 올바른 추론 | 전제 추론
| 정답 | ③
| 해설 | 핵심 키워드 : 음악 작품, 추상적 존재, 창조
'어려움'의 전제 조건에 대한 내용을 먼저 정리하면 다음과 같다.
(가) 음악 작품은 다른 예술과는 달리 추상적 존재자를 가진다.
(나) 그 이유는 구체적이고 물리적인 특성이 결여되었기 때문이다.
(다) 추상적 존재자는 영원불변해야 하는데 창조되었다는 사실을 감안한다면 문제가 발생한다.
(라) 음악 작품이 창조된다는 사실은 추상적 존재라는 주장을 직관적으로 받아들이는데 회의(懷疑)하게 만들기 때문이다.
이와 같이 '어려움'에 대한 내용 정리를 한 후 추론적 사고로 [보기]를 검토해서 판단한다. 이에 따르면 ㉠은 가능하지만 앞의 내용과 배치되기 때문에 ㉡은 가능하지 않다. 또한 ㉢, ㉣, ㉤은 앞서 요약된 내용의 연장선상에 있는 논리적인 흐름이므로 가능한데, ㉥은 ㉤과 배치되므로 불가능하다.

12 올바른 추론 | 전제 추론
| 정답 | ④
| 해설 | 핵심 키워드 : 한전법, 소유의 한정
정전법이 안 되는 이유는 이미 가꾸어진 기름진 토지를 버릴 수 없기 때문이며, 균전법도 안 되는 이유는 토지의 비옥도가 다 다르기 때문이다. 그리고 3문단의 한전법이 안 되는 이유는 남의 명의로 농지를 사고 팔 수 있기 때문이며, 더욱이 농지 소유를 한정하는 것은 있을 수 없는 법이기 때문이라는 것이다. 따라서 [보기]의 내용을 검토해 보면 인간의 욕구 등으로 인한 실효성의 부족에 대해 말하는 ㉡과 편법적 수단으로 인한 목적 상실을 말하는 ㉢이 한전법을 부정하는 3문단의 전제로 적절하다.

13 올바른 추론 | 전제 추론
| 정답 | ①

| 해설 | 핵심 키워드 : (가) 공간이동기, 분해, 재구성 (B) 탄소, 재구성

이 글에서 문제가 되는 것은 공간이동기나 외계인의 기술은 물리적 속성만을 재현해 낼 뿐이라는 것이다. 그런데도 불구하고 완벽하게 일상생활을 하는 것은, 즉 정신적 속성이 동일하다는 의미이다. 이를 감안하면 (가)와 (나)는 물리적 속성을 재현하면 정신적 속성들은 자연스럽게 따라와 재현된다는 것을 전제로 삼고 있음을 알 수 있다.

| 오답 피해가기 |
② (나)에서는 해당 사항이 없다.

14 올바른 추론 | 사례 추론

| 정답 | ②

| 해설 | 핵심 키워드 : 베블런 효과, 밴드웨건 효과

베블런 효과는 고가의 제품을 남들에게 과시하기 위해 소비하는 현상을, 밴드웨건 효과는 자신의 주관이나 기호보다 다른 사람들의 영향을 받아 소비하는 현상을 의미한다. 그런데 ②의 D는 가구를 구매하면서 브랜드나 가격을 중시하지도 않았고, 타인의 영향을 받지도 않았으므로 제시된 이 글의 내용과 아무런 관련이 없다.

| 오답 피해가기 |
①, ⑤ 베블런 효과와 관련 있는 내용이다.
③, ④ 밴드웨건 효과와 관련 있는 내용이다.

15 올바른 추론 | 내용 추론

| 정답 | ③

| 문단 요지 |
1문단 : 수강료 지불과 관련된 계약을 두고 발생한 P와 E의 분쟁.
2문단 : P와 E의 사례를 바탕으로 '부관'과 '기한', '조건'의 개념 설명.
3문단 : 확정 판결 시 인정되는 '기판력'에 대한 설명.
4문단 : 확정 판결 후에도 기판력이 미치지 않는 경우.
5문단 : 이를 바탕으로 P와 E의 소송 전개 예측.

| 해설 | 핵심 키워드 : 소송, 확정 판결, 기판력

P는 수강료를 받아내기 위해 소송을 걸었다. 따라서 P는 첫 번째 소송에서 '수강료를 내라는 내용'을 청구할 것이다. 만약 그가 첫 번째 소송에서 진다고 하더라도 E가 승소하였으므로 두 번째 소송에서는 '승소하면 그때 수강료를 내겠다'는 계약에서 '정지 조건', 즉 계약 조건이 실현되는 상황이 발생할 것이다. 따라서 두 번째 소송에서도 P는 '수강료를 내라는 내용'을 청구할 것이다.

| 오답 피해가기 |
① 계약이 유효하다면 첫 번째 소송에서 P는 수강료를 청구할 수 없다. 그 시점에서는 소송이 발생하지 않았기 때문에 '승소하면 그때 수강료를 내겠다'는 계약상의 조건이 실현되지 않은 것이다. 따라서 P는 첫 번째 소송에서 계약이 유효하지 않다고 주장할 것이다. 반면 계약이 유효하지 않다면 첫 번째 소송에서 E가 '수강료를 내지 않겠다'는 주장을 할 수 없다. 수강은 이미 종료된 사안이기 때문이다. 따라서 E는 첫 번째 소송에서 계약이 유효하다고 주장할 것이다.

② 첫 번째 판결에서는 E가 승소하는 상황이므로 판결문에 'E가 수강료를 내야 할 의무가 있다'는 내용이 실릴 이유가 없다.

④ 두 번째 소송에서는 E가 첫 번째 소송에서 승소를 한 상황이므로 '승소하면 그때 수강료를 내겠다'는 계약상의 조건이 달성되었다. 따라서 P는 수강료를 받을 수 있다.

⑤ P가 승소하는 두 번째 소송의 판결은 첫 번째 판결에서 E가 승소하는 상황을 전제로 이루어진 것이다. 즉, 첫 번째 판결이 유효하다는 것이 전제되어야 두 번째 판결에서 P가 승소할 수 있게 되는 것이다. 따라서 두 판결 가운데 하나가 무효라면 P가 승소할 수 없게 된다.

Theme 04 글의 구조 파악

발전문제   문제 150쪽

| 01 ④ | 02 ② | 03 ④ | 04 ④ | 05 ② |
| 06 ④ | 07 ③ | 08 ④ | 09 ⑤ | 10 ② |

01 글의 구조 파악 | 논지 전개 방식

| 정답 | ④

| 문단 요지 |
1문단 : 고객이 제품의 품질에 대해 지닌 욕구.
2문단 : 기본적 욕구에 대한 설명.
3문단 : 정상적 욕구, 감동적 욕구에 대한 설명.
4문단 : 세 가지 욕구에 관련된 일례 제시.
5문단 : 제품의 품질에 대한 고객의 기대는 유동적이며 단계적.

| 해설 | 핵심 키워드 : 기본적 욕구, 정상적 욕구, 감동적 욕구

이 글은 카노의 제품 품질에 대한 고객의 욕구와 만족도 모형을 소개하고 있다. 제품이나 서비스의 품질에 대한 고객의 세 가지 욕구인 기본적 욕구, 정상적 욕구, 감동적 욕구의 단계별로 고객이 식당에 가는 구체적 상황 제시를 통해 독자의 이해를 돕고 있으며, 5문단에서 고객의 기대가 가지는 특성에 관해 기술하면서 글을 마무리하고 있다.

02 글의 구조 파악 | 논지 전개 방식

| 정답 | ②

| 해설 | 핵심 키워드 : 동조, 손해 최소화, 집단의 압력, 동조의 강도

이 글은 동조의 발생 이유 및 발생 강도 등에 대해 다양한 사례를 들면서 동조의 개념을 좀 더 쉽게 이해할 수 있도록 설명하고 있다.

| 오답 피해가기 |

정답 및 해설

① 2문단의 첫 문장에서 주관적인 기준이 아니라 심리학을 바탕으로 하여 설명하고 있음을 알 수 있다.

03 | 글의 구조 파악 | 논지 전개 방식

| 정답 | ④

| 해설 | 핵심 키워드 : 체온, 생체조절 작용, 면역력
① 1문단에서 바이탈 사인의 정의에 관해 설명하며 글에 대한 이해를 돕고 있다.
② '우리 몸에서 체온은 어떤 역할을 하는 것일까?'라는 물음으로 글을 시작함으로써 체온의 역할에 대해 설명하는 내용이 전개될 것임을 암시하고 있다.
③ 4문단에서 전문가의 말을 인용하여 글에 대한 이해와 신빙성을 높이고 있다.
⑤ 3문단, 4문단에서 체온이 정상 범위보다 낮은 경우를 두 가지로 구분하여 설명하고 있다.

04 | 글의 구조 파악 | 논지 전개 방식

| 정답 | ④

| 해설 | 핵심 키워드 : 노벨 문학상, 관점의 전환, 실질적 방도
6문단에서 나이지리아 출신 노벨상 수상 작가 '월 소잉카'의 견해를 인용하고 있다.

| 오답 피해가기 |
⑤ 정확한 수치가 나타난 자료는 사용하지 않았다.

05 | 글의 구조 파악 | 글의 구조

| 정답 | ②

| 해설 | 핵심 키워드 : (가) 언어, 문화의 색인, 한자어, 감각어, 상징어 (나) 어휘의 절대량
(가)는 우리 민족의 역사와 생활이 반영된 국어의 어휘상의 특질로 다량의 한자어, 감각어·상징어의 발달을 들고 있다. (나)는 우리말의 표현력을 높이기 위해 우리말의 특징을 고려하여 어휘의 절대량을 늘리고, 기존의 어휘를 적극적으로 활용할 것을 여러 가지 예를 들어 주장하고 있다.
(가)는 (나)에서 언급한 것처럼 우리말을 풍부하게 하기 위해 우선 고려해야 할 우리말의 특징을 중점적으로 설명하고 있으며 국어의 우수성을 강조한 것이라 볼 수는 없다.

06 | 글의 구조 파악 | 글의 구조

| 정답 | ④

| 해설 | 핵심 키워드 : 붕당의 이해, 이해의 연원
(가)는 붕당 싸움에 대한 문제를 제기하고 있고, (나)와 (다)는 모두 (가)의 사례를 들고 있으므로 병렬적 관계에 해당한다. (라)는 (나), (다)의 문제를 해결하는 방안으로, 문제의 원인을 없앨 것을 주장하고 있으므로 글쓴이의 의도가 담겨 있다.

07 | 글의 구조 파악 | 글의 구조

| 정답 | ③

| 해설 | 핵심 키워드 : 미생물의 종, 유전 거리, 유전체 유사도
(가)는 '미생물의 종을 구분하는 기준은 무엇인가'라는 문제를 제기하고 있다. (나)는 외양과 생리적 특성을 기준으로 미생물의 종을 구분하는 방법의 한계를 지적한 후, 그 해결 방법을 제시하고 있다. (다)는 (나)에서 제시한 해결 방법의 한계를 지적하고 있다. (라)에서는 (다)에 제시된 한계를 보완하기 위한 방법이 서술되어 있다. (마)에서는 유전자 특성을 이용해 미생물 종을 구분하는 것의 의의를 제시하며 논의를 마무리 하고 있다.

08 | 글의 구조 파악 | 구조 도식화

| 정답 | ④

| 해설 | 핵심 키워드 : 그림 읽기, 우상에서 좌하, 작가의 마음
(가)는 그림을 어떻게 보아야 하는가에 대한 화제를 제시하고 있다. (나)는 오늘날 우리가 사용하는 서양의 방식, (다)는 우리 선조들의 방식을 설명하면서 비교하고 있고, (라)에서 우리의 옛 그림을 보는 적절한 방법에 대해 설명한다. 그리고 (마)에서는 옛 그림을 보는 방식을 제대로 알고 봐야 작가가 추구하고자 했던 의미까지 읽어낼 수 있음을 강조하고 있다.

09 | 글의 구조 파악 | 구조 도식화

| 정답 | ⑤

| 해설 | 핵심 키워드 : 과도적 혼합 문화, 적합성의 위기, 정체성의 위기, 통합성의 위기
(가)는 '과도적 혼합 문화로 인한 세 가지 위기'를 제시하고 있는 도입 문단이 된다. (나)는 적합성의 위기, (다)는 정체성의 위기, (마)는 통합성의 위기에 대한 설명을 나열하고, (라)는 정체성의 위기에 당면한 사회에서의 문화적 전통과 적합성, 정체성의 조화 범위에 대해 설명한다. (바)는 '현대적 사회 구조와 한국의 문화적 전통과 적합성을 지닌 가치와 규범의 확립을 통해 문화의 통합을 추구해야 함'으로 결론짓고 있다.

10 | 글의 구조 파악 | 구조 도식화

| 정답 | ②

| 해설 | 핵심 키워드 : 낱말, 외래어의 유입, 조어력
(가)는 삶이 풍부해지고 다양화될수록 더 많은 낱말이 필요하게 됨을 제시하면서 글의 주요 내용인 '낱말'에 대한 도입 문단의 역할을 한다. (나)에서는 다양한 외래어의 유입으로 인한 우리 언어생활의 편리함과 윤택함을, (다)에서는 근대 사회에 있었던 우리말을 이용한 새로운 낱말의 창제 시도와 실패를 보여 주며, (라)에서는 (다)에도 불구하고 우리말 신조어 사용에 성공한 '동식물 분야'에 대해 말하고, (마)에서 신조어의 실패가 우리말의 조어력의 한계로 인한 것이 아님을 구체적인 예를 들어 부연 설명하고 있다.

Theme 05 반론·평가·수정

발전문제
문제 166쪽

01 ③	02 ③	03 ⑤	04 ②	05 ⑤
06 ③	07 ⑤	08 ①	09 ②	10 ②
11 ⑤	12 ①	13 ④		

01 반론·평가·수정 | 수정하기

| 정답 | ③

| 해설 | 핵심 키워드 : 요시노리의 건강실천법, 1일 1식

ⓔ 다음에는 동물 실험에 대한 설명이 이어져야 하므로 ⓒ과 위치를 바꾸는 것은 적절하지 않다.

| 오답 피해가기 |
② ⓑ은 동물 실험의 예가 자기 자신이라는 내용이므로 ⓓ으로 이동하는 것이 적절하다.
⑤ 2문단은 1일 1식을 우려하는 내용이므로 ⓐ은 어울리지 않는다.

02 반론·평가·수정 | 수정하기

| 정답 | ③

| 해설 | 핵심 키워드 : 자산 가격, 거품, 정보

ⓒ에서는 접속사 '그러나'를 통해 앞 문단의 내용과 상반되는 내용을 언급하고 있고, ⓔ에서는 ⓒ의 내용을 확장하여 부연 설명하고 있다. 따라서 두 문장의 순서를 바꾸면 문맥상 자연스럽게 연결되지 않는다.

03 반론·평가·수정 | 수정하기

| 정답 | ⑤

| 해설 | 핵심 키워드 : 전통적 마케팅, 체험 마케팅

이 글의 마지막에 체험 마케팅에 대한 부연 설명이나 이후 마케팅의 변화에 대한 전망 등이 추가될 수 있으나 전통적 마케팅의 단점을 추가하는 것은 글의 일관성 측면에서 바람직하지 않다.

| 오답 피해가기 |
④ 3문단의 처음 문장에서 고객의 라이프스타일을 기업과 브랜드로 연결시킨다는 내용이 나오므로, 바로 뒤에는 그 사례가 나오는 것이 적절하다. 따라서 ⓗ이 ⓓ 앞에 위치해야 한다.

04 반론·평가·수정 | 수정하기

| 정답 | ②

| 해설 | 핵심 키워드 : 옷, 새로운 기능, 아름다움

이 글의 밑줄 친 부분은 '옷은 신체를 보호하는 기능과 상대방에게 자신의 이미지를 전달하는 기능도 지니므로 후자에도 신경을 써야 한다'는 내용이다. 밑줄 친 부분에서 옷의 기능을 진술하는 전반부에 주어를 밝히고, 후반부에서 '실용성'이라는 단어를 '표현성'이라는 단어로 고쳐야 글의 흐름과 어울린다.

05 반론·평가·수정 | 논지 반박

| 정답 | ⑤

| 해설 | 핵심 키워드 : 리더십, 상황, 후천적

이 글의 취지는 리더십은 조직의 상황과 환경에 따라 달라지므로 절대적인 리더상이란 존재하지 않는다는 것이다. 마찬가지로 정치세계 속에서도 상황에 따라 요구되는 리더십이 다양할 수 있다고 했을 뿐, 어떠한 리더십이 효과적인지는 제시되어 있지 않으므로 ⑤가 정답이 된다.

06 반론·평가·수정 | 논지 반박

| 정답 | ③

| 해설 | 핵심 키워드 : 경제적 불의

③의 내용은 이 글의 입장을 나타내는 것으로, 반박하는 진술이 아니다. 1문단에서 경제력을 독점하고 있는 소수 계층이 각계에 영향력을 행사하여 대다수 국민들의 의사에 반하는 결정들을 관철시키고 있다고 하였고, 4문단에서 토지가 소수의 재산 증식 수단으로 악용되고 있다고 한 것을 통해 알 수 있다.

| 오답 피해가기 |
① 이 글에서 해결책에 대해 언급하는 문단은 5문단인데, 구체적인 정책적 해결 방안을 말하기 보다는 전체적으로 둘러서 말하고 있다.
② 4문단에서 글쓴이는 부동산 문제 해결이 가장 시급한 사안이라고 하면서 부동산 문제가 모든 경제 사회적 불안과 부정의의 가장 중요한 원인으로 작용하고 있다고 하였다. 이에 대해 그 원인이 부동산 문제만은 아니라고 반박할 수 있다.
④ 나라가 성장하고 발전하는 데에 경제적 불의 문제들은 어쩔 수 없이 수반되는 사항이므로 떠안고 가야 한다고 반박할 수 있다.
⑤ 대다수 국민들의 의사에 반하는 결정이어도 소수 전문가들의 의사결정이 더 효율적이고 필요한 경우가 있을 수 있다.

07 반론·평가·수정 | 논지 반박

| 정답 | ⑤

| 해설 | 핵심 키워드 : 기후 변화, 프로파간다, 태양의 활동

이 글의 논지는 기후 변화의 이유는 인간이 발생시키는 온실가스 때문이 아니라 태양의 활동 때문이라는 것이다. 따라서 온실가스 배출을 낮추기 위한 인간의 노력은 사실상 도움이 되지 않는 낭비라는 주장이다. 이러한 논지를 반박하기 위한 근거로는 대기오염을 줄이기 위한 인간의 노력이 지구 온난화를 막는 데 효과가 있었다는 내용이 적절하다.

정답 및 해설

08 반론·평가·수정 | 논지 반박

| 정답 | ①

| 문단 요지 |
1문단 : 인간이 생존하기 위한 세 가지 필요조건.
2문단 : 심각한 환경 오염의 사례.
3문단 : 환경 문제가 악화되면 환경 파괴로 이어질 것임을 우려.
4문단 : 환경 문제를 발생시키는 물질들.
5문단 : 환경 보전을 위해 인류가 직면한 과제

| 해설 | 핵심 키워드 : 환경오염
이 글은 현대 사회의 산업화가 풍요로운 물질 문명의 혜택을 가져왔으나 이것이 환경 오염과 환경 파괴를 초래할 것이라는 보편적인 인식을 바탕으로 환경 보존의 중요성을 강조하여 현대 과학 기술에 의한 환경 문제의 해결 전망을 제시하고 있다. 따라서 이에 대한 비판으로 환경 보전과 개발의 양립이 어렵다는 문제를 제기할 수 있다.

09 반론·평가·수정 | 논지 반박

| 정답 | ②

| 해설 | 핵심 키워드 : (가) 오랑캐, 중국, 아름다운 문화 (나) 개화
(가)는 왜놈의 문물은 오랑캐의 풍속이며 이는 개화가 아니라 나라를 망치는 일이므로 중국으로부터 가져온 아름다운 문화를 고수해야 한다는 입장이다.
(나)는 조선이 강해지고 부유해지기 위해서는 구습을 버리고 외국 문물을 받아들여 개화해야 한다는 입장이다. 또한, (나)에서 백성이 무명옷 대신 모직과 비단을 입게 되는 것을 긍정적으로 이야기하고 있지만 (가)에서 의복 제도를 변경하는 일은 중국으로부터 전해 받은 도리에 어긋나는 일이라고 함으로써 반대의 입장을 가지고 있다.

| 오답 피해가기 |
① (가)의 입장은 중국의 문화를 받아들이고 왜놈의 문물을 오랑캐의 풍속으로 거부해야 한다는 것으로, 중국과 왜놈 둘 다 오랑캐로 보는 것이 아니다.
③·④·⑤ (나)의 입장을 나타낸다.

10 반론·평가·수정 | 평가하기

| 정답 | ②

| 해설 | 핵심 키워드 : 신호, 평가 신호, 관례 신호, 기만
수신자가 발신자에 대해 많은 정보를 가지고 있다면 굳이 '가려내기'를 할 필요가 없을 것이나, 정보가 부족하다면 기만으로 인한 피해의 우려가 있으므로 그 정도에 따라 여러 번 '가려내기' 과정을 거쳐 기만에 빠질 위험성을 줄이고자 할 것이다.

| 오답 피해가기 |
① 발신자의 속성과 연관된 신호 유형이 평가 신호, 연관되지 않은 것이 관례 신호이다. 평가 신호와 관례 신호 모두 기만에 노출되어 있다고 했으므로 둘 다 '가려내기' 대상이 될 수 있을 것이나, 동일한 조건의 기만에 노출되어 있다면 두 신호 중 관례 신호가 평가 신호에 비해 신뢰성이 낮으므로 수신자는 관례 신호의 '가려내기'에 주목할 것이다.
③ 기만을 적발 당했을 때 지불해야 할 비용이 기만을 하기 위해 필요한 비용보다 많이 들수록 기만이 확산될 수 있으므로 이에 따라 '가려내기'의 과정은 더 늘어날 것이다.
④ 수신자는 발신자의 기만으로 인한 피해를 줄이기 위해 '가려내기'를 실시하므로, 피해가 커진다면 더 많은 '가려내기'를 해야 함에 따라 더 어려워질 것이다.
⑤ 기만으로 인한 피해가 미미하다면 수신자에게 있어 발신자의 기만 행위는 크게 문제시 되지 않으나 이것으로 '가려내기'의 필요성이 없어진다고 볼 수는 없다.

11 반론·평가·수정 | 평가하기

| 정답 | ⑤

| 문단 요지 |
1문단 : 인류 문명사에서 나노 기술 혁명이 갖는 의의.
2문단 : 나노 기술 구현이 직면하고 있는 난제.
3문단 : 나노선과 나노점을 만들기 위한 두 가지 방법.
4문단 : 나노 기술이 가장 큰 영향을 미칠 분야1-정보 기술.
5문단 : 나노 기술이 가장 큰 영향을 미칠 분야2-생명 공학, 의학.
6문단 : 한국의 나노 기술에 대한 기대.

| 해설 | 핵심 키워드 : 나노 기술
[보기]의 주장에는 대상을 분석적으로 연구하는 환원주의적 기술의 발전이 결국 인간의 정체성을 위협할 것이라는 관점이 담겨 있다. 그런데 이 글에 소개된 나노 기술은 환원주의적 기술의 대표적인 예라고 할 수 있고 글쓴이 역시 그러한 기술의 발전에 대해 긍정적인 입장을 취하고 있다. 그러므로 [보기]의 관점에서는 이처럼 물질 중심주의적 입장에서 기술을 발전시키는 것이 인간의 정체성을 위협할 수도 있다고 비판할 수 있을 것이다.

12 반론·평가·수정 | 평가하기

| 정답 | ①

| 해설 | 핵심 키워드 : 매체 시대, 감각, 속도, 매체 작품
5문단에서 글쓴이는 전통적인 예술 방식과 매체 시대의 새로운 예술 방식이 모두 문화적 동인으로서 수용되어야 한다고 하였으므로, [보기]의 문화 현상에 담긴 두 문화 방식을 모두 존중하는 평가가 적절하다.

| 오답 피해가기 |
② 두 예술 방식이 절충되어야 한다는 견해는 나타나 있지 않다.
③·④ 어느 특정 방식만을 옹호하는 견해이므로 부적절하다.

13 반론·평가·수정 | 논지 강화

| 정답 | ④

| 해설 | 핵심 키워드 : 새로운 질서, 경제적인 명령, 자유의 억압

이 글은 '권력자들은 우리 사회의 근대화 과정에서 사회 구성원들의 자유를 억압하였다.'는 주장을 담고 있다. 1문단에 따르면, 권력자들은 자유를 억압하는데 그것은 자유가 억압된 사회(정적인 사회)가 그들의 욕망을 보다 더 잘 충족시켜 줄 수 있기 때문이라고 한다. 이로부터 권력자들은 자신들의 욕망을 충족시켜 줄 수 있는 정적(靜的)인 사회를 원한다는 판단을 얻을 수 있으며, 이러한 판단은 지문의 주장을 정당화하므로 [보기]의 '권위주의적 통제 방식'에 대한 논거로 타당하다.

Theme 06 빈칸 채우기

발전문제
문제 186쪽

01 ①	02 ③	03 ①	04 ①	05 ①
06 ⑤	07 ③	08 ②	09 ②	10 ①
11 ②	12 ⑤	13 ④	14 ①	15 ③
16 ②	17 ③	18 ②	19 ②	

01 빈칸 채우기 접속사 채우기

| 정답 | ①

| 해설 | 핵심 키워드 : 돈의 개념, 용돈

빈칸 앞에는 연구 결과가 만 7세부터 돈의 개념을 짐작하게 된다는 근거의 내용을, 뒤에는 이때부터 돈에 대한 교육을 시작하면 좋다는 결과의 내용을 말하고 있으므로 원인과 결과를 연결하는 접속 부사인 '따라서'가 들어가야 한다.

02 빈칸 채우기 접속사 채우기

| 정답 | ③

| 해설 | 핵심 키워드 : 양자 역학

양자 역학은 예측을 '정확'하게 함으로써 현대 물리학의 근간을 이루었다고 했는데, 그 예측하는 현상들 중에는 '매우 불가사의한' 것이 있다고 하였으므로 빈칸의 전후 맥락을 살펴볼 때 '사실은 그러하지만 그것과는 상관없이'라는 뜻의 관용구인 '그럼에도 불구하고'가 들어가야 한다.

03 빈칸 채우기 접속사 채우기

| 정답 | ①

| 해설 | 핵심 키워드 : 홀론, 세포

㉠의 앞 문장에서는 홀론의 어원을, 뒤 문장에서는 홀론의 뜻을 설명하고 있으므로 '즉'이 들어가는 것이 가장 자연스럽다. ㉡, ㉢은 앞뒤 문장이 서로 상반되는 내용을 담고 있으므로 '그러나'가 들어가야 한다.

04 빈칸 채우기 접속사 채우기

| 정답 | ①

| 해설 | 핵심 키워드 : 인공 지능 컴퓨터, 문제 해결 능력

㉠의 앞 문장은 인공 지능 컴퓨터의 능력을, 뒤 문장은 인공 지능 컴퓨터의 부족한 점에 대한 내용이다. 따라서 앞뒤가 상반된 내용이 이어질 때는 '그러나'가 들어가는 것이 적절하다. 또한 ㉡의 앞 문장과 뒤 문장을 보면, 컴퓨터에 인간만큼의 정보와 지식을 주입하는 것은 어려우므로 인간과 비슷한 컴퓨터를 만드는 것은 불가능하다는 내용이 된다. 따라서 앞에서 말한 내용이 뒤에서 말한 내용의 원인, 근거가 될 경우 사용하는 '따라서'가 들어가는 것이 적절하다.

05 빈칸 채우기 어휘 채우기

| 정답 | ①

| 해설 | 핵심 키워드 : 집단생활

이 글은 인간과 동물의 집단생활을 비교·대조하여 인간의 특징을 설명하고 있다. 1문단과 2문단은 인간과 동물의 집단생활의 공통점을 설명하고 있고, 3문단은 그 둘을 구분하고 있다. 따라서 (가)와 (다)는 동물적인 특성, (나)와 (라)는 인간적인 특성의 단어가 들어가야 함과 (가)·(다)와 (나)·(라)가 서로 반대·대조되는 단어가 들어가야 함을 추론해 볼 수 있고, 이를 전제로 하여 답을 고르면 된다.

06 빈칸 채우기 어휘 채우기

| 정답 | ⑤

| 해설 | 핵심 키워드 : 게임산업, 중소기업, 메이저기업

이 글은 게임산업이 메이저기업 위주로 흘러가는 현 상황은 옳지 않으며, 중견기업의 입지가 바로 서야 중소기업은 물론이고 게임산업 전부가 함께 부흥할 수 있음을 주장하는 내용이다. 따라서 (가)에는 메이저기업과 소규모 개발사 사이에서 미드필드 역할을 하는 중견기업을 의미하는 '가교' 또는 '중계'가 들어가는 것이 적절하며, (나)에는 '위축', '몰락'이 들어갈 수 있다. 또한 (다) 현상은 일부 스타급 개발자들은 계속적으로 메이저기업들의 지원을 받는 데에 반해 소규모 개발사들은 위축되는 경향을 말하고 있으므로 '양극화'가 들어가는 것이 적절하다.

07 빈칸 채우기 어휘 채우기

| 정답 | ③

| 해설 | 핵심 키워드 : 진리, 참

(가)에는 '진리'에 대해 자신의 의견을 내세우는 것(주장)이 아니라, 논리적으로 설명하고 있으므로 '이론'이 들어가는 것이 자연스럽다. 또한 (나)에는 진리란 사실과 '일치'하는 것이라는 점에서

정답 및 해설

'대응설'이, (다)에는 진리란 기존의 지식 체계에 '부합'해야 한다는 점에서 '정합설'이, (라)에는 진리가 '유용한' 결과를 동반해야 한다는 점에서 '실용설'이 각각 들어가는 것이 적절하다.

08 빈칸 채우기 | 어휘 채우기
| 정답 | ②
| 해설 | 핵심 키워드 : 부재, 이미지

(나)의 앞부분에 '않는다', '않아'라는 내용이 있으므로 (나)에는 부정의 말이 들어간다는 사실을 알 수 있다. 또한 (다)의 앞에서 '사과가 있는 그림'과 '사과가 없는 그림'을 비교하고 있으므로 (다)에는 '대비'가 들어가게 된다. 따라서 선택지는 ②와 ⑤로 좁혀진다. 글에서 계속해서 언어와 그림을 비교하고 있고, 마지막 문장에서 '(가)를 가지기 이전의 세계가 이런 것일 것'이라고 말하고 있으므로 (가)는 '표현'보다는 '언어'가 더 적합함을 알 수 있다.

09 빈칸 채우기 | 동일한 어구 찾기
| 정답 | ②
| 해설 | 핵심 키워드 : 정보, 지식

이 글은 '정보는 수명이 짧고 속도를 중시한다. 지식은 정확하고 신뢰할 수 있지만, 정보가 지식이 될 수도 있고, 지식이 정보가 될 수도 있다.'는 내용이다. 일기 예보에서 기상청을 믿으면 안 된다'고 하였으므로, A에는 '정보'가 들어가야 한다. B는 A와 대비되고 있으므로 '지식'이 들어가야 한다. 또한, '판단하는 데 참고하기만 하면 된다.'고 하였으므로 C에는 '정보'가 들어가야 하고, '확정된'이라고 했으므로 D에는 '지식'이 들어가는 것이 적절하다. '흘러가며 유통을 형성'하므로 E에는 '정보'가 들어가야 하고, '이와 전혀 반대'인 F에는 '지식'이 들어가는 것이 적절하다. G에는 '분석과 실증'이 더해지기 전의 '정보'가 들어가야 하고, H에는 그러한 것들이 더해진 후의 '지식'이 들어가는 것이 적절하다. I, J에는 '유통의 조건이 정돈됨으로써'라고 했으므로 G, H와 반대되는 I에는 '지식이', J에는 '정보'가 들어가는 것이 적절하다.

10 빈칸 채우기 | 어구 채우기
| 정답 | ①
| 해설 | 핵심 키워드 : 불만족스러움, 막막함

'하지만'이라는 역접 접속사 다음에 빈칸이 나오기 때문에, 직전의 '막막하고 재미없다'에 대립되는 어구를 넣어야 한다. 그러므로 먼저 같은 뜻인 ②는 제외된다. 또한 만약 세 번째 문단까지에 대립되는 역접이라면, 네 번째 문단의 내용은 긍정적인 내용이 되어야 한다. 하지만 글 전체적으로 부정적인 분위기가 감돌고 있으므로, 부정적인 느낌의 어구를 선택해야 한다. 따라서 ③이나 ⑤의 긍정적인 느낌의 말은 들어갈 수 없다. 남는 것은 ①과 ④인데, 네 번째 문단에 '나른하다'는 말이나 '울적해지고' '여독' '쓸쓸하다' 등의 말이 나오는 것을 보면, ④는 너무 강하고, ①이 적절할 것이다.

11 빈칸 채우기 | 어구 채우기
| 정답 | ②
| 해설 | 핵심 키워드 : 생물 농약, 근원미생물

빈칸에 이어지는 문장을 통해 알 수 있다. 뿌리 주변에서 멀리 떨어진 곳은 황량하다는 점에서 '사막'에 대응되고, 뿌리 주변은 안락한 서식 환경을 제공받는다는 점에서 '오아시스'에 대응된다. 따라서 근권미생물에게 뿌리 주변은 '사막의 오아시스'와 같다는 것을 알 수 있다.

12 빈칸 채우기 | 문장 채우기
| 정답 | ⑤
| 해설 | 핵심 키워드 : 로봇과 인간의 관계, 목적

'로봇은 무엇인가'라는 물음은 로봇이 인간과 어떠한 관계에 있는 것인지 이해하는 것과 관련 있다. 인간의 목적을 실현하기 위한 '도구'로서 로봇이 만들어지게 되면 인간의 모습을 닮을 필요가 없지만, '동료' 혹은 '친구'로 생각한다면 로봇은 인간의 모습과 가능한 한 비슷하게 만들어질 것이다. 하지만 '도구'와 '친구'는 서로 양립할 수 없는 관점이다. '인격'을 요구한다면, 살아있는 인간이 최고이며, 오히려 로봇의 존재는 무의미해질 것이다. 따라서 '살아있는 인간이 최고'라는 말의 연장선상으로 ⑤가 가장 적절하다.

| 오답 피해가기 |

① '보다 정교'하다 해도 로봇은 로봇이기 때문에 '살아있는 인간이 최고'라는 것과 연결되지 않는다.
② '살아있는 인간이 최고'라는 것이 표현되어 있지 않다.
③ 이 글에서 인격을 원한다면, 살아있는 인간이 최고라고 했기 때문에, '인격으로서의 로봇'은 원할 수 없다.
④ 이 글에서 '도구로서의 존재를 거부'한다는 주장은 이끌어낼 수 없으며, '살아있는 인간이 최고'라고 했으므로 잘못된 내용이다.

13 빈칸 채우기 | 문장 채우기
| 정답 | ④
| 해설 | 핵심 키워드 : 경쟁, 지배 이데올로기

빈칸 앞에 역접을 나타내는 접속사인 '그러나'에 주목한다. 접속사의 앞부분은 경쟁의 어원을 소개하고 '함께 추구한다'라는 의미처럼 경쟁이 사회의 여러 부문에서 상생·상보적인 요소로 작용하였음을 정치적 측면의 예를 들어 설명하였다. 접속사 뒷부분은 오늘날의 경쟁은 이러한 어원과는 다른 의미로 사용되고 있음을 나타냈으므로 ④가 적절하다.

14 빈칸 채우기 | 문장 채우기
| 정답 | ①
| 해설 | 핵심 키워드 : 외국어, 마음가짐

5문단에서 '발달상의 임계기', '외국어는 어릴 때 배우면 빨리 습

득하지만, 일정한 나이가 지나면'이라고 언급하였으므로 나이와 마음가짐에 관한 내용이라는 것을 알 수 있다.

| 오답 피해가기 |
② '일정한 나이가 지나면 아무리 노력해도 어릴 때처럼 잘 하지는 못한다'는 것은 이미 '하지만'에 의해 부정되었다. 따라서 다시 그와 같은 내용이 들어가는 것은 적절하지 않다.
③ '마음가짐'에 대해 논하고 있으므로 문맥적으로 '문법에 사로잡혀 자유롭게 대화하지 못하게 된다'는 내용은 이어지지 않는다.
④ '모국어에 대한 애착'은 이 글의 내용과 맞지 않으므로 적절하지 않다.
⑤ '지식으로 배운 것을 실생활로 연결 짓지 못한다'는 이 글의 내용과 맞지 않으므로 부적절하다.

15 빈칸 채우기 | 문장 채우기

| 정답 | ③

| 해설 | 핵심 키워드 : 경험주의, 인식 분석, 사고 과정, 과학적 지식
4문단에서 흄은 우리가 지각할 수 있는 것이 감각이나 기억, 개별적 관념에 한정되며 사고과정을 주관하는 정신은 지각의 대상이 되지 않는다고 하였다. 또한, 빈칸의 앞 문장에서는 과학적 지식은 개별적 사실로부터 인과 관계나 법칙을 찾아내어 체계화한 결과라고 하였고, 뒤 문장은 지식이 수학적 지식과 직접적 경험에 엄격히 한정된다고 하고 있다. 따라서 빈칸 안에는 개별적 관념이나 감각보다 상위개념인 인과 관계나 법칙을 지각할 수 없다는 내용이 와야 한다.

16 빈칸 채우기 | 문장 채우기

| 정답 | ②

| 해설 | 핵심 키워드 : 저항
빈칸에 이어지는 내용을 살펴보면, 중세시대에는 견고한 중세 지배체제로 인해 농민들의 저항이 이루어지지 못하였고, 산업사회에서는 시민이나 노동자들이 자신들의 안락한 생활을 위협받을 때에만 저항이 나타났다고 하였다. 이를 통해, 살고 있는 시대와 처해진 상황에 따라 저항이 이루어질 수도, 그렇지 못할 수도 있고, 저항의 이유 또한 달라질 수 있음을 말하고 있다. 따라서 저항은 사람들이 살고 있는 시대와 처한 상황 등에 따라 다르게 나타난다는 내용의 문장을 찾으면 된다.

17 빈칸 채우기 | 문장 채우기

| 정답 | ③

| 문단 요지 |
1문단 : 고전적 미학에 대한 설명과 이를 비판하는 칸트의 미학론.
2문단 : 칸트 미학론의 중심이 되는 취미 판단.
3문단 : 취미 판단의 특징 : 보편타당성, 공통감.

| 해설 | 핵심 키워드 : 미학, 칸트, 취미 판단, 공통감

3문단은 취미 판단의 주관적 보편성을 설명하기 위해 미적 무관심성과 공통감의 개념을 소개하고 있다. 빈칸은 앞부분에 나온 예시의 원인을 공통감과 연관하여 설명해야 한다. 글에 따르면, 공통감은 구성원 간에 공통된 보편성을 지니고 있고 그것에 의해 취미 판단이 이루어진다는 의미이다. 따라서 추상 작품과 구상 작품은 공통된 보편성을 지니고 있느냐 아니냐에 따라 구분되어야 하고, 글에서 사람들이 구상 작품을 더 선호한다고 하였으므로 그 이유는 구상 작품이 보편성을 지녔기 때문임을 추측해 볼 수 있다. ③에서 말하는 규칙은 보편적 객관성을 띠는 단어이므로, 구상 작품은 보편성이 존재하고 추상 작품은 없다는 ③이 가장 적절하다.

| 오답 피해가기 |
① 선택지는 추상 작품을 감상할 때 쾌락 추구의 결과로 공통감이 나타난다고 말한다. 하지만 이 글에서는 공통감을 바탕으로 쾌락이 추구될 때 객관적 필연성이 나타난다고 했다. 선후관계가 잘못된 것이다.
② 외적 요인을 공통감이라고 한다면, 추상 작품이 아니라 구상 작품에 외적 요인이 작용해야 한다. 글에서 우리가 구상 작품을 더 선호한다고 나와 있기 때문에 공통감은 구상 작품에 작용되어야 맞다.
④ 이 글에서는 추상 작품보다 구상 작품을 더 선호한다고 했다. 따라서 구상 작품이 추상 작품보다 긍정적인 서술이어야 하지만 이 선택지에서는 구상 작품을 불쾌감으로, 추상 작품을 쾌감으로 표현하였기 때문에 적절하지 않다.
⑤ 작가의 의도에 대한 이야기는 글에 나타나 있지 않다.

18 빈칸 채우기 | 문단 채우기

| 정답 | ②

| 해설 | 핵심 키워드 : 정신, 물질 만능주의, 인간 소외
먼저 1문단에서 '현대 사회의 과제'로 문제 제기를 삼아 물질적인 것과 정신적인 것 사이의 균형 회복을 제시하고 있다. 2문단, 3문단에서는 '물질 만능의 현대 사회'를 상술하며, '물질 만능의 폐단'을, 마지막 문단에서는 '물질 만능의 폐해'로서 정신적 가치를 무시한 결과로 나타날 부정적인 현상을 언급하고 있다. 따라서 옛날에는 사회 생활에 있어 정신적 가치가 인정받았으나 현대 사회로 넘어오면서 산업의 발달에 의한 대량 생산과 소비가 사람들로 하여금 물질적 부를 즐기게 하고 사회의 가치 평가 기준이 생산과 부로 바뀌었으며, 그 결과로 문화 경시 및 인간 소외의 사회가 나타나게 되었다는 내용상 빈칸에는 '물질 만능의 폐해'를 언급한 ②가 들어가는 것이 적절하다.

19 빈칸 채우기 | 문단 채우기

| 정답 | ②

| 해설 | 핵심 키워드 : 탈산업화, 생활양식의 변화
이 글에서는 현대인들의 생활 속도가 빨라지고 있는 예를 통해 과거와는 다른 현대 사회의 스피디한 단면을 보여 주고 있다. 빈칸

정답 및 해설 · 43

정답 및 해설

에 이어지는 '유사한 예를 ~'을 통해 빈칸에는 현대인들의 빠른 생활 속도를 보여 줄 수 있는 예시가 들어가야 함을 알 수 있다.

Theme 07 개요 · 보고서

발전문제   문제 206쪽

01 ⑤   02 ②   03 ③   04 ③   05 ②
06 ④   07 ②   08 ③   09 ⑤   10 ①
11 ②   12 ⑤   13 ①

01 개요·보고서 | 개요 작성하기
| 정답 | ⑤

| 해설 | 일반적으로 개요 부분에 문제점과 해결 방안이 제시되어 있으면, 서로 연관되어 나열되어있으므로 '3-4)'와 '4-4)'가 연관됨을 알 수 있다. 따라서 (마)에는 정부 관련 부처 간의 마찰에 대한 해결 방안이 제시되어 있어야 한다. 하지만 ⑤는 정부 기관이 정책을 펼 때 공개적으로 국민의 의견을 듣는 '공청회'를 실시해야 한다는 내용이므로 이는 적절하지 않다.

| 오답 피해가기 |

③ '3-3)'의 해결 방안이 '4-3). 적극적인 홍보를 통한 대기업 유치'이므로, 역으로 생각하여 문제점이 대기업의 투자가 부족한 것임을 유추해 볼 수 있다.

02 개요·보고서 | 개요 작성하기
| 정답 | ②

| 해설 | Ⅰ의 하위 목차를 보면 미신의 종류가 아닌, 다양한 유형의 사람들을 나열하고 있다. 따라서 ⓒ이 병자, 무지한 자, 지식인 등이 미신을 믿는 실태에 대한 내용을 다루고 있음을 알 수 있다.

| 오답 피해가기 |

① 주제문을 보면 미신을 부정적으로, 과학을 긍정적으로 바라보고 있음을 알 수 있다. 주제는 이를 요약한 것이므로 이는 적절하다.
④ 주제문에서 미신을 물리쳐야 한다고 했으므로, Ⅲ에서 '미신을 없애기 위한 대책'이 나오는 것은 적절하다.

03 개요·보고서 | 개요 작성하기
| 정답 | ③

| 해설 | 발행일과 수신, 참조, 발신, 문서번호가 모두 포함되어 있고, 제목이 공문 내용의 요점을 담고 있으면서 항목별로 정리된 공문은 ③이다. 첨부 서류가 필수 요소는 아니므로 서류명을 밝히지 않은 것은 상관없다.

| 오답 피해가기 |

① 발신을 표시하지 않았다.
② 문서번호를 표시하지 않았다.
④ 공문 내용이 항목별로 정리되어 있지 않다.
⑤ 공문 내용이 항목별로 정리되어 있지 않으며, 제목을 따로 기재하지 않았다.

04 개요·보고서 | 개요 수정하기
| 정답 | ③

| 해설 | 본론 1은 해외에 한국학을 육성하는 의의를 전개하는 부분이며, 그 의의 중 1)에서 해외에 한국학을 육성하면 외국과의 문화적·학문적 연대가 증진된다고 하였는데 그 근거 자료로서 각국의 문화재 보존 현황을 제시하는 것은 논지의 핵심인 '해외 한국학 육성 방안'과 어울리지 않고 1-1)과 연결되지도 않는다.

05 개요·보고서 | 개요 작성하기
| 정답 | ②

| 해설 | 본론 2-3)에서 해외 한국학 발전의 장애 요소로서 '한국학을 연구할 전문 인력의 부족'을 언급하였으므로 본론 3-3)에는 해외 한국학 지원 및 육성 방안으로 '한국학 연구자 육성을 위한 장학 제도 마련'이 적절하다.

06 개요·보고서 | 자료 추가하기
| 정답 | ④

| 해설 | (가), (나) 두 참고 자료의 내용을 분석하면 모두 '과학자의 연구 환경 개선'과 관련이 있다는 것을 알 수 있다.

07 개요·보고서 | 개요 비교하기
| 정답 | ②

| 해설 | 이 개요는 외래문화도 우리 문화의 발전에 기여할 수 있으므로 이를 선별하여 주체적으로 수용하자는 내용을 중심으로 전개되었다. 'Ⅱ-1'의 하위 항목 '가'와 '나'를 보면 외래문화 수용에 대한 부정적 태도를 비판하는 내용이므로 수정하기 전의 상위 항목이 바르게 된 것인데, 오히려 수정 후를 보면 외래문화 수용에 따른 문제점으로 바뀌어 논지의 흐름을 훼손하고 있다. 따라서 'Ⅱ-1'에서의 수정이 잘못된 부분이며 이를 설명하고 있는 부분인 ②가 정답이 된다.

08 개요·보고서 | 개요 비교하기
| 정답 | ③

| 해설 | 수정 후의 개요에서 'Ⅱ-2-다'를 보면 '개인 정보 유출의 피해 양상'의 하위 항목이 새로 추가되었다. 그런데 이 항목은 개인 정보 유출로 인해 발생한 피해를 구체적으로 밝히는 부분으로, 상위 항목인 개인 정보 유출의 원인 항목에는 포함될 수 없으므로 잘못 수정된 부분이다. 따라서 이를 설명하고 있는 ③이 정답이

된다.

09 개요·보고서 | 개요 수정하기

| 정답 | ⑤

| 해설 | '본론 5.'는 글의 주요 내용에 해당하므로 본론에 그대로 두고 중점적으로 서술해야 하며, 결론에는 스마트폰에 대한 전망이나 자신의 생각, 당부하는 내용 등을 담아 마무리하는 것이 바람직하다.

10 개요·보고서 | 자료 활용하기

| 정답 | ①

| 해설 | 'Ⅱ-1'은 '장애인 복지'의 정의를 내린 부분인데, (ㄹ)은 단순히 '장애인'에 대한 정의를 내린 부분이다.

11 개요·보고서 | 자료 활용하기

| 정답 | ②

| 해설 | (가)에서 두드러지는 것은 과외비가 많이 든다는 것이고, (나)에서는 우리나라가 타국에 비해 교사 1인당 학생수가 많다는 것으로 공교육의 열악함을 나타낸 것이다. 이를 바탕으로 사교육비의 부담을 줄여야 한다는 주장의 글을 쓰려면 먼저 사교육비의 부담이 높다는 점을 (가)로 뒷받침하고 그 원인으로 (나)를 활용하는 것이 좋다.

12 개요·보고서 | 자료 활용하기

| 정답 | ⑤

| 해설 | [보기]의 각 요인들이 인과적 순환관계에 있지만, 최초의 원인이 무엇이며 그로 인해 현재 일어난 결과가 무엇인지 분명하게 서술해야 한다. 현재 가장 큰 문제점은 '첨단 기술의 실패'이며, 이런 결과를 가져온 발단적 원인은 '해외의 첨단 기술 의존 심화'이다.

13 개요·보고서 | 개요 수정하기

| 정답 | ①

| 해설 | 'Ⅱ-1'은 학교 옥외 쉼터의 필요성을 두 가지로 구분한 것이다. 따라서 'Ⅱ-1-가'는 주제에서 벗어난 내용이 아니므로 수정하지 않고 그대로 둔다.

| 오답 피해가기 |
④ 'Ⅱ-2-가'는 'Ⅱ-3-가'와 연계되므로 적절하다.

Theme 08 문장·문단배열

발전문제 — 문제 226쪽

01 ①	02 ④	03 ④	04 ④	05 ③
06 ③	07 ①	08 ③	09 ③	10 ③
11 ③	12 ②			

01 문장·문단배열 | 문장 배열하기

| 정답 | ①

| 해설 | 핵심 키워드 : 눈알 모양, 산누에나방

제시된 문장은 곤충의 몸에 아름다운 눈알 모양을 부착하고 있는 경우가 적지 않다는 내용이다. 이는 포괄적인 내용이기 때문에 바로 뒤에 '대표적인 종류'에 대한 설명이 이어지는 것이 좋다. 따라서 산누에나방이라는 고유명사가 등장하는 (마)가 가장 처음에 위치한다. 그리고 전체를 훑어 봤을 때 눈에 들어오는 것이 (라)이다. 한 층 더 나아갔다는 표현에서 무언가 문제가 발생했음을 유추할 수 있고, 그것이 (바)에 있는 아무리 멋지더라도 '진짜 동물이 아닌 것을 들킨다'는 내용임을 알 수 있을 것이다. 따라서 (바)-(라)의 순서는 찾아낼 수 있다. 그 후 남은 문장을 보면 되는데, 모든 문장이 어떤 움직임이나 특징을 설명하고 있다. 자세히 보면 (바)와 (사)는 문양의 특징에 집중하는데 반해 (나)와 (다)는 조금 더 발전한 행동을 가리키며 설명하고 있다. 여기서 (바)와 (사), (나)와 (다)가 각각 가까이 위치해야 하며, 비교해서 살펴보면 (사)-(바)와 (다)-(나)라는 두 개의 흐름을 유추해낼 수 있다. 전체 흐름을 살펴보면, '이 나방은 대표적인 것으로, 그 특징은 이렇고 그렇지만 적에게 간파 당할 위험이 있다. 따라서 이 나방은 한 층 더 연구를 해서 이런 움직임을 취한다'는 논리 구조이다. 따라서 (마)-(가)-(사)-(바)-(라)-(다)-(나)의 순서가 된다.

02 문장·문단배열 | 문장 배열하기

| 정답 | ④

| 해설 | 핵심 키워드 : 본질, 사후적

선택지가 (가) 또는 (라)로 시작하고 있어 이를 먼저 살펴보면, (가)는 (라)의 본질에 대한 질문의 답변에 해당되므로 (라) 뒤에 이어지는 것이 적절하다. 그리고 (나)는 책상을 예로 들어 본질적 기능에 대해 설명하는데, 이는 본질주의자가 사물의 핵심적인 측면을 중시한다는 (가)의 예시에 해당하므로 (라)-(가)-(나)의 순서로 전개됨을 알 수 있다. 또한 (다)는 (나)와 같이 책상을 예로 들고 있는데, 본질은 인간의 경험을 통해 결정된 것이라는 설명을 하고 있어 사물의 본질이란 사후적으로 구성된 것이라는 (마)의 뒤에 오는 것이 적절하다.

03 문장·문단배열 | 문장 배열하기

정답 및 해설

| 정답 | ④

| 해설 | 핵심 키워드 : 나름의 고전

'꼭꼭 씹어 소화시켜야 하는 책을 만나는' 것이 쓰여 있는 부분은 (바)인데, 베이컨의 말을 인용하는 것으로 시작된다. 또한 선택지를 힌트로 삼으면, (바)가 처음에 온다는 것을 알 수 있다. 다음으로 '고전'에 대해서는 (나)와 (마)의 앞부분에만 쓰여 있으므로, (나)-(마)가 되며, (마)가 화제의 전환이 되어, '고전-나름대로의 고전'으로 전개된다. 이렇게 생각하면 답은 ④이다. '나름대로의 고전'에 대해 생각해 보면 (가), (다), (라), (마)가 이 그룹에 들어간다. (가) '자기의 고전'은 (마)의 '그 사람 자신의 고전'을 받는 내용이므로, (마)-(가)이다. (다)의 '그러한 것'은 (라)의 '반복하는 것'을 가리키는 것이므로 (라)-(다)가 된다. '나름대로의 고전이 없으면 앞서 읽은 것을 반복해서 읽으면 자신만의 고전이 된다.'고 이야기가 전개되므로, (마)-(가)-(라)-(다)가 된다.

04 문장·문단배열 문장 배열하기

| 정답 | ④

| 해설 | 핵심 키워드 : 예술, 공통감각, 상상력

첫 문장에서 공통감각을 눈뜨게 하는 것은 자연만이 아니라 예술도 있다고 하였으므로, 그 뒤에는 (바)의 예술에 대한 설명이 온다. 그리고 (바)의 예술에 대한 설명을 이어받아, (나)에서 '그러한 것으로서의 예술'을 좀 더 설명하고 있으므로, (바)-(나)가 된다. 여기서 정답이 ④임을 알 수 있다. 또한, 나머지 문장들을 배열해 보면, (가)의 '위와 같이 아름다움과 멀리 떨어진 작품'은 (마)의 '미적이지 않은 것이나 지극히 추상적인 것'을 가리키는 것이므로, (마)-(가)이다. 그리고 (가)의 후반부에서는 얼핏 아름다움과 멀리 떨어진 것이 나타난 것은 기계화나 물질화를 반영한 것이 아니라고 하였고, (라)에서 자연에서 사라져가고 있기 때문에 반대적인 입장에서 공통감각에 작용한다는 내용으로 이어지므로 (마)-(가)-(라)이다. (라)의 내용은 (다)의 '공통감각이 상상력의 자리로서 매우 중요'하다는 내용으로 이어지므로, (마)-(가)-(라)-(다)이다. (바)-(나) 다음에 (마)-(가)-(라)-(다)를 이어주면 자연스럽게 연결되므로, (바)-(나)-(마)-(가)-(라)-(다)가 된다.

05 문장·문단배열 문장 배열하기

| 정답 | ③

| 해설 | 핵심 키워드 : 일본 헌법, 정교분리

먼저 (라)의 '이러한 점에 비추어 볼 때, ~완전한 분리를 이상'과 (사)의 '이러한 점에 비추어 볼 때~ 분리에도 자연스럽게 일정한 한계'가 대립된다. (라), (사) 모두 '이러한 점'이라고 했으므로, 서로의 주장에 대한 근거가 각각 존재하고 있음을 알 수 있다. (라) (완전 분리)의 근거는 정교분리의 필요성이 크다고 한 (가)와 전쟁 전에는 종교의 자유 보장은 불완전했다는 (바)이다. (바)는 전쟁 전에는 신앙의 자유가 불완전했다고 말하였고 이는 (가)와 자연스럽게 이어지므로, (바)-(가)-(라)이다. 한편, (사)(한정 분리)의 근거는 '완전한 분리를 실현하는 것은 현실적으로 불가능'이라고 한 (마), '정교분리 원칙을 완전히 관철하려고 하면, ~불합리'라고 한 (다), 또한 '정교분리 규정은 신앙의 자유 자체를 직접 보장하는 것은 아니며'라고 한 (나)이다. (나)는 정교분리는 신앙의 자유 그 자체가 아니기 때문에, 어느 정도 제한되어도 어쩔 수 없다는 취지이다. 그리고 (나)에 '하지만'이라고 하였으므로, (나)-(다)-(사)가 되며, (바)-(가)-(라)의 다음에 온다. 따라서 (바)-(가)-(라)-(나)-(마)-(다)-(사)가 된다.

06 문장·문단배열 문단 배열하기

| 정답 | ③

| 해설 | 핵심 키워드 : 놀이, 인간 이성, 필연, 우연

이 글은 예술과 놀이를 비교하여 쓴 내용으로, 예술이 놀이의 세 가지 유형과 닮아있음을 밝히는 (다) 문단이 글의 도입 부분에 해당되므로 처음에 등장해야 한다. 이어서 시대에 따라 변하는 예술의 흐름으로 글을 전개해 나가는데, 이성을 바탕으로 필연을 중시한 근대의 예술을 설명하는 (가)와 이와는 반대로 예술에 우연을 도입한 현대의 예술에 관한 내용의 (라)가 그 뒤에 이어져야 한다. 그 다음으로는 앞서 이야기했던 예술의 필연과 우연을 이용한 예술가들의 직접적인 예를 통해 글의 내용을 더 구체화하고 있는 (마) 문단이 오는 것이 적절하고, 끝으로는 예술과 놀이가 닮아있다는 글의 전제를 다시금 되짚으면서 전체적으로 정리하는 (나)의 연결이 자연스럽다.

07 문장·문단배열 문단 배열하기

| 정답 | ①

| 해설 | 핵심 키워드 : 정책 결정 과정, 민간화, 경영화

이 글의 핵심 내용은 지방 자치 단체의 정책 결정 과정을 주민의 의사에 부합하는 방향으로 보완해야 한다는 것이다. 따라서 지방자치단체 정책 결정과정의 문제점과 보완 필요성을 언급하고 있는 (나)가 맨 앞에 온다. 다음으로는 그동안의 문제점 극복을 위한 노력에 대한 설명인 (다)와 (다)에서 언급한 '민간화'와 '경영화'를 부연설명하는 (가)가 연결된다. (마)의 '이러한 한계'는 (가)에 언급된 민간화와 경영화의 한계를 말하므로 (마)가 그 다음에 오고, 여기서 그에 대한 대안으로 주민 참여 제도의 활성화를 제시하여 (라)와 연결된다. (라)에서는 직접 민주주의 제도를 적용했을 때 예상되는 효과를 나열하면서 직접 민주주의 제도 활성화를 촉구하며 글을 마무리하고 있다.

08 문장·문단배열 문단 배열하기

| 정답 | ③

| 해설 | 핵심 키워드 : 환율

이 글은 환율과 이의 변화가 경제에 미치는 영향에 대해 설명하고 있다. 먼저 (다)는 환율에 대해 정의하고 있으므로 글의 서두에 올 수 있고, 그 다음으로 이 환율이 시시각각 변함에 따라 원화가 평가절상·평가절하되는 현상을 설명하고 있는 (나)가 올 수 있다.

(가)의 '이러한 환율 변화'는 (나)를 가리키므로 (나)→(가)로 연결될 수 있으며, (가)가 환율이 내려갔을 때 국내 수출업체와 수입업체들이 받게 되는 경제적 영향을 설명하고 있는 데 반해, (마)는 환율이 올라감으로 인해 발생하는 '이와 반대되는 현상'을 설명하고 있으므로 (가)-(마)로 이어질 수 있다. (라)는 우리나라가 대외무역 의존도가 높아 환율의 변화에 민감하게 반응하는 경제구조를 갖고 있어 이의 안정을 위한 '적절한 환율 관리가 필요함'을 이야기하고 있으므로 문맥상 글의 마지막에 오는 것이 자연스럽다.

09 문장·문단배열 문단 배열하기

| 정답 | ③

| 해설 | 핵심 키워드 : 맥베스, 마녀

이 글은 셰익스피어의 4대 비극 중 하나인 〈맥베스〉의 줄거리를 바탕으로 그 의미를 해석하고 있다. 따라서 브래들리를 인용하여 4대 비극 중 하나인 〈맥베스〉를 소개한 (라)가 가장 먼저 오고, 〈맥베스〉의 처음 줄거리를 설명한 (나)가 그다음에 오는 것이 적절하다. (나)는 맥베스가 마녀의 예언을 들었다는 내용이므로, '마녀들의 예언을 들은 후'라는 표현이 나오는 (가)가 다음으로 위치하게 된다. 또한, (가) 마지막 문장의 '결국 맥베스는 아내의 재촉으로 인해 칼을 들게 된다'는 문장과 (다) 첫 문장인 '덩컨 왕의 시해 이후'가 같은 의미이므로, (가) 바로 뒤에 (다)가 와야 한다. 따라서 마지막은 (마)가 된다.
이를 각 문단의 흐름대로 문단의 순서를 정리하면 다음과 같다.
(라) 브래들리를 인용하여 〈맥베스〉 소개
(나) 세 마녀의 미래 예언
(가) 예언으로 인한 맥베스의 야망
(다) 맥베스의 살인과 죄책감
(마) 맥베스의 최후

10 문장·문단배열 문장 삽입하기

| 정답 | ③

| 해설 | 핵심 키워드 : 차용

제시된 문장이 들어갈 부분은 용어의 설명을 부연하는 부분으로 위조, 표절, 패러디, 패스티시 중의 설명에 포함될 적합한 자리를 찾으면 된다. 우선 위조와 표절은 모방이 아닌 조작과 은폐를 통한 것이므로 적절하지 않고, 패러디는 원작을 인용하여 비판이나 아이러니를 발생하게 한다고 하여 원작의 모방을 통해 그 이상의 의미를 도출한다는 문장의 내용과 그 의미가 상통하게 된다. 그리고 패스티시는 원작을 모방한다는 것은 일치하나, 비판성 등의 새로운 의미를 창출하는 작용을 하지 않는다고 하였으므로 문장이 포함되기에는 적절하지 않다. 따라서 제시된 문장이 들어가야 할 부분은 (다)이다.

11 문장·문단배열 문단 삽입하기

| 정답 | ③

| 해설 | 핵심 키워드 : 인공지능, 딥러닝, 다층 퍼셉트론

(다)의 앞부분은 다층 퍼셉트론에 대해, 뒷부분은 다층 퍼셉트론의 어려움에 대해 설명하고 있다. 두 문장이 '따라서'로 연결되어 있는 것을 보아 (다)의 바로 앞에 다층 퍼셉트론이 어려움을 겪는 원인에 대한 설명이 있어야 함을 알 수 있다. 또한, (다)의 앞 문장에서 '문제를 해결하려 하였다'고 긍정적인 분위기를 보였지만, 사실은 그게 아니었으므로 제시된 문단의 '하지만'은 적절한 접속사이다.

| 오답 피해가기 |

① 제시된 문단은 '하지만'으로 시작하기 때문에 앞의 내용과 역접 관계의 내용으로 이루어져야 한다. 하지만 (가)의 앞 내용은 머신러닝 알고리즘에 대한 단순 설명이기 때문에 적절하지 않다.
② (나)의 앞 내용은 인공신경망에 대한 정의이고, 뒷내용은 인공신경망의 시초를 설명하고 있다. 따라서 제시된 문단이 들어가지 않아야 자연스러운 흐름이 된다.
④ (라)의 앞부분은 딥러닝의 학습방법에 대해 설명하고 있으나, 제시된 문단은 딥러닝이 개발되기 이전의 머신러닝에 대해 설명하고 있다. (라)가 포함된 문단에서 딥러닝과 딥러닝 이전의 머신러닝에 대한 차이점을 설명하고 있는 것도 아니기 때문에 이는 적절하지 않다.
⑤ 제시된 문단의 첫 문장을 보면 '당시' 머신러닝이라고 나와 있다. 이를 보았을 때 제시된 문단 앞 부분은 딥러닝이 개발되기 이전 상황이 언급되어 있어야 한다. 하지만 (마)의 앞 내용은 딥러닝에 대한 정의이므로 적절하지 않다.

12 문장·문단배열 문단 삽입하기

| 정답 | ②

| 해설 | 핵심 키워드 : 건축의 공간

제시된 문단은 기능주의 건축의 대표적 사례로 '로스하우스'를 소개하고 있다. 1문단은 1900년대 중반까지 서양에서는 건축물을 특정 기능을 위한 도구로 인식하였고, 2문단에서는 2차 세계 대전 이후부터는 건축물을 가변적 대상으로 보는 경향이 나타났음을 설명하고 있다. 3문단에서는 변화된 인식이 드러난 대표적인 사례로 '로젠탈 현대미술센터'를 소개하고, 4문단에서는 이러한 건축 경향의 변화가 갖는 의미를 설명하고 있다. 제시된 문단의 '이러한 경향성'은 1문단의 '기능을 위한 도구'로써의 건축을 가리키므로, 1문단의 다음인 (나)에 이어지는 것이 적절하다.

Theme 09 직무해결

발전문제

문제 248쪽

| 01 ① | 02 ① | 03 ④ | 04 ② | 05 ④ |
| 06 ④ | 07 ③ | 08 ③ | | |

정답 및 해설

01 직무해결 자료해석
| 정답 | ①
| 해설 | 직무기술서의 자격 요건과 각 지원자의 이력을 비교해 살펴보면 육현중이 가장 적합하다.
| 오답 피해가기 |
② 교육 부문의 지식 요건과 실무 부문의 기술 능력을 충족시키지 못한다.
③ 교육 부문의 지식 요건과 실무 부문의 경력 요건을 충족시키지 못한다.
④ 실무 부문의 경력 요건을 충족시키지 못한다.
⑤ 실무 부문의 기술 능력을 충족시키지 못한다.

02 직무해결 자료해석
| 정답 | ①
| 해설 | ①의 내용은 직무 내용에서 찾아볼 수 없다. 직무기술서의 직무 내용에 따르면 ②는 보상관리, ③은 평가관리, ④는 교육관리, ⑤는 이직관리 업무에 해당한다.

03 직무해결 자료해석
| 정답 | ④
| 해설 | 여비규정의 제14조에 따르면, 당사 직원이 아닌 자가 당사의 업무와 관련하여 당사 직원과 동행 시 대표이사의 승인을 얻어 그 동행직원과 동일한 여비를 지급받을 수 있다.

04 직무해결 자료해석
| 정답 | ②
| 해설 | 제20조 제5항에 따르면 국외출장 시 총 출장일수의 1일을 공제한 나머지 일수에 대한 숙박비와 일비는 100% 지급하고, 공제된 1일에 대한 숙박비와 일비는 50%만 지급한다고 하였다.
| 오답 피해가기 |
① 제13조에 따르면 출장자는 귀사 후 3일 이내에 출장 보고서를 작성하여 대표이사의 승인을 얻은 다음 주관부서인 총무부에 제출해야 한다.
③ 제16조 제4항에 따르면 개인차량을 이용하여 출장을 간 경우, 철도임으로 지급한다고 하였다.
④ 제9조에 따르면 국내 출장의 경우 여행 출발일이 18시 이후일 경우에는 여행일수에서 제외된다고 하였다. 따라서 2박 3일이 아닌 1박 2일 출장이 되며, 여비도 그에 따라 지급된다.
⑤ 제6조 제5항에 따르면 출장 기간 단축 시 그 해당 잔액을 반환해야 한다고 나와 있다.

05 직무해결 자료해석
| 정답 | ④
| 해설 | 제시된 자료의 제5조 제1항을 보면, 구매의뢰서에는 품명, 종류, 명칭, 수량, 규격, 치수 등과 필요한 것에 대하여는 허용오차, 소도조건의 희망, 사용개소, 목적, 납기, 기초재고량, 소비량, 구매예정단가 및 금액 등을 적는다. 시방서는 필요시에 첨부한다.

06 직무해결 자료해석
| 정답 | ④
| 해설 | 제시된 자료 제20조에 따르면, 구매절차규정 중 단일견적이 가능한 경우가 제시되어 있다.
1. 주요기기의 부속품 또는 예비품을 보충할 때
2. 기술상 또는 설비력에 있어서 다른 적합한 경쟁업자가 없을 때
3. 특허품, 전매품 등으로 다른 업자로부터 구매할 수 없을 때
4. 외주의뢰품을 계속하여 사용하고 있을 때
5. 기제품 등 극비로 할 때
6. 기타 특별한 사정에 의하여 단일견적이 회사에 유리하다고 인정된 때
이를 보면 1에 ①과 ⑤, 3에 ③, 5에 ②가 적용된다. ④는 아무 곳에도 속하지 않는다.

07 직무해결 자료해석
| 정답 | ③
| 해설 | 제38조 제2항 제2조에 따르면 구매담당자는 매일 오후까지 전일의 입고보고를 받아 주문서와 대조해야 한다.
① 제27조 제2항에 따르면 일련번호로 예산 및 구매품목의 세목을 기재하는 사람은 구매신청자이다.
② 제22조에 따르면 견적서의 개봉은 구매담당부서장이 하며, 1건 만 원 이상인 것에 대하여는 상무회가 개봉해야 한다.
④ 제41조에 따르면 구매물품의 검수는 계약에서 정하여진 인수장소에서 인수부서가 해야 하며, 구매담당부서에서는 이를 하지 못한다.
⑤ 제15조에 의한 것으로, 구매의뢰의 승인이 나기 전에 실시되어야 한다.

08 직무해결 자료해석
| 정답 | ③
| 해설 | 제시된 자료의 제27조 제1항에 따르면 구매담당자는 구매승인신청서를 작성, 제출한다고 하였다. 문제의 메일을 통해 구매의뢰부서가 영업1부, 구매담당부서가 총무부인 것을 알 수 있으므로, 구매승인신청서의 작성, 제출은 영업1부가 아닌 총무부에서 해야 한다.

실력다지기

문제 256쪽

01 ⑤	02 ③	03 ②	04 ①	05 ③
06 ④	07 ④	08 ②	09 ③	10 ⑤
11 ②	12 ③	13 ④	14 ④	15 ④

01 　주제 및 중심내용　중심내용 찾기

| 정답 | ⑤

| 해설 | 이 글은 현대 사회의 유흥상품이 어떠한 '신호'를 통해 구조화되며, 이러한 유흥상품을 소비하는 사람들은 아무런 사고의 과정도 경험하지 못한다고 설명하고 있다. 즉, 유흥 속에서도 기계적인 노동과정의 심리적인 잔상밖에 경험할 수 없으므로 유흥은 일의 연장이 된다고 하고 있다.

02 　올바른 추론　내용 추론

| 정답 | ③

| 해설 | 계륵으로 표현되듯 위나라에게 있어 한중은 포기하기에는 아깝지만 그렇다고 크게 중요한 지역은 아님을 알 수 있다. 실제로 조조가 철수 명령을 내린 것을 보면, 한중이 큰 피해를 감수할 만한 가치가 있거나 빼앗겨도 위나라에 치명적인 지역은 아님을 알 수 있다.

| 오답 피해가기 |

① 계륵은 한중을 비유한 말이다.
② 한중을 점령하였다는 내용과 한중을 지키기 위해 여러 차례 전투를 치렀다는 내용으로 보아 위나라에 필요 없는 지역은 아니다.

03 　세부내용 파악　내용 일치

| 정답 | ②

| 해설 | 선입견을 비이성적인 것으로 보아 배척했던 계몽주의자들과 달리, 가다머는 선입견은 세계에 대한 이해를 위해서 반드시 필요하며, 세계에 대해 이해할 수 있도록 인도하는 중요한 역할을 한다고 생각했다. 그러나 이를 이성의 일부라고 보았다는 언급은 제시되지 않았다.

04 　세부내용 파악　내용 일치

| 정답 | ①

| 해설 | 라투르는 사람이 총을 가짐으로써 사람도 바뀌고 총도 바뀐다고 주장했다. 즉, 라투르는 사람이 총을 가짐으로써 총과 사람의 합체라는 잡종이 새로운 행위자로 등장하며, 이 잡종 행위자는 이전에 가졌던 목표와는 다른 목표를 가지게 된다고 주장하면서, 총기 사용 규제를 주장하는 사람들과 총기 사용 규제에 반대하는 사람들 모두를 비판했다.

| 오답 피해가기 |

② 라투르는 서양의 학문이 자연, 사회, 인간만을 다루고 기술과 같은 '비인간'을 학문의 대상에서 제외했다고 강하게 비판했다.
③ 라투르는 행위자로서 기술의 능동적 역할에 주목하면서, 이를 통해 서구의 근대적 과학과 철학이 범했던 자연과 사회, 주체와 객체의 이분법을 극복하고자 하였다.
④, ⑤ 라투르는 과속방지용 둔덕의 예를 들며, 인간이 했던 역할을 기술이 대신 수행함으로써 우리 사회의 훌륭한 행위자가 된다고 보고 인간이 맡았던 역할을 기술이 대신 수행하는 것을 인정했으며, 행위자로서 기술의 능동적 역할에 주목하였다.

05 　올바른 추론　내용 추론

| 정답 | ③

| 해설 | 적정기술은 선진국과 제3세계의 극심한 빈부 격차를 완화하려는 방안을 연구하던 중 중간적 기술이 필요하다는 생각을 가지게 된 학자 슈마허에 의해 주창된 것이다. 제3세계 국가들에 의해서 만들어진 개념은 아니며, 미국과 소련의 이분법적 기술 양극화에 대항하려는 목적으로 창안된 것도 아니다. 미국과 소련의 경쟁 구도 속에서 채택된 거대 기술은 1980년대 적정기술이 한 차례 위기를 맞게 된 원인 중 하나로 기술되어 있다.

06 　올바른 추론　내용 추론

| 정답 | ④

| 해설 | 글쓴이는 표면적 모습의 깊은 곳에 유일한 진실이 숨겨져 있다는 발상은 잘못되었고 표면적인 다양한 모습 전부가 진실이라고 주장하고 있다. 따라서 ㉠의 비유는 이러한 글쓴이의 주장을 표현하고 있는 것이다.

| 오답 피해가기 |

① 본래의 인격이 깊은 곳에 있어서 내면 깊은 곳에 유일한 진실이 숨겨져 있다는 내용이므로, 글쓴이의 주장과 반대된다.
②, ③ '표면 깊은 곳'이라는 대비가 들어가 있지 않기 때문에, 표면적 모습의 깊은 곳에 유일한 진실이 숨겨져 있다는 발상이 잘못되었다는 글쓴이의 주장이 충분히 설명되지 않는다.
⑤ 마찬가지로 '표면 깊은 곳'이라는 대비가 들어가 있지 않다. 또한, 이 글에서는 인격뿐만 아니라 '육관음'이나 '삼십삼관음'에 대해서도 똑같은 주장을 하고 있기 때문에 '인격에서는'이라는 한정은 적절하지 않다.

07 　올바른 추론　내용 추론

| 정답 | ④

| 해설 | 해당 문단에서 기묘한 모양을 하고 있는 바위를 본 상황이 제시되어 있다. 이 상황을 '내가 본 인영은 단지 내 마음이나 의식 안에 있는 것이라고' 생각하는 사고방식에 대해, 위험한 세계관의 발단이 된다고 말하고 있다. 즉, 여기서 '위험한 세계관'으로 상정하고 있는 것은 먼저 객관적 세계가 있고, 그 세계가 개인에 의해 주관적 세계상으로 비치고 있다는 것을 전제로 한 발상임을 파악

정답 및 해설

해볼 수 있다. 따라서 객관적 세계에 의해 파생된 주관적 세계는 일종의 모조에 해당한다고 추론이 가능하다.

| 오답 피해가기 |
① '인간은 객관적 세계를 인식할 수 없다'가 오류이다. 객관적 세계가 사람을 통해 주관적 세계상으로써 비춰진다는 것이 '위험한 세계관'이라고 상정되는 것이기 때문이다.
② '모든 주관적 세계관이 진실이라는 상정'은 글쓴이의 입장이며, '위험한 세계관'이 아니다. '위험한 세계관'에서 진실로 상정되는 것은 '주관적 세계관'이 아니고 '객관적 세계'이다.
③ '객관적 세계는 실재하지 않고'라는 부분이 오류이다. '위험한 세계관'에서는 객관적 세계가 실재하는 진짜 세계로 상정되고 있다.
⑤ 이는 '위험한 세계관'과 정반대의 내용이다.

08 빈칸 채우기 어구 채우기

| 정답 | ②

| 해설 | '이 오류는 위에 서술한 의미와 같은, 진실에 대한 오류가 아니다.'라고 되어 있다. 이 오류란 '어두운 부두에서 해면을 도로라고 잘못 본 운전자는 목숨을 잃을 수 있고, 아파트의 옆집을 내 집으로 잘못 본 사람은 귀찮은 상황에 처하게 된다.'는 오류를 가리키고 있다. 빈칸을 포함한 문장의 바로 뒤에서는 '진실의 백 가지 모습 중에서 우리 목숨의 안전과 안온한 생활의 표지가 되는 모습을 '옳다'고 하며, 우리를 오도에 빠뜨리기 쉬운 모습을 '그르다'고 하는, 이러한 생활상의 분류인 것'이라고 지적하고 있다. 따라서 이 오류란 '진실의 백 가지 모습 중'에서의 '오류'라는 것을 추론할 수 있다.

| 오답 피해가기 |
① '허망함'과 '올바름'의 포함관계가 반대로 되어 있다.
③ 마지막 문단 서두에 '하지만 이 오류는 위에 서술한 의미와 같은, 진실에 반대되는 오류가 아니다'라고 되어있기 때문에, 글쓴이가 진실(옳음)과 오류(허망함)를 대립관계로 바라보고 있지 않다는 점을 알 수 있다.
④ '진실과는 다른 오류'는 진실과 오류의 대립관계를 전제로 하고 있으므로 ③과 마찬가지로 적절하지 않다.
⑤ '허망함과는 다른 오류'는 '진실'이라는 점이 포함되어있지 않고, '진실의 백 가지 모습 중에서의 오류'라는 '진실'과 '오류'의 포함관계가 고려되지 않았다.

09 올바른 추론 내용 추론

| 정답 | ③

| 해설 | '이 분류'란 밑줄친 부분 바로 앞의 '진실의 백 가지 모습 중에서 우리 목숨의 안전과 안온한 생활의 표지가 되는 모습을 '옳다'고 하며, 우리를 오도에 빠뜨리기 쉬운 모습을 '그르다'고 하는, 이러한 생활상의 분류인 것이다'라고 서술되어 있다. 또한, 바로 전 문단에서 이 오류에 대해 '우리의 목숨과 생활이 걸려있다.'고 하고 있다. 따라서 극히 동물적이고 문화적이기도 한 이 분류는 '우리 목숨의 안전과 안온한 생활의 표지가 되는 모습'이나 '우리를 오도에 빠뜨리기 쉬운 모습'의 분류, 즉 우리의 목숨과 생활에 해를 끼치는지 안 끼치는지의 분류이다.

| 오답 피해가기 |
① '그 사람의 감성~에 따라 다른'이라는 부분이 오류이다. 우리의 목숨과 생활에 해를 입히는지 아닌지의 분류는 개인의 감성에 따라 다른 것이 아니다.
② '각각의 주관에 따라 다른'이라는 부분이 오류이다. 우리의 목숨과 생활에 해를 입히는지 아닌지의 분류는 개인의 주관에 따라 다른 것이 아니다.
④ '틀린 분류'라는 부분이 오류이다. '이 분류'에 대해서는 밑줄 친 부분 바로 앞에서 '세계관 상의 진위의 분류가 아닌'이라고 되어 있기 때문에 '객관적인 세계의 모습과는 다른'이라는 부분은 옳으나, 이 분류가 틀린 분류인지의 여부는 서술되어있지 않다.
⑤ 밑줄 친 부분에서는 극히 동물적이고 또 극히 문화적이기도 한 분류라고 되어있기 때문에 본 '객관적으로 옳은지 그른지'는 상관없다.

10 주제 및 중심내용 주제 찾기

| 정답 | ③

| 해설 | 글쓴이는 '모조'의 배경에 '진짜'가 존재한다는 사고방식은 '위험한 세계관'이라고 하며 비판적으로 보고 있다. 또한, 진실의 백 가지 모습을 진실과 허위의 분류로 파악해 버리면, 우리는 세계와 직접 접촉할 수 없고 주관적 영상이라는 유리창 너머로만 세계를 바라볼 수밖에 없다는 허망함에 빠진다고 주장하고 있다. 따라서 '여러 가지 모조의 배경에 진짜가 존재한다는 세계관을 버림으로써, 세계와 직접적으로 접촉하도록 시도해 봐야 한다'는 ③이 이 글의 주장과 합치한다.

| 오답 피해가기 |
① 생활상 진위의 분류를 세계관 상 진위의 분류보다 우선시하는 것으로 인해 생기는 여러 위험을 회피해야 한다고는 서술되어 있지 않다.
② ①과 마찬가지로 위험을 회피해야 한다고 서술되어 있지 않다.
④ '여러 가지 모조의 배경에 진짜가 존재하지 않는다는 위험한 세계관'이라는 부분이 오류이다. 글쓴이가 '위험한 세계관'이라고 부르는 것은, '모조(가짜)'의 배경에 '진짜'가 존재한다는 사고방식이다.
⑤ 3문단에 '사람의 진실은 어딘가 깊은 곳에 숨겨져 있지 않다', '그 진실은 어쩔 수 없이 표면에 드러나 있다'고 한 것처럼, 본 선택지의 '여러 가지로 변화하는 표면에 현혹되지 말고, 그 배경에 있는 진짜 세계를 확실히 보도록 노력해야 한다.'는 글쓴이의 주장이 아니라 글쓴이가 비판하고 있는 사고방식이다.

11 빈칸 채우기 문장 채우기

| 정답 | ②

| 해설 | 빈칸의 앞뒤 내용을 보면 일러스트레이터는 단순한 상황 묘사가 아닌 주어진 상황과 어울리면서도 보는 사람으로 하여금

인상을 심어 줄 수 있는 관찰력과 창의성이 있어야 한다고 언급하고 있다. 따라서 주어진 상황에 맞게 이미지를 창조할 수 있어야 한다는 내용이 전후 맥락과 어울린다.

12 빈칸 채우기 | 문장 채우기
| 정답 | ③
| 해설 | 4문단에서 설탕과 액상과당의 구성 성분을 살펴보면 공통적으로 포도당과 과당으로 되어 있으며, 설탕은 두 성분이 결합된 구조이고 액상과당은 각자의 구조를 유지한 채 혼합된 구조라고 하였다. 구조가 다를 뿐 구성성분은 같으므로, 인슐린과 렙틴의 분비를 촉진하지 않는 과당으로 인해 발생하는 문제는 설탕이나 액상과당이 별 차이가 없을 것임을 짐작할 수 있다.

13 개요·보고서 | 개요 수정하기
| 정답 | ④
| 해설 | 중소기업의 복지가 좋지 않다는 점, 취업난 속에서도 중소기업의 부족 인력이 20만 명을 상회한다는 점 등을 통해 청년 실업 문제의 대책으로서 중소기업이 복지를 향상시킬 수 있도록 정부에서 지원을 해주어야 한다는 내용을 제안할 수 있다.

14 문장·문단배열 | 문단 배열하기
| 정답 | ④
| 해설 | (다)에서 다양한 매력이 있는 도시 뉴욕의 명소 중 많은 이들이 빼놓지 않고 거론하는 하이라인 공원을 처음 언급하고, 이를 (바)에서 이어받아 하이라인 공원에 대한 개략적인 설명이 이어진다. 뒤이어 (가)와 (라)에서는 도심의 흉물이었던 고가철도가 뉴요커의 힐링 쉼터로 만들어지기까지의 상세한 과정을 설명하고, 이렇게 탈바꿈한 하이라인 공원이 뉴욕의 새로운 랜드마크로 자리매김하였다는 내용의 (나)가 이어진다. 마지막으로 하이라인 공원을 통해 도시 재생 프로젝트의 의미를 새겨보는 (마)로 귀결된다.

15 문장·문단배열 | 문단 삽입하기
| 정답 | ④
| 해설 | 제시된 문단의 첫 문장에서 지구의 공전 궤도에서도 이와 같은 현상이 나타난다고 하였으므로, 이 문장의 앞 문단에서 지구 이외의 다른 행성에서의 현상이 언급되었음을 알 수 있다. 또한 주어진 문단에서는 원일점과 근일점의 정의가 제시되었으므로, 이 문단의 앞 문단들에서는 원일점과 근일점에 대한 언급이 없었음을 알 수 있다. 따라서 제시된 문단이 들어가기에 적합한 곳은 달의 타원 궤도 현상에 대해 설명하고 있는 3문단과, 원일점과 근일점에 대한 구체적인 설명이 제시된 마지막 문단의 사이에 위치한 ㉣이다.

Part 3 문법

Theme 01 어법

발전문제
문제 274쪽

01 ②	02 ④	03 ④	04 ①	05 ②
06 ①	07 ②	08 ③	09 ④	10 ③
11 ③	12 ②	13 ④	14 ①	15 ①
16 ④	17 ②	18 ①	19 ③	20 ③
21 ④	22 ②	23 ②	24 ②	25 ③
26 ③	27 ③	28 ⑤	29 ①	30 ②

01 어법 띄어쓰기
| 정답 | ②
| 해설 | 금액을 적을 때는 '만(萬)' 단위로 띄어 써야 한다.
| 오답 피해가기 |
① 열내지 스물→열 내지 스물 : 두 말을 이어주거나 열거할 때에는 띄어 쓴다.
③ 이만 칠천 구백 팔십 팔→이만 칠천구백팔십팔 : 수를 적을 때에는 '만(萬)' 단위로 띄어 쓴다.
④ 십오 년 여의 세월→십오 년여의 세월 : '-여'는 '그 수를 넘음'의 뜻을 더하는 접미사이므로, 붙여 쓴다.
⑤ 박지민씨→박지민 씨 : 성과 이름, 성과 호 등은 붙여 쓰고, 이에 덧붙는 호칭어, 관직명 등은 띄어 쓴다.

02 어법 띄어쓰기
| 정답 | ④
| 해설 | 부정을 나타내는 부사 '아니'의 준말 '안'이 동사 '되다'를 꾸민 형태로, '되지 않다'의 뜻을 지닌 '안 된다'가 되어야 한다.
| 오답 피해가기 |
① '만큼'은 조사이므로 앞 어절에 붙여 쓴다.
②·③ '지, 대로'는 의존명사이므로 띄어 쓴다.

03 어법 띄어쓰기
| 정답 | ④
| 해설 | 죽 끓듯하다→죽 끓듯 하다 : '-듯 하다'는 어미 '-듯'과 '하다'로 나누어지는 구조이므로, 띄어 써야 한다.

04 어법 띄어쓰기

정답 및 해설

| 정답 | ①

| 해설 | 이성적이라기 보다는→이성적이라기보다는 : '-보다, -보다는, -보다야' 등은 조사이므로 붙여 써야 한다.

| 오답 피해가기 |

② '-밖에'가 '오직 그것뿐임'을 뜻하면 조사이므로 앞의 명사에 붙여 써야 하고, '바깥, 범위나 한계를 넘어선 부분'을 뜻하면 앞 명사와 띄어 써야 한다.
③ 의존 명사 '벌'은 앞말과 띄어 쓴다.
④ 두 말을 이어 주거나 열거할 때 쓰이는 말들은 앞·뒷말과 띄어 쓴다.

05 어법 띄어쓰기

| 정답 | ②

| 해설 | 조사한바→조사한 바 : 앞에서 말한 내용 그 자체나 일 따위를 나타내는 의존 명사이므로 띄어 써야 한다.

06 어법 띄어쓰기

| 정답 | ①

| 해설 | 착하디 착한→착하디착한 : '-디'를 취하는 말은 첩어로 보고, 붙여 쓴다.
예 흔하디흔한, 예쁘디예쁜, 곱디고운, 맑디맑은

07 어법 높임 표현

| 정답 | ②

| 해설 | '수고하다'는 일을 하느라 애를 쓰는 것을 의미한다. 따라서 '수고하십시오.'는 고생하라는 의미이므로 올바른 높임 표현이 아니다. 퇴근할 때 상사나 동료가 남아 있는 경우에는 '먼저 실례합니다.', '먼저 나가겠습니다.' 등으로 인사한다.

08 어법 높임 표현

| 정답 | ③

| 해설 | 큰형은 말하는 이로서는 높여야 할 대상이지만, 듣는 사람인 아버지보다는 낮기 때문에 압존법에 따라 높여서는 안 된다. 따라서 '아버지, 큰형이 오늘 서울에 도착하신대요.'와 같은 표현을 조심해야 한다.

| 오답 피해가기 |

① 그 분은 두 살 된 따님이 계시다.→그 분은 두 살 된 따님이 있으시다.
② 선생님, 외투가 무겁죠?→선생님, 외투가 무거우시죠?
④ 내가 짐을 들어다 드리겠습니다.→제가 짐을 들어다 드리겠습니다.
⑤ 주문하신 아메리카노 나오셨습니다.→주문하신 아메리카노 나왔습니다. : 사물을 높이는 사물 존칭에 주의해야 한다. 이 선택지는 아메리카노에게 높임법을 사용한 것이므로 옳지 않다.

09 어법 높임 표현

| 정답 | ④

| 해설 | ④에는 '하오체'가, ①, ②, ③, ⑤에는 '합쇼체'가 사용되었다. '하오체'는 상대높임법의 하나로 '~소, ~시오' 등을 사용하는 예사 높임(많이 높임)이다. '합쇼체(하십시오체)' 역시 상대높임법의 하나이며 '~하십시오, ~습니다' 등을 사용하는 아주 높임(가장 높임)이다.

10 어법 표준 발음

| 정답 | ③

| 해설 | 밟지[밥찌] : 겹받침 'ㄼ, ㄽ, ㄾ'은 어말 또는 자음 앞에서 'ㄹ'로 발음한다. 다만, '밟'은 자음 앞에서 [밥]으로 발음한다.

11 어법 표준 발음

| 정답 | ③

| 해설 | 광한루[광:할루] : 'ㄴ'은 'ㄹ'의 앞이나 뒤에서는 [ㄹ]로 발음된다.

| 오답 피해가기 |

① 맑대[막때] : 겹받침 'ㄺ, ㄻ, ㄿ'은 어말 또는 자음 앞에서 각각 [ㄱ, ㅁ, ㅂ]으로 발음한다. 닭[닥], 흙과[흑꽈], 늙지[늑찌]도 같은 원리이다.
② 솜이불[솜:니불]
④ 삯일[상닐] : 합성어 및 파생어에서, 앞 단어나 접두사의 끝이 자음이고 뒤 단어나 접미사의 첫 음절이 '이, 야, 여, 요, 유'인 경우에는, 'ㄴ' 소리를 첨가하여 [니, 냐, 녀, 뇨, 뉴]로 발음한다.
⑤ 않던[안턴]

12 어법 표기법

| 정답 | ②

| 해설 | 통털어→통틀어 : 통틀다는 '있는 대로 모두 한데 묶다'는 의미이다.

13 어법 표기법

| 정답 | ④

| 해설 | 눈꼽→눈곱

14 어법 표기법

| 정답 | ①

| 오답 피해가기 |

② 덩쿨→덩굴/넝쿨 ③ 콧망울→콧방울 ④ 붓기→부기 ⑤ 잎파리→이파리

15 어법 표기법

| 정답 | ①

| 오답 피해가기 |

② 숫소→수소 ③ 모자르다→모자라다 ④ 어거지→억지 ⑤ 귀 뜸→귀띔

> **보충 플러스+**
> 수컷을 이르는 접두사는 '수-'로 통일하나 숫양, 숫염소, 숫쥐는 '숫-'으로 한다.

16 어법 표준어

| 정답 | ④

| 해설 | '쇠고기'와 '소고기'는 복수 표준어이다.

| 오답 피해가기 |

① 넉두리→넋두리 ② 봉숭화→봉숭아 ③ 재털이→재떨이
⑤ '바라다'가 표준어이고, 흔히 쓰는 '바래다'는 잘못된 표현이다. 따라서 '바라다'의 명사형 역시도 '바램'이 아니라 '바람'으로 써야 한다.

17 어법 표준어

| 정답 | ②

| 해설 | '머리말'은 페이지의 꼭대기에 보이는 글을 의미하며, '머릿말'이라고 표기하지 않도록 주의해야 한다.

| 오답 피해가기 |

① 딱다구리→딱따구리 : 한 단어 안에서 같은 음절이나 비슷한 음절이 겹쳐 나는 부분은 같은 글자로 적는다.
③ 수염소→숫염소 : 수컷을 이르는 접두사는 '수-'로 통일하나 숫양, 숫염소, 숫쥐는 '숫-'으로 한다.
④ 허드래→허드레 : 모음의 발음 변화를 인정하여, 발음이 바뀌어 굳어진 형태를 표준어로 삼는다.
⑤ '정신이 또렷하지 못하거나 기운이 없어 몸을 제대로 놀리지 못하고 있는 모양'을 가리킬 때 '어리버리하다'라고 표현하는데, 이는 잘못되었다. '어리바리하다'가 표준어이다.

> **보충 플러스+**
> • 인삿말(X) 인사말(O)   • 구렛나룻(X) 구레나룻(O)
> • 회집(X) 횟집(O)   • 전세집(X) 전셋집(O)

18 어법 어법

| 정답 | ①

| 오답 피해가기 |

② 연구팀에 의하여 개발됐다.→연구팀이 개발했다.
③ 전 국민으로부터 보내진→전 국민이 보낸
④ 그의 슬픈 첫사랑 이야기는 나로 하여금 울게 하였다.→나는 그의 첫사랑 이야기를 듣고 울었다.
⑤ 소개시켜 줄게.→소개해 줄게.

19 어법 어법

| 정답 | ③

| 오답 피해가기 |

① 열려져→열려 : '열리다'가 피동사이므로 '열려지다'로 쓰이지 않는다.
② 시작한다→시작된다
④ 걸맞는→알맞은
알맞다 : 정도에 지나치거나 모자라거나 하지 않다, 적당하다.
걸맞다 : 두 편이 거의 비슷하다, 격에 맞다.
⑤ 오시래→오라셔

20 어법 어법

| 정답 | ③

| 해설 | '돼'는 '되어'를 줄여 쓴 말인데, '되'와 '돼' 중 어느 것으로 쓸지 애매할 경우에는 '되/돼'의 자리에 '하/해'를 넣어 보고 말의 연결이 자연스러운 것을 선택하여 사용하면 된다. ③의 '되' 자리에 '하'를 넣으면 '하요', '해'를 넣으면 '해요'가 되는데, '하요'라는 말은 옳은 표현이 아니고 '해요'가 올바른 표현이므로 '되'가 아닌 '돼'로 써야 한다.

21 어법 맞춤법

| 정답 | ④

| 오답 피해가기 |

① 곰곰히→곰곰이 ② 꼬깔모자→고깔모자 ③ 꼽슬머리→곱슬머리 ⑤ 백분률→백분율

22 어법 맞춤법

| 정답 | ②

| 해설 | '은행털이', '빈집털이' 등의 단어를 연상해서 '빈털털이'로 쓰는 경우가 있지만, '빈털터리'로 적는다.

| 오답 피해가기 |

① 시껍하다→식겁하다
③ 쌩풍맞다→생풍맞다
④ 아둥바둥→아등바등
⑤ 응큼하다→엉큼하다

23 어법 어법

| 정답 | ②

| 오답 피해가기 |

정답 및 해설

① 바램→바람 ③ 영희에→영희의 ④ 아는 체→알은체, ⑤ 고기국→고깃국

보충 플러스+
아는 체[척]하다 모르면서도 아는 것처럼 꾸미거나 뽐내다.
알은체[척]하다 관심을 보이거나 인사하는 시늉을 하다.

24 어법 | 어법

| 정답 | ②

| 해설 | '-던지'는 막연한 의문이 있는 채로 그것을 뒤 절의 사실이나 판단과 관련시키는 데 쓰는 연결어미이다. 반면 '-든지'는 나열된 동작이나 상태 중에서 어느 것이든 선택될 수 있음을 나타내는 연결 어미이다.

| 오답 피해가기 |
① 가르키신→가르치신 ③ 친구로써→친구로서 ④ 가겠오→가겠소 ⑤ 함으로→하므로

보충 플러스+
- -(으)로서 : 자격
- -(으)로써 : 수단
- -(으)므로 : 까닭을 나타내는 어미
- (-ㅁ, -음)으로(써) : 수단이나 방법을 나타내는 조사

25 어법 | 어법

| 정답 | ④

| 해설 | '-더라, -던'은 지난 일을 나타내는 어미이고, '-든지'는 어느 것이 선택되어도 차이가 없는 둘 이상의 일을 나열함을 나타내는 조사, 어미이다.

| 오답 피해가기 |
① 들이키고→들이켜고 ② 하느라고→하노라고 ③ 저린다→절인다 ⑤ 앉힌다→안친다

보충 플러스+
- 들이켜다 : 물 등의 액체를 단숨에 마시다.
- 들이키다 : 안으로 옮기다.
- 저리다 : 몸의 일부가 아리다.
- 절다 : 생선 또는 푸성귀 등에 소금, 식초 등이 배어들게 하다.

26 어법 | 어법

| 정답 | ③

| 해설 | 붙여→부쳐 : '붙이다'는 '달라붙어 떨어지지 않게 하다, 근접시키다'의 의미이며 '부치다'는 '힘, 실력이 미치지 못하다'의 의미이다.

27 어법 | 어법

| 정답 | ③

| 해설 | 삼가해 주세요→삼가주세요

28 어법 | 맞춤법 규정

| 정답 | ⑤

| 해설 | 두 음절로 된 한자어 중 뒷말의 첫소리가 된소리로 나는 것으로 사이시옷 받침을 사용하는 것은 곳간(庫間), 셋방(貰房), 숫자(數字), 찻간(車間), 툇간(退間), 횟수(回數)이다. 따라서 사이시옷 받침이 없는 개수(個數)로 적는 것이 옳다.

보충 플러스+

[한글 맞춤법 제30항]
사이시옷은 다음과 같은 경우에 받치어 적는다.
1. 순우리말로 된 합성어로서 앞말이 모음으로 끝난 경우
   (1) 뒷말의 첫소리가 된소리로 나는 것
   (2) 뒷말의 첫소리 'ㄴ, ㅁ' 앞에서 'ㄴ' 소리가 덧나는 것
       (④의 경우)
   (3) 뒷말의 첫소리 모음 앞에서 'ㄴㄴ' 소리가 덧나는 것
       (①의 경우)
2. 순우리말과 한자어로 된 합성어로서 앞말이 모음으로 끝난 경우
   (1) 뒷말의 첫소리가 된소리로 나는 것(②·③의 경우)
   (2) 뒷말의 첫소리 'ㄴ, ㅁ' 앞에서 'ㄴ' 소리가 덧나는 것
   (3) 뒷말의 첫소리 모음 앞에서 'ㄴㄴ' 소리가 덧나는 것

29 어법 | 맞춤법

| 정답 | ①

| 해설 | 집산지로써→집산지로서 : '~로서'는 지위나 신분, 자격을 나타낼 때, '~로써'는 재료나 원료, 수단이나 도구, 방법을 나타낼 때 사용한다. 지문에서는 '부산은 수산물의 집산지이다'와 같이 문맥상 '부산'의 자격을 뜻하고 있으므로 격조사 '~로서'를 붙이는 것이 옳다.

| 오답 피해가기 |
② '살코기'는 '살'+'고기'의 합성어인데, '살'이 'ㅎ종성체언'으로 [살ㅎ] 뒤에 'ㄱ, ㄷ, ㅂ'이 오면 'ㅎ'과 결합하여 거센소리 'ㅋ, ㅌ, ㅍ'으로 된다[살ㅎ+고기→살코기(○), 살고기(×)].
③ '조리다'와 '졸이다'는 구별하여 사용해야 한다. '조리다'는 '고기, 생선 등을 양념하여 바특하게 바짝 끓이다'의 뜻이고, '졸이다'는 '물이 증발하여 분량이 적어지다' 또는 '속을 태우다시피 마음을 초조하게 먹다'의 뜻이다[졸여서(×)].

보충 플러스+

- '~로써'는 문맥상 '~을 가지고'로 바꾸어 쓰는 것이 가능하다.
- ㅎ종성체언 중세국어에서 말(末)음으로 'ㅎ'이 덧붙는 체언으로, '암/수[性]', '머리[頭]', '안[內]', '살[肉]', '하늘[天]', '바다[海]', '나라[國]', '조[粟]', '그루[株]', '울[籬]', '한[一]' 등이 있다.
  예 암탉(암ㅎ + 닭), 수평아리(수ㅎ + 병아리), 머리카락(머리ㅎ + 가락), 안팎(안ㅎ + 밖) 등

30 | 어법 | 맞춤법 규정

| 정답 | ②

| 해설 | ㉠ '히읗'의 '읗' 받침이 'ㅎ'이므로, 음절의 끝소리 규칙에 따라 'ㅎ'이 'ㄷ'으로 바뀌어 [히읃]으로 발음된다.
㉣ '웃옷'은 '웃'의 받침 'ㅅ' 뒤에 실질적인 뜻을 지닌 '옷'이 나온 형태이므로, 음절의 끝소리 규칙을 적용한 후 다음 음절의 첫소리로 발음하여 [우돋]이 된다.

| 오답 피해가기 |
㉡ '빗으로'는 '빗' 뒤에 조사 '~으로'가 붙은 형태이므로, 받침이 온전히 발음되어 [비스로]가 된다.
㉢ '부엌'의 '엌' 받침이 'ㅋ'이므로 음절의 끝소리 규칙에 따라 'ㅋ'이 'ㄱ'으로 바뀌어 [부억]으로 발음된다.

보충 플러스+

음절의 끝소리 규칙에 따라 바뀌는 다른 자음들을 살펴보면, 받침이 'ㅅ, ㅈ, ㅊ, ㅌ'일 경우에는 'ㄷ'으로, 'ㅍ'일 경우에는 'ㅂ'으로 바뀌어 발음된다.

Theme 02 올바른 표현

발전문제
문제 284쪽

01 ①	02 ③	03 ①	04 ②	05 ①
06 ④	07 ③	08 ⑤	09 ④	10 ②
11 ⑤	12 ①			

01 | 올바른 표현 | 의미 중복

| 정답 | ①

| 오답 피해가기 |
② 피해를 당했다.→피해를 봤다. : '피해'는 '신체·재물·정신상의 손해를 당하다'는 의미로, '당했다'와 의미가 중복된다.
③ 이것저것 따지는 비판을 삼가야 한다.→이것저것 따지는 것을 삼가야 한다. / 비판을 삼가야 한다. : '비판'은 '이것저것 따지며 판단하다'는 의미로, 앞의 말과 중복된다.
④ 둘로 양분할 수 없다.→양분할 수 없다. / 둘로 나눌 수 없다. : '양분'은 '둘로 나누다'는 뜻으로, '둘'과 중복된다.
⑤ 더 이상 재론할→재론할 : '재론하다'는 '이미 논의한 것을 다시 (더 이상) 논의하다'라는 뜻으로, '더 이상'과 중복된다.

02 | 올바른 표현 | 의미 중복

| 정답 | ③

| 오답 피해가기 |
① '예비'는 '미리 준비하다'는 뜻으로, '미리'와 중복된다.
② '뇌리'는 '생각하는 머릿속, 사람의 의식이나 기억'이라는 뜻으로, '머릿속'과 중복된다.
④ '수용'은 '받아들이다'는 의미로, '받아들일 수'와 중복된다.
⑤ '밑바탕'은 '기본이 되는 바탕'이라는 뜻으로, '기본'과 중복된다.

03 | 올바른 표현 | 일본어 표현

| 정답 | ①

| 오답 피해가기 |
② 덴뿌라→(일본식) 튀김
③ 잘못된 일본식 표현인 '다꾸앙'을 순화한 표현이 단무지 또는 노랑무이다.
④ 시보리→물수건, 조리개, (뜨게) 조리개
⑤ 와리바시→나무젓가락

04 | 올바른 표현 | 일본어 표현

| 정답 | ②

| 오답 피해가기 |
① 여보, 단스에 있던 내 우와기 어디 있어?→여보, 장롱에 있던 내 웃옷 어디 있어?
③ 쓰봉도 그래.→(양복) 바지도 그래.
④ 이젠 가다까지 완전히 달라져서 안 맞아요.→이젠 틀까지 완전히 달라져서 안 맞아요.
⑤ 여기 가봉한 데는 빵꾸까지 나 있어.→여기 시침질한 데는 구멍까지 나 있어.

05 | 올바른 표현 | 외래어 표기법

| 정답 | ①

| 해설 | running shirt은 '런닝셔츠'가 아니라, '러닝셔츠'로 표기해야 한다.

| 오답 피해가기 |
② 매트리스(Mattress) ③ 타월(Towel) ④ 플래카드(Placard)
⑤ 프라이팬(Frypan)

정답 및 해설

06 올바른 표현 | 외래어 표기법
| 정답 | ④

| 해설 | 푸켓섬→푸껫섬 : Phuket은 타이(Thailand)어 표기법에 따라 푸껫으로 적는다.

보충 플러스+
원래 '해, 섬, 강, 산, 인, 어' 등이 외래어에 붙을 때에는 띄어 쓰고, 우리말에 붙을 때는 붙여 썼다. 그러나 2017년 3월, 외래어 표기법이 개정되면서 '해, 섬, 강, 산, 인, 어' 등의 앞에 어떤 말이 오느냐에 관계없이 일관되게 띄어쓰기를 적용하는 것으로 바뀌었다.

07 올바른 표현 | 외래어 표기법
| 정답 | ③

| 해설 | Roosvelt는 '루즈벨트'로 잘못 표기하는 경우가 많은데, '루스벨트'로 표기해야 한다.

| 오답 피해가기 |
① Dostoevsky : 도스토예프스키→도스토옙스키
② Mozart : 모짜르트→모차르트
④ Tchaikovsky : 차이코프스키→차이콥스키
⑤ Chingiz Khan : 칭기스 칸→칭기즈 칸

08 올바른 표현 | 외래어 표기법
| 정답 | ⑤

| 해설 | Baton은 '바톤'이 아닌 '배턴'으로 표기하며, 복수 외래어 표기로써 '바통'도 인정된다.

| 오답 피해가기 |
① Jumper ② Corduroy ③ Velvet ④ Shirt

09 올바른 표현 | 외래어 표기법
| 정답 | ④

| 오답 피해가기 |
① Comedy : 코메디→코미디 ② Hollywood : 헐리우드→할리우드
③ Talent : 탈렌트→탤런트 ⑤ Concept : 콘셉→콘셉트

10 올바른 표현 | 로마자 표기법
| 정답 | ②

| 해설 | '한밭'은 Hanbat으로 표기하는 것이 옳다.

11 올바른 표현 | 외래어 표기법
| 정답 | ⑤

| 해설 | 'cupcake'은 '컵케익', '컵케일'이 아니라, '컵케이크'라고 표기한다.

| 오답 피해가기 |
① Road Shop ② Caff□Latte ③ Jasmine茶 ④ Doughnut

12 올바른 표현 | 로마자 표기법
| 정답 | ①

| 해설 | '압구정'의 올바른 로마자 표기법은 Apgujeong이다.

실력다지기
문제 286쪽

01 ①	02 ③	03 ①	04 ②	05 ③
06 ④	07 ①	08 ④	09 ③	10 ④
11 ④	12 ③	13 ③	14 ③	15 ④

01 올바른 표현 | 의미 중복
| 정답 | ①

| 오답 피해가기 |
② '승선'은 '배를 타다'는 의미로, '배'와 중복된다.
③ '회고'는 '돌이켜 생각하다'는 의미로 '돌이켜'와 중복된다.
④ '약술'은 '간략하게 말하다'는 의미로 '짧게'와 중복된다.
⑤ '소복'은 '하얗게 차려입은 옷'으로, '하얀'과 중복된다.

02 어법 | 맞춤법
| 정답 | ③

| 해설 | ① 벌리느라→벌이느라 ② 빌어→빌려 ④ 잠궜다→잠갔다 ⑤ 웬지→왠지

03 어법 | 맞춤법
| 정답 | ①

| 해설 | 공부하려→공부하러 : '-(으)러'는 목적을 나타낼 때, '-(으)려'는 의도를 나타낼 때 사용한다.

04 어법 | 표준 발음
| 정답 | ②

| 해설 | 섭리[섭니]→섭리[섬니] : 표준발음법에 따르면, 받침 'ㄱ, ㅂ' 뒤에 연결되는 'ㄹ'은 [ㄴ]으로 발음한다(→섭니). 또한, 받침 'ㄱ, ㄷ, ㅂ'은 'ㄴ, ㅁ' 앞에서 [ㅇ, ㄴ, ㅁ]으로 발음한다. 따라서 [섬니]로 발음한다.

05 어법 | 높임 표현

| 정답 | ③

| 해설 | '께서'는 주격 조사이고, '의'는 관형격 조사이다. '있다, 없다'의 경우 직접 높임은 '계시다, 안 계시다'이고, 간접 높임은 '있으시다, 없으시다'이다.

06 어법 　어법

| 정답 | ④

| 해설 | '저리다'는 '몸의 일부가 너무 오래 눌려 있어서 신경이 마비된 듯한 느낌이 있다 또는 근육이나 뼈마디가 쑥쑥 쑤시듯이 아프다'는 의미이다.

| 오답 피해가기 |
① 해수→햇수 : 햇수는 해의 수를 의미한다.
② 일체→일절 : '일절(一切)'은 사물을 부인하거나 금하는 말과 어울려서 '아주, 도무지, 결코, 전혀'라는 의미이고, '일체(一切)'는 '모든 것, 온갖 것, 모든 것을 다'를 의미한다.
③ 왠→웬 : '웬'은 '어찌 된, 어떠한'의 의미이다. '왜 그런지'가 줄어서 '왠지'가 사용되나 '왠'이 단독으로 사용되지는 않는다.
⑤ '사람'과 '짐'이 모두 '싣고'의 목적어가 되는데, '사람'의 경우에는 '싣고'가 아니라 '태우고'를 써야 한다. 따라서 '이 배는 사람을 태우거나 짐을 싣고 하루에 다섯 번씩 운행한다.'가 옳은 문장이다.

07 올바른 표현 　문장 성분 호응

| 정답 | ①

| 오답 피해가기 |
② 내 마음속을 깨끗하게 정화시키고 싶었다.→내 마음속을 깨끗하게 씻어 주었다. : '깨끗하게 정화하고'는 의미가 중복된 표현이며, '물이 내 마음속을 정화시키고 싶었다.'는 주어와 술어가 호응되지 않는다.
③ 거듭날 것은 확실하다.→거듭날 것은 확실하다는 점이다. : '분명한 것은'에 호응하는 서술어가 없고, '아직도 우리 사회에 존재하는'이 수식하는 말이 '친일파'인지 '친일파들이 과거에 저지른 잘못'인지도 명확하지 않은 중의적인 표현이다.
④ 옮기면서 시작되었다.→옮기면서 축하 잔치(다음 행사)가 시작되었다. : '시작되었다'의 주어가 생략되어 무엇이 시작된 것인지가 분명하지 않다.
⑤ 앞의 절은 행동을 나타내는 동사로 끝났는데 뒤의 절은 상태를 나타내는 형용사로 끝났다. 서술하고 있는 내용에 연관성이 없는데도 병렬문으로 연결되어 있어 어색한 문장이 될 것이다. 굳이 바꾸자면 '태영이는 노래를 잘 하고, 지민이는 춤을 잘 춘다.' 정도가 적당하다.

08 올바른 표현 　문맥적 표현

| 정답 | ④

| 오답 피해가기 |

① 피동의 표현이 어색하므로 '예상된' 또는 '예상한'으로 바꿔 써야 한다.
② 앞뒤 문장의 연결에 어울리지 않으므로 생략하는 것이 더 자연스럽다.
③ 능률은 일정 시간에 할 수 있는 일의 비율이므로, '발휘되다'보다는 '오르다'의 표현을 쓰는 것이 더 적당하다.
⑤ '어디서'보다는 '무엇을' 준비하는지 묻는 것이 더 자연스럽다.

09 어법 　띄어쓰기

| 정답 | ③

| 오답 피해가기 |
① 가까운데→가까운 데
② 일주일만에→일주일 만에
④ 식힐겸→식힐 겸
⑤ 실패할 망정→실패할망정

10 올바른 표현 　외래어 표기법

| 정답 | ④

| 오답 피해가기 |
① circle : 써클→서클
② jazz : 째즈→재즈
③ supermarket : 슈퍼마켙→슈퍼마켓
⑤ vision : 비젼→비전

11 올바른 표현 　외래어 표기법

| 정답 | ④

| 해설 | Propose는 '프로포즈'가 아니라, '프러포즈'로 표기해야 한다.

12 올바른 표현 　외래어 표기법

| 정답 | ③

| 오답 피해가기 |
① trumbone－트롬본　② standard－스탠더드　④ crystal－크리스털, ⑤ polyester－폴리에스테르

13 올바른 표현 　외래어 표기법

| 정답 | ③

| 해설 | sentimental의 외래어 표기법은 '센티멘탈'로 많이 사용하나, '센티멘털'이 맞는 표현이다.

| 오답 피해가기 |
① cardigan : 가디건→카디건
② Caramel Macchiato : 카라멜 마끼아또→캐러멜 마키아토

정답 및 해설

④ castela : 카스테라→카스텔라
⑤ accessory : 악세서리→액세서리

14 올바른 표현 로마자 표기법

| 정답 | ③

| 해설 | 서울시 : Seoul-si : 행정 구역 단위(도, 시, 군, 구, 읍, 면, 리, 동)와 '가'는 각각 'do, si, gun, gu, eup, myeon, ri, dong, ga'로 적고 그 앞에는 붙임표(-)를 넣는다.

15 올바른 표현 표기법

| 정답 | ④

| 해설 | ① 우뢰→우레 ② 삼가하다→삼가다 ③ 곱배기→곱빼기
⑤ 숫사돈→수사돈

문제 290쪽

Final Test

01 ③	02 ②	03 ③	04 ①	05 ②
06 ②	07 ④	08 ⑤	09 ③	10 ②
11 ④	12 ①	13 ①	14 ③	15 ④
16 ②	17 ③	18 ④	19 ①	20 ②
21 ④	22 ④	23 ③	24 ④	25 ②
26 ④	27 ④	28 ③	29 ③	30 ④
31 ③	32 ④	33 ④	34 ④	35 ②

01 반의어 반대되는 어휘 찾기

| 정답 | ③

| 해설 | • 금상첨화(錦上添花) : 비단 위에 꽃을 더한다는 뜻으로, 좋은 일이 더하여짐을 비유적으로 이르는 말.
• 설상가상(雪上加霜) : 눈 위에 서리가 덮인다는 뜻으로, 불행한 일이 잇따라 일어남을 이르는 말.

| 오답 피해가기 |
① 흥진비래(興盡悲來) : 즐거운 일이 다하면 슬픈 일이 닥쳐온다는 뜻으로, 세상일은 순환되는 것임을 이르는 말.
② 유방백세(流芳百世) : 꽃다운 이름이 후세에 길이 전함.
④ 동빙한설(凍氷寒雪) : 얼어붙은 얼음과 차가운 눈이라는 뜻으로, 심한 추위를 이르는 말.
⑤ 주경야독(晝耕夜讀) : 낮에는 농사짓고 밤에는 글을 읽는다는 뜻으로, 어려운 여건 속에서도 꿋꿋이 공부함을 이르는 말.

02 유의어 유사한 어휘 찾기

| 정답 | ②

| 해설 | 효능(效能)은 효험을 나타내는 능력이라는 의미로, 효험과 바꾸어 쓸 수 있다.

| 오답 피해가기 |
① 효율(效率) : 들인 노력과 얻은 결과의 비율.
③ 성능(性能) : 기계 등이 지닌 성질이나 기능.
④ 성과(成果) : 이루어낸 결실.
⑤ 결실(結實) : 일의 결과가 잘 맺어짐.

03 유의어 유사한 어휘 찾기

| 정답 | ③

| 해설 | • 소신(所信) : 굳게 믿고 있는 바.
• 신의(信義) : 믿음과 의리를 아울러 이르는 말.

| 오답 피해가기 |
① 신념(信念) : 굳게 믿는 마음.
② 신조(信條) : 굳게 믿어 지키고 있는 생각.
⑤ 견해(見解) : 어떤 사물이나 현상에 대한 자기의 의견이나 생각.

04 다의어 유사한 쓰임 찾기

| 정답 | ①

| 해설 | 제시된 문장과 ①의 '빌리다'는 '다른 사람의 말이나 글 또는 어떤 형식이나 이론을 취하여 따르다'라는 의미로 쓰였다.
| 오답 피해가기 |
②, ⑤ 다른 사람의 물건 또는 도움을 받거나 힘을 믿고 기대다.
③ 어떤 일을 하고자 기회를 이용하다.
④ 돈이나 금품 등을 돌려주거나 대가를 주기로 하고 얼마간 쓰다.

05 다의어 유사한 쓰임 찾기

| 정답 | ②

| 해설 | 제시된 문장과 ②의 '맺었다'는 '하던 일을 끝내다'라는 의미로 쓰였다.
| 오답 피해가기 |
① 어떤 관계를 이루거나 만들다.
③ 실, 노끈 등을 얽어 매듭을 만들다.
④ 열매나 꽃망울 등이 생겨나다.
⑤ 물방울이나 땀방울 등이 생겨 매달리다.

06 다의어 유사한 쓰임 찾기

| 정답 | ②

| 해설 | 제시된 문장과 ②의 '가리다'는 '여럿 가운데서 하나를 구별하여 고르다'라는 의미로 쓰였다.
| 오답 피해가기 |
① 치러야 할 셈을 따져서 갚다.
③ 음식을 골라서 먹다.
④ 똥오줌을 눌 곳에 누다.
⑤ 낯선 사람을 대하기 싫어하다.

07 단어 의미 어휘 채우기

| 정답 | ④

| 해설 | • ○○ 시는 지역산품 이용률을 높이기 위해 더욱 강력한 대응책을 (강구)해 나갈 방침이다.
• 안전지침을 (숙지)한 후 탑승해 주시기 바랍니다.
• 저 사람은 (양지)에서 자라서 어려움을 모른다.
• 선수들이 경기를 앞두고 체력과 기술의 (연마)에 힘쓰고 있다.
• 의사결정을 할 때에는 비용은 물론 다른 측면도 적극 (고려)해야 한다.

④ 숙고(熟考)는 깊이 고려함의 의미이다.
| 오답 피해가기 |
① 고려(考慮) : 생각하고 헤아려 봄.
② 연마(練磨) : 학문이나 기술 등을 배우고 익힘.
③ 강구(講究) : 좋은 대책과 방법을 궁리하여 찾아냄.
⑤ 양지(陽地) : 볕이 드는 곳. 혜택을 받는 입장을 비유적으로 이르는 말.

08 단어 의미 어휘 채우기

| 정답 | ⑤

| 해설 |

> 인공위성을 이용한 원격 (측정) 기술은 각종 전자파 (센서)를 이용하여 대기 중의 오존이나 수증기와 같은 구성 물질의 전 지구적 (분포)를 (측정)하는 데 커다란 역할을 할 것이다. 미국은 적도를 따라 바다에서의 강수량을 (측정)할 수 있는 극초단파 (센서)를 (장착)한 인공위성을 쏘아 올릴 예정이고, 오존이나 수증기의 연직 (분포)를 인공위성에서 (측정)할 수 있는 (방법) 등을 연구 개발 중이다. 우리나라도 최근에 과학 로켓 1호와 2호에 오존 (측정) 기기를 (장착)하여 오존의 연직 (분포) (측정)에 성공하였는데, 대기 오염 (측정) 기기나 기상 (측정) 기기가 개발되어 우리나라 인공위성에 (장착)될 날도 멀지 않았다.

따라서 빈칸에 들어가기에 알맞지 않은 것은 ⑤ 분리이다.

09 단어의 상관관계 한 단어 유추

| 정답 | ③

| 해설 | 행정부의 수반은 대통령, 사법부의 수장은 대법원장이다.

10 한자 올바른 한자어 찾기

| 정답 | ②

| 해설 | 相生(서로 상, 날 생) : 둘 이상이 서로 북돋우며 다 같이 잘 살아감.
| 오답 피해가기 |
① 反對(돌이킬 반, 대답할·대할 대) : 두 사물이 모양, 위치, 방향, 순서 등에서 등지거나 맞섬.
③ 商店(장사 상, 가게 점) : 일정한 시설을 갖추고 물건을 파는 곳.
④ 衆生(무리 중, 날 생) : 많은 사람.
⑤ 相對(서로 상, 대답할·대할 대) : 서로 마주 대함.

11 한자 한자의 음뜻

| 정답 | ④

| 해설 | 輩(무리 배), 黨(무리 당), 隊(무리 대)의 공통된 의미는 '무리'이다.

정답 및 해설

12 한자 / 한자의 음뜻
| 정답 | ①

| 해설 | 社務(모일 사, 힘쓸 무)

| 오답 피해가기 |

② 사역(使役) : 사람을 부리어 일을 시킴.
③ 근무(勤務) : 직장에 적을 두고 직무에 종사함.
④ 시계(時計) : 시간을 재거나 시각을 나타내는 기계나 장치를 통틀어 이르는 말.
⑤ 업무(業務) : 직장같은 곳에서 맡아서 하는 일.

13 주제 및 중심 내용 / 중심 내용 찾기
| 정답 | ①

| 해설 | 경제 성장에 따라 소득 수준이 향상되고 교육 기회가 확대되면서, 지식 정보 사회에서의 문화는 생활 그 자체가 되었다. 또한 정보 통신의 발달이 문화적 욕구와 소비를 가속화시켰는데, 이로 인해 문화와 경제의 공생 시대가 열리게 되었다.

14 세부 내용 파악 / 내용 이해
| 정답 | ③

| 해설 | 2문단에서 식수가 분변으로 오염되어 있다면 분변에 있는 병원체수와 비례하여 존재하는 비병원성 세균을 지표생물로 이용한다고 나와 있다. 이에 대표적인 것은 대장균인데, 온혈동물에게서 배설되는 비슷한 종류의 다른 세균들을 배제하고 대장균만을 측정하기는 어렵다. 따라서 대장균이 속해 있는 비슷한 세균군을 모두 검사하여 분변오염 여부를 판단하는데, 이 세균군을 총대장균군이라고 한다고 하고 있으므로, 채취된 시료 속의 총대장균군의 세균수와 병원체수는 비례하여 존재한다는 것을 알 수 있다.

| 오답 피해가기 |

① 3문단에서 총대장균군에 포함된 세균이 모두 온혈동물의 분변에서 기원한 것은 아니라고 하고 있다.
② 3문단에서 총대장균군은 염소 소독과 같은 수질 정화과정에서도 병원체와 유사한 저항성을 가진다고 하고 있다.
④ 1문단에서 병원성 세균, 바이러스, 원생동물, 기생체 소낭 등과 같은 병원체를 직접 검출하는 것은 비싸고 시간이 많이 걸릴 뿐 아니라 숙달된 기술을 요구하지만, 지표생물을 이용하면 이러한 문제를 많이 해결할 수 있다고 하고 있다.
⑤ 3문단에서 분변성 연쇄상구균군은 잔류성이 높고 장 밖에서는 증식하지 않기 때문에 시료에서도 그 수가 일정하게 유지되어 좋은 상수소독 처리지표로 활용된다고 하고 있다.

15 세부 내용 파악 / 내용 이해
| 정답 | ④

| 해설 | 3문단에서 낭만주의적 관점에서 올바른 작품 감상을 위해서는 예술가의 창작 의도나 창작관에 대한 이해가 필요하다고 하고 있으므로, 낭만주의적 관점에서 볼 때 예술 작품의 창작의도에 대한 충분한 소통은 작품 이해를 위해 중요하다는 것을 알 수 있다.

| 오답 피해가기 |

①, ⑤ 1문단에서 고전주의적 관점에서는 보편적 규칙에 따라 고전적 이상에 일치시켜 대상을 재현한 작품에 높은 가치를 부여하는 반면, 낭만주의적 관점에서는 예술가 자신의 감정이나 가치관, 문제 의식 등을 자유로운 방식으로 표현한 것에 가치를 부여한다고 하고 있다. 따라서 고전주의적 관점과 낭만주의적 관점은 예술 작품의 재현 방식이 다르며, 낭만주의적 관점에 따르면 예술작품의 본질은 예술가가 자신의 생각이나 느낌을 창의적으로 표현하는 데 있다는 것을 알 수 있다.
②, ③ 2문단을 보면, 낭만주의적 관점에서 볼 때는 예술 작품을 감상하는 것이 독백을 듣는 것과 유사하며, 고전주의적 관점에서 볼 때는 예술 작품 창작의 목적이 감상자 위주의 의사소통에 있다는 것을 알 수 있다.

16 세부 내용 파악 / 내용 이해
| 정답 | ②

| 해설 | 모계 유전자인 mtDNA 연구를 통해 발표한 인류 진화 가설과 Y염색체를 사용한 부계 연구가 매우 유사한 결과를 도출했다고 하였으므로 부계 유전자 연구와 모계 유전자 연구를 통해 얻은 각각의 인류 진화 수형도는 매우 비슷하다는 것을 알 수 있다.

| 오답 피해가기 |

① 3문단에서 mtDNA와 같은 하나의 영역만이 연구된 상태에서는 그 결과가 시사적이기는 해도 결정적이지는 않다고 제시되어 있다.
③ 2문단에서 언더힐의 수형도도 인류학자들이 상상한 장엄한 떡갈나무가 아니라 윌슨이 분석해 내놓은 약 15만 년밖에 안 된 키 작은 나무와 매우 유사하였다고 언급하고 있다.
④ 2문단에서 언더힐의 가계도도 윌슨의 가계도와 마찬가지로 아프리카 지역의 인류 원조 조상에 뿌리를 두고 갈라져 나오는 수형도였다고 언급하고 있다.
⑤ 2문단에서 언더힐이 Y염색체를 연구에 이용한 이유는 Y염색체가 하나씩 존재하는 특성이 있어 재조합을 일으키지 않기 때문이라고 언급하고 있다.

17 올바른 추론 / 내용 추론
| 정답 | ③

| 해설 | 3문단을 보면 신경 지도는 의식적 느낌 없이는 단지 제한된 수준의 도움만을 뇌에 제공할 수 있다고만 서술했을 뿐, 그 반대 경우인 신경 지도에 의식적 느낌이 있다면 제한이 없는 수준의 도움을 뇌에 제공할 수 있는지에 대해서는 추론할 수 없다.

18 글의 구조 파악 / 구조 도식화
| 정답 | ④

| 해설 | (가)에서는 어떠한 사회 현상의 근원에 대한 논쟁을 도입하며 제도주의자들의 입장을 설명하고 있으며, (나)에서는 제도주의자들과 반대되는 문화주의자들의 입장을 제시하고 있으므로 (가)와 병렬관계가 된다. (다), (라), (마)에서는 (나)에서 언급한 정치문화의 세 가지 유형을 각각 설명하고 있으므로 (나)와는 상하관계, 세 문단 각각은 병렬관계이다. 마지막으로 (바)에서는 (다)~(마)를 종합하여 문화주의자들의 의견을 정리하고 있다.

19 글의 구조 파악 | 논지 전개 방식
| 정답 | ①
| 해설 | 이 글은 계승해야 할 전통의 성격을 규정하고 그에 대한 예를 나열한 다음, 결론에 도달하고 있다. 즉, 전제-예증-결론의 구조로 되어 있다.

20 글의 구조 파악 | 논지 전개 방식
| 정답 | ②
| 해설 | 이 글은 괴테가 말한 '진정한 인간성'의 개념을 밝히고 이것을 실천하면 현대사회의 비인간화 현상을 극복할 수 있다는 내용이다. 즉, 괴테를 통해 현대사회에서 인간성을 잃어가는 현상에 대한 극복 방안을 이야기하고 있으므로, 이는 핵심 개념을 제시하고 문제 해결 방안을 제시하는 논지 전개 방식임을 알 수 있다.

21 반론·평가·수정 | 논지 강화
| 정답 | ④
| 해설 | 글쓴이는 인간의 의식은 단순히 뇌에서 생겨나는 것이 아니라 살아있는 몸을 가진 인간이 주변 상황과 상호작용하는 과정에서 생성되는 것이라 하였다. 즉, B가 A의 뇌를 이식받았다 해도 B가 경험하는 외부 세계와 A가 겪었던 환경의 맥락이 다를 것이므로, A와 B가 동일한 의식을 가질 수 없다는 ④의 주장은 글쓴이의 논지를 강화하는 진술이다.

22 개요·보고서 | 개요 작성하기
| 정답 | ④
| 해설 | 문제의 원인으로 소외 계층 지원 재원이 정부와 대기업에 편중되어 있다고 하였고 그 해결 방향으로 재원 마련 방법의 다양화 등을 거론하고 있으므로 구체적인 방안들은 이 범주를 벗어나면 안 된다. ④의 경우 재원 마련 방법이라기보다는 재원 운영에 관한 내용이므로 적절하지 않다.

23 빈칸 채우기 | 문장 채우기
| 정답 | ③
| 해설 | 이 글은 정신분석 이론, 인지발달 이론, 사회학습 이론에 따라 아동의 만족지연 능력을 어떻게 바라보는지에 대해 설명하고 있다. 빈칸은 인지발달 이론에 해당하는 부분으로 빈칸 뒤에는 만족지연 능력이 즉각적인 작은 보상과 일정 시간이 지난 후 받을 큰 보상 두 측면을 동시에 고려하는 인지적 능력이며, 사건을 구조화하고 현실을 이해하는 능력이 향상된 것이라는 내용이 나온다. 따라서 빈칸에는 만족지연 능력이 강해지는 것을 아동의 인지적 성장으로 본다는 내용이 들어가야 한다.

24 빈칸 채우기 | 문장 채우기
| 정답 | ③
| 해설 | 이 글은 인간의 '지각(知覺)'에 대한 경험주의, 주지주의, 메를로 퐁티의 관점을 대비시켜 설명하고 있다. 경험주의와 주지주의에서 말하는 '지각'에 대해 먼저 설명하고 여기에서 발생하는 오류를 비판하면서 새로운 이론을 주장한 메를로 퐁티의 '지각'에 대해 논하고 있으므로, 이 글의 제일 마지막에는 메를로 퐁티의 '지각'이 의미하는 바를 나타낸 문장이 올 것이다. 메를로 퐁티의 이론에 따르면 경험주의와 주지주의 관점에서 설명할 수 없었던 부분까지 포괄적으로 지각할 수 있으므로, 이러한 의미에서 메를로 퐁티의 지각에 대한 개념은 경험주의와 주지주의 정형을 극복하면서 정립된 것이라 평할 수 있을 것이다.

25 빈칸 채우기 | 문장 채우기
| 정답 | ②
| 해설 | 이 글에서 소비자는 제품 속에 담긴 감성적 이야기에 매료되어 제품을 구매하고 타인과 공유하고 싶어 한다고 하였으므로, 훌륭한 스토리는 논리보다는 인간의 감각에 호소하는 것임을 유추해볼 수 있다.

26 개요·보고서 | 개요 수정하기
| 정답 | ④
| 해설 | 제시된 글감의 내용이 개요에 잘 반영되었는지 살펴보아야 한다. 양심 자전거 제도는 자전거 이용의 모범 사례를 살려서 활성화시키자는 취지로 보는 게 타당하며, 개인의 이기심 때문에 양심 자전거 제도가 시행되지 못하고 있음은 제시된 바 없으므로 ④는 적절하지 않다.

27 개요·보고서 | 개요 수정하기
| 정답 | ④
| 해설 | 일반적으로 문제점과 개선방안을 서로 연계하여 전개하는 경우가 많지만, '3)-가. 공시제도의 장기발전계획 및 단계별 추진전략 수립'은 제시된 모든 문제점을 아우르는 해결책이며, 밑에 따라오는 각각의 개선방안을 총괄하는 역할을 하므로 그대로 두어도 무방하다.

28 문장·문단배열 | 문장 배열하기
| 정답 | ③

정답 및 해설

| 해설 | 전체 내용을 살펴보면 질문을 던지는 (가), (마), (바)와 그에 대한 답변에 해당하는 (나), (다), (라)로 문장을 구분할 수 있다. 우선 질문을 던지고 이후에 답변이 오는 일반적인 글의 형태를 고려하여 (가), (마), (바)를 먼저 살펴보면, (마)의 전자와 후자가 (가)와 (바)의 내용을 의미하고, (바)가 '또'로 시작하고 있으므로 (가)-(바)-(마)의 순서가 된다. 다음으로 (나), (다), (라)를 살펴보면, (나)의 '이'가 (라)의 내용을 의미하고 (다)에서 '그러나'를 통해 (라)-(나)의 내용과 상반된 내용을 제시하고 있으므로 (라)-(나)-(다)의 순서가 된다.

29 문장·문단배열 문단 삽입하기
| 정답 | ③

| 해설 | 주어진 문단에서는 이안류의 발생 원인과 과정에 대해 설명하고 있다. 이 글의 2문단에서는 이안류의 정의와 현상에 대해 제시하고 있으며, 3문단부터는 이안류의 위험성과 이에 대처하기 위한 국내 이안류 감시 시스템의 현황에 대해 제시하고 있다. 구체적인 이안류 감시 시스템을 설명하기 이전에, 이안류 자체에 대한 설명이 먼저 언급되는 것이 글에 대한 이해를 높이는 데 더욱 효과적이다. 따라서 제시된 문단이 들어가기에 적합한 곳은 이안류의 정의에 대해 설명하고 있는 2문단 뒤인 ㉢이다.

30 세부 내용 파악 내용 이해
| 정답 | ④

| 해설 | 선택지는 잊혀질 권리에 대한 찬성과 반대 의견으로 나눌 수 있다. ④는 잊혀질 권리에 대해 반대 의견이다. 4문단에는 잊혀질 권리가 입법화되어 법이 집행된다면 각 개인의 사소한 정보들을 삭제해야 하는데 이러한 과정에는 엄청난 시간과 비용이 들 것이라고 제시되어 있다. 나머지는 모두 스페인 변호사가 과거의 기사로 인해 상처를 받고 사회에서 불이익을 받거나, 또는 범죄에 악용되어 2차, 3차 등의 피해가 이어진다는 내용이므로 잊혀질 권리에 대한 찬성 의견이라고 볼 수 있다.

31 올바른 추론 내용 추론
| 정답 | ③

| 해설 | 4문단에서 잊혀질 권리의 입법에 대한 논의에 대해서 이야기를 시작하고 있고, 잊혀질 권리의 입법에 대한 반대 의견을 서술하고 있다. 이어지는 다섯 번째 문단에서는 잊혀질 권리의 입법에 대한 찬성 의견에 대하여 서술하고 있다. 찬성에 대한 이유로 개인 정보를 악용한 범죄 가능성을 제기하고 있는데, 마지막 문장을 보면 이러한 범죄에 대한 피해가 사회적으로 큰 문제를 야기할 수 있다고 하였다. 따라서 사회적 문제에 대한 구체적인 사례가 이어지는 것이 가장 적절하다.

32 어법 맞춤법
| 정답 | ③

| 해설 | 'ㄱ, ㅂ' 받침 뒤에 나는 된소리는 같은 음절이나 비슷한 음절이 겹쳐나는 경우가 아니면 된소리로 적지 않는다는 규정에 따라 '싹뚝싹뚝'은 '싹둑싹둑'으로 적어야 바른 표현이다.

33 올바른 표현 의미 중복
| 정답 | ④

| 해설 | 입소는 '훈련소, 연구소, 교도소 등에 들어가다'라는 의미로 쓰이므로 의미가 중복된 오류가 있는 문장이다. 마찬가지로 ④에서 개인적인 생각이라는 뜻의 '사견'과 '개인적인'이 중복되었다.

34 어법 맞춤법
| 정답 | ④

| 해설 | 아니예요 → 아니에요 : '예요'는 '이에요'의 준말이다.
ex) 진실이 아니에요(O) 진실이 아녜요(O) 진실이 아니예요(X)

35 올바른 표현 외래어 표기법
| 정답 | ②

| 오답 피해가기 |
① dynamic - 다이내믹
③ sherbet - 셔벗
④ nonsense - 난센스
⑤ castella - 카스텔라

Memo

미래를 창조하기에 꿈만큼 좋은 것은 없다.
오늘의 유토피아가 내일 현실이 될 수 있다.

There is nothing like dream to create the future.
Utopia today, flesh and blood tomorrow.
빅토르 위고 Victor Hugo

Memo

미래를 창조하기에 꿈만큼 좋은 것은 없다.
오늘의 유토피아가 내일 현실이 될 수 있다.

**There is nothing like dream to create the future.
Utopia today, flesh and blood tomorrow.**
빅토르 위고 Victor Hugo

시간 싸움,
학습 아닌 연습이다!

직무적성 총연습 | 언어

www.gosinet.co.kr gosinet

살아있는
시험정보

www.gosinet.co.kr